山岭隧道施工安全技术研究丛书
编审专家委员会

山岭隧道施工安全技术研究丛书

隧道工程风险管理应用技术

李献民　刘向阳　熊成宇　卢德旺　汪　微◎著

中国铁道出版社有限公司

2024年·北　京

内 容 简 介

隧道坍方、突水涌泥、瓦斯爆炸等事故是威胁隧道施工安全的主要灾害源。本书从国内外著名风险隧道的成功建造案例入手，以隧道工程风险管理流程为主线，结合隧道工程应用案例全面系统地论述了风险管理体系的理论方法、技术要点和对策措施；首次深入系统地提出了隧道施工安全风险管理技术体系；同时提出隧道施工必须以“四化”支撑为抓手，从风险识别、风险分析和应对、风险过程管控、风险应急处置、风险隧道后评估等方面将动态风险管理的理念方法、管控措施贯彻落实到位，才能有效降低或规避风险隧道施工安全事故。

本书内容丰富，理论性、系统性、实用性强，可为从事交通运输、市政水电、地矿建筑、科研院所等行业的工程技术人员、高等院校师生提供参考。

图书在版编目(CIP)数据

隧道工程风险管理应用技术 / 李献民等著. -- 北京 ： 中国铁道出版社有限公司，2024. 10. --（山岭隧道施工安全技术研究丛书）. -- ISBN 978-7-113-31416-3

Ⅰ. U45

中国国家版本馆 CIP 数据核字第 2024D806K1 号

书　　名： 隧道工程风险管理应用技术
作　　者： 李献民　刘向阳　熊成宇　卢德旺　汪　微

策　　划： 王　健
责任编辑： 王　健　　　**编辑部电话：**(010)51873065
封面设计： 高博越
责任校对： 安海燕
责任印制： 高春晓

出版发行： 中国铁道出版社有限公司(100054，北京市西城区右安门西街 8 号)
网　　址： http://www.tdpress.com
印　　刷： 北京盛通印刷股份有限公司
版　　次： 2024 年 10 月第 1 版　2024 年 10 月第 1 次印刷
开　　本： 787 mm×1 092 mm 1/16　**印张：**22.25　**字数：**554 千
书　　号： ISBN 978-7-113-31416-3
定　　价： 95.00 元

作 者 简 介

李献民，河南许昌人，中共党员，博士，正高级工程师。中南大学理学硕士、工学博士，北京交通大学土木工程博士后（合作导师王梦恕院士）。中交一公局集团有限公司隧道品牌高级专家、中交集团暨中国交建技术服务平台专家智库一级专家，中南大学等校外兼职博士生导师，荣获"茅以升铁路教育专项奖""河南省优秀科技英才""交通青年科技英才""科技英才人物奖"等荣誉称号。长期围绕岩土与隧道工程学科设计与施工、技术与安全等方面的疑难问题开展研究。参与主持了国家级省部级科技研发计划等项目10余项。获省部级科技进步奖励10项，授权专利30余项，发表学术论文60余篇，出版科技著作5部。

刘向阳，男，湖南邵阳人，中共党员，大学本科，高级工程师，一级建造师。现就职于中交一公局第四工程有限公司，参建了多个高速公路建设项目，获中国交建优秀个人，取得实用新型专利6项、省部级工法6项，中国交建科技进步奖1项、中国交通企业协会企业管理创新二等奖1项，贵州省绿色示范工程1项，中国交建优质工程奖1项。获南宁市、贵州省优秀项目经理。

熊成宇，男，湖南永州人，大学本科，正高级工程师，一级建造师，注册安全工程师。现就职于中交一公局第四工程有限公司。中交一公局集团隧道专家，中交集团暨中国交建技术服务平台专家库二级专家，广西应急管理厅专家、贵州省交通建设工程综合管理专家库成员。曾参与铁路、公路、市政等重大项目施工管理，先后获得贵州"黄果树杯"、重庆"巴渝杯"、"中国公路建设优质工程奖"、"鲁班奖"等多个项奖。先后参与主持了国家基础建设重点研发项目、省部级重大科研专项、省部级科技研发等项目，在岩土隧道等领域取得了多项研究成果。获得省部级科技进步奖6项，授权专利20余项，省部级工法近20项，发表论文10余篇，出版专著1部。

卢德旺，男，广西宾阳人，大学本科，中级工程师，现就职于中交一公局第四工程有限公司。曾参与公路、市政、房建等重大项目施工管理，先后获得过贵州"黄果树杯"、国家"优质工程奖"等多个项奖。有着5年国家扶贫工程的工作经历，荣获怒江州"荣誉市民"及"先进扶贫队员"等称号。在高速公路、房建与市政领域获得授权专利近20项，省部级工法、微创新、技术革新、论文等创新成果15项。

汪微，男，湖南临湘人，中共党员，大学本科，高级工程师，注册安全工程师，注册咨询（投资）师，一级建造师。现任中交一公局集团重庆中交渝武（铜安、江泸北线）高速公路有限公司总工程师。2015—2019 年历任中交一公局集团重庆永江高速公路投资建设有限公司、重庆九永高速公路建设有限公司、安徽省合枞高速公路有限责任公司副总经理。曾获“巴渝杯优质工程奖”、“三峡杯优质结构工程奖”、公路交通优质工程“李春奖”等省部级奖项 3 项，授权专利 5 项，发表论文 10 余篇，出版著作 1 部。

丛书序

交通运输是国民经济中具有基础性、先导性、战略性的产业，是重要的服务性行业和现代化经济体系的重要组成部分，是构建新发展格局的重要支撑和服务人民美好生活、促进共同富裕的坚实保障。为加快建设交通强国，构建现代综合交通运输体系，《交通强国建设纲要》《国家综合立体交通网规划纲要》等规划文件中明确提出，到 2035 年，国家综合立体交通网实体线网总规模合计 70 万公里左右。其中，国家铁路网包括“八纵八横”高速铁路 7 万公里，若干条普速铁路 13 万公里；国家公路网包括“7 射 11 纵 18 横”高速公路网 16 万公里，“12 射 47 纵 60 横”普通国道网 30 万公里。

随着我国交通行业的快速发展，山岭隧道工程建设迅猛发展，正如王梦恕院士曾预言“21 世纪是隧道及地下空间大发展的年代”，伴随国家“西部大开发”战略、“一带一路”倡议深入推进及诸多复杂艰险山区重点铁路工程项目的开工建设，我国隧道工程修建规模及难度均为世界之最。时至今日，我国已建造了横卧世界屋脊的关角隧道、穿越中国南北分界线的秦岭终南山公路隧道、具有世界级工程地质水文地质难题的大柱山隧道、巨龙入海的港珠澳沉管隧道及深中通道沉管隧道……截至 2023 年底，投入运营的铁路隧道 18 573 座（长 23 508 km）、在建隧道 2 668 座（长 7 110 km）、规划隧道 5 460 座（长 13 313 km）；截至 2023 年底中国 10 km 以上特长公路隧道共计 74 座，其中：建成运营 25 座，在建隧道 31 座、规划设计 18 座；长度在 10～14.9 km 隧道 62 座，长度在 15～19.9 km 隧道 10 座，长度大于 20 km 隧道 2 座。

我国隧道建设不断朝着“深、大、长”的方向发展，但现有的隧道设计建造技术还面临着设计计算理念体系不完善、复杂地质条件下结构设计及建造技术体系不完善、山岭隧道深层地下结构设计理论不完善，复杂环境与极端地质条件下施工困难、超大断面隧道支护困难、超长隧道施工风险高等诸多困难与挑战。加之隧道施工风险的复杂性、多变性、不确定性、不可预测性及施工管理和技术水平的差异，导致隧道施工因特殊地质环境因素（岩溶、岩爆、软岩、高瓦斯、高水压、高地温、活动断层、有害气体等）引起的突发性工程灾害和重大恶性事故频发，隧道施工安全形势严峻。这些难题与挑战严重制约山岭隧道建设的质量、速度及安全。

因此，持续开展山岭隧道施工安全技术研究大有必要。

“山岭隧道施工安全技术研究丛书”（以下简称“丛书”）聚焦山岭隧道施工安全技术，重点梳理技术创新成果，系统总结建设经验，进一步加强隧道施工安全技术优势，持续推进隧道工程高质量安全发展。丛书内容涵盖勘察、设计、施工、安全、管理等关键技术环节，阐述山岭隧道工程施工建设的原则理念、基础理论、机理规律，总结山岭高风险隧道施工安全管控理念、设计施工一体化关键技法、技术安全一体化管控措施等成套施工安全技术体系。丛书坚持理念与实践、规范与实证、传承与创新相结合，着力构建“理论＋技术＋实践”三位一体的山岭隧道施工安全技术体系。

丛书由中交一公局集团有限公司科技部技术中心李献民博士发起，撰写人员具有深厚理论功底与丰富的实践经验，且有行业内权威专家审核把关。丛书既是隧道从业者智慧与汗水的结晶，更是隧道人追逐梦想、锐意进取、担当作为的生动写照。

丛书理论与实践并重，具有良好的可读性、参考性和启发性。希望该套丛书能够充分发挥服务行业、服务社会、服务国家的积极作用，促进隧道工程技术人员和科研工作者快速成长，为推进我国山岭隧道施工安全创新发展、高质量建设交通强国作出贡献。

山岭隧道施工安全技术研究丛书

编审专家委员会

2024 年 5 月

前　　言

我国幅员辽阔，不同地区的地形地质条件复杂，隧道工程具有投资大、施工周期长、施工技术复杂、不可预见风险因素多、环境影响大、地质条件复杂多变性、地质勘探局限性、隧道施工环境恶劣性、施工高度机械化、隧道施工工序繁杂性等特点，使得隧道工程建设成为一项高风险建设工程。由于规模大、发展快，技术和管理力量难以充分保证等客观原因，加上对隧道的认识不客观、风险管理不科学、风险管控不到位等主观原因，隧道施工风险源及有害因素相互交织，导致隧道在工程建设中事故频发，形势非常严峻，令人担忧。

目前，我国交通基础设施呈大规模快速发展的态势，隧道工程建设项目呈爆发式增长，隧道施工安全问题逐渐凸显出来，隧道事故呈现易发、频发、多发等特点。隧道伤亡事故发生的实质就是能量或物质的意外释放对人员造成的伤害，而能量或物质发生意外释放又是由于人的不安全行为和物的不安全状态所产生的，人的不安全行为和物的不安全状态又可以追踪到人员、机械、材料、环境四个方面，隧道安全施工系统就是这四方面所组成、空间分布极其复杂的灾害系统。造成隧道施工安全事故频发的原因大多源于以下方面：安全管理体系运行状况不理想、安全意识和安全敏感性不强、地质勘察深度不够、设计方案不尽合理、施工人员专业素质不高、施工作业不规范。因此，必须加强隧道施工风险管理流程，以“四化”支撑为抓手，提高安全防范意识，落实安全生产责任，强化现场安全管控，迅速控制施工安全事故发生，严格落实隧道安全技术措施，才能保证和推进隧道施工安全管理体系取得成效！

本书依据现行国家法律法规、公路铁路等相关行业的技术标准及规范规程，以隧道工程风险管理为主线，以安全技术措施为保障，以技术规范标准为支撑，以质量安全为导向，秉承理论与实践、规范与实证、传承与创新的理念，坚持规范化、动态化、实事求是的原则，围绕隧道工程建设过程中风险管理流程的五个重要方面，全面阐述了风险识别、风险分析和应对、风险过程管控、风险应急处置、风险隧道后评估、风险管理应用案例分析等隧道施工安全管理体系的理论方法、技术要点、对策措施，全面系统地提升了风险隧道施工安全风险管理的控制理念、理论方法、技术水平。

本书基于作者多年从事隧道工程设计、施工、科研的工作经验，历经数载总结提炼完成本书。本书撰写理念是将理论与实践相结合、技术与管理、质量与安全融为一体，针对隧道工程建设的全过程，本书从国内外著名风险隧道的成功建造分析入手，以隧道工程风险管理流程为主线，结合典型隧道工程案例的风险管理技术应用和分析，首次全面系统地提出了隧道施工安全风险管理技术体系。本书内容丰富、系统全面、理论与实践并重、技术与管理齐抓。全书内容涵盖隧道工程风险管理的全部流程和内容：风险识别、风险分析和应对、风险过程管控、风险应急处置、风险后评估等五个方面的风险管理体系的理论方法、技术要点和对策措施，从而形成了比较全面系统的隧道施工安全风险管理技术体系。

全书包括四篇15章内容，第一篇隧道现状篇，包括3章内容：第1章隧道工程技术概论，第2章铁路风险隧道建造技术现状，第3章公路风险隧道建造技术现状。第二篇基础理论篇，包含6章内容：第4章隧道工程风险管理发展现状，第5章隧道工程动态风险管理流程，第6章隧道工程风险源及发生机理，第7章隧道工程风险因素识别方法，第8章隧道工程典型风险评价模型，第9章隧道动态风险评价指标体系。第三篇技术体系篇，包含4章内容：第10章隧道工程施工风险预防措施，第11章隧道工程施工安全保障体系，第12章隧道工程特殊风险管控措施，第13章隧道工程应急响应处置措施。第四篇工程应用篇，包含2章内容：第14章隧道动态风险评估应用案例，第15章瓦斯隧道风险评估应用案例。

本书由中交一公局集团有限公司李献民博士构思并统筹撰写。由衷感谢如下单位人员付出的辛勤工作：中交一公局第四工程有限公司重庆渝武高速公路项目部卢德旺、赵恩茂、吴静、黄耀民、宋宝顺；中交一公局集团重庆渝武高速公路项目总承包部李怀友、隋洪军、赵强、王涛；中交一公局厦门工程有限公司重庆渝武高速公路项目部张国磊、赵云鹏；中交一公局第三工程有限公司重庆渝武高速公路项目部王丛泉、郭凯瑞；中交一公局集团重庆渝武高速公路项目公司谈利军、余鑫、李蒙男、李贤超、张晏源。

本书的顺利出版得到了中交一公局集团有限公司领导、科学技术质量部领导的全力支持，得到了“山岭隧道施工安全技术研究丛书”编审专家委员会悉心指导和全力支持，在此一并致以最真诚的感谢！

本书在编著过程中参考了大量的相关文献和科技著作，谨向上述作者致以诚挚谢意！由于作者水平有限，书中难免疏漏和谬误，敬请读者严加斧正，不吝赐教为盼。

2024年2月于北京

目　录

第一篇　隧道现状

第二篇　基础理论

第三篇　技术体系

第四篇　工 程 应 用

第一篇

隧道现状

第 1 章　隧道工程技术概论

1.1　隧道工程概述

中国地形的显著特征是山区面积多，且地势西高东低，大致呈三级阶梯状分布。地势的第一级阶梯是青藏高原，平均海拔在 4 000 m 以上，其北部与东部边缘分布的昆仑山脉、祁连山脉、横断山脉，是地势第一、二级阶梯的分界线；地势的第二级阶梯上分布着大型的盆地和高原，平均海拔在 1 000～2 000 m 之间，其东面的大兴安岭、太行山脉、巫山、雪峰山是地势的第二、三级阶梯的分界线；地势的第三级阶梯上分布着广阔的平原，间有丘陵和低山，海拔多在 500 m 以下。

我国幅员辽阔，山地众多，山地面积占 2/3 以上，高原起伏，群山连绵，崇山峻岭密布，水系发育，江河纵横，地质复杂，海域辽阔。为发展交通基础建设，据不完全统计，近 30 年来，随着我国交通基础建设的大发展，公路、铁路交通持续向山区延伸，公路隧道、铁路隧道以每年 700 km 的速度递增。可以看出，公路、铁路正不断穿山和越岭，不断向离岸深水延伸，就需要修建大量隧道，而且势必修建许多山岭隧道和过江隧道、跨海隧道，致使隧道建设任务极其艰巨复杂，隧道修建技术也发展成为涵盖多种专业、交叉性很强的综合技术。“逢山开道，遇水架桥”是传统的理念和历史上的做法，因为劈山开道，形成大量路堑边坡，破坏了大自然的生态环境，还诱发诸多边坡失稳事故和自然灾害的发生，甚至造成车翻人亡的重大交通事故，严重危害国家和人民生命财产的安全，如图 1-1 所示。有鉴于此，“逢山遇水隧道穿越”逐渐成为共识，山岭隧道、水下隧道、越江跨海隧道成为穿越山岭江海的优先选择方案，这样既保护了自然生态环境，又节约了大量土地，如图 1-2 所示。

（a）阶梯状盘山公路　　（b）蛇行状盘山公路　　（c）盘山公路水毁严重

图 1-1　山区盘山公路显现发展劣势

（1）隧道的概念：隧道是修建在地下、内部净空断面在 2 m^2 以上，两端有出口，供行人车辆等通行的工程建筑。铁路隧道是修建在地下或水下并铺筑铁路机车车辆通行的建筑物，根据其所在位置可分为三大类：第一类，为缩短距离和避免大坡道而从山岭或丘陵下穿越的称为山岭隧道；第二类，为穿越河流或海峡而从河下或海底通过的水下隧道；第三类，为适应铁路通过大城市的需要而在城市地下穿越的称为城市隧道；其中修建最多的是山岭隧道。修建水底隧

(a) 山岭隧道

(b) 水下隧道

(c) 越江跨海隧道

图 1-2 穿山跨江越海隧道凸显发展优势

道的情况是：在有大吨位船舶航行的水域，或穿越水域的铁路运量和运输密度很大，或在城市内河流两岸建筑物密集区，经技术经济比较，可考虑修建水底隧道。水底隧道一般由岸边敞口段、岸边暗挖段和水底暗埋段三部分组成，容许纵坡不应大于该线的限制坡度。

(2)隧道的结构组成：隧道的结构包括主体建筑物和附属设备两部分。主体建筑物由洞身和洞门组成，附属设备包括避车洞、消防设施、应急通信和防排水设施，长大隧道还有专门的通风和照明设备。

高速铁路隧道内不设置供养护维修人员待避的洞室，但应考虑设置存放维修工具和其他业务部门需要的专用洞室。高速铁路隧道内应设置安全空间和贯通的救援通道。安全空间应设置在距线路中心处 3.0 m 以外，单线隧道在救援通道一侧设置，多线隧道在双侧设置。安全空间的高度不应小于 2.2 m，宽度不应小于 0.8 m。救援通道设置在安全空间一侧，距线路中心不应小于 2.3 m。救援通道的宽度不宜小于 1.5 m，高度不应小于 2.2 m。

高速铁路长度大于 50 m 的隧道，应在洞内设置余长电缆腔，并应与专用洞室结合设置。余长电缆腔沿隧道两侧交错布置，每侧间距宜为 500 m。长度 500～1 000 m 的隧道，可只在其中部设置一处。长度 500 m 以上的隧道应设置作业照明设置，长度 5 km 及以上的隧道还应设置应急照明。高速铁路长隧道及特长隧道应结合辅助坑道情况设置紧急出口，紧急出口上方应设标示牌和紧急照明设施。紧急出口通道的设置应符合相关规定。

(3)隧道的分类，隧道的种类很多，主要有如下分类方法：

按用途可分为：①交通类隧道(铁路隧道、公路隧道、地下铁道、人行通道、公铁两用隧道)；②水工隧道(引水隧洞、尾水隧洞、导流隧洞、泄洪隧洞、排沙隧洞)；③市政隧道(给水隧道、污水隧道、人防隧道、管路隧道、线路隧道，地下共同管沟)；④矿山隧道(采矿巷道、运输巷道、通风巷道)。

按断面形状可分为：圆形隧道、拱形隧道、卵形隧道、矩形隧道等。

按所处地理位置可分为：①山岭隧道(傍山隧道、越岭隧道)；②水底隧道(海底隧道、过江隧道、运河隧道)；③城市隧道等。

按衬砌结构可分为：直墙式衬砌隧道、曲墙式衬砌隧道、曲边墙角仰拱衬砌隧道等。

按隧道内铁路线路数可分为：单线隧道、双线隧道和多线隧道等。

按隧道所处地质条件分类：土质隧道、石质隧道。

按隧道埋置深度分类：浅埋隧道、深埋隧道。一般情况下，应以隧道顶部覆盖层能否形成“自然拱”为原则，实际中用经验估算法分界深度 $H_p=(2\sim2.5)h_q$(h_q 为等效荷载高度值)；隧道覆盖层厚度 $h\geq H_p$ 深埋，$h<H_p$ 浅埋。

按国际隧道协会(ITA)定义的隧道的横断面面积大小划分标准分类：极小断面隧道(2～3 m^2)、小断面隧道(3～10 m^2)、中等断面隧道(10～50 m^2)、大断面隧道(50～100 m^2)和特大断面隧道(大于 100 m^2)。

按隧道长度可分为:特长隧道、长隧道、中隧道、短隧道等,但铁路隧道和公路隧道的分类有一定的差异,隧道按长度分类指标见表 1-1。

表 1-1　隧道按长度分类

序　号	铁路隧道		公路隧道	
	分　类	长度(m)	分　类	长度(m)
1	特长隧道	$l>10\ 000$	特长隧道	$l>3\ 000$
2	长隧道	$3\ 000<l\leqslant 10\ 000$	长隧道	$1\ 000<l\leqslant 3\ 000$
3	中隧道	$500<l\leqslant 3\ 000$	中隧道	$500<l\leqslant 1\ 000$
4	短隧道	$l\leqslant 500$	短隧道	$l\leqslant 500$

1.2　隧道智能建造趋势

1.2.1　隧道掘进支护

(1)掘进方式分类:隧道施工的掘进方式是指对坑道设计断面内岩土体的破碎及挖除方式和方法。目前,常用的隧道掘进方式大致可分三种:人工开挖掘进、钻眼爆破掘进、机械开挖掘进(单臂掘进机掘进、TBM 掘进机掘进),如图 1-3 所示。一般山岭隧道最常用的是钻眼爆破并配合人工掘进。无论采用机械掘进或人工掘进,均应注意掌握掘进速度,要做到及时支护,不要让围岩暴露时间过长产生风化作用及变形过大。若开挖面不能自稳,则应同时采取相应而且有效的辅助稳定措施——支撑或支护。

(a) 人工开挖　(b) 钻爆开挖　(c) 单臂掘进机掘进　(d) TBM掘进

图 1-3　隧道施工掘进方式

(2)掘进方式选择原则:隧道施工中,掘进方式是影响围岩稳定的重要因素之一。因此,在选择掘进方式时,应根据坑道地质条件、岩体的坚硬程度、围岩的稳定性、不同掘进方式对围岩的扰动程度,支护条件、机械设备能力,经济性等相关因素进行综合分析,选用较为恰当的掘进方式。由于洞内地质情况千变万化,所以三种基本掘进方式要配合采用,要机动灵活。

(3)掘进方式及其适用范围:①人工掘进:是采用十字镐、风镐等简易工具来开挖岩土体。人工掘进速度较慢,劳动强度很大。一般在不能采用爆破掘进的软弱破碎围岩和土质隧道中,若隧道工程量不太大,工期要求不太紧,又无机械或不宜采用机械掘进,或长大隧道机械掘进中的局部小工作面,则可以采用人工掘进。人工掘进施工中应做好安全防护,并应安排专人负责工作面的安全观察。②机械掘进:(a)单臂掘进机掘进,采用装在可移动式机械臂上的切削头来破碎岩体,并挖除坑道范围内的岩体,可连续掘进,但只适用于软岩及土质隧道。单臂掘进机可挖掘任意形状和任意大小跨度的隧道，对围岩的稳定性影响较小，扰动破坏性少。常用的单臂掘进机是铁盘式采矿机，挖斗式挖机和铲斗式装渣机也可用于隧道掘进，机动灵活，适应能力较强等。(b)TBM掘进机法：是利用岩石隧道掘进机在岩石地层挖掘隧道的一种施工方法，它是一种集掘进、出渣、支护和通风、防尘等多功能为一体的高效隧道施工机械。掘进机是山岭隧道高度机械化的开挖设备，与钻爆法相比，掘进机法虽然投资多，但具有施工快速、优质、安全、经济、环保等突出优点。掘进机法的适用范围必须以岩石的抗压强度、裂隙、节理发育状态、涌水状态等地层岩性条件实际状况，机械构造，以及隧道的断面、长度、埋深、选址条件等进行判断和综合考虑。采用掘进机施工时，要明确地质条件及必要预处理措施，适用于中硬岩层的圆形断面隧道；在机械条件方面，要进行合理选型及完善后配套系统；对作业场地和运输方案有特殊要求；对企业自身的实际能力如制造维修、经济实力、施工技术水平及管理水平等都有要求。③钻眼爆破掘进：钻眼爆破(简称钻爆)法是山岭隧道工程中最常用的掘进方式，它是用钻眼装炸药爆破掉坑道范围内的岩体。钻爆法掘进前首先应进行钻爆设计，钻爆设计应根据地质条件、开挖断面、开挖方法、掘进循环进尺、钻眼机具、爆破材料和出渣能力等因素综合考虑。它一般只适用于石质隧道。硬岩宜采用光面爆破，软岩宜采用预裂爆破，分部开挖时可采用预留光面层光面爆破。钻爆作业须按照钻爆设计进行钻眼、装药、接线和引爆，并应根据钻爆设计要求选定钻眼效益高的钻眼机械。采用钻爆法掘进时，尤其应当实施控制爆破，以减少爆破振动对围岩破坏和对已作支护及衬砌结构的影响。山岭隧道工程中常用的凿岩机有风动、液压凿岩机两种，较少采用电动凿岩机和内燃凿岩机。将多台凿岩机安装在一个专门的移动设备上，实现多机同时作业，集中控制，称为多臂凿岩台车。

(4)隧道支护与衬砌：①隧道支护有初期支护和后期支护。初期支护一般简称初支，即刚开挖完采用的一些支护方式；后期支护称作二次衬砌，简称二衬，通常采用衬砌台车浇筑混凝土。②隧道衬砌指的是为防止围岩变形或坍塌，沿隧道洞身周边用钢筋混凝土等材料修建的永久性支护结构。③隧道衬砌类型分为：整体式衬砌、复合式衬砌、喷锚衬砌和装配式衬砌。④隧道衬砌结构功能差异：从受力结构来区分，整体式衬砌中的喷锚支护是作为临时支护措施，不是永久结构受力的部分，模筑混凝土是永久结构受力的部分；复合式衬砌中喷锚支护作为初期支护和二次模筑混凝土都是永久结构受力的部分，且设计上认为复合式衬砌中的初期支护是永久结构受力的主要部分，承担了结构受力的70%～80%。喷锚衬砌顾名思义就是将喷锚支护作为永久结构，锚喷支护是指由锚杆、喷射混凝土支护以及它们与其他支护结构的组合。⑤锚喷支护类型主要有：(a)锚杆支护；(b)喷射混凝土支护；(c)锚杆喷射混凝土支护；(d)钢筋网喷射混凝土支护；(e)锚杆、钢筋网、钢架喷射混凝土支护；(f)锚杆、钢筋网喷射混凝土支护；(g)预应力锚杆、钢筋网喷射混凝土支护；(h)浇筑混凝土衬砌等。

1.2.2 隧道工法分类选择

(1)隧道施工特点：①工程地质和水文地质条件对隧道施工起着重要作用，甚至是决定性作用；②施工速度慢，工期较长；③施工环境差；④多位于山岭地区，远离交通线，运输不便，供应困难；⑤隧道埋设于地下，一旦建成就难以更改，施工中应做到不留后患。

(2)隧道施工工法分类。隧道施工方法大致可两大类：①明挖法，又可分为基坑开法、盖挖法、沉管法三类工法，盖挖法又可细分为逆筑法、顺筑法两类工法。②暗挖法，又可分为钻爆法(矿山法)、非钻爆法两类工法，钻爆法又可分为传统的矿山法、新奥法两类工法；非钻爆法又可分为盾构法、掘进机法、顶进法三类工法。钻爆法(矿山法)主要有全断面法、台阶法、环形开挖留核心土法、中隔壁法、双侧壁导坑法、中导洞法等施工方法。新奥法可分为全断面法、台阶法、分部开挖法三类,分部开挖法包括三种开挖方案:台阶分部开挖法、单侧壁导坑法、双侧壁导坑法。新奥法施工的基本原则:少扰动、早喷锚、勤量测、紧封闭。

(3)施工工法选择依据:①工程的重要性。一般由工程的规模、适用上的特殊要求以及工期的缓急体现出来。②隧道所处的工程地质和水文地质条件。③施工技术条件和机械装备状况。④施工中动力和原材料供应情况。⑤工程投资后的社会效益和经济效益。⑥施工安全状况。⑦有关污染、地面沉降等环境方面的要求和限制。

(4)钻爆法选择原则。目前,钻爆法是山岭隧道最常采用的开挖工法,其选择原则如下:①应根据隧道长度、断面大小、结构形式、工期要求、机械设备、地质条件等选择适宜的开挖方案,并应具有较大适应性,变换开挖方法时应有过渡措施。②开挖断面尺寸要满足设计要求,确定合理开挖步骤和循环进尺,保持各开挖工序相互衔接、均衡施工。③采用有效的测量手段控制开挖轮廓线,开挖宜预留变形量。④开挖作业不得危及初期支护、衬砌和设备的安全,保护好量测用的测点;开挖后要做好地质构造的核对和监控量测工作,监控量测要及时,地质变化处和重要地段,要有相应的照片和文字记录描述。⑤开挖作业必须保证安全,减少对围岩的扰动。

(5)钻爆法作业要点:①隧道爆破应采用光面爆破,隧道爆破在必要时可采用预裂爆破技术,施工中提高钻眼效率和爆破效果,降低工料消耗。②开挖爆破应选用适当的炸药品种和型号,在漏水和涌水地段应采用非电导爆管起爆。③双洞开挖时要根据两洞的轴线间距、洞口里程距离、地质条件及其他自然条件,选择适宜的开挖方法,确定好两洞开挖的时间差和距离差,并采取措施防止后行洞开挖对先行洞周壁产生不良影响。④隧道双向开挖接近贯通时,两端施工应加强联系并统一指挥。当两开挖面间距离剩下 15～30 m 时,应改为单向开挖,并落实贯通面的安全措施,直到贯通为止。

1.2.3　隧道智能建造

随着新一轮科技革命和产业革命的快速发展,以人工智能、机器人、物联网、互联网等技术为代表的智能产业蓬勃兴起,成为时代科技创新的一个重要标志。在隧道建造行业,铁建重工以产品机器人化为目标,打造具有智能感知和分析决策功能的隧道智能施工机器人并实现应用,逐渐实现机器换人。隧道施工装备机器人化是实现隧道少人化、无人化施工的必然趋势,是践行隧道智能建造的重要途径,让隧道建造更智能、更高效、更安全、更环保。

(1)地下——隧道施工机器人军团

①超前勘探:超前钻探机器人作为地质侦察兵,具备 150 m 超前地质取芯功能,可对前方隧道施工地质进行快速超前勘探、预报。在福宜高速顺利完成超前探孔施工,钻进速度达 40 m/h ,如图 1-4 所示。

(a) 超前钻探机器人　　(b) 超前地质预报机器人　　(c) 智能型三臂凿岩台车

图 1-4　超前勘探机器人军团

②开挖作业：(a)凿岩机器人是隧道施工先锋，自动定位、自动移臂、自动钻孔，高效完成隧道开挖作业，在郑万高铁向家湾隧道单循环进尺突破 4.5 m，成为郑万高铁湖北段平均开挖进尺最快的隧道之一。(b)装药机器人作为炮兵，可实现快速装药，自动送退管、精准控制装药量。在郑万高铁单循环开挖进尺 4 m，单循环平均装药时间 2 h 以内，装药人员由 10 人降至 4 人。(c)除尘机器人作为卫生兵，快速吸附隧道爆破后产生的扬尘、集中排放，提高隧道作业环境空气质量。在拉林铁路达嘎拉隧道距离掌子面 150 m 左右的位置进行除尘，20 min 左右可将隧道内能见度不足 5 m 的空气处理到清晰状态，将原传统 2 h 的通风降尘时间缩短至 20 min。隧道开挖作业机器人军团如图 1-5 所示。

(a) 凿岩机器人　　(b) 装药机器人　　(c) 除尘机器人

图 1-5　隧道开挖作业机器人军团

③初期支护：(a)拱架机器人通过机械手快速实现拱架的抓取、拼装，自动运送精准就位。在安九铁路实现一榀拱架一次抓取、定位，安装作业时间缩短至 40 min，施工人员减少至 5 人。(b)锚杆机器人实现一体化锚杆钻孔、安装、注浆施工，进一步提高隧道结构稳定性。在郑万高铁单根锚杆钻孔、安装、注浆用时 5 min。(c)湿喷机器人自动规划路径、自动喷射，与拱架、锚杆共同形成稳定的初期支护结构。在拉泽项目隧道的高寒高海拔(4 600 m)、低压(68 kPa)、低温(最低气温−10 ℃)环境下正常作业。隧道初期支护施工机器人军团如图 1-6 所示。

(a) 拱架机器人　　(b) 锚杆机器人　　(c) 湿喷机器人

图 1-6　隧道初期支护施工机器人军团

④结构作业：衬砌机器人自动分层分窗带压灌注、自动振捣，有效避免混凝土不密实和空洞缺陷。在安九铁路衬砌施工，一个循环约 8～10 h，施工效率高；浇筑完成后的混凝土成型质量好，表面平整光洁。隧道衬砌施工机器人军团如图 1-7 所示。

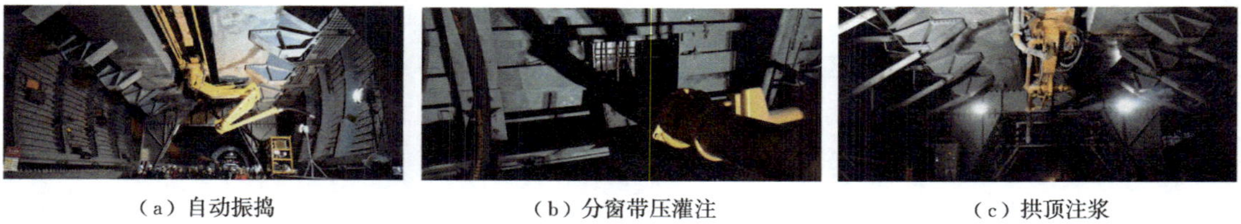

(a) 自动振捣　　(b) 分窗带压灌注　　(c) 拱顶注浆

图 1-7　隧道衬砌施工机器人军团

(2)地面——隧道施工机器人远程操控系统

机器人远程操控系统好似通信兵,负责洞内外信息的上传下达,监控管理隧道施工机器人军团,更能够实现高风险地质区段无人化操控作业,如图 1-8 所示。

(a) 车载式　　(b) 室内式　　(c) 虚拟沉浸式

图 1-8　地面——隧道施工机器人远程操控系统

(3)云端——隧道施工机器人协同管理平台

机器人协同管理平台是隧道施工机器人的指挥部,能够将隧道围岩、设计、施工、机器人等数字化信息集成、分析、共享,打破信息孤岛,助力实现人—机—岩实时高效协同决策,如图 1-9 所示。支撑隧道建造过程中围岩判识、设计交互、施工监管、质量评价等关键环节由传统工作模式向智能化转型升级。

隧道施工机器人的加入,颠覆了以人工为主的传统隧道建造方式,以机器人换人、减人,有效减少隧道施工高风险环境作业人员,大幅度提高了施工质量和效率,如图 1-10 所示。以隧道施工机器人为核心的“地下—地面—云端”技术体系已经初步在高原高寒铁路、郑万高铁、沿江高速公路等国家重大工程中进行应用,为隧道全生命周期智能建造提供了强有力的装备保障。

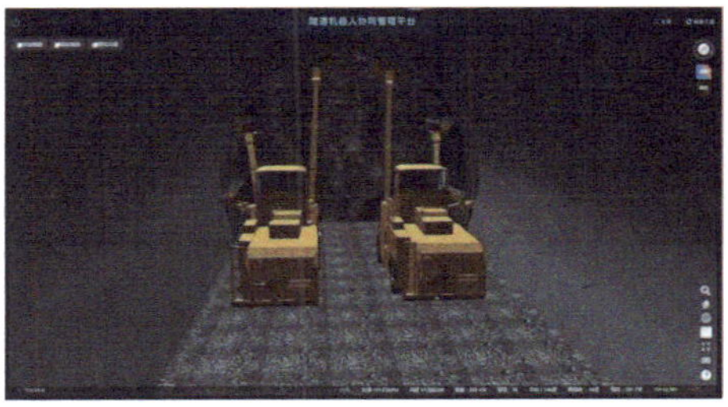

图 1-9　云端——隧道施工机器人协同管理平台

图 1-10　全工序隧道施工装备智能机群

1.3　隧道施工工法要点

随着隧道建设行业的蓬勃发展,不难预测出常规隧道施工方法在未来的发展趋势:①简单、实用、安全、经济、合理。②随着人工费不断增加,隧道施工机械化程度大大提高,大型机械设备在隧道中普遍采用将成为不可阻挡的发展趋势。③盾构机、TBM 机、切槽机、机械手、多臂液压凿岩机、高速水平钻机等大新型机械将会越来越多地在山岭隧道施工中采用。下面简要论述工程实践中常用的隧道施工工法的适用条件、工法要点、开挖支护顺序等。

1.3.1　全断面法

(1)全断面法:按照隧道开挖轮廓线一次爆破成形的施工方法,如图 1-11 所示。

(2)适用条件:适用于岩质较均匀Ⅰ～Ⅲ级围岩的中小跨度隧道,Ⅳ级围岩中跨度隧道和

Ⅲ级围岩大跨度隧道在采用了有效的预加固措施后,也可采用全断面开挖法。即适用于围岩整体性好,较坚硬的各种类型隧道,将隧道一次爆破开挖成形,其特点是施工速度快,爆破震动次数少,便于利用大型施工设备施工。

(3)施工步骤:钻孔→装药→爆破→排石→运渣→安装锚杆→喷混凝土。

(4)施工顺序:1 全断面开挖→2 初期支护→3 全断面二次衬砌。

(5)工法要点:①循环进尺宜控制在 3～4 m;②围岩自稳性好,无地下水出露或出露量不大;③要求采用大型施工机械配套作业,施工长度和施工区段长度不宜过短;④超前开挖导洞时,应控制开挖距离;⑤对于邻近有建筑物需要控制爆破振动速度的隧道用全断面开挖时,可以选择导洞超前再全断面扩挖的方法施工,但应控制导洞超前距离。

(a) 横断面　　(b) 纵断面　　(c) 现场实景图

图 1-11　全断面法施工

1.3.2　正台阶法

(1)正台阶法定义:先开挖上半断面,待开挖至一定长度后再开挖下半断面,上下半断面同时并进。

(2)适用条件:可用于Ⅲ～Ⅳ级围岩的中小跨度隧道,Ⅴ级围岩的中小跨度隧道在采用了有效的预加固措施后也可采用台阶法开挖。其特点为:适用于不同围岩和断面,有利于变换施工方法,台阶的级数和长度可根据围岩的软弱程度设置,一般情况下,台阶数为 2～3 级,台阶长度为 3～5 m 是在软弱围岩隧道施工中,最为常用的一种施工方法。

(3)施工顺序:1 上台阶开挖→2 上台阶初期支护→3 下台阶开挖→4 下台阶初期支护→5 全断面二次衬砌,如图 1-12 所示。

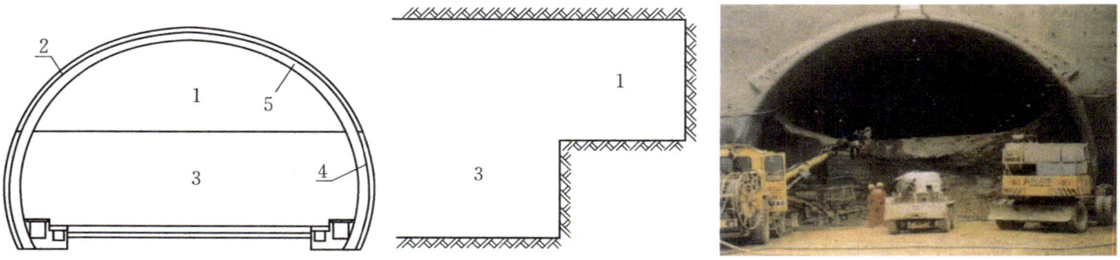

(a) 横断面　　(b) 纵断面　　(c) 现场实景图

图 1-12　台阶法施工工序

(4)工法要点:①上台阶高度宜为 2.5 m,装渣机械紧跟开挖面;②台阶长度不宜超过隧道开挖宽度的 1.5 倍,台阶不宜多分层,上下台阶之间的距离尽可能满足机具正常作业,并减少翻渣工作量,当顶部围岩破碎需支护时,可适当延长台阶长度;③施工应先护后挖,宜采用超前锚杆或超前小钢管辅助施工措施,开挖应尽量采用微震光面爆破技术;④初期支护应紧跟开挖面，上台阶钢架施工时，应采取有效措施控制其下沉和变形，钢架底脚宜设锁脚锚杆和纵向槽钢托梁；⑤下台阶应在上台阶喷射混凝土强度达到设计强度的 70%后开挖；⑥隧道两侧的沟槽及铺底部分应和下台阶一次开挖成型；⑦台阶分界线不得超过起拱线，台阶长度不得大于隧道开挖宽度的 1.5 倍，下台阶马口落底长度不大于 2 榀钢拱架的长度，应一次落底并尽快封闭成环；⑧台阶长度不宜过长，应尽快安排仰拱闭合，改善初期支护受力条件；⑨岩体不稳定时应缩短进尺，先施工边墙支护后开挖中间岩体，左右错开或拉中槽后再开挖边墙。

(5)工法灵活应用：根据台阶的长度可分为：长台阶、短台阶、超短台阶。①长台阶法上台阶超前 50 m 以上或大于 5 倍洞跨；上、下台阶可以平行作业，也可以交替作业；只需配备中型钻孔台车；这种工法对维持开挖断面稳定十分有利，主要适用于Ⅲ～Ⅳ级围岩条件。②短台阶法的上台阶超前小于 5 倍大于 1～1.5 倍洞跨；上下台阶平行作业；可缩短支护闭合时间，改善初次支护的受力条件；主要适用于Ⅳ～Ⅴ级围岩条件，尤其是Ⅳ级围岩所采用的主要方法。③超短台阶法，上台阶仅超前 3～5 m，只能采用交替作业，全断面闭合时间更短，更有利于围岩变形控制；上下断面相互干扰较大，施工速度较慢。适用于膨胀性围岩和土质围岩；适用于机械化程度不高的各类围岩。

(6)注意事项：①上台阶高度宜为 2.5 m，装渣机械应紧跟开挖面，减少扒渣距离；②控制上台阶钢架下沉和变形，可采用扩大拱脚和加强锁脚锚杆，加设临时仰拱等措施；③当岩体不稳定时，应缩短进尺，先施工边墙支护，后开挖中间土体，左右错开或拉中槽后再开挖边帮，并及时施作仰拱；④应解决好上、下部施工干扰问题，下部应减少对上部围岩、支护的扰动和破坏。

1.3.3 核心土法

(1)核心土法(环形开挖留核心土法)定义：先开挖上部导坑，并进行初期支护，再分部开挖剩余部分。一般将断面分成环形拱部、上部核心土、下部台阶等三部分。根据断面的大小，环形拱部又可分成几块交替开挖。环形开挖进尺为 0.5～1.0 m，不宜过长。台阶长度一般以控制在 1D 内(D 一般指隧道跨度)为宜。

(2)适用条件：可用于Ⅳ～Ⅴ级围岩或一般土质围岩的中小跨度隧道，适用于地层较差，跨度≤12 m 的隧道工程。①工法优点：与超短台阶法相比，台阶长度可以适度加长，以减少上下台阶施工干扰；而与侧壁法相比，施工机械化程度可相对提高，施工速度可加快。②工法缺点：虽然核心土增强了开挖面的稳定，但开挖中围岩要经受多次扰动，而且断面分块多，支护结构形成全断面封闭的时间长，这些都有可能使围岩变形增大。因此，它常要结合辅助施工措施对开挖工作面及其前方岩体进行预支护或预加固。

(3)施工顺序：1 弧形导坑开挖→2 拱部初期支护→3 预留核心土开挖→4 下台阶中部开挖→5 下台阶侧壁开挖→6 仰拱超前浇筑→7 全断面二次衬砌，如图 1-13 所示。

(4)工法要点：①将开挖面分为上、中、下及底部四个部分逐级掘进施工；②每循环环形开挖进尺控制为 0.5～1.0 m 之间，核心土面积不小于整个断面面积的 50%，上部宜超前中部 3～5 m，中部超前下部 3～5 m，下部超前底部 10 m 左右。为方便机械作业，上部开挖高度控制在 4.5 m 左右，中部台阶高度也控制在 4.5 m 左右，下部台阶控制在 3.5 m 左右；③每一台阶开挖完成后，要及时喷射 4 cm 厚混凝土对围岩进行封闭，施工喷锚支护、安设钢架支撑和锁脚锚杆，分层复喷混凝土到设计厚度，必要时各台阶设临时仰拱加强支护，完成一个开挖循环；④相邻钢架必须用钢筋连接，并应按设计要求施工锁脚锚杆；⑤围岩地质条件差、自稳时间短时，开挖前按设计要求进行超前支护；⑥核心土与下台阶开挖要在上台阶支护完成、喷混凝土强度达到设计强度的70%后进行，为防止上台阶初期支护下沉变形，其底部宜加设槽钢托梁，托梁与钢架连为一体，钢架底部应按要求设置锁脚锚杆，并与纵向槽钢焊接，锚杆布设俯角宜为45°；⑦对土质隧道应以核心土为基础设立3根临时钢架竖撑以支撑拱顶和拱腰，核心土根据围岩量测结果适当滞后开挖。

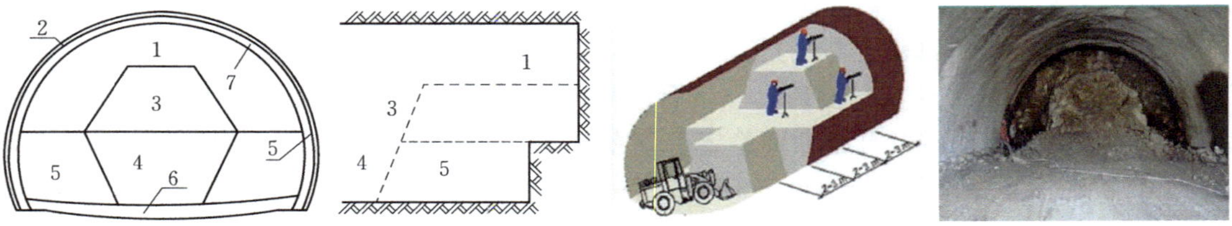

（a）横断面　（b）纵断面　（c）示意图　（d）现场实景图

图1-13　核心土法施工工序

1.3.4　中隔壁法

（1）中隔壁法（CD法）定义：CD法是在软弱围岩大跨度隧道中先分部开挖隧道的一侧，并施作中隔壁，然后再分部开挖另一侧的施工方法。将隧道分为左右两大部分进行开挖，先在隧道一侧采用台阶法自上而下分层开挖，待该侧初期支护完成，且喷射混凝土达到设计强度70%以上时再分层开挖隧道的另一侧，其分部次数及支护形式与先开挖的一侧相同。

（2）适用条件：适用于围岩地质条件较差和不稳定岩体、跨度大、浅埋、地表沉降需要严格控制的地下工程施工场合。CD工法和CRD工法在大跨度隧道中应用普遍，在施工中应严格遵守正台阶法的施工要点，尤其要考虑时空效应，每一步开挖必须快速，必须及时步步成环，工作面留核心土或用喷混凝土封闭，消除由于工作面应力松弛而增大沉降值的现象。

（3）施工顺序：1先行导坑上部开挖→2先行导坑上部初期支护→3先行导坑中部开挖→4先行导坑中部初期支护→5先行导坑下部开挖→6先行导坑下部初期支护→7后行导坑上部开挖→8后行导坑上部初期支护→9后行导坑中部开挖→10后行导坑中部初期支护→11后行导坑下部开挖→12后行导坑下部初期支护→13仰拱超前浇筑→14全断面二次衬砌，如图1-14所示。

（a）横断面　（b）纵断面　（c）CD法（两台阶）　（d）CD法（三台阶）

图1-14　中隔壁法（CD法）施工工序

（4）工法要点：①上部导坑的开挖循环进尺控制为1榀钢架间距（0.75～0.8 m）、下部导坑的开挖进尺可依据地质情况适当加大；②初期支护完成后方可进行下一分部开挖，地质较差时，每个台阶底部均应按设计要求设临时钢架或临时仰拱；③各部开挖时，周边轮廓应尽量圆顺；④应在先开挖侧喷射混凝土强度达到设计要求后再进行另一侧开挖；⑤左右两侧导坑开挖工作面的纵向间距不宜小于15 m；⑥当开挖形成全断面时，要及时完成全断面初期支护闭合；

⑦中隔壁及临时支撑应在浇筑二次衬砌时逐段拆除；⑧导坑开挖孔径及台阶高度可根据施工机具、人员等安排进行适当调整，应配备适合导坑开挖的小型机械设备，提高导坑开挖效率；⑨拱顶下沉 7 d 内增量在 2 mm 以下时，可以拆除中隔壁，中隔壁拆除应滞后于仰拱，一次拆除长度应根据量测数据慎重确定，拆除后应立即施作二次衬砌。

1.3.5　双侧壁导坑法

(1)双侧壁导坑法定义：采用分部开挖隧道两侧的导坑，并进行初期支护，再分部开挖剩余部分的施工方法。

(2)适用条件：适用于浅埋大跨度隧道及地表下沉量要求严格而围岩条件很差的情况。适用于围岩整体性差，破碎软弱的大中型断面的隧道。

(3)施工顺序：1 左(右)导坑开挖→2 左(右)导坑初期支护→3 右(左)导坑开挖→4 右(左)导坑初期支护→5 上台阶开挖→6 上台阶初期支护、导坑隔壁拆除→7 下台阶开挖→8 仰拱初期支护→9 仰拱超前浇筑→10 全断面二次衬砌，如图 1-15 所示。

(4)工法要点：①围岩开挖应尽量采用挖掘机和人工配合无爆破施工，局部需爆破施工时宜采用弱爆破施工，尽量减少对地层的扰动；②开挖应严格按规范做好监控量测工作，及时掌握围岩及支护的变形情况，以便及时修正支护参数，改变施工方法，同时做好地质超前预报工作；③认真做好开挖时的排水工作，在保证排水畅通的同时，重点对两侧临时铺砌抹面，防止钢支撑基底软化；④侧壁导坑开挖后，要及时施工初期支护并尽早封闭成环；⑤侧壁导坑形状应接近于椭圆形断面，导坑跨度宜为整个隧道跨度的 1/3；⑥左右导坑施工时，前后拉开距离不宜小于 15 m；⑦导坑与中间土体同时施工时，导坑应超前 30～50 m。

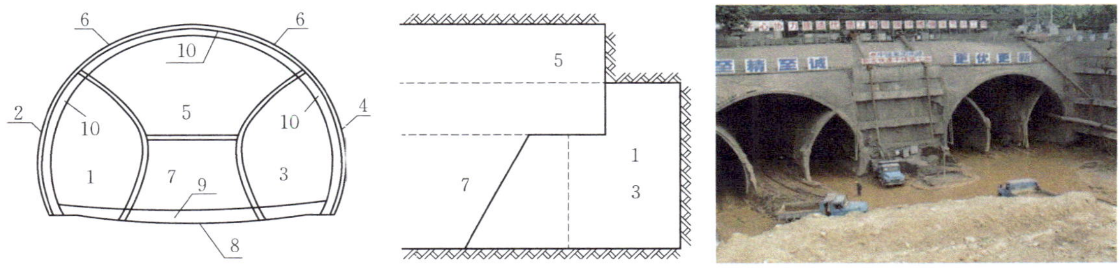

(a) 横断面　　(b) 纵断面　　(c) 现场实景图

图 1-15　双侧壁导坑法施工工序

1.3.6　交叉中隔壁法

(1)交叉中隔壁法(CRD 法)定义：在软弱围岩大跨度隧道中，先分部开挖隧道一侧，施作中隔壁和横隔板，再分部开挖隧道另一侧并完成横隔板施工的施工方法。

(2)适用条件：适用于围岩地质条件较差、跨度大、浅埋、地表沉降需要控制的场合。适用于断面大，围岩特别破碎软弱的隧道，特点为：工序多，施工干扰大，质量管理困难，施工速度慢，不利于施工方法的变通，但在大断面隧道中处理软弱围岩，是一种最安全有效的施工方法。

(3)施工顺序：1 左侧上部开挖→2 左侧上部初期支护→3 左侧中部开挖→4 左侧中部初期支护→5 右侧上部开挖→6 右侧上部初期支护→7 右侧中部开挖→8 右侧中部初期支护→9 左侧下部开挖→10 左侧下部初期支护→11 右侧下部开挖→12 右侧下部初期支护→13 仰拱超前浇筑→14 全断面二次衬砌，如图 1-16 所示。

(4)工法要点:①该工法要点与中隔壁法大体相同。②为确保施工安全,上部导坑开挖循环进尺控制为1榀钢架间距(0.6~0.75 m),下部开挖进尺可依据地质情况适当加大,仰拱一次开挖长度依据监控量测数据结果、地质情况综合确定,一般不宜大于6 m;③中间支护系统的拆除时间应考虑其对后续工序的影响,当围岩变形达到设计允许的范围之内,并在严格考证拆除的安全性后方可拆除,中隔壁混凝土拆除时,要防止对初期支护系统形成大的振动和扰动;④中隔壁的拆除时间要求同CD法;⑤要配备适合导坑开挖的小型机械设备。

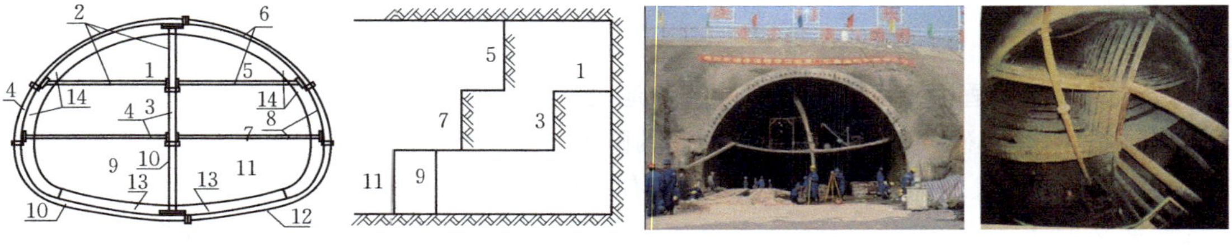

(a)横断面　(b)纵断面　(c)CRD法(两台阶)　(d)CRD法(三台阶)

图1-16　交叉中隔壁法(CRD法)施工工序

1.3.7　中导洞法

(1)中导洞—正洞施工工法是双连拱隧道施工的一种高效施工方法。该法根据新奥法原理,可采用光面爆破大断面开挖,使用锚、喷、网、钢拱架和超前导管及超前管棚等支护手段,先开挖贯通中导洞,浇筑中隔墙混凝土,然后采用上下台阶法开挖左右正洞,最后进行全断面二次衬砌。早期的双连拱隧道多采用三导洞法施工,对围岩扰动的次数多,施工周期长,工效慢、工期长、成本高,不利于隧道防水。

(2)适用条件:适用于有辅助坑道(平行导坑、横洞、斜井)的隧道,在围岩较好的地层中,中导坑超前隧道正面施工,是由隧道正面扩挖的一种方法。其特点是在辅助导坑内开辟正洞的第二工作面,加快了施工速度,利于施工通风,可利用导坑提前贯通。此方法不宜在围岩软弱破碎的地层中使用。

(3)施工顺序:1中隔墙超前导洞开挖(含导洞锚喷支护及中隔墙连接锚杆)→Ⅰ中隔墙衬砌施作,墙顶挂网,喷混凝土回填→2左(右)洞上半部开挖→Ⅱ左(右)洞拱部初期支护施作→3隧道下台阶开挖→Ⅲ边墙初期支护施作→4仰拱施作→Ⅳ拱墙衬砌施作。

(4)施工步骤:采用中导洞—正洞法施工,其步骤为先开挖中导坑,并做导坑临时支护直到中导洞贯通,然后由内向外浇筑中隔墙直到全部完成,铺设中隔墙顶防水材料,并将中隔墙相同标号的混凝土回填打设长管棚注浆,然后开挖右洞上拱及初期支护,同时做好围岩的变形观测。待右洞上拱推进适当距离(约5~10 m)后,开挖左洞上拱并做好上拱的初期支护,做好围岩的变形观测,上拱掘进适当距离(约50 m左右)开挖洞身中槽,采用"马口"跳槽的方法进行侧墙的开挖与初期支护,"马口"开挖宽度控制在2~3 m,施工过程中侧墙与拱部初期支护严禁通缝。侧墙初期支护完成后铺设防水层,采用衬砌台车双对称浇筑二次衬砌混凝土。施工工序如图1-17所示。

(5)工法要点:①采用新奥法施工,尽量减少对围岩的扰动,充分保护和利用围岩的自承载能力,提高隧道结构的整体安全度。②与三导洞法相比,减少了两个侧壁导洞,施工干扰少、临时支护量小,有效地降低了对围岩的扰动,缩短了施工周期,降低成本,减少工程投资。

（a）上下台阶开挖法施工顺序　（b）中导洞施工实景图　（c）三导洞隧道施工实景图

图 1-17　中导洞—正洞法施工工序

1.4　围岩与支护作用机理

1.4.1　围岩稳定判据

(1)围岩开挖应力场变化:由于岩体的自重和地质构造作用,在开挖隧道前岩体中就已经存在着一定的地应力场,人们称之为围岩的初始应力场(又称原始地应力场)。它是经历了漫长的应力历史而逐渐形成的,并处于相对稳定和平衡状态之中。隧道开挖后,使得围岩在开挖边界处解除了约束,应力平衡失去,此时洞室周边的法向应力和剪应力都变为零,即 $\sigma_n=0$,$\tau=0$。其结果引起了洞室变形(这种变形系岩体卸载而发生的回弹变形),产生应力重分布,形成围岩新的应力平衡状态(应力场),称为围岩二次应力场。由此可以看出,因开挖隧道而引起的围岩变形、破坏、应力传播等一切岩石力学现象无一不与围岩的初始应力场密切相关,都是初始应力场发展的延续。

(2)围岩二次应力状态影响因素:影响围岩二次应力状态的因素有很多,如围岩的初应力状态、岩体的构造因素(结构面、岩块组合形态等)、坑道形状和尺寸、埋深以及坑道施工技术等。隧道开挖后周围岩体中的应力、位移,视围岩强度可分为两种情况:一种是隧道开挖后围岩仍处在弹性状态,此时,隧道围岩除产生少许松弛外(由于爆破造成的)仍是稳定的,称之为弹性二次应力状态及位移状态;另一种是隧道开挖后,其周围一定范围内岩体的应力达到或超过岩体的强度屈服条件,此范围内的隧道围岩处于塑性甚至松弛状态,将产生塑性滑移、松弛或破坏,而在此范围以外的围岩仍处于弹性状态,称之为塑性二次应力状态及位移状态。

(3)无支护坑道围岩失稳破坏形式:坑道稳定性是指隧道围岩在开挖过程中,在不设任何支护情况下所具有的稳定程度。因此,无支护地段的暴露岩体,在要求时间内不发生破坏、滑动,且其径向位移不超过允许值时即是稳定的。无支护坑道围岩的失稳破坏有如下三种形式:①由于破碎岩体的自重作用,超过了它们脱离岩体的阻力而多在顶部、较少在侧壁处造成局部崩塌。②由围岩应力重分布所造成的应力集中区域内的岩体强度破坏而形成的崩塌。一般发生在脆性岩体中,且在多数情况下,岩体破坏从坑道侧壁开始,同时岩体的破坏和位移也可能发生在顶部和底部。③在塑性岩体中,由于岩体的塑性变形使岩体产生了过度的位移,在无明显的破坏迹象的情况下失稳。

(4)隧道围岩稳定性判据:隧道围岩丧失稳定乃是围岩二次应力与岩体强度特性矛盾过程的发展结果。围岩的二次应力场是客观存在的,但能否造成隧道围岩的失稳破坏,要具有一定的转化条件和转化过程。从工程设计的角度来看,这个转化条件就是所谓破坏判据。严格地说,破坏判据应该是根据物理实验所获得的破坏机理而建立起来的材料破坏的力学法则,它必须包含具有一定物理意义的基准值以及表示材料状态的特征值,如应力状态或变形状态。众所周知，隧道围岩破坏机理十分复杂，目前还没有从理论上建立起一个判别隧道围岩稳定性的标准方法。根据工程设计的实践经验，这个判据应包括三方面的内容：

①围岩的二次应力状态与岩体强度的关系：实践证明，只有围岩的应力状态超过岩体的强度条件，才能造成岩体的塑性变形、剪切破坏、坍塌、滑动、弯曲变形等失稳的前兆。所以，满足岩体的强度条件是围岩失稳和破坏的必要条件。由于岩体中实际存在的不连续性和各向异性，岩体的强度必然不能直接引用岩石强度公式。虽经岩石力学工作者多年努力，迄今仍未建立起一个完备而又实用的岩体强度的理论判据。

②围岩位移状态和岩体变形能力的关系：隧道是高次超静定结构，围岩局部区域进入塑性状态或受拉破坏，都不一定意味着隧道围岩就将丧失整体的稳定性。除非渐进的强度损失引起岩体变形无法控制，使围岩极度松弛，才有可能导致隧道围岩发生整体坍塌。所以，满足围岩的变形条件是造成围岩失稳破坏的充分条件。当然，从防止围岩侵入隧道净空出发，对最大位移量也有一定的限制。

③围岩局部落石的稳定性：围岩的局部落石破坏是由于爆破开挖、风化等施工和地质原因，使不稳定岩块在自重作用下沿着软弱结构面塌落或滑落，这类破坏一般不会丧失隧道围岩的整体稳定性。但在镶嵌的块体围岩中，常常由于一块最不稳定的"关键块"坍落，而牵制带动邻近岩块的坍落，最后造成整个围岩坍塌。

1.4.2 围岩支护作用

(1)弹塑性平衡理论：开挖隧道时，由于临空面的形成，围岩开始向洞内产生位移，这种位移我们称之为收敛。若岩体强度高，整体性好，断面形状有利，岩体变形到一定程度，就将自行停止，围岩是稳定的。反之，岩体的变形将自由地发展下去，最终导致隧道围岩整体失稳而破坏。在这种情况下，应在开挖后适时地沿隧道周边设置支护结构，对岩体的移动产生阻力，形成约束。相应地，支护结构也将承受围岩所给予的反力，并产生变形。支护结构变形后所能提供的阻力会有所增加，而围岩却在变形过程中释放了部分能量，进一步变形的趋势有所减弱，需要支护结构提供的阻力以及支护结构所承受的反力都将降低。如果支护结构有一定的强度和刚度，这种隧道围岩和支护结构的相互作用会一直延续到支护结构所提供的阻力与围岩应力之间达到平衡为止，从而形成一个力学上稳定的隧道结构体系。这时的隧道围岩应力状态称为三次应力状态。假定在开挖隧道的同时，支护结构立即施作并发挥作用，在支护结构具有极大刚度的情况下，围岩可以一点也不产生变形，但支护结构必须使围岩保持在原来的初始应力状态，因而支护结构所受到的反力也必然等于围岩中初始应力所形成的全部压力。反之，支护结构施设得过迟，或它的刚度过小，都将会引起围岩结构松弛，自承能力下降，所需的支护阻力或支护结构的受力又将增大。所以说，要经济合理地设计支护结构，必须进一步研究隧道围岩的收敛和支护结构的约束作用的机理。上述的弹塑性平衡理论是解决这个问题的基础。

(2)隧道支护后的围岩应力状态及位移状态：隧道开挖后，围岩应力状态出现两种情况：一种是开挖后的二次应力状态仍然是弹性的，隧道围岩除因爆破、地质状态、施工方法等原因可能引起少许松弛掉块外，是稳定的。在这种情况下，坑道是稳定的，原则上无需支护，即使支护也是防护性的，支护措施一般可采用喷浆或者喷射混凝土。另一种是开挖后隧道围岩产生一定范围的塑性区，此时应采用承载型的支护结构，以维护坑道的稳定。在此重点分析承载型支护情况下隧道围岩的应力状态及位移状态。隧道支护后，相当于在隧道周边施加了一个阻止隧道围岩变形的支护阻力(抗力)，从而也改变了围岩的二次应力状态。支护阻力的大小和方向对围岩的应力状态有着很大的影响。为了简化，这里假定支护阻力是径向的，并沿隧道周边均匀分布，以 P_a 表示，而且隧道开挖后立即发挥其作用。分析时，仍以侧压力系数 $\lambda=1$ 时的圆形隧道为研究对象，因此，它还是一个轴对称平面应变问题。

①弹性应力及位移状态：如图 1-18 所示，在弹性应力状态下，当隧道周边有径向阻力 P_a 作用时，围岩径向应力 σ_r 和切向应力 σ_θ 可由式(1-1)表示。

$$\left.\begin{aligned}\sigma_r&=\sigma_z(1-\alpha^2)+P_a\alpha^2\\ \sigma_\theta&=\sigma_z(1+\alpha^2)-P_a\alpha^2\end{aligned}\right\} \tag{1-1}$$

$$\alpha=\frac{a}{r}$$

式中　a——隧道半径；

　　　r——所论点至隧道中心的距离。

前一项是由初始应力 σ_z 造成的，后一项是由支护阻力 P_a 造成的。

当 $\alpha=1$，即 $r=a$ 时，有：

$$\sigma_r=P_a,\sigma_\theta=2\sigma_z-P_a \tag{1-2}$$

由此可见，支护阻力 P_a 的存在，使周边围岩的径向应力 σ_r 增大，切向应力 σ_θ 减小。也就是说，使隧道周边的岩体应力状态从单向(或二向)应力状态转变为二向(或三向)应力状态，从而提高了隧道周边岩体的承载能力，如图 1-19 所示。根据莫尔—库仑破坏准则，如使隧道围岩处于弹性状态，则有：

$$(2\sigma_z-P_a)-\xi P_a-R_b\leqslant 0\Rightarrow P_a\geqslant\frac{2\sigma_z-R_b}{\xi+1} \tag{1-3}$$

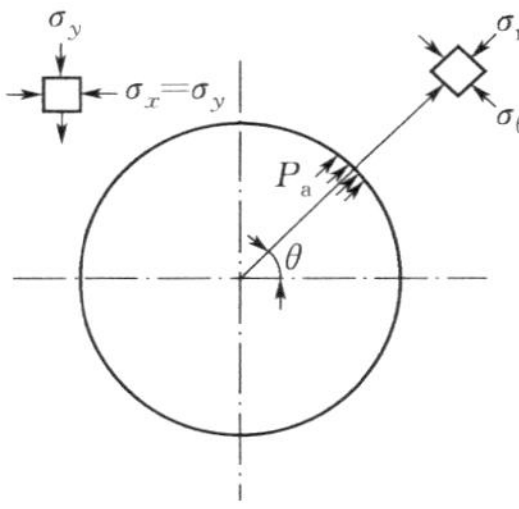

图 1-18　周边作用支护力的隧道力学模型

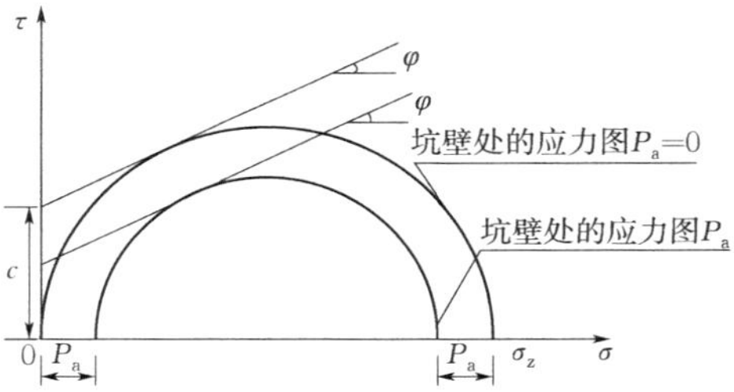

图 1-19　不同 P_a 时的应力圆

因此，维持隧道围岩处于弹性应力状态所需的最小支护阻力为：$P_{min}+\dfrac{2\sigma_z-R_b}{\xi+1}$。它仅与初始应力场及岩性指标有关，而与隧道尺寸无关。根据前面的分析结果，在支护阻力作用下，隧道周边向隧道内的弹性位移 u_a 用式(1-4)表示。

$$u_a=\frac{a}{2G}(\sigma_z-P_a)=\frac{(1+\mu)a}{E}(\sigma_z-P_a) \tag{1-4}$$

由式(1-4)可以看出，支护阻力 P_a 越大，隧道周边向隧道内的弹性位移 u_a 就越小。反之，P_a 越小，u_a 就越大，这一点说明了当允许围岩有较大的位移时所需的支护阻力是不大的。若 $P_a=0$，则有 $u_a=\dfrac{a}{2G}\sigma_z$(无支护隧道洞壁弹性位移值)。若要 $u_a=0$，则需 $P_a=\sigma_z$，即要使隧道周边不产生径向位移，隧道周边必须恢复到初始应力状态，但实际上这是不可能的。

②塑性应力及位移状态：

(a)塑性应力状态,在塑性应力状态下,当隧道周边有径向支护抗力 P_a 作用时,其应力值可按前述方法确定,塑性区的应力分量由式(1-5)表示。

$$\left.\begin{aligned}\sigma_{rp}&=\frac{R_b}{\xi-1}\left[\left(\frac{r}{a}\right)^{\xi-1}-1\right]+\left(\frac{r}{a}\right)^{\xi-1}P_a\\\sigma_{\theta p}&=\frac{R_b}{\xi-1}\left[\left(\frac{r}{a}\right)^{\xi-1}-1\right]+\left(\frac{r}{a}\right)^{\xi-1}\xi\cdot P_a\end{aligned}\right\}\tag{1-5}$$

(b)塑性区半径:塑性区半径 r_0 用式(1-6)表示。

$$r_0=a\left[\frac{2}{\xi+1}\cdot\frac{(\xi-1)\sigma_z+R_b}{(\xi-1)P_a+R_b}\right]^{\frac{1}{\xi-1}}\tag{1-6}$$

由式(1-6)可以看出,隧道支护阻力 P_a 越大,其塑性区范围越小。这说明了径向支护阻力对限制围岩塑性区的发展起重要作用。这是因为支护阻力的存在,使围岩的应力状态由二维的变为三维的,从而提高了围岩的抗屈服能力。当支护阻力增加到一定程度,就有可能在围岩中不形成塑性区。若使隧道周围不存在塑性区,即 $r_0\leqslant a$,由式(1-6)可求得式(1-7)。

$$P_a\geqslant\frac{2\sigma_z-R_b}{\xi+1}\tag{1-7}$$

这与上面的分析结果是一样的。此外,由式(1-7)还可解出 P_a,见式(1-8)。

$$P_a=-\frac{R_b}{\xi-1}+\left(\frac{2\sigma_z}{\xi+1}+\frac{2R_b}{\xi^2-1}\right)\cdot\left(\frac{a}{r_0}\right)\tag{1-8}$$

式(1-8)清楚地说明了支护阻力(P_a)与初始应力(σ_z)、岩性指标(R_b、φ、c)以及隧道尺寸之间的关系。在其他条件相同时,支护阻力 P_a 随着塑性区半径 r_0 的增大而减小。同时说明了当允许岩体形成较大的塑性区时,所需的支护阻力是不大的。

(c)塑性位移状态:隧道围岩应力重分布的结果,必然伴随着变形的发展,这种变形表现在隧道直径的减小,即隧道壁向隧道内的径向位移 u_a。前已述及,当支护阻力 P_a 作用时,在弹性应力状态下,隧道周边位移由式(1-9)表示,而在塑性应力状态下,隧道周边位移由式(1-10)表示。

$$u_{ae}=\frac{a}{2G}(\sigma_z-P_a)=\frac{(1+\mu)\cdot a}{E}\cdot(\sigma_z-P_a)\tag{1-9}$$

$$u_{ap}=\frac{1}{2G}(\sigma_z-\sigma_{r_0})\frac{r_0^2}{a}\tag{1-10}$$

$$\sigma_{r_0}=\frac{2\sigma_z-R_b}{\xi+1}\tag{1-11}$$

式中 σ_{r_0}——弹塑性区交界面上的径向应力。

将式(1-11)代入式(1-10)并考虑式(1-6)得隧道周边位移由式(1-12)表示。

$$\begin{aligned}u_{ap}&=\frac{1}{2G}\left(\sigma_z-\frac{2\sigma_z-R_b}{\xi+1}\right)\cdot\frac{r_0^2}{a}\\&=\frac{a}{2G}\left(\sigma_z-\frac{2\sigma_z-R_b}{\xi+1}\right)\cdot\left[\frac{2}{\xi+1}\cdot\frac{(\xi-1)\sigma_z+R_b}{(\xi-1)P_a+R_b}\right]^{\frac{2}{\xi-1}}\end{aligned}\tag{1-12}$$

由此可见,在形成塑性区后,隧道周边位移 u_a 不仅与岩性指标、隧道尺寸、初始应力场有关,还与支护阻力有关。在一定条件下,允许变形(位移)u_a 越大,塑性区范围也越大,而所需的支护阻力 P_a 就越小。

(3)围岩特性曲线(支护需求曲线):如图 1-20 所示,支护阻力 P_a 与隧道洞壁位移 u_a 的关系曲线应该由弹性状态和塑性状态两部分组成，可得到 P_a-u_a 关系曲线。从图中可以看出，随着 u_a 的增大，P_a 逐渐减小，超过 $u_{a,min}$ 后，P_a 又逐渐增大；反之，随着 P_a 的增大，u_a 也逐渐减小。可以认为这条曲线形象表达了支护结构与隧道围岩之间的相互作用：在极限位移范围内，围岩允许的位移大了，所需的支护阻力就小，而应力重分布所引起的后果大部分由围岩所承担；围岩允许的位移小了，所需的支护阻力就大，围岩的承载能力就得不到充分的发挥。P_a-u_a 关系曲线，反映了隧道周边位移与隧道稳定所需的支护阻力之间的关系，所以这条曲线可以称为“支护需求曲线”或“围岩特性曲线”，这条曲线是研究隧道荷载的基础，也称之为“荷载特征曲线”。综合上述，支护阻力 P_a 的存在控制了隧道围岩的变形和位移。从而控制了围岩内塑性区的发展和应力变化，这就是支护结构的支护实质。同时由于支护阻力的存在也改善了周边岩体的承载条件，从而相应地提高了岩体的承载能力。应该指出，上述分析是在理想条件下进行的，例如，假定洞壁各点的径向位移都相同、支护需求曲线与支护的刚度无关等。事实上，即使在标准固结的黏土中，洞壁各点的径向位移相差也很大，也就是说，洞壁的每一点都有自己的支护需求曲线。再说支护阻力是支护结构与隧道围岩相互作用的产物，而这种相互作用与围岩的力学性质有关，当然也取决于支护结构的刚度，不能认为支护结构只有阻力而无刚度。不过，尽管存在这样一些不准确地方，但上述隧道围岩与支护结构相互作用机理仍有效。

(4)支护补给特性曲线：以上所述乃是隧道围岩与支护结构共同作用的一个方面，即围岩对支护的需求情况。现在分析它的另一个方面，即支护结构可以提供的约束能力。任何一种支护结构，如钢拱支撑、锚杆、喷射混凝土层、模板灌注混凝土衬砌等，只要有一定的刚度，并和围岩紧密接触，总能对围岩变形提供一定的约束力，即支护阻力。但由于每一种支护形式都有自己的结构特点，因而可能提供的支护阻力大小与分布，以及它随支护变形而增加的情况都有很大的不同。现仍以圆形隧道为研究对象，并假定围岩给支护结构的反力也是径向匀布的。因此，这还是一个轴对称问题。相对于围岩力学特性而言，混凝土或钢支护结构力学特性可以认为是线弹性的，也就是说，作用在支护结构上的径向均布压力 P_a 是和它的径向位移 u_a-u_0 呈线性关系，P_a 由式(1-13)表示。

$$P_a = K_z \cdot (u_a - u_0) \tag{1-13}$$

式中　P_a——支护结构提供的支护阻力；

u_a——平衡时隧道洞周径向位移；

u_0——支护结构开始发挥作用时隧道周边位移值；

K_z——支护结构的刚度，因为这里只考虑径向均布压力，所以式中只包含支护结构受压(拉)刚度，若隧道周边的收敛不均匀，则支护结构的弯曲刚度就成为主要的了，不同的支护结构形式有不同的 K_z 值。

图1-21表示锚喷联合支护、喷混凝土支护、锚杆支护三种支护结构形式的支护补给特性曲线。有了围岩的支护需求曲线和支护结构的支护补给曲线，就可以进一步来分析隧道围岩和支护结构如何在相互作用的过程中达到平衡状态的，如图1-20所示。隧道开挖初期，围岩变形很小，其稳定所需的支护约束力很大，而一般支护结构所能供给的则很小。因此，围岩继续变形，在变形过程中由于支护结构与围岩一同变形，支护结构的约束阻力进一步增长。如果支护结构有足够的强度和刚度，则围岩的支护需求曲线和支护结构的支护补给曲线会相交一点，而达到平衡，这个交点都应在 $u_{a,min}$ 或 $u_{a,max}$ 之间。随着时间的推移，地下水位逐渐恢复，围岩物性指标恶化，锚杆锈蚀等，这个平衡状态还将调整。图1-22支护平衡特性曲线中，清晰地表明支护结构和围岩变形之间的特征：①不同刚度的支护结构与围岩达成平衡时的 P_a 和

u_a 是不同的。刚度大的支护结构承受较大的围岩反力(压力),反之,柔性较好的支护结构所承受的围岩压力要小得多。②同样刚度的支护结构,由于架设的时间不同,最后达成平衡的状态也是不同的。支护结构架设得越早,它所承受的围岩压力就越大。但这不等于说支护结构参与相互作用的时间越迟越好,因为初始变形不加控制会导致围岩迅速松弛而崩坍。因此,原则上要尽早地架设初期支护,以控制围岩的初始变形在适当的范围内。当然,这个范围的大小视岩体的特性和埋置深度而变。

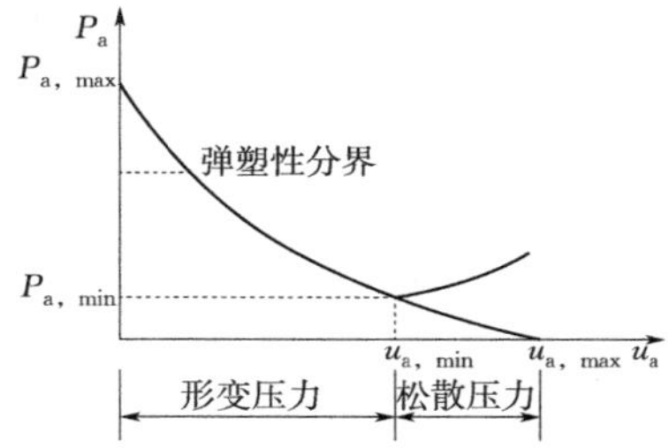

图 1-20 围岩特性曲线

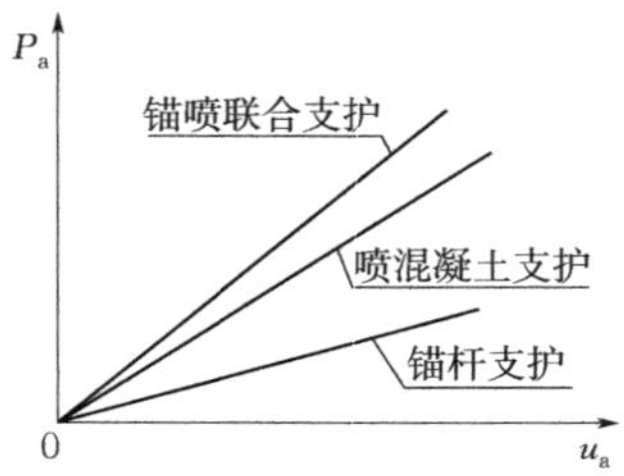

图 1-21 支护补给特性曲线

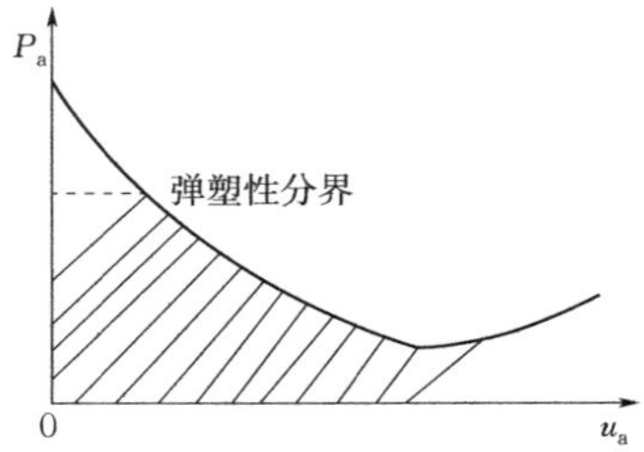

图 1-22 支护平衡特性曲线

1.4.3 围岩稳定因素

影响围岩稳定性的因素有两个方面:一是内在的因素,即地质状态影响;二是人为因素,即施工带来的影响。内在的因素有岩土体的结构状态、岩石的基本性质、地下水状态及其初始应力状态等。人为因素有施工方法、支护措施、隧道形状及尺寸等。

(1)地质及地质结构

①围岩的完整状态及其结构面状态:围岩的完整状态,也即围岩的破碎程度,包含两个方面的含义:一是组成岩体的岩块的大小;二是这些岩块的组合状态。破碎程度在一定程度上反映了岩土体在地质构造运动时的作用大小,岩土体越破碎则隧道越不稳定,越容易坍塌。岩土体在形成过程中大都经历过许多次强烈程度不同的构造运动。这些地质构造运动在地层中形成了一系列的构造形迹,大型的如断层、褶曲等,小型的如构造节理、小型断裂、裂隙等。岩体中还有在成岩或变质过程中形成的间断面、接触面、片理、劈理、层理、夹层等结构面。这些各种类型的结构面是岩体中的薄弱部分,是围岩稳定与否的控制因素。中国科学院地质研究所将岩体结构类型划分为整体块状结构、层状结构、碎裂结构及散体结构等四类。这些类型的结构岩体与不同类型地下工程在不同方位情况下,可形成不稳定、次稳定或稳定的围岩。

②岩石本身的强度及其岩性:当岩体结构状态不是影响围岩稳定性的主要因素时,则隧道工程所在位置围岩的性质成为影响围岩稳定性的一个重要因素。例如,在大块状岩体中,裂隙少,结构面强度高,此时岩石强度接近岩体强度,岩石越硬,本身强度越高,则围岩也越稳定。同时,岩石的性质对围岩的稳定性具有重要的影响。如新鲜的火成岩大多强度较高,变形小,而沉积岩则因其层厚及胶结物的不同力学性质就大不相同。对于隧道结构可能出现的一些失稳现象,如岩溶问题、蠕变问题、湿陷性问题以及遇水膨胀问题和大变形问题等也与岩性密切相关。如在硬岩中可能会由于节理切裂而引起岩块塌落或因开挖引起的二次应力场积蓄较大的弹性位能而造成的岩爆,以及侧帮开裂、剥落等脆性破裂;而在软岩中则可能由于围岩应力重分布后出现较大的塑性区及松动区,从而引起随时间而增长的大变形挤压破坏等。

③岩体力学性质因素:工程岩体的破坏主要有拉破裂和剪破裂两种基本类型,所以其抗拉与抗剪强度很重要。但前者的测定很困难,由于尺度效应的原因,获得的数据往往也不太准

确。岩体还有许多特定的力学特性,如各向异性、脆性、塑性、膨胀性、流变性等对围岩的稳定有重要影响。许多层状岩体中的各向异性,使围岩的变形及失稳形态有很强的非对称性;岩石很脆时,易于发生岩爆或剥皮开裂;塑性明显时,会使洞周形成松散破碎区或挤压变形区;膨胀性会产生挤坏支护或形成严重底鼓;对有明显时间效应的黏土质岩石或盐岩则可能产生黏弹-塑性或黏弹性的形变压力。

④特殊地质条件:当地下工程穿越断层破碎带、强风化带、很发育的岩溶区等特殊地质条件地区时,维护围岩的稳定往往比较困难,因为构造破碎带往往包含断层泥、糜棱岩、角砾岩、压碎岩等“断裂构造岩”。这时,岩层松软破碎,而临近地带的岩层节理裂隙也比较密集,地下水在这里往往也比较活动,如再加以地应力较大,则会出现很强烈的地压现象。根据我国山区隧道的调查分析,一般来讲,强烈挤压的断层破碎带、紧密褶皱带和较宽的张性断裂带以及几条断层交会的地带,是工程的不良地质地段,如对于褶皱地区,向斜盆地部位一般对工程稳定不利,而背斜则问题少。

(2)初始应力状态。岩体的初始应力状态一般包括两个方面:一是自重应力;二是构造应力或地应力。自重应力是指其上覆岩体自重产生的应力。构造应力是指地质构造运动过程中所积蓄的应力。初始应力会极大地影响隧道开挖后的稳定性。对某些岩体而言,在强大的地应力或自重应力作用下,还会有一些新的力学特征,如所谓的“挤入土”和“膨胀岩”等。地下工程的失稳主要是由于开挖工作引起的应力重分布超过围岩强度或引起围岩过分变形而造成的,而应力重分布是否会达到危险的程度就要看初始应力的方向、量值和性质而定了。严格来讲,并不是地应力越大越不利,主要看主应力的大小、方向、最大与最小主应力的差值,或各主应力值的构成特征如何而定,还要视它们与地下工程的方位、与岩层主要节理组的夹角如何而定。

(3)工程因素:洞室施工是造成围岩丧失稳定的一个重要因素。挖掘洞室所采用的施工方法、洞室断面形状、断面尺寸、施工质量、支护形式及实施过程都会对围岩的稳定产生影响。跨度大小对围岩的稳定性有显著影响,实践证明,跨度越大,则洞室的稳定性越差。在同一围岩中,拱形洞室的围岩要较稳定。洞室形状不同,则稳定性也不同。支护结构的类型及修筑时间对围岩稳定有重要影响,一般情况下,洞室开挖后若不支护,围岩在一定时间能保持稳定(即自稳时间)。自稳时间是围岩允许在无支撑条件下暴露的最长时间。为减小围岩松动,应及时修筑与围岩类型适应的支护结构。施工对围岩的扰动有大有小,例如,在同一岩体中采用普通爆破法开挖与用控制爆破法开挖相比,后者对围岩扰动小;采用矿山法施工与用盾构法施工相比,后者对围岩扰动要小得多。显然,不同的施工方法对围岩稳定性的影响不同。

(4)地下水因素:地下水的存在及活动往往也是影响围岩稳定的重要因素,它在洞室周围产生的水力学的、力学的、物理和化学的作用几乎总是不利于洞室的稳定。这种不利的作用大体上有两个方面:一是由于洞室开挖形成了新的自由面,对有一定透水能力的围岩来讲,附近的地下水有了新的排泄通道,因此在洞周产生了渗压梯度。这属于一种指向洞内,而且经常是不对称的附加体积力,增加了围岩岩石向洞内运动的推动力。二是由于静水压力的作用,饱和水部分岩体的裂隙或有孔隙的岩石母体中有效压应力减小了,因此无论对裂隙或岩石母体,其应力状态都趋于恶化。

(5)时间因素。随时间的恶化及地层压力的增加主要有两方面的原因:一是岩体的流变性质;二是时间的增长加剧了围岩的弱化过程,比如开洞后温度、湿度的变化,气流及地下水的风化侵蚀作用,施工爆破的冲击震动作用或机械振动引起的疲劳作用都可以逐渐地或大大地削弱围岩的刚度和强度,从而导致围岩变形的增加、塑性或松动破裂区的扩大等。

第 2 章　铁路风险隧道建造技术现状

2.1　国外铁路隧道发展现状

2.1.1　隧道发展历程

自英国于 1826 年在蒸汽机车牵引的铁路上修建长 770 m 的泰勒山单线隧道和长 2 474 m 的维多利亚双线隧道以来，英、美、法等国相继修建了大量铁路隧道，19 世纪共建成长度超过 5 km 的铁路隧道 11 座，有 3 座超过 10 km，其中最长的为瑞士圣哥达铁路隧道，长 14 998 m。1892 年通车的秘鲁加莱拉铁路隧道，海拔 4 782 m，是现今世界最高的标准轨距铁路隧道。在 19 世纪 60 年代以前，修建隧道都用人工凿孔和黑火药爆破方法施工。1861 年修建穿越阿尔卑斯山脉的塞尼斯铁路隧道时，首次应用风动凿岩机代替人工凿孔；1867 年修建美国胡萨克铁路隧道时，开始采用硝化甘油炸药代替黑火药，使隧道施工技术及速度得到进一步发展。

在 20 世纪初期，欧洲和北美洲一些国家铁路形成铁路网，建成的 5 km 以上的长隧道有 20 座，其中最长的瑞士和意大利间的辛普郎铁路隧道长 19.8 km。美国长约 12.5 km 的新喀斯喀特铁路隧道和加拿大长约 8.1 km 的康诺特铁路隧道都采用中央导坑法施工。其施工平均年进度分别为 4.1 km 和 4.5 km，是当时最快的施工进度。至 1950 年，世界铁路隧道最多的国家有意大利、日本、法国和美国。日本至 20 世纪 70 年代末共建成铁路隧道约 3 800 座，总延长约 1 850 km，其中 5 km 以上的长隧道达 60 座，为世界上铁路长隧道最多的国家。1974 年建成的新关门双线隧道，长 18 675 m，为当时世界上最长的海底铁路隧道。1981 年建成的大清水双线隧道，位于日本上越新干线，长 22 228 m，为世界上最长的山岭铁路隧道。连接本州和北海道的青函海底隧道长达 53 850 m 是当今世界上最长的海底铁路隧道。目前，已建成的部分国外著名铁路隧道见表 2-1。

表 2-1　国外著名铁路隧道

序号	隧道名称	国家	长度(m)	位　　置	建成年份	备　　注
1	圣哥达基线隧道	瑞士	57 600	阿尔卑斯山	2016	双线隧道
2	青函海底隧道	日本	53 850	津轻海峡	1988	双线隧道
3	英法海底隧道	英—法	50 450	英吉利海峡	1994	双洞单线隧道
4	栗岘隧道	韩国	50 300	首尔至京畿道平泽市	2015	单线隧道
5	深巷隧道	中国	35 655	广深巷高速	2018	
6	勒奇山隧道	瑞士	34 577	伯恩州和瓦莱州	2007	
7	大清水隧道	日本	22 228	上越新干线	1979	双洞单线隧道

续上表

序号	隧道名称	国家	长度(m)	位　　置	建成年份	备　　注
8	辛普郎隧道	瑞士—意大利	19 800	阿尔卑斯山	1906/1921	双洞单线隧道
9	新关门海底隧道	日本	18 700	山阳新干线	1975	双洞单线隧道
10	亚平宁隧道	意大利	18 500	亚平宁山脉	1934	双线隧道
11	六甲隧道	日本	16 250	山阳新干线	1972	双洞单线隧道
12	榛名隧道	日本	15 350	上越新干线	1982	双洞单线隧道
13	圣哥达铁路隧道	瑞士	14 980	阿尔卑斯山	1982	双线隧道
14	中山隧道	日本	14 900	上越新干线	1982	双洞单线隧道
15	列奇堡隧道	瑞士	14 600	阿尔卑斯山	1913	单线隧道
16	塞尼斯隧道	法国—意大利	12 900	阿尔卑斯山	1871	双线隧道
17	喀斯喀特隧道	美国	12 450	喀斯喀特山脉	1928	单线隧道

20 世纪 60 年代以来，隧道机械化施工水平有了很大提高。全断面液压凿岩台车和其他大型施工机具相继用于隧道施工。喷锚技术的发展和新奥法的应用为隧道工程开辟了新的途径。掘进机的采用彻底改变了隧道开挖的钻爆方式。盾构构造不断完善，已成为松软、含水地层修建隧道最有效的工具。

2.1.2　圣哥达基线隧道

圣哥达基线隧道（德语：Gotthard-Basistunnel，简称 GBT），又译为哥达基线隧道，是穿越圣哥达山口（Gotthard Pass）的线路（隧道），是欧洲南北轴线上穿越阿尔卑斯山最重要的通道之一。建设用时 17 年，共耗资 120 亿瑞士法郎（约合 110 亿欧元）。长约 35 英里（约合 57 km），穿越瑞士阿尔卑斯山脉底部，距地面 8 000 英尺（约 2 438.4 m），超过日本的青函隧道（全长约 53.9 km），成为世界上最长与最深的隧道（含铁路隧道和公路隧道）。该项工程奇迹被视为欧洲团结的象征。2015 年 10 月 1 日，隧道启动试运行测试。2016 年 6 月 1 日正式开通。2016 年下半年，隧道开始测试客车运行。2016 年 12 月 11 日，客运列车商业运营服务正式启动，往来苏黎世和卢加诺之间。圣哥达隧道由瑞士政府斥资建成，共花费 103 亿美元，设计使用年限为 100 年。实际上是两条平行的隧道，每条隧道都长达将近 57 km，加上其他通道，这条贯穿瑞士阿尔卑斯山区的隧道总长达 151.84 km 如图 2-1 所示。

（a）地理位置　　（b）隧道线路　　（c）隧道洞口

图 2-1　圣哥达基线隧道

2.1.3 日本青函海底隧道

日本青函海底隧道是世界上最长的一条双线铁路隧道，跨越津轻海峡，把北海道和本州铁路连起来，隧道由本州的青森穿过津轻海峡到北海道的函馆，全长达 53.8 km，其中海底部分为 23.3 km，陆上部分本州端 13.55 km，北海道端 17 km。1964 年开挖坑道施工，1988 年 3 月 13 日运营。隧道主坑道宽 11.9 m，高 9 m，断面面积为 80 m^2；除主隧道外，还有两条辅助坑道：其作用一是调查海底地质用的先导坑道，二是搬运器材和运出砂石的作业坑道，如图 2-2 所示。

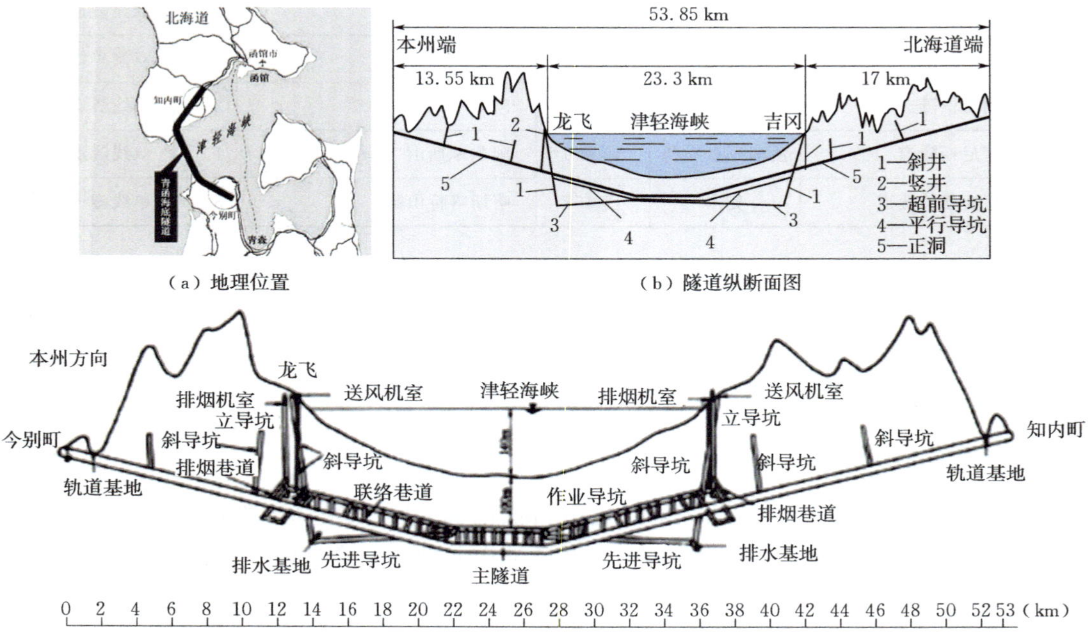

（a）地理位置

（b）隧道纵断面图

（c）隧道施工图

图 2-2 日本青函海底隧道

2.1.4 英法海底隧道

英法海底隧道是世界第二长的铁路隧道，又称英吉利海峡隧道或欧洲隧道，是一条把英国英伦三岛连接欧洲法国的铁路隧道，是世界海底长度最长的海底隧道，1987 年 12 月 1 日动工，1994 年 5 月 6 日通车。隧道跨越英吉利海峡连接英国的多佛尔和法国的加来，由三条长 51 km 的平行隧洞组成，总长度 153 km，其中海底段 3×37.9 km。南北两条铁路隧道相距 30 m、衬砌后隧道净空直径为 7.6 m，开挖洞径 8.36～8.78 m，是单线单向铁路隧道，中间一条后勤服务隧道衬砌后的直径 4.8 m，开挖洞径 5.38～5.77 m，用于维修、救援和应急通道，且每隔 375 m 与两侧主隧道连通，供通风维修使用，如图 2-3 所示。当高速列车通过时，巨大的压力和空气阻力会使隧道内的温度升高至 49 ℃～55 ℃，如此高的温度不仅会造成钢轨变形、设备发生故障，旅客也难以忍受，故科技人员在隧道间加设了一条冷却管道，并在海峡两端建造了巨型水冷却设备，水温在此被降 3 ℃，然后流经管道以降低隧道内的温度。

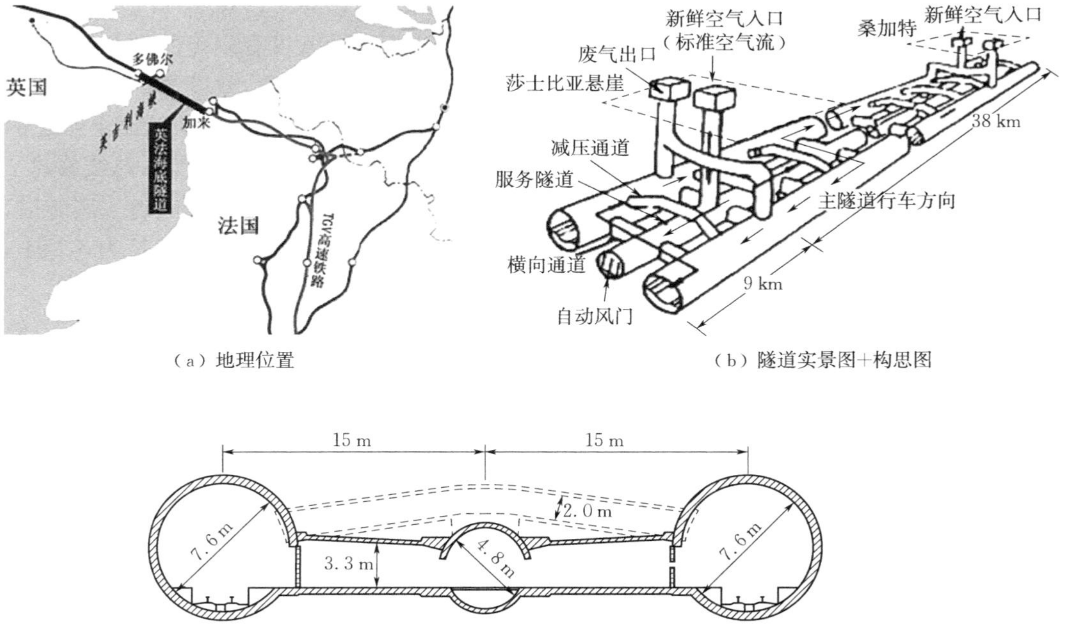

（a）地理位置

（b）隧道实景图+构思图

（c）隧道断面构造示意图

图 2-3　英法海底隧道

2.2　国内铁路隧道发展现状

2.2.1　隧道发展历程

中国铁路隧道的修建经历了从清朝末年到现在一百多年的时间，隧道建设技术取得巨大发展。隧道勘测技术，控制测量从使用光学经纬仪到光电测距仪，现已推广应用 GPS(全球定位系统)技术；地质勘探从单纯钻探，到利用遥感、物探和综合勘探；围岩分类从按土石分类、地层坚固性系数分类，到以坑道围岩稳定性为基础的分类，后又改为围岩分级；围岩压力计算方法，从按垂直均布荷载为主，到按马鞍形、偏载、局部集中荷载等形式计算。设计理念从过去单纯依靠衬砌承载观点，转变为主要依靠围岩，即充分利用围岩自身承载能力的观点；设计手段从人工计算、手工绘图，发展到广泛应用 CAD 技术。施工工法从矿山法施工，利用导坑先行、分部开挖，到现在利用新奥法原理设计与施工，充分利用支护和围岩自身的承载作用，大大提高了隧道施工的安全性；施工机械从手工小型机械化施工，到配套成龙的钻岩装运、喷锚支护、衬砌注浆等大型机械化作业线，以及到 20 世纪 90 年代采用全断面掘进机(TBM)，使隧道的施工从手工化到工厂化。建设标准也在不断提高，初期支护、混凝土衬砌、防排水、轨下结构、防灾救援、通风照明等都有不同程度提高。中国铁路隧道按地区分布，以西南、西北居多，约占 70%；华北和东北次之，约占 25%；华北和中南较少，约占 5%。我国已建隧道密度较大、累计长度超过 200 km 的铁路有：西安安康线，隧道比率为 45.9%，居全国之首。其次是襄渝线为 33.4%，第三是成昆线 31.5%。除此以外，侯月线、丰沙线、京原线、南昆线、枝柳线等隧道比率也都在 20%以上。一个多世纪以来，中国铁路隧道修建技术的发展，大体可划分为四个时期：

①新中国成立前技术落后时期:中华人民共和国成立前(1888—1949 年),基本上是人力开挖、手工操作、机具简单、技术落后的时期。当时铁路隧道建设既没有固定的专业技术队伍,也没有完整的设计、施工规范,机具设备少,方法简单,工人劳动强度大,效率很低,建成的隧道长度超 3 km 的仅有 3 座。中国于 1887—1889 年在台湾地区台北至基隆窄轨铁路上修建的狮球岭隧道,是中国的第一座铁路隧道,长 261 m。此后,又在京汉、中东、正太等铁路线修建了一些隧道。京张铁路关沟段修建的五桂头隧道、石佛寺隧道、居庸关隧道、八达岭隧道 4 座隧道,是我国用的自己技术力量修建的第一批铁路隧道。其中最长的八达岭铁路隧道长为 1 091 m,于 1908 年建成。中国在 1950 年以前,仅建成标准轨距铁路隧道 238 座,总延长 89 km。

②新中国成立后较大发展时期:新中国成立后(1950—1970 年),铁路迅速发展,隧道施工由人力为主转为中小机械施工,是隧道设计、施工技术有较大发展的时期。

自 20 世纪 50 年代以来,铁道部十分重视隧道建设专业队伍的组建,并逐步制定了铁路隧道勘测设计、施工规范和隧道建筑限界标准,编制了一些隧道建筑标准设计图。对平面控制测量作出测量设计,提出贯通误差计算公式,测量方法采用两条基线的三角网和导线法,初步建立贯通误差理论。辅助坑道采用横洞、斜井、竖井和平行导坑,竖井最深达 136 m。施工方法以上、下导坑法为主,开始采用平行导坑和管道进行施工通风。从 1957 年开始,较长隧道试用后翻式装渣,用电瓶车牵引轨道运输出渣。逐步采用水泥砂浆注浆防水。50 年代受当时技术条件及工期限制,修建的长隧道不多,修建 3 km 以上的隧道只有北同蒲线的断家岭(Ⅰ线、Ⅱ线)隧道和川黔线的凉风垭隧道。

20 世纪 60～70 年代,通过实践和实验研究,改进提高了勘测设计手段和施工组织方法。推广采用机械设备,从西南铁路建设开始,以成昆线为代表,购进了一批新的勘测设计和施工设备,逐步应用航测遥感和工程物探技术,注意按隧道建设要求进行选线和选址,平面控制测量开始采用闭合导线法和一条基线的三角网;在施工方面开始推广漏斗棚架法,部分采用全断面开挖,研究试用光面爆破,对整治岩溶、岩爆、坍塌、涌水和瓦斯突出等也逐步积累经验,使铁路隧道的修建技术得到迅速提高,山区铁路长隧道显著增多。20 世纪 60 年代建成 3 km 以上隧道 20 座,20 世纪 70 年代建成 3 km 以上隧道 33 座,其中有 5 座隧道长度超过 5 km。

③新中国成立后大发展时期:20 世纪 80 年代以来,铁路大发展,长大隧道普遍修建。隧道修建从传统的矿山法向采用以“新奥法”原则指导下的一系列新技术、新设备发展;隧道施工进入大型机械配套,是隧道修建技术追赶世界先进水平的时期。修建长隧道可降低线路越岭高度和避免采用短隧道群,使线路状态得到改善,有利于消除和确保运营安全,为适应特长隧道修建的需要,在隧道工程中大量引进国外先进技术和设备,促进铁路隧道修建技术快速提高。20 世纪 80 年代以衡广复线大瑶山隧道为代表,攻克了双线特长隧道设计施工中的难题,解决了双线长隧道施工大型机械化配套问题,应用“新奥法”原则指导大断面和全断面施工取得成功,是中国隧道建设史上的新突破,标志着双线隧道施工技术和设备达到国际先进水平。20 世纪 80 年代共建成 3 km 以上隧道 10 座,其中双线隧道 8 座,长度超过 8 km 的隧道 2 座。衡广复线的大瑶山隧道是当时我国第一座长度超过 10 km 的特长隧道,也是国内已建成最长的双线隧道。隧道修建数量大幅度增加,1950—1984 年期间共建成标准轨距铁路隧道 4 247 座,总延长 2 014.5 km,成为世界上铁路隧道最多的国家之一。此外,中国还建有窄轨距铁路隧道 191 座,总延长 23 km。截至 1984 年,中国共建成 5 km 以上长隧道 10 座,最长者为京原铁路的驿马岭铁路隧道,长 7 032 m。京广铁路衡韶段大瑶山双线隧道,长 14.3 km,最大埋深约 910 m。中国海拔最高的铁路隧道是青藏铁路关角铁路隧道,长 4 010 m,海拔 3 690 m。

20 世纪 90 年代，加强西部路网大通道建设，通过工程实践表明，由于修建两个单线隧道在投资、防灾与运营等方面都优于单洞双线，山区铁路单线长隧道不断增多；双线长隧道已实现机械化配套的带动下，针对单线铁路隧道施工技术较为落后的状况，20 世纪 90 年代铁道部立项攻关研究单线铁路长隧道快速施工配套技术与设备，这些成果在米花岭隧道施工中实施，取得了双口月成洞 769 m 的全国最好成绩，单口月成洞最高达 515.9 m。随后又在西康线秦岭Ⅰ线隧道，采用隧道掘进机（TBM）施工，标志着我国单线铁路长隧道的修建技术也达到了国际先进水平。与此同时，长隧道的地质勘探、地质超前预报、全球定位系统（GPS）等先进技术的应用，均取得显著成果，使铁路隧道修建技术跨上又一新台阶。90 年代共建成 3 km 以上隧道 9 座，其中 67 座为单线隧道，10 km 以上特长隧道 2 座。西安安康线的秦岭Ⅰ线隧道长 18.46 km，最大埋深达 1 600 m，是全国目前最长的单线隧道。朔黄线长梁山隧道长 12.78 km，是全国第二长的双线隧道。铁路长隧道的成功修建，标志着我国铁路隧道建设的新水平，也是现代隧道工程技术进步的集中反映。

④新中国成立后高速飞跃发展时期：自进入 21 世纪以来，中国铁路隧道建设可谓突飞猛进。截至 2023 年底，中国铁路隧道、高速铁路隧道、特长铁路隧道情况统计结果显示：中国铁路营业里程达到 15.9 万 km，位居世界第一。其中，投入运营的铁路隧道 18 573 座，总长 23 508 km；中国已投入运营的高速铁路总长超过 4.5 万 km，共建成高速铁路隧道 4 561 座，总长 7 735 km，其中，长度大于 10 km 的特长隧道 115 座，长约 1 471 km；中国投入运营的特长铁路隧道共 286 座，长约 3 869 km，其中，长度 20 km 以上特长铁路隧道 13 座，长约 312 km。据统计数据：2023 年新增开通运营线路铁路隧道 622 座，总长度为 1 292 km；其中，10 km 以上的特长隧道 23 座，总长约 320 km；在建铁路隧道 2 668 座，总长约 7 110 km；规划铁路隧道 5 460 座，总长约 13 313 km。

在铁路隧道的发展过程中，技术创新起到了关键的推动作用。从早期的进口隧道建设技术，到如今具有自主知识产权的隧道设计、施工、装备等一系列成套技术，中国铁路隧道在不断提高国内隧道施工水平的同时，也逐渐走向了国际市场。随着铁路建设向西部地区转移，隧道建设将面临埋深更大、地应力更高、地质构造更加复杂、高海拔地区缺氧等系列建设问题，仍需要各位同仁共同攻坚克难，不断创新隧道修建技术。最具代表性的铁路隧道是 2008 年建成的北京奥运会配套工程——京津城际铁路隧道。该隧道全长 12.6 km，采用国产大型盾构机施工，为当时国内最长的铁路隧道。此外，中国还承建了多项国际铁路隧道工程，如中老昆万铁路玉磨段、中巴经济走廊 K2 隧道等，展示了中国铁路隧道在国际市场中的竞争力。

中国铁路隧道未来发展前景展望：相信在中国铁路建设者的共同努力下，铁路隧道的发展将为中国的交通运输事业和“一带一路”建设注入新的活力，推动中国铁路走向世界舞台的中心。中国铁路隧道的发展前景取决以下条件：一是靠政策支持，未来，中国政府将继续加大对铁路建设的投入，以推进交通基础设施的完善和提升。铁路隧道作为铁路建设的重要组成部分，将得到进一步的推动和发展。二靠市场前景：随着国内经济的发展和“一带一路”建设的深入推进，跨境铁路建设将迎来新的发展机遇；中国铁路隧道企业在国际市场的表现将逐渐显现，带动铁路隧道技术的进一步推广和应用。三靠技术创新：中国铁路隧道在技术上将继续推动自主创新，研发更先进的隧道设计施工和装备技术。例如，目前高速铁路盾构机已实现国产化，未来将进一步优化和完善隧道施工装备，提高施工效率和质量。此外，绿色化、智能化也将成为铁路隧道发展的重要方向。在绿色化方面，将采取低污染、低能耗的施工方式，减小对环境的影响；在智能化方面，通过引入物联网、大数据、人工智能等先进技术，实现隧道施工的远程监控、故障诊断和智能化管理，提高施工安全和效率中国铁路隧道在过去的40年里取得了瞩目的成绩，不仅推动了国内铁路建设的发展，也展示了中国隧道建设技术在国际市场中的竞争力。展望未来，中国铁路隧道将继续借助政策支持、技术创新和市场前景广阔的优势，在推动国内经济发展的积极参与国际市场竞争，为全球铁路建设做出更大的贡献。

2.2.2 面临问题挑战

近半个世纪以来，中国铁路隧道修建技术虽然有很大发展，并成为名副其实的隧道大国。目前在建的铁路、公路隧道项目也很多，长度在10 km以上的隧道就有几十座；输水输气的隧道工程规模也很大，有已建成和在建的LPG储油储气工程；已通车的城市地铁隧道总长不断增大；下穿江河湖泊的各类用途的隧道已有几十条……。综上可知，我国在隧道与地下工程技术上有了较大进步，并克服了许多不良地质难题，甚至在地质禁区也能成功建成隧道，形成了门类齐全的工法技术，更可贵的是培养和造就了相当数量的隧道及地下工程建设的管理技术骨干和专业设计、施工队伍。

尽管在工程实践中积累了丰富的隧道建设经验并培养了隧道专业技术人才等取得重大进步，但同时我们应该看到发展中所存在的问题和不足：尤其在隧道与地下工程技术的运用程度和建设管理水平上与先进国家相比还有一定差距；在隧道工程建设质量和技术水平上与世界先进水平还存在差距；与当代世界铁路隧道长度之最的不断刷新、并向水域发展的趋势比较还有一定差距。譬如工程决策长远性和全面性考虑不周；环境保护和工程经济的合理比较开展得不够充分；产业化程度较低，施工机具、设备和建筑材料品种、品质还不能完全满足工程需要；大型施工专用设备如盾构机、TBM掘进机、液压凿岩台车及其关键配件等仍有一定国外进口；建设管理水平有待进一步提高，表现为工程质量水平不高，质量稳定性差，施工安全没有保证，人身事故率高；施工队伍专业化水平低，尤其施工现场上较高素质的管理技术人才紧缺，施工机械化水平、信息化水平还不高等不足和缺点，鉴于以上种种不足，这与国家快速发展的经济形势对隧道及地下工程建设的需求是不相适应的。

中国当前铁路隧道修建的数量已列世界前茅，但10 km以上的隧道为数还不多，即大瑶山、长梁山双线隧道和秦岭Ⅰ、Ⅱ线单线隧道等；20 km以上的长大隧道有石太客专的太行山隧道(长度达27.8 km)、兰新铁路线上的乌鞘岭特长隧道(长度达20.05 km)，20 km以上的水下铁路隧道目前还是空白。因此，特长和超长隧道的设计理论和施工技术还有待开发、研究和提高。同时，对于为数众多的500 m以下的短隧道施工机械化程度还不高。对于隧道环境工程、防灾技术以及山区铁路隧道普遍存在的各种地质灾害防治技术也需要研究和加强。隧道建设组织管理水平亟待提高，以适应铁路隧道高质量高效率建设发展的需要。

中国铁路隧道建设经过了一个多世纪的风雨历程，又面临着21世纪更大的挑战。国家已作出决策，加强铁路基础设施建设、拉动国民经济发展和西部大开发，云、贵、川、藏铁路，沿江铁路，以及南部沿海铁路等，都有大山阻隔，长隧道和隧道群不可避免，铁路隧道建设任重道远。西安—南京铁路东秦岭隧道长12 268 m，是我国第三长的双线铁路隧道。京沪高速铁路南京过长江的水下隧道，黄河水下隧道，以及穿越胶州湾、渤海湾、杭州湾、琼州海峡和台湾海峡的海底也正在修建和规划中。中国铁路隧道向超长和水域发展势在必行。截至2023年底，全国铁路营业里程达到15.9万km，其中高铁4.5万km。2023年，中国国家铁路集团有限公司贯彻落实党中央关于构建现代化基础设施体系的决策部署，优质高效推进铁路建设，全国铁路完成固定资产投资7 645亿元，同比增长7.5%；投产新线3 637 km，其中高铁2 776 km，圆满完成了年度铁路建设任务。《中华人民共和国国民经济和社会发展第十四个五年规划和2035 年远景目标纲要》确定的 102 项重大工程中的铁路项目顺利推进；京雄商高铁雄安新区至商丘段、天津至潍坊高速铁路、瑞金至梅州铁路等 26 个项目开工建设，和田至若羌铁路、合杭高铁湖杭段、银川至兰州高铁中卫至兰州段等 29 个铁路项目建成投产；制定实施《国铁集团“十四五”发展规划》，中长期铁路网规划修编有序推进。

2.2.3　发展趋势方向

21 世纪将是我国隧道与地下工程建设、隧道施工技术取得新的飞跃发展的时期。所以在未来的工程实践中，要不断探索，开拓创新，积极学习吸收国外隧道先进技术。坚持自主创新，树立服务运输和以人为本的设计理念，以加大科技创新、技术创新和引进吸收再创新为指导，大为推进我国铁路隧道的进步，必须推进铁路隧道建设技术的如下发展方向：

(1)推进城市隧道和水下隧道技术发展。随着我国经济大发展的形势，对交通隧道建设的需求呈现出三个明显趋势：其一是需修建的长大隧道越来越多，长度越来越长；其二是以隧道方式跨越江、河、湖、海水域的工程越来越多；其三是城市隧道和地下铁道的建设将迎来高潮。原因如下：采用隧道穿越城市区域，可大量减少城市拆迁，减少对既有建筑物影响，大大降低铁路噪声，促进铁路和城市和谐发展等，有诸多优越性。铁路采用隧道方案跨越江河、海湾，对河道的环境、通航能力均无影响，在保证列车的全天候运营等方面具有明显优势，应大力推进城市隧道和水下隧道技术的发展。

(2)提高隧道机械化施工水平，减小劳动强度。在隧道施工技术方面，从 20 世纪 60～70 年代钢钎大锤作业的施工工法发展到 80 年代推广应用“新奥法”，20 世纪末又引进了大型隧道掘进机(TBM)，从液压凿岩台车的应用到隧道掘进机的引进，以及在地铁隧道和城市隧道中广泛采用盾构机，隧道施工技术有了很大进步，在一些方面达到甚至超过了国际先进水平。

隧道施工中较为广泛地采用新奥法原则的矿山法技术改进和发展方向是：提高开挖成洞速度；提高应变能力，降低工程成本；改善施工作业环境条件和安全技术。隧道掘进机和盾构施工方法具有施工速度快、隧道成型好、机械化强度及周边环境影响小等显著优点；沉管隧道适用于水底地形平坦、水深及跨度不太大的情况。这些施工方法在 21 世纪的隧道与地下工程建设中也将逐渐得到大力推广和广泛应用。

隧道工程的现代化必须要实现主要工序施工的机械化，研究开发适合中国隧道作业的专用设备，以先进的机械设备代替大量的人工作业，降低隧道施工人员的劳动强度，实现隧道施工的工厂化，大大改善隧道工程的施工作业环境，实现文明施工和快速施工，从而保证施工质量和安全。未来的隧道建设工程，对有条件的特长隧道宜优先采用掘进机法施工，对其他长或特长隧道也应采用配套的大型机械化施工，研制开发适合喷射混凝土、架设钢拱架、铺设防水板、钻孔注浆等小型机械化进行辅助施工。在有可能的隧道中，积极采用皮带机出渣技术，减少施工干扰并提高施工效率。

(3)提高隧道防排水技术，减少隧道病害。要进行合理的防排水系统设计，严把防排水材料质量关，并提高防排水系统施工工艺，积极推广应用可维护防排水系统，确保铁路隧道工程做到“不渗、不漏”，减少隧道病害。

(4)推进隧道信息化施工。发展隧道超前地质预报技术，加强现场动态设计与科学施工管理。隧道工程的特点是修建环境和地质条件等不确定因素较多，需要在施工过程中不断优化调整，所以应综合利用超前地质预报技术，加强不良地质条件的详细探测，实现动态反馈设计和信息化施工。

(5)隧道防灾救援措施系统化。目前我国铁路隧道的运营防灾系统还不完善,随着高速铁路和更多长或特长隧道的建设,应加强铁路隧道防灾技术的研究,使隧道的防灾救援措施系统化。

(6)搞好隧道洞口的景观设计。隧道的建设应尽量减少对周围环境的影响,减少洞口仰坡的开挖,保护洞口植被和生态,并选择简洁的洞口结构形式,搞好洞口与周围景观协调的设计。

2.3 国内著名铁路风险隧道

2.3.1 狮球岭隧道

中国是多山的国家,且地质状况十分复杂,经过山区的铁路分布着众多隧道。从1887年中国台湾建成第一座铁路隧道起,截至目前,中国铁路线上已建成并正式交付运营的隧道达5 500余座,总长度超过2 700 km,占铁路网总长度的4.69%,成为世界上铁路隧道数量最多、长度最大的国家。其中1970年建成的全长1 085 km的成昆铁路,隧道总长达340 km;1997年建成的全长889 km的南昆铁路桥隧总长占全线的31%,隧道有258座。

最早建成的铁道隧道——狮球岭隧道:又称"刘铭传隧道",位于中国台湾基隆经台北至新竹窄轨铁路的基隆与七堵之间,全长261 m,隧道通过页岩、砂岩和黏土地层,最大埋深61 m。在地层压力较大处,拱部用砖衬砌,边墙用石料作衬砌;岩层较好处,用木料作衬砌。因土质结构复杂,北段为坚硬岩石,南段为潮湿的软土,开凿极为困难,洞内共分七段以不同材质堆砌或开凿而成,隧道南口外观以红砖砌成并由刘铭传题额"旷宇天开"。隧道在1887年从南北两端同时开工,前后共花了30个月才完成,外国工程师定出线路方向及中心桩的开挖高度,清政府军队负责施工。筑路官兵用粗笨工具开挖,克服了大坍方等不少困难,终于在1890年建成,目前该隧道已成为台湾地区基隆旅游景点供游客游览,如图2-4所示。

(a)隧道南口　(b)隧道北口　(c)隧道洞内

图2-4　狮球岭隧道

2.3.2 八达岭隧道

中国工程师自行设计施工的第一座单线越岭隧道——八达岭隧道:位于京包铁路青龙桥车站附近,为全长1 091.2 m的单线隧道,由詹天佑亲自规划督造,历时18个月,于1908年竣工。隧道位于直线上,进口端外线路坡度为32.3‰,内线路最大坡度21.5‰。隧道穿越岩层主要为较坚硬的片麻岩,还有部分角闪岩、页岩、砂岩等,风化呈破碎和泥质状态。隧道衬砌拱圈采用预制混凝土砖砌筑,边墙用混凝土现场灌注,隧道底部采用厚约9.987 cm石灰三合土铺筑。为增加工作面,采用"竖井开凿法"(又名"中部凿井法"),在隧道中部开凿了一座深

25.587 m 竖井，形成四个工作面，开凿的竖井形成一个天然通风口，竖井上面建通风楼供行车时排烟和通风，如图 2-5 所示。

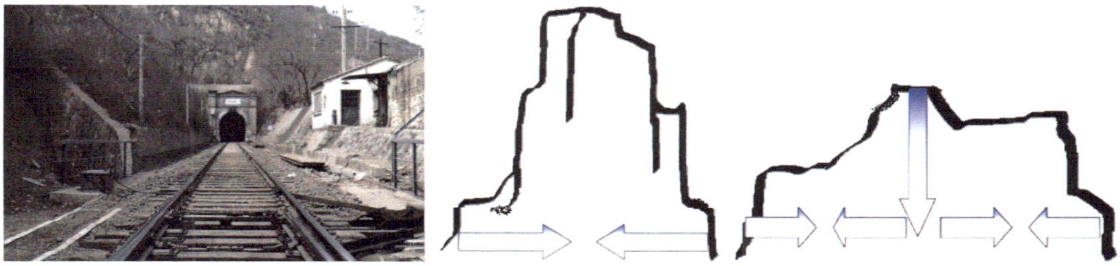

（a）隧道洞口　　（b）两端开凿法示意图　　（c）中部凿井法示意图

图 2-5　八达岭隧道

2.3.3　凉风垭隧道

中国第一座采用平行导坑施工铁路隧道——凉风垭隧道：如图 2-6 所示，凉风垭隧道位于川黔铁路干线上黔北桐梓县境内，直穿娄山山脉，为单线电气化铁路隧道，于 1957 年 11 月开工，1960 年竣工，全长 4 270 m(包括北口明洞 5 m 和南口明洞 15 m)，隧道两端各有 80 多米线路是半径分别为 250 m 和 300 m 的曲线，其余均为直线，隧道内线路坡度采用折减后最大坡度 16.5‰。隧道穿越地层主要为志留系和奥陶系石灰岩，地质复杂，断层构造和节育发育，岩层破碎，开挖中遇到大小断层十余条，还有丰富地下水。隧道衬砌采用混凝土就地整体灌筑，小部分边墙用片石以水泥砂浆砌筑，隧道运营通风采用无帘幕洞口风道吹入式，风机分设于低洞口两侧。隧道施工采用上下导坑先拱后墙方法，施工过程中在距线路西侧 20 m 处设置两段共长 3 437 m 的平行导坑(中部未贯通)，作为施工辅助坑道，增加工作面、加速施工进度，并作为地质勘探、施工通风、排水和运输空间，减少工序干扰等作用。施工通风是利用平行导坑作为风道，采用巷道式通风，通风断面大，通风效果良好。后来贵昆、成昆等条铁路上的长隧道，依据凉风垭隧道经验，相继采用平行导坑施工，所以凉风垭隧道在我国隧道建设史上起到了开拓作用。

2.3.4　南岭隧道

中国以“难”著称的铁路隧道——南岭隧道：如图 2-7 所示，南岭隧道位于京广铁路衡广复线郴州与坪石之间，隧道全长 6 666.33 m，为双线电气化牵引，1989 年底竣工。隧道在湖南省郴县邓家塘镇附近穿越南岭山脉的五盖山和骑田岭挟持地带，地形地貌上为剥蚀低山丘陵地区，连溪河辗转曲折两次流经隧道顶部，原有京广铁路在下连溪和隧道出口两次与隧道立交，隧道穿越 5 处溶蚀洼地，埋深最浅地段为 39～45 m。此地区属著名的南岭构造带，构造运动强烈，岩溶极为发育，地下水富集，地质条件十分复杂。在隧道施工过程中，采用地面和隧道底钻探、物探和洞内超前钻探，结合溶岩发育规律，摸清岩溶具体形态，为施工提供可靠依据。隧道洞内岩溶突水涌泥量和地表塌陷规模之大及其对施工的危害强度，在国内外隧道建设史上均属罕见。自 1979 年 9 月开工至 1988 年 11 月主体工程竣工，共发生大小突水涌泥 24 次，涌出泥沙量近 30 000 m^3；发生大小陷穴 52 处，最深达 20 m；沿连溪河两岸塌陷 19 处，河床先后因塌陷而断流，大量河水泥沙涌入隧道，堵塞坑道，阻碍施工。采取的处置措施：对涌泥地段施加高压注浆，使稀泥在高压劈裂，在缝隙中充入水泥和水玻璃浆液，凝固后呈坚硬固结的水泥水玻璃网络，使稀泥固结、压缩、脱水并被部分置换，形成有一定强度的结石体。为保证施工安全，在注浆固结基础钻孔，每隔 60 cm 顶进一根无缝钢管，形成管棚，使稀泥和管棚构成统一的加固支护体系。针对地下水特点制定"以堵为主、堵排结合、浑水要堵，清水可排"的治水原则，采取"河填地面陷穴，改道断流河渠，地下地面注浆，衬砌防水防漏"的综合治水措施，以从根本上阻止地下水向隧道泄漏，保护地面环境，防止了农田及其他设施因地面变形受损。

图 2-6　凉风垭铁路隧道

图 2-7　南岭隧道

2.3.5　关角隧道

中国开通运营海拔最高的铁路隧道——关角隧道。①(老)关角隧道，位于青藏铁路一期工程西格段的青海省天峻县西南的关角山中，全长 4 010 m，是一期工程的咽喉工程。洞内轨面最高处海拔 3 692 m。因地处高海拔地区，气候寒冷，空气稀薄，长冬无夏，年平均气温 0 ℃，最低气温为−37.5 ℃，隧道附近气候变形剧烈，一日之内几度雨雪经常发生，施工及运营管理条件艰苦。隧道地质构造复杂，穿越 11 个大断裂层，围岩为含大量泥灰岩、高岭岩、蒙托石等膨胀性矿物的膨胀岩层。隧道掘进过程中发生多次坍方和大量涌水，最大时涌水量达 10 000 m^3。关角隧道施工前后历时 30 多年，中间停工 13 年，开挖建设 5 年，整治病害 9 年多，反映出围岩地层、地质构造复杂、气候条件恶劣和病害严重的客观现实情况。隧道 1958 年开工，1961 年停工，1974 年复工，1978 年隧道通车。隧道通车后发现整体道床开裂上臌，道床抬高达 30 cm，水沟破裂，边墙脱落变形，拱顶裂纹掉块，局部边墙侵限等病害，威胁行车安全，后来此类病害多次出现，原因是隧道围岩地层为膨胀性岩层。采取病害整治措施为：拆除上臌地段整体道床，增加钢筋混凝土仰拱，铺设轨枕板；同时拆除部分边墙，再次衬砌后压浆补强，对部分边墙拱顶进行小锚杆挂网喷浆加固，为根除隧道两端路基冻害，对进出口段路堑内道床下路基土质彻底换填，增设防寒保温排水沟，如图 2-8(a)所示。②新关角隧道位于青海省天峻县和乌兰县境内的关角山，青藏铁路天棚站至察汗诺站之间，是世界高海拔第一长隧，是西格铁路二线工程的控制性工程，全长 32.645 km，平均海拔 3 500 m，2007 年 11 月 6 日开工，2014 年 4 月 15 日贯通，新关角隧道的贯通，老关角隧道和隧道两端线路将会废弃。隧道设计为两座平行的单线隧道，进口高程 3 380.97 m，出口轨面高程为 3 323.58 m，设计速度为 160 km/h，两线间距 40 m，均位于直线段上；采用爆法施工，设置 11 座斜井(合计 15.26 km)分割通风排烟，还有 9.8 km 的平行导坑辅助正洞掘进。隧道位于地质板块挤压的结合部，具有高地应力、变形控制难度大、地下水极其发育等特点，共通过 17 个大小断裂带，其中长达 2 355 m 的二郎洞断层素有"隧道地质博物馆"之称，隧道必须通过的地质断层和岭脊地段超过 10 km 长，面临着围岩变形失稳、涌泥涌水、施工通风等诸多工程技术难题，特别是岭脊地段涌水处理及板岩地段大变形控制为该隧道的最大难点，建设规模和难度为世界罕见，如图 2-8(b)、图 2-8(c)所示。

（a）老关角隧道　　（b）新关角隧道　　（c）钻爆法施工

图 2-8　关角隧道

2.3.6　大瑶山隧道

中国第一条通车的超长双线电气化铁路隧道——大瑶山隧道：如图 2-9 所示，大瑶山隧道位于京广铁路广东省粤北部大瑶山的坪石至乐昌间，自北向南穿越大瑶山，全长 14 295 m，隧道埋深 70～910 m，双线铁路电力牵引断面，由于采用截弯取直的长隧道设计方案，缩短里程 15 km。推行国外最先进的设计和施工方法“新奥法”，首次运用大型机械联合施工，隧道 1981 年 11 月开工，1987 年建成通车。如图 2-9(c)所示，隧道施工全是机械化，采用大型机械进行全断面和大断面开挖，采用复合衬砌技术，施工时进行光面爆破后，采用锚喷初期支护和二次模注混凝土衬砌，中间加一层厚 2 mm 的软聚氯乙烯塑料板作为防水层，对隧道运营期间起到有效防漏水作用。开挖方法推行了国外最先进的设计和施工方法“新奥法”，采用 20 世纪 80 年代国内外最先进的大型机械，实现了主要工序钻爆、支护、装运三条机械化作业线。①第一次使用按照大瑶山隧道设计断面从国外引进的全液压钻孔台车，其 4 个臂膀上装有 4 台高效液压凿岩机，电力驱动液压传动，自动进退，有自动平行机构和外插角机构，以确保钻孔质量，台车具备工效高、噪声低、粉尘浓度低、操作简便，作业灵活等特点，每班需 4 人操作且一机多用。开挖断面面积 86～118 m^2，钻孔 175～200 个，钻孔时间 4～5 h，爆破一次进尺约 4.8 m。②隧道的两次支护都采用大型机械—喷射混凝土三联机和机械手，对开挖后的岩面及时喷射混凝土；由四臂全液压台车打眼，安装钢筋砂浆锚杆，施作第一次支护；待围岩变形基本稳定后，在第一次支护面上粘贴聚氯乙烯防水层；然后用全断面轨行式钢模板台车，灌注第二次混凝土衬砌。③隧道采用全断面开挖，一次爆破渣石约 600 m^3，采用 2.7 m^3 的轮胎式装载机装渣，载重 20 t 的自卸卡车运渣，两台机械紧密配合，8～10 h 就能将一次爆破渣石清理干净。

2.3.7　米花岭隧道

已通车的最长单线电气化铁路隧道——米花岭隧道：如图 2-10 所示，米花岭隧道位于南昆铁路广西田林县板桃乡境内，全长 9 392 m，隧道穿越右江与南盘江两水系分水岭——九巍峨山脉，区内山脉绵延，峰峦起伏，山坡陡峻，沟谷深切。隧道于 1992 年 11 月 1 日开工，1996 年 9 月 6 日竣工。隧道穿越山体地质复杂，对隧道威胁大的主干断层有 3 条，有一定影响小断层 16 条、6 个褶曲、10 个蓄水带，其中有 4 个富水带可能突水涌泥。全隧道每昼夜涌水量为

（a）隧道洞口

（b）隧道洞口

（c）洞内机械施工

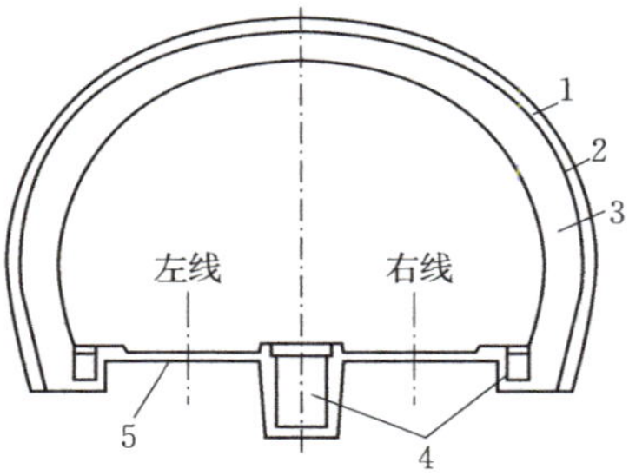

（d）无仰拱衬砌

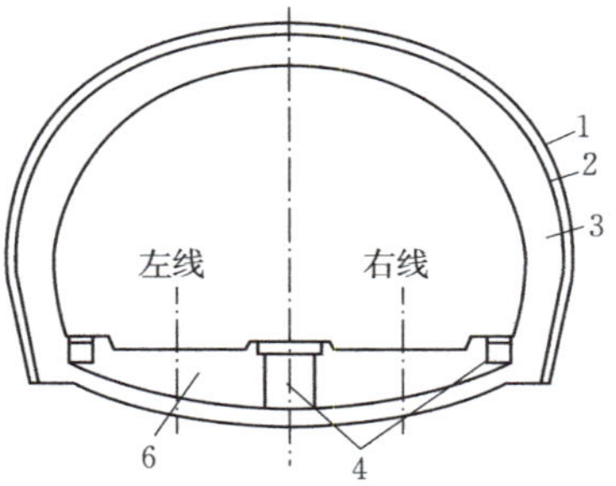

（e）有仰拱衬砌

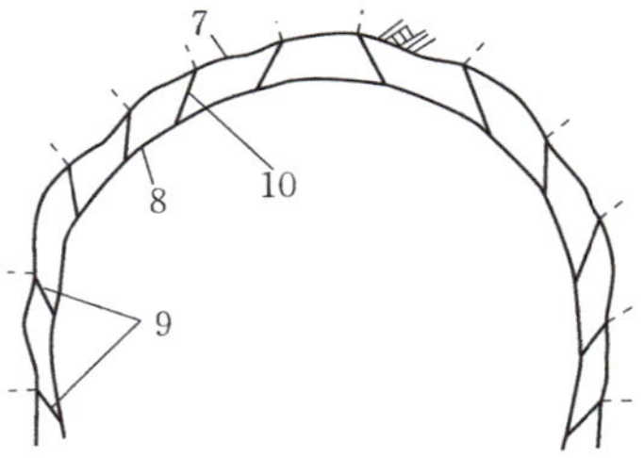

（f）整环暗锚

1—喷锚支护；2—塑料防水板；3—混凝土衬砌；4—排水沟；5—铺底；6—混凝土基床；7—喷混凝土断面轮廓；8—聚乙烯板（2 mm）；9—聚乙烯板锚固带（100 mm×80 mm）；10—塑料螺栓。

图 2-9　大瑶山隧道

17 000 m^3。隧道线路平面为S形，进出口各设一段曲线，进口曲线进洞长度258 m，曲线半径1 000 m，进出口设曲线主要是隧道两端设站及地形条件所限。隧道支护结构按新奥法原理设计，采用曲墙复合式衬砌断面；隧道涌水量较大，设计坚持以排为主，堵排结合治水原则，对可能突水涌泥围岩地段，用长导管全断面注浆堵水后再行开挖；隧道支护结构采用上堵下排治水措施，即拱部于二次支护间设无纺布加聚乙烯防水板，墙部间隔设置排水盲沟，隧道纵向设置双侧排水沟。隧道中部偏出口段的3个主干断层及其破碎带及其影响带总长度575 m嵌入隧道深部，大大增加了施工难度，为处理这三条主干断层，采用“二斜一平”的施工辅助坑道方案。隧道采用轨行门架式四臂凿岩台车，立爪装渣机，配合14 m^3梭式矿车运输，模板台车配合混凝土输送泵衬砌等先进施工设备，为隧道快速施工创造了条件。根据地质情况，隧道采用正断面开挖为主，软弱围岩段采用短台阶法开挖。

（a）隧道洞口

（b）凿岩台车施工

图 2-10　米花岭隧道

2.3.8 军都山隧道

第一座重载铁路双线隧道——军都山隧道：如图 2-11 所示，军都山隧道位于北京市延庆区东南燕山北麓，大秦铁路延庆车站与铁炉村，全长 8 460 m，是我国已运营的第三座长大铁路隧道，1985 年 1 月开工，1989 年通车。隧道地质构造较为复杂，进口端有 670 m 黄土砂质黏土段，埋深 12～23 m，最薄地段只有 3.6 m；出口端上覆地层为 70 m 厚洪积块石土堆积层，然后是长度 500 m 的风化花岗岩，夹有煌斑岩脉侵入，节理发育有地下水，其余地段为岩浆岩，岩体较完整，但隧道穿越四条较大断层带。隧道最大埋深 640 m，开挖后岩体应力重新平衡，有轻微岩爆伴随小块岩石坠落。隧道每昼夜涌水量约为 13 200 m^3。由于隧道长、工期短、难度大，除进出口正洞外，采用“三斜一平”施工方案，以增加作业面，达到长洞短做。为解决 3 号斜井至出口段长达 4 083 m 地段的通风、排水和施工问题，在出口设置 2 km 长的平行导坑。隧道采用新奥法原则指导设计与施工，充分调动围岩自承能力，实现大断面快速掘进，并为大型施工机械提供操作空间。本着先进高效实用原则，引进一批大型设备并完善系列高效配套，组成破岩、装运、支护三条流水作业线：以单臂每分钟 1.5～2 m 的全液压二臂、三臂、四臂凿岩台车钻爆开挖，采用 1.4～5 m^3 大斗装载机，配 20 t 自卸汽车及 6～8 m^3 矿车、梭式矿车等出渣；全断面或半断面掘进，正洞用无轨运输，斜井用有轨运输；用机械手进行喷射混凝土初期支护；二次衬砌是在洞外厂拌混凝土用 6 m^3 混凝土输送车运至作业面，用混凝土泵进 12 m^3 全液压模板衬砌台车内，使隧道边墙、拱部一次成型。隧道进口端 670 m 长的浅埋和黄土砂层区段，其中 170 m 范围长的拱部还通过中等密实细砂层，地下水位在边墙中部，地质条件不能形成自然拱，在国内隧道修建史上没有先例，是施工中难度较大的关键节点之一。采取的处置措施：对于黄土地段，采用小导管超前支护法、小导管注浆超前支护法、插板法施工，三种支护法使隧道顶部形成一个低强度混凝土保护拱后，再进行开挖；对黄土层含水地段，用洞外井点降水，共设置降水钻孔 18 个，安装 9 台深井潜水泵抽水，截挡地下水补给来源，降低地下水位，保证含水段施工时基本干燥，顺利通过了覆盖仅 3.6 m 的隧道浅埋地段；对其他断层和破碎带，坚持“短进尺、弱爆破、强支护、勤测量、及时衬砌”原则组织施工；对于复杂地质区段采用钎探、物探等手段，进行工程地质和水文地质预测预报，指导隧道施工。

2.3.9 家竹箐隧道

瓦斯含量最高的长大铁路隧道——家竹箐隧道：如图 2-12 所示，家竹箐隧道有“天下第一险洞”之称，位于南昆铁路威红段的鲁番站与上西铺站之间，隧道全长 4 975 m，隧道 1993 年开工，1996 年 5 月开始铺轨。隧道洞身有 1 085 m 是煤系地层，主要煤层共 14 层，各煤层瓦斯压力测算值多超过 0.6 MPa，最高的达到 1.34 MPa。据《防治煤与瓦斯突出细则》规定，当煤层瓦斯压力超过 0.6 MPa 时，已存在煤与瓦斯发生突出的危险。据测算，隧道施工通过煤层，瓦斯涌出量最多达到 349 m^3/h，该隧道属高瓦斯有突出危险的隧道，其施工难度和危险性在我国铁路隧道建设史上尚属首例。隧道设计采取了预抽预排、封闭坑壁、加强通风、杜绝火源、喷洒清扫、降低煤尘等一系列安全防范措施。为降低通风阻力和降低瓦斯浓度，隧道的进口和斜井设置一个平行导坑和两座斜井，通过大型通风机抽吸作用形成强大的巷道式通风，使施工中掘进工作面的瓦斯浓度通风后不大于 1%，回风道（平行导坑）瓦斯浓度不大于 0.75%，洞内风速不小于 0.5 m/s。为防止瓦斯在坑道角隅聚集停留，掘进工作面配置风水喷雾器，驱散瓦斯并降低煤尘。家竹箐隧道施工中采用了“一探二测三排四验，震动放炮，安全避难”的防突措施。南昆铁路采用电力机车牵引,机车受电弓与接触网之间产生的高压电弧火花、列车制动闸瓦产生的摩擦火花、客车餐车明火等对瓦斯都是危险的火源。对于家竹箐高瓦斯隧道,在衬砌结构上采取一系列封闭措施,考虑到设计施工可能存在不完善之处导致瓦斯气体渗漏到隧道中并积累,以及特长隧道自然风不足冲淡和带出洞内瓦斯对行车造成威胁,因此,利用隧道中部的斜井进行抽出式机械通风,隧道内每隔一定距离,拱顶部位设置瓦斯探头,当中央控制室发现洞内瓦斯浓度上升至危险值时,开动斜井风机进行通风。

图 2-11　军都山隧道

图 2-12　家竹箐隧道

2.3.10　分水关隧道

穿越武夷山脉的长大越岭铁道隧道——分水关隧道:如图 2-13 所示,分水关隧道是横南铁路穿越武夷山脉的长大越岭单线隧道,全长 7 252 m,隧道 1993 年开工,1996 年建成通车。隧道进出口位于线路曲线上,洞身全部在直线上,纵坡为 9.9‰人字坡隧道,隧道穿过花岗岩地层的不同风化带,并与 6 条岩脉和 5 条大小不等的断层相交。隧道进口端穿过泥石流沟底,地下水较发育,对混凝土具有弱至中等溶出和弱酸性侵蚀,工程地质条件复杂。设计隧道近期内燃牵引,远期电气化。隧道建筑限界“隧限-2A”,施工支护采用喷锚技术,永久支护为混凝土整体式衬砌。洞内轨道为次重型,按预留重型设计,洞内铺设混凝土宽枕道床,设双侧水沟与双侧电缆槽,建筑材料为防水混凝土。如图 2-13(c)所示,根据列车在洞内上坡运行时速 22 km,允许通风时间 8.85 min 等要求,分别做了有帘幕洞口风道吹入式(列车出洞关帘幕吹风、车尾进洞关帘幕提前吹风)通风方案、无帘幕洞口风道吹入式(列车车尾出洞开风机吹风、列车进洞顺列车提前吹风)通风方案、射流纵向式全射流纵向通风、全射流提前通风、射流加洞口风道式通风方案。“射流加洞口风道式纵向通风”方案:用两台主风机通过风道向洞内吹风,利用射流风机的升压产生纵向气流,新鲜空气从隧道进口和主风机进入,污浊空气从隧道出口排出;其具体做法是在距隧道进口 50 m 处,以 20°夹角作 46 m 长风道,安装两台主风机;在隧道内作四处射流风机安装段,每段长 22 m。该通风方案的技术可行性、独特性、先进性和经济安全以及两步到位、分期实施的措施合理,是对 7 km 以上长隧道(不设帘幕)运营通风的新尝试和探索,在我国尚属首次,积累了理论和工程实践经验。

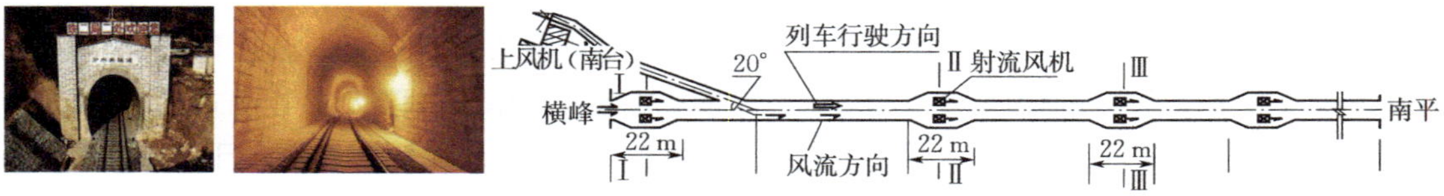

(a) 隧道洞口　(b) 隧道洞内　(c) 运营通风设计示意图

图 2-13　分水关隧道

2.3.11　秦岭隧道

①秦岭隧道，如图 2-14 所示，秦岭隧道是中国最长的铁路隧道，位于西康铁路青岔车站和营盘车站之间，由两座基本平行的单线隧道组成，两线间距 30 m，其中Ⅰ线隧道全长 18 460 m，Ⅱ线隧道全长 18 456 m，隧道 1995 年 1 月 18 日开工，1999 年 9 月 6 日贯通。隧道北洞口高程约 870 m，南洞口高程约 1 025 m，隧道两端高并约 155 m。Ⅰ、Ⅱ线隧道纵坡基本相同，由西安端进洞约 14.7 km 范围为 11‰上坡，然后 3.2 km 范围为 3‰下坡出洞。隧道最大埋深约 1 600 m，埋深超过 1 000 m 地段长约 3.8 km。隧道通过地段岩性地质条件十分复杂，岩层主要为混合片麻岩、混合花岗岩、含绿色矿物混合花岗岩；洞身穿过 13 条断层，其中 3 条大断层为区域断层。施工时有高地应力、岩爆、地热、断裂带、涌水、围岩失稳等不良地质灾害发生，工程建设风险极大。秦岭隧道Ⅰ、Ⅱ线均为单线电气化铁路隧道，全部采用支承块式整体道床，超长无缝线路Ⅰ线（左线）隧道使用 2 台 8.8 m 敞开式掘进机（TBM）由隧道两端相向施工。Ⅱ线（右线）隧道采用新奥法施工，初期支护为锚喷，二次支护为马蹄形带仰拱的模筑混凝土复合式衬砌。秦岭隧道地质复杂，工程巨大，在设计、施工、运营安全和维修管理方面克服许多技术难关，且Ⅰ线隧道采用掘进机施工，在我国铁路隧道施工尚属首次，秦岭隧道的修建，使我国隧道工程建设从整体上提高到一个新的技术水平。

②兰渝铁路西秦岭隧道：如图 2-15 所示，西秦岭隧道位于甘肃省陇南市武都区，为双洞单线隧道（线间距约 40 m），是兰渝线全线的控制性工程，隧道起讫里程为 DK395＋122～DK423＋358，全长 28 236 m，隧道最大埋深约 1 400 m，水文地质条件复杂，围岩地层主要砂质千枚岩，存在岩溶、断层破碎带、高地应力岩爆、高岩温等地质问题，属典型的深埋长大隧道。西秦岭隧道左线于 2013 年 11 月 29 日贯通。采用目前世界上最先进的两台 TBM 掘进机和钻爆法施工，掘进机长 180 m，重达 1 800 t，开挖直径达 10.23 m，是目前我国采用掘进机修建的最大直径的干线铁路隧道，采用“工厂化”的隧道开挖现代作业设备和技术，保证工程质量和施工安全，还最大限度地改善作业环境，降低粉尘等有害气体的污染，减少对生态环境的影响和破坏，标志着我国特殊地质条件下，铁路隧道的施工技术达到世界领先水平。

（a）隧道洞口　（b）掘进机施工

图 2-14　秦岭特长隧道

（a）洞口施工　（b）洞内施工　（c）敞开式全断面掘进机

图 2-15　西秦岭隧道

2.3.12　昆仑山隧道

世界高原多年冻土区第一长大铁路隧道——昆仑山隧道：如图 2-16 所示，昆仑山隧道是世界高原多年冻土区第一长隧道，位于青藏铁路青海境内，全长 1 686 m，于 2001 年 9 月开工，2002 年 9 月 26 日贯通。隧址区海拔 4 600～4 700 m，处于高原腹地，具有独特的冰缘干寒气候特征，且随海拔增高具有明显的气候垂直分带性，年均气温－3.6 ℃，极端最高和最低温分别为 23.7 ℃、－27.7 ℃；隧道洞身穿越岩层为三叠系板岩夹片岩，强风化层厚 1.7～4 m，板岩呈碎块状，片岩为碎片状，局部呈粉土状，含较多裂隙冰；洞身围岩级别为Ⅳ～Ⅴ级。由于隧道所处独特的地理位置、严酷的自然环境、复杂的地质条件、穿越多条断裂带，使其结构、施工工艺、施工工法不同于一般地区隧道，昆仑山隧道被列为青藏线头号控制工程，设计采用了大量新技术、新材料、新工艺。①采取湿喷混凝土临时支护并确保足够支护强度，是事关昆仑山隧道施工安全、质量、工期和效益的一个至关重要的环节，实践证明了湿喷混凝土在高原多年冻土区隧道施工中的可行性，填补了国内研究的空白。②隧道防排水及衬砌隔热保温层选用PVC-PE复合防水板、聚氨酯(PU)保温板、TN-1型聚氨酯粘接剂等新材料，采用粘贴工艺施工，真正做到无钉铺设，有效地提高了防水保温层的防水隔热效果，防水层接缝采用热合焊机双焊缝焊接，确保了施工质量。③施作仰拱对掘进干扰大一直是国内隧道钻爆法施工中未解决的重大难题，隧道采用半侧施工仰拱或简易栈桥方法，仰拱施工质量差，劳动强度高，工效低，运营后容易产生病害。昆仑山隧道进行了仰拱作业桥的研制及配套施工技术研究，于2002年3月25日完成样机制造，该仰拱作业桥支撑构件全部采用液压装置，全长27.55 m，宽3.2 m，重24 t，能通过重载运输车辆和三臂轮式凿岩台车，一次施工长度8.5～10 m。投入使用后证明仰拱作业桥设计合理、操作灵活，对其他工序干扰小，且施工安全，移动方便，大大降低作业强度，提高仰拱施工进度，尤其在高原缺氧环境下效果突出，彻底解决仰拱施工这一长期困扰国内隧道施工的难题。

(a) 隧道洞口　　(b) 洞内施工　　(c) 隧道结构设计示意图

图 2-16　昆仑关隧道

2.3.13　风火山隧道

世界高海拔铁路隧道——风火山隧道：如图2-17所示，风火山隧道位于青藏铁路青海境内青藏高原可可西里“无人区”边缘，隧道全长1 338 m，进口轨面海拔4 905 m，当时被称为世界上线路最长、海拔最高、穿越冻土里程最长的高原铁路，也是青藏铁路重点控制工程，隧道于2001年10月18日开工，2002年10月19日贯通。风火山隧道为单线隧道，最大埋深100 m、最小埋深8 m，进出口设计为明洞，进洞35 m，出口23 m，洞门形式采用斜切式结构，隧道结构为复合式衬砌，采用5层先后施作的隧道支护衬砌结构形式。隧道所处风火山垭口高寒缺氧、气温低、昼夜温差大，平均海拔4 900 m，年均气温−7 ℃，寒季最低气温达−41 ℃，空气中O_2含量只有内地的50%左右，被喻为“生命禁区”。隧道洞身全部位于冻土、冻岩中，地质岩层复杂，集含土冰层、饱冰冻土、富冻冻土、裂隙冰、融冻泥岩等病害性地质于一体；隧道冻土层最厚达150 m、覆盖层最薄处仅有8 m，施工稍有不慎就会导致大坍方，工程难度之大前所未遇。

隧道设计施工中，研制使用了适应冻土隧道施工的低温早强混凝土，采用了防水保温等新技术和新工艺，攻克了浅冻土隧道进洞，冰岩光爆等技术难关，掌握了高原冻土路基和隧道施工的有效方法，达到了国内外冻土隧道施工的领先水平。解决了不同冻土地质条件下隧道围岩热融问题，借鉴国内外冻土隧道施工经验，研制投产了两台特大型隧道空调机组，形成洞内空气冷冻室和冷气空调室，把洞内温度控制在±5 ℃以内，为确保工程顺利进展探索出了新路。隧道的施工一般采用短台阶法或全断面法开挖、支护及时、仰拱领先、二次衬砌紧跟；短台阶法施工工序如图 2-17(d)所示，施工过程中洞内开挖平台、初期支护平台、初次衬砌台车、防水保温层施作平台、二次衬砌钢筋网平台、二次衬砌台车，六个工作平台、台车流水作业，依次跟进，使洞内结构及时完成，减少施工期冻土围岩热融。施工注意洞内积水要及时排出洞外，防止冻土基底加速融化。隧道进洞及洞身开挖前，先完成洞口防排水系统与边坡防护，进洞采用小导管超前支护，格栅钢架支撑，采用弧形开挖留核心土法，开挖选择在寒季减小围岩扰动，详如图 2-17(e)所示。

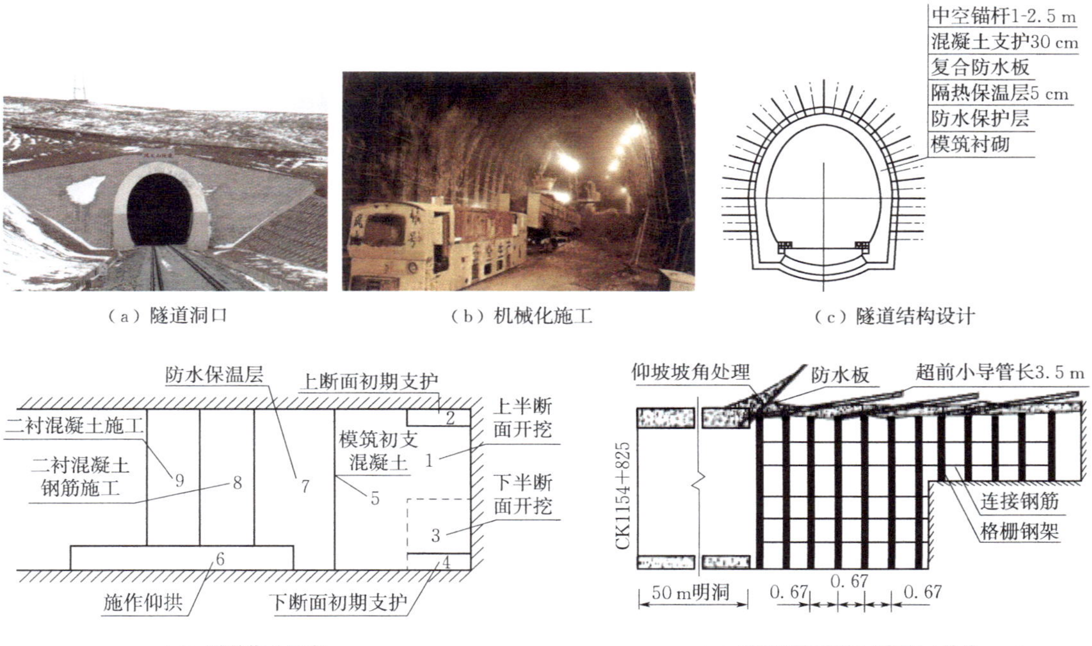

（a）隧道洞口 （b）机械化施工 （c）隧道结构设计

（d）隧道作业工序 （e）暗洞进洞纵向示意图（单位：m）

图 2-17 风火山隧道

使用 400 余台套一流的高原施工机械，实现了机械化作业，大大降低了职工劳动强度，提高了生产效率。风火山隧道是青藏线上浅埋层最长的隧道，为避免出现坍方，针对不同地质的喷护和支护提出了一系列工法方案。在富冻冻土地段，采用大管棚加小管棚的双层超前超强支护法，利用中空锚杆和加温后的水泥浆锚注，使围岩上层形成一种相对稳定的环境，同时实行“弱爆破、快支护、快初衬”，使富冰冻区段得以安全通过；对裂隙冰地质，采用“先抢格栅架、快焊钢筋网、边焊边喷护”的方法，取得了良好效果；对融冻泥岩地质，采取了“用水玻璃进行双液注浆，首先稳定山体结构，待水玻璃与水泥浆凝固后，再进行谨慎开挖”，很快制止了融冻泥岩的塌落，保证了施工的正常进行。

2.3.14 乌鞘岭隧道

乌鞘岭特长隧道如图 2-18 所示，乌鞘岭特长隧道位于兰新线兰武段打柴沟车站和龙沟车站之间，是中国第三长的铁路隧道，因乌鞘岭海拔高、自然环境恶劣，地质情况复杂，施工难度大，而隧道工期紧、质量标准高、任务艰巨，被称为兰武二线“咽喉工程”，2006 年 8 月 23 日双线开通。设计为两座单线隧道，隧道长 20 050 m，隧道出口段线路位于半径 1 200 m 的曲线上，右、左缓和曲线分别为 68.84 m 和 127.29 m，隧道其余地段均位于直线上，隧道线间距 40 m，两隧道线路纵坡相同，为 11‰的单面下坡，右线隧道较左线隧道高 0.56～0.73 m，洞身最大埋深 1 100 m 左右。隧道左右线均采用钻爆法施工，隧道辅助坑道共 15 座，其中斜井 13 座，竖井 1 座，横洞 1 座。隧道地层岩性复杂，分布受区域断裂构造控制，出露地层主要有第四系、第三系、白垩系及三叠第沉积岩，志留系奥陶系变质岩，并伴有加里东晚期闪长岩侵入体。隧道横穿祁连褶皱系的北祁连伏地褶皱带和走廊过渡带两个次级构造单元，褶皱及断裂构造发育，隧道穿越了四条大区域断层，均处在 7 535 m 长的越岭断层，断层带累计长 1 565 m。施工中可能发生围岩失稳、涌水、涌泥、岩爆、热害、含煤层有害气体等地质灾害。主要不良地质为有害气体、湿陷性黄土和膨胀岩。隧道通过中等富水区、弱富水区与贫水区三大水文地质分区。因工程地质、水文地质条件复杂，施工难度和风险大，被地质专家称为“地质迷宫”“地质博物馆”。隧道结构设计充分考虑了洞身不同的地质情况和特殊施工环境，设计了各型衬砌结构类型供选用，针对性较强。

（a）隧道洞口

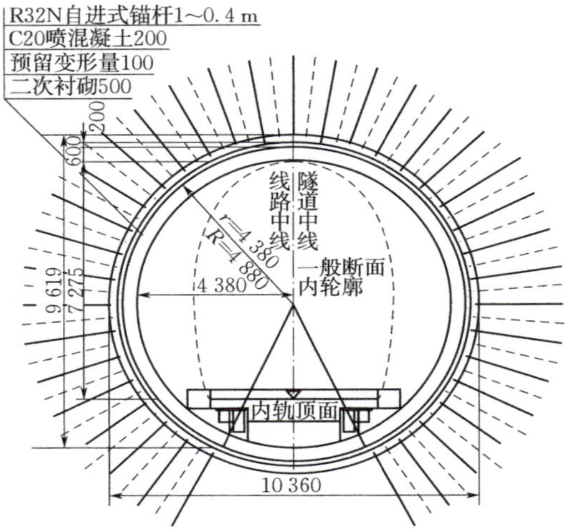

（b）活性断层带衬砌结构设计（单位：mm）

图 2-18 乌鞘岭特长隧道

2.3.15 太行山隧道

中国第一长铁路隧道——太行山隧道：如图 2-19 所示，太行山隧道位于石家庄至太原铁路客运专线上，是目前我国最长的山岭铁路隧道，2007 年底贯通。隧道穿过海拔为 1 311 m 太行山山脉主峰越宵山，最大埋深 445 m。设计为双洞单线隧道，两线间距 35 m，下行线长 27 839 m，上行线长 27 848 m。隧道位于直线上，左右线纵向设计坡度基本一致，进口段长 95 m 的坡度为 13.4‰的上坡，出口段长 594 m 的坡度为 6‰的上坡，其余部分均为 14.3‰的上坡。隧道质量标准要求高。要求隧道衬砌内实外光，结构轮廓线条顺直美观，隧道防水等级为一级，混凝土耐久性达 100 年，衬砌混凝土不渗漏不裂。太行山隧道地质结构复杂，穿越累计长 4 410 m 的奥陶系膏溶角砾岩地段，极易发生坍塌和大变形，主要不良地质有岩爆、岩溶、断层、高地应力及膨胀性围岩、突水涌泥、坍塌冒落等。隧道采用钻爆法施工，全隧设进口

1 个、斜井 9 个、出口 1 个共 11 处施工通道、24 个工作面同时展开施工。

（a）隧道洞口　　（b）洞内施工

图 2-19　太行山隧道

2.3.16　吕梁山隧道

中国第二长铁路隧道——吕梁山隧道：如图 2-20 所示，吕梁山隧道为太中银铁路重点控制工程，是中国第二长电气化铁路隧道，2009 年 9 月 16 日贯通。为双洞单线隧道，线间距 30 m，左线长 20 785 m，右线长 20 787 m，隧道最大埋深 595 m。隧道在汾阳—离石区间穿越吕梁山脉，起点海拔高程 1 105 m，低于地下水位 20 m，出口海拔高程 1 330 m，低于地下水位 20 m，进口到出口为 11‰坡度连续上坡，共设 2 处横洞和 5 处斜井，总长度 10 264 m，隧道开挖和衬砌断面为马蹄形，高 8 m，宽 6.6 m，隧道内衬砌厚度为 30～40 cm 混凝土，内加防水布。隧道主要穿越页岩、灰岩、砂岩层，出口段为湿陷性黄土地段，最小埋深 16 m，并下穿青银高速公路；隧道穿越吴城断裂带，断层上盘岩性为石英砂岩、花岗片麻岩夹伟晶岩脉，岩体破碎；断层下盘灰岩岩体破碎。隧道穿过全风化花岗岩、砂土岩层、2.2 km 长的砂粒层、220 m 长的吴城断裂带等不良地质地段，施工过程异常艰难。主要地下水类型有第四系孔隙潜水、基岩裂隙水、岩溶水、断层水等。在吴城断裂带采用的施工顺序为：超前地质预报→超前帷幕注浆→超前支护→隧道开挖→初期支护→围岩变形量测→径向补充注浆→仰拱及填充混凝土施工→防水层铺设→拱墙衬砌混凝土施工。吴城破碎带开挖采取三台阶法施工，施工中坚持“先预防、早治水、管超前、严注浆、短进尺、弱爆破、强支护、早封闭、勤量测、控变形”的施工原则。锚喷支护采用湿喷机喷混凝土，混凝土衬砌利用仰拱栈桥先行施工仰拱与填充，确保围岩收敛及下沉变形。

图 2-20　吕梁山隧道

第 3 章　公路风险隧道建造技术现状

3.1　世界公路隧道现状

3.1.1　隧道发展现状

人类修建公路隧道已有几百年的历史，建成的公路隧道不计其数。有关现代公路隧道的修建，始于 1927 年美国纽约哈德逊河底的荷兰盾隧道，该隧道双洞单向交通，长度分别为 2 680 m 和 2 551 m，高峰时每小时交通量为 2 000 辆，盾构法施工，并且首次采用机械全横向式强迫通风。其后，随着隧道施工技术新奥法、挪威法，以及 TBM 等方法的确立，许多伴随有全横向式、半横向式、纵向式、混合式通风方式，以及现代照明和监控的长大公路隧道相继建成。截至 2000 年底，长度超过 3 km 以上的公路隧道已近 400 座，最长的达 24.5 km。总结国内外长大公路隧道的建设经验，分析现代公路隧道存在的问题和发展趋势，对长大公路隧道的成功修建和提高运营服务水平有着重要的工程实践价值和现实意义，中国公路隧道发展的代表作如图 3-1 所示。

（a）包头茂名高速隧道　　（b）秦岭终南山隧道　　（c）明堂山隧道

图 3-1　我国公路隧道发展的代表作

3.1.2　隧道发展趋势

（1）隧道长度不断加大。随着道路等级标准的逐渐提高和隧道设计理论和施工技术的不断改进，公路隧道的长度从 20 世纪初的 2～3 km 发展到现在的数十公里。世界著名公路隧道（表 3-1）有：位于挪威西部的洛达尔和艾于兰之间的洛达尔隧道，2000 年正式通车，是当时世界上最长的公路隧道，长度 24.51 km；瑞士的圣哥达隧道，是世界上第二长公路隧道，长 16.82 km，连接瑞士的乌里州和提契诺州；日本的关越隧道，长度为 11.05 km；意大利的勃朗峰隧道，长度为 11.6 km；奥地利和阿尔贝铭隧道，长度 13.972 km；挪威奥尔兰隧道长达 24.5 km。世界著名的海（水）底公路隧道有：美国的林肯隧道是世界上最繁忙的公路隧道之一，跨越哈德逊河连接纽约市和新泽西州，长 2.4 km；英国的默西隧道，长 3.43 km；美国的布鲁克林隧道，长 2.78 km；美国的霍兰德隧道，2.61 km 等。国内修建通车的有代表性的隧道秦岭终南山公路隧道，长度达 18.02 km。这些长大公路隧道的成功修建，除了道路等级标准要求的提高，宁绕勿穿设计理念的观念改变外，新的施工工艺、现代通风监控技术和成功工程经验起着决定性作用。

表 3-1　部分世界著名公路隧道统计(10 km 以上)

序号	隧道名称	国家	长度(km)	位　　置	建成年份	断面形式
1	拉达尔隧道	挪威	24.51	挪威西部拉达尔	2000	单洞两车道
2	秦岭终南山隧道	中国	18.02	陕西西康高速	2007	双洞四车道
3	锦屏山隧道	中国	17.504	锦屏一、二级水电站连接线	2008	双洞两车道
4	圣哥达隧道	瑞士	16.32	苏黎世阿尔卑斯山	1980	单洞两车道
5	木寨岭隧道	中国	15.221	甘肃 G75 兰海高速	2023	双洞四车道
6	秦岭天台山隧道	中国	15.56	陕西 G85 银昆高速	2021	双洞六车道
7	米仓山隧道	中国	13.833	四川、陕西 G85 银昆高速	2018	双洞四车道
8	西山特长隧道	中国	13.654	山西太古高速	2012	双洞四车道
9	新二郎山隧道	中国	13.459	四川雅康高速	2017	双洞四车道
10	狮子坪隧道	中国	13.156	四川汶马高速	2020	双洞四车道
11	虹梯关隧道	中国	13.1	山西长平高速	2013	双洞四车道
12	雪山(林平)隧道	中国	12.9	台湾地区蒋渭水高速	2006	
13	圭嘎拉隧道	中国	12.798	西藏 S5 线拉萨至泽当快速公路	2023	双洞四车道
14	麦积山特长隧道	中国	12.29	甘肃 G30 连霍高速	2009	双洞四车道
15	高楼山隧道	中国	12.272	甘肃 G8513 平绵高速	2023	双洞四车道
16	大峡谷隧道	中国	12.146	四川峨汉高速	2023	双洞四车道
17	东天山隧道	中国	11.775	新疆 G575 巴里坤至哈密公路	2021	双洞四车道
18	老营隧道	中国	11.535	云南 G5613 保泸高速	2021	双洞四车道
19	城开隧道	中国	11.489	重庆城开高速	2022	双洞四车道
20	云山隧道	中国	11.387	山西 S66 和汾高速	2014	双洞四车道
21	营盘山隧道	中国	11.306	云南 G4216 蓉丽高速	2022	双洞四车道
22	包家山隧道	中国	11.20	陕西 G65 包茂高速	2009	双洞四车道
23	太湖隧道	中国	10.79	江苏苏锡常南部高速	2021	双洞六车道
24	大娄山(桐梓)隧道	中国	10.497	贵州 G7521 兰海高速复线	2023	双洞六车道
25	大万山隧道	中国	10.49	山西 S48 静兴高速	2022	双洞四车道
26	宝塔山隧道	中国	10.48	山西 G2516 东吕高速	2012	双洞四车道
27	翠屏隧道	中国	10.127	云南 G7611 都香高速	2023	双洞四车道
28	泥巴山隧道	中国	10.006	四川 G5 雅西高速	2011	双洞四车道

(2)曲线隧道逐渐增多。在新的隧道设计理论和施工技术的推动下,特别是总结公路隧道运营管理的实践经验后,现代公路隧道的选择线已完全打破了过去宁直勿弯的规则,曲线隧道逐渐增多,国外更是到处可见,奥地利的巴拉斯基复线隧道,结合地形和环境条件设计了一段长达 1.2 km 的曲线隧道。曲线隧道的设计,对避开不良地质、促使行驶中的司机提高警惕、不受出口“白洞”影响,从而避免引起交通事故起着至关重要作用。

(3)隧道双洞取代单洞趋势。由于单洞双向交通不能充分利用汽车交通风,并且要求通风设备装机容量增加,特别是单洞双向交通的事故率远远高于双洞单向交通,因此近年来双洞单向交通隧道逐渐取单洞双向交通隧道。国外目前正将早期一百多座单洞双向交通隧道改变为双洞单向隧道，这对降低通风难度、节约能量、减少事故、提高交通量、满足防灾救灾、备战要求有着重要意义，有代表性的隧道工程实例有奥地利的巴拉斯隧道和陶恩隧道等。

（4）隧道纵向通风方式占主导地位。根据2000年统计结果，全世界建成的近400座长度在3 km以上的公路隧道，20世纪80年代前的多为全横向式通风或半横向通风，以欧洲的瑞士、奥地利和意大利为代表，而在近在40年来，特别是纵向通风方式出现后，公路隧道通风方式基本分为两大派系，欧洲仍以全横向、半横向居多，而亚洲以日本为代表，全为纵向。近年来随着汽车排污限制标准提高，控制公路隧道通风量的因素已从CO浓度逐渐过渡为烟雾浓度，加之双洞方案逐渐取代单洞方案，所以分段纵向通风方式已经占主导地位。近年来欧洲各国也逐步转变传统设计观念，在许多新建或加宽增修复线长大公路隧道中，用分段纵向通风方式取代过去的半横向或全横向通风方式。

（5）隧道向更高服务水平发展。随着公路隧道通风、照明、监控等项技术的不断完善和智能化，现代公路隧道的服务水平逐渐提高。特别是在一些长大公路隧道中，高质量的照明效果、适应不同交通工况和防灾救灾的通风系统、完善的交通标识、不同模式的监控方法、尽可能详细的防灾救灾预案、齐备的基础管理系统以及定期检测维护技术，这些都是保证公路隧道具有一个很高服务水平的必要条件。

（6）跨海隧道成为共识。继英法海底隧道成功地穿越了英吉利海峡后，隧道方案已成为跨海交通的主要形式。原因如下：海底隧道不但避免了桥梁方案所带来的海浪、台风等一系列结构力学问题，而且丝毫不影响海面航道交通和自然景观。目前国内香港的海底隧道、厦门翔安海底隧道、琼州海峡海底隧道、渤海湾海底隧道等就是代表性实例；国外的第二条英吉利海峡海底隧道（长37.5 km）、北欧的大、小海带海峡海底隧道等是典型实例。对于较长的海底隧道，毫无疑问利用铁路的摆渡方案明显优于公路直通方案。

（7）隧道功能由单功能向多功能转变。旅游观光是现代长大公路隧道的另一显著特点，突出的例子有英吉利海峡隧道、日本东京湾隧道、香港湾隧道、上海延安东路隧道等。隧道不仅是交通通道，而且也是旅游观光场所。川藏公路二郎山隧道自通车半年来，在洞口观光照相的已达近两万人次。这些隧道在设计过程中，就把隧道的交通功能和隧道区域的地理人文环境融为一体，在秦岭终南山公路隧道的可行性研究阶段，陕西省政府就提出将该隧道的能行功能和隧道区域的自然环境、旅游观光融为一体的设想。

3.1.3 面临技术问题

（1）地质超前预报方面：翔实地质勘察是进行隧道设计的基础工作，故除了进行常规原地质勘察外，施工过程中的地质超前预报十分重要，目前所采用的地震波超前地质预报法、TBM施工中的超前钻孔探测法，以及配合整个工程规模所采用的超前导洞法，都是相当有效的方法，但是后两种方法受岩石类别和工程规模所限制，而前一种方法探测结果的可靠性完全依赖于事先设定的判读指标的准确性和合理性，并且有一定的适用范围。

（2）隧道结构支护方面：公路隧道支护涉及支护结构和支护时间两方面问题。新奥法支护结构包括初期支护形式和厚度、二次支护结构形式和厚度、仰拱的形状和厚度等方面内容；而支护时间主要是指实施两次支护的时机，特别是对地质条件较差的情况，初期支护和掌子面的距离、二次支护的实施时间、仰拱的成环作用时间等，都是关系到隧道支护成败的关键。另外，通过对已经成功修建隧道支护结构的合理评价，得出一些对今后公路隧道支护优化设计有指导意义的量化指标，是目前值得重视的研究课题。

(3)隧道施工技术方面：隧道施工技术已有新奥法、挪威法、TBM 法、盾构法和沉埋法等，各个方法也自成体系，但是，一些关键技术和参数仍是制约这些方法发展的障碍，如新奥法中不同类型围岩和埋深时围岩的变形控制指标，挪威法中岩体 Q 值的准确计算，TBM 法中围岩物性参数的确定，盾构法中的防水技术，沉埋法中的深水施工技术等。

(4)隧道通风技术方面：隧道卫生标准是计算隧道通风量的前提。目前关于长大公路隧道的卫生标准没有统一的规范可循。卫生标准高、运营环境好，但投资和运营费用自然会增大。因此，对于长大公路隧道卫生标准的制定，必须兼顾国家环境卫生法规和投资者所能承受能力两方面的因素，仔细研究并慎重取值。隧道通风的另一个关键是通风方式的确定和方案的设计，其中包括分段长度、通风方式、斜竖井位置、局部效应、通风控制、防火区段划分、火灾时的排烟灭火、风机的优化配置等。

(5)运营隧道高效智能监控方面：运营监控除了整体监控方案的适当选择外，高敏感的检测元器件和实时信息反馈传输技术是关键，并且应在监视的基础上，完善突发事件的控制能力。如何提升监控在隧道运营中的地位，变被动监控为主动监控将成为今后监控方案设计的重点。

(6)隧道防灾救灾预案方面：公路隧道防灾救灾最大的困难是火灾的预防和救援。而火灾的预防和救援必须和通风方案综合考虑。防火区段的划分、消防措施的采取、火灾的准确检测与及时报警、逃生路线设置、避难洞的预留、风机的配置、防火救灾预案的制定等，都是必须研究的关键课题。

3.2　国内公路隧道现状

3.2.1　隧道发展历程

我国山地、丘陵和高原面积约占国土总面积的 69%。过去在山区修筑公路，由于建设资金严重短缺，多以盘山绕行为主，公路隧道建设非常缓慢。公路隧道是专供汽车运输行驶的通道。随着社会经济和生产的发展，高速公路大量出现，对道路的修建技术提出了较高的标准，要求线路顺直、坡度平缓、路面宽敞等。我国公路隧道发展历程如下：

20 世纪 50 年代，我国仅有 30 多座总长约 2.5 km 的公路隧道。

20 世纪 60～70 年代，我国干线公路上曾修建了百米以上的公路隧道。例如，1964 年修建的北京至山西原平公路(四级公路)有两座 200 m 以上的隧道，这在当时已是非常大的工程。据统计，1979 年我国公路隧道通车里程仅为 52 km/374 座。

20 世纪 80 年代后，随着国民经济的迅速发展，公路交通建设规模日益扩大，技术达到新的水平，公路隧道发展速度加快。公路隧道建设不仅在山区和丘陵地区公路建设中，而且在东部江河桥隧跨越方案比选中，日益引起人们的重视，并得到很大发展。

2000 年年底，我国公路隧道通车里程已达 628 km/1 684 座，比 1979 年增长了 12 倍。

进入 21 世纪以来，随着国民经济的快速发展，特别是在“7918”国家高速公路网规划和西部大开发的历史机遇下，公路隧道建设进入了一个高速发展的时期，公路隧道建设迅猛发展，截至 2010 年年底，已通车公路隧道达 5 122.6 km/7 384 座，比 1979 年增长了近 100 倍。随着我国公路网交通线不断向崇山峻岭、离岸深水延伸，公路隧道的总量和建设规模还会增大。

如图 3-2 所示，截至 2023 年底，中国已建成运营、正在建设、规划设计长度 10 km 以上的特长公路隧道共计 74 座，其中，已建成运营特长公路隧道 25 座，正在建设特长公路隧道 31 座，规划设计特长公路隧道 18 座。其中，长度在 10～14.9 km 的隧道共 62 座，长度在 15～19.9 km 的隧道共 10 座，长度大于 20 km 的隧道共 2 座。隧道主要集中在中国西南部，约占 63%，四川省最多，其次是云南省。高速公路隧道达 65 座，占比约为 88%；山岭公路隧道 68 座，水下隧道 6 座。隧道技术标准以双向 4 车道为主。隧道施工工法以钻爆法为主，近些年出现了 TBM+钻爆组合工法。目前，我国已是世界上公路隧道最多、发展最快的国家。隧道的修建在改善公路技术状态、缩短运行距离、提高运输能力、减少事故等方面起到重要的作用。

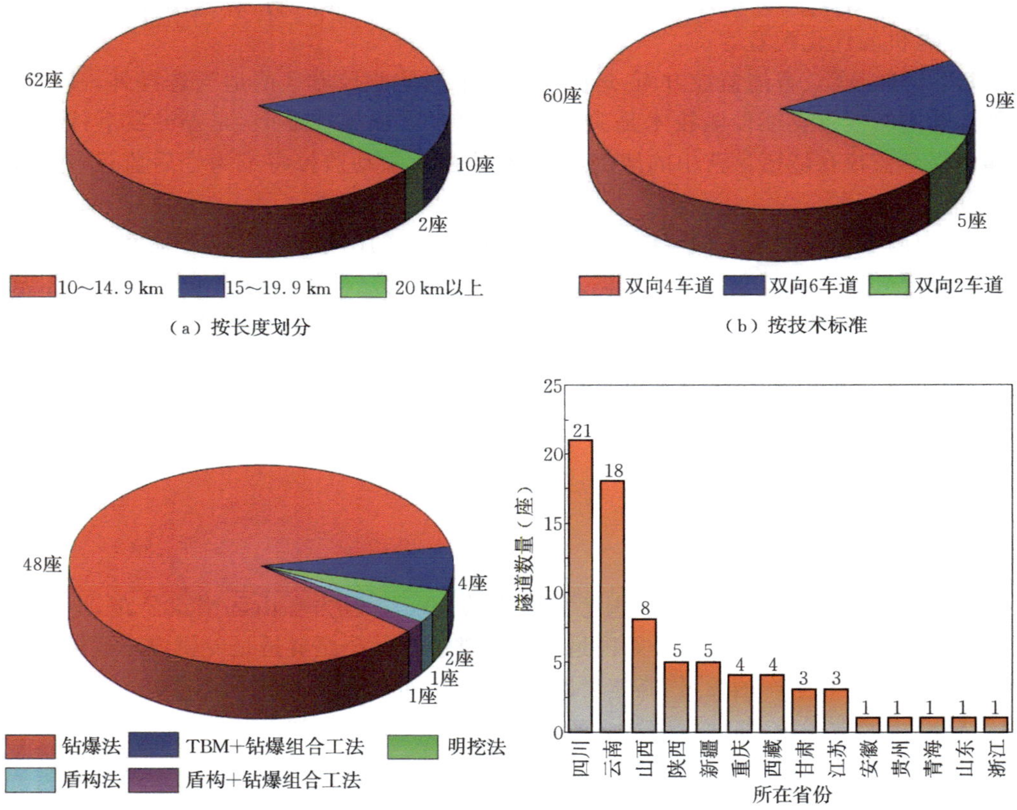

（a）按长度划分

（b）按技术标准

（c）按施工工法

（d）按所在省份划分

图 3-2　10 km 以上特长公路隧道统计分析

“十三五”时期，我国公路交通保持了较为平稳的发展态势，发展水平跃上新的大台阶，全国公路总里程接近 520 万 km，高速公路通车里程达到 16.1 万 km，“两通”兜底性目标全面实现，优服务、保安全水平提升，促转型、可持续稳步推进，有力支撑了国家重大战略实施和全面建成小康社会目标如期实现，也为开启全面建设社会主义现代化国家新征程提供了良好基础。

交通运输部《公路“十四五”发展规划》是《交通强国建设纲要》《国家综合立体交通网规划纲要》印发后，我国出台的第一个公路交通领域的五年发展规划，《公路“十四五”发展规划》提出，到 2025 年，安全、便捷、高效、绿色、经济的现代化公路交通运输体系建设取得重大进展，高质量发展迈出坚实步伐，设施供给更优质、运输服务更高效、路网运行更安全、转型发展更有力、行业治理更完善，有力支撑交通强国建设，高水平适应经济高质量发展要求，满足人民美好生活需要。

3.2.2 技术发展现状

(1)建造技术现状：在隧道数量和建设规模得到迅速发展的同时，我国山区公路隧道修建技术取得长足的进步。20 世纪 80 年代后，随着新奥法的推广，以钻爆法开挖为主的山区公路隧道修筑技术在我国日趋成熟。我国隧道建设者完全掌握了山岭双洞四车道隧道、双洞六车道隧道、双洞八车道隧道、连拱隧道、分岔隧道、大跨连拱隧道(双洞六车道、八车道隧道)、小净距隧道、大跨小净距隧道(双洞六车道、八车道隧道)以及隧道改扩建等修筑技术和大型地下立交建设技术等。

由于我国地域广阔，自然气候、地质和环境条件的千差万别，公路隧道在建设过程中遇到了各种各样的技术问题，其中部分难题在世界范围也是极为罕见。除了广泛吸取瑞士、奥地利、挪威和日本等公路隧道技术先进国家的成功经验外，我国从业人员也展开了大量自主创新的科技攻关，使我国在公路隧道建设技术方面取得了长足进步，形成了一系列具有我国自主知识产权的隧道建设技术，如高承压水环境、岩溶地区、黄土地区、高海拔、高寒、高烈度地区隧道建设技术，环保型洞口建设工法，长洞短打快速施工方法等。各种建设技术的日趋成熟，极大地提高了我国隧道的建设速度和建设质量。2007 年 1 月 20 日，世界上最长的山岭高速公路隧道——秦岭终南山公路隧道建成通车，标志着我国山区公路隧道修建技术达到世界领先水平。

我国水下隧道建设起步较晚，且在江海河底修建公路隧道的技术难度大，目前尚没有成熟的经验和技术。随着我国交通事业的蓬勃发展，为使线路直捷，不仅在穿越崇山峻岭时修建了众多山岭隧道，在一些跨海湾、海峡、大江大河处也修建或规划不少的公路水下隧道或公铁两用水下隧道。截至目前，我国大陆建成和在建的水下公路隧道已达 30 多座，其中上海已建有 8 座穿越黄浦江的水下隧道，广州、上海、南京、武汉、宁波、青岛、长沙等还在计划或正在修建更多的越江隧道工程，我国大陆第一条海底隧道——厦门翔安海底隧道于 2005 年 8 月动工，并于 2010 年 4 月建成通车。我国大陆第二条海底隧道——青岛胶州湾海底隧道，全长 6.17 km，2006 年年底动工并于 2011 年 6 月建成通车。在上海沪崇苏通道中的崇明越江通道工程，长江隧道长 8.89 km，于 2004 年 9 月奠基动工，于 2009 年 10 月建成通车。这些工程的建设为我国水下隧道建设技术的发展提供了良好的契机。国家、行业和地方投入大量资金，依托这些水下隧道工程引进消化国外先进技术，开展重点科技攻关，取得的科技成果极大地推动了我国水下隧道技术的发展。截至目前，我国已经熟练或基本掌握了钻爆法、盾构法和沉管法水下隧道建造技术，集成并创新出了具有我国自主知识产权的水下隧道建设技术，并达到了国际先进水平，为我国庞大的水下隧道建设计划储备了技术和人才资源，具备了参与国际重大隧道工程项目竞争的实力。

(2)管理养护现状：目前，我国公路隧道养护技术正处于起步阶段，随着公路隧道建设的跨越式发展，提高公路隧道的运营养护管理水平刻不容缓。国内调查表明，相当比例的运营公路隧道存在渗漏水和衬砌裂缝等病害现象。这些病害直接威胁着隧道内的行车安全、通行能力、维护周期和使用寿命。为减少隧道病害对隧道和公路交通运营的影响，在公路隧道养护方面做了一些基础性研究工作。但公路隧道养护在快速健康诊断，病害隧道结构的安全性、耐久性评价，病害处治、新材料新设备新工艺的研发和集成方面还有很多工作要做，对形成隧道病害处治设计和对策的标准化和统一化还有很长的路要走。

(3)科技创新成果方面：为了解决公路隧道技术难题，自“十一五”以来，交通运输行业从设计施工、检测评价、维修加固、养护管理及防灾减灾等环节开展了研究，在隧道地质勘察、支护结构、施工技术、围岩稳定、防水排水、通风照明、防火减灾、交通监控、运营管理等九个方面取得长足的科技进步，主要包括如下方面：①在山岭公路隧道设计与施工方面，开展了围岩稳定和预警理论及方法、环保型隧道设计与施工技术、隧道抗震及减震技术、高寒地域隧道防冻设计与施工技术、地下立交隧道/分岔式隧道/螺旋状隧道设计与施工技术、隧道结构扩宽设计与施工技术等研究。②在水下隧道方面，开展了多项钻爆法、沉管法和盾构法水下隧道设计与施工技术的研究。③在公路隧道运营节能与环保方面，开展了变频式通风、无机械动力通风、逆光照明、节能光源、高反射率涂装、供配电节能、隧道内空气净化等研究。④在运营安全管理与养护检测方面，开展了隧道群运营安全及防灾救援技术、隧道结构耐火技术，火灾独立排烟系统、整体结构安全监控系统、隧道病害检测评估、维修加固与养护技术、安全运营与养护管理系统等研究。以上研究都取得了很好的成果。⑤技术标准化工作方面。科技进步推动了技术标准化工作，交通运输行业组织编制了《公路隧道加固技术规范》《公路水下隧道设计规范》等多部标准规范，修订了《公路隧道设计规范》《公路隧道施工技术规范》《公路隧道养护技术规范》等多部现行规范。这些推动了公路隧道的技术与标准体系的建设和完善。同时，交通运输部还加大了实验室等科技平台的建设力度，已建成“隧道建设与养护技术交通行业重点实验室”，并正在建设“公路隧道建设技术国家工程实验室”，为行业开展公路隧道科学试验和技术开发打下了基础。经过隧道科技工作者 30 多年来的努力拼搏和协同攻关，我国公路隧道技术有了很大发展，但按隧道发达国家的指标和标准，尚存在不小差距，我国隧道科技之路任重而道远。

3.2.3 机遇挑战共存

(1)突显的问题与不足：目前，我国公路隧道修筑技术已有长足的发展，对围岩动态量测反馈分析技术、组合式通风技术、运营交通简易监控技术、新型防排堵水技术、围岩稳定技术、支护及衬砌结构技术等都有许多成功实例，其中大部分成果已处于国内领先水平，还有一些成果已达到国际先进水平。随着技术的不断发展和运营的需要，公路隧道趋势是越修越长、越修越宽，技术越来越难且越复杂。公路隧道的修建涉及结构、防排水、岩土、地质、地下水、空气动力学、光学、消防、交通工程、自动控制、环境保护、工程机构等多种学科，是综合复合技术，需要多学科进行联合研究、进行攻关，在大规模的建设过程中，国内隧道建设也暴露出一些不足。主要表现在如下方面：

①规范落后于现实，公路行业的部分规范已经陈旧，编制规范人员存在部分脱离现场时间较长，深刻理解内在规律并能够理论结合实际的有限，因此，规范编制不宜操之过急。中国之大，隧道地处情况之复杂，变化很大，用一本规范是打不了天下的，所以，要看清目前规范的水平不高，不要急于功利，要在发展中去总结，有量的积累，才能有质的提高，才能有好的规范产生。重视隧道动态设计、动态施工。

②要重视隧道设计前的水文地质调查、勘测的预设计(初步设计)工作，必须进行施工中的地质超前预报及监控量测工作，及时进行信息化反馈施工设计。这种动态设计、动态施工、动态管理是符合地下工程不确定性客观规律的，是克服施工中不确定性因素的重要手段，是确保工程安全、可靠、适用、优质建成的关键。

③必须减少公路隧道运营通风、防灾、照明、监控的投入量。首先要客观确定汽车的类型和通过量，根据隧道不同长度确定设备投入规模，本着低投入、高产出、不管理的原则建设。通过调查实践建议：对小于 1 km 长的短隧道不设任何运营设备，照明用反光石代替、运营靠自然通风；对 1～3 km 的中长隧道，只设简单照明加反光石，采用在洞口设 2 至 3 组纵向射流式通风机，隧道侧墙每隔 200 m 左右设报警电话或接通维修班的报警按钮；对 3～10 km 的长隧道仍采用多组纵向射流通风，增设一条口径 200 mm 的消防水管和消防栓（每 60 m）、设手机通信线及报警电话，照明可适当加强，山区隧道不设监控系统；大于 10 km 的特长隧道可另行研究。总之营运设备的投入要慎重，要因地制宜，穷省有穷的办法，富省有富的办法，可以设计将土木工程一次建成。设备可预留、缓上，必须通过运营现场监测以确定规模和时间。

④重视 TBM 和盾构机的引入和应用。大于 6 km 以上长隧道，今后将日益增多，应把小型 TBM＋钻爆施工技术，过江公路隧道盾构施工技术引入公路修建领域，以加速公路网的快速合理修建。当前我国已有成功的直径 8.8 m TBM 在硬岩、软弱围岩施工实例；有直径 6.23 m 复合式土压平衡盾构修建地铁穿越铁路、江河、房屋的施工实例。铁路、地下铁道的修建技术应在公路隧道修建中应用。“十五”期间，我国铁路、公路等领域合计约有总长 3 000 km 的隧道工程需要修建，隧道长度大于 10 km 的约占 10%左右。上述问题如果得到及时解决，我国隧道建设将会有一个更大飞跃。

（2）面临的技术难题：当前，公路隧道正由重丘延伸至深山，由陆域延伸至水下，由山区延伸至城市。面对保护环境和节约资源等日益增强的理念和要求；面对火灾、暴雨和地震等灾害的日益频发；面对高寒、高海拔、高地应力、活动断裂、岩溶富水和深水浅埋等越来越复杂的地质条件或自然条件等，这些问题已成为广大隧道工程技术人员亟须研究和解决技术难题。伴随着隧道设计理论和施工技术的发展，现代公路隧道的一些前所未有的特点日益凸显，其中一些关键技术问题仍是制约现代公路隧道建设发展的障碍，而这些关键技术问题所基于的基础理论和应用技术仍是今后公路隧道研究的重要课题，主要表现为以下方面：

①公路隧道理论研究方面存在的疑难问题有：(a)隧道地质的模糊评判、隧道岩土材料的本构关系、黄土软岩隧道的力学机理、神经网络技术在工程类比法中的应用、隧道虚拟设计等；非线性有限元位移反分析、隧道围岩变形控制指标、支护衬砌强度增长和围岩变形的关系、支护结构的评价、人工冻结隧道围岩的温度场、人工冻结围岩的力学机理；隧道路面结构理论；隧道施工机器人技术的工作原理、隧道施工过程的数值模拟仿真分析等。(b)隧道火灾的成因和发展机理、隧道火灾模型、隧道火灾过程的数值模拟、隧道结构火灾损伤评价；隧道通风多元瞬态空气动力学数值模拟、隧道通风局部效应数学与物理模拟；隧道环境污染模型、隧道废气污染的扩散过程数值模拟等。(c)海洋流体动力学、深海悬浮隧道的结构理论、海洋流体动力对悬浮隧道的作用、深海悬浮隧道的结构特性等。(d)“合理车速”“合理密度”“极限车速”“极限密度”的理论研究与探讨，合理车速和合理密度与交通量、隧道通风、隧道安全的关系。(e)隧道环境卫生标准、纵向通风最大污染控制点、隧道安全等级、隧道质量检测评定指标、隧道基础信息管理系统等。(f)隧道噪声污染、隧道照明光学效应、隧道装饰效应、长大公路隧道中司机的心理适应等。

②公路隧道应用技术方面存在的技术难题有：(a)隧道地质勘察技术、隧道地质超前预报技术、地质类别评判技术等。(b)隧道优化设计、曲线隧道设计、隧道支护技术、隧道路面结构设计、隧道防噪设计等。(c)隧道施工工艺、隧道围岩变形自动检测预警技术、隧道灾害处理技术、神经网络技术在隧道施工中的应用、机械喷射混凝土技术、现场衬砌拼装技术、防排水技

术、长竖井施工技术、深水施工技术、富水和软岩隧道的人工冻结施工技术等。(d)“合理车速”“合理密度”的应用;运营监控技术、高效节能照明技术、最佳自动风机调控技术、静电除尘技术等。(e)隧道安全标准、隧道内交通标志设置技术、隧道灾害检测技术、隧道防渗漏技术、隧道降噪防光污染技术、隧道防火救灾预案、隧道救援逃生技术、灾害处理技术等。(f)隧道废气处理技术、隧道废水回收处理技术、隧道区域环境及生态保护技术等。

③现代公路隧道技术创新的重点难点的研发方向表现为:(a)在山岭隧道方面,重点解决高地应力岩爆、大变形、活动断裂带、松散地层、冻土围岩等不良地质条件下的隧道建设技术问题。(b)在水下隧道方面,重点解决特殊环境下钻爆隧道、盾构隧道、沉管隧道的相应关键技术问题,并研究深海悬浮隧道方案。(c)在隧道安全、节能与环保方面,重点解决对火灾/水灾/地震灾害的防减灾及救援、降低隧道运行能耗、净化隧道污染,空气和地下水保护等技术问题。(d)在隧道养护管理方面,重点解决智能化养护管理、检测信息化、病害有效处置等技术问题。(e)在特殊结构方面,重点研究解决隧道改扩建、地下立交、近接结构、公轨组合结构等技术问题。

④对于施工阶段公路隧道,技术难点主要表现为:隧道高宽比小,断面扁而宽,围岩自稳能力差;隧道断面较大,一般为多洞结构,且隧道间距很小;隧道埋深较浅,路线长,地质差,工程施工风险大。

⑤对于运营阶段公路隧道,技术难点主要表现为:汽车尾排重,含多种污染物,对人体有害;交通不规则,车辆轮迹线复杂,事故较多;火灾风险高,对特长隧道,防灾救援困难;隧道照明未解决驾驶员视觉适应问题,存在安全隐患,如图 3-3 所示。

(a) 尾排污染严重　(b) 交通事故频发　(c) 火灾风险高　(d) 黑洞白洞问题

图 3-3　隧道运营存在技术难题

3.2.4　隧道发展趋势

近年来,中国长度 10 km 以上甚至 20 km 以上的隧道逐渐增多,复杂多变的地质对设计、施工提出了更高的要求,智能、韧性、绿色,低碳的隧道建设与运营是未来的发展方向。21 世纪是中国隧道及地下工程高速发展的时期,随着新技术、新理论、新思想、新材料的不断进步以及多座世界级隧道工程的建成通车,中国已从世界隧道大国迈入世界隧道强国。

(1)发展重点:随着进一步加大基础设施建设政策的落实,我国中西部地区还将建设大量特长、地质条件复杂、难度大的公路隧道,这也为公路隧道工程建设事业发展带来新的挑战和机遇。从可持续性发展战略来看,今后我国隧道工程技术发展的重点有两方面:①一方面是隧道工程质量,包括工程质量的控制和检测;②另一方面是隧道工程与生态环境的协调,如洞口环境的保护、围岩变形和地表沉降控制、地下水资源的保护等。这些问题不但涉及施工新技术的开发,而且关系到设计理论的转变。综上所述,未来我国公路隧道建设技术必将有一个更大的发展,将是一个集高精尖工程技术于一体的更高水平和更快速度的大发展。所以为社会贡献出一座座更安全、更快捷、更节能、更环保的公路隧道,是摆在广大隧道工程技术人员面前的艰巨任务和重大责任。

(2)发展趋势。目前,我国隧道的发展将会呈现出如下三大趋势:①西部尤其是西南高速公路网比较落后,随着国家对西部大开发的力度的加大,高速公路建设将迎来新高潮,西南地区、西北地区、闽浙地区属山岭重丘区,山岭隧道建设比例较重。②伴随着厦门海底隧道、青岛海底隧道全线贯通,开启了海底隧道的工程大门,沿海诸多城市将开始大量修建海底隧道。③伴随着北京、南京、上海、广州、杭州、深圳等一线城市地铁的修建成功,全国各地省会及各大城市纷纷开始修建地下铁道,积极开展城市三维立体化交通,以缓解城市交通的极大压力。

(3)发展方向。随着我国经济建设发展的迅猛态势和交通基础建设快速发展步伐,我国隧道与地下工程建设和发展的前景巨大,将向着如下方向发展:

①隧道工程长大化和微型化发展。20 世纪 80 年代前,受技术限制,我国隧道工程规模都不大,直到 1987 年 14.3 km 的大瑶山隧道建成,标志着我国长大隧道建设的开始,之后长大隧道如雨后春笋般发展起来。未来隧道工程将随着技术的更新与经验的积累,继续向着长大化深度发展,大型山岭隧道、大跨度高深度海底隧道、多复杂功能的铁道隧道编组等工程将成为下一代长大隧道建设的方向。同时,微型隧道工程将加速发展,此项新技术的加速发展,将应用于高层建筑、历史名胜古迹、高速公路和铁路、河道下部安设管道等,具有快速、正确、经济、安全等优点。

②城市地下空间利用的综合化、分层化与深层化。未来城市地下铁道等轨道交通网络将由隧道工程承载。21 世纪城市地下综合体将会大量出现,地下步行道系统、地下快速轨道系统、地下高速道路系统结合体,以及下地下综合体与地下交通换乘枢纽的结合等。从地面到地下,地面、地下协调发展,空间的充分利用,功能互补将是不可抵挡的趋势。同时,大都市由于地下浅层空间基本开发完毕,为了综合利用地下空间资源,深层开挖技术和装备将会加速发展并逐步完善。这将在城市地下形成多层面的空间结构,以服务功能区为中心向外辐射,人、车分流,市政工程、污水和垃圾处理分层而治。

③效率工程与高新技术的强强结合。快速施工(TBM)将是未来隧道修建的主攻方向,隧道机械化是快速施工的主要措施,隧道掘进机(TBM)和盾构机将成为地下隧道快速开挖的利器。3S 技术在地下空间开发中的应用将得到加强,由于地下空间开挖中定位和对地质地理信息的需要,全球定位系统(GPS)、遥感技术(RS)、地理信息系统(GIS)3S 技术在地下空间开发中将会得到广泛应用。

3.3　国内著名公路风险隧道

3.3.1　风险隧道概况

近四十年来,围绕我国公路隧道的技术需求,隧道工程建设、设计、科研单位的工程技术人员攻克了公路隧道规划、建设、运营、养护中的若干技术难题,在地质勘察、结构设计、地质预报、防水排水、通风照明、防灾减灾、交通监控、运营管理八个方面的技术取得长足进步和发展,我国公路隧道建设技术水平已跻身世界先进行列,成为世界上公路隧道最多、最复杂、发展最快的国家之一。虽然我国在隧道建设方面取得了巨大飞跃的进步,但与技术强国的规范标准相比,还存在一定差距,在隧道设计、修建、运营管理等方面仍需更上一层楼。

新中国成立以来,我国在公路隧道交通勘察设计方面取得了重大突破和发展,主要表现在隧道长度、车道数量、通风方式等方面取得了重大突破，在隧道建设过程中，对特殊条件下隧道修建的关键技术取得了长足的突破性进展，通过几十年的建设，我国先后建成了一批显著特色的隧道典型工程(表 3-2)，主要反映在建设规模和环境条件复杂之“最”以及建设时期之“早”等方面，下面对部分已建公路隧道典型案例进行简单介绍。

表 3-2　国内已建公路隧道典型案例

序号	隧道名称	位置	长度(m)	车道×洞数	通风方式	备　注
1	秦岭终南山隧道	陕西	18 020	2×2	三竖井送排纵向式	山岭隧道
2	大坪里隧道	甘肃	12 290	2×2	二竖井分段纵向式	山岭隧道
3	麦积山隧道	甘肃	12 288	2×2	二竖井送排纵向式	山岭隧道
4	包家山隧道	陕西	11 500	2×2	三斜井分段纵向式	山岭隧道
5	宝塔山隧道	山西	10 391	2×2	竖斜井送排式纵向通风	山岭隧道
6	泥巴山隧道	四川	9 985	2×2	斜井＋竖井分段纵向式	山岭隧道
7	麻崖子隧道	甘肃	9 000	2×2	斜竖井送排＋射流风机纵向	山岭隧道
8	龙潭隧道	湖北	8 700	2×2	立坑送排＋射流风机纵向式	山岭隧道
9	括苍山隧道	浙江	7 930	2×2	纵向式＋半横流式(排烟)	山岭隧道
10	米溪梁隧道	陕西	7 923	2×2	左(右)洞单井送排式通风	山岭隧道
11	方斗山隧道	重庆	7 581	2×2	二斜井送排纵向式	山岭隧道
12	苍岭隧道	浙江	7 571	2×2	纵向式＋半横流式(排烟)	山岭隧道
13	白云山隧道	重庆	7 109	2×2	斜井送排纵向式	山岭隧道
14	雪峰山隧道	湖南	6 951	2×2	竖井＋斜井送排纵向式	山岭隧道
15	美菰岭隧道	福建	5 574	2×2	斜井送排纵向式	山岭隧道
16	雁门关隧道	山西	5 198	2×2	竖井送排纵向式	山岭隧道
17	鹧鸪山隧道	四川	4 448	2×1	射流风机纵向式	山岭隧道
18	二郎山隧道	四川	4 176	2×1	射流风机纵向式	山岭隧道
19	大溪—湖雾岭隧道	浙江	4 116	2×2	竖井送排纵向式	山岭隧道
20	厦门海底隧道(钻爆法)	福建	5 960	3×2	竖井送排＋射流风机纵向式	水下隧道
21	崇明长江隧道(盾构)	上海	8 955	3×2	纵向式＋半横流式(排烟)	水下隧道
22	武汉长江隧道(盾构)	湖北	3 630	2×2	横向式	水下隧道
23	上中路隧道(盾构)	上海	2 800	2×2	横向式(双层双向)	水下隧道
24	复兴东路隧道(盾构)	上海	2 785	2×2	横向式(双层双向)	水下隧道
25	南京玄武湖隧道(盾构)	南京	2 660	3×2	射流风机纵向式	水下隧道
26	大连路隧道(盾构)	上海	2 566	2×2	横向式	水下隧道
27	外环越江隧道(沉管)	上海	2 882	4×2	纵向式	水下隧道
28	珠江隧道(沉管)	广东	1 238	3＋3	纵向式(公铁两用)	水下隧道
29	宁波常洪隧道(沉管)	浙江	1 053	2×1	纵向式	水下隧道
30	白鹤嘴隧道	重庆	1 240	4×2		大跨径隧道
31	龙头山隧道	广东	1 020	4×2		大跨径隧道
32	大阁山隧道	贵州	496	4×1		大跨径隧道
33	金州隧道	辽宁	521	4×1		大跨径隧道

续上表

序号	隧道名称	位置	长度(m)	车道×洞数	通风方式	备　注
34	雅宝隧道	广东	260	4×2		大跨径隧道
35	金鸡山隧道	福建	200	4×2		大跨径连拱隧道
36	罗汉山隧道	福建	300	4×2		大跨径连拱隧道
37	魁岐 2 号隧道	福建	737	4×2		地下立交(27.42 m)

3.3.2　终南山隧道

最长公路隧道——秦岭终南山公路隧道：如图 3-4 所示，隧道于 2007 年 1 月 20 日通车，位于国家高速公路网包茂线陕西境内，长度为 2×18.02 km，最大埋深超过 1 700 m，建设规模世界第一，世界最长的双洞高速公路隧道。隧道按双向车道高速公路标准建设，隧道净宽 10.5 m，限高 5 m；设计车速 80 km/h。通风与防灾采取竖进送排式纵向通风方式，设置三座换风竖井及地下机房，竖井直径为 11.5 m，井深为 661 m。通风主要按照正常运营和火灾工况下需风量设计。交通量按 2025 年交通量 N=25 849 辆/日，2035 年交通量 N=45 000 辆/日。为了降低驾驶员长时间的疲劳，在洞内三处采用了特殊照明技术，每处特殊照明区段轴长 150 m，宽 20.9 m(隧道标准宽为 10.5 m)，高 11.9 m(隧道标准高为 7.6 m)。特殊照明段的间距为 4.5 m。秦岭是黄河与长江两大水系的分水岭，秦岭终南山公路隧道打通了这一天然屏障，实现了南北交通，意义重大，工程浩大，技术复杂，举世瞩目。它采用了当今山岭隧道建设的最新技术，是全世界工程技术人员智慧的结晶。2007 年 7 月全国公路隧道学术大会上 220 多位隧道工作者称它为“人类文明的伟大作品，世界交通的重大工程”“天下第一隧道”。它创造了我国高速公路隧道建设的六项之最：世界第一座双洞高速公路隧道，单洞全长 18.02 km；第一座由我国自行设计、施工、监理、管理、综合水平最高的隧道；世界口径最、深度最高的竖井通风工程；拥有世界高速公路最完备的监控系统；世界上最先进的高速公路隧道特殊灯光带；首次提出策略管理理论，运用首套策略自动生成软件，对火灾、交通事故、养护等多方面进行自动监测和管理。

（a）隧道北侧洞门

（b）洞内照明

（c）通风构造设计

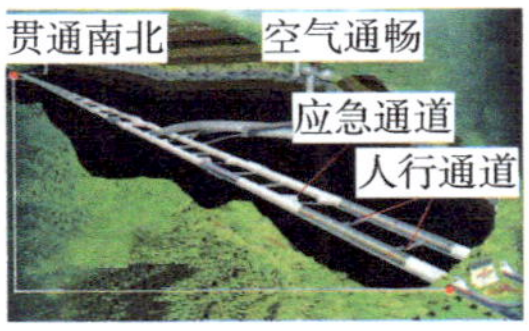

（d）隧道整体布局

图 3-4　秦岭终南山公路隧道

3.3.3　深圳雅宝隧道

最大宽度分离式公路隧道——深圳雅宝隧道：如图 3-5 所示，隧道位于深圳南坪快速路主线，2006 年 2 月建成通车，是中国第一座投入运营的双洞八车道公路隧道，被誉为“华南第一洞”，该隧道是国内高宽比很小的公路隧道，洞跨度之大、高宽比之小在同类隧道中属国内首例。隧道穿越地层为人工填土层、第四系坡洪积层、残积层等。隧道设计按上下线分离形式布置，左线长度为 225.5 m，右线长度为 262.5 m，最大埋深 70 m。采用暗挖方案，隧道开挖宽度

21.1 m，高度为 13.7 m。隧道内轮廓净宽为 18.8 m，净高为 9.2 m，净空面积为 136.4 m^2，隧道扁平率为 0.45。

（a）隧道出口　　（b）隧道施工

图 3-5　深圳雅宝隧道

3.3.4　八字岭隧道

首例分岔式隧道——湖北八字岭隧道：隧道是我国首例建成的一座分岔式特长隧道，位于沪蓉西高速公路主干线湖北长阳县及巴东县境内，采用双向四车道高速公路标准设计与施工，隧道左洞长 3 521 m，右洞长 3 544 m，2007 年建成通车。隧道地形地质条件复杂，同时存在岩溶、涌泥、煤层瓦斯、采空区、断层破碎带等多种不良地质条件。隧道进口位于 318 国道下，最小埋深仅为 0.5 m，采用暗挖法施工，进口端与八字岭特大桥西桥台相连；出口端为国内公路隧道中首次采用的分岔隧道形式，是分岔式隧道的典型代表，分岔段总长约 500 m，断面形式依次采用四车道大拱段、双连拱段、小净距段、标准间距分离式段进行过渡，其中最大单洞开挖宽度超过 26 m。如图 3-6 所示，八字岭隧道四车道大拱段长 58.6 m，属Ⅲ级和Ⅳ级围岩，开挖面跨度 24.7 m，高度 12 m。开挖方法采用正台阶法与多部开挖法相结合，形成最优化的 4 部开挖断面法，效果良好。4 车道大拱段在 28 m 长管棚施工完成后，采用上下导坑台阶法，即先开挖上半断面，初期支护后再开挖下半断面并支护，施工工序步骤如图 3-6 所示：1 开挖上半断面拱部→2 施作拱部初期支护→3 开挖中槽→4 开挖下半断面左侧壁→5 施作左侧边墙初期支护→6 开挖下半断面右侧壁→7 施作右侧边墙初期支护→8 全断面施作二次衬砌→9 施作中隔墙→10 施作内部衬砌。

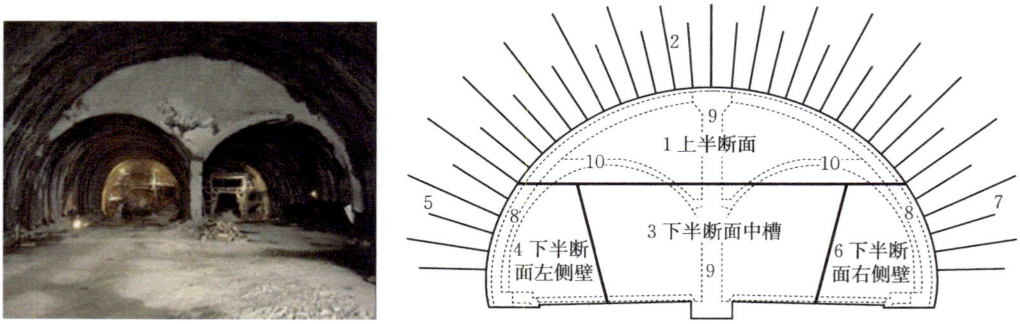

（a）隧道出口施工　　（b）大拱段施工工序

图 3-6　湖北八字岭隧道（分岔式）

3.3.5　小净距隧道群

最大规模小净距公路隧道群——福建京福路小净距隧道群：如图 3-7 所示，隧道群位于京福高速公路一期三明至福州段，于 2004 年 11 月 3 日建成通车。京福高速沿线主要为鸡爪形地形，路线展布十分困难，将全线原设计的 14 座连拱隧道均变更为小净距隧道，直接节约工程投资 1.04 亿元，这是国内首次大规模推广“小净距隧道”建设理念，小净距隧道更能体现新奥法修筑隧道的特点，是一种施工性很强的隧道结构形式。为了保证结构和施工安全，小净距隧道的施工要针对不同围岩制订不同施工方法：对Ⅱ、Ⅲ级围岩条件，推荐采用正向单侧壁导坑的开挖方法，技术要点是光面爆破和控制爆破是关键、对拉锚杆在先行洞开挖后要求立即施作、杜绝左右洞在同一桩号都是毛洞现象、小净距隧道设计净距一般不要过小（＜3 m）；对于Ⅳ、Ⅴ级围岩，要求采用超前导坑预留光爆层的开挖方法，对围岩扰动小，开挖效率较高，技术要点是要求尽可能减小对围岩扰动、对后行洞爆破对先行洞震速测试掌握震动规律、加强隧道施工过程中监控量测中必测项目和选测项目工作，实现信息化动态设计施工。

3.3.6　金鸡山隧道

最大跨度双连拱隧道——金鸡山隧道：福州机场高速公路二期金鸡山隧道入口位于晋安区岳峰镇登云路旁，出口在新店镇西园村。隧道全长 295 m，为双向八车道连拱隧道，单洞净跨为 18.198 m，开挖总跨度达 41.498 m，设计行车速度为 100 km/h，是我国目前开挖跨径最大的高速公路八车道双连拱隧道。另外在机场高速二期隧道两侧 10 m 处，各建一条车道的三环路辅路隧道，形成了“小净距＋连拱＋小净距”复杂多孔隧道群体，在国际上也非常罕见。目前国内对连拱隧道制定的最高标准仅是双向六车道，对于双向八车道的连拱隧道相关的设计、施工规范及技术标准尚未出台，施工技术难度大。该隧道洞身过的地层相当复杂，主要以碎块强风化、弱风化花岗岩为主，并穿过两条相距约 100 m 的断层断裂带，开挖时极易出现涌水、拱顶坍塌、侧壁失稳等现象，施工风险和难度巨大，所以施工开挖支护根据地层采用双层、单层初期支护，并紧跟着进行二次衬砌支护。金鸡山隧道采用 3 层复合式曲口中隔墙，中隔墙总厚度为 3.1 m，其中中部中隔墙最小厚度 2 m，如图 3-8 所示。洞室支护结构按新奥法原理设计，采用复合式支护，以锚杆、钢筋挂网、湿喷混凝土、钢拱架等作初期支护，大管棚、超前注浆小导管、超前锚杆等为施工辅助措施，在监控量测信息指导下施作初期支护和二次模筑衬砌。LZ5-1 型复合支护采用双层初期支护，拱部为土质围岩段不再施工 90°范围内系统锚杆。中层洞宽 8 m，高 6.8 m，将中导洞锚杆杆体伸入中墙 1 m，使中墙与顶部围岩连接紧密。隧道进口段为Ⅴ级围岩，采用双侧壁导洞法施工，开挖顺序为：①中导洞开挖→②左（右）洞外侧导洞上台阶开挖→③左（右）洞外侧导洞下台阶开挖→④左洞内侧导洞上台阶开挖→⑤左洞内侧导洞下台阶开挖→⑥右洞内侧导洞上台阶开挖→⑦右洞内侧导洞下台阶开挖→⑧左洞中部上台阶开挖→⑨左洞中部中台阶开挖→⑩左洞中部下台阶开挖→⑪右洞中部上台阶开挖→⑫右洞中部中台阶开挖→⑬右洞中部下台阶开挖。

（a）东楼隧道（净距3.2 m）　（b）跃村隧道

图 3-7　福建京福高速小净距隧道群

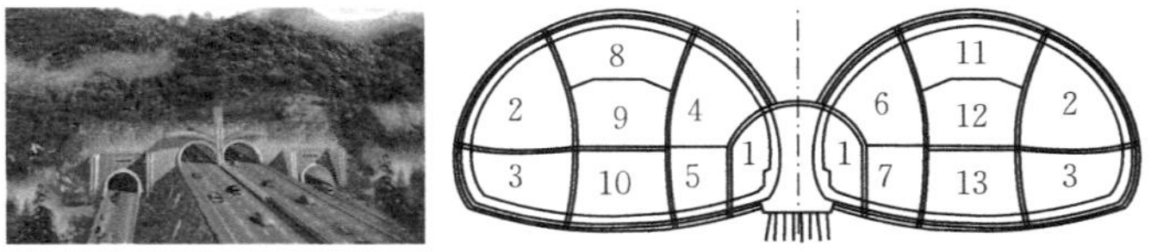

（a）隧道效果图　（b）双侧壁导洞法施工工序

图 3-8　金鸡山双连拱隧道

3.3.7 黄土隧道群

黄土地区典型隧道群：甘肃黄土隧道群——连霍主干线甘肃天巉公路黄土隧道群、巉柳公路黄土隧道群、平凉至定西高速公路黄土隧道群、宝鸡至天水高速公路黄土隧道群等，解决了黄土隧道防排水、软弱地基加固、坍方、湿陷、渗漏等技术难题，建设与营运情况总体良好。白虎山隧道是国道连云港至霍尔果斯高速谗口至兰州柳河段隧道群之一，隧道左洞长 1 277 m，右洞长 1 235 m，纵坡－0.3%，为单向行驶的双车道双洞隧道，主线按重丘高速公路标准设计，设计行车速度 80 km/h，隧道净高 5.0 m，隧道内设置一处车行横洞，车行横道净空 4.0 m，净宽 4.5 m，如图 3-9 所示。隧道地处陇西黄土高原极强湿陷区，自重湿陷性黄土广泛分布，沟壑陷穴极为发育，多呈竖井状、串珠状，在黄土台地或冲沟边缘分布，地下连通性较好，地表有塌陷呈黄土天生桥或陷穴凹沟，山体表层为 15～35 m 厚风积黄土、冲积黄土，空隙较大，垂直节理发育，土质疏松，湿陷级为Ⅲ～Ⅳ级，下部为老黄土，节理发育，极易坍塌。该隧道开挖采用的施工方案：对洞门段仰坡洞穴进行封闭处理，同时施作边坡两侧及洞顶截水沟，防止雨水对土体浸蚀；洞口浅段采用 WTD27 超前锚杆配合全断面钢拱架支撑支护，双侧壁导坑先墙后拱法开挖；洞身深埋段采用 WTD27 超前锚杆配合钢拱架支撑支护，拱部采用双侧壁导洞法开挖，墙部采用左右错开式双侧壁导坑法开挖。黄土隧道首先要做好洞口中、洞门、洞顶的排水系统，妥善处理陷穴、裂缝，以免地面积水浸蚀洞体周围，造成土体坍塌；施工过程中应严格遵循“短进尺、快循环、少扰动、强支护、紧封闭、勤量测”原则。大断面黄土隧道具有扁平的拱形结构，开挖后应力重分布对围岩受力非常不利，选择合理的施工工法可有效缩小一次开挖断面，采取及时封闭成环的方法、重视优化锁脚锚杆施工、控制仰拱与掌子面间距离，可有效控制施工变形。对于大断面湿陷土隧道，要针对不同地质地形情况，在浅埋段采用双侧壁导坑法开挖，深埋段围岩条件较好时可采用三台阶法开挖，围岩条件较差时采用单侧壁和双侧壁导坑法进行开挖。双侧壁导坑法预留了开挖掌子面核心土，保证了掌子面稳定，操作安全系数高，适应性相对较强，特别是控制围岩松弛效果明显；单侧壁导坑法安全可靠，坑道暴露时间短，开挖面小，对围岩扰动小，但施工进度慢，造价较高；三台阶法开挖工序少，有利于机械化作业，施工进度有明显优势，但在地质较差地段变形难以控制。

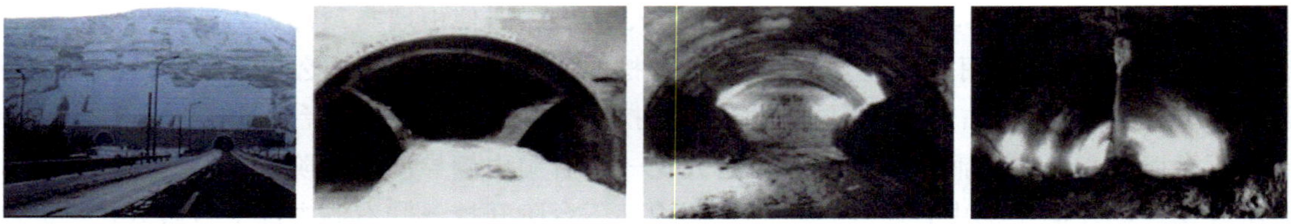

（a）白虎山隧道　（b）洞口双侧壁导坑法　（c）三台阶法　（d）单侧壁导坑法

图 3-9　白虎山黄土隧道

3.3.8 桥隧混合结合形式隧道

桥隧混合结构形式隧道——拍盘隧道：隧道位于山西、河南两省的晋济高速公路上，为双洞 4 车道分岔式特长隧道，2008 年建成通车。隧址区为崇山峻岭，隧道进口处地形陡峻，场地狭窄，隧道进口端紧连整幅式独塔斜拉桥——仙神河大桥，形成特殊的上下双层桥隧混合结构景观。鉴于地形地质条件，设计依次采用了双洞单跨上下双层桥隧混合结构（长度 6 m）、双洞连拱上下双层桥隧混合结构(长度 19 m)、双洞连拱结构(长度 197.47 m)、双洞小净距结构(长度 529.85 m)、双洞分离式结构(长度 2 726.68 m),形成了复杂的分岔隧道,如图 3-10(a)所示。隧道左洞长度为 3 447.45 m,右洞长 3 479 m,隧道宽 9.75 m(单洞),高 5.0 m,设计行车速度 80 km/h,隧道内轮廓采用曲墙半圆拱断面,拱半径 5.3 m,曲墙半径 7.8 m,净空面积 60.98 m^2,如图 3-10(b)所示。对于双洞单跨上下双层桥隧道混合结构,采用“双洞单跨隧道(上层)+箱梁(下层)”的桥隧混合异型结构,将原双洞连拱结构变为单跨超大断面结构,隧道路面 6.5 m 以下开挖基坑并浇筑箱梁,开挖最大跨径 25.77 m,开挖高度 17.25 m,矢跨比为 0.35 m、断面面积为 346.6 m^2,如图 3-10(c)所示。超大断面支护措施:超前支护采用 6 m 长 ϕ42 mm 小导管,环向间距 0.45 m,纵向间距 20 m;初期支护采用厚度 30 cm 的 C20 湿喷混凝土,隧道路面设置长 5 m 的 ϕ22 mm 锚杆,路面以下设置长 6 m 的 ϕ22 mm 锚杆,且锚杆端部嵌入二次衬砌 80 cm,间距 1 m,梅花形布置,同时布设 20b 工字钢,纵向间距 0.5 m;二次衬砌为拱圈厚度 85 cm 的 C30 模筑钢筋混凝土,开挖完成后一次性整体浇筑。对于双洞连拱上下双层桥隧混合结构,采用“双洞连拱隧道(上层)+桥台(下层)”的桥隧混合异形结构,是将原复合式中隔墙连拱隧道变为整体式中隔墙连拱隧道,并形成中墙独立基础,且隧道路面以下 6.43 m 开挖基坑并浇筑桥台。

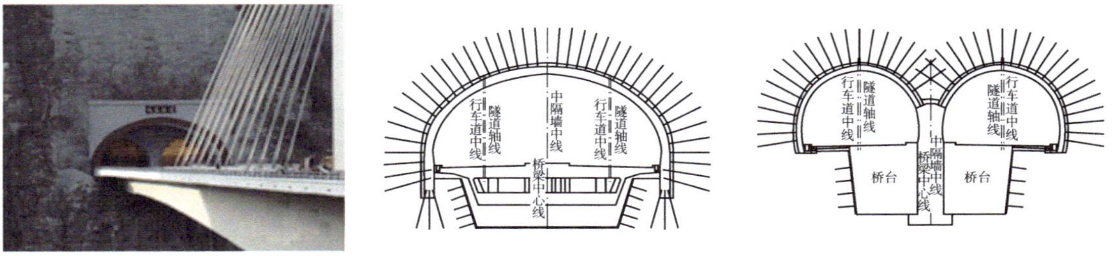

(a) 隧道洞口　　(b) 单跨超大断面结构　　(c) 双洞连拱深结构断面

图 3-10　桥隧混合结构形式——晋济高速拍盘隧道

3.3.9　厦门梧村隧道

国内首例无中墙连拱隧道——梧村隧道:厦门机场路(成功大道)一期工程梧村隧道下穿浦南段(浦南下穿隧道)是国内罕见的下穿密集建筑群的城市大跨连拱隧道,为无中导洞的整体式暗挖连拱隧道。梧村隧道全长 3 700 m,由明挖隧道、连拱隧道、小净距隧道、分离式隧道组成,其中连拱隧道段(浦南下穿隧道)长 615 m,结构形式为 3 车道连拱隧道,开挖跨度 34 m,高 12.5 m。隧址区工程条件:下穿隧道地段房屋密集,受施工影响的房屋达 95 栋,多为扩大条形基础或独立基础,主体为砖混结构,地下管线纵横交错;地质条件差,隧道主要穿越围岩以松散松残积亚黏土、全风化、强风化花岗岩为主,地下水埋深 2~4 m,隧道围岩为Ⅴ级,具有泡水易软化、崩解特性,易产生流沙、流泥等不良地质现象,开挖难度极大;隧道下穿段进口端 415 m,开挖跨度为 34 m,埋深 9~27 m,属浅埋,总之,隧道施工高风险在国内外罕见,因此为保证隧道顺利穿越该地段,对施工风险实施 24 h 实时施工监控量测预警预报是工程建设的关键,同时在施工过程中采用了对房屋基础注浆加固和抬升、无中墙连拱隧道结构、连拱隧道 CRD 施工法、双层初期支护、地下长管棚等有效措施。无中墙连拱隧道施工简化了连拱隧道中导洞的施工工序,与小净距隧道施工工序相类似,但其对施工工序的控制更为严格,如图 3-11 所示。无中墙连拱隧道施工工序具体为:1 左洞左侧上台阶开挖→2 左洞左侧上台阶第 1 层初期支护及临时支护→3 左洞左侧下台阶开挖→4 左洞左侧下台阶第 1 层初期支护及临时支护→5 左洞左侧第 2 层初期支护→6 左洞右侧上台阶开挖→7 左洞右侧上台阶第 1 层初期支护及临时仰拱施作→8 左洞右侧下台阶开挖→9 左洞右侧下台阶第 1 层初期支护及临时支护→10 左洞右侧第 2 层初期支护→11 左洞临时中壁拆除→12 左洞仰拱第 2 次衬砌浇筑→13 右洞右侧上台阶开挖→14 右洞右侧上台阶第 1 层初期支护及临时支护→15 右洞右侧下台阶开挖→16 右洞右侧下台阶第 1 层初期支护及临时支护→17 右洞右侧第 2 层初期支护→18 左洞拱墙第 2 次衬砌浇筑→19 右洞左侧上台阶开挖→20 右洞左侧上台阶第 1 层初期支护及临时支护→21 右洞左侧下台阶开挖→22 右洞左侧仰拱第 1 层初期支护→23 右洞左侧第 2 层初期支护→24 右洞临时支撑拆除→25 右洞仰拱衬砌浇筑→26 右洞拱墙第 2 次衬砌浇筑。

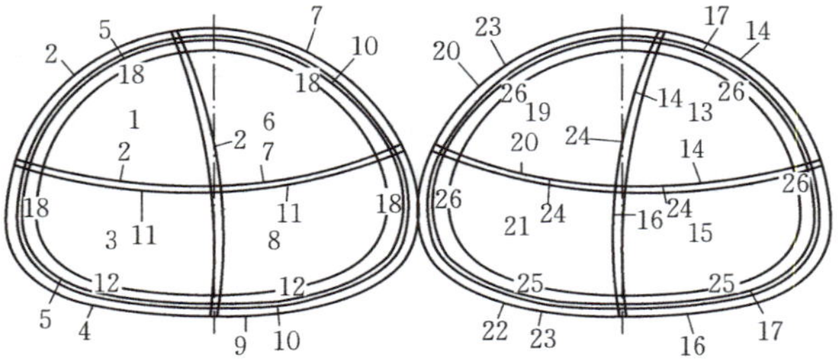

（a）施工工序图

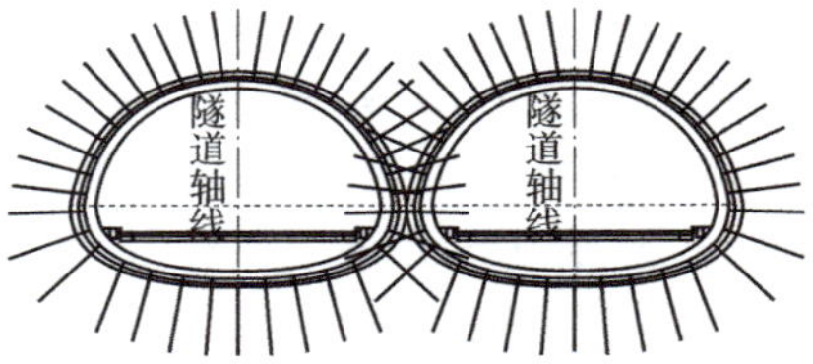

（b）横断面图

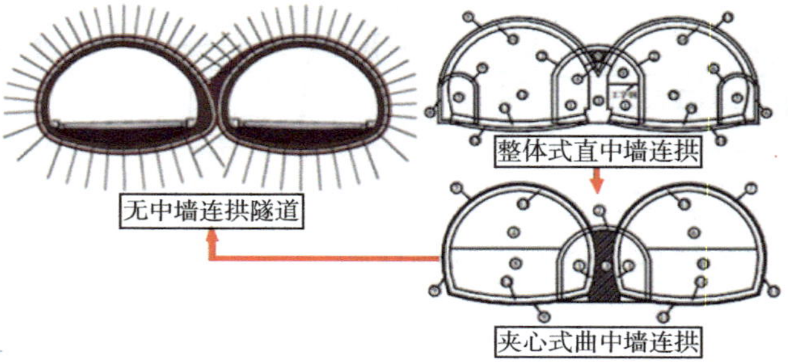

（c）连拱隧道型变形

（d）施工中的浦南隧道

图 3-11　梧村隧道无中墙连拱段浦南下穿隧道

3.3.10　万石山隧道

国内第一座地下立交隧道——厦门万石山地下立交隧道：如图 3-12 所示，隧道 2008 年 5 月 1 日建成通车，是目前我国第一座大型暗挖地下互通式立交，既有平面分岔结构，又有上下交叉结构。单洞最大开挖跨度达 25.89 m，小净距段中夹岩厚度仅 1.42 m，连拱段为不对称结构，其结构种类繁多，设计难度大，施工工序复杂。匝道汇合处的大跨度隧道断面设计没有采用常规的喇叭式渐变结构，而是以隧道内轮廓为基础，以一侧边墙为基准，采用单侧分段扩大的结构形式，并逐渐过渡至连拱隧道和小净距隧道，最后过渡至正常的分离式隧道。隧道立交处施工工法采用先开挖上行隧道至设计开挖线，施作完成初期支护，再开挖隧道下穿段，浇注下穿隧道二次衬砌，设防水板并回填后，最后浇注上行隧道边梁及二次衬砌。

3.3.11　湘江水下隧道

国内第一座水下地下立交隧道——长沙营盘路湘江水下隧道，位于过湘江通道的中部走

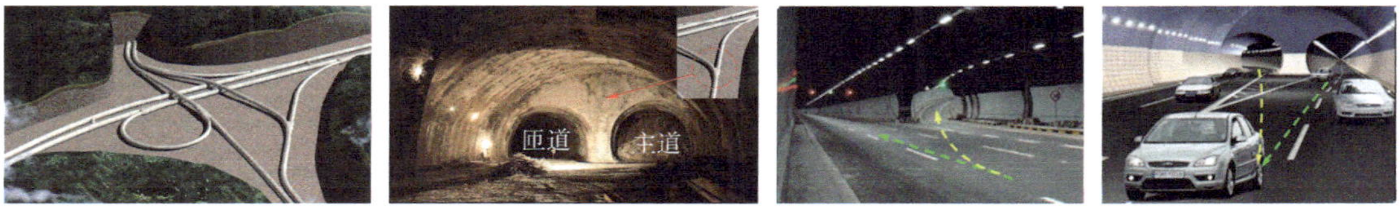

（a）隧道效果图　（b）汇合处开挖掌子面　（c）洞内分流　（d）洞内合流

图 3-12　厦门万石山地下立交隧道

廊区，处于湘江银盆岭大桥和橘子洲大桥两条过江通道中间，是目前我国第一座大型暗挖江底地下互通式立交，既有平面分岔结构，又有上下交叉结构，也是湘江上第一条过江隧道，号称“湘江第一隧道”，2011 年 10 月 29 日正式通车。过江隧道主线设计为双向四车道，东起营盘路，下穿湘江大道、橘子洲、傅家洲和潇湘大道，西到咸嘉湖路，设计速度 50 km/h，设计通行能力为 6 253 辆/h；隧道分南、北两线，其中北线全线 3 001 m，南线全长 2 702.084 m；设 A、B、C、D 共 4 条匝道分别连接潇湘路和湘江路，A、C 匝道与南线相通，B、D 匝道与北线相通，东岸两线南北向分别与湘江中路相连，西岸进出两匝道均接主线北侧的潇湘北路；除了主线，湘江两岸各设了一进一出两条单向单车道的匝道，出入口分别在湘江大道和潇湘大道上，匝道总长 2 732 m；抗震设防烈度为 7 级，防水等级为 2 级，使用寿命 100 年，如图 3-13 所示。隧道的防水贯彻“以防为主，多道设防，因地制宜，综合治理”原则，以混凝土衬砌结构自防水为根本，以结构施工缝、变形缝等薄弱部位为重点，确保隧道整体防水。隧道攻克了不少技术难题，8 次穿越湘江大堤，8 次穿越断层破碎带，除双向 4 车道的主线外，还在东西两岸各设了一进一出两条 2 车道匝道用于车辆分流，在湘江底部形成地下隧道立体交通体系，施工难度、技术含量、风险系数在目前国内外过江隧道中极为罕见，填补了世界同类江底隧道施工技术的空白。

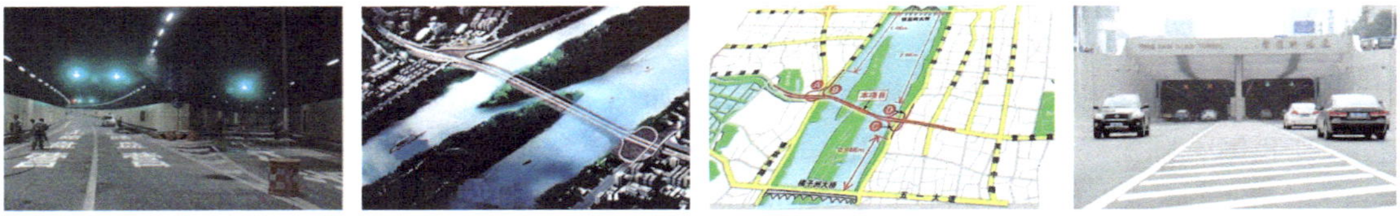

（a）洞内分流　（b）隧道效果图　（c）平面设计图　（d）隧道洞口

图 3-13　长沙营盘路湘江水下立交隧道

3.3.12　大坂山隧道

最高海拔高寒地区的典型隧道——青海大坂山隧道：如图 3-14 所示，青海大坂山隧道位于国道 227 线，地处青藏高原东北部多年冻土与季节冻土的衔接带上，隧道进口路面中心高程 3 792.75 m，是海拔高度居亚洲第一、世界第二的公路隧道，1998 年 11 月 28 日贯通。隧道按三级公路标准设计施工，隧道净宽 8.5 m，其中行车道宽 7 m，净高 4.5 m，隧道长 1 530 m，引线长 2 852 m（包括 7×30 m 大桥 1 座），设计行车速度 45 km/h。主要是为避免大坂山垭口长年雪害而修建，全隧道由 1 530 m 正洞和其下平行设置的 1 865 m 防寒泄水洞组成，并在隧道正洞进出口设置 300 m 防雪棚。施工中第一次应用国际通用 FIDIC（菲迪克）管理模式，并采用了防洪泄水洞、排水板、土工布、保温层、防风保温门等多项先进防冻胀措施。隧道正洞为 C25 单心圆混凝土衬砌，喷混凝土支护，支护与衬砌间设置由排水板、无纺土工布、防水板组成的复合防水层，并通过竖向泄水钻孔和纵向盲沟与防寒泄水洞相通。在衬砌表面设置由 PU 干法硅酸铝纤维板和玻璃钢组成的复合保温层，采用无压防排水和主动与被动相结合的结构保温。隧道地处祁吕贺山字形两翼褶皱带与秦昆东西向构造带之复合部位，地质构造异常发育，组合形成复杂，三大断层横贯其中，多处涌水，故施工中遥感技术解释区域地质构造，以综合物探法勘察断裂构造、岩性特征和水文地质特征，以钻孔方法提示验证关键部位地质特征，建立合适气象观测站，收集隧道进出口气象资料，采用探井了解冻土分布及冻隔特征，用深孔地温观测了解地温变化规律，解决冻土预报、风吹雪雪害和防治方案。

（a）洞口防雪棚

（b）隧道洞口

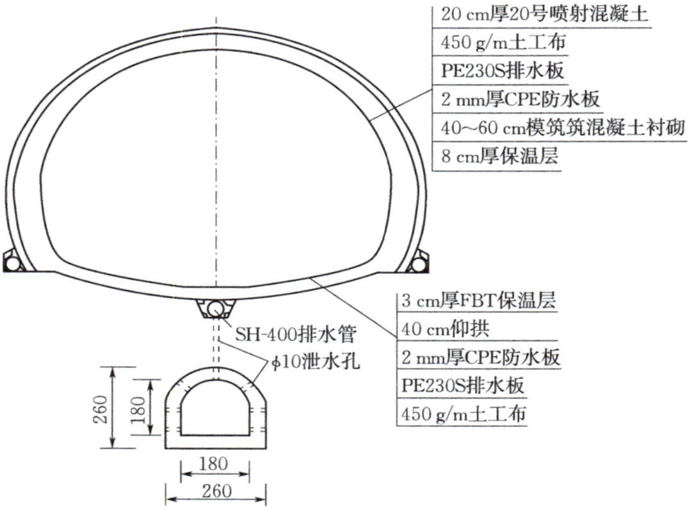

（c）隧道结构设计形式（单位：mm）

图 3-14　青海大坂山隧道

3.3.13　厦门翔安隧道

最早钻爆水下公路隧道——厦门翔安隧道：如图 3-15 所示，隧道 2010 年 4 月 26 日建成通车，是我国大陆第一座钻爆法开挖的 6 车道公路海底隧道。工程全长 8 695 m，其中海底段隧道 6 050 m，跨越海域宽度约 4.2 km。设计采用三孔隧道方案，两侧为行车主洞各设置三车道，中孔为服务隧道。主洞隧道建筑限界净宽 13.5 m，净高 5.0 m。服务隧道建筑限界净宽 6.5 m，净高 6 m。主洞隧道测设线间距为 52 m，服务隧道与主洞隧道间距为 22 m。计算行车速度 80 km/h。隧道最深处位于海平面下约 70 m，最大纵坡 3%。左右线隧道各设通风竖井 1 座，全线共设 12 行人横通道和 5 处行车横通道，横通道间距为 300 m。通风与防灾采取竖井送排式纵向通风方式，在浅海区域设置两座换风竖井。厦门翔安隧道是我国完全自主设计、施工的代表我国隧道建设技术进步发展的里程碑式的水下交通隧道，如图 3-15(c)所示。翔安隧道具有地质条件复杂、工程经验少、技术难度高、施工风险大、社会影响大等特点。施工过程中遇到大量软弱地层和分化槽(囊)不良地质段等世界级难题，建设者依靠科技进步，加强地质超前预报，使用传统与创新相结合的方法，秉承“有险必探，无险也探，先探后干”的原则，为规避隧道施工风险，采用综合超前地质预报技术，包括五部分内容：隧道地质分析与宏观预报技术、隧道不良地质体长期超前预报技术、短期超前地质预报技术、超前钻探技术和重大施工地质灾害临近警报技术。在施工技术方面，采取了超前预注浆加固围岩、在隧道进口创新性地采用了改造 CRD 工法控制围岩变形、在主隧道洞身采用双侧壁导坑法开挖和支护等多种施工作业法，如图 3-15(e)所示。

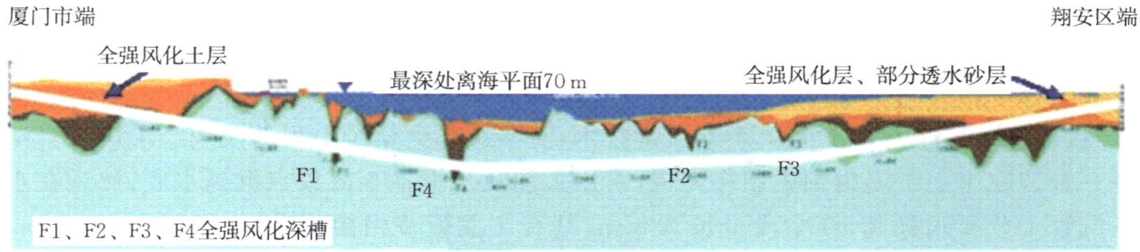

（a）地质纵剖面图

（b）隧道洞口

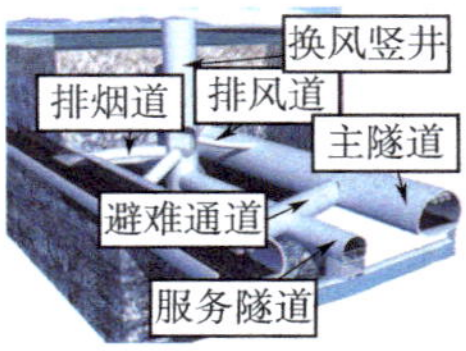

（c）隧道结构构成

（d）洞口施工

（e）CRD工法

图 3-15　厦门翔安隧道

3.3.14　崇明长江隧道

最长断面最大盾构水下公路隧道——上海崇明长江隧道：上海崇明长江隧道——上海长江隧桥工程全长 25.5 km，为六车道高速公路，采用“南隧北桥”方案，是世界上最大的隧桥结合工程之一。南侧长江隧道长 2×8 955 m，盾构隧道长 7 470 m，是世界上最大直径的盾构隧道，也是世界上最长的水底隧道之一，隧道工程 2008 年 9 月 5 日贯通。盾构隧道直径为 15 m，内径为 13.7 m 的圆形隧道具备多种功能，上下分隔为三层结构：最上层用于火灾时的排烟通道；中间层为 3 条公路车行道，净高 6.6 m，可通行 5.0 m 高的车辆；下层最为复杂，中间为轨道交通预留空间，左侧是避难疏散通道，右侧为 22 万 V 至崇明的电缆通道。长江隧道横截面积为 177 m^2，被分划成五个不同的功能区域。从整个隧道功能布置看，长江隧道具备汽车过江通道、轨道交通通道、高压电缆过江通道“三合一”的功能，如图 3-16 所示。

（a）隧道纵断面图

（b）平面设计图

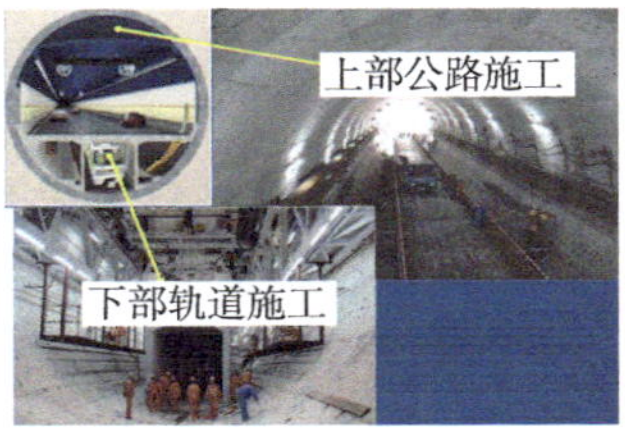

（c）洞内施工工法

图 3-16　上海崇明长江盾构隧道

3.3.15　上海外环隧道

最大规模沉管水下公路隧道——上海外环隧道：如图 3-17 所示，隧道 2003 年 6 月 21 日建成通车，其建设规模为亚洲第一，世界第二的沉管法水下隧道工程。上海外环越江沉管隧道位于距吴淞口约 2 km 的吴淞公园附近，工程西起浦西同泰北路西侧，东至浦东三岔港，为双向八车道公路沉管隧道，设计车速 80 km/h。

地层复杂的黄浦江吴淞口水域，是整个外环线北端的越江点，越江地点江面宽度为 780 m。

工程总长 2 882.8 m,包括江中沉管段 736 m,浦西暗埋段 457 m、浦西引道段 282.7 m、浦东暗埋段 177 m、浦东引道段 207.3 m、连接道路 1 022.8 m。

工程建设中涉及的干坞施工、管段制作、基槽浚挖和回填覆盖、岸壁保护工程、管段基础处理、管段接头和管段拖运沉放等一系列关键技术,直接关系到整个工程的成败。采用沉管法施工的每一管节在岸上干坞内预先制作完成,再用大船从水上拖至沉放点沉到水底,然后在水下拼装。沉管工艺要求极高,江中段全长 736 m,其有 7 段管节相接而成,每段管节宽 43 m,长 100 m 至 108 m 不等,高 9.55 m。沉放的第一段管节长 108 m,自重 4.5 万 t。

(a)干坞内预制管段

(b)沉管隧道洞内装饰

(c)沉管隧道进出口

图 3-17　上海外环水下公路沉管隧道

3.3.16　二郎山隧道

高地应力地区典型隧道——川藏公路二郎山隧道,隧道地处四川省雅安市和甘孜州交界的二郎山国道 318 线上,是高地应力地区的典型公路隧道,1999 年 12 月开通,隧道的通车缩短线路里程 25 km,保证了全天候通车。隧道轴线分水岭海拔 2 948 m,隧道海拔 2 200 m,隧道主洞长 4 176 m,最大埋深 748 m,1996 年 7 月开工时是国内最长、埋藏最深、海拔最高、地应力最大、地质条件极为复杂的特长山岭公路隧道。

如图 3-18 所示,隧道设计为直线隧道,单洞双向行车,中部设变坡点,采用单心圆断面,其内轮廓半径为 4.83 m,净宽 9 m,净高 6.85 m。路面横坡采用双向人字坡,坡度为 1.5%,设置双车道,行车道净宽 7.5 m。平行导洞长 4 155 m,主要作用是通风和紧急通道,通过 14 个横通道与主洞连接,平行导洞横断面采用三心圆,总高度 5.325 m,净宽、净高分别为 4.5 m,单车道路面宽度 4.0 m。隧道洞门采用仿汉阙式洞若观火门结构并兼有藏族建筑韵味,洞门墙外表面采用花岗岩料石砌筑、内层为钢筋混凝土结构。

二郎山隧道采用新奥法施工,复合式衬砌,属高地应力特长隧道,设计最大水平应力 50 MPa,施工实测最大水平应力也超过 32.7 MPa,其岩爆和大变形占隧道全长的 60%,西口段穿越 79 处浅埋偏压崩坡积层及暗河岩溶地段,隧道施工风险巨大。

对隧道岩爆区段采用的综合治理措施为:(1)加强监测预报,严格施工程序,包括:加强岩体初始应力测试及岩爆预测分析;平导超前对正洞施工预报;光面、预裂(弱)爆破;分部开挖、短进尺、多循环、及时支护;勤检查、及时找顶与喷洒水,提高安全防范意识。(2)加固措施,包括:掌子面周边采用 ϕ40 mm 缝管式锚杆超前加固,周边采用 ϕ40 mm、ϕ22 mm 径向锚杆加固,径向锚杆尾部均设垫板;喷 C20 混凝土或钢纤维混凝土并敷设钢筋网;喷、锚、网、格栅支撑联合支护。(3)改善围岩应力条件,包括:爆破后及时对开挖面和洞壁喷洒水;利用缝管式锚杆压注高压水;掌子面喷射混凝土封闭。(4)临时防护与待避,增加防护网棚;在循环作业过程中增加待避时间。

对隧道大变形区段采取综合治理措施原则是:遵从围岩变形规律,通过预留合适变形量,采用喷锚复合衬砌，利用量测反馈信息指导施工，恰当地分配支护刚度，适时追加支护抗力，正确掌握支护时机，才能最终实现隧道的稳定。采取措施包括：加强地质超前预报与大变形预测分析；采用喷锚复合衬砌结构，适当预留变形量；分部开挖、及时支护、及时封闭、刚柔并举、底部加强；初期支护喷、锚、网联合支护，突出使用缝管式屈服锚杆，系统锚杆端头均加垫板并施加合理滞后的部分预应力；喷射混凝土分层施作，变形大时采用喷钢纤维混凝土，预留纵向变形缝；超前锚杆或长、短管棚预加固围岩，增加格栅钢架；变形严重时采用可缩性锚杆、可缩性钢架，增打 8～10 m 长自进式锚杆；二次衬砌在“围岩—初期支护”体系变形速度率明显下降，达到收敛稳定标准后施作；建立日常量测管理机制与控制基准，预测变形最终位移，实现动态设计与动态施工。

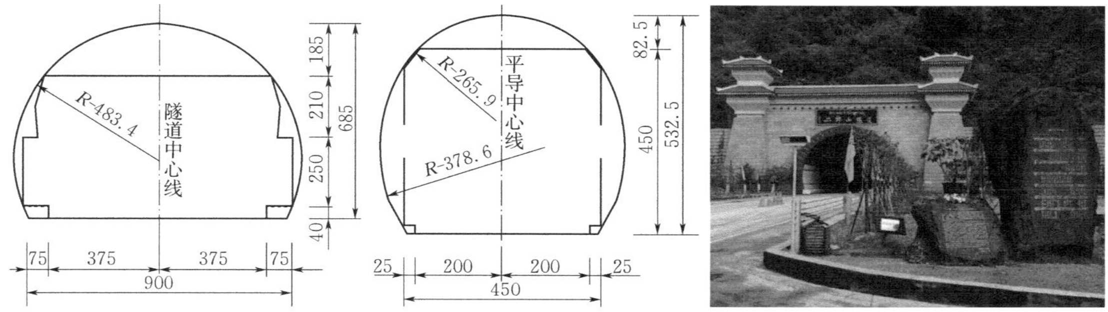

(a) 隧道横断面　　(b) 平导横断面　　(c) 隧道洞口

图 3-18　二郎山隧道(单位：cm)

3.3.17　鹧鸪山隧道

高海拔高寒低氧隧道——鹧鸪山隧道：如图 3-19 所示，国道 317 线鹧鸪山隧道位于四川省阿坝藏族羌族自治州理县与马尔康交界处，是川藏公路北线的控制性工程，于 2004 年 12 月竣工。主隧道与平导洞间通过 9 条横通道相连，采用平导压入分段纵向式通风，隧道设计技术标准为山岭重丘二级公路，按单洞双向两车道设计，隧道全长 4 448 m，设计行车速度 40 km/h，净宽 9 m，净高 5 m，路面宽度 7.5 m；设平行导洞作为运营通风及安全救援通道，平导长 4 446 m，高 4.5 m，宽 5 m。隧道轴线平均海拔 3 300 m，隧底高程 3 400 m，最低气温－30 ℃～－31 ℃，历年平均水温 3.3 ℃～3.8 ℃，冻结最大深度 1.01 m，最大积雪厚度 47 m，空气含氧量仅为海平面的 60%，属典型的“高海拔、高严寒、低含氧”的高原特长公路隧道。

隧道沿线地处断层破碎带，地质异常复杂，气候环境条件恶劣，营运环境条件特殊，地应力高、岩爆、大变形、泥石流、滑坡、坍方、冰雪、浓雾、大风等地质和气象灾害频发，曾被视为“隧道工程的禁区”，该隧道几乎集中了世界上高海拔地带隧道施工的所有“疑难杂症”，被隧道专家形象地称为生命禁区的高原隧道病害博物馆。施工过程中，采用先进的开挖设备和钻爆技术，针对冰川泥石流堆积体、大坍方、大涌水、大变形等诸多世界性难题，运用先进工艺，保证了隧道开挖、初期支护、二次衬砌三大工序的有效衔接，形成管棚注浆、混凝土抗冻融施工等多项科技成果，还采用重型结构支顶、注浆加固和搭桥等技术，开创了我国高原公路隧道施工治理特大滑塌的先河，在此基础上，积极应用全断面快速掘进、机械化出渣运输、整体衬砌等多项隧道施工新技术，采用全封闭深孔注浆等多项支护措施，总结出高原地质条件下“管超前、短开挖、弱爆破、强支护、紧衬砌、勤量测”的隧道施工新理念，并创造了安全施工“零伤亡”、隧道洞口交接“零偏差”的奇迹。

（a）隧道洞口　　（b）洞内通风照明　　（c）便道上的雪

图 3-19　鹧鸪山隧道

3.3.18　江苏老山隧道

国内第一座大跨公路棚洞隧道——江苏老山隧道：如图 3-20 所示，隧道是宁淮高速公路南京段的控制性工程，位于宁淮高速起点，与南京长江三桥北接线相接，是我国建成的首座大跨公路棚洞隧道，于 2006 年 11 月全面建成。老山隧道为双向六车道分离式隧道，由一号、二号隧道和棚洞三部分组成，总长 3 595 m，净宽 14 m，净高 5 m。隧道内轮廓采用三心曲墙式断面，隧道最大开挖宽度 19.2 m，最浅埋深 1.5 m，最大埋深 251 m。为了减少挖方，保证自然景观，洞口段一般设一段明洞，隧道右线出口设置 376 m 棚洞，其规模属国内首创。隧道左线长 1 425 m，右线长 1 800 m，设计行车速度 100 km/h。隧道设置四处行车横洞、六处行人横洞、四处紧急停车带。隧道面临环保要求高、地质条件差、技术风险大三大挑战，老山隧道成功实践前置式洞门施工工法，攻克半拱—斜柱棚洞结构施工关键技术。

如图 3-21 所示，老山隧道施工首次采用公路隧道前置式洞门工法，采取不切坡进洞方法，实现隧道洞口零仰坡施工，避免了隧道洞口高大边坡开挖，保护了自然植被，减小了对原位地质体的扰动，前置式洞门工法原理为：在洞外不开挖山脚土体情况下，采用两侧开槽逐榀施工工字钢拱架，随着钢拱架逐渐推进接触山体，拱架间以纵向钢筋连接为整体，浇筑混凝土形成临时衬砌，在进洞前以临时衬砌成洞，回填反压后再进行临时衬砌内暗挖施工。施工工序为：右洞施工槽开挖→右洞施工槽喷锚支护→右洞前置式支护钢拱架架立→右洞前置支护混凝土浇筑→右洞回填→右洞前置支护内开挖→左洞施工槽开挖→左洞施工槽喷锚支护→左洞前置式支护钢拱架架立→左洞前置支护混凝土浇筑→左洞回填→左洞前置支护内开挖→右洞衬砌→左洞衬砌。首创“傍山棚洞结构形式”并应用，建成全长 376 m 傍山棚洞与大山融为一体，一侧与山体相连，另一侧以间距 12 m 的 33 根方形斜柱支撑着山体对棚洞结构产生的侧压力，棚洞顶部覆土植被完全融入自然景观，充分践行贯彻了“原生态”“绿色交通”的建设理念。

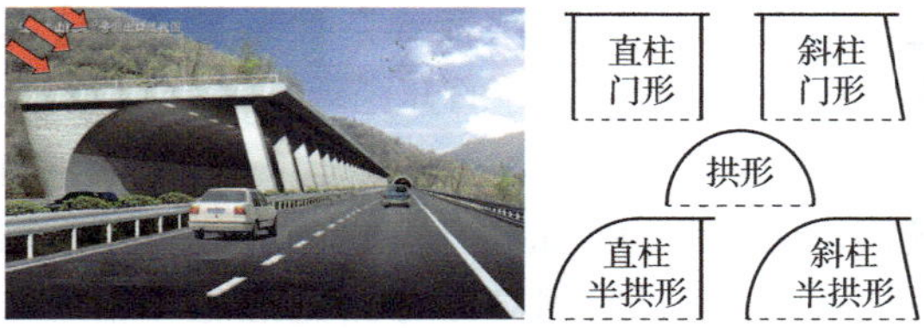

（a）老山棚洞隧道　　（b）棚洞结构形式

图 3-20　老山棚洞隧道与选型

（a）作业工序　　（b）洞口施工

图 3-21　前置式洞门工法原理

第二篇
基础理论

第4章　隧道工程风险管理发展现状

4.1　隧道风险管理现状

4.1.1　风险管理意义

我国在隧道与地下工程建设方面已取得快速发展，并成为世界上隧道数量最多、建设规模最大、发展速度最快的国家，铁路隧道、公路隧道、城市隧道也进入了快速发展的新时期。与此同时，也暴露了许多问题，隧道施工安全问题尤为突出，但重大风险事故时有发生。如果能够做好风险管理工作，就可能在施工中减少风险事故发生的概率，一旦有事故发生及时执行补救措施，以降低事故所造成的损失。

由于我国在20世纪80年代引进项目管理理论、方法及体系时，没有将风险管理的理论、方法及体系同时引入，致使我国在风险管理理论研究方面起步较晚，过去那些分散的、孤立的风险评估与管理理念和方法不适合于城市隧道工程建设，无法满足生产实践的需要。技术人员对施工过程中的风险认识不够，没有科学风险评估工具，缺乏科学的风险管理体系。再加上铁路、公路隧道工程具有项目投资大、技术复杂、建设工期长、地质条件复杂、施工环境差等特点，使其成为一个开放的复杂系统，所以，建设中的风险具有多样性和多层次性，时间跨度大，动态变化大，管理难度大。因此，研究适合于隧道与地下工程建设的风险分析、评估和管理的理论和方法已迫在眉睫，研究隧道施工过程中的风险评估与管理，以及施工对邻近建筑物、邻近水源的风险评估与管理，具有重要的现实意义。

交通运输部发布的《公路、水运交通主要技术政策》中，已将交通基础设施建设项目安全风险评价列为重点研究课题。公路隧道施工具有其自身独特的安全生产特征。在现有的施工技术条件下，没有完善的公路隧道施工风险监控手段，没有明确的公路隧道施工风险监控管理制度，没有清晰的公路隧道施工安全风险预警理念，因此，为有效规避和防范隧道施工风险的发生，开展隧道施工风险管理评估和风险控制具有重大的工程实践价值。

4.1.2　国外风险管理

在隧道及地下工程领域，自20世纪70年代以后，风险分析的应用研究取得了一定的成果，然而主要多以理念的建立和定性的研究为主，定量的研究主要侧重结构和岩土体介质材料的可靠度计算方法。

美国麻省理工学院的爱斯斯坦（Esnstein）教授是较早从事隧道工程风险分析的代表人物，主要贡献是指出了隧道工程风险分析的特点和应遵循的理念，具体见 *Geological Model of Tunnel Cost Model*，*Risk Analysis in Rock Engineering*，*Decision Aids in Tunneling*。

尼尔森（Nilsen）等对复杂地层条件下海底隧道的风险进行了相对深入地研究。

海因茨（Heinz）对穿越海峡隧道、穿越阿尔卑斯山的隧道如何进行风险评估进行了探讨。

斯图克(Sturk)等给出了几种地下工程风险评估与决策中可用的评估方法,有故障树法、危险和可操作性分析法、专家调查法等,并且将风险分析技术应用于斯德哥尔摩环形公路隧道。

坎普曼(Kampmann)运用风险评估技术为哥本哈根地铁工程提出了包括40多种灾害的10种风险类型,对事件发生的可能性、影响结果提出了具体的分类体系;提出了48个风险减轻措施,然后使用蒙特卡罗方法和计算机电子表格来构建风险模型。

日本的佐藤久等在隧道工程的事故统计方面做了大量细致的工作,给出了矿山法、盾构法和顶管法三种工法施工中发生灾害事故的统计资料。

伯兰(Burland)从工程项目角度出发,从风险评估的项目实施中寻求规律,其主要贡献在于隧道工程项目对环境影响的评估,给出了对环境影响的评估方法和程序,并将该研究成果应用于伦敦Jubilee线路延伸工程中,在线路规划阶段就计算出了沿线建筑物可能造成的损伤情况,并给出了相应的加固措施。

斯内尔(Snel)和范・哈塞尔特(Van Hasselt)在考虑投资、工期和工程质量的前提下,研究了阿姆斯特丹南北地铁线路设计和施工中的风险管理问题,提出了"IPB"风险管理模型(Inventory of critical aspects; Preventive measures; Backup measures),来控制复杂的技术性的地下工程设计施工过程中的工期、造价和质量方面的风险,从而达到以下两个目标:通过实施具体的工程解决方案利用了(有利的)机会;通过实施预防措施和规划备份措施达到连续降低风险的目的。

克拉克(Clark)采用风险指数的评估方法对美国西雅图地下交通线工程规划和初步设计阶段进行了地质风险、合同风险、设计和施工风险的分析工作。

伍德(Woude)对Betuweroute盾构隧道在初步设计和投标阶段进行了广泛的风险分析,并通过详细分析设计和监控隧道工程的施工来进行风险控制,介绍了风险管理在Betuweroute隧道各个阶段的应用过程及各阶段风险管理的任务和责任的主要承担者。

罗伯特・史密斯(Robert d. Smith)等人阐述了建设工程中内在的风险类型、风险分配怎样使项目各方和项目受益、风险分配学原理以及如何把风险分配方式与合同文件和程序相整合。罗伯特・史密斯等人还论述了执行风险分配措施和程序的八个步骤:①建立目标;②委托事项—时间进度、概预算、工作人员;③范围与目标会议;④查看以往的文件和程序;⑤准备和提交草案;⑥修改讨论会;⑦交付使用;⑧执行。

石冈(H. Ishioka)讨论了风险分析和安全管理结构,指出某种情况下地下空间的安全管理跟地面建筑物的安全管理相似,而一些地下工程可能存在严重的危险,这些危险是由两种以上风险共同作用的结果。

赖利(J. J. Reilly)阐述了地下结构及地铁工程的风险种类、风险来源以及减轻风险的模型,指出风险辨认和减轻尽管能减小工程成本或加快工期建设,但是其效果不是十分明显。他也指出了对风险的讨论能快速地辨识、量化以及估计潜在的威胁;提出可能的风险减轻措施;确定基于这些措施的成本和利润;确定谨慎的行动。

姚克满(S. N. Jonkman),弗里吉林(J. K. Frijling)提出了隧道安全性评估的框架。阐述了隧道安全性分析的两种方法(概率和确定性方法)以及两种方法的特点。建议个人、社会、经济风险的概率标准。此外,还讨论了一些另外的方法来分析成本效益(额外)安全管理措施。

伊萨克松(T. Isaksson),斯蒂尔(H. Stille)研究了机械开挖隧道的不同风险因素和这些因素对隧道工程成本和工期的不同影响,提出了投标价格和预算的估计的模型。

钟思柳(Chungsik Yoo)等介绍了基于信息技术(IT)风险评估系统(IT-TURISK)的应用和发展情况。IT-TURISK 是在地理信息系统(GIS)的环境中发展起来的,它能够在人工智能技术(AI)的框架下对隧道对周边环境产生的第三方影响进行最初的评估。通过 GIS 和 AI 技术可以对隧道引起的第三方影响进行精细计算,这个改进的程序能够帮助使用者辨识潜在的风险区域。

米兰·霍利茨基(Milan Holicky)考虑了三种公路隧道的风险:①具体运行条件下的个体风险(Rind)。②期望风险(Rexp),根据每个隧道每年发生事故的数量来表述;③社会风险,根据累计频度 $F=P(R_{m}\geqslant N)$ 来表达,一般用每个隧道(或每 1 km 隧道)每年的 F-N 曲线体现。建议的风险指标上下限来自普遍接受的安全要求。他指出期望风险 Rexp 可以用来优化隧道功能和确定适宜的风险等级。

卡雷克尼·沙赫里亚尔(Kourosh Shahriar)等基于岩土风险最小化条件下探讨岩石掘进机的选型问题。在决策分析的基础上提出了新的决策树。认为根据这个方法,最合适的 TBM 就是不管在风险减轻措施实施之前,还是之后风险水平最低的那个。根据 Nosoud 输水隧道掘进机效果的评估,证明了所选择方法是合适的。

另外,国际隧协在 2004 年发布了《隧道风险管理指南》为隧道工程的风险管理提供了一整套的参照标准和方法。2004 年英国隧道协会和英国保险协会组织编写完成了隧道工程风险管理的联合规范,为隧道工程的风险管理提供了一整套参照标准和方法,对隧道工程的风险评估模型、评估需要考虑的问题做了系统的讨论。可以看出,风险管理在隧道工程的应用研究在欧美已经相当普遍,并已经成为隧道及地下工程领域必须实施的一项重要内容。

4.1.3 国内风险管理

风险管理和风险分析引入我国比较晚,我国在 19 世纪 70 年代末 80 年代初才引进项目管理的理论和方法,但受我国经济发展水平的制约及计划经济思想的束缚,当时只引进了项目管理的基本理论、方法与程序,未能同时引入风险管理。随着改革开放的进一步深化及社会主义市场经济体制的不断完善,对风险管理的研究开始在学术界成为一个热点,在工程项目、国际工程、金融、房地产等领域逐步开展应用研究,取得了重大的进展。同时,随着我国轨道交通的发展,以及西部地区所遇到的隧道建设问题,使得这一领域受到了前所未有的关注,各大设计院、保险公司以及高校都在近几年开始了相关研究。

我国台湾于 20 世纪 80 年代中期从美国引入风险管理思想,早期代表人物是美籍华人段开龄博士,在台湾岛内推动了风险管理运动,其后宋明哲等作出了非常大的贡献,撰写了《风险管理》等著作。

我国香港的风险管理研究成果主要集中在岩土工程的应用方面。由于香港的特定地质条件,岩土工程问题非常严重,尤其滑坡等地质灾害发生率高。因此,如何对岩土工程病害进行防治,成了风险研究的热点,相关研究成果很多,但主要是以可靠度理论作为依托,没有很好地实现环境、经济、技术相结合的风险定量研究。

毛儒是国内最早接触隧道风险理论的学者之一,他写了不少论文介绍发达国家隧道工程风险管理的动态和经验,简述风险管理的理念以及各项过程的具体操作方法。

丁士昭对我国广州地铁首期工程、上海地铁一号线工程等地铁建设中的风险和保险模型进行了研究。

范益群以可靠度理论为基础,提出了地下结构的抗风险设计概念,计算出基坑、隧道等地下结构风险发生的概率以及定性评价风险造成的损失，并提出了改进的层次分析方法。

王梦恕院士基于中国城市地下工程发展迅速、事故频发的现状，结合具体工程事故案例，分析了城市地下工程建设中事故发生的主要原因，并提出了相应的控制对策，主要包括：构建城市地下工程建设安全风险管理体系，实施安全风险管理；制定科学合理的地表及建(构)筑物的变形控制标准，使安全风险控制有据可依；采用信息化施工技术，并利用变位分配原理实施施工安全的分阶段控制。

黄宏伟等开展了在地铁建设和运营阶段的风险管理研究，给出了地铁不同阶段中的风险因素、分析和控制的整体思路，以及在风险接受准则模型计算、风险数据库的建立和风险管理软件的开发等方面进行研究，取得了初步成果。

陈亮对盾构隧道中主要的风险事故、规避措施等进行归类、存储，收集和积累工程风险信息，建立风险数据库，为风险辨识、评估和决策等工程风险管理各环节提供信息的存储、计算和分析。

袁勇在盾构隧道进行防水风险等级划分和主要风险因素识别的基础上，对风险因素进行合理模糊化，利用模糊识别理论研究了盾构隧道全寿命防水风险评价，可在一定程度上客观、量化地评价盾构隧道全寿命防水风险。

胡志平等从基于敏感度分析的风险因子识别入手，讨论了盾构隧道管片衬结构稳定性风险分析的梁—弹性铰—地基系统结构分析计算简图、风险评估矩阵和基于一次二阶矩法的灾害事件失效概率的计算，并提出了盾构隧道管片衬砌构稳定性风险分析的基本思路和整体框架。

吴贤国等采用 $R=P\times C$ 法评价长江盾构隧道施工风险，提出一种对水下隧道工程的施工风险进行定级评估的方法，将定性和定量结合起来，正确定位各个风险因素，从而指导风险控制和管理。

贾剑青等全面分析了隧道工程中的风险因素，总结隧道工程施工中事故易发生的时间、部位、支护体变形破坏的种类以及开挖方法与隧道工程事故之间的关系，在此基础上，提出了基于可靠度的隧道风险评价以及基于工效的隧道风险评价相结合的观点。

白云、汤镜阐述了推广软土地下工程风险管理的重要性，对风险管理的基本步骤(风险辨识、风险评估、风险决策)以及对风险评估的方法进行了简要的介绍，并对上海市轨道交通四号线修复工程以及轨道交通十号线进行了风险评估的实践。

陈龙在其博士论文中提出了风险值与风险指标两个评价指标，并给出了相应的计算方法和评价标准。他在德尔菲法的基础上改进成信心指数法，得到软土地区盾构隧道施工期主要风险事故的发生概率及损失，给出了耐久性损失、工期损失、直接费用损失、环境影响损失等重大损失风险的概率分布曲线。另外，他在上海市上中路盾构隧道工程进行了风险分析方法和管理模型的探索。

范益群、沈秀芳、乔宗昭将隧道及地下工程设计系统的风险管理工作分为预可行性研究、工程可行性研究、方案优化研究、初步设计、施工图设计、运营组织维护设计 6 道“管理门(SS-Gate)”。通过为每道管理门设立相应的风险管理任务和分配风险管理工作内容，建立了“隧道及地下工程设计系统的风险管理体系(SS-Gate system)”。

李锋以翔安隧道强风化层施工的风险管理全过程为研究对象，运用模糊数学方法对地质条件风险、设计风险、施工技术风险、施工管理风险、环境保护风险、自然灾害风险进行了全面的评估，提出了翔安隧道全强风化层施工的风险管理模型，并结合多种风险应对方法，针对各个风险因素的具体情况，提出相应的应对措施。

在应用方面，2002年以同济大学为主进行的沪崇通道的风险评估项目更是为这一学科的发展作出了新的贡献。整个沪崇通道的风险评估研究共提交了17个专题报告，涉及工程建设的各个方面，包括前期选线、施工风险管理、环境保护、运营事故控制以及财务分析等，可以说是国内风险分析技术应用在隧道工程上的第一个大型项目。

2004年，中铁西南科学研究院对宜万铁路野三关隧道进行了全面的施工期风险评估，这是国内首次对大型山岭隧道进行的风险评估研究，由于涉及面很广、问题复杂、工作量很大，很难在短期内对隧道工程进行全面的风险分析和评估。根据野三关隧道工程的特点和目前的进展情况，这次风险评估和控制主要针对施工阶段的"安全风险"和"环境风险"进行。对野三关隧道各基本风险做出评估后，认为涌突水、涌泥为第一重点风险；岩溶洞穴及充填物对隧道的危害、围岩失稳和衬砌结构破损等为次重点风险。遗憾的是，在随后的隧道施工过程中出现了重大突水涌泥风险事故，这也验证了隧道风险评估的必要性。

中国土木工程学会隧道及地下工程分会风险管理专业委员会在2004年11月成立，标志着我国隧道及地下工程的风险管理逐渐进入稳步发展的轨道。

4.2　隧道风险管理存在问题

综合分析以上国内外研究现状发现：虽然隧道工程风险管理起步较晚，却因其特有的生命力得到了各国学者的高度关注，已经取得了较多的阶段研究成果。但是在隧道工程施工阶段的风险研究中，还存在以下问题。

(1)缺乏规范的安全风险管理体系：目前国家对地下工程项目建设风险管理还没有合适的、操作性强的、具有一定强制意义的法规体系，因而风险管理在项目建设中的地位没有明确。项目建设预算中没有明确必须列入风险管理费用，从而造成风险管理投入不够，风险管理得不到应有重视的状况；项目建设各阶段风险管理责任主体不明，管理程序不清。这些因素使得国内隧道及地下工程安全风险管理尚处于无序状态，表现为实施安全风险管理的内容和流程不完善、不规范。

(2)风险管理专业队伍不够规范，专业水平参差不齐。在工程中加强工程监测，进行必要的安全风险评估咨询工作是规避工程风险的重要手段。实践表明，在工程中加强工程监测及安全风险评估咨询工作，可以最大限度地保证施工安全。但目前随着地下空间开发的日益加大，专业规范的监测队伍紧缺，使得国内工程监测市场鱼龙混杂，这样直接影响监测数据的准确性，以及信息化指导施工的有效性。目前，国内对于监测单位资质、监测人员技术素质没有相应的管理和评价体系，使得监测队伍不够规范。

(3)基于地质预报及监控量测等监控手段的风险评估较少：风险管理起源于保险行业，在商业、保险等领域已有较完善的理论与评价体系，并有着广泛的应用实例，但是在隧道工程应用中绝对不能照搬。隧道工程的一大特点就是围岩地质条件的不确定性，而这可以通过超前地质预报、现场监控量测等手段而进一步判定，从而减少围岩不确定性的风险。隧道工程施工阶段的风险评估是在超前地质预报和围岩量测基础上进行的，这也是用数据(定量)进行说话，用数据进行评估，但综合分析已有相关隧道风险的研究进展现状可知，关于结合地质超前预报、监控量测等施工动态风险评估方面的研究甚少。

(4)风险评价定量化难及可信度低：由于我国隧道风险研究起步晚，缺乏隧道风险管理案例的收集和统计，造成目前进行隧道风险分析时无历史资料可借鉴，因此只能靠专家或技术人员的经验，将定性分析结果凭经验进行分类，然后运用层次分析法或模糊综合评判法等方法将定性结果定量化，充其量只能称为半定量方法，评价结果也往往难以令人信服。如隧道风险事故（事件）在没有发生之前，谁也不知道会有多少损失，谁也不知道其发生概率具体是多少，因为概率是基于众多统计而来的，在不知道多少概率发生的条件下，进行损失统计特别是事故前损失估计则显得有些苍白；这不同于事故后损失，事故后对损失进行统计即可。因此，真正的风险定量分析研究是否能够进行？如何进行？能进行到什么程度？这些问题还有待进行深层次的思考和研究。

第5章　隧道工程动态风险管理流程

5.1　风险特性与分类

5.1.1　风险定义

风险，总体来说需具备两方面要素：一是不确定性，风险的出现、发生的时间与概率、发生后的损失规模都不确定；二是肯定会带来损失，正因为给工程各方可能带来经济、工期、质量和安全等方面的损失，所以才需要进行风险管理。风险不等于危险，也不等于不确定性。目前最常用的是用数学函数定义风险，见式(5-1)。

$$R=f(p,c) \tag{5-1}$$

式中　R——风险；

p——风险概率；

c——风险损失(人员伤亡或货币损失)。

在隧道工程中，风险是指对人身安全、财产、环境有潜在损害和对工程有潜在经济损失或延期，或有损工程质量的不利事件发生的概率和影响结果的综合体。风险分析是指对影响这一差异的因素进行识别，对这些因素的发生频率和危害性作出估计，以便于采取有效措施来减少或避免损失。

5.1.2　风险分类

风险类别的划分方法很多，一般有以下几种。

(1)按后果分类：按后果进行风险类别划分，可分为如下两类。①纯风险：指仅造成损失而不会带来收益的风险。②投机风险：指可能造成损失也可能创造额外收益的风险。

(2)按产生原因分类：按风险产生原因进行风险类别划分，可分为如下三类。①自然风险：由自然力造成财产损失或人员伤亡的风险叫自然风险。②人为风险：指由于人的活动而带来的风险。③社会风险：指由于政策变化、政局变化、战争、社会关系变化等社会活动所带来的风险。

(3)按风险影响范围分类：将风险划分为两类。①基本风险：指作用于整个或大多数人群的风险，如战争、自然灾害等。②特殊风险：指作用于某一特定单位(如个人或企业)的风险。

风险还有很多其他划分方法，如隧道工程中按风险来源划分可分为合同风险、设计风险、施工风险、运营风险等。本书主要分析研究隧道施工中的风险。

5.1.3　风险特性

(1)客观性和普遍性：风险的存在取决于决定风险的各种因素的存在。也就是说，不管人们是否意识到风险，只要决定风险的各种因素出现了，风险就会出现，它是不以人的意志为转移的客观实在，是人们不能拒绝与否定的。客观性和普遍性表明风险时时处处都存在，它是人类社会实践活动中一种普遍存在的现象。我们所要做的就是充分认识风险，不断提高对风险规律性的认识，采取相应的管理措施，以尽可能降低或化解风险。

(2)不确定性：虽然风险是客观存在的，但由于人们受到各种条件的限制而无法充分认识客观事物及其未来的发展变化，不可能准确预测风险的发生，即风险事件的发生及其后果都具有不确定性。也就是说，风险的存在是确定的，但其发生是不确定的。风险的不确定性表现在：风险事件是否发生、何时发生、发生之后会造成什么样的后果等均是不确定的。

(3)危害性：是指风险引致的所有可能损失即潜在损失对行为主体造成的威胁，这种威胁致使行为人焦虑、恐惧，并由此而导致行动选择的非理性和资源配置的低效性。

(4)行为相关性：是指决策者面临的风险与其决策行为是紧密关联的；不同的决策者对同一风险事件会有不同的决策行为，具体反映在其采取的不同策略和不同的管理方法，也因此会面临不同的风险结果。传统上的研究将在风险环境中的决策行为称为风险态度，也叫风险偏好特性。实质上任何一种风险都是由决策行为与风险状态结合而成的，风险状态是客观的，但其结果会因不同风险态度的决策行为而不同。

(5)潜在性：尽管风险是一种客观存在，但它的不确定性决定了它的一种特定出现只是一种可能，这种可能要变成现实还有一段距离，还有赖于其他相关条件，这一特性可称为风险的潜在性。风险的潜在性使人类可以利用科学的方法，正确鉴别风险，改变风险发生的环境条件，从而减小风险，控制风险的负面结果。

5.2 风险管理程序

5.2.1 管理流程

(1)风险管理程序(Risk Management Program)定义：风险管理就是项目管理组利用风险识别、风险评价、风险对策及其他多种管理方法和技术手段，对项目活动涉及的风险实行有效的控制，采取主动行动，创造条件，尽量扩大风险事件的有利面，妥善处理风险事故造成的不利后果，以最小的成本保证安全、可靠地实现项目的总目标。通俗地讲，风险管理就是采取科学合理的手段，争取用最小的成本实现风险管理目标。

(2)风险管理流程：风险管理一般按以下程序进行：风险管理目标确定、风险辨识、风险估计、风险评价、风险处理方案、方案计划实施、检查和反馈等，如图 5-1 所示。风险管理包括风险分析和狭义的风险管理，前者包括风险识别、风险估计和风险评价，后者就是对风险采取的控制和处理措施。

5.2.2 管理目标

(1)确定风险管理目标的原则：风险管理和其他管理一样，是一项有目的的管理活动，只有目标明确，才能有效地进行管理，否则，风险评价就没有意义。确定风险管理的目标有原则有四点：①风险管理目标与风险管理主体(如业主)总体目标一致。②目标的现实性，即确定目标时应充分考虑其实现的客观可能性。③目标的明确性，以便于正确选择和实施各种方案，并对其效果进行客观的评价。④目标的层次性，从总体目标出发，根据目标的重要程度，区分风险管理目标的主次，以利于提高风险管理的综合效果。

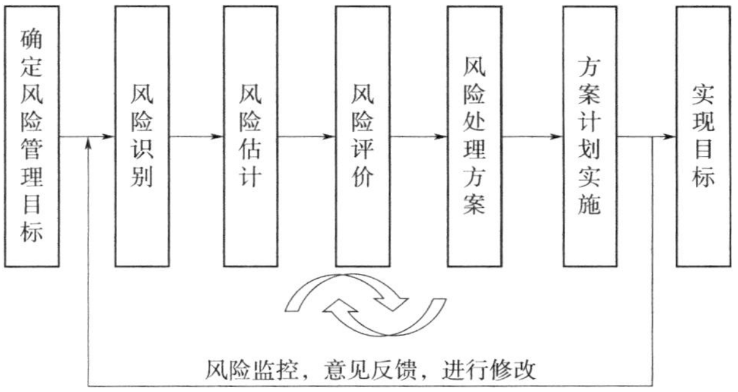

图 5-1　风险管理流程

(2)风险管理目标的要求：风险管理的具体目标需与风险事件联系起来，而且风险管理的目标往往被作为风险评价指标，与经过评价出来的单个或整体风险水平进行比较。就建设工程而言，在风险事件发生之前，风险管理的首要目标是使潜在损失最小；在风险事件发生之后，风险管理的首要目标是将实际损失减到最小。

(3)隧道工程风险管理目标：从风险管理目标与风险管理主体总体目标一致性的角度出发，隧道工程风险管理的目标通常更具体地表述为：实际投资不超过计划投资；实际工期不超过计划工期；实际质量满足预期的质量要求；建设过程安全。因此，从风险管理的目标出发，隧道工程风险可分为投资风险、进度风险、质量风险和安全风险。

5.2.3　风险识别

风险识别是风险分析乃至整个风险管理最基本的步骤，是风险分析的前提。风险识别的任务是认识所有风险事件和风险因素的根源所在及其性质和范围，同时也包括导致损失的有效、积极方面的原因。风险事件是指造成损失的偶发事件，是造成损失的外在或直接原因；而风险因素是指能产生或增加损失概率和损失程度的条件或因素，是风险事件发生的潜在原因，是造成损失的内在或间接原因。要区分风险事件和风险因素，如在隧道施工过程中因围岩破碎而发生大坍方，造成施工人员受伤，这里隧道坍方是风险事件，而围岩破碎是风险因素。关于风险识别步骤和方法将在第 7 章详细阐述。通过风险识别，认识所有的风险事件和因素，然后便可实施风险评估。风险识别主要回答以下问题：①风险是什么？②风险事件有哪些？③风险因素有哪些？④风险事件的后果是什么？⑤风险识别的方法是什么？

5.2.4　风险估计

风险估计是指在罗列出所有风险后，量化、具体化各种风险出现的可能性及其严重程度的过程，是对各种风险的深化认识。风险估计的内容主要有以下两方面。①概率的估计：风险事件和风险因素的出现往往不是连续的而是离散的，因此常常用其出现频率代替概率。风险单位数、损失的形态和损失原因三项因素的不同组合会使相应的损失频率高低不同。②风险损失值的估计：风险损失值就是用具体的数值量化风险损失的程度。在隧道施工中，风险损失值可以用货币或人员伤亡表示。风险估计需要调查大量资料，根据类似工程、本工程内部资料、保险公司等各方面的资料对各风险因素和风险事件做出相应的概率统计和风险损失值的量化。

5.2.5 风险评价

风险评价是指在风险识别、估计之后采用一定的方法手段评价出项目的单个和整体的风险水平的过程，是风险管理中最重要的过程之一。风险评价的目的是确定项目的风险水平，并与预先制订的风险评价基准作比较，进而确定是否采取风险控制措施，采用何种措施。风险评价的一般流程如图 5-2 所示。

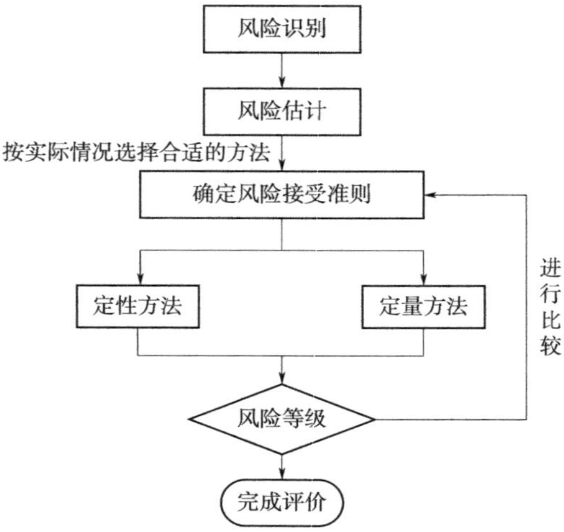

图 5-2 风险评价流程图

风险评价基准也叫风险评价指标，是在项目规定的时间内项目主体可接受或管理的风险等级水平，它直接决定了工程中各项风险控制对策，在进行风险分析时需预先制订。

5.2.6 风险应对

(1)风险应对的分类，风险应对可分为两类：一是在风险发生前，针对风险因素采取控制措施，以消除或减轻风险；二是在风险发生后，通过财务安排以减轻风险对项目目标实现所带来的影响及损失。前者具体的措施包括风险规避、缓解、分散、抑制和利用等；后者具体包括风险自留、转移等。

(2)风险应对措施：①风险规避(Risk Avoidance)就是通过变更工程项目计划，从而消除风险或消除风险产生的条件，或者是保护工程项目的目标不受风险的影响。这是一种最彻底的消除风险影响的方法。如在施工方案的制订过程中，尽可能采用一些成熟的施工工艺和方法，而不是去采用一些不成熟的新方法，这就在很大程度上防止了在施工方案选择上引发风险的可能性。②风险缓解(Risk Mitigation)又称减轻风险，是指将工程项目风险的发生概率或后果降低到某一可以接受程度的过程。分散风险是指通过增加风险承担者，以达到减轻总体风险压力的目的。从减轻风险的功效看，分散风险属于缓解风险的措施之一。③风险利用(Risk Speculation)是指在一定范围和条件下对那些具有投机性的风险加以利用。④风险转移(Risk Transference)是设法将风险的结果连同应对风险的权利和责任部分或全部转移给他方。这是必须面对风险时可以采取的一种有效的措施，它不能消除风险，仅仅是把风险的责任部分或全部转移了，例如工程保险就是风险转移的措施。⑤风险自留(Risk Retention)是由项目主体自行承担风险后果的一种风险应对策略。对一些不是很严重的风险，或者用其他措施应对不是很适合的，或者采用其他应对措施后残余的一些风险，管理者往往采取风险自留。风险应对还有很多其他措施，这里不一一列出。

5.2.7　风险监控

(1)风险监控作用：风险监控(Risk Monitoring)是对风险的监视和控制。风险监视是在采取风险应对措施后，对效果的观察和把握；风险控制则是在风险监视的基础上，采取的技术、作业或管理措施。风险监视和风险控制相辅相成，交替进行，即通过监视若发现原风险发生变化，应立即采取修改风险因素集、权重、损失，甚至重新评价等措施。风险监控应贯穿整个项目建设周期。风险监控是风险管理的一项重要工作。在隧道施工过程中，风险的性质、规模都会不断变化，也可能有新风险出现，还有可能预期的风险会消失，因此，需要对项目的风险实施动态管理。风险监控就是风险动态管理最好的体现。

(2)风险监控的必要性：①随着工程的进展，反映工程建设环境和工程实施方面的信息越来越多，原来不确定的因素也逐渐清晰，原来对风险的判断是否客观，需要用最新信息来做出评价，以便进一步采取更具体的应对措施。②已经采取的风险应对措施是否适当，也需要通过对风险监视对其做出客观的评价。如果发现已采取的应对措施是合理的，收到了较理想的风险控制效果，则继续控制；若发现已采取的应对措施是错误的，应尽早采取纠正行动，以减少可能的损失；若发现应对措施并不错，但其效果不理想，则不宜过早地改变正确的策略，而应寻找原因，并采取适当调整应对策略，争取收到理想的控制风险的效果。③采取风险应对措施后，会留下残余风险和以前未识别的新风险，对这些风险需要在监控阶段进行评价和考虑应对措施。

5.2.8　动态管理

(1)静态风险管理：传统意义上风险管理包括风险识别、风险评估、风险应对和风险监控四个相关阶段。这种管理理念是将风险管理视为一个线性过程，客观上把风险分析(识别、估计、评价)和风险应对从工程项目的施工阶段中剥离出去，与工程项目的投标阶段对应，作为项目初期可行性研究或制订投标策略的依据，只有风险监控阶段与工程项目施工阶段发生关系。如此一来，风险管理过程只是将“项目投标阶段”拟定好的风险应对计划在“项目的施工阶段”实施，不能动态地根据项目的实施情况对风险应对方案做出及时修正。因此，传统风险管理是一种静态的管理，一旦项目风险与事前预测存在差异，或者出现先期没有预测到的新风险因素，必然导致工程项目对所面临风险处于被动接受状态，从而影响工程项目的顺利实施，并有可能造成重大损失。

(2)动态风险管理：由于传统风险静态管理存在的不足，1992 年胡斯比(A. B. Huseby)和斯科根(S. Skogen)提出了动态风险的概念。动态风险管理是一个贯穿于整个项目寿命期的活动，包括风险分析、风险对策、风险决策、决策方案执行、效果检查、重新开始下一循环等一系列连续环节。这种风险管理是一种连续的、动态的过程，它将风险管理看作是一个周而复始的循环过程，项目的风险管理不仅仅在项目前期决策阶段，而且还涉及项目运营阶段；同时各个阶段的风险管理还要进行流通。

(3)隧道动态风险管理：隧道施工是一个动态过程，有些风险因素会随施工的进展而发生变化，包括其损失规模、重要程度和性态等都可能发生改变，从而导致风险因素集、风险估计和风险评价都随工程的进展而不断地改变，加上工程主体的利益出发点和目标安全指标的不同，势必改变风险管理策略。因此,对隧道施工实施动态管理是很有必要的,而且更科学合理。实行风险动态管理的大致过程跟静态管理相似,所不同的是在动态管理的施工组织计划中,风险分析和处理是作为预设计的,随着工程的进行,不断地修改风险因素集,对所有风险因素包括已意识到的和没意识到的、已出现的和尚未出现的都应该实施监控,从技术上说,所有的风险都是可监控的。隧道施工风险监控是指通过对施工不同阶段风险发展变化的观察和掌握,评估风险危险程度和风险处理策略和措施的效果,并针对出现的问题及时采取措施的过程。总之,动态与静态管理的不同之处在风险分析的环节上。图 5-3 是动态风险管理流程的基本构架,此循环过程贯穿于整个施工过程。

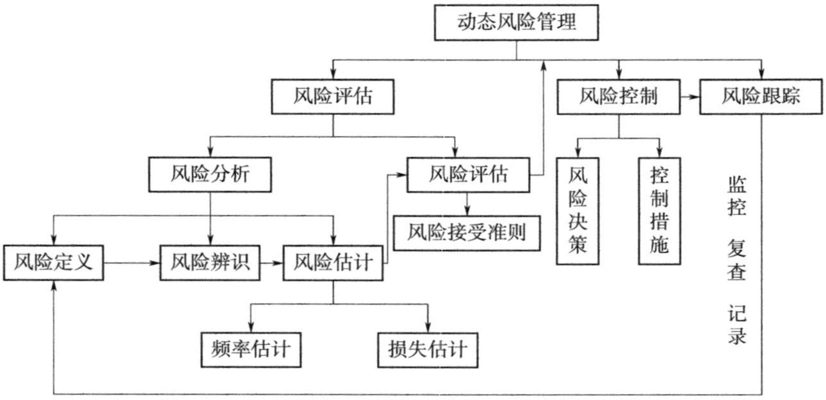

图 5-3　动态风险管理流程

5.3　风险隧道管理流程

5.3.1　安全管理体系

隧道坍方、突水突泥、瓦斯爆炸是铁路隧道施工的三大主要安全灾害,具有毁灭性和极大危险。为规避铁路隧道施工安全风险,确保工程安全,进行风险隧道施工安全管理十分必要,也极为重要。截至目前,铁路行业相继制定出台了一系列相关铁路隧道风险管理的规范标准等,形成的铁路隧道施工安全管理体系完整、流程规范、措施到位,能有效遏制隧道施工重大安全事故,关键在过程管理和控制到位。

(1)风险:工程建设中潜在的不利事件的概率及后果的组合。

(2)风险隧道:在初步设计和施工图设计阶段,依据《铁路隧道工程风险管理技术规范》(Q/CR 9247—2016)的规定,评估确定的一级和二级风险隧道。

(3)安全管理流程:如图 5-4 所示,结合我国铁路隧道工程状况,总结多年来铁路隧道施工管理经验,铁路风险隧道施工安全管理从:隧道风险识别、分析和应对、过程管控、应急处置、风险隧道后评估等五个方面入手,形成风险隧道安全管理流程,制定风险隧道卡控措施。

(4)安全管理体系:隧道的施工安全风险是可防可控的。2004 年,国际隧道协会制定了《隧道风险管理指南》,包括安全风险评估、监测—评估—预警系统、控制指标体系和工程监测等四个方面的内容。自 2002 年,铁道部、中国铁路总公司相继制定了一系列有关铁路隧道风险管理的规范、规程、技术标准和规定，形成了我国铁路隧道安全风险管理体系。主要有 13 项规定：

①《铁路隧道工程风险管理技术规范》(Q/CR 9247—2016)；

②《铁路隧道超前地质预报技术规程》(Q/CR 9217—2015)；

③《铁路隧道监控量测技术规程》(Q/CR 9218—2015)；

④《铁路隧道施工安全技术规程》(TB 10304—2020)；

⑤《高速铁路隧道工程施工技术规程》(Q/CR 9604—2015)；

⑥《铁路隧道瓦斯技术规范》(TB 10120—2019)；

⑦《铁路隧道施工抢险救援指南》(Q/CR 9219—2015)；

⑧《关于进一步加强铁路隧道施工超前地质预报工作的通知》(铁建设函〔2006〕340 号)；

⑨《关于加强铁路隧道工程安全工作的若干意见》(铁建设函〔2007〕102 号)；

⑩《关于进一步加强铁路隧道安全工作的通知》(铁建设函〔2007〕1007 号)；

⑪《关于进一步明确软弱围岩及不良地质铁路隧道设计施工有关技术规定的通知》(铁建设函〔2010〕120 号)；

⑫《关于进一步加强铁路隧道设计施工安全管理工作的通知》(建技〔2010〕352 号)；

⑬《关于铁路高风险隧道安全管理工作的实施意见》(工管质〔2011〕36 号)。

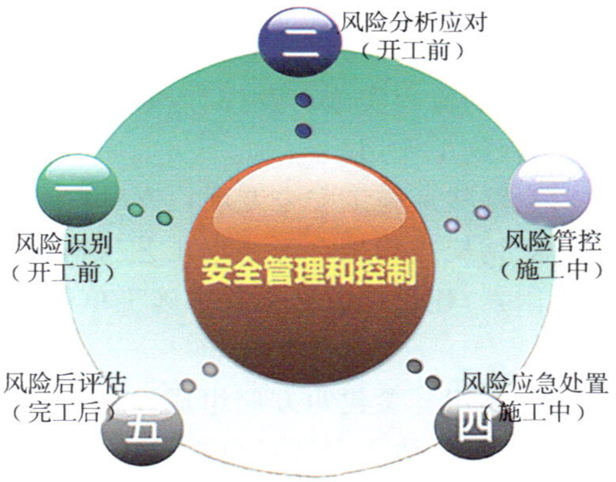

图 5-4　风险隧道安全管理流程

5.3.2　安全管理流程

铁路隧道施工安全风险都有其一定的规律，也有征兆，隧道建设过程中要以“四化”支撑为抓手，从“风险识别、风险分析和应对、风险过程管控、风险应急处置、风险隧道后评估”五个方面认真落实“铁路隧道风险管理 21 条措施”，按照隧道风险管理体系的要求，提高认识、充分重视、措施得当、管理到位，隧道施工安全风险是可以规避的。

(1)风险隧道识别(开工前)：开展设计阶段风险隧道识别，根据《铁路隧道工程风险管理技术规范》(Q/CR 9247—2016)要求，建设单位应组织设计单位并邀请专家咨询，开展设计阶段风险隧道识别，逐一明确隧道的风险管理级别，明确风险隧道的管理范围。

(2)风险隧道分析与应对(开工前)：分析风险评估结果制定应对措施，从目前情况看，塌方(关门塌方)、突(水)涌(泥)和瓦斯爆炸通常可能造成多名人员伤亡和财产损失，是风险隧道施工安全管控的重点。①塌方(关门塌方)应对措施：“六到位”即超前预报到位、超前加固和支护到位、工法选择到位、开挖进尺控制到位、步距控制到位、监控量测及时预警到位。②突(水)涌(泥)应对措施:“先探再挖、不探不挖,留足安全墙”。③瓦斯隧道应对措施:加强预报、提前设防;强化通风、控制浓度;机电防爆、控制火源。

(3)风险隧道管控(施工中):

①充分发挥建设单位的主导和决策作用。建设单位应成立以总经理(指挥长)为组长的高风险隧道管理小组,主导高风险隧道重大问题的决策。(a)选择好队伍。招标时应根据隧道风险程度选择合适的队伍。(b)明确好责任。高风险隧道由设计单位承担超前地质预测预报工作。(c)配置好资源。高风险隧道应加强人员配备、资源配置,强化管理制度和技术措施。(d)决策好方案。组织审查、论证、决策、批准高风险隧道重大技术方案。

②建立防范风险专项机制(施工中),从而达到对风险的提前防范、快速反馈和应急处理。

③制定保证隧道安全的专项技术管理制度。

④开展高风险隧道安全施工条件评估工作。根据《关于进一步铁路隧道设计施工安全管理工作的通知》(建技〔2010〕352 号)、《关于铁路高风险隧道安全管理工作的实施意见》(工管质〔2011〕36 号)要求,高风险隧道要实行安全施工条件评估制度。通过全方位检查评估参建各方在管理制度、人员配备、设备配置、技术方案、工程措施等五个方面的落实情况,从而有效地降低或规避高风险隧道的施工安全风险。

⑤解决复杂技术难题充分发挥“两专”优势,针对高风险隧道复杂技术难题,应寻求更为合理的安全解决方法。应充分发挥“专家团队”和“专业队伍”的“术业专攻”作用,按照“方案论证→专业施工→效果评价→安全开挖”的流程实施。发挥“专家团队”进行方案论证和效果评价作用,发挥“专业队伍”进行专项工程施工作用。

⑥强制落实工艺工法。对全路隧道施工安全专项检查时发现,现场擅自变换施工方法、减少支护钢架数量、开挖步距超标、钢架安装悬空等违反工艺工法要求的问题仍十分突出,这些都是导致产生安全风险的重要因素,建设单位必须要求施工单位强制落实工艺工法,对违规行为进行严厉惩处。

⑦强化现场组织和督导落实作用。参建四方应组成以建设单位领导为组长,设计、施工、监理单位参加的风险隧道管理小组,具体负责现场组织和督导重大技术方案的落实。

⑧以工装保工艺、以工艺保质量、以质量保安全是解决隧道风险的重要理念,强力推进“四化”支撑手段(图 5-5)。强力推进“四化”支撑、创新升级管理手段是保证隧道施工安全的重要举措。(a)高风险隧道应全面采用“机械化”一级配置。(b)风险隧道钢构件应全面采取“工厂化”生产。(c)高风险隧道监控量测“信息化”应全覆盖管理。(d)高风险隧道关键工序(注浆、旋喷、降水、锚索、瓦斯抽排、揭煤开挖等)应推行“专业化”施工。

⑨超前地质预报纳入工序管理。按照《铁路隧道超前地质预报技术规程》(Q/CR 9217—2015)、《高速铁路隧道工程施工技术规程》(Q/CR 9604—2015)要求:超前地质预报工作应纳入工序管理,严格执行“有疑必探、不探不挖”的安全施工理念。高风险隧道超前地质预报的责任主体为设计单位,超前地质预报工作由设计单位负责组织实施。超前地质预报应有针对性,确保及时性和有效性。

⑩充分发挥监控量测的信息化指导作用。监控量测信息是软弱破碎围岩安全状态的最直接反映。建设单位和施工单位应严格执行《铁路隧道监控量测技术规程》和《铁路隧道监控量测标准化管理实施意见》有关规定,开展好监控量测工作,见表 5-1。

（a）钻孔台车

（b）千米级水平定向钻机

（c）锚杆钻机

（d）仰拱栈桥

（e）湿喷机械手

（f）防水板台车

（g）仰拱二次衬砌台车

（h）水沟电缆槽台车

（i）压花机

（j）测量机器人

（k）测点布设

（l）水平旋喷

（m）瓦斯抽排

图 5-5　风险隧道强力推广"四化"支撑手段

表 5-1　铁路隧道变形量与变形速率安全等级

围岩级别	安全等级					
	正常（绿色）		预警二级（黄色）		预警一级（红色）	
	变形总量（mm）	变形速率（mm/d）	变形总量（mm）	变形速率（mm/d）	变形总量（mm）	变形速率（mm/d）
Ⅲ级	＜40	5	40～80	5～10	＞80	＞10
Ⅳ级	＜50		50～100		＞100	
Ⅴ级、Ⅵ级	＜75		75～150		＞150	
处理措施如图 5-6 所示	正常施工		加强监测，必要时网喷混凝土补强		加强监测，增设横、竖支撑进行抢险。后序施工时加强支护，调整施工工法	

（a）加大拱脚

（b）加强纵向连接

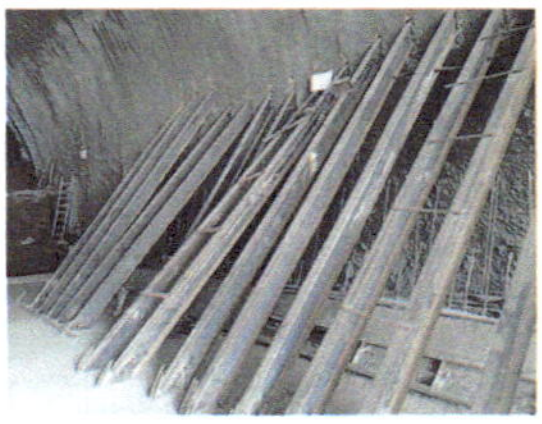
（c）斜撑

（d）调整为CRD工法

图 5-6　隧道信息化施工处理措施

⑪瓦斯隧道安全施工应抓住三个关键环节。瓦斯隧道施工安全管理主要应抓住火源控制、瓦斯浓度检测、通风质量保证等三个关键环节，如图 5-7～图 5-9 所示。只要这三个环节达

标，瓦斯隧道的施工安全是可以保证的。瓦斯浓度一般情况下应小于 0.3%；正常安全值控制在 0.5%以下；个别位置可以为 1.0%，但应加强检测。

（a）门禁制度　　（b）教育培训

图 5-7　控制火源进洞

（a）防爆混凝土罐车　　（b）防爆渣土运输车

图 5-8　进洞设备防爆改装

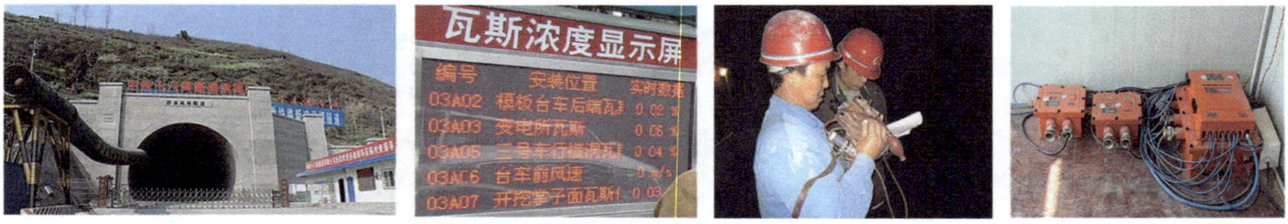

（a）通风设备　　（b）瓦斯浓度监测　　（c）瓦斯检测　　（d）检测设备

图 5-9　保证通风质量达标

⑫完善隧道防灾报警逃生系统。完善隧道防灾报警逃生系统，包括视频监控系统、声光报警系统、应急照明系统、安全逃生系统，如图 5-10 所示。

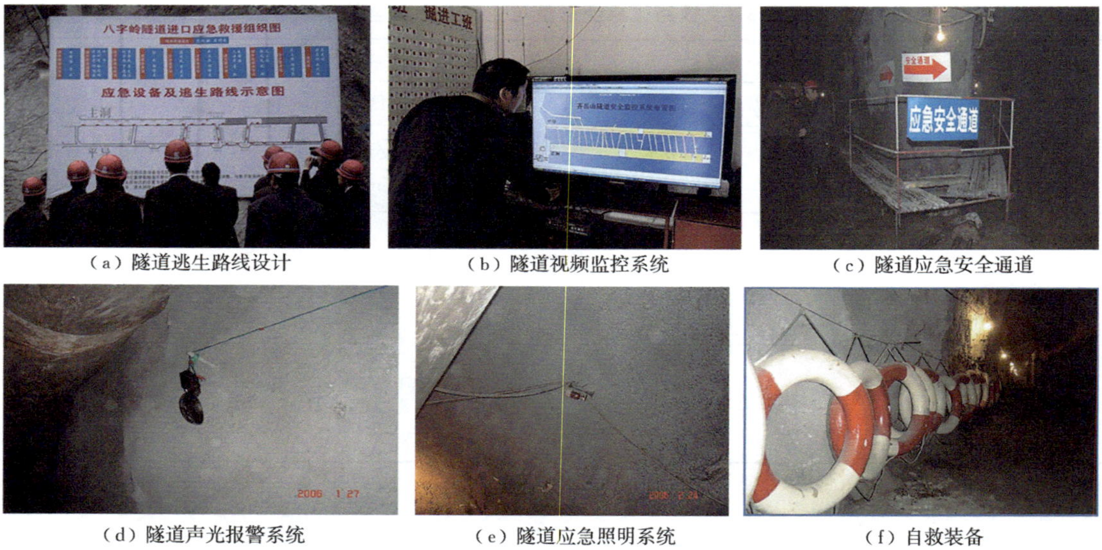

（a）隧道逃生路线设计　　（b）隧道视频监控系统　　（c）隧道应急安全通道

（d）隧道声光报警系统　　（e）隧道应急照明系统　　（f）自救装备

图 5-10　隧道防灾报警逃生系统

⑬加强隧道施工中风险征兆判释。隧道临近大型岩溶水体、煤与瓦斯突出、软弱围岩大塌方区段时都会有一定的征兆，只要现场人员加强观察与分析，进一步开展必要的超前地质预测预报的现场应用，及时采取处理措施，隧道施工安全风险是可以减少或避免的。(a)通过“两听、三看、四观察”判定隧道临近大型岩溶水体的征兆。两听：一是听隧道周围是否有哗哗的流水声；二是听掌子面超前钻孔中是否有哗哗的流水声。三看：一是看掌子面裂隙或溶隙中是否有较多的黏土或铁染锈；二是看掌子面岩层是否有明显的湿化、软化或淋水现象；三是看已开挖揭示的小溶洞中是否有水流、河沙或水流的痕迹。四观察：一是观察已开挖段落的小溶洞数

量是否明显增多；二是观察掌子面超前钻孔中涌水量是否比已开挖段落明显增大；三是观察掌子面超前钻孔中是否有泥沙、卵石或砾石。四是观察掌子面超前钻孔中是否有凉风冒出。(b)通过“一闻、两听、三看、两观察、两分析”判定隧道煤与瓦斯突出的征兆。一闻：闻掌子面是否有异味。两听：一是听掌子面是否发出瓦斯强烈涌出的嘶嘶声，同时带有粉尘；二是听掌子面超前钻孔中是否有深部岩层或煤层的破裂声、响煤炮声。三看：一是看掌子面是否有鼓壁、掉渣现象；二是看掌子面是否有移动感；三是看已开挖段落初期支护是否有严重变形现象。两观察：一是观察煤层结构是否发生明显变化，即层理紊乱，由硬变软，厚度和倾角发生变化，煤由湿变干，光泽暗淡，煤层顶、底板出现断裂、波状起伏等；二是观察掌子面超前钻孔施作时是否有顶钻、夹钻、顶水、喷孔等动力现象。两分析：一是分析瓦斯浓度检测数据是否有明显增大或忽高忽低；二是分析掌子面温度检测数据是否明显降低。(c)通过两听、三看、两观察、两分析判定隧道软弱围岩大塌方的征兆。两听：一是听掌子面是否长时间发出嘣嘣的岩石剥落声；二是听已开挖段初期支护是否发出噼噼的变形声。三看：一是看掌子面拱顶岩石是否发生开裂，并伴有岩粉喷出；二是看已开挖段初期支护是否开裂、掉块、变形；三是看掌子面或已开挖段落是否突然发生涌水现象。两观察：一是观察掌子面拱顶岩石掉块或裂缝是否逐渐扩大；二是观察隧道内是否无故发生尘土飞扬。两分析：一是分析围岩监控量测数据是否明显增大，变形速率明显加快；二是分析已开挖段落围岩监控量测数据是否长期处于红色或黄色报警状态。

(4)风险隧道应急处置(施工中)：

①组织风险隧道抢险救援总体规划，风险隧道集中的铁路项目，建设单位应严格按照《铁路隧道施工抢险救援指南》(Q/CR 9219—2015)的要求，进行抢险救援总体规划，选好队伍，配足设备，统筹安排，并做好培训与演练。

②突水涌泥清淤处理必须评估后实施，隧道发生突水涌泥后，不清淤难以复工，但清淤风险极高，稍有不慎可能引发更大的突水涌泥，甚至出现人员伤亡。因此，必须进行清淤风险评估，合理选取清淤及封堵方式，如图 5-11 所示。

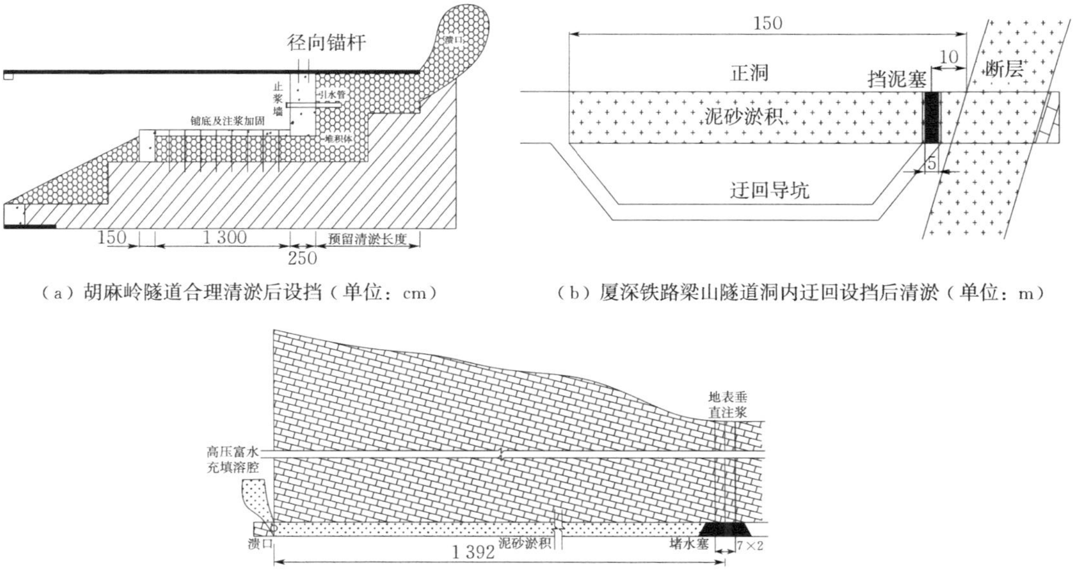

(a) 胡麻岭隧道合理清淤后设挡(单位：cm)

(b) 厦深铁路梁山隧道洞内迂回设挡后清淤(单位：m)

(c) 地表垂直设挡后清淤(龙厦铁路象山隧道)(单位：m)

图 5-11　隧道突水涌泥后的清淤和封堵处理

③隧道塌方后应急抢险的核心工作：(a)日常应加强《铁路隧道施工抢险救援指南》(Q/CR 9219—2015)有关内容的学习，提高自救和应急救援能力。(b)隧道塌方后应急抢险时应加强安全管控，避免造成次生灾害。核心要做的三件事情是：反压支顶；钻孔通风；挖洞救人，如图 5-12 所示。

(a) 顶管救援（砂质地层）

(b) 大口径钻机救援

(c) 反压支顶

(d) 钻孔通风（打通生命通道）

(e) 挖洞救人（三角导坑）

(f) 挖洞救人（梯形导坑）

图 5-12　隧道塌方后的应急抢险救援措施

(5)风险隧道后评估(完工后)：①认真开展隧道风险的后期评估工作，建设单位应根据《铁路隧道工程风险管理技术规范》(Q/CR 9247—2016)的规定，在隧道完成后投入运营前进行风险后期评估，评估报告要纳入竣工文件，如图 5-13 所示。对突涌水、瓦斯超标、衬砌掉块、轨道上拱等危及隧道运营安全的风险应重点评估，如图 5-14 所示。②风险隧道后评估案例：某隧道施工过程中岩溶及岩溶水发育，采取了注浆加固及结构加强措施。隧道完成后，经进一步摸

(a) 拱顶掉块

(b) 拱顶空洞

(c) 拱顶渗漏水

(d) 岩溶隧道衬砌后地下水

(e) 岩溶隧道轨道板上拱

(f) 岩溶隧道二衬破坏

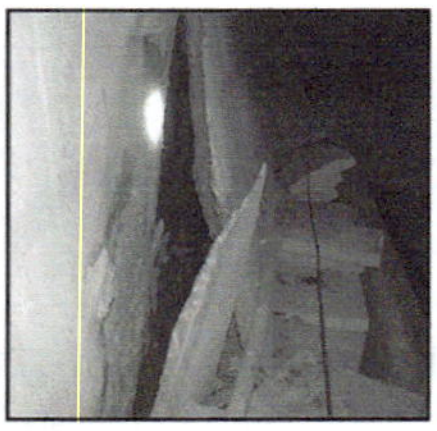
(g) 弱膨胀岩隧道衬砌开裂

(h) 弱膨胀岩隧道轨道板上拱

图 5-13　隧道风险后评估重点对象

清岩溶及岩溶水，建设单位组织专家进行了风险后评估，评估认为：不增设排水洞，难以保证隧道长期运营安全。排水洞实施过程中，明显发现岩溶水极为发育，水量极大，排水洞为保证隧道长期运营安全奠定了基础。

（a）岩溶水发育　（b）岩溶处理后评估　（c）岩溶水破坏衬砌　（d）设岩溶排水洞

图 5-14　某岩溶隧道后评估重点对象

第 6 章　隧道工程风险源及发生机理

6.1　隧道风险描述

6.1.1　风险描述

风险分析是一个非常复杂的课题，应针对不同的问题采用不同的分析模式。而分析模式与风险的产生机理相关，首先来讨论风险事故的产生机理。描述风险产生过程常用如下术语。

(1)孕险环境：指可能会产生事故的区域和环境。在隧道施工中，存在不良地质状况的土层环境，地下水文情况，施工路段附近建筑物等均构成了孕险环境。如在地质状况较好地段施工的隧道，事故发生率将下降很多。如果周围没有那么多建筑物，也就不会牵涉到那么多的环境影响问题。因此，孕险环境是风险的客观基础，是决定风险事故是否发生的根本性因素，也可以称之为风险的内因。如果能在施工前期，通过规划选线尽量避开孕险环境，那么风险自然可以得到控制。

(2)致险因子：指风险事故产生的直接原因，与孕险环境构成了风险事故的两个必备要素。如果说孕险环境是风险的基础，是一个火药桶，那么致险因子就可以说是风险的外因，是导火索。例如在隧道施工过程中遇到了坍方、断面大变形、岩爆、锚杆长度不够、注浆压力不足、格栅钢架间隔太大、衬砌背后填充不密实、防水质量差、基底出现翻浆冒泥现象、机械故障等都是风险事故的致险因子。

(3)风险事故：指在孕险环境和致险因子作用下，发生的偏离目标期望的事件。工程项目中，风险事故往往是指会给项目带来损失的事件。这些事件有时可能比较严重，会被称为工程事故，但更多的情况下，只是一些会造成损失的工程问题。风险一般用风险事故来命名，如隧道坍方、冒顶风险等。

(4)承险体：指承担风险损失的对象，如机械设备、隧道结构、施工人员、建筑物，包括社会群体、生态环境等。各类承险体构成了整个项目的承险体系统。

(5)易损性：承载体的易损性指承载体抵抗损失的能力，换句话说，就是风险一旦来临，可能发生的损坏程度。易损性分析的关键目标是得到承载体的最大损失可能。一般情况下，把超越某损失值的概率小于 5%的损失作为承载体的最大损失可能。对于承载体的损失分布，即 0.95 分位数值为最大损失。

(6)风险损失：指风险事故发生后所产生的一系列问题，由于风险分析是事前进行，风险损失的分析就带有预测的成分。而且，风险损失也不一定就是一种，可能牵涉到承险体多方面的损失，例如工期、耐久性、环境影响。同一类风险事件在不同工程中所发生的风险损失往往带有很大的差异性，因此，风险损失的分析就变得异常复杂，也是影响风险分析可信度的最重要因素。

风险损失可分为直接损失和间接损失。直接损失是指对正在进行的工程项目所造成的损失，这种损失并不一定会马上表现出来，比如耐久性的损失可能要过很长一段时间才能发现。而间接损失是指由于工程的建设、运营对其他对象造成的损失，按照保险学里的观点，这属于第三者责任问题。

另外，在工程项目风险分析与管理中，决策者往往希望分析结果尽量简化，因此就需要将直接经济损失、工期损失、耐久性损失、环境影响损失、社会影响损失、生态环境破坏损失以及人员安全损失进行替换，以统一的标尺衡量各种风险损失(在这种情况下，假定项目是纯经济型的，不考虑政治影响等方面的价值)。其中，常用到的替代是以费用损失形式替代其他各项损失，如图 6-1 所示，这种替代可用转换系数或转换矩阵在数量上加以描述，见式(6-1)。

$$\mathrm{TC}=T_{\mathrm{C}}C_{\mathrm{C}}+T_{\mathrm{T}}C_{\mathrm{T}}+T_{\mathrm{D}}C_{\mathrm{D}}+T_{\mathrm{H}}C_{\mathrm{H}}+T_{\mathrm{S}}C_{\mathrm{S}}+T_{\mathrm{E}}C_{\mathrm{E}}+T_{\mathrm{L}}C_{\mathrm{L}} \tag{6-1}$$

式中　TC——项目总费用潜在损失；

C_{C}——直接经济损失；

C_{T}——工期损失；

C_{D}——耐久性损失；

C_{H}——环境影响损失；

C_{S}——社会影响损失；

C_{E}——生态环境影响损失；

C_{L}——人员安全损失；

$T_{\mathrm{C}}, T_{\mathrm{T}}, T_{\mathrm{D}}, T_{\mathrm{H}}, T_{\mathrm{S}}, T_{\mathrm{E}}, T_{\mathrm{L}}$——各项损失的转换系数矩阵。

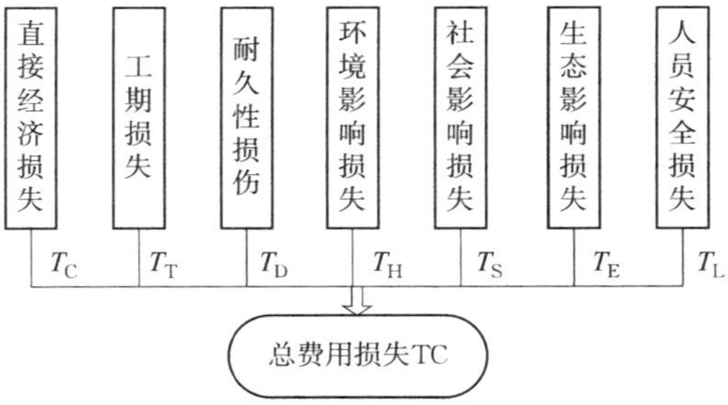

图 6-1　风险损失的替代

(7)风险效益：指对风险事故采取某项措施而产生的风险改善效果，也即风险的减小程度。风险效益的产生来自两方面，一个是风险概率的降低，另一个是风险损失的减少。相对来说，后者比较难以控制，因此，风险效益主要来自对孕险环境和致险因子的控制，从而达到降低风险概率及风险损失的目的。

(8)风险成本：风险成本可分为广义风险成本与狭义风险成本。这两种不同范围的风险成本有各自的特点和作用。在风险防范管理中，一般是从广义角度理解风险成本；而针对风险事故进行分析和评价时，主要是从狭义角度理解风险成本。

①广义风险成本：既包括风险本身造成的损失费用，也包括对风险的前期预防费用以及后续的风险处置费用，其特点是立足于考虑从风险产生到风险处理的全过程，分析和计算因风险而发生的全部费用，可用式(6-2)表示。

$$C_{\mathrm{R}}=C_{\mathrm{P}}+C_{\mathrm{L}}+C_{\mathrm{M}} \tag{6-2}$$

式中　C_{R}——表示广义风险成本；

C_P——表示预防费用；

C_L——表示风险实际损失；

C_M——表示风险处置费用。

②狭义风险成本：仅仅指风险发生时引发的实际损失，即 C_L。它建立在考察风险实际损失基础之上，只分析风险造成的实际损失，以局部为着眼点，表现出较强的针对性。其大小只取决于风险本身的影响程度和范围。

6.1.2 事故统计

随着科学技术的发展，隧道工程施工技术日趋自动化、信息化，隧道工程风险日益减少。但相对于其他行业来说，隧道工程中发生的重大事故仍然偏多。从日本1976—1996年20年间隧道工程事故调查研究来看，隧道施工期间事故率就高达59.5%，占整个隧道工程事故的3/5以上。日本隧道工程事故统计如图6-2所示。

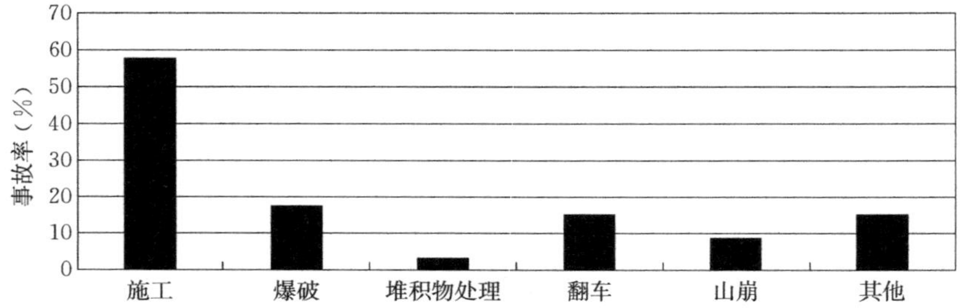

图6-2 日本隧道工程事故率统计图

当然，在隧道工程施工过程中，不同的施工方法、不同的地质条件发生事故的概率也不尽相同，甚至在同一地质条件下同一隧道的不同部位，事故发生的概率也相差很大。1990—1992年对日本隧道工程事故数的实际调查统计结果如图6-3所示：①开挖方法与发生事故数关系的统计结果是：不同的开挖方法事故发生的概率相差很大，其中台阶法出现事故次数最多，发生概率最大占48.3%；其次为上断面超前开挖出现事故次数，发生概率占22.4%；全断面开挖法事故发生概率约占12.4%左右，如图6-3(a)所示。②隧道空间位置与事故数关系的统计结果是：隧道拱顶发生事故的概率为44.4%左右；底板（仰拱）发生事故的概率也很大，占20%；工作面上发生事故的概率约占17.8%，如图6-3(b)所示。③施工工法时间与事故数关系的统计结果是：从隧道开挖到支护过程中，隧道刚刚开挖后不久风险最大，其事故发生率约为61.7%；隧道开挖过程中和支护后事故发生的概率为38.2%左右，在这两个时间段中，事故多以变形破坏的形式发生，其中，开挖过程中变形破坏占其间事故率的23.4%，隧道支护后变形破坏占其间事故11.1%，如图6-3(c)所示。④隧道结构工程部位与事故数关系的统计结果是：隧道支护体中最容易发生事故的为喷射混凝土，占整个支护体系事故总数的35%左右，临时支撑和锚杆分别占27%和24.3%。这些隧道施工风险事故的统计为合理选择隧道施工安全风险监控内容提供了重要的线索和依据，如图6-3(d)所示。

6.2 隧道施工风险源成因

以地质条件为主要原因而引起的隧道施工风险源如下。

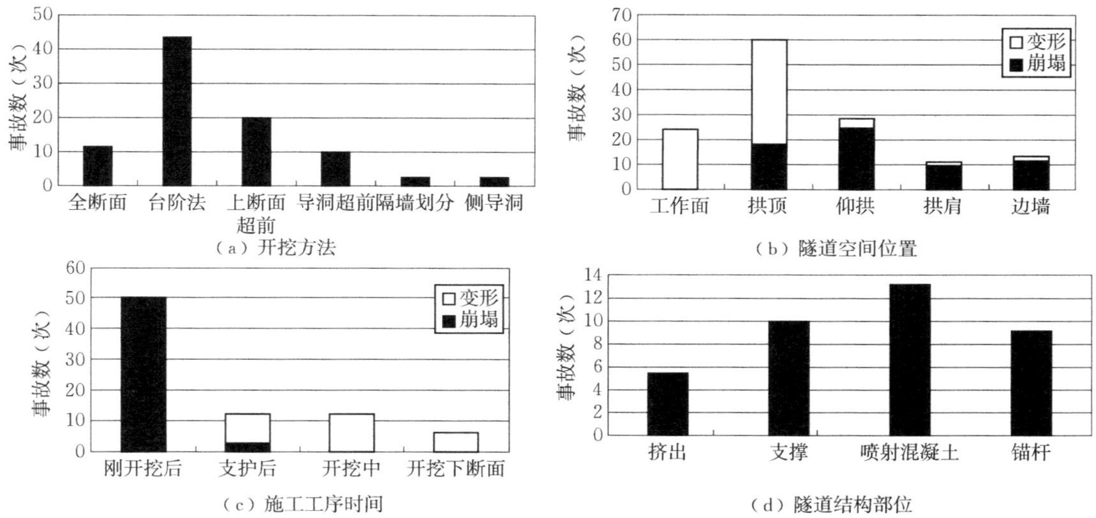

图 6-3　隧道工程事故数统计图(日本)

6.2.1　冒顶片帮

(1)冒顶风险:冒顶事故是一种特殊的崩塌事故,冒顶一般都发生在地质条件发生变化的地点,如有小断层、岩石破碎、顶板裂隙发育或有明显的极易离层的岩层软弱面存在;大多发生在掘进施工期间;大多发生在瞬间,随机性很大。冒顶事故的影响和一般的隧道坍方不同,一般隧道坍方仅仅造成隧道洞内人员伤亡和设备毁坏等后果。冒顶事故除了会造成隧道洞内的这些后果,还会导致隧道上方建筑物毁坏和人员伤亡。冒顶事故发生的原因有:①不良地质因素:主要包括小断层、岩石破碎、顶板裂隙发育或极易离层的岩层弱面等。②人为因素:主要是在支护设计方面和施工管理方面。具体表现在支护材料质量不过关;导致支护效果不明显;施工方法不当;没有加强安全管理等。

(2)片帮与掉块风险:片帮与掉块是隧道施工过程中经常发生的、规模较小的、一般地质灾害。片帮与掉块的最大特点是:规模小,塌落的岩体大多为一块,很少有两块或两块以上的情况出现。块度大,一块塌落的岩体,通常有 0.5～1 m^3,因而常常造成施工人员的伤亡。从片帮与掉块的特点就可以看出它与岩爆有着量变上的区别。主要影响因素:①地质因素:不稳定岩体在重力作用下,向着隧道的悬空面滑塌。不稳定岩体主要有三大成因:由小断层交会形成的不稳定岩体;硬岩中的软弱夹层形成的不稳定岩体;节理或被破坏的软弱面组成不稳定岩体。②人为因素:没有及时支护;支护材料质量低劣,支护效果差;没有及时衬砌;没有对片帮与掉块进行判断等。

6.2.2　坍方崩塌

隧道坍方是隧道施工中最为常见、比较典型的一种事故。坍方事故会直接导致人员伤亡,伤亡人数不确定。隧道开挖时,导致坍方的原因有多种,概括起来可归结为:一是自然因素,即地质条件、受力状态、地下水变化等;二是人为因素,即不适当的设计,或不适当的施工作业方法等。由于坍方和崩塌后果的严重性,应尽量注意排除会导致坍方的各种因素,尽可能避免坍方或崩塌事故的发生。坍方或崩塌的原因主要是不良地质及水文地质条件,隧道设计考虑不周，施工方法或措施不当，如图 6-4、图 6-5 所示。

（1）不良地质及水文地质条件：①隧道穿过断层及其破碎带，或在薄层岩体的小褶曲、错动发育地段，一经开挖，潜在应力释放快、围岩失稳，小则引起围岩掉块、坍落，大则引起坍方。当通过各种堆积体时，由于结构松散，颗粒间无胶结或胶结差，开挖后引起坍塌。在软弱结构面发育或泥质充填物过多，均易产生较大的坍塌。②隧道穿越断层破碎带、岩溶陷落柱、松散性围岩、地层覆盖过薄地段等地层时极易发生坍方和崩塌。地层覆盖过薄地段如沿河傍山、偏压地段、沟谷凹地浅埋和丘陵浅埋地段。③水是造成坍方的重要原因之一。地下水的软化、浸泡、冲蚀、溶解等作用加剧岩体的失稳和坍落。岩层软硬相间或有软弱夹层的岩体，在地下水的作用下，软弱面的强度大为降低，因而发生滑塌。

（2）隧道设计考虑不周：①隧道选定位置时，地质调查不细，未能作详细的分析，或未能查明可能坍方的因素。没有绕开可以绕避的不良地质地段。②缺乏较详细的隧道所处位置的地质及水文地质资料，引起施工指导或施工方案的失误。

（3）施工方法或措施不当：①施工方法与地质条件不相适应；地质条件发生变化，没有及时改变施工方法。②工序间距安排不当。③施工支护不及时，支撑架立不合要求，或抽换不当"先拆后支"。④地层暴露过久，引起围岩松动、风化、导致坍方。⑤喷锚支护不及时；喷射混凝土的质量、厚度不符合要求。⑥采用新奥法施工的隧道，没有按规定进行量测，或信息反馈不及时，决策失误，措施不力。⑦围岩爆破用药量过多，因震动引起坍塌。⑧ 对危石检查不重视、不及时，处理危石措施不当，引起岩层坍塌。

（a）洞口偏压塌方　（b）洞口滑塌　（c）洞口边坡滑塌　（d）洞口仰坡滑塌

图 6-4　隧道洞口工程塌方事故

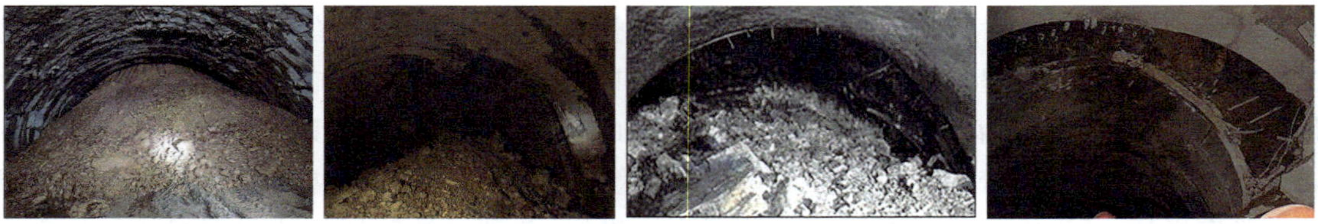

（a）掌子面塌方　（b）边墙塌方　（c）初期支护塌方　（d）二次衬砌塌方

图 6-5　隧道洞内塌方事故

6.2.3　突水涌泥

突水涌泥是隧道施工中仅次于坍方的最常见地质灾害之一，如图 6-6 所示。特别在我国降雨量较大的地区施工的隧道更为常见。发生突水后，由于大量的水涌入隧道，造成停工、设备被冲毁、人被冲走撞洞壁而死或被淹死等事故。突水涌泥事故发生后不及时采取措施还会引发新的透水和坍方等事故。

造成突水涌泥最为常见的不良地质是断层（断层裂隙水）、大型溶洞和暗河（岩溶水）、煤系地层中的采空区（老窑积水）和金属、非金属矿山（老矿积水）。

如果在施工过程中没有对这些特殊地质监测或监测不准确，就有可能毫无预防地触碰到这些有可能发生突水涌泥的地带。

（a）边墙突水　（b）掌子面涌水　（c）边墙涌泥　（d）掌子面涌泥

图 6-6　隧道突水涌泥

6.2.4　瓦斯灾害

（1）瓦斯爆炸：瓦斯爆炸是一种热链式反应（也叫链锁反应）。瓦斯爆炸就其本质来说，是一定浓度的甲烷和空气中的氧气在一定温度作用下产生的激烈氧化反应。瓦斯爆炸的必备条件是：①瓦斯含量达到爆炸的浓度界限；②要有火源。

地层中的瓦斯是古代地下有机物分解而产生的气体，其主要成分是甲烷（CH_4），又称沼气。甲烷是一种无色、无味、无臭、无毒的气体。在标准状态下，1 m^3 的瓦斯重 0.716 kg，比空气轻，因此常常聚集在隧道的顶部。瓦斯本身不助燃，但当与空气混合到一定程度，遇到火时，就能燃烧或爆炸；瓦斯浓度为 5%～16%时，遇明火可发生爆炸；瓦斯浓度为 8%时，最易爆炸；瓦斯浓度为 9.5%时，爆炸威力最猛；瓦斯浓度超过 16%时，遇火仍可燃烧，但不会爆炸；瓦斯浓度超过 40%（O_2 含量下降到 12%以下）时，可以使人因严重缺氧而窒息或死亡；但值得注意的是，空气中含有煤尘时，瓦斯浓度 3%即可爆炸。由于瓦斯是以一定压力存在于煤层中，开挖隧道时骤然减压，在很短时间内大量瓦斯连同煤粉岩块突然喷出，数量可达数十上百吨，致使坑道坍塌淹没，造成人身伤亡，即所谓煤与瓦斯的“突出”。由此可见，瓦斯是隧道施工中最危险的“敌人”。

影响瓦斯爆炸主要因素。①影响瓦斯含量的地质因素，主要是煤的变质程度，围岩和煤层本身的渗透性，地质构造、地下水活动。一般情况下，煤变质程度高、围岩透气性差、压冲逆断层下盘和地下水活动差有利于瓦斯含量增加。②影响瓦斯爆炸的人为因素：在隧道施工中，如果不对工人进行专业的培训和安全知识培训，出现带打火机、火柴等可能产生火源的物品进洞；电工不按时检查电线路或及时更换老化的电线，出现电线漏电、电路短路产生火花遇瓦斯发生瓦斯爆炸等其他人为因素引起瓦斯爆炸事故的发生。成贵铁路某隧道瓦斯爆炸现场如图 6-7 所示。

（a）平导与正洞交叉处　（b）平行导坑　（c）3号横通道

图 6-7　成贵铁路某隧道瓦斯爆炸现场

(2)煤与瓦斯突出:在隧道施工过程中,瞬间(几分钟甚至几秒钟)有大量的煤与岩石被抛出,并喷出大量的瓦斯,这种现象叫煤与瓦斯突出,简称突出。因为煤与瓦斯突出发生时,煤和大量高压瓦斯在很短时间内突然大量喷出,伴随巨大声响和强大的冲击波。喷出的粉煤、碎煤可达几吨到几千吨。不仅采掘工作面和通风系统会遭到破坏,大量的煤与瓦斯还可能会充塞整个洞,造成人员窒息和瓦斯爆炸、燃烧及煤(岩)埋人事故。所以如果发生煤与瓦斯突出事故,其后果和瓦斯爆炸同等严重。煤与瓦斯突出的主要因素:①地质因素即内因,主要是高地应力、高量高压瓦斯、特殊构造部位和构造煤。绝大多数煤与瓦斯突出事故都是发生在具有这些特征的煤系地层施工的隧道中。②人为因素,穿层掘进和快速掘进均容易发生煤与瓦斯突出;还有矿井通风系统不合理,通风、瓦斯监测设施不完善、不健全,防突措施不落实等都是造成煤与瓦斯突出的人为因素。祁连山 2 号隧道煤与瓦斯突出情况如图 6-8 所示。

(a)掌子面上台阶左侧空腔　(b)仰拱开挖处　(c)初期支护煤粉　(d)二衬台车处煤粉

图 6-8　祁连山 2 号隧道煤与瓦斯突出情况

6.2.5　岩爆灾害

在众多的地质灾害中,最主要的就是岩爆。岩爆是高地应力条件下地下工程开挖过程中,硬脆性围岩因开挖卸荷导致洞壁应力重新分布,储存于岩体中的弹性应变能突然释放,因而产生爆裂松脱、剥落、弹射甚至抛掷现象的一种动力失稳地质灾害。由于岩爆具有突发性,很难提前防备,极易将设备砸坏或砸毁,将人砸伤或砸死。它直接威胁施工人员、设备的安全,影响工程进度,还会造成超挖、初期支护失效,严重时还会诱发地震,已经成为硬岩隧道勘测设计及施工组织中必须考虑的重要问题,也是世界性的地下工程难题之一,受到世界各国相关学者的广泛关注。岩爆多发生在金属矿山;煤矿岩巷掘进过程中,也经常发生。

(1)岩爆产生条件:①高储能体的存在,且其应力接近岩体强度是岩爆产生的内因。②某些附加荷载的触发是其产生的外因。岩爆产生的机理是由于处于高地应力环境中的结构,在隧道开挖后,因为人为因素,切向应力达到或接近围岩无侧限压缩强度,围岩便以岩爆的形式失稳,从而发生岩爆。

(2)岩爆隧道特点:①岩爆在未发生前并无明显的预兆(虽然经过仔细找顶并无空响声)。一般认为不会掉落石块的地方,也会突然发生岩石爆裂声响,石块有时应声而下,有时暂不坠落。这与塌顶和侧壁坍塌现象有明显的区别。②岩爆时,岩块自洞壁围岩母体弹射出来,一般呈中厚边薄的不规则片状,块度大小多呈几厘米长宽的薄片,个别达几十厘米长宽。严重时,上吨重的岩石从拱部弹落,造成岩爆性坍方。③岩爆发生的地点,多在新开挖工作面及其附近,个别的也有距新开挖工作面较远处,如图 6-9 所示。岩爆发生的频率随暴露后的时间延长而降低。一般岩爆发生在 16 d 之内,但是也有滞后一个月甚至数月才发生岩爆。

（a）掌子面后方拱顶　（b）掌子面后方边墙　（c）掌子面后方　（d）初期支护位置

图 6-9　隧道岩爆事故发生位置

6.2.6　高温环境

高地温事故也是一种地质灾害，但是发生的概率很小。隧道通过高温、高热地段，会给施工带来困难。高地温一般发生在火山地带的地区，修建隧道或地下工程，一般会遇到比较高温高热的情况，地层可能会喷出热水或有害气体，使人烫伤或中毒，严重者甚至死亡。高地温隧道施工如图 6-10 所示。

人为因素也会使高地温事故发生。不按国家有关部门对隧道施工作业环境的卫生标准规定来安排作业；不对高地温地质进行监测；有高温、高热现象时不采取降温处理措施；没有加强对工人的健康管理，使得有高血压、心脏病的患者参与高温作业从而引起人员伤亡。这些风险因素在实际过程中都是可以避免的。

（a）高黎贡山隧道　（b）洞外制作冰块　（c）洞内冰块降温

图 6-10　高地温隧道施工

6.2.7　其他风险

（1）有害气体风险：有害气体突出是指在隧道施工过程中突发性地从地层中喷出大量的有害气体。如果事前没有准备，会造成人员中毒伤亡。地层中的有害气体比较难监测，具有随机性和突发性的特点。有害气体突出的原因主要有地质因素和人为因素。地质因素主要包括高地温地层和含有有害气体的空洞等自然地质因素。人为因素主要是没有宣传安全知识；没有配备防毒设备；有防毒设备但只是形式，没有佩戴这些设备。

（2）自然因素风险：自然风险事故是指由于山洪、暴雨、泥石流、地震、台风、雷电、山体滑坡等导致人员伤亡和设备毁坏。自然事故还会间接引发隧道施工其他事故的发生，如坍方、突水、冒顶等。自然风险事故产生的原因主要是山洪、暴雨、泥石流、地震、台风、雷电、山体滑坡等这些风险源。但是一些人为因素也会导致自然事故的发生，例如没有关注隧道所在位置的气象情况，导致没有及时采取措施和安全疏导工作。

（3）炸药爆炸风险：炸药爆炸事故在隧道施工中不经常发生，即使发生也是因为人为因素引起炸药爆炸而导致人员的伤亡。炸药爆炸不但直接造成人员伤亡，还会引发岩石脱落砸伤、砸死下面的人。炸药爆炸的原因主要是雷电击中炸药引起炸药燃烧爆炸；人为因素如把雷管和炸药混放，没有放在规定地方，导致运输车经过碾压引起爆炸；钻爆法施工中钻爆的方法不当，引起炸药的爆炸。

(4)火灾事故风险：隧道火灾事故在隧道施工过程中不是经常发生。但是一旦发生火灾就会造成人员伤亡和机械设备烧毁的严重安全事故。一般隧道施工火灾安全事故是由于人为的因素引起。隧道火灾事故发生原因有：不可控的自然因素，如雷电击中现场的可燃物发生火灾；森林火灾得不到控制，蔓延到隧道洞内引发火灾；电工不按时检查电路，出现短路或电缆电线老化漏电发生火灾；施工现场没有配备消防设施，致使火灾发生时，无法控制火情引起严重的后果；在施工过程中，矿物岩石体内本身存在固态或液态的可燃物。

(5)机电事故风险：隧道施工中的机电事故是指机械设备伤人事故。如掘进机从人身上碾压致使人员伤亡；运渣车撞死人；运渣车运输过程中翻车导致岩石废渣将人掩埋或砸死；电线漏电出现工人触电身亡等。产生事故原因主要是人为因素：没有对机械操作人员进行专业培训，无证驾驶车辆和操作机械，导致车辆和机械碾压人的事故发生；设备质量不合格，在正常操作过程中不受控制撞人或碾压人；管理组织上的不合理，工作安排不合理，使得连续工作，出现疲劳操作有关机械和疲劳驾驶车辆，从而导致机械或车辆碾压或撞人事故的发生；电工不检查电线，不包扎裸露电线，出现触电伤人事故。

6.3 隧道施工风险产生机理

6.3.1 风险事故

隧道工程的风险事故产生机理可以简单描述为：由于孕险环境的存在，加上致险因子的诱导，就有可能引发风险事故的发生，进一步对各种承载体造成损失。风险事故的损失分析由于是在事故发生前进行的，对项目决策者来说属于潜在损失。而这种潜在损失是不确定的，同时随着工程项目的不断进展，这种潜在损失的状态也会随着外界情况的变化而产生波动。那么，这种潜在损失的发生、发展、变化过程也就可以认为是工程项目风险发生、发展、变化的过程。即风险分析就是以潜在损失为主体目标的研究。隧道风险产生机理如图 6-11 所示。

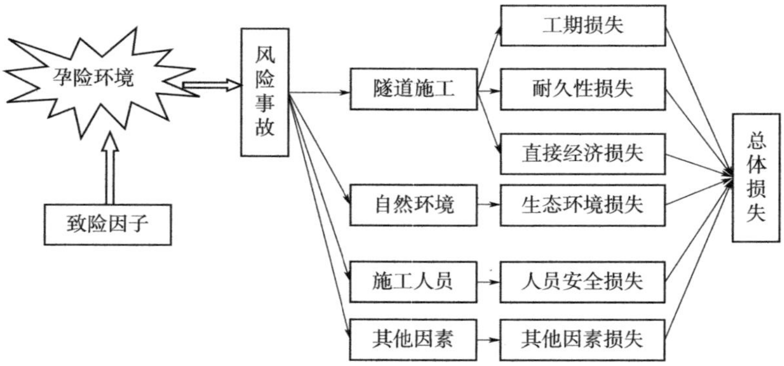

图 6-11 隧道风险产生机理

6.3.2 风险因素

施工期的风险由于其事故的高发性和对经济效益的制约性而成为工程风险分析研究的焦

点，对隧道工程施工过程中的风险因素发生机理可以归纳为以下几个方面。

(1)工程地质及水文地质复杂性导致的自然风险和环境风险

工程水文地质条件的复杂性是地下工程风险的最主要的因素。工程水文地质的复杂性主要表现在：①地层方面体现在地层层次分布情况、不同岩土介质材料的物理力学性质与参数、岩土介质在切削搅拌后的流动性、黏性和变形以及各种不良地质情况(如潜在有害气体的侵入)等。②水文资料方面，主要包括：岩土的渗透性、含水率、流向与流速；水位、水压和水的冲刷力；水的腐蚀性；水的补给来源等。③地层中的其他障碍物，主要包括：建筑或其他构筑物基础、各种管线设施、废弃构筑物、其他孤立物，如孤石或江底沉船等。④在进行工程地质勘察时，地质勘察成果包含着不确定性。其不确定因素除了来源于上述的土体的空间分布变异性外，还来自试验方法的误差、计算公式的局限性(土的理论计算公式往往是对实际进行了很大的简化，故会带来较大误差)和土体特性参数的统计误差。

工程所在区域的水文地质条件是经过漫长的地质年代形成的，经历了各种各样的自然和人为因素作用，其介质特性表现出很大的随机变异性。同时，地层中还存在大量水的活动与作用，如地表径流、地下潜水和承压水等。由于地质勘探、现场和室内试验等设备条件的限制，人们只能通过个别测试点的现场试验和若干试样的室内试验对岩土性和水文参数作近似的量测估计。大量的试验统计结果表明，岩土体的工程地质及水文地质参数是十分离散、不确定的，具有很高的空间变异性，这些复杂因素的存在给隧道及地下工程的建设带来了巨大的本质上的风险，如各种自然灾害，包括地震、滑坡、洪水、雷击、严寒、高温、雨季等，以及开挖造成的围岩扰动，岩土体内有毒气体释放，影响地下水流，引起噪声、废气、废渣污染等。

(2)建设中的机械设备、技术人员和技术方案的复杂性引起的施工风险：隧道及地下工程建设中，建设队伍、机械设备、施工操作技术水平等对工程的建设风险都有直接的影响。由于工程施工技术方案与工艺流程复杂，且不同的工法又有不同的适用条件，贸然采取某种方案、技术和设备势必会产生风险。同时，整个工程的建设周期长、施工环境条件差，这些对施工单位人员都很容易产生不良影响，容易导致出现各种意外风险事故。

施工风险因素主要如下：①施工技术风险因素，新技术、新方法的应用困难或失败，施工工艺的落后，施工技术与方案不合理，施工进度不合理，现场工作不均衡系数大，隧道施工技术问题的不确定性，隧道轴线定位偏差，隧道变形超出控制以及质量检测技术失误等。②施工现场风险因素：地质资料的不确定性、工作面坍方、突涌水、施工用电事故、通信不畅以及安全措施不力等。③设备风险因素：包括竖井电葫芦和钢架损坏、施工设备备件短缺、施工设备维修不当、设备安装调试失误以及机电设备安装事故等。④原材料和成品半成品材料风险因素：原材料和成品半成品的订货或供应不足；原材料和成品半成品品种和数量的差错；原材料和成品半成品质量和规格不合格，运输存储和施工损耗以及特殊材料或新材料质量稳定性差等。⑤进度施工管理及人员素质：施工控制计划不完善、施工控制计划可操作性差、施工控制计划组织机构人员不落实、施工控制信息不畅通、有效控制方法落后、管理人员素质差以及承包人和监理工程师不合作等。

(3)工程建设的决策、管理和组织方案的复杂性：在规划、设计、施工和运营期的全寿命周期内，最主要的问题就是建设的决策、管理和组织。隧道及地下工程与其他工程项目相比，由于具有隐蔽性、复杂性和不确定性等突出特点，工程投资风险很大，无论是哪个阶段，都会遇到很多决策、管理和组织问题。从工程立项规划开始，如何选择合理的工程建设地址、技术方案，如何减少工程对周围环境的影响，如何评估工程建设的经济效益和社会效益，如何保持整个工程建设的“绿色”和可持续性，每一个问题的决策与执行都需要综合各种风险和效益。

(4)周边环境的复杂性：工程建设周边环境往往受土层及水文地质条件的影响较大。所建工程周围的地面构筑物和周围环境设施一般都很复杂。隧道建设过程中，无论采用何种工法或工艺都会不可避免地对以下这些构筑物和人群造成直接的影响或一定程度的破坏。周边环境的复杂性主要体现在：①地面构筑物的使用年限、结构类型(框架结构、砖混结构、砖结构)、基础形式(如条形基础、桩基等)和文物价值；②构筑物与隧道的空间关系；③邻近已有的隧道和地下工程情况；④周边道路及管线的类别、年限、材料及施工方法；⑤周围生态环境状况和社会群体等。

(5)重大事故风险：重大事故风险，如火灾、爆炸以及可能的恐怖袭击等风险发生的可能性较小，但是隧道等大型地下工程发生上述事故往往会带来巨大损失和政治影响。

第7章　隧道工程风险因素识别方法

7.1　风险识别依据原则

7.1.1　识别依据

隧道风险识别的方法很多，但识别风险的方法终究都离不开与项目有关的信息，任何有助于认识潜在项目风险的信息源均可作为风险识别的依据，隧道风险辨识的依据主要包括：

(1)工程项目规划概况；

(2)工程项目的水文、气象和工程地质条件；

(3)工程项目的勘察、设计方案；

(4)工程项目的施工计划和进度；

(5)工程邻近区域的地下、地上财产、人员情况；

(6)工程合同及有关批文；

(7)资源、原材料及公用设施条件；

(8)贷款人对风险管理与保险的要求；

(9)工程项目的组织；

(10)承包人的施工经验和损失记录；

(11)同类工程项目的经验和数据。

在项目风险评估过程中能够获取的相关信息越全面，可靠性越高，则风险分析评估的过程以及最终的评估结论相对越具有参考价值。

7.1.2　识别原则

(1)完整性原则：指在工程风险计划制定阶段应全面完整地辨识出标的工程所潜伏的风险。不能因为风险管理者的主观原因而遗漏某些工程风险，尤其是一些重要的工程风险。工程风险辨识的方法很多，各种方法之间具有相互补充的作用，可以根据工程项目的具体情况选取其中的几种配合使用，多角度的工程风险辨识也可以避免风险被遗漏。为了保证风险辨识的完整性，可以采用多种风险辨识方法，从多个角度进行分析和辨识。工程风险辨识可以选取的角度包括时间角度、空间角度和施工工艺角度等。工程风险的时间角度是指按照工程施工各个阶段的风险环境、施工特点等因素进行工程风险的辨识。工程风险辨识的空间角度是指从不同的标段、不同的分部工程或者分项工程识别工程风险。分部工程是工程的进一步分解，是按照工程的部位和专业性质划分的工程单位。分部工程可以进一步划分为分项工程，分项工程是指按工种、材料、施工工艺等因素划分的工程单位。工程项目尤其是一些复杂的大型项目，工程常常分成若干标段分包给不同的承包人，各标段的风险环境是有所区别的，这时可以按标段辨识风险。在工程概预算中，一般把工程分为若干分部和分项工程，各个分部工程的专业性质和施工工艺等有很大区别，风险环境和风险属性也是有区别的，因而按照各个分部工程逐一进行风险辨识，可以使风险辨识比较完整。多种方法和多个角度变换和交叉的结果有助于全面而无遗漏地辨识工程风险。

（2）系统性原则与重要性原则：在风险辨识过程中，系统性原则与重要性原则是紧密联系在一起的一对重要的风险辨识原则，在系统性原则指导下辨识风险的同时，还应按照重要性原则有所侧重地辨识风险。只有系统性原则与重要性原则相互结合，才能保证风险辨识的效果和效率。①工程风险辨识的系统性原则：就是要求在工程风险计划的制定阶段，应从工程全局的角度，系统辨识工程风险。工程风险辨识的系统性主要表现为按照工程的内在施工工艺顺序和内在结构关系辨识风险。为了实现系统地辨识工程风险，风险管理人员应深入了解工程设计和施工工艺，清楚工程施工流程和施工进度，按照工程项目施工系统的自然发展过程进行工程风险辨识。②工程风险辨识重要性原则：即指工程风险辨识应有所侧重。侧重点应放在两个方面：一是风险属性，着力把一些重要的工程风险即期望风险损失较大的风险辨识出来，对于影响较小的风险可以忽略，不必花费太多的时间和人力、物力进行风险分析，这样有利于节约成本，保证工程风险辨识的效率；二是风险载体，那些对整体工程项目都有重要影响的结构，必然是工程风险辨识的重点，从系统性原则与重要性原则的关系看，前者保证了工程风险辨识的效果，而后者保证了工程风险辨识的效率。从工程项目的总体目标来说，工程风险辨识的效率或效果都是同等重要、必不可少的。③风险辨识要点：系统性原则与重要性原则应配合运用，在重要性原则指导下的工程风险辨识必须站在工程项目系统的高度来判断风险或风险载体的重要性，即重要性原则必须以系统性原则为指导，否则从非系统的角度判断重要性可能会造成遗漏一些原本很重要的风险；在系统性原则指导下的工程风险辨识应该在系统地辨识风险的同时，有所侧重地把重要风险载体的风险和一些比较重要的风险辨识出来。

7.2　风险识别方法

常用的风险识别方法包括：德尔斐法、故障树分析法、检查表法、流程图法、幕景分析法、WBS-RBS 法等。

7.2.1　德尔斐法

德尔斐法也称专家函询法，此法是利用专家的经验、知识、智慧等不能数量化、带有较大模糊性的信息，发挥专家的集体智慧，通过多次的通信信息交换而解决某个复杂问题的方法。

（1）德尔斐法的特点：①进行专家函询法的专家应匿名进行应答。②应答专家只知道信息反馈是全体专家的倾向，而不知具体人的意见。③此法是在统计评估的基础上确定集体的判断。④多次复信应答反馈。⑤可以修改意见。

（2）德尔斐法的优点：①该方法与前面的专家评议法相似，但比专家评议法更精确、更合理。具有专家评议法本身的优点。②防止了因专家多而产生的当面交流困难、效率低。③避免因权威作用或人数众多而压倒其他意见。④多次征询意见，专家可以修改意见，防止专家考虑错漏造成的误差。

（3）德尔斐法的缺点：①该方法具有上述专家评议法所具有的缺点。②还具有专家不能当面交流，缺乏沟通等缺点。

(4)德尔斐法的适用范围:①难以借助精确的分析技术而可以依靠集体的直观判断进行预测的问题。②问题庞大复杂,专家代表不同的专业并没有交流的历史。③受时间、经费限制,或因专家间有分歧、隔阂不宜当面交换意见。④只适用于对已有方案进行决策和判断,或从已有的几种方案中选择一种,而不能形成方案。

7.2.2　检查表法

检查表(check list)是管理中用来记录和整理数据常用的工具。用它进行风险识别,将项目可能发生的许多潜在风险列于一个表上,供识别人员进行检查核对,用来判别某项目是否存在表中所列或类似的风险。检查表中所列都是历史上类似项目曾发生过的风险,是项目风险管理经验的结晶,对项目管理人员具有开阔思路、启发联想、抛砖引玉的作用。一个成熟的项目公司或项目组织要掌握丰富的风险识别检查表工具。

(1)检查表法的优点:检查范围明确,问题突出,容易发现工程项目内部系统中存在的缺陷,而且编制检查表省时省力。

(2)检查表法的缺点:反映问题不全面,仅限于检查的范围,而且无法反映出内部细节的具体情况和风险源的轻重程度。

7.2.3　流程图法

流程图是又一种项目风险识别时常用的工具。流程图可以帮助项目识别人员分析和了解项目风险所处的具体项目环节、项目各个环节之间存在的风险以及项目风险的起因和影响。通过对项目流程的分析,可以发现和识别项目风险可能发生在项目的哪个环节或哪个地方,以及项目流程中各个环节对风险影响的大小。

项目流程图是用于给出一个项目的工作流程、项目各个不同部分之间的相互关系等信息的图表。项目流程图包括:项目系统流程图、项目实施流程图、项目作业流程图等多种形式。

流程图用来描述项目工作标准流程,它与网络图的不同之处在于:流程图的特色是判断点,而网络图不能出现闭环和判断点;流程图用来描述工作的逻辑步骤,而网络图用来排定项目工作时间。

(1)流程图法的优点:①便于从整体的角度,直观反映内部控制的特征。②有利于审计人员对内部控制进行分析评价。③便于审计人员根据控制程序的变化随时进行修改。

(2)流程图法的缺点:①绘制流程图有一定的技术难度,特别是比较复杂的业务,需具备较娴熟的技术和花费较多的时间。②流程图有时很难将内部控制系统中的某些弱点明显地反映出来。

7.2.4　头脑风暴法

头脑风暴法又称智暴法,是借助于专家的经验,通过会议,集思广益获取信息的一种直观的预测和识别方法。参加讨论的人员主要由风险分析专家、风险管理专家和相关专业人员组成。该方法要求主持人必须具有较高的素质,思维敏捷,反应灵敏。

(1)头脑风暴法的一般步骤:①讨论之前,讨论人员应对讨论主题有所准备。②讨论过程中,轮流发言、各抒己见,不进行判断性评论,并尽量将发言的原话记录完整。发言人应核对记录中自己的发言内容。③讨论结束后,与会者共同评价讨论中的每一条意见。④主持人对讨论意见进行总结,形成最终结论。

(2)头脑风暴法的优缺点：该法简单易行，比较客观；所得出的结论比较充分、正确，但该方法受主观因素影响，可能存在偏差。

7.2.5 故障树分析法

故障树分析法(FTA法)是在1961年美国贝尔实验室对导弹发射系统进行安全分析时，由瓦特森提出来的，由于这种方法优点很多，之后被广泛应用于工业和其他复杂大型系统之中。该方法利用图解的形式，如图7-1所示，将大的故障分解成小的故障，同时对引起故障的原因进行分析。图的形式像树枝一样越分越多，故称故障树。故障树经常用于直接经验比较少的风险识别，该方法的主要优点是能比较全面地分析所有故障的原因，包括人为因素，而且比较形象、直观。不足之处在于，当应用于大系统时，容易产生遗漏和错误。

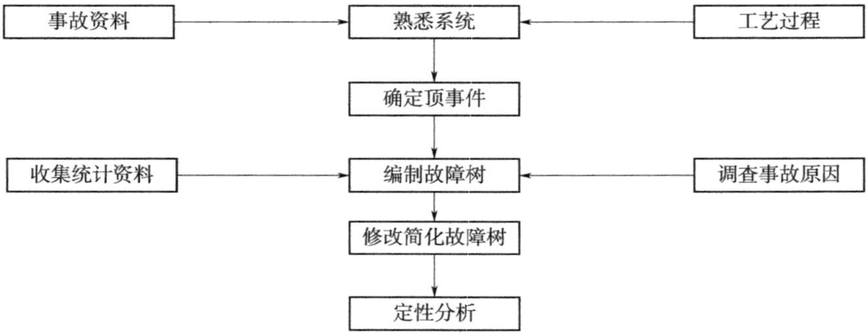

图7-1 故障树流程图

(1)FTA法一般步骤：①定义工程项目的目标，此时应将影响项目目标的各种风险因素予以充分地考虑。②做出风险效果图。③全面考虑各种风险因素之间的相互关系，从而研究对工程项目风险所应采取的对策或行动方案。

(2)FTA法的优点：①它能识别导致事故的基本事件(基本的设备故障)与人为失误的组合，可为人们提供设法避免或减少导致事故基本原因的线索，从而降低事故发生的可能性。②对导致灾害事故的各种因素及逻辑关系能做出全面、简洁和形象的描述。③便于查明系统内固有的或潜在的各种危险因素，为设计、施工和管理提供科学依据。④使有关人员全面了解和掌握各项防灾要点。⑤便于进行逻辑运算，进行定性、定量分析和系统评价。

(3)FTA的缺点：①FTA步骤较多，计算也较复杂。②在国内外数据较少，进行定量分析还需要做大量的工作。③用FTA法编制的大型故障树不易理解，且与系统流程图毫无相似之点，同时在数学上往往非单一解，包含复杂的逻辑关系。④用于大系统时，容易产生遗漏和错误。

7.2.6 幕景分析法

幕景分析法是一种能够分析引起风险的关键因素及其影响的方法。一个幕景就是一个对事件未来状态的描述，它采用图标或曲线的形式来描述当影响项目的某种因素作各种变化时，整个项目的变化及其后果，供人们进行比较研究。当各种目标相互冲突排斥时，幕景分析就显得特别有用。但这种方法也有明显的局限性，即所谓的“隧道眼光”现象，即像在隧道中观察外界事务，看不到全面的情况。因为所有的幕景分析都是围绕着分析者目前的考虑、现实的价值观和信息水平进行的，容易产生偏差。

7.2.7 WBS-RBS法

工作分解系统结构(WBS)是将整个工程项目进行系统分解,首先对工程项目进行分解(总工程—子工程—孙工程—…—基本活动),以分解后的最低层"基本活动"作为目标块,如图7-2所示。风险分解结构(RBS)是对风险因素按类别进行分解,最后分解到基本风险因素,如图7-3所示。

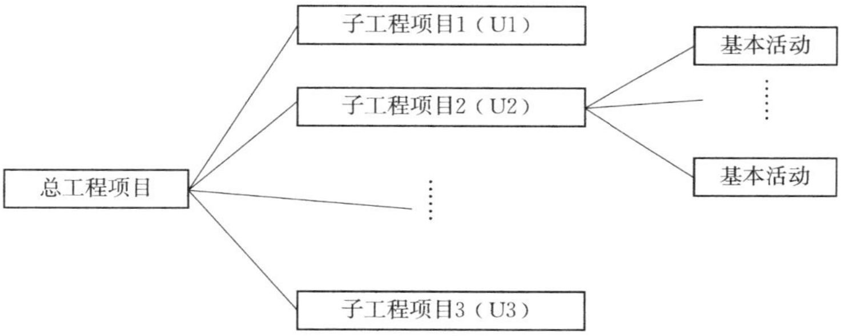

图7-2 工程项目工作分解结构(WBS)示意图

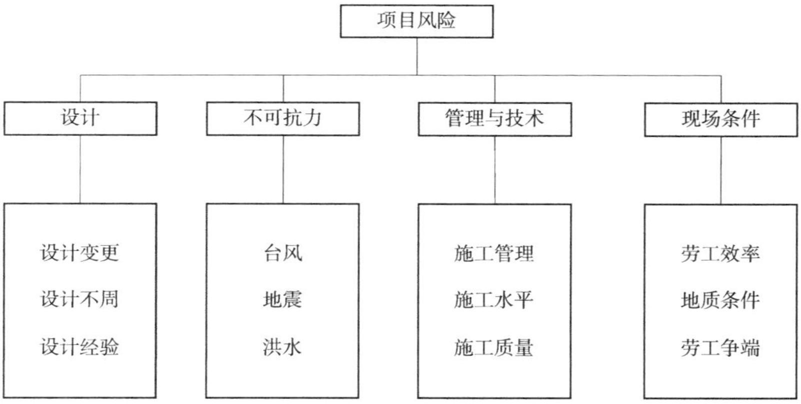

图7-3 工程项目风险分解结构(RBS)示意图

(1)WBS-RBS法的优点:①该方法符合风险辨识的系统性原则。在运用WBS-RBS法进行风险辨识时,首先要按照各项作业在施工工艺和工程结构上的关系逐级进行分解,形成作业分解树,这样风险源逐级地呈现在作业分解树上,从而不容易漏掉某些重要的风险源。并且WBS-RBS法风险辨识也将风险进行了系统地分解,这样比较容易避免漏掉某些风险因素。总之,WBS-RBS法风险辨识完全符合系统性原则。②该方法满足风险辨识的权衡原则。在作业分解形成决策树的过程中,可以估计出各层次作业的相对权重。这样可以根据作业的相对重要程度(相对权重),有所侧重地辨识风险。因而WBS-RBS法风险辨识符合风险辨识的权衡原则。③与其他风险辨识方法相比,WBS-RBS法风险辨识使得定性分析过程更加细化,更加接近量化分析的模式。WBS-RBS矩阵纵向(或横向)的作业分解树和横向(或纵向)的风险分解树,经过分解把作业和风险的初始状态细化了,在一定程度上规避了其他方法笼统地凭借主观判断辨识风险的弊端。

(2)WBS-RBS法的缺点:WBS-RBS法不够直观,分解方法不够细化。

7.3 隧道工程风险源分类

从隧道工程项目风险来源和损失原因出发，可将隧道工程项目风险分为项目外风险和项目内风险。

7.3.1 项目外风险

隧道工程项目外风险即由隧道工程项目建设环境(或条件)的不确定性而引起的风险，主要包括以下方面：

(1)自然风险：自然风险通常由下列原因引起。①恶劣的气象条件：如暴风雪、严寒等会造成新浇混凝土发生冻害，使钢材等变脆，给施工带来很大的困难；台风、龙卷风对建筑结构物和建筑机械设备作用很大的风荷载，造成建筑结构物和建筑机械设备的损坏或倒塌，还可能会造成物体坠落而引起进一步的财产损失和人员伤亡。台风、龙卷风往往伴有大雨，也会给施工带来困难或损失；酷热可能会造成混凝土质量事故，酷热会使新浇混凝土中的水分快速蒸发，影响混凝土的强度，使混凝土结构的安全度不够，另外酷热还可能使施工人员中暑而发生意外等。②恶劣的现场条件：如施工用水用电供应的不稳定性，工程不利的地质条件；又如洪水、泥石流等。③地震及地震引起的海啸等。

(2)社会环境风险：社会环境风险通常由下列因素引起。①国家政治变动、战争影响。②国家政策调整，如土地政策。③建设法规和建设审批程序问题等。

(3)经济风险：经济风险主要产生于以下原因：①宏观经济形势不利，如整个国家的经济发展不景气或不断滑坡。②投资环境差。工程投资环境包括硬环境(如交通、电力供应、通信等条件)和软环境(如地方政府对工程的开发建设的态度等)。③原材料价格无规律上涨，如建筑钢材价格不断攀升、油价上涨等。④投资回报期长或预期投资回报难以实现。⑤通货膨胀幅度过大，税收提高过多。

7.3.2 项目内风险

按技术因素对公路隧道工程项目风险的影响，可将隧道工程项目内风险分为技术风险和非技术风险。

(1)隧道工程项目的技术风险：隧道工程项目技术风险是指技术条件的不确定而引起的可能损失。主要表现在工程方案选择、设计、施工等过程中，在技术标准的选择、分析计算模型的采用、安全系数的确定等问题上出现偏差而形成的风险。表 7-1 给出了与技术风险因素相对应的风险事件。

表 7-1 技术风险事件示例表

风险因素	典型风险事件
设计风险	设计内容不全；设计存在缺陷、错误和遗漏；规范、标准选择不当或没有执行国家的强制性规范和标准；安全系数选择不合理；地基勘察报告不详细、不准确；未考虑施工的可能性等
施工技术风险	施工工艺落后；施工质量差；施工技术和方案不合理，施工安全措施不当；应用新技术、新方法失败；方案未考虑施工现场的实际情况等
其他	工艺设计未达到先进指标，工艺流程不合理，工程质量检验和工程验收未达到规定要求等

(2)隧道工程项目的非技术风险:隧道工程项目非技术风险是指计划、组织、管理、协调等非技术条件的不确定而引起工程项目质量、进度、成本和安全目标不能实现的可能性。表7-2给出了非技术风险事件示例。

表7-2 非技术风险事件示例表

风险因素	典型风险事件
施工管理风险	进场前期准备不足;供水供电不稳定;材料设备供应不及时;对恶劣气候条件准备不足;施工组织和施工进度安排不合理;对外界和业内协调不及时;对监控量测数据不重视;安全预案不当等
材料风险	材料供应不足、供货出错以及质量不合格等;材料生产、运输、储存、施工中的损耗或浪费;设备不合格或不配套、设备生产能力不足,设备安装、调试失败、使用损坏等
合同风险	工程清单错误或遗漏、工程单价或总价错误;评标和决标不公平;施工合同不公平,如工期短和标价低;建设单位和分包商违约等

7.4 WBS-RBS法隧道风险辨识

根据工程项目工作分解结构法(WBS)将隧道施工过程进行子阶段分解,结合项目风险分解结构法(RBS)分解的基本风险因素,总结先前公路隧道施工风险分析的资料和信息数据及现场实际情况,结合现场管理人员及相关专家的经验,对公路隧道施工过程中潜在的风险因素进行辨识。

7.4.1 洞口风险因素

洞口段施工风险因素详见表7-3。

表7-3 洞口段施工风险因素

风险名称	风险因素
设计风险	设计单位资质和管理水平影响
	设计资料的有效性和合法性影响
	设计资料的质量不符合要求,如设计规范性和合理性等
	设计和施工实际相脱离
	设计资料延误影响
施工技术风险	现场调查不充分
	对把握设计资料准确性和灵活性程度不足
	施工工艺、水平落后
	施工技术和方案不合理
	临时设施的设计和施工失误

续上表

风险名称	风 险 因 素
施工管理风险	进场前期准备不足影响
	场地使用权延误影响
	供水供电不稳定影响
	材料设备供应不及时
	对恶劣气候条件准备不足
	安全预案不当
材料设备风险	材料供应不足、供货出错以及质量不合格等
	材料生产、运输、储存、施工中的损耗或浪费
	设备进场延误、设备不合格或不配套、设备生产能力不足设备安装、调试失败、使用损坏等
经济风险	建设单位延误工程款项
	保险公司和银行信用度不足
	工程流动资金短缺、资金使用不合理
	国家税务变化、利息调整
	设备、原材料等费用上调
	施工管理费和员工工资福利上涨
	社会征费增加
	工期增加
合同风险	投标前期现场勘察工作不足
	工程清单错误或遗漏、工程单价或总价错误
	评标和决标不公平
	施工合同不公平，如工期短和标价低
	建设单位和分包商违约
	索赔条款不明或欠缺
人员风险	普通工人、技术人员、管理人员素质，如技术、效率、责任感等
	建设和监理单位的不合作
	人事变动或人员伤亡
社会环境风险	国家政治变动、战争影响
	国家政策调整，如土地政策
	建设法规和建设审批程序问题
	社会纠纷及不公正裁决
	地表结构物被破坏
自然灾害风险	地震、洪水、台风、暴雨、冰雪、火灾等自然灾害影响
	瘟疫和传染病等疾病影响
	生态被破坏影响
	废弃物处理问题

7.4.2　洞身风险因素

洞身正常段施工风险因素详见表 7-4。

表 7-4　洞身正常段施工风险因素

风险名称	风　险　因　素
地质条件风险	节理裂隙发育
	地质勘探的不确定性，如未探明不良地质的发育情况或探测不准确、试验不当等
设计风险	设计单位资质和管理水平影响
	设计资料的有效性和合法性影响
	设计资料的质量不符合要求，如设计规范性和合理性等
	设计和施工实际相脱离
	设计资料延误影响
	设计变更、修改和审批延误影响
施工技术风险	现场调查不充分
	应用新材料、新技术、新方法等不成熟或应用失败
	对把握设计资料准确性和灵活性程度不足
	施工工艺、水平落后
	对由于施工造成的周围建筑或地表沉降控制不力
	施工技术和方案不合理
	临时设施的设计和施工失误
施工管理风险	进场前期准备不足影响
	供水供电不稳定影响
	材料设备供应不及时
	对恶劣气候条件准备不足
	施工组织和施工进度安排不合理
	对外界和业内协调不及时
	对监控量测数据不重视
	安全预案不当
材料设备风险	材料供应不足、供货出错以及质量不合格等
	材料生产、运输、储存、施工中的损耗或浪费
	设备不合格或不配套、设备生产能力不足设备安装、调试失败、使用损坏等
经济风险	建设单位延误工程款项
	保险公司和银行信用度不足
	工程流动资金短缺、资金使用不合理
	国家税务变化、利息调整
	设备、原材料等费用上调

续上表

风险名称	风 险 因 素
经济风险	施工管理费和员工工资福利上涨
	社会征费增加
	工期增加
合同风险	投标前期现场勘察工作不足
	工程清单错误或遗漏、工程单价或总价错误
	评标和决标不公平
	施工合同不公平，如工期短和标价低
	建设单位和分包商违约
	索赔条款不明或欠缺
人员风险	普通工人、技术人员、管理人员素质，如技术、效率、责任感等
	建设和监理单位的不合作
	人事变动或人员伤亡
社会环境风险	国家政治变动、战争影响
	国家政策调整，如土地政策
	建设法规和建设审批程序问题
	社会纠纷及不公正裁决
	地表结构物被破坏
自然灾害风险	地震、洪水、台风、暴雨、冰雪、火灾等自然灾害影响
	瘟疫和传染病等疾病影响
	生态被破坏影响
	废弃物处理问题

7.4.3 不良地质风险

洞身不良地质段施工风险因素详见表 7-5。

表 7-5 洞身不良地质段施工风险因素

风险名称	风 险 因 素
地质条件风险	不良地质发育，如节理裂隙、断层、溶洞、瓦斯以及特殊地层等
	地质勘探的不确定性，如未探明不良地质的发育情况或探测不准确、试验不当等
设计风险	设计单位资质和管理水平影响
	设计资料的有效性和合法性影响
	设计资料的质量不符合要求，如设计规范性和合理性等
	设计和施工实际相脱离
	设计资料延误影响
	设计变更、修改和审批延误影响

续上表

风险名称	风　险　因　素
施工技术风险	现场调查不充分
	应用新材料、新技术、新方法等不成熟或应用失败
	对把握设计资料准确性和灵活性程度不足
	施工工艺、水平落后
	对由于施工造成的周围建筑或地表沉降控制不力
	施工技术和方案不合理
	临时设施的设计和施工失误
施工管理风险	进场前期准备不足影响
	供水供电不稳定影响
	材料设备供应不及时
	对恶劣气候条件准备不足
	施工组织和施工进度安排不合理
	对外界和业内协调不及时
	对监控量测数据不重视
	安全预案不当
材料设备风险	材料供应不足、供货出错以及质量不合格等
	材料生产、运输、储存、施工中的损耗或浪费
	设备不合格或不配套、设备生产能力不足设备安装、调试失败、使用损坏等
经济风险	建设单位延误工程款项
	保险公司和银行信用度不足
	工程流动资金短缺、资金使用不合理
	国家税务变化、利息调整
	设备、原材料等费用上调
	施工管理费和员工工资福利上涨
	社会征费增加
	工期增加
合同风险	投标前期现场勘察工作不足
	工程清单错误或遗漏、工程单价或总价错误
	评标和决标不公平
	施工合同不公平，如工期短和标价低
	建设单位和分包商违约
	索赔条款不明或欠缺
人员风险	普通工人、技术人员、管理人员素质，如技术、效率、责任感等
	建设和监理单位的不合作
	人事变动或人员伤亡

续上表

风险名称	风 险 因 素
社会环境风险	国家政治变动、战争影响
	国家政策调整，如土地政策
	建设法规和建设审批程序问题
	社会纠纷及不公正裁决
	地表结构物被破坏
自然灾害风险	地震、洪水、台风、暴雨、冰雪、火灾等自然灾害影响
	瘟疫和传染病等疾病影响
	生态被破坏影响
	废弃物处理问题

第 8 章　隧道工程典型风险评价模型

8.1　风险估计方法

一般情况下需对风险的概率和后果分别进行估计，但根据以往工程经验，对于那些具有突发性和灾难性的典型风险事件，其后果的严重程度可直接判定，这时，只需分析风险事件发生的可能性，就可得到风险等级。

风险估计和评价是风险评估的重点，风险评价中最关键的是风险因素概率和后果等级的取值。在进行概率和后果等级的取值时，一般有两条途径：一是通过对足够的已知数据的分析来找出风险发生的分布规律，从而预测出其发生概率和后果严重程度；二是在缺少足够数据的情况下，由评估人员或专家根据隧道实际情况对风险等级进行综合判断。由于隧道风险评估刚刚起步，在缺少足够数据的情况下，可主要采用主观估计的方法(如专家调查法)。目前常用的风险估计方法主要有以下几种。

8.1.1　风险矩阵法

风险矩阵法是采用概率理论对风险因素发生的概率和后果进行评估的方法，一般步骤为：

(1)确定风险评估指标。

(2)确定每个风险因素的后果等级。

(3)确定每个风险因素的概率等级。

(4)将风险发生的概率等级和后果等级分别列在风险矩阵图上，二者垂直坐标交点区域即为风险等级。

该方法操作简单，容易得到风险评估的结果。

8.1.2　层次分析法

层次分析法是按照一定的规律把决策过程层次化、数量化，是一种对多方案或多目标进行决策的方法，一般步骤为：

(1)建立系统的递阶层次结构；

(2)构造两两比较判断矩阵，从层次结构的第二层开始，对于从属于(或影响到)上一层某个因素的同层诸因素，用成对比较法和 1～9 比较尺度构造成对比较矩阵，直至最下层；

(3)针对某一标准，计算各风险因素的权重，对于每一个成对比较矩阵，计算最大特征根及对应特征向量，特征向量即为该比较矩阵中各因素权重值；

(4)计算当前一层风险相对总目标的排序权重；

(5)进行一致性检验。

该方法可以有效地对影响评估目标的风险因素进行定量化分析，并比较各因素之间权重大小。

8.1.3 模糊估计法

模糊综合估计法是采用模糊理论和最大隶属度原则对多因素系统进行总体评价的一种方法。模糊集合的概念是美国学者扎德(L. A. Zadeh)于1965年首次提出,对模糊的行为和活动建立模型。模糊数学从二值逻辑的基础上转移到连续逻辑上来,把绝对的"是"与"非"变为更加灵活的东西,在相当的限阈上去相对地划分"是"与"非",这并非让数学放弃它的严格性去迁就模糊性,相反,是以严格的数学方法去处理模糊现象。

利用模糊综合法的一般步骤为:

(1)对评估项目进行分析,找到影响评估目标的各风险因素,建立评估目标的评价指标体系;

(2)建立风险因素等级评估矩阵;

(3)确定各风险因素概率等级和后果等级;

(4)确定风险因素权重;

(5)总体评估风险。

该方法可以通过计算得出目标风险的量化指标,但计算较复杂,难度较大。其优势在于:它为现实世界中普遍存在的模糊、不清晰的问题提供了一种充分的概念化结构,并以数学的语言去分析和解决它们。它特别适合用于处理那些模糊、难以定义并难以用数字描述而易于用语言描述的变量。隧道施工中潜含的各种风险因素很大一部分难以用数字来准确地加以定量描述,但都可以利用历史经验或专家知识,用语言生动地描述出它们的性质及其可能的影响结果。并且,现有的绝大多数风险分析模型都是基于需要数字的定量技术,而与风险分析相关的大部分信息却是很难用数字表示的,但易于用文字或句子来描述,这种性质最适合于采用模糊数学模型来解决问题。

8.1.4 敏感性分析

敏感性分析是用来估计可量化的变量对项目决策结果影响的方法,一般步骤为:

(1)选定分析目标;

(2)确定可能对评价目标产生影响的因素;

(3)根据实际需要选定因素变动范围;

(4)按照不同的因素分别计算评价指标值;

(5)明确敏感因素;

(6)进行综合分析,根据分析结果采取相关措施,为决策者提供决策依据。

该方法能够预测各风险因素对项目的影响,从而判断项目可能容许的风险程度。但由于没有考虑影响因素发生变化的概率,具有相当大的主观随意性,故事先需做好调查研究工作,充分注意各因素之间的关联性。

除了以上几种方法,还有专家函调法、蒙特卡罗法等重要方法。

8.2 风险评价模型

风险评价最简单的方法是在所有项目风险中找出最严重者,将其与评价基准相比,若高于评价基准则拒绝风险,即放弃该项目或项目的方案;若低于其评价标准,则接受该风险,即实施该项目或项目的方案。该方法简单易行，也最保守，其前提是在项目的实施过程中始终存在最严重的风险，忽略了时间因素和事物是处于始终发展变化的规律，在一定意义上也否定了风险管理的必要性。

8.2.1　综合评价模型

综合评价法，也称主观评分法、专家打分法，是一种吸收专家参加，根据事物的过去、现在及发展趋势，进行积极的创造性思维活动，对事物的未来进行分析、预测的方法。总结起来分三步进行：首先，识别与评价对象相关的风险因素、风险事件或发生风险的环节，列出风险调查表；其次，请工程经验丰富的专家对可能出现的风险因素或风险事件进行重要性评价；最后，综合整体风险水平。

(1)综合评价法过程

以某一隧道工程建设为例详述综合评价法的过程，并对该隧道的整体风险进行评价，作出是否实施该项目的决策，见表 8-1。

第一步，将该隧道工程的建设分为五个过程，经识别在每个过程中存在的风险分费用、工期、质量、组织和技术五个方面。

第二步，请经验丰富的专家给每一建设过程的每一风险因素打分，并假设每一风险的分值为 0～9 共 10 个等级。0 表示没有该风险，9 表示风险最大。经打分得出该隧道各风险的分值。

第三步，计算每一建设过程中每一风险因素的分值之和；计算每一风险因素下不同建设过程的分值之和；然后计算总分值，其总分为 114。

第四步，分析总体风险水平。由于每一风险因素的最大值为 9，显然，表 8-1 中最大的风险分值之和为：$5\times5\times9=225$。而表 8-1 中的实际总分值为 114，因此该隧道项目的整体风险水平为 $114/225\approx0.5067$。

第五步，将该隧道项目的风险评价结果和评价基准进行比较。设定经专家评定采用该方法评价的工程项目整体风险的基准为 0.6，显然，实际风险水平低于风险基准，则该项目的风险水平是可以接受的，即该工程项目是可以考虑实施的。

表 8-1　工程项目风险综合评价表

风险环节	风险因素					小计
	费用风险	工期风险	质量风险	组织风险	技术风险	
可行性研究	5	6	3	8	7	29
工程设计	4	5	7	2	8	26
工程招标	6	3	2	3	8	22
工程施工	9	7	5	2	2	25
工程试运行	2	2	3	1	4	12
合计	26	23	20	16	29	114

(2)综合评价法特点

从以上实例可以看出，综合评价法简单，但其可靠性依赖于专家赋分的客观性、专家自身经验的丰富性和评价基准的合理性。然而，综合评价法同时考虑了多种因素对整体风险的影响，它的评价结果的可靠性要比仅考虑单因素的评价结果的可靠性高。

优点：综合评价法简单易行，比较客观，所邀请的专家在专业理论上造诣较深，而且还涵括了专业、安全、评价、逻辑等方面专家的意见，将这些意见综合、归纳后，所得的结论一般是比较全面公正的。能够对各种模糊、不确定的问题做出解答。

缺点：专家们所作出的评价意见是根据他本人的知识水平和工程经验得到的，受本人主观影响大，往往会使结果造成较大的偏差。

适用范围：难以借助精确的分析技术而只能依靠集体的直观判断进行预测的问题，主要对已有方案进行决策和判断，或从已有的多个方案中选择一个。

8.2.2 层次分析模型

层次分析法（Analytic Hierarhy Process，AHP）是美国数学家萨蒂（A. L. Saaty）在 20 世纪 70 年代提出的。其实它是一种定性与定量相结合的评价方法，但因其结论的质量依赖于使用者的知识、经验及判断，所以在这也把它划在定性分析法中。其评价的基本思路是：评价者将复杂的风险问题分解为若干层次和若干要素，并在同一层次的各要素间简单地进行比较、判断和计算，得到不同方案风险的水平，从而为方案的选择提供决策依据。

(1)特点：①在项目风险评价中运用灵活，层次分明，易于理解，而又具有一定的精度。②可细化工程项目风险评价因素体系和权重体系，使其更为合理。③对方案评价，采用两两比较法可提高评价的准确程度。④对结果的分析处理，可以对评判结果的逻辑性、合理性进行判别和筛选。

(2)优点：通过划分层次能够细化风险评价的因素体系，通过标度能够把模糊的事物逻辑量化，使结果易于比较而且更加准确。

(3)缺点：两两重要性的比较是根据判断者的主观意识来进行的，因此，其结果具有较大的主观性，也就造成了评价结果的偏差，不同判断者可能会得到不同的评价结果。

(4)适用范围：对结果精确性要求不高，只要求作大致判断的项目；目前工程实际中应用甚广，既可用于评价工程项目标段划分、工程投标风险、报价风险等单项风险水平，也可用于评价工程项目不同方案等综合风险水平。

8.2.3 等风险图模型

(1)等风险图法：等风险图法将风险分为低、中、高三类，具体定义如下。①低风险是指对项目目标仅有轻微不利影响，发生概率也小（小于 0.3）的风险。②中等风险是指发生概率大（0.3～0.7），且影响项目目标实现的风险。③高风险则指发生概率很大（0.7 以上），对项目目标的实现有非常不利影响的风险。

P_f 和 P_s 分别表示项目失败和成功的概率，于是有 $P_s=1-P_f$。用 C_f 和 C_s 分别表示项目失败的后果非效用值和成功的后果效用值。根据效用理论，C_f 和 C_s 满足关系：

$$C_f+C_s=1, 0<C_f<1, 0<C_s<1, \text{且 } C_s=q_s/(q_f+q_s) \tag{8-1}$$

式中 q_s——成功的收获额；

q_{sf}——失败的收获额；

P_f——项目失败概率；

P_s——项目成功的概率；

C_f——项目失败的后果非效用值；

C_s——项目成功的后果效用值。

等风险图法用风险系数评价项目风险水平。项目风险系数 R 由式(8-2)表示。

$$R=1-P_sC_s=1-(1-P_f)(1-C_f)=P_f+C_f-P_fC_f \tag{8-2}$$

显然，$0<R<1$。

(2)等风险图的绘制方法：先让 R 取 0～1 之间的一个数，比如 0.1，接着，让 P_f 和 C_f 在 0～1 之间取多种不同的组合。然后把不同的组合点画在以 C 为横轴，以 P 为竖轴的平面直角坐标图上，把各点连起来就可以得到一条曲线。曲线连出后，让 R 换取一个数，接着，再让 P_f 和 C_f 在 0～1 之间取多种不同的组合，然后再把这些不同的组合点画在同一平面直角坐标图上，把各点连起来可以得到一条曲线，如此循环下去，就可以得到等风险图。

有了等风险图，就可以把具体项目的风险系数拿来与之对照。项目的风险系数按式(8-2)计算。式(8-2)中的 P_f 由式(8-3)表示，C_f 由式(8-4)表示。

首先把项目各个风险的发生概率算出来，然后取其平均值，即：

$$P_f=(P_{f1}+P_{f2}+\cdots+P_{fn})/n \quad (\text{其中 } n \text{ 是风险个数}) \tag{8-3}$$

对于 C_f，也同样处理。首先把项目的各风险后果非效用值计算出来，然后取其平均值，即

$$C_f=(C_{f1}+C_{f2}+\cdots+C_{fm})/m \quad (\text{其中 } m \text{ 是风险的后果个数}) \tag{8-4}$$

(3)等风险图法的优缺点及适用范围：①优点，该方法方便直观，简单有效，对任何一个具体项目，只要得到其风险的发生概率和损失后果，就可以直接得到其风险系统。②缺点，该方法需要得到风险的发生概率和损失后果两个变量的值，而这两个值在实际中很难得到，需要借助其他分析方法；同时，根据等风险图只能确定风险系统位于哪一个区间，得不到具体的数据。③适用范围，适应对结果精度要求不高、只需粗略分析的项目，尤其适用于多个项目同时分析或一个项目的多个方案进行比较时使用。

8.2.4　蒙特卡罗模型

(1)蒙特卡罗方法：蒙特卡罗方法(Monte-Carlo 方法)，也称统计模拟方法，是 20 世纪 40 年代中期由于科学技术的发展和电子计算机的发明，而被提出的一种以概率统计理论为指导的一类非常重要的数值计算方法。是指使用随机数(或更常见的伪随机数)来解决很多计算问题的方法。与它对应的是确定性算法。蒙特卡罗方法在计算物理学以及相关的应用领域中非常重要。它在粒子输运计算、量子热力学计算、空气动力学等方面应用非常广泛。蒙特卡罗方法的基本思想是：为了求解数学、物理、工程技术以及生产管理等方面的问题，首先建立一个概率模型或随机过程，使它的参数等于问题的解；然后通过对模型或过程的观察或抽样试验来计算所求参数的统计特征，最后给出所求解的近似值。而解的精度可用估计值的标准差来表示。

(2)蒙特卡罗法步骤：应用蒙特卡罗方法求解公路隧道施工风险问题的一般原理如下。①建立概率模型，对求解的问题建立简单而又便于实现的概率统计模型，使所求的解恰好是所建立模型的概率分布或数学期望。②优化模型，根据概率统计模型的特点和计算实践的需要，尽量改进模型，以便减小方差和降低费用，提高计算效率。比如在风险分析中，影响某一风险事件的因素很多，但是概率模型中不一定要体现所有因素，有些因素对事件的影响很小或甚微时，在模型中可以去除它的影响，而仅考虑影响力大的主要因素。设有统计独立的随机变量 $X_1,X_2,\cdots,X_n$，其对应的概率密度函数分别为 $f_{X_1},f_{X_2},\cdots,f_{X_n}$，功能函数式 Z 由式(8-5)表示。

$$Z=g(X_1,X_2,\cdots,X_n) \tag{8-5}$$

假设式(8-4)就是优化后的概率模型。

建立抽样方法,其中包括建立产生“伪随机数”的方法和建立对所遇到的分布产生随机变量的抽样方法。用蒙特卡罗方法模拟某一过程时需要产生各种概率分布的随机变量。为了方便,通常将随机变量的抽样值称为随机数。当然,最简单、最基本而又最重要的分布是[0,1]上均匀分布的随机变量,它的抽样值通常被用来实现其他分布的随机变量的抽样。目前通常是在计算机上用数学方法产生随机数,它的优点是速度快、占用内存小、便于重复产生、不受计算机条件的限制。然而,这种随机数是根据确定的递推公式求得的,存在周期现象,初值确定后所有的随机数便一一确定了下来,不满足真正随机数的要求,所以常将用数学方法产生的随机数称为“伪随机数”。但是在实际应用中,只要这些伪随机数序列通过一系列的统计检验,就可以把它当作真正的随机数使用。④求解估计值和方差或标准差:给出获得所求解的统计估计值及其方差或标准差的方法。

(3)蒙特卡罗法优缺点及适用范围:①优点,蒙特卡罗法操作简单,模拟过程快速有效,模拟成本低廉,易于在计算机上编制程序,所得结果较为可靠,能够得到任何风险因素的概率和损失的具体值。②缺点,该方法需要建立评估目标的数学模型,并确定各参数变量的概率分布规律,比较复杂,实际上数学模型的建立和确定各参数变量的概率分布规律很困难。③适用范围,对结果要求较精确,需要得到风险因素的概率和损失的具体值的项目。

8.2.5 模糊综合模型

(1)模糊综合层次法:利用模糊数学法进行风险评价就是在风险因素的模糊衡量基础上和基于 $R=P\times C$ 模型,综合考虑风险发生概率及后果对风险评价的影响,建立风险评估矩阵及风险等级区域,得到基本风险因素的评价指标,采用加权平均的方法对评价指标进行处理,最终确定隧道施工中基本风险因素的风险水平等级,同时利用模糊分布法,得到基本风险因素的风险等级的分布状态。结合层次分析模型和模糊数学模型的特征就演化得到模糊综合层次模型。

(2)模糊综合层次法的优缺点及适用范围:①优点,过程清晰明了,容易掌握,是对多因素、多层次的复杂问题评判效果很好的方法,应用较广泛。②缺点,隶属度或隶属函数的确定、评价因素对评价对象权重的确定都具有较大的主观性,因此,其结果也存在较大的主观性。对多因素、多层次的复杂问题评价的计算较繁杂。③适用范围,适用于任何系统的任何环节,适用性广泛。

8.2.6 多层次模糊模型

(1)建立因素集:因素集是影响评价对象的各种风险因素所组成的一个普通集合。即 $U=\{u_1,u_2,\cdots,u_m\}$,式中 U 是因素集,$u_i(i=1,2,\cdots,m)$代表各风险因素。这些因素通常都具有不同程度的模糊性,设风险因素集为 $U=\{u_1,u_2,\cdots,u_m\}$,$u_i(i=1,2,\cdots,m)$为第一层次(最高层次)风险中的第 i 个因素,它又是由第二层次风险中的几个因素决定,即 $u_i=\{u_{i1},u_{i2},\cdots,u_{in}\}$,$u_{ij}(j=1,2,\cdots,n)$为第二层次风险因素,$u_{ij}$ 还可以由第三层次的风险因素决定。每个风险因素的下一层次因素的数目不一定相等。建立因素集时结合层次分析法。

(2)建立风险因素权重集:在因素集中各风险因素的重要程度是不一样的。为了反映各风险因素的重要程度,对各个风险因素 $u_i(i=1,2,\cdots,m)$应赋予一个相应的权数 $a_i(i=1,2,\cdots,m)$。由各权重数所组成的集合 $\widetilde{A}=\{a_1,a_2,\cdots,a_m\}$称为因素权重集,简称权重集。通常，各权数 $a_i(i=1,2,\cdots,m)$ 应满足归一性和非负性条件，由式(8-6)表示。

$$\sum_{i=1}^{m} a_i = 1; a_i \geqslant 0 \quad (i=1,2,\cdots,m) \tag{8-6}$$

它们可视为各风险因素对 $a_i(i=1,2,\cdots,m)$ 对“重要”的隶属度。因此，权重集可视为因素集上的模糊子集，权重集可由式(8-7)表示。

$$\widetilde{A} = \frac{a_1}{u_1} + \frac{a_2}{u_2} + \cdots + \frac{a_m}{u_m} \tag{8-7}$$

在层次分析法建立的评价指标体系上，利用 1～9 标度法确定各风险因素的权重 a_i。

(3)建立备择集：备择集是评价者对评价对象可能做出的各种总的评价结果所组成的集合，通常用大写字母 $\boldsymbol{V}$ 表示，即 $\boldsymbol{V}=\{v_1,v_2,\cdots,v_n\}$，各元素 $v_i(i=1,2,\cdots,n)$ 代表各种可能的总评价结果。模糊评价的目的，就是在综合考虑所有风险因素的基础上，从备择集中，得出一个最佳的评价结果。评价结果是从 $\boldsymbol{V}$ 中得出一个最合理的风险等级。显然，v_i 对 $\boldsymbol{V}$ 的关系也是普通集合关系。因此，备择集也是一个普通集合。

(4)单因素模糊评价：单独从一个基本风险因素出发进行评价，以确定评价对象对备择集元素的隶属程度，便称为单因素模糊评价。设评价对象按因素集中第 i 个因素 $u_i(1,2,\cdots,m)$ 进行评价，备择集中第 j 个元素 v_{ij} 的隶属度为 r_{ij}，则按第 i 个因素 $u_i(i=1,2,\cdots,m)$ 进行评价的结果，可用单因素评价集 $\widetilde{R}_i$ 表示，见式(8-8)。

$$\widetilde{\boldsymbol{R}}_i = \{r_{i1}, r_{i2}, \cdots r_{in}\} \tag{8-8}$$

将各基本因素评价集的隶属度为行组成的矩阵为 $\widetilde{R}$，$\widetilde{R}$ 为单因素评价矩阵，由式(8-9)表示：

$$\widetilde{\boldsymbol{R}} = \begin{bmatrix} r_{11} & r_{12} & \cdots & r_{1n} \\ r_{21} & r_{22} & \cdots & r_{2n} \\ \vdots & \vdots & \vdots & \vdots \\ r_{m1} & r_{m2} & \cdots & r_{mn} \end{bmatrix} \tag{8-9}$$

(5)初级模糊综合评价：单因素模糊评价，仅反映了一个基本风险因素对评价对象的影响。这显然是不够的。综合考虑所有基本风险因素的影响，得出对上一层次风险因素科学的评价结果，这便是模糊综合评价。从单因素评价矩阵 $\widetilde{\boldsymbol{R}}$ 可以看出：$\widetilde{\boldsymbol{R}}$ 的第 i 行，反映了第 i 个风险因素影响评价对象取各个备择元素的程度；$\widetilde{\boldsymbol{R}}$ 的第 j 列，则反映了所有风险因素影响评价对象取第 j 个备择元素的程度。$\widetilde{\boldsymbol{R}}$ 的各项作用赋予相应因数的权数 $a_i(i=1,2,\cdots,m)$，便能合理地反映所有风险因素的综合影响。因此，模糊综合评价可用式(8-10)表示为

$$\widetilde{\boldsymbol{B}} = \widetilde{\boldsymbol{A}} \times \widetilde{\boldsymbol{R}} \tag{8-10}$$

权重集 $\widetilde{A}$ 才可视为一行 m 列的模糊矩阵，式(8-10)可按模糊矩阵乘法进行运算，即

$$\widetilde{\boldsymbol{B}} = (b_1, b_2, \cdots, b_n) = (a_1, a_2, \cdots, a_m) \times \begin{bmatrix} r_{11} & r_{12} & \cdots & r_{1n} \\ r_{21} & r_{22} & \cdots & r_{2n} \\ \vdots & \vdots & \vdots & \vdots \\ r_{m1} & r_{m2} & \cdots & r_{mn} \end{bmatrix} \tag{8-11}$$

$\widetilde{\boldsymbol{B}}$ 称为模糊综合评价集；$b_j(j=1,2,\cdots,n)$ 是指综合考虑上一层次风险因素下面的所有基本风险因素的影响时，评价对象对备择集中第 j 个元素的隶属度，称为模糊综合评价指标，

简称评价指标。

(6)多层次模糊综合评价:通过初级模糊综合评价,可以得到基本风险因素上一层次风险因素对备择集中第 j 个元素的隶属度,再以上一次层数风险因素下的所有风险因素对备择集的隶属度为行组成新的矩阵为 $\widetilde{R}'$,再将 $\widetilde{R}'$ 的各项作用赋予相应因数的权数 $a_i(i=1,2,\cdots,m)$,得到该层次风险因素的评价指标。同理,可得到评价指标体系中各层次风险因素的评价指标。

(7)评价指标的处理:得到评价指标 $b_j(j=1,2,\cdots,n)$ 之后,便可根据以下几种方法确定评价对象的具体结果。

①最大隶属度法:取与最大的评价指标 $\max b_j$ 相对应的备择元素 v_L 为评价的结果,由式(8-12)表示。

$$V=\{v_L \mid v_L \rightarrow \max b_j\} \tag{8-12}$$

最大隶属度法仅考虑了最大评价指标的贡献,舍去了其他指标所提供的信息,这是很可惜的;另外,当最大的评价指标不止一个时,用最大隶属度法便很难决定具体的评价结果。因此,通常都采用加权平均法。

②加权平均法

$$V=\sum_{j=1}^{n} b_j v_j \tag{8-13}$$

③模糊分布法:这种方法直接把评价指标作为评价结果;或将评价指标归一化,用归一化的评价指标作为评价结果。归一化的具体做法如下:

先求各评价指标之和,由式(8-14)表示。

$$b=b_1+b_2+\cdots+b_n=\sum_{j=1}^{n} b_j \tag{8-14}$$

再用和 b 除原来的各个评价指标,由式(8-15)表示。

$$\widetilde{B}'=\left(\frac{b_1}{b}+\frac{b_2}{b}+\cdots+\frac{b_n}{b}\right)=(b'_1,b'_2\cdots,b'_n) \tag{8-15}$$

式中 $\widetilde{R}'$——归一化的模糊综合评价集。

$b'_j(j=1,2,\cdots,n)$——归一化的模糊综合评价指标,且 $\sum_{j}^{n} b'_j=1$。

各个评价指标具体反映了评价对象在所评价的特性方面的分布状态,使评价者对评价对象有更深入的了解,并能作各种灵活的处理。

第9章　隧道动态风险评价指标体系

9.1　建立指标体系

对工程的风险评估核心也就是对工程的安全效益和经济效益的评估，而要对安全效益和经济效益进行风险评估，就需要建立一整套科学合理的风险评估的指标体系，也只有建立起科学合理的风险评估的指标体系，才能充分地发挥风险评估的积极作用，也才能使风险评估更加科学合理，具有实际意义。因此，从隧道风险评估的目的、作用和意义出发，结合隧道的特点和以人为本的工程建设思想，建立起一套以三大指标体系和三个层次组成的隧道风险评估的指标体系。此指标体系的建立不仅可以对隧道建设的各步、各阶段、总体风险进行综合的评估，同时通过对风险系数的对比分析和敏感性分析，找出致险因子，实现对风险源的识别和管理，为科学决策提供可靠依据。

（1）三大指标体系：①安全性评价指标体系。②经济性评价指标体系。③综合评价指标体系。

（2）三个层次：指风险因素评估层、阶段风险评估层、总体风险评估层。①第一层次（风险因素评估层）：以隧道各个阶段的各单项风险因素的安全风险系数、财产损失系统的综合风险系数作为主要的基础评估指标。②第二层次（阶段风险评价层）：以隧道各阶段安全风险系数、财产损失系数和综合风险系数为主要评价指标。它们是通过对各个阶段中各风险因素的安全风险系数、财产损失系数和综合风险系数，进行对比分析、综合计算和评价后，分别形成各个阶段的安全风险系数、财产损失系数；再由各个阶段的安全风险系数、财产损失系数经对比分析、综合计算和评价后，形成各阶段综合风险系数的计算值与通过对各个阶段中各风险因素的综合风险系数进行对比分析、综合计算和评价后，所得的阶段综合风险系数的计算值，再次进行综合分析和计算，最终形成阶段的综合风险系数。③第三层次（总体风险评价层）：以隧道总体安全风险系数、财产损失系数和综合风险系数为主要评价指标，最终形成工程总体的综合风险系数（最终评价值）。它们是通过对各个阶段的安全风险系数、财产损失系数和综合风险系数，进行对比分析、综合计算和评价后，分别形成总体的安全风险系数、财产损失系数和综合风险系数（计算值）；再由总体的安全风险系数与财产损失系数经对比分析、综合计算和评价后，形成总体综合风险系数的计算值与通过对各个阶段的综合风险系数进行对比分析、综合计算和评价后，所得的总体综合风险系数的计算值，再次进行综合分析和计算，最终形成工程总体的综合风险系数（最终评价值）。

9.2　指标体系框架

9.2.1　指标设计原则

风险评价指标体系的设计直接关系到评价结果的客观性、准确性和有效性，要构建一个合理的评价指标体系，必须坚持一定的原则，为此提出隧道施工风险评价指标体系设计原则如下：

(1)客观性原则：此原则是风险评价指标体系设计的首要原则，要求风险评价指标体系能公正、客观地反映实际情况，同时也能反映风险的频率、程度。

(2)系统性原则：就是要求评价指标的设置、体系的构建要充分考虑风险因素的各个方面，要系统了解，整体把握，用联系的观点看问题，利用各种风险因素的分类、各自作用、相互关系、相互作用的规律，合理构建指标体系。

(3)可行性原则：即要考虑指标量化的可行性，指标资料的可查性。

(4)独立性与完备性原则：评价因素在同一层次上要相互独立，没有交叉，评价指标体系在总体上能全面地反映评价对象的主要特征。

(5)全面性和代表性相统一的原则：指标体系应能反映影响施工风险的各个方面，从不同的角度反映被评价系统的主要特征和状况，同时指标选取应具代表性、典型性，避免意义相近、重复的指标。

9.2.2 指标选取优化

(1)评价指标初选：在初步选取指标时，首先要遵循全面性原则，也就是要选取的指标体系能够反映出研究对象在所研究问题上的全部信息，避免一些重要指标遗漏。由于还需要对指标进行筛选，因此，在初选指标时，要充分考虑各个因素，尽量做到指标选取的全面性。指标的初选过程如下：①对评价问题的内涵与外延作出合理解释，划分概念的侧面结构，明确评价的总目标与子目标。②对每一个子目标或概念侧面进行细分解。③重复上一步，直到每一个侧面或者子目标都可以直接用一个或几个明确的指标来反映。④设计每一个子层次的指标。

从所选的风险元素上看，初选只是给出了指标体系的“指标可能全集”，也就是遵循了构建指标体系的“全面性”原则，但一般不是“充分必要的指标集合”；从结构上看，初选指标体系的结构更加强调的是目标与概念的划分，却没有体系指标之间数据上的亲疏关系与相似关系，也未必符合评价目标的要求。因此，必须对指标体系进行完善。

(2)评价指标测验：评价指标测验首先要明确指标体系设计的目标，这也是指标测验的依据。就测验内容而言，评价指标体系的测验不仅要保证指标体系中的每一个单个的评价指标的科学性，而且还要保证指标体系在整体上的科学性，因此，评价指标体系测验包含两部分内容：单体测验和整体测验。①对评价体系中的元素进行单体测验，就是对整个评价体系中每一个元素(即单项评价指标)进行可行性、正确性、真实性三个方面的分析。②对评价体系中的元素进行整体测验主要是检查这个评价指标体系中指标之间的协调性、整体必要性和整体齐备性。协调性是指评价体系的所有评价指标之间在计算方法、计算范围方面协调一致而不能互相矛盾。必要性是指评价体系的所有评价指标从全局出发是否都是必不可少的，有无冗余。齐备性是指评价体系是否已全面地、毫无遗漏地反映了最初描述的评价目标与任务。

就测验方法而言，可以是定性的，也可以是定量的。定性测验的优点是能够准确把握综合评价的本质，能充分发挥人的主观能动性，缺点是客观性差一些；定量测验的优点是其“客观性”，通过定量测验可以发现定性测验无法察觉的一些信息。

(3)评价指标体系结构优化：对于评价体系，结构优化也是相当重要的。优化的内容和方法如下。①标体系结构完备性分析：结构完备性分析主要是对平行结点进行重叠性与独立性分析，检查是否存在平行的某一个子目标包含了另一个或几个子目标的部分或全部内容。②评价指标体系层次“深度”分析：评价指标体系的层次数(层次深度)与指标总个数、每一上层直接控制的下层的个数有关。评价对象概念的复杂程度较高，层数可以多一些，但层数过多，每一层次内部的指标个数就会减少。所以要根据评价的对象、目标、合理构建指标体系的层数。③指标体系结构的聚合情况分析：从系统结构看，综合评价指标体系中各个子体系的指标既然是一个类，就必须有合理的或科学的依据保证它们“可以聚合在一起”。

(4)评价指标的筛选：理论上说，与隧道工程项目有关的任何风险因素都有可能影响项目的目标，进而导致项目风险的发生。但是，并不是所有因素都会对项目产生显著影响。因此，风险因素识别的关键是识别那些对创新项目绩效有显著影响，即可能导致风险后果的关键风险因素。在初选指标时，遵循的是全面性原则，这种选择指标的方法很可能导致具有很强相关性的某些指标同时被选入，这些指标提供的信息存在着较大的重复，甚至有些指标所提供的信息完全包含在其他指标之中，为了避免指标的不必要重复，降低计算量，需要删除信息重复的指标，也就是对评价指标进行筛选。

9.2.3　指标体系现状

国内外的一些研究机构和学者对项目风险评价指标体系的构建进行了比较广泛的研究，取得了一些有益的成果，见表 9-1。

表 9-1　项目风险因素分类举例

划分方法	作　者	主　要　类　别
按风险源划分	索比伊(Al-Sobiei)	项目自身性质、项目外部环境状况、项目内部环境状况、项目主要参与方
	王国钟、黄本笑	组织风险、质量风险、技术风险、合同风险、环境风险
按风险特征划分	丁香乾、石硕	技术风险和经济风险
	李海凌、宋吉荣	工期风险、费用风险、质量风险、安全性风险
	武乾、武海、李慧民	政策风险、自然条件风险、环境风险、业主风险、设计者风险、监理工程师风险、承包人风险
	姚水洪、朱立波	立项风险、合同风险、技术风险、管理风险、人力风险和环境风险
综合分类	祁世芳、贾月阳	政治风险、社会风险、经济风险、自然风险、技术风险、管理风险

索比伊以风险源为分析依据，从四个方面选取了 23 个指标。风险指标体系应该从项目自身性质、项目外部环境状况、项目内部环境状况以及项目主要参与方四个方面来构造指标体系，二级指标有项目规模大小、项目持续时间长短、项目复杂程度、项目原材料的可获得性、项目劳动力的可获得性、灾害因素、工程地质因素、气候因素、政策法规因素、行政干预因素、社会因素、市场因素、金融风险因素、项目组织、管理制度、管理措施、团队合作精神、劳工士气、合同风险因素、工程参与方的资质经验、财务状况、装备条件、生产效率。

王国钟等设计的指标体系从项目内部和项目外部来考虑评价指标，从五个方面选取了 21 个指标。主因素层是：组织风险、质量风险、技术风险、合同风险以及环境风险。子因素层是：组织结构的合理性、组织分工与协调、组织文化、组织人事风险；采购设备质量、安装施工质量、产品质量、服务质量；技术的可行性、技术的适用性、技术的周期性、技术的费用；合同的执行进展、合同违约可能性、合同终止可能性、合同缺陷纠纷；政治风险、经济风险、社会影响、市场风险、意外事故。

丁香乾等认为，项目总风险可以从两方面来评价，技术风险和经济风险。然后构造了八个指标，分别是施工方案的变化、质量等级要求、设计质量、项目复杂程度；物价上涨、资金不到位、国际形势以及索赔反索赔。

李海凌等从三个层次上对项目的总风险进行了分析。第一个层次包括工期风险、费用风险、质量风险、安全性风险；第二个层次包括自然风险、技术风险、经济风险、管理风险、其他风险；第三个层次包括地震、坍方、洪水、地基沉陷、设计、施工、设备、资金、利率、通货膨胀、材料、人力、能源、合同、法规、政策。

武乾等认为，工程项目通常存在的风险因素有以下几类：①政策风险，如国家的经济政策变化、产业结构调整、投资方向改变、紧缩银根，国际经济形势变化、经济危机、物价涨跌等。②自然条件风险，如地震、暴风、暴雪、暴雨等自然灾害，山体滑坡、泥石流、地下暗河、岩溶、岩爆、瓦斯等地质现象。③环境风险，如地方政府风险、劳动力市场、经济发展程度、周围环境的干扰、水电的供应状况等。④业主风险，如业主的支付能力、履行合同情况、计量支付情况、资金供应情况、项目暂定金动用情况等。⑤设计者风险，如设计者的技术水平，设计的规范性、科学性、合理性、严肃性，设计的技术与经济专业的协调性，设计文件的完备性、交付图纸的及时性等。⑥监理工程师风险，如监理工程师的技术水平、施工经验、组织能力、管理能力、授权及权力范围、工作积极性和公正性、职业道德和管理风格、是否执行合同、监理工作是否苛刻等。⑦承包人风险，如项目部的管理水平和技术水平、组织能力和协调能力，后方派出机构的支持力度和作业层的施工能力，投标的施工方案和报价水平，合同条款的严密程度，有无错误理解业主意图等。

姚水洪等指出，项目风险体系包括立项风险、合同风险、技术风险、管理风险、人力风险和环境风险六大类内容。立项风险包括可研的准确性风险、投资风险和市场预测风险；合同风险包括监理风险、标书的不准确性、评标风险、承包引发风险和信用风险；技术风险包括设计风险、施工风险、原材料风险和设备风险；管理风险包括工期风险、成本风险、组织风险、质量风险和沟通协调风险；人力风险包括责任心风险、项目干系人员素质风险和项目干系人员稳定性风险；环境风险包括政治风险、经济风险、自然风险市场风险、不可抗力风险和国际影响。

祁世芳等根据风险的分类，从六个方面来构建风险指标体系。这六个方面分别为政治风险、社会风险、经济风险、自然风险、技术风险和管理风险；然后又从六个方面构造了 31 个指标来构建风险评价体系。其中包括：①政治风险包括政局稳定性、战争冲突、法律法规约束制度、获准的不确定性。②社会风险包括区域发展水平、社会治安条件、项目协作配合支持条件。③经济风险包括合同风险、建设成本风险、经营市场风险、项目竣工风险、税收政策风险。④自然风险包括灾害风险、气候风险、工程地质风险。⑤管理风险包括组织方式因素、管理制度因素、安全事故因素、质量事故因素、道德行为因素、管理措施因素、职业责任因素。⑥技术风险包括预测技术风险、决策技术风险、评估技术风险、设计技术风险、施工技术风险、生产技术风险、维护保障风险、环保技术风险。

综上所述，现有评价指标体系设计基本上是遵循以定性分析方法来构建评价指标体系。在风险评价中，直觉、判断和经验是使用最频繁的方法。阿金托耶(Akintoye)和马郝克劳德(MachLeod)也认为大多数的项目管理者都依据直觉、判断、经验来管理施工当中的风险问题，其次才是敏感性分析(53%的承包人使用，38%的项目管理公司使用)，这与费耶克(Fayek)和罗拉(Rolla)的调查结论不谋而合，而很多的决策也多基于定性而不是定量的风险识别和评价结果。肖文良(Kharbanda)和斯塔尔沃西(Stalworthy)甚至提出 KISS(Keep It Simple, Stupid)法来告诫人们避免使用复杂的方法，数量方法也只是适当的时候才被采用。基于文献研究，在现有的评价体系基本遵循以定性分析方法构建评价指标体系。指标的取舍没有严格科学标准，这样，一方面容易造成一些重要指标的漏选，而另一方面却使对项目影响很小的指标被选入以及信息有较大重复的多指标同时被选入的结果，从而使评价结果不合理并可能使综合评价的计算趋于复杂。本书在现有文献的基础上，认为在选取评价指标时，为避免缺陷，可分两步来选取指标：首先依据指标选取的原则和基本理论知识经验对指标进行初选，然后在以往文献研究的结果、隧道工程项目风险的特征以及项目访谈的基础上，通过问卷调查和统计分析，对各指标进行再筛选，形成隧道工程项目风险评价指标体系。

9.2.4　指标体系框架

(1)构造评价指标体系的逻辑路径：对项目风险的评判，原则上应能科学、全面、客观和公正地反映其真实的内涵和水平。通过对影响项目风险的因素进行系统分析和合理整合。由第 6 章、第 7 章对隧道工程项目的风险产生的原因、风险的特征、风险的分类可得项目风险是由外部环境不确定性、项目本身难度和复杂性、管理者自身实力的制约以及能力的有限性等各种因素造成的。根据指标体系构建、筛选原则，考虑隧道工程项目风险管理涉及众多内在和外在的因素影响，在以往文献研究的基础上，按照以下逻辑路径来构造评价指标体系。①确立目标层：建立这一指标体系是为了评价隧道工程项目中的风险，以采取有效的风险应对措施，更好地利用和防范风险，所以，各层面的指标都要集中体现项目中的关键风险因素。②确立一级指标层和二级指标层：从总目标的构成因素确定评价要素。在风险研究领域，从概率(可能性)和影响(后果)两方面对风险进行评估是被普遍接受的。但这中间存在的一个主要问题是，这种风险评估方法都是以风险发生的可能性乘以风险后果来计算风险的大小($R=P\times C$，其中，R 为风险大小，P 为风险发生的可能性，C 为风险后果)。而威廉姆斯则认为，这样计算出来的风险大小是有局限性的，按这种计算值对风险进行排序是不正确的。因为，对于一个发生可能性大但影响小的风险和一个发生可能性小但影响大的风险来说，虽然最后的风险值可能相同，但其性质是完全不同的。

鉴于此，威廉姆斯指出，对风险评估的正确思路要求同时考虑其发生的可能性和产生的后果，但不能以风险发生的可能性乘以风险后果得出的值来对风险大小进行排序。对风险进行评估时，要分别给出其发生可能性的高低和所产生后果的大小。威廉姆斯认为，以风险发生的可能性乘以风险后果计算风险大小来对风险进行量化描述的方法实际上是一种降低测度维度方法。与这种降低测度维度方法不同，一些学者采用了多维测度方法对风险大小进行描述，如戴维斯(Davis)分别从可能性和后果两方面来刻画风险，沙雷特(Charette)从可能性、后果和可预测性三维来刻画风险的特征。我国学者张建设从五个方面来刻画风险特征，除了可能性、后果和可测性，又考虑了可控制性和可转移性两个特征，这样从五维来刻画风险的特征。

(2)风险评价指标体系总体框架：以隧道洞口段正常施工的风险因素为基础，建立隧道施工风险指标体系框架，见表 9-2。

表 9-2　隧道施工风险评估指标体系框架

序号	类　别	风　险　因　素	风险事故		
			坍方	大变形	其他
1	地质条件风险(U_1)	节理裂隙发育($U_{1\text{-}1}$)	★	★	
		地勘的不确定性($U_{1\text{-}2}$)	★	★	

续上表

序号	类别	风险因素	风险事故		
			坍方	大变形	其他
2	设计风险(U_2)	超前支护手段和参数不足($U_{2\text{-}1}$)	★	★	
		开挖方式不当($U_{2\text{-}2}$)	★	★	
		初期支护强度不够($U_{2\text{-}3}$)	★	★	★
		防排水设计不当($U_{2\text{-}4}$)	★	★	★
		设计变更、修改和审批延误($U_{2\text{-}5}$)	★	★	
3	施工技术风险(U_3)	超前支护未按设计操作($U_{3\text{-}1}$)	★	★	
		超前支护材料质量不合格($U_{3\text{-}2}$)	★	★	
		注浆设备落后、工艺不成熟($U_{3\text{-}3}$)	★	★	
		开挖工序不当($U_{3\text{-}4}$)	★	★	
		开挖进尺不当($U_{3\text{-}5}$)	★	★	
		爆破控制不当($U_{3\text{-}6}$)	★	★	
		初期支护材料质量不合格($U_{3\text{-}7}$)	★	★	★
		喷射混凝土达不到要求($U_{3\text{-}8}$)	★	★	★
		工字钢连接处薄弱($U_{3\text{-}9}$)	★	★	★
		隧道闭合成环周期太长($U_{3\text{-}10}$)	★	★	
		施工缝、沉降缝处理不当($U_{3\text{-}11}$)			★
		二次衬砌混凝土质量不合要求($U_{3\text{-}12}$)	★	★	★
		二次衬砌施作时机不当($U_{3\text{-}13}$)	★	★	
		二次衬砌不密实、开裂、厚度不足($U_{3\text{-}14}$)	★	★	★
		注浆堵水效果差($U_{3\text{-}15}$)			★
		防排水施作不规范($U_{3\text{-}16}$)			★
		排水处理不及时或处理不当($U_{3\text{-}17}$)	★	★	
4	施工管理风险(U_4)	场地前期准备不足影响($U_{4\text{-}1}$)			★
		场地使用权延误影响($U_{4\text{-}2}$)			★
		供水供电不稳定影响($U_{4\text{-}3}$)			★
		材料设备供应不及时($U_{4\text{-}4}$)			★
		对恶劣气候条件准备不足($U_{4\text{-}5}$)	★	★	
		施工组织和施工进度安排不合理($U_{4\text{-}6}$)	★	★	
		对外界和业内协调不及时($U_{4\text{-}7}$)			★
		对监控量测数据不重视($U_{4\text{-}8}$)	★	★	
		安全预案不当($U_{4\text{-}9}$)			★
5	材料设备风险(U_5)	材料供应不足、供货出错以及质量不合格等($U_{5\text{-}1}$)	★	★	★
		材料生产、运输、储存、施工中损耗或浪费($U_{5\text{-}2}$)			★
		设备不配套、生产能力不足或设备安装、调试失败,使用损坏($U_{5\text{-}3}$)	★	★	
		设备进场延误、设备不合格($U_{5\text{-}4}$)	★	★	

续上表

序号	类　别	风　险　因　素	风险事故		
			坍方	大变形	其他
6	经济风险(U_6)	建设单位延误工程款项($U_{6\text{-}1}$)			★
		保险公司和银行信用度不足($U_{6\text{-}2}$)			★
		流动资金短缺、资金使用不合理($U_{6\text{-}3}$)			★
		国家税务变化、利息调整($U_{6\text{-}4}$)			★
		设备、原材料等费用上调($U_{6\text{-}5}$)			★
		施工管理费和员工工资福利上涨($U_{6\text{-}6}$)			★
		社会征费增加($U_{6\text{-}7}$)			★
		工期变动($U_{6\text{-}8}$)			★
7	合同风险(U_7)	投标前期现场勘察工作不足($U_{7\text{-}1}$)			★
		工程清单错误或遗漏、工程单价或总价错误($U_{7\text{-}2}$)			★
		评标和决标不公平($U_{7\text{-}3}$)			★
		施工工期短、标价低($U_{7\text{-}4}$)			★
		建设单位和分包商违约($U_{7\text{-}5}$)			★
		索赔条款不明或欠缺($U_{7\text{-}6}$)			★
8	人员风险(U_8)	普通工人素质($U_{8\text{-}1}$)			★
		技术工人素质($U_{8\text{-}2}$)			★
		管理人员素质($U_{8\text{-}3}$)			★
		建设和监理单位的不合作($U_{8\text{-}4}$)			★
		人事变动或人员伤亡($U_{8\text{-}5}$)			★
9	社会环境风险(U_9)	国家政策调整，如土地政策($U_{9\text{-}1}$)			★
		建设法规和建设审批程序问题($U_{9\text{-}2}$)			★
		社会纠纷及不公正裁决($U_{9\text{-}3}$)			★
		噪声、扬尘污染($U_{9\text{-}4}$)			★
		施工机械对原有道路破坏($U_{9\text{-}5}$)			★
		隧道爆破对周边建筑影响($U_{9\text{-}6}$)			★
10	自然灾害风险(U_{10})	地震影响($U_{10\text{-}1}$)	★	★	★
		暴雨冰雪影响($U_{10\text{-}2}$)	★		★
		洪水影响($U_{10\text{-}3}$)	★		★
		瘟疫和传染病等疾病影响($U_{10\text{-}4}$)			★
		生态被破坏影响($U_{10\text{-}5}$)			★
		废弃物处理问题($U_{10\text{-}6}$)			★

注：★—对应的风险因素指标可能导致发生的风险事故类型。

9.3 隧道动态指标体系

9.3.1 系统工程方法

(1)系统工程方法:近年来,系统工程的观念越来越多地为人们所理解和接受,特别在经济发展规划、能源需求预测和供应规划、人才需求预测和教育规划、各种社会经济政策的评价等方面,系统工程的观点得到了广泛的应用。所谓系统工程的方法,就是从系统的观点出发,用定量的或定量与定性相结合的方法,对社会的、经济的、技术的系统进行分析、设计或改造的过程。人们在日常生活中常常要做各种各样的决策。决策活动是人们进行选择或判断的一种思维活动。人们几乎每时每刻都要进行决策。有简单的决策也有复杂的决策。经济学家们在进行社会的、经济的以及科学管理问题的决策分析中,面临的常常是一个由相互关联、相互制约的众多因素构成的复杂系统。政治家们则往往需要就影响千万人命运和前途的问题进行决策。例如战争与和平问题,经济发展战略规划,政策策略的制定等,它们涉及的是整个国家机构和全社会的庞大系统,其决策的复杂性一般都大大超过了其他决策问题。

由于社会系统的复杂性,系统工程中能应用自如地解决各类问题的方法并不多。有许多实际问题至今还没有适当的方法可以解决。过去人们主要靠主观判断进行决策,因而缺乏科学性。一些数学工具诸如数理统计方法、数量经济模型、数学规划方法等在系统工程和决策中的应用大大促进了系统工程的发展。一方面由于数学模型分析问题容易,目的性强,可以进行模拟试验,便于应用计算机等先进手段,因此数学工具在决策中的作用越来越重要,最优化技术一度几乎成为决策的代名词;另一方面它们在系统工程中的应用也推动了这些数学分支的迅速发展。到了 20 世纪 70 年代末 80 年代初,最优化理论发展得越来越抽象,数学规模的模型越来越大,有些人甚至片面地认为决策就是依靠数学模型解决问题,然而事实却往往相反。人们不难在以往的社会经济系统中找到这样的例子:为制定社会经济发展的区域性中长期规划,研究人员耗费了大量时间、物力、财力建立复杂的数学模型,用大型高速计算机得到模型的解,并以此为根据编制了经济规划,而这样的规划却难以执行,从而失去其实用价值。过于复杂的数学模型也往往使绝大多数工程技术人员望而却步,从而在某种程度上降低了系统工程的社会经济效用。

(2)AHP 法的优势和运用:系统科学毕竟是一门边缘学科,大部分复杂系统事实上很难完全用定量的数学模型解决。追求建立一个完全精确的数学模型,其结果必然是使解题十分繁复,耗资十分巨大,以致最后掉入数学模型的“泥潭”中。在这种情况下,一些有远见的运筹学家开始冷静地看待和正确地评价复杂的数学模型对决策的作用。显而易见的事实是,在系统工程中,人们无法回避决策过程中决策者的选择和判断所起的决定作用。同时人们也开始认识到数学工具并非万能,决策中总会有大量因素无法定量地表示出来,而这正是软科学与通常的自然科学的区别。认识到这一点后,运筹学家们重新回到人的选择和判断上,并认真研究决策思维的规律。正是在这样的背景下,美国运筹学家,匹兹堡大学萨迪(T. L. Saaty)教授于 20 世纪 70 年代初期提出了著名的层次分析法(The Analytic Hierarchy Process,简称 AHP),它是对多个方案多个指标系统进行分析的一种层次、结构化决策方法,它采用数学方法将哲学上的分解与综合思维过程进行了描述,从而建立决策过程的数学模型。尽管 AHP 的应用需要掌握一些简单的数学原理,但是 AHP 从本质上讲是一种思维方式。它把复杂的问题分解成各个组成因素，又将这些因素按支配关系分组形成递阶层次结构。通过两两比较的方式确定层次中诸因素的相对重要性。然后综合决策者的判断，确定决策方案相对重要性的排序。整个过程体现了人的决策思维的基本特征，即分解、判断、综合。AHP 又是一种定量与定性相结合，将人的主观判断用数量形式表达和处理的方法。它改变了长期以来决策者与决策分析者之间难以沟通的状态。在大部分情况下，决策者可直接使用 AHP 进行决策，因而大大提高了决策的有效性、可靠性和可行性。

AHP 的提出可追溯到 20 世纪 70 年代初。1971 年萨迪曾用 AHP 为美国国防部研究所谓“应急计划”。1972 年他又为美国国家科学基金会研究电力在国内一业部门的分配问题。1973 年为苏丹政府研究了苏丹运输问题。1977 年萨迪在第一届国际数学建模会议上发表了“无结构决策问题的建模—层次分析法”。从那时起 AHP 开始引起人们的注意，并逐步应用于计划制定、资源分配、方案排序、政策分析、冲突求解及决策预报等相当广泛的领域中。随着 AHP 应用范围的扩大，它的理论也得到了发展并逐步完备。近年来，萨迪等近百位学者在发展 AHP 的理论和推广 AHP 的应用方面做了大量的工作，发表了几百篇论文，以 AHP 为基本方法的决策支持系统“专家选择系统”软件已商品化，在国际市场受到欢迎。

AHP 作为一种决策方法是在 1982 年 11 月召开的中美能源、资源、环境学术会议上由萨迪教授的学生高兰尼柴(H. Gholajnnezhad)首先向中国学者介绍的。其后，许树柏等(1982)发表了国内第一篇介绍 AHP 的文章：“层次分析法—决策的一种实用方法”。随后层次分析法像雨后春笋般在国内能源系统分析、城市规划、经济管理、科研成果评价等许多领域得到了应用。在 AHP 的理论方面，我国学者对 AHP 的数学基础、不完全信息下排序问题、AHP 的评分问题、模糊 AHP、动态 AHP 以及判断矩阵一致性检验、反馈 AHP、群组 AHP 等课题进行了研究。

9.3.2　建立指标体系

通过层次分析法，建立隧道施工风险评价指标体系，并得到同一层次的指标因素相对上一层次准则层的权重，是进行下一步风险估计及评价的基础。运用层次分析法解决问题，大体可以分为四个步骤，即建立问题的递阶层次结构、构造两两比较判断矩阵、由判断矩阵计算被比较元素相对权重、计算各层元素的组合权重，分述如下。

(1)建立问题的递阶层次：这是 AHP 中最重要的一步。首先，把复杂问题分解成称之为元素的各组成部分，把这些元素按属性不同分成若干组，以形成不同层次。同一层次的元素作为准则，对下一层次的某些元素起支配作用，同时它又受上一层次元素的支配。这种从上至下的支配关系形成了一个递阶层次。处于最上面的层次通常只有一个元素，一般是分析问题的预定目标，或理想结果。中间的层次一般是准则、子准则。最低一层包括评价的方案。层次之间元素的支配关系不一定是完全的，即可以存在这样的元素，它并不支配下一层次的所有元素。一个典型的层次可以用图 9-1 表示出来。

层次数与风险问题的复杂程度和所需要分析的详尽程度有关。每一层次中的元素一般不超过 9 个，因一层中包含数目过多的元素会给两两比较判断带来困难。一个好的层次结构对于解决问题是极为重要的。层次结构建立在评价者对所面临的问题具有全面深入的认识基础上，如果在层次的划分和确定层次之间的支配关系上举棋不定，最好重新分析问题，弄清问题各部分相互之间的关系。有时一个复杂问题仅仅用递阶层次形式表示是不够的，需要采用更复杂的结构形式，如循环层次结构、反馈层次结构等，这些结构是在递阶结构基础上的扩展形式。

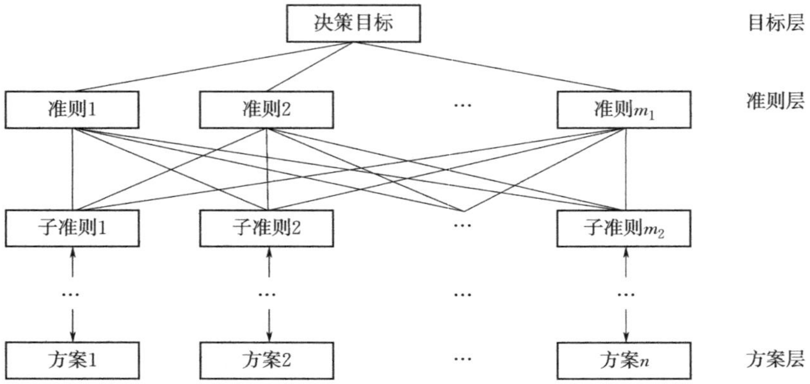

图 9-1 递阶层次结构示意图

(2)构造两两比较判断矩阵:在建立递阶层次结构以后,上下层次之间元素的隶属关系就被确定了。假定以上一层次的元素 C_k 作为准则,对下一层次的元素 $A_1,A_2,\cdots,A_n$ 有支配关系,目的是在准则 C_k 之下按其相对重要性赋予 $A_1,A_2,\cdots,A_n$ 相应的权重。这一步中,要反复回答问题:针对准则 C_k,两个元素 A_i 和 A_j 哪一个更重要些,重要多少。需要对重要多少赋予一定数值。这里使用 1～9 的比例标度,见表 9-3。1～9 的标度方法是将思维判断数量化的一种好方法。首先,在区分事物的差别时,人们总是用相同、较强、强、很强、极端强的语言,再进一步细分,可以在相邻的两级中插入折中值的提法,因此对于大多数评价判断来说,1～9 级的标度是适用的。其次,心理学的实验表明,大多数人对不同事物在相同属性上差别的分辨能力在 5～9 级之间,采用 1～9 的标度反映多数人的判断能力。第三,当被比较的元素其属性处于不同的数量级时,一般需要将较高数量级的元素进一步分解,这可以保证被比较元素在所考虑的属性上有同一个数量级或比较接近,从而适用于 1～9 的标度。当然根据问题的特点也可以采用别的类型标度方法,如 0～1 的标度,指数型的标度等。

表 9-3 项目风险评价分值表

分　值a_{ij}	定　　义
1	i 因素与 j 因素同样重要
3	i 因素比 j 因素略重要
5	i 因素比 j 因素稍重要
7	i 因素比 j 因素重要得多
9	i 因素比 j 因素重要很多
2、4、6、8	i 因素与 j 因素比较结果处于以上结果的中间
倒数	j 因素与 i 因素比较结果是 i 因素与 j 因素重要性比较结果的倒数

例如,准则是技术风险,子准则可分为设计风险和施工风险。如果认为施工风险比设计风险明显重要,它们的比例标度取 5。而设计风险对于施工风险的比例标度则取 1/5。对于 n 个元素来说,得到两两比较判断矩阵 $\boldsymbol{A}$ 由式(9-1)表示。

$$\boldsymbol{A}=(a_{ij})_{n\times n} \tag{9-1}$$

判断矩阵具有如下性质:

$$a_{ij}>0;a_{ij}=\frac{1}{a_{ji}};a_{ii}=1 \tag{9-2}$$

判断矩阵 $\boldsymbol{A}$ 称为正互反矩阵，根据正互反矩阵的性质，对于一个有 n 个元素的判断矩阵，只需要给出上（或下）三角形的 $n(n-1)/2$ 个判断即可。$\boldsymbol{A}$ 的元素不一定具有传递性，即必成立等式：

$$a_{ij}a_{jk}=a_{ik} \tag{9-3}$$

式(9-3)成立时，则称 $\boldsymbol{A}$ 为一致性矩阵。在说明由判断矩阵导出元素排序权值时，一致性矩阵有重要意义。

(3)计算单一准则下元素的相对权重：这一步要解决在准则 C_k 下，n 个元素 $A_1,A_2,\cdots,A_n$ 排序权重的计算问题，并进行一致性检验。对于 $A_1,A_2,\cdots,A_n$ 通过两两比较得到判断矩阵，解特征根问题。

$$\boldsymbol{Aw}=\lambda_{\max}\boldsymbol{w} \tag{9-4}$$

所得到的 w 经正规化后作为元素 $A_1,A_2,\cdots,A_n$ 在准则下排序权重，这种方法称排序权向量计算的特征根方法。$\lambda_{\max}$ 存在且唯一，$\boldsymbol{w}$ 可以由正分量组成，除了差一个常数倍数外，w 是唯一的。$\lambda_{\max}$ 和 w 的计算可采用幂法、和法、根法。

①幂法的计算步骤：设初值向量 $\boldsymbol{w}_0$，可假定 $\boldsymbol{w}_0=\left(\frac{1}{n},\frac{1}{n},\cdots,\frac{1}{n}\right)^{\mathrm{T}}$；对于 $k=1,2,3,\cdots,n$ 计算：

$$\bar{\boldsymbol{w}}_i=\boldsymbol{Aw}_{k-1} \tag{9-5}$$

式中　$\boldsymbol{w}_{k-1}$——经归一化所得到的向量。

对于事先给定的计算精度，若：

$$\max|\boldsymbol{w}_{ki}-\boldsymbol{w}_{(k-1)i}|<\varepsilon \tag{9-6}$$

式中　$\boldsymbol{w}_{ki}$——$\boldsymbol{w}_k$ 的第 i 个分量。

式(9-6)成立则计算停止，否则继续计算新的 $\bar{w}_i$。计算：

$$\lambda_{\max}=\frac{1}{n}\sum_{i=1}^{n}\frac{\bar{\boldsymbol{w}}_{ki}}{\bar{\boldsymbol{w}}_{(k-1)i}} \tag{9-7}$$

$$\boldsymbol{w}_{ki}=\frac{\bar{\boldsymbol{w}}_{ki}}{\sum_{j=1}^{n}\bar{\boldsymbol{w}}_{kj}} \tag{9-8}$$

在精度要求不高的情况下，可以用近似方法计算 $\lambda_{\max}$ 和 $\boldsymbol{w}$，有两种方法。

②和法的计算步骤：(a)的元素按列归一化；(b)将 $\boldsymbol{A}$ 的元素按行相加；(c)所得到的每行和向量归一化，得排序权向量 $\boldsymbol{w}$；(d)按公式(9-9)计算 $\lambda_{\max}$。

$$\lambda_{\max}=\sum_{i=1}^{n}\frac{(\boldsymbol{Aw})_i}{n\boldsymbol{w}_i} \tag{9-9}$$

式中　$(\boldsymbol{Aw})_i$——$\boldsymbol{Aw}$ 的第 i 个元素。

③根法的计算步骤：(a)$\boldsymbol{A}$ 的元素按行相乘；(b)所得到的乘积分别开 n 次方；(c)将方根向量归一化，即得排序权向量 $\boldsymbol{w}$；(d)按式(9-9)计算 $\lambda_{\max}$。

④一致性指标的计算：在判断矩阵的构造中，并不要求判断具有一致性，即不要求式(9-3)成立，这是由客观事物的复杂性与人的认识多样性所决定的。但要求判断有大体的一致性却是应该的，出现甲比乙极端重要，乙比丙极端重要，而丙比甲极端重要的情况一般是违反常识的。而且，当判断偏离一致性过大时，排序权向量计算结果作为评价依据将出现某些问题。因此在得到 $\lambda_{\max}$ 后，需要进行一致性检验，其步骤如下：

$$CR=\frac{\lambda_{max}-n}{n-1} \tag{9-10}$$

式中 n——判断矩阵的阶数。

平均随机一致性指标是多次(500 次以上)重复进行随机判断矩阵特征值计算之后取算术平均数得到的。许树柏得出 RI 的 1～15 阶重复计算 1 000 次的平均随机一致性指标见表 9-4。

表 9-4 平均随机致性指标

阶数	1	2	3	4	5	6	7	8
RI	0	0	0.52	0.89	1.12	1.26	1.36	1.41
阶数	9	10	11	12	13	14	15	
RI	1.46	1.49	1.52	1.54	1.56	1.58	1.59	

计算一致性比例 CR,由式(9-11)表示为

$$CR=\frac{CI}{RI} \tag{9-11}$$

式中 CR——一致性比例;

CI——一致性指标;

RI——平均随机一致性指标。

(4)计算各层元素的组合权重:为了得到递阶层次结构中每一层次所有元素相对于总目标的相对权重,需要把第三步的计算结果进行适当的组合,并进行总的判断一致性检验。这一步骤是由上而下逐层进行的。最终计算结果得出最低层次元素,即评价方案优先顺序的相对权重和整个递阶层次模型的判断一致性检验。假定已经计算出第 $k-1$ 层元素相对于总目标的组合排序权重向量。$\boldsymbol{a}^{k-1}=\left(a_1^{k-1},a_2^{k-1},\cdots,a_m^{k-1}\right)^{\mathrm{T}}$,第 k 层在第 $k-1$ 层第 j 个元素作为准则下元素的排序权重向量为 $\boldsymbol{B}_j^k=\left(B_{1j}^k,B_{2j}^k,\cdots,B_{nj}^k\right)^{\mathrm{T}}$,其中不受支配(即与 $k-1$ 层第 j 个元素无关)的元素权重为零。令 $\boldsymbol{B}^k=\left(b_1^k,b_2^k,\cdots,b_n^k\right)^{\mathrm{T}}$,则第 k 层 n 个元素相对于总目标的组合排序权重向量由下式给出:

$$\boldsymbol{a}^k=\boldsymbol{B}^k\boldsymbol{a}^{k-1} \tag{9-12}$$

更一般地,有排序的组合权重公式:

$$\boldsymbol{a}^k=\boldsymbol{B}^k\cdots\boldsymbol{B}^3\boldsymbol{a}^2 \tag{9-13}$$

式中 $\boldsymbol{a}^2$——第二层次元素的排序向量;

h——层次数,$3\leqslant k\leqslant h$。

对于递阶层次组合判断的一致性检验,需要类似地逐层计算 CI。若分别得到了第 $k-1$ 层次的计算结果 CI,RI 和 CR,则第 k 层的相应指标为

$$CI_k=(CI_k^1,\cdots,CI_k^m)a^{k-1} \tag{9-14}$$

$$RI_k=(RI_k^1,\cdots,RI_k^m)a^{k-1} \tag{9-15}$$

$$CR_k=CR_{k-1}+CI_k/RI_k \tag{9-16}$$

这里 CI_k^i 和 RI_k^i 分别为在 $k-1$ 层第 i 个准则下判断矩阵的一致性指标和平均随机一致性指标。当 $CR_k<0.1$ 时,则认为递阶层次在层水平上整个判断有满意的一致性。

9.4　隧道动态风险估计方法

9.4.1　模糊数学方法

1965 年，美国控制论专家查德为了从数学上处理带有模糊性的不确定性现象，首次提出了模糊集合的概念，从而开创了模糊数学这门数学分支。模糊集合把普通集合中“非此即彼”的性质拓展到“亦此亦彼”的概念，扩大了普通集合的应用范围。概率论和数理统计将数学的应用从必然现象扩大到随机现象的领域，模糊数学将数学的应用从清晰现象扩大到模糊现象的领域，而模糊可靠性理论的出现使得同时处理工程中的随机现象和模糊现象成为可能。

(1)隶属函数：设 A 是集合 X 到$[0,1]$的一个映射，$A:X\rightarrow[0,1]$，$X\rightarrow A(x)$则称 A 是 X 上的模糊集，$A(x)$称为模糊集 A 的隶属函数，或称 $A(x)$为 x 对模糊集 A 的隶属度。隶属函数的确定是模糊理论的基础，隶属函数的确定带有人的主观因素，但绝不可以任意臆造，而必须以客观规律为基础。隶属函数的确定通常是先初步确定粗略的隶属函数，然后通过不断的实践检验，逐渐修正和完善，最终达到主观和客观的一致。隶属函数的确定有许多方法，例如：五点法、三分法、选择法、遗传算法、专家经验法、典型函数法、模糊统计法、可变模型法、相对选择法、二元对比排序法、人工神经元网络学习法等。采用专家经验法确定风险因素的损失概率和损失值。专家经验法是根据专家的经验和学识来确定隶属函数的方法。

(2)模糊数：模糊数是一种特殊的模糊集，是模糊化的区间数，它不但能表示区间全体，而且还能表示区间内各元素对该区间的隶属度。定义如下：设 $\tilde{I}$ 为实数域 R 上的模糊集，$\mu_{\tilde{I}}(u)$是它的隶属函数，设 $\beta=\mathrm{Sup}\mu_{\tilde{I}}(u)$(符号 Sup 表示 $\tilde{I}$ 的上模，即 $\mu_{\tilde{I}}(u)$的极大值)，若对任意 $\lambda\in\{0,\beta\}$，$I_\lambda=\{u/\mu_{\tilde{I}}(u)\geqslant\lambda\}$都是一个闭区间，则称 $\tilde{I}$ 是一个模糊数。模糊数是一种特殊的模糊集。因此，模糊数的表示方式和模糊集的表示方式相同。若 $\tilde{A}=(a,b,c,d)$，其中 a,b,c,d 是实数，则称之为梯形模糊数，$\tilde{A}$ 是实数集 R 的模糊子集，其隶属函数 $\mu_{\tilde{A}}$ 满足下列条件：

$$\mu_{\tilde{A}}=\begin{cases}\dfrac{x-a}{b-a},a\leqslant x\leqslant b\\ 1,b\leqslant x\leqslant c\\ \dfrac{x-d}{c-d},c\leqslant x\leqslant d\\ 0,\text{其他}\end{cases}\tag{9-17}$$

(3)模糊集的重心：当论域 $U=\{u_1,u_2,\cdots,u_n\}\in R$($R$ 为实数域)时，U 上模糊集 $\tilde{A}$：$\mu_{\tilde{A}}(u)$的重心 $G_{\tilde{A}}$ 定义为

$$G_{\tilde{A}}=\frac{\sum_{i=1}^{n}\mu_{\tilde{A}}(u_i)\cdot u_i}{\sum_{i=1}^{n}\mu_{\tilde{A}}(u_i)}\tag{9-18}$$

式中　$\sum_{i=1}^{n}\mu_{\tilde{A}}(u_i)\neq 0$。

模糊集的重心是模糊集的固有属性，它反映了模糊集的隶属度在论域 U 内集中的地方。

9.4.2 风险模糊估计

(1)风险概率模糊估计：针对隧道的施工特点，选用专家经验法确定隶属函数，通过专家的经验和学识来估计风险概率和风险损失。

①确定专家权重：采用加权平均法对专家经验法得到的数据进行处理，确定风险概率的隶属度。根据专家的年龄、资历、经验等，将专家大致分为四类，专家权重分别取 1.0、0.8、0.5、0.3，其中一类专家所作出的判断是最可靠的，数据反映的信息也是最真实的。具体专家分类见表 9-5。

表 9-5 专家分类表

类 别	一类	二类	三类	四类
专家分级说明	①隧道工程领域元老级专家；②施工单位项目经理；③驻地高监；④设计负责人	①高级职称以上施工技术人员；②高级职称以上科研人员；③高级职称以上监理人员；④高级职称以上设计人员	①中级职称以上施工技术人员；②中级职称以上科研人员；③中级职称以上监理人员；④中级职称以上设计人员	①初级职称以上施工技术人员；②初级职称以上科研人员；③初级职称以上监理人员；④初级职称以上设计人员
权重(γ)	1.0	0.8	0.5	0.3

②风险概率分级：根据国际通用的风险发生概率定性的定级方法，将风险发生概率 P 分为五级，见表 9-6。

表 9-6 风险概率分级表

等 级	A	B	C	D	E
事故描述	不可能	很少发生	偶尔发生	可能发生	频繁
区间概率	$P<0.01\%$	$0.01\%\leqslant P<0.1\%$	$0.1\%\leqslant P<1\%$	$1\%\leqslant P<10\%$	$P\geqslant10\%$

③专家模糊估计：第 i 个专家对第 j 个风险因素的 5 个发生概率等级隶属度作评价，可用下式表示：

$$P_{ij}=\frac{\mu_{PA_{ij}}}{A}+\frac{\mu_{PB_{ij}}}{B}+\frac{\mu_{PC_{ij}}}{C}+\frac{\mu_{PD_{ij}}}{D}+\frac{\mu_{PE_{ij}}}{E} \tag{9-19}$$

式中 $\sum_{k=A}^{E}\mu_{Pk_{ij}}=1$。

④风险因素发生概率的隶属度：根据 n 个专家对某一风险因素 j 的概率隶属度评价结果，进行加权平均，则可得风险因素 j 发生概率的模糊集：

$$P_{j}=\frac{\mu_{PA_{j}}}{A}+\frac{\mu_{PB_{j}}}{B}+\frac{\mu_{PC_{j}}}{C}+\frac{\mu_{PD_{j}}}{D}+\frac{\mu_{PE_{j}}}{E} \tag{9-20}$$

式中 $\mu_{Pk_{j}}=\dfrac{\sum_{i=1}^{n}\gamma_{i}\mu_{Pk_{ij}}}{\sum_{i=1}^{n}\gamma_{i}}\ (k=A,B,C,D,E)$；

n——专家个数；

γ——专家权重。

(2)风险损失模糊估计：考虑工程风险损失严重程度的不同，建立风险损失等级标准，将工程风险损失分为五级，详见表 9-7。其确定专家权重、专家模糊估计及各个基本风险因素的风险后果模糊集的具体过程参照本章风险概率模糊估计。由于隧道施工风险损失类别较多，总体来讲包括安全风险损失和财产风险损失两部分。根据承险体的不同，一共具体划分为五类损失，包括直接经济损失、工期损失、人员伤亡损失、社会环境损失和生态环境破坏损失，每类损失的定义及等级标准如下所述。

表 9-7　工程风险损失等级标准

等级	1	2	3	4	5
描述	可忽略的	需考虑的	严重的	非常严重的	灾难性的

①直接经济损失：指施工过程中由于工程事故产生的设备损坏、结构修复等造成的各种直接费用总称，这也是隧道施工最主要的损失。直接经济损失等级用直接经济损失费用总量表示，具体见表 9-8。

表 9-8　直接经济损失等级标准

损失等级	1	2	3	4	5
经济损失(万元)	EL＜500	500≤EL＜1 000	1 000≤EL＜5 000	5 000≤EL＜10 000	EL≥10 000

注：EL 为经济损失；参考国务院《生产安全事故报告和调查处理条例》(2007-06-01)。

②工期损失：指施工过程中由于各种工程事故产生后，事故处理、返工及重建造成的对工期的延误。针对不同的工程类型和建设工期，采用两种不同单位标准表示：短期工程Ⅰ(建设工期两年以内)采用天表示；长期工程Ⅱ(建设工期两年以上)采用月表示。具体见表 9-9。

表 9-9　工期损失等级标准

损失等级	1	2	3	4	5
延误时间Ⅰ(天)	$T<10$	$10\leqslant T<30$	$30\leqslant T<60$	$60\leqslant T<90$	$T\geqslant 90$
延误时间Ⅱ(月)	$T<1$	$1\leqslant T<3$	$3\leqslant T<6$	$6\leqslant T<9$	$T\geqslant 9$

注：T 为延误时间(天，月，每月按 30 天计)。

③人员伤亡损失：指施工过程中各种工程事故产生的人员伤害。根据人员伤亡的类别和严重程度，具体等级标准见表 9-10。

表 9-10　人员伤亡损失等级标准

损失等级	1	2	3	4	5
人员伤亡(人)	SI＜5	5≤SI＜10 或 $F<3$	10≤SI＜50 或 $3\leqslant F<10$	50≤SI＜100 或 $10\leqslant F<30$	SI≥100 或 $F\geqslant 30$

注：SI 为重伤人数，F 为死亡人数(含失踪)；参考国务院《生产安全事故报告和调查处理条例》(2007-06-01)和《企业职工伤亡事故分类》(GB 6441—1986)。

④社会环境损失：指施工对周边构筑物(例如房屋、道路、管线等)产生的破坏影响或影响其正常使用所造成的经济损失以及对周边人民生活产生的影响(例如施工噪声、污水排放问题等都可能引起群众的不满，造成不良的社会影响)造成的损失。具体等级标准见表 9-11。

表 9-11 社会环境损失等级标准

损失等级	1	2	3	4	5
经济损失(万元)	EL＜50	50≤EL＜100	100≤EL＜500	500≤EL＜1 000	EL≥1 000

注:EL 为经济损失。

⑤生态环境损失:指隧道施工对周边区域自然环境造成的影响损失,包括自然环境污染与社会转移安置等损失。具体等级标准见表 9-12。

表 9-12 生态环境损失等级标准

等 级	损失严重程度描述
1	涉及范围很小,无群体性影响,需紧急转移安置小于 50 人
2	涉及范围较小,一般群体性影响,需紧急转移安置 50～100 人
3	涉及范围大,区域正常经济活动、社会活动受影响,需紧急转移安置 100～500 人
4	涉及范围很大,区域生态功能部分丧失,需紧急转移安置 500～1 000 人
5	涉及范围非常大,区域周边生态功能严重丧失,需紧急转移安置 1 000 人以上,正常的经济、社会活动受到严重影响

9.5 隧道动态风险评价标准

9.5.1 风险评价标准

隧道施工期间发生的工程风险,是否可以接受及接受的程度如何,决定着不同的风险控制对策和处理措施,进行隧道风险评价就需要明确风险等级及接受准则。

(1)风险分级标准:风险分级标准包括风险事故发生概率的等级标准(简称风险概率等级,见表 9-5)和风险事故发生后的损失等级标准(简称风险损失等级标准,见表 9-6)。

(2)风险评价标准:根据不同的风险概率等级和风险损失等级,建立风险分级评价矩阵(简称风险评价矩阵),具体见表 9-13。

表 9-13 风险评价矩阵

风 险		风险损失				
		1. 可忽略	2. 需考虑	3. 严重	4. 非常严重	5. 灾难性的
发生概率	A:$P<0.01\%$	一级	一级	二级	三级	四级
	B:$0.01\%\leq P<0.1\%$	一级	二级	三级	三级	四级
	C:$0.1\%\leq P<1\%$	一级	二级	三级	四级	五级
	D:$1\%\leq P<10\%$	二级	三级	四级	四级	五级
	E:$P\geq 10\%$	二级	三级	四级	五级	五级

(3)风险接受准则:不同等级的风险需采用不同的风险控制和处理措施,结合风险评价矩阵,不同等级风险的接受准则和相应的控制对策见表 9-14。

表 9-14　风险接受准则

等级	接受标准	控制方案	应对部门
一级	可忽略的	日常管理和审视	工程建设参与各方
二级	可容许的	需注意，加强日常管理和审视	
三级	可接受的	引起重视，需防范、监控措施	
四级	不可接受的	需决策，制定控制、预警措施	政府部门及工程建设参与各方
五级	拒绝接受的	立即停止，整改、规避或启动应急预案	

9.5.2　风险水平分级

（1）风险水平分级：根据风险评价矩阵，并根据“二八法则”确定 5 个风险等级范围及指针值 V，具体见表 9-15。

表 9-15　风险水平分级

等　级	PC 区域	指针值 V	等级范围	接受准则
一级	1A、1B、1C、2A	16	0～20	可忽略的
二级	1D、1E、2B、2C、3A	36	20～40	可容许的
三级	2D、2E、3B、3C、4A、4B	56	40～60	可接受的
四级	3D、3E、4C、4D、5A、5B	76	60～80	不可接受的
五级	4E、5C、5D、5E	96	80～100	拒绝接受的

（2）计算风险水平评价指标：由风险评价矩阵可得到风险因素 j 的评价指标：

$$R_j=\frac{\mu_{Rj1}}{V_1}+\frac{\mu_{Rj2}}{V_2}+\frac{\mu_{Rj3}}{V_3}+\frac{\mu_{Rj4}}{V_4}+\frac{\mu_{Rj5}}{V_5} \tag{9-21}$$

式中　$\mu_{Rj1}=\mu_{C1j}\cdot\mu_{PAj}+\mu_{C1j}\cdot\mu_{PBj}+\mu_{C1j}\cdot\mu_{PCj}+\mu_{C2j}\cdot\mu_{PAj}$；

$\mu_{Rj2}=\mu_{C1j}\cdot\mu_{PDj}+\mu_{C1j}\cdot\mu_{PEj}+\mu_{C2j}\cdot\mu_{PBj}+\mu_{C2j}\cdot\mu_{PCj}+\mu_{C3j}\cdot\mu_{PAj}$；

$\mu_{Rj3}=\mu_{C2j}\cdot\mu_{PDj}+\mu_{C2j}\cdot\mu_{PEj}+\mu_{C3j}\cdot\mu_{PBj}+\mu_{C3j}\cdot\mu_{PCj}+\mu_{C4j}\cdot\mu_{PAj}+\mu_{C4j}\cdot\mu_{PBj}$；

$\mu_{Rj4}=\mu_{C3j}\cdot\mu_{PDj}+\mu_{C3j}\cdot\mu_{PEj}+\mu_{C4j}\cdot\mu_{PCj}+\mu_{C4j}\cdot\mu_{PDj}+\mu_{C5j}\cdot\mu_{PAj}+\mu_{C5j}\cdot\mu_{PBj}$；

$\mu_{Rj5}=\mu_{C4j}\cdot\mu_{PEj}+\mu_{C5j}\cdot\mu_{PCj}+\mu_{C5j}\cdot\mu_{PDj}+\mu_{C5j}\cdot\mu_{PEj}$。

（3）确定风险水平等级：采用加权平均法对评判指标进行处理。

$$v_j=\sum_{k=1}^{5}\mu_{Rkj}\cdot V_k \tag{9-22}$$

则 v_j 对应的风险等级范围即为基本风险因素 j 评判的风险水平等级。

9.6　隧道 LEC 风险分析应用

9.6.1　依托隧道概况

（1）隧道概况：重丘 2 号隧道最大埋深约 52 m，线间距 23～30 m，为分离式＋小净距组合式隧道，其中左线起始桩号为 ZK1＋664～ZK2＋164，长 500 m；右线起始桩号为 K1＋663～K2＋160，长 497 m。共设置人行横道 1 处（K1＋868），隧道左边路线前进方向为 2.992％上坡

500 m，隧道右线前进方向 2.82%上坡 497 m。均为Ⅴ级围岩，右线 K1+946.5(左线 ZK1+958)处上穿铁路新乔隧道，间距为 33.41 m(洞顶至仰拱底净距 21 m)。

(2)地形地貌：地形地貌单元上属于黄河Ⅲ级阶地，地面较为平坦开阔，多种植植物，表层植物根系发育。土层以黄土状粉土和粉质黏土为主，局部为粉细砂，黄土状土具湿陷性，土质均匀，黄褐色，上部表层土层由于人类扰动，多呈松散状，承载力低。拟建隧址区属黄土塬地貌，地形起伏不平，冲沟发育，沟谷深切，山间植被茂盛，根系发育。隧址区地面高程 358.6～435.4 m。

(3)地层岩性：路线所经区域地层主要为第四系晚更新统，(Q_3^{ml+pl})的黄土状粉土、粉土、粉质黏土等。①黄土状粉土：黄褐色，稍湿，稍密，土质较均匀，含有少量钙质结核、白色网膜、黑色铁锰质斑点及蜗牛壳；无光泽反应，干强度低，韧性低。②粉土：黄褐色，稍湿，中密，土质均匀，含有少量黑色铁锰质斑点及蜗牛壳；无光泽反应，干强度低，韧性低。③粉质黏土：褐黄色，稍湿，硬塑，土质较均匀，含黏质条团、白色网膜、黑色铁锰质斑点，切面较光滑，稍有光泽，干强度中等，韧性中等。

(4)地质构造活动：隧址区地壳构造复杂，活动剧烈。区内断裂发育，规模较大，纵横交错，尤以中新生代的断裂活动最强。依据《中国地震动参数区划图》(GB 18306—2015)、《建筑抗震设计规范》(GB 50011—2010)(2016 版)，项目区均位于 7 度区，动峰值加速度 0.15g，特征周期为 0.40 s。依据区域地震构造特点和区域历史地震发震情况及影响烈度，并参照《中国地震动参数区划图》，判定项目区域为较稳定区域。

(5)水文地质条件：①隧址区范围内，勘察未见地下水，依据区域水文资料，隧道区域内的松散岩类孔隙水，埋藏较深，隧址区一般地下水深度大于 80 m，主要由大气降水和地表水体渗入补给，其自然动态为渗入—径流—蒸发型。②路线区浅层地下水属 HCO_3－Ca、HCO_3－Ca－Mg、HCO_3－Ca－Mg－Na 型水，矿化度一般小于 2 g/L，属于淡水，综合判定：地下水对混凝土结构具有微腐蚀性，对钢筋混凝土中的钢筋具微腐蚀性，对钢结构具微腐蚀性。气象条件，本项目沿线地处中纬度内陆区，大部分地区属暖温带大陆性季风气候，冬寒夏热，四季分明。历年平均气温 13.8 ℃，极端最低气温－16.5 ℃，极端最高气温 43.2 ℃，年平均日照 2 261.7 h，无霜期 216 d，年平均降水量 650.85 mm，最大降水量 947.9 mm，最小降水量 413.9 mm，降水多集中在七、八、九三个月，主导风向为东南风，平均风速 2.9 m/s，最大风速 17 m/s。由于地貌特征复杂，形成了具有暖温带、温带和寒温带的多元气候。

(6)工程地质评价：①重丘 2 号隧道围岩为第四系上更新统及第三系底层，上部黄土状粉土及粉土，稍密～中密状，具有湿陷性，湿陷等级Ⅱ～Ⅳ级；下部粉质黏土，硬塑。所以围岩等级均为Ⅴ级围岩。②进出口稳定性评价，进出口围岩均为Ⅴ级，表层为薄层植被土，以粉土为主，植物根系发育，结构松散，上部为湿陷性黄土状粉土，土质均匀，垂直节理发育，开挖易发生黄土滑塌，工程地质条件较差，施工时应采取防护措施。因进出口处黄土具湿陷性，施工时应充分考虑受地表水冲刷，加强防护措施。

9.6.2 LEC 风险评价法

LEC 法是当前应用极为广泛的风险管理方法，在多个领域发挥着日益重要的作用。但是，该方法在对风险发生的概率进行判定时由于过于依赖主观判断而存在较大的局限性，在实际应用中可能出现评价失准的情况。因此，实际应用中也处在不断对其进行改进和创新过程中。

LEC 评价法是一种传统方法，是用来评价人们在具有潜在危险环境中作业时的半定量评价方法，是用与系统风险率有关的三种因素指标值之积来评价系统人员伤亡风险大小的。从本质上讲，LEC 法在风险评价中的数据来源主要是事故发生大小的概率、在危险环境人体暴露的可能性、危险发生所造成的后果三个方面，一般来说，D 数值越大则潜在风险越大。采用 LEC 法进行风险评价就要着重从 L 和 E 两个方面对风险进行控制。LEC 法表达式为

$$D=L \cdot E \cdot C \tag{9-23}$$

式中　L——事故发生概率；

E——人体暴露的频繁程度；

C——一旦危险发生造成的后果；

D——潜在风险。

9.6.3　L、E、C 赋值标准

L、E、C 赋值标准见表 9-16～表 9-18，根据风险值 D 进行风险等级划分见表 9-19。

表 9-16　事故发生的可能性（L）

分数值	事故发生的可能性	分数值	事故发生的可能性
10	完全可以预料	0.5	很不可能，可以设想
6	相当可能	0.2	极不可能
3	可能，但不经常	0.1	实际不可能
1	可能性小，完全意外	—	—

表 9-17　人员暴露于危险环境中的频繁程度（E）

分数值	人员暴露于危险环境中频繁程度	分数值	人员暴露于危险环境中频繁程度
10	连续暴露	2	每月一次暴露
6	每天工作时间内暴露	1	每年几次暴露
3	每周一次或偶然暴露	0.5	非常罕见的暴露

表 9-18　发生事故可能造成的后果（C）

分数值	发生事故可能造成的后果	分数值	发生事故可能造成的后果
100	大灾难，许多人死亡，或造成重大财产损失	7	严重，重伤，或造成较小的财产损失
40	灾难，数人死亡，或造成很大财产损失	3	重大，致残，或很小的财产损失
15	非常严重，一人死亡，或造成一定的财产损失	1	引人注目，不利于基本的安全卫生要求

表 9-19　根据风险值 D 进行风险等级划分

分数值	风险级别	危险程度
大于 320	五级	极其危险，不能继续作业（制定管理方案及应急预案）
160～320	四级	高度危险，要立即整改（制定管理方案及应急预案）
70～160	三级	显著危险，需要整改（编制管理方案）
20～70	二级	一般危险，需要注意
小于 20	一级	稍有危险，可以接受

9.6.4 风险评价结果

采用 LEC 法对依托隧道工程开展风险评价结果见表 9-20。

表 9-20 隧道开挖及支护施工危险因素识别与风险评价

工序	危险源	可导致事故	危险性评价				危险等级	危险级别
			L	E	C	D		
进洞开挖初支施工	隧道进洞未按方案步骤进行开挖	坍塌	3	6	7	126	3 级	显著危险
	土质、石质围岩进尺长度超过方案规定	坍塌	3	6	7	126	3 级	显著危险
	开挖后，未及时进行初期支护施工	坍塌	3	6	7	126	3 级	显著危险
	钢支撑未施工锁脚锚杆、纵向连接及有效支垫	物体打击	3	6	7	126	3 级	显著危险
	两侧边墙同时开挖施工造成拱架悬空	物体打击	3	6	7	126	3 级	显著危险
	进洞浅埋段初期支护未及时封闭成环	坍塌	3	6	7	126	3 级	显著危险
	洞口段未及时进行监控量测工作	坍塌	3	6	7	126	3 级	显著危险
	未及时进行超前地质预报工作	坍塌	3	6	7	126	3 级	显著危险
	开挖后未排险作业进行支护施工	物体打击	3	6	7	126	3 级	显著危险
	未及时进行掌子面描述工作，实测地质与地勘资料未进行对比	坍塌	3	6	7	126	3 级	显著危险
	爆破通风、出渣后未进行找顶清除危石	物体打击、坍塌	3	6	7	126	3 级	显著危险
	作业台架无防护设施	高处坠落	3	6	3	54	2 级	一般危险
洞身段开挖初支施工	开挖前未进行超前地质预报工作	坍塌	3	6	7	126	3 级	显著危险
	未按方案进行开挖掘进	坍塌	3	6	7	126	3 级	显著危险
	未施工超前支护	坍塌	3	6	7	126	3 级	显著危险
	初期支护施工未紧跟掌子面	坍塌	3	6	7	126	3 级	显著危险
	未及时进行监控量测工作	坍塌	3	6	7	126	3 级	显著危险
洞身段开挖初支施工	开挖后未排险作业进行支护施工	物体打击	3	6	7	126	3 级	显著危险
	未及时进行掌子面描述工作，实测地质与地勘资料未进行对比	坍塌	3	6	7	126	3 级	显著危险
	爆破通风、出渣后未进行找顶清除危石	物体打击、坍塌	3	6	7	126	3 级	显著危险
	钢支撑未施工锁脚锚杆、纵向连接及有效支垫	物体打击	3	6	7	126	3 级	显著危险
	上下台阶超出安全步距要求	坍塌	3	6	7	126	3 级	显著危险
	掌子面进尺长度超过方案规定	坍塌	3	6	7	126	3 级	显著危险
	作业台架无防护设施	高处坠落	3	6	3	54	2 级	一般危险

续上表

工　　序	危　险　源	可导致事故	危险性评价				危险等级	危险级别
			L	E	C	D		
出洞开挖初支施工	未按方案要求步骤施工	坍塌	3	6	7	126	3 级	显著危险
	未及时进行监控量测工作	坍塌	3	6	7	126	3 级	显著危险
	未及时进行超前地质预报工作	坍塌	3	6	7	126	3 级	显著危险
	未施工洞口段超前支护	坍塌	3	6	7	126	3 级	显著危险
	未及时进行掌子面描述工作，实测地质与地勘资料未进行对比	坍塌	3	6	7	126	3 级	显著危险
洞内运输作业	洞内视觉效果差	交通事故	3	6	3	54	2 级	一般危险
	洞内交通运输无专人指挥	交通事故	3	6	3	54	2 级	一般危险
	台架、台车无反光标识、安全标识	交通事故	3	6	3	54	2 级	一般危险
洞内通风、供风	未按方案要求配置通风机	中毒窒息	1	6	40	240	4 级	高度危险
	爆破作业后未进行及时通风	中毒窒息	1	6	40	240	4 级	高度危险
	通风机老化，供风能力不足	中毒窒息	1	6	40	240	4 级	高度危险
	每日开工前，洞内未提前进行通风	中毒窒息	1	6	40	240	4 级	高度危险
洞内照明	洞内未按规定使用冷光灯	交通事故	3	6	3	54	2 级	一般危险
	洞内照明使用碘钨灯	火灾	3	3	15	90	3 级	显著危险
洞内临时排水	洞内无临时排水，钢支撑底部受排水浸泡	物体打击	3	6	7	126	3 级	显著危险
施工用电	用电超过现场配电箱负荷	火灾、触电	1	1	3	3	1 级	稍有危险
	电气检修、设备停用、移动用电设备未切断电源	触电	3	1	15	45	2 级	一般危险
	配电不符合三级配电两级漏保、一机一闸一漏的规定	触电	3	3	15	90	3 级	显著危险
	配电箱开关箱无漏电保护器或失灵，漏电保护装置参数不匹配	触电	1	6	15	90	3 级	显著危险
	电箱、用电设施、灯具金属外壳未做保护接零	触电	3	2	3	18	1 级	稍有危险
	电缆过路无保护措施	触电	3	2	3	18	1 级	稍有危险
	电线乱搭乱接	触电	3	3	15	90	3 级	显著危险
	开关箱、接头无防雨、防潮、防水措施	触电	3	1	7	21	2 级	一般危险
	一闸多用、多机使用	触电	3	3	15	90	3 级	显著危险

续上表

工　　序	危 险 源	可导致事故	危险性评价				危险等级	危险级别
			L	E	C	D		
施工机械、设备	钢筋切割机传动部位无防护设施	机械伤害	1	3	3	9	1级	稍有危险
	钢筋切割机开关安装位置不规范	触电	3	6	3	54	2级	一般危险
	氧气乙炔瓶使用、存放安全距离不足、混放，气管压力表老化破损	爆炸	1	6	15	90	3级	显著危险
	钻眼机械在作业面拆卸维修，作业时支撑不稳定	机械伤害	3	6	3	54	2级	一般危险
雨季施工	洞口段未及时进行监控量测工作	塌方	1	6	15	90	3级	显著危险
	雨后未对洞内气体进行检测	中毒窒息	1	6	40	240	4级	高度危险

第三篇

技 术 体 系

第10章　隧道工程施工风险预防措施

10.1　隧道风险监控概论

10.1.1　风险监控

(1)风险监控目标。①努力及早识别风险。②努力避免风险事件的发生。③积极消除风险事件的消极后果。④充分吸取风险管理中的经验与教训。

(2)风险监控时机。何时进行监控,以及要付出多大的代价来进行监控,一般取决于经过风险衡量和评价的结果是否对工程项目造成了或将要造成不能接受的威胁。①项目决策阶段应做两种比较:一是把接受风险得到的直接收益和可能蒙受的直接损失进行比较;二是把接受风险得到的间接收益和可能蒙受的间接损失进行比较。综合两种比较结果,决定项目是否继续。当项目需要继续,但又面临的风险比较大时,则需要对其进行监控。②项目实施阶段:当发现项目风险对实现项目目标威胁比较大,且需要采用规避、转移和缓解等应对措施时,一般也需要对其采取监控。采用多大的力度监控取决于项目风险对项目目标的威胁程度,一般需作适当风险成本分析,然后采取合理监控技术和措施。

(3)风险监控依据。隧道工程风险监控的主要依据有:①风险管理计划。对于已经识别的风险的管理活动都是按这一计划展开的,但在新的风险出现后要立即对其进行更新。②风险应对计划。风险应对计划是风险应对措施和项目风险控制工作的具体计划和安排,是工程项目风险监控的直接依据之一。③工程项目变更。对工程项目作出变更后可能会出现新的风险。④在工程项目实施中新识别的风险。随着工程项目进展,建设环境也在不断地发生变化,新的风险常常也随之而生。⑤已发生过的风险。某一风险事件发生后,对工程项目的建设环境一般会有一定影响。这对其他风险事件发生的可能性或可能的后果一般也会产生影响。

(4)风险监控内容。隧道风险监控主要内容有:①施工状态的变化,包括隧道内力、位移、裂缝等反映隧道实际状态的各项指标和参数的变化。②风险因素与风险事件的变化,包括是否有新的风险因素和风险事件的出现,以及其变化情况与发展趋势等。③施工风险水平变化,包括施工期间风险水平是否发生变化、发生了哪些变化、发展趋势如何等。④风险应对措施的实施情况,包括风险应对措施是否正在按计划实施,实施效果如何,是否需要进行调整或制定新的应对方案等。

(5)风险监控方法。工程项目的费用、进度和质量是风险监视的三大主要对象。针对不同的对象和同一对象的不同层次应采取不同的监视方法,以取得分析判断风险发展变化的信息。对于进度风险的监视方法有横道图法和前锋线法;对于质量风险的监视方法有控制图法;对于费用风险的监视方法主要有横道图法和净值分析法。在此提出如下两种主要方法:

①审核检查法:隧道工程项目建议书、工程项目的技术要求、工程项目的招标文件、计划文件、实施计划、必要的实验都需要审核。(a)审核时要检查错误、疏漏、不准确、前后矛盾、不一

致之处。审核还应发现以前或他人未注意或未想到的地方和问题。审核可以项目进展到某个节点时以会议形式进行。审核会议要有明确的目标、提出的问题要具体、要请多方面的人员参加。参加者不许审核自己负责的那部分工作。审核结束后,要把发现的问题及时交代给原来负责的人员,让其马上采取措施,予以解决,问题解决后要签字验收。(b)检查是在项目实施过程中进行,而不是在项目告一段落时进行。检查是为了把各方面来的反馈意见立刻通知有关人员,一般以已完成的工作成果为对象,包括项目的设计文件、实施计划、试验计划、试验结果、正在实施的工程、运到现场的材料设备等。检查不像审核那样正规,一般在项目的实施阶段进行。检查要有统一的记录表,信息应及时反馈,以便进行分析调查。

②风险图表示法:根据风险评价的结果,从项目的所有风险中挑选出几个,例如将风险等级为三级的,列入监控范围。然后每月对这几个进行检查,同时写出风险规避计划,说明用于规避风险的策略和措施是否取得了成功。与此同时,画一张图表,列出当月风险等级为三的风险。其中每个都写上当月的优先顺序号、上个月的优先顺序号以及它在这张表上出现了几个星期,如果发现表上出现了以前未出现过的新风险,或者有的风险情况变化很小,那么就要考虑是否需要重新进行风险分析,要注意尽早发现问题,不要让其由小变大,进而失去控制;同样重要的是,要及时注意和发现风险应对措施取得的进展,把已成功控制住的风险记录在图表中。另外,还要跟踪列入图表中等级为三级的风险类别变化。如果新列入图表的风险以前未被划入未知或不可预见的类别,那么,就预示着有很大可能要出现麻烦,这种情况还表明原来做的风险分析不准确,项目实施面临的风险要比当初考虑的风险大。项目在日常进展中,一定会显露出一些风险迹象,管理人员应当积极捕捉,把有关风险信息、资料收集起来,来自其他部门的一些资料,包括合同、人事、财务、营销等,都会帮助管理人员抓住风险迹象。

(6)风险控制。

①风险权变措施,指未事先计划或考虑到的应对风险的措施。工程项目是一开放性系统,建设环境较为复杂,有许多风险因素在风险计划时考虑不到,或对其没有充分的认识。因此,对其的应对措施可能会考虑不全,或者事先根本就没有考虑。而在风险监控时才发现了某些风险的严重性甚至是一些新风险。若在风险监控中面对这种情况,就要求能随机应变,提出应急应对措施。对这些措施必须有效地做记录扩并纳入项目和风险应对计划之中。

②风险纠正措施,是使项目未来预计绩效与原定计划一致所做的变更。借助于风险监视的方法,或发现被监视工程项目风险的发展变化,或出现了新的风险。若监视结果显示,工程项目风险变化按预期发展,风险应对计划也在正常执行,这表明风险计划和应对措施均在有效地发挥作用。若一旦发现工程项目列入控制的风险在进一步发展或出现了新的风险,则应对项目风险做深入分析评估,并在找出引发风险事件影响因素的基础上,及时采取纠正措施(包括实施应急计划和附加应急计划)。

③项目变更申请,如提出改变工程项目的范围、改变工程设计、改变实施方案、改变项目环境、改变工程项目费用和进度安排等的申请。一般而言,如果频繁执行应急计划或权变措施,则需要对项目计划进行变更以应对项目风险。在工程项目实施阶段,在合同的环境下,项目变更,无论是业主、监理单位、设计单位还是承包人,认为原设计图纸、技术规范、施工条件、施工方案等方面不适应项目目标的实现,或可能会出现风险,均可向监理工程师提出变更要求或建议,但该申请或建议一般要求是书面的。工程变更申请书或建议书包括以下主要内容:(a)变更的原因及依据:更的内容及范围;变更引起的合同价的增加或减少;变更引起的合同期的提前或延长;为审查所必须提交的附图及其计算资料等;对工程变更申请一般由监理工程师组织

审查(监理工程师负责对工程变更申请书或建议书进行审查时,应充分与业主、设计单位、承包人进行协商,对变更项目的单价和总价进行估算,分析因变更引起的该工程项目费用增加或减少的数额,以及分析工程变更实施后对控制项目的纯风险所产生的效果)。(b)工程变更一般应遵循的原则:工程变更的必要性;变更后不降低工程的质量标准,不影响工程完工后的运行与管理;工程变更在技术上必须可行、可靠;工程变更的费用及工期是经济合理的;工程变更尽可能不对后续施工在工期或施工条件上产生不良影响;风险应对计划更新。

(7)风险动态分析控制:风险是一随机事件,可能发生,也可能不发生;风险发生后的损失不是太严重,比预期的要小,也可能损失比较严重,比预期的要大。通过风险监视和采取应对措施,可能会减少一些已识别风险的出现概率和后果。因此,在风险监控基础上,有必要对项目各种风险重新进行评估,将项目风险次序重新进行排列,对风险应对计划相应也进行更新,以使新的和重要风险能得到有效控制。

10.1.2 监控途径

动态风险管理是个循环的过程,即通过监控、复查、登记等方法来对隧道建设中的风险进行跟踪和再管理。隧道工程动态风险监控途径如下:

(1)基于监控量测的动态风险分析:隧道施工监测对象主要包括地层介质、隧道结构等。监测信息是隧道安全状态的一种综合反应,每个监测项目都可能表征一项或几项风险事故。因此,可针对风险因素进行分析整理,并结合一些具体工程风险控制措施,预防监测数据的不正常变化,进而控制风险事故的发生。工程实践中具体操作流程如下:①建立风险因素—监测项目—风险事故关系,确定导致每个监测项目数值超标的影响因素,以及可能带来的风险事故关系。②根据以往隧道工程经验,整理出各风险因素引起监测项目数据变化曲线图,得到影响隧道监测项目数据变化的主要风险因素。③将风险因素—监测项目—风险事故关系转化为风险因素—风险事故关系的常规风险分析方法来研究动态风险。

(2)基于地质超前预报的动态风险分析:在隧道工程可行性研究和勘察设计阶段,尚不可能投入大量的经费加大钻探工作量和开展大量的地球物理勘探工作,且隧道工程大多位于深山地区,地形地质条件极其复杂,更加大了钻探和开展地球物理勘探工作的难度,势必带来地质勘察资料精度的不高。而在隧道开挖施工过程中,遭遇的坍方、涌水、涌泥、岩爆和瓦斯突出等一系列地质灾害是影响施工进度的主要因素之一。因而在隧道施工过程中,采用超前地质预报技术对地质风险进行实时监控是很必要的。依据地面详勘资料和隧道现场地质情况,选取合适的超前地质预报方法对掌子面前方的地质状况进行预测,对风险进行监视,如有异常,及时对风险因素集、权重、损失进行修改,并对风险进行重新评估。

(3)基于工程质量检测与控制的动态风险分析:隧道工程结构组成具有以下特点:隧道工程都是在地下一定深度修筑的,隧道结构被极为复杂多变的岩土系统包裹,具有很强的隐蔽性。新奥法隧道结构由四大子系统组成:①由注浆中空锚杆组成围岩加固区。②由格栅钢架、钢筋网和喷射混凝土组成初期支护。③由防水板组成的防排水系统。④由混凝土组成二次支护。依据不同围岩地质情况,隧道结构还会有其他系统如超前支护加固系统等。隧道工程质量的五个特点:①影响因素多,隧道工程质量受到多种因素的影响,如规划、设计、材料、机具设备、施工工艺和方法、技术措施、人员素质、工期、工程造价等,这些因素直接或间接地影响隧道工程的质量。②质量波动大,隧道工程特别是山岭隧道,施工环境恶劣、施工人员素质参差不齐、原材料质量不易控制，这些很容易造成较大的质量波动。③质量隐蔽性强，隧道工程施工过程中，分项工程交接多、隐蔽工程多，竣工后仅仅能看到二次衬砌混凝土表面。④终检的局限性，隧道工程的终检存在一定的局限性，无法进行工程内在质量的检验，发现隐蔽的质量缺陷。随着无损检测技术的发展，虽然能够探测到隧道工程内部的缺陷，但是对于探测到的缺陷还无法准确无误地判读。⑤评价方法的特殊性，由于隧道工程的这些特点，决定了对隧道工程的评价方法比较特殊。隧道工程的评价方法体现了验评分离、强化验收、完善手段、过程控制的指导思想。

劣质的建设工程会带来危害甚至灾难。隧道施工质量的好坏，直接影响隧道建设期的投资和施工人员、设备的安全，更严重的是会给隧道交工后运营期安全带来不可预测的巨大安全隐患，增加运营养护维护的费用，所以对隧道进行质量检测，不仅是新建隧道工程质量检验评定的需要，也是运营隧道病害整治的需要。综上所述，为了保证隧道工程质量，就必须在隧道施工过程中、竣工后，对隧道工程进行全面质量检测和控制，并做出综合评价。针对各种风险源、风险因素制定动态风险控制措施，预防规避工程质量隐患，进而控制隧道施工风险事故的发生。

(4)基于隧道爆破振动控制的动态风险分析：《爆破安全规程》(GB 6722—2014)第 8.2、8.3 条明文规定，“一般建筑物和构筑物的爆破地震安全性应满足安全振动速度的要求”，“在特殊建(构)筑物附近或爆破条件复杂地区进行爆破时，必须进行必要的爆破地震效应的监测和专门试验，以确保被保护物的安全性”。随着我国交通建设的发展，各类隧道与地下工程的建设也进入一个新的高潮。新建、改扩建隧道工程周围如果分布有居民、建(构)筑物、水源水体、特殊建筑物等，施工过程中会对周围环境的安全产生影响，初期施工影响主要是来自爆破振动对周围建(构)筑物的影响和开挖引起围岩应力重分布的影响。

爆破振动测试内容主要是地表质点振动速度、振动位移、振动加速度、反应谱测试。在隧道开挖施工时，为了保证施工安全和施工质量，为因爆破振动引起民事纠纷提供科学判断依据，有效控制爆破振动对隧道周边建(构)筑物的危害和安全，必须对隧道开挖爆破引起的爆破振动进行信息化施工监测，对每次大爆破振动进行准确测试，分析和掌握爆破地震波的特征、传播规律以及对周边建筑物的影响和破坏机理等，确定回归预报参数，改善爆破振动预测模型，根据测试结果及时调整爆破参数和施工方法，指导爆破安全作业，采取各种控制爆破振动的措施来控制爆破规模及危害，选择最佳爆破方案来保证建筑物安全，有效控制风险事故的发生并降低隧道与地下工程施工风险，对隧道工程爆破参数的设计和后续施工起到指导作用。

(5)基于隧道可视化视频监控的动态风险分析：一方面，由于目前勘察技术条件限制，工程技术人员仍无法完全掌握隧址区岩土体介质结构和赋存地质环境，如岩体的非均质各向异性、局部软弱夹层分布、岩体内部节理密集带位置和涌流通道等，导致隧道施工过程中存在许多不可预见因素。另一方面，隧道工程隐蔽工程多，施工工序复杂，且因施工环境恶劣而导致施工监管较为薄弱，容易引起施工质量事故，甚至出现“偷梁换柱”、偷工减料等恶意质量问题，从而导致隧道安全事故发生，并对隧道长期稳定性与耐久性带来严重安全隐患。在现有施工技术条件下，隧道施工安全生产风险监控手段不甚清晰，隧道施工风险监控管理制度还不完善，隧道施工安全风险预警理念不甚清晰。因此早在交通运输部 2010—2020 年《公路、水运交通主要技术政策》中，已将交通基础设施建设项目安全风险评价列为重点研究课题，基于可视技术的隧道无线视频监控技术的研究和推广应用显得尤为重要。利用以无线远程视频图像实时传输技术为代表的信息化技术，组建隧道施工全过程质量风险监控系统，通过隧道洞口、掌子面、二次衬砌台车等施工关键节点安装摄像头及监控设备，适时快速完成隧道施工风险源远程识别、风险预防预测、风险控制与响应等工作，对隧道施工过程中安全风险、施工工法风险、质量检测与控制风险进行可视化监控和记录，最终使工程管理、质量监督等单位能够对隧道工程进行高效、准确、全面的质量控制。

(6)基于事故故障登记的动态风险分析：虽然隧道工程特点各异，限制了采用工程类比和样本统计方法研究风险的实用性，考虑隧道施工是一个以一定周期为循环的过程，因此可以通过对已有工程建设事故及故障数据的分析和对未来建设过程中风险情况的预测，而不断把新的经验和数据加入对以后可能风险的评估中，从而实现动态风险管理。其中，工程事故及故障登记和分析的方法简单实用，是动态风险积累和辨识的重要途径。在每天的隧道建设过程中，通过填写表格，记载每一项事故及故障信息，其内容包括事故发生的时间，情况简要介绍，对工期耽误、经济损失、人员伤亡情况，以及突发较大事件进行案例分析。然后通过统计得到各类事故的发生规律及概率和损失情况，以预测日后风险发展情况，并指导以后工程建设。

(7)基于动态风险管理理念的风险控制方法：随着隧道工程的施工掘进，其可能遇到的风险也在不断变化，因此有效控制这些风险的措施也需要不断变化。针对风险动态变化的特点，在工程管理具体过程中，从以下几个方面着手进行：①建设经验定期总结，隧道工程有各自的特点，具有不可逆性。建设过程是一个在参考类似工程建设经验的基础上，自我摸索，从建设中学建设的过程，因而工程经验的不断总结将是一项非常重要的内容。在实际管理中，制定定期经验总结计划，推广优秀的建设经验，摒弃和戒除不良的建设陋习，确保工程安全顺利进展。②管理体制合理完善，隧道工程建设工艺复杂，存在多作业面，各流程周期长短不一，涉及不同的单位，并且环环相扣，互相影响，所以工程管理是一项名副其实的庞大工作。虽然在工程开始可以借鉴类似工程的管理体制，但是建设条件的差异以及建设主体的技能和素质不一，因而以往工程管理体制可能出现不适应的情况，因此在建设过程中，应根据工程情况进行调整和完善。③先进技术的引进和创新，当前所采用的隧道开挖设备基本能够适应复杂水文地质条件和长距离施工的要求，具有相当的先进性，然而难免也存在一些技术上的难题，主要有必要进行专项的技术研究，如新型材料的使用、先进工艺的引进、科学管理的借鉴等。

10.1.3　风险跟踪

(1)风险跟踪管理流程：首先需要成立风险管理小组，在工程可行性研究阶段、初步设计阶段和施工图设计阶段进行风险评价，根据评价结果制定风险管理计划、风险应对计划等。在隧道进入施工阶段后，风险管理小组配备相关人员随时追踪监视风险变化。根据风险监视结果，考虑采取权变、纠正、项目变更或更新风险应对计划等措施，还要对风险因素系统做调整，甚至重新做风险评价。在隧道施工建设进行过程中，具体的风险进行跟踪管理实施流程如图 10-1 所示。

(2)风险跟踪内容：在实施过程中，实时观察已辨识风险和其他突发风险，记录和查询风险发展状况，及时发现和解决问题。记录的内容主要包括：辨识人员、风险发生区域、发展状态、是否采取规避措施、实施人员等。具体的风险跟踪内容如图 10-2 所示。

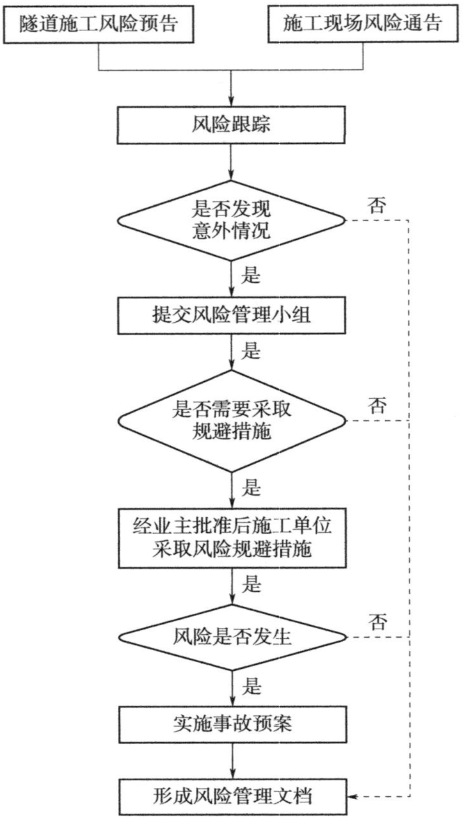

图 10-1　隧道动态风险跟踪流程图

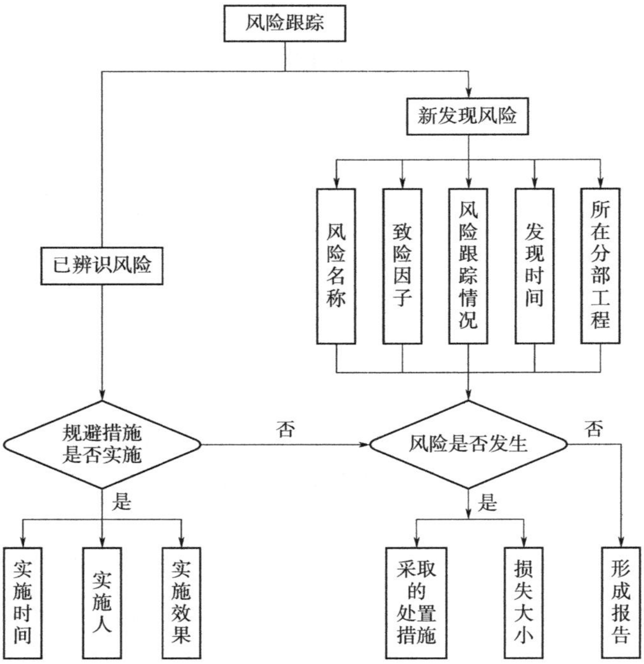

图 10-2　隧道施工风险跟踪内容

10.2　隧道工程风险应对措施

隧道施工动态风险防范策略和措施主要有回避风险、转移风险、预防风险、减轻风险、接受风险、储备风险、监控风险等，如图 10-3 所示。在实际工程中，可以根据系统的风险水平和工程的实际情况选用一种或多种策略的组合。

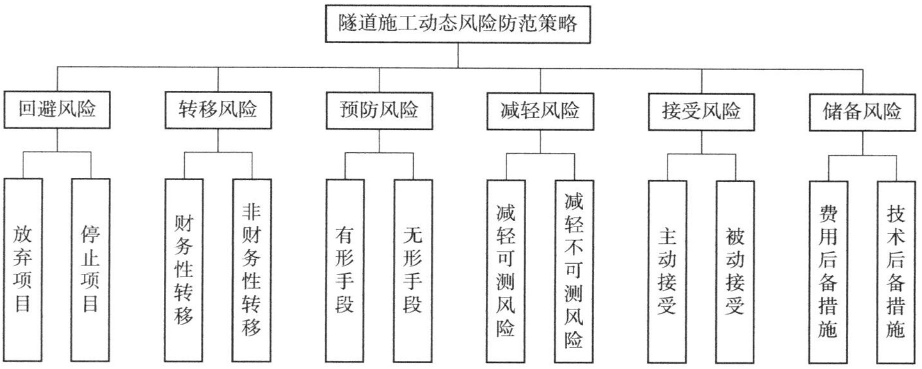

图 10-3　隧道施工动态风险应对策略图

10.2.1　回避风险

(1)概念：是指当隧道建设项目潜在的施工风险太大，又无其他策略可用时，主动放弃项目或改变项目目标与行动方案，从而使风险不致发生或遏制其发展的一种应对策略。

(2)特点：回避风险是一种最彻底地消除风险影响的方法，它是隧道施工风险应对策略中最简单，同时也是较为消极的一种。之所以消极是因为有些风险是无法避免的，有时候回避也是不可能的；再者，回避将会失去获利的机会；另外，回避窒息了项目有关各方的创造力，不利于其发展。因此，在采取回避策略之前，必须要对施工风险有充分的认识，对风险出现的可能性和后果的严重性有足够的把握。采取回避策略，最好在建设方案尚未实施时作出决断，放弃或改变正在进行的隧道建设项目，一般都要付出高昂的代价。

(3)两种手段：①放弃项目，如果通过风险评价发现隧道建设方案的实施将面临巨大的风险，风险主体又没有别的办法控制风险，甚至保险公司因风险太大，而拒绝承保时，就应当考虑放弃项目的实施，避免巨大的人员伤亡和财产损失。②停止项目，当隧道项目已开始运行后，由于环境等各种条件发生变化，通过再次风险评估发现项目面临的风险已超过了预先的设定，而该风险又无法控制或控制的成本太大，这时果断地停止项目的实施也不失为一个好的补救办法。尽管这样会带来一定的损失，但在这种情况下，这些损失实际上就是沉没成本。终止项目是此时的最佳选择，可以避免更大的风险损失。

10.2.2　转移风险

(1)概念：转移风险又叫合伙分担风险，是指采取一定的手段，将隧道施工风险的一部分或全部转移给其他单位或个人，以减少自身所承担的风险。

(2)特点：转移风险是将风险的后果或责任转移给他方，并不能消除风险，同时，转移风险也需要付出一定的代价。当建设项目的资源有限，不能实行减轻和预防策略，或风险发生的概率不高而潜在的损失很大时，可以采用此策略。风险转移，并不意味着随着风险转移至他方，他方肯定会受到风险损失。因为不同的组织与个人有着自身不同的优势，对风险的承受能力也不尽相同。在某些情况下，风险转移者和接受者也会取得双赢。

(3)遵循原则：①必须让风险承担者得到相应的回报；②对于各具体风险，谁最有能力管理就让谁分担。

(4)分类：风险转移可大致分为财务型风险转移和非财务型风险转移，其中，财务型风险转移又可分为保险类风险转移和非保险类风险转移两种。

①财务型风险转移：(a)保险类风险转移：是转移风险最常用的一种方法，是指建设项目方向保险公司交纳一定数额的保险费，通过签订保险合约来对冲风险，以投保的形式将风险转移给他方。根据保险合约，项目风险事故一旦发生，保险公司将承担投保人由风险所造成的损失，从而将风险转移给保险公司。优点是，参保者付出一定的保险费，换得遭受大量损失时得到补偿的保障，从而增强抵御风险的能力。尽管这种对于风险后果的补偿只能弥补整个工程项目损失的一部分，但在特定情况下却能保证参保者不致破产而获得生机。(b)非保险类风险转移：指通过不同的中介，以不同的形式和方法，将风险转移至商业上的合作伙伴。工程担保也是一种常用的财务型非保险类风险转移方式。工程担保是指通过担保公司、银行或其他机构与组织开具保证书或保函，在被担保方不能履行合同时，由担保方代为履行或做出赔偿。工程担保实质上是担保方为项目风险负间接责任的一种承诺，而部分风险此时转移到了担保方身上。工程担保和工程保险一样，都是一种补偿机制，其中担保主要是对人为责任的补偿，而保险则是对非人为或非故意人为责任的补偿。

②非财务型风险转移：指除财务型风险转移之外的风险转移策略，主要包括出售、发包、分包、运用合同条件转移风险等。(a)出售：就是通过买卖契约将风险转移给其他单位。这种方法在出售工程项目所有权的同时也把与之有关的风险转移给了其他单位。例如，隧道建设项目可以通过发行股票或债券来筹集资金，把项目的一部分所有权及风险转移给股票或债券的认购者。(b)发包：发包就是通过从项目执行组织外部获得货物、工程或服务而把风险转移出去。例如建设项目的施工合同按计价方式可分为总价合同、单价合同和成本加酬金合同。采用总价合同时，承包人要承担很大风险，而业主的风险相对而言要小得多；采用成本加酬金合同，业主要承担很大的费用风险：采用单价合同，承包人和业主承担的风险相当，而承包人乐于接受，故应用较多。(c)分包：分包是指风险主体通过分包合同，将隧道施工中风险较大的施工转移给分包人，从而转移或减少本身所承担的风险。例如，当项目承包人在履行合同的过程中，遇到一些难度大、风险大、特殊的施工或情况，如水下施工作业等，此时承包人可以将其分包，从而转移风险给分包人。当然，这种对原承包人具有风险的施工内容，对分包人不一定存在风险，可能还有机会。这决定于具体施工内容和分包人的具体条件。(d)运用合同条件转移风险：指对工程项目合同，风险主体可运用某些合同条件来转移风险，这种转移风险的方式实质上是利用合同条件来开脱责任。例如，在合同中列入开脱责任条款，要求对方在风险事故发生时，不要求风险主体本身承担责任。国际咨询工程师联合会(FIDIC)的土木工程施工合同条件 24.1 款有这样的规定：“除非死亡或受伤是由于业主及其代理人或雇员的任何行为或过失行为造成的，业主对承包人或任何分包商雇用的任何工人或其他人员损害赔偿或补偿不承担责任”。这一条款的实质是，承包人在施工中发生安全风险时，不要求业主方承担任何责任，这就将施工过程中的全部安全风险转移给了承包人。

10.2.3　预防风险

(1)概念:预防风险是指采取各种防范措施杜绝隧道施工风险的发生,是一种主动的风险应对策略,在工程中较为常用。

(2)分类:预防风险策略通常包括有形手段和无形手段两大类。

①有形手段:指工程性防御措施,即工程法,该方法以工程技术为手段,消除物质性风险的威胁,提高隧道的抗风险能力。工程法是一种较为有效的风险预防方法,但该方法需要投入的资金较多,决策时需进行成本效益分析;工程法的处理效果在一定程度上取决于人的可靠性;另外,任何工程措施都不会百分之百的可靠,因此,工程法要同其他措施结合起来使用。采用工程法预防风险的主要措施有:(a)防止风险因素出现。在建设方案实施之前,采取一定措施,减少隧道施工期间潜在的各类风险因素。(b)减少已存在的风险因素。如施工现场若发现随意堆放的不利临时荷载,应及时果断地予以清除,以减少施工荷载因素影响,预防风险事故的发生。(c)将风险因素同人、财、物在时间和空间上隔离或错开。在隧道施工过程中,可以将人、财、物与风险源在空间上隔离,在时间上错开,使之处于危害作用之外,以预防损失和伤亡的发生。

②无形手段:无形的风险预防措施主要包括教育法和程序法。(a)教育法:主要是针对隧道施工期间的人为风险因素所采取的措施,通过风险教育提高人员可靠性,预防风险发生。该方法投入少,收益大。风险教育的内容主要包含有关施工安全、工程质量等多方面的法规、规章、规范、标准和风险知识、操作规程、安全技能及安全态度等。风险教育的目的,是要让有关人员充分了解项目所面临的种种风险,了解和掌握控制这些风险的方法,使他们深刻地认识到个人的任何疏忽或错误行为,都可能给项目造成巨大损失。(b)程序法:是指以制度化的方式从事隧道施工活动,预防施工风险的发生。程序法一方面要加强预防风险的各方面制度建设,完善和建立相应的法律法规与风险管理制度;另一方面要严格执行隧道施工中各种风险管理计划、方针与制度,加强施工管理。程序法可以有效地规范人的行为,消除和减少人为失误,提高人员可靠性,保障施工期间的结构安全。目前,关于隧道施工风险管理的专门性法律法规还没有,有待于研究和制定。

10.2.4　减轻风险

(1)概念:减轻风险就是通过采取一定的措施和手段,降低风险发生的可能性或减少风险带来的不利后果,将隧道的施工风险水平降低到可接受的范围内。

(2)特点:减轻风险无法消除风险,也不能避免风险,它是在建设项目存在风险优势时而使用的一种对策,其有效性在很大程度上要看项目风险是已知风险、可预测风险还是不可预测风险。①对于已知风险或可预测风险,可以在很大程度上加以控制,可以动用现有资源降低风险的后果和发生概率。如改进建设方案,采用更有把握的施工技术,运用熟悉的施工工艺,或者选择更可靠的材料或设备,以及通过改变施工环境和工作条件等措施,降低隧道施工期间的风险。②对于不可预测风险,这是较难或无法控制的风险,因此有必要采取迂回策略。为了减轻此类风险,风险管理者应首先进行深入细致的调查研究,把握风险出现的可能性和可能引发的损失,使之接近可预测风险;其次,再考虑应对该风险的策略。

(3)选择要点:在制定减轻风险措施前,必须将风险减轻的程度具体化,即必须确定风险减轻后的可接受水平，如将风险发生概率控制在一个什么范围内，或风险损失应控制在什么标准之内，这些是制定减轻风险措施的基础和前提。一般而言，早期采用风险减轻措施，比在风险发生后再亡羊补牢会有更好的效果。另外，在实施风险减轻策略时，应尽可能将每一个具体“风险”都减轻到可接受的水平，从而降低建设项目的总体风险水平。

10.2.5 接受风险

(1)概念：接受风险亦称风险自留，是一种由风险主体自行承担风险后果的风险应对策略。

(2)特点：在制定隧道施工风险应对策略时，当建设方案的某些风险无法回避或可能获得较大利润，或是当采取其他风险应对方法的费用超过风险造成的损失，并且该损失没有超过风险主体的承受能力时，可以采用这种风险策略。

(3)分类：接受风险策略可以分为主动接受和被动接受两种方式。①主动接受风险：风险主体在风险评价的基础上，经过认真合理的研究与判断，做好了处理风险的准备时，有意识、有计划地将全部或部分风险承担下来，这就是主动接受风险。②被动接受风险，指对于某些风险，由于没有预测到它的存在，或虽然意识到它的存在，却低估了它的严重程度而未引起重视，或认为某些风险过于微小而未采取任何措施，致使一旦风险发生，只能被动承受，这就是被动接受风险。

(4)选择要点：接受风险是最省事的风险应对策略，在许多情况下也最省钱。在选择接受风险策略前，最好对该风险有全面的了解，以确定风险主体能否承受风险带来的后果，避免造成无法挽回的局面。在采用接受风险策略时，最好应当预先制定费用、技术等方面的后备措施，以降低风险发生时所造成的损失。另外，接受风险可能会使风险主体面临某种程度的风险和损失，甚至是难以承受的后果，所以，接受风险策略一般更适用于应对后果不严重的施工风险。

10.2.6 储备风险

(1)概念：储备风险指根据隧道施工风险规律事先制定科学有效的应急措施和实施计划，一旦项目实际进展情况与计划不同，就动用后备应急措施加以应对，以保障施工安全，实现预定目标。

(2)特点：风险后备应急措施属于一种备用措施，在项目实施过程中，可能用上也可能用不上。所以，风险管理人员应根据建设方案或项目的实际情况，以及其潜在的风险水平，科学合理地制定，同时避免占用过多的项目资源，以防影响到项目的顺利实施。

(3)分类：风险后备措施主要有费用后备措施和技术后备措施两种。①费用后备措施：指事先准备好应对隧道工程潜在施工风险的一笔预算费用，该费用包括用于进行风险应对行动的技术、人员、物力等方面费用的支出，是一笔预留出来的应急费用。费用后备措施的制定要根据建设方案潜在风险的性质和大小，在项目实施之前单独提列出来，用于紧急情况下的风险处理。②技术后备措施：指为了应对隧道工程潜在的施工风险，在项目实施之前针对可能出现的危险情况，制定出补充或备用的施工方案、技术措施、组织措施等应急预案，以备紧急情况下使用。技术后备措施的制定，应根据建设方案潜在风险的具体特点，进行全面周详的考虑，应急措施能够科学有效地应对潜在的施工风险。

10.3　隧道工程风险防范措施

10.3.1　风险防范

在隧道施工风险的评价中，主要是以施工技术方面的风险因素来进行的。对于来自设计方、地质条件、自然灾害、施工管理等方面的风险，项目管理组应制定相应的风险应对措施。

(1)风险防范定义：在风险识别、估计和评价的基础上，针对项目施工风险的整体水平和潜在影响，以风险管理目标为依据，规划和选择合理有效的风险处置对策和应对措施，以尽可能地降低工程风险，提高对风险的控制能力，保障隧道建设项目的施工安全。

(2)风险防范意义：隧道工程建设项目经过风险评价之后，对施工阶段的整体风险水平和风险可接受程度有了一个全面的了解和认识，接下来风险分析人员需要针对项目可能面临的各种施工风险，制定切实可行的风险应对计划和风险控制策略，以应对和控制隧道施工期间的结构质量和施工安全风险，减少风险损失与危害，保障施工安全。因此，隧道施工风险应对和风险控制是整个风险管理活动的核心，科学有效的风险应对措施是保障工程安全顺利实施的关键。

(3)风险防范过程：隧道施工动态风险防范过程包括以下阶段：①了解工程风险水平。②拟定风险防范计划与策略。③选择风险防范措施。④实施风险防范方案等。

10.3.2　人员风险

现场人员风险防范措施：(1)施工人员酒后不准进入施工现场。(2)现场施工人员必须佩戴安全防护用品。(3)现场施工人员工作期间不得擅自离开工作岗位。(4)机械设备操作员要严格按照操作规程操作设备。(5)非工作人员未经有关部门同意不得进入施工现场。

10.3.3　设计风险

(1)超前支护参数不足：施工单位应根据现场施工情况及地质状况，及时向设计方及业主反映，及时增加超前支护数目、长度、间距等。

(2)初期支护强度不足：应根据监控量测数据及内力监测数据，及时向相关单位要求增加初期支护刚度和厚度。

(3)开挖方式不当：应根据地质情况的变化，可以采用双侧壁导坑法、CD 法等开挖方式。

(4)防排水设计不当：应在二次衬砌与防水板之间增设排水管，对渗入防水板和二次衬砌之间的水进行排导；在二次衬砌矮边墙施工缝处增设防渗肋条，防止仰拱的地下水渗透。

(5)设计变更、修改和审核不及时：应及时与监理、设计、业主单位沟通，客观反映现场的地质、施工情况，请各相关单位尽快通过设计变更、修改和审核；对一些比较紧急的情况，施工单位应及时采取措施，控制事态发展，再与相关单位协调变更。

10.3.4　地质条件风险

(1)不良地质条件：①覆盖层厚度不足。在隧道拱顶进行注浆加固，形成一个加固圈，隔断地下水的渗入，增加围岩强度，使围岩能够起到有效的承拱作用。②张开节理，进行超前探测和监测水源，按需要加以注浆。在开挖前，对张开节理进行预注浆，并通过重复注浆和测试确定注浆工作的有效性，控制地下水的渗漏，初期支护完成后需进行补偿注浆，封堵节理。

(2)地质勘探不确定性：①不良地层或断层范围大大超过预期值。应详查不良土层存在的范围及其变化程度。在隧道施工期间确保有足够的超前探测并制定应急措施，对已确定的不良土层带加以支护，并做好工期安排。②未探明的断层或不良地层。应做好超前地质预报，对可疑的地段进行近距离超前水平探孔。当超前探测或服务隧道挖掘遇到断层时，进行注浆及支护工作。在隧道施工期间确保有足够的超前探测并配合适当的应急措施。采用封闭衬砌方案，或以注浆加固方式控制。③超前地质预报精度低。采取的预防措施有：(a)由经验丰富的专业单位负责超前预报，提高超前预报精度。(b)聘用经验丰富、工作认真负责的专职地质工程师负责施工期超前地质预报，减少超前地质预报的偏差。④基岩深度预测不正确。应做好超前地质预报工作，对于超前地质预报揭示的基岩深度与设计不符的情况，应及时进行地表探孔及水平探孔，明确基岩与软弱土层的界线。⑤辅助坑道穿过不良地质。应检查所有存在的地质勘探资料，以确定存在的平行地质特征。在特定间距进行额外的横跨隧道超前探孔，以确定主隧道的地质情况。⑥膨胀性黏土。应在穿越此特殊地质地段前要确定其存在和空间位置，并及早考虑超挖与地基处理的方案。⑦岩土材料土工试验不当。应利用不同的土壤参数对隧道设计进行灵敏度分析。

10.3.5 施工技术风险

(1)隧道施工开挖情况：①开挖方式不当。应该根据施工所揭露的地质情况来决定采用何种开挖方式，应审查和分析设计建议的开挖施工顺序，确认可能的破坏模式。②开挖进尺不当。应严格控制各部的开挖进尺，确保各部之间的间距控制在一定范围内，以控制隧道及地表沉降，保持隧道稳定。③地下水处理不当。应根据地下水的类型，从而决定采取“防”、“排”、“截”或“堵”的措施，绝不可盲目处理。④爆破效果不理想。应尽量采用光面爆破，炮眼数量、药量都应适量，以免造成严重的超欠挖。⑤隧道超挖。应严格控制装药量，一旦超挖应及时回填混凝土，并做好加固措施。⑥断面变化处或工法转化处。对于施工中揭露的围岩地质状况有变的断面处，应及时改变施工工法，以保证隧道围岩的稳定。

(2)隧道施工支护情况：①封闭成环时间过长。应严格控制开挖、立拱、喷射混凝土时间，缩短开挖进尺，做好各施工工序组织协调工作，确保初期支护封闭的时间。②喷射混凝土质量不佳。应严格湿喷混凝土施工工艺，严把湿喷混凝土质量检查关，避免出现湿喷混凝土质量不过关的现象。③工字钢连接不佳。应增加型钢连接钢板厚度，并确保连接钢板的焊接、铆接质量及强度。④支护刚度不足。在要求使用型钢拱架的地方绝不用格栅拱架代替，应严格按照设计要求安装拱架。⑤超前支护未按设计施作。应严格现场施工工艺，加强职工风险意识教育，在不良地质段施工不存任何侥幸心理，超前支护的搭接长度、施工角度、间距等参数严格按照设计要求进行。⑥注浆设备差。应引进先进的钻孔及注浆设备，缩短注浆时间，确保注浆效果。⑦注浆材料不恰当。应采用超细水泥，确保浆液压入松散的土层；浆液应适当加入水玻璃等速凝材料，加快浆液的凝结加固时间。对不良地层区段，应采用多种注浆材料组合进行注浆，确保注浆效果。⑧导管未安设止水装置。在承压水层或其他富水地段、地质软弱地段，安设导管时应在导管口设置止水装置，孔口出现涌水、涌泥时，及时开动止水装置，控制事态的发展。⑨注浆效果工艺不成熟。应在开挖前进行超前小管棚质量及注浆效果的检查；注浆参数应根据现场试验注浆效果进行调整。⑩未能确认或检测地基处理和注浆加固的效果。应加强对注浆区的检测和质量控制，预先确定重新注浆等的具体要求。

(3)隧道二次衬砌施工情况:①施作时机不当。二次衬砌的施作应该根据监控量测人员监测的结果来进行,应充分发挥围岩的自承作用和初期支护的共同作用。②二次衬砌厚度不足。对初期支护沉降过大地段,应及时进行换拱,确保二次衬砌浇筑厚度,并在不良地质段或沉降较大地段,加强二次衬砌配筋。③拱顶密实度差。应改善台车封堵孔的布置间距;合理选用泵送终压;安装端头压浆管;加强空洞质量检测与监测。④二次衬砌出现裂缝。应采用二次振捣工艺,提高混凝土密实度及抗拉强度;合理确定分段长度,处理好施工缝;加强施工养护,缩小结构内外温差;合理确定拆模时间,拆模后及时养护。

(4)隧道施工期防排水:①初期支护结构渗水。在施作防水板前,应检查初期支护结构,确保在不渗不漏的情况下方可施作防水板,若仍存在渗水,应及时进行拱背补偿注浆,进一步封闭地下水流经通道,确保初期支护背后密实并达到一定的防水效果。②防水材料施工工艺不成熟。应成立专业防水施工班组,并设专业技术人员管理;严格按设计和规范施工,确保各种接缝防水的质量;二次衬砌的钢筋进洞前应戴上防护套;减少洞内电焊;实行多级检查制度;在沉降缝、施工缝等地方采用多道防水措施。③排水能力不足。应确定足够的排水能力,并有一定数量的备用排水设备;配备备用电源,确保连续排水。

10.3.6　施工管理风险

(1)供水供电不稳定:应保持与当地供水供电部门的联系,及时了解现场的供水供电情况;配备备用的供水供电系统,在断水断电情况下维持施工的正常运行。

(2)分部施工组织协调不力:应严格按照“管超前、严注浆、小断面、短进尺、强支护、早封闭、勤量测”的原则组织施工;加强现场技术人员的配备,及时发现问题、解决问题。

(3)进度安排不合理:应成立工期保证领导小组,建立合理的进度控制目标,制定合理的进度计划,认真执行工程进度控制的组织、技术、合同、检查等措施。

(4)预留变形量:应根据地质的变化及监控量测的数据,及时调整初期支护预留变形量。

(5)辅助坑道开挖进度滞后于主洞:施工程序中应确保辅助坑道与主隧道施工过程中的相互联系,确保辅助坑道开挖超前;若出现辅助坑道滞后现象,应集中力量加快辅助坑道进度,同时加强主隧道的超前地质预报。

10.3.7　材料设备风险

(1)物资材料:①根据施工组织设计中各段的施工进度和施工预算中的工料分析,编制工程所需的材料用量计划。②提前做好节假日期间的材料计划,保证材料库存量能满足节假日期间施工需求。③充分考虑冬季、雨季影响,尤其是冬季应做好生产和生活物资的储备工作,保证物资的供应,不影响施工进度。④项目部设立材料组,组织主要材料按计划进场,并统一安排使用、调配。⑤隧道工程使用材料需经试验室检测合格后方可使用。

(2)机械设备:①各种机械操作和驾驶员必须持证上岗,严禁无证驾驶。②机械不带病作业、超负荷运转。严禁违章操作机械。③定期组织机电设备以及车辆安全大检查。④机械设备在施工作业时必须有专人指挥。⑤设立专职机械设备调度员,负责大型施工机械设备的统一调配。合理调配各种大型施工机械设备,提高机械使用率,并能集中力量保证关键线路的工程项目施工,确保按期完工。⑥组建一支由机械工程师和工人技师为主的维修队伍,配齐各种维修设备和工具,建立机械设备维修点,保障机械设备的出勤率。⑦建立健全机械设备管理台账,按期对设备进行保养,防止设备带病运行造成效率下降而影响施工生产。⑧关键机械有整机或部分配件备用,以保证机械正常运转。规范操作,加强机械保养维修,保证机械正常运转,关键设备性能良好,部分设备有一定备用数量。⑨维修人员对所负责范围内的设备日检及班检的范围内必须遵守巡回检查和日常检修制度。

10.3.8 社会环境风险

工程建设施工总是处于某个特定的社会环境,社会环境因素对施工工期会产生不同程度的影响。社会环境因素带来的工期风险主要源于社会环境因素与工程项目施工的不和谐,甚至是激烈的矛盾冲突。特别是当出现问题时有关方面没有及时妥善处置,使矛盾与冲突进一步激化,就可能使局面失控、影响正常施工。

(1)社会环境风险情况:社会环境因素与工程项目施工的影响是相互的,既有社会环境因素对工程施工的影响,也有工程项目和工程施工对外部环境的影响,两者都可以带来风险,主要表现在:发生扰民事件和民扰事件;施工现场发生刑事案件和治安案件;出现农民工维权讨薪的群体事件等。这些事件的发生,必然牵涉各方面的精力,对施工造成影响,严重时则可能直接造成工程的停工,带来工期风险。

(2)应对防范措施:①如果工程项目确实存在带给周边环境负面影响的问题,施工单位宜提请和协助业主及时妥善处理,避免矛盾激化。②首先,作为负责任的建筑施工企业,应加强自身的管理水平,尽最大可能减少对周边环境的不利影响。其次,应主动与周边的居民和单位沟通、求得理解,一旦出现纠纷、要及时妥善解决问题,化解矛盾于萌芽状态。③防范社会治安环境对施工进度的影响,重点在于杜绝或减少施工现场内外的治安案件和刑事案件的发生。防范施工现场治安案件和刑事案件主要在防范盗窃、破坏公私财物、打架斗殴、酒后滋事、交通肇事等事件的发生。此类问题主要是加强施工现场的保卫工作,有条件的施工现场通过设置视频监控和电子门禁系统,可以有效地提升现场的监管保卫水平。对施工人员一方面要加强教育和管理,另一方面要组织好施工人员的业余生活,如设立阅览室、文化活动室、组织体育比赛等体育文化活动。④对于产业工人的问题,建筑施工企业也要配合各级政府和建设行政主管部门不断深入研究、推进改革、严格遵守政府有关的策法令,要关心产业工人、善待产业工人、为产业工人解决问题,主动做好产业工人的工作。产业工人的稳定,是建筑施工顺利进行的基本保证。

10.3.9 自然灾害风险

土木建筑工程施工大多为室外露天作业,施工进度经常会受到自然环境因素的影响。其中自然灾害影响多属不可抗力,目前的技术水平尚未具备人力足以干预的能力,且发生的概率不低,只能在有限的范围内采取措施减少损失。而工程地质、水文地质和不良气候的影响、给工期造成的风险,则是可以防范或在一定程度上加以规避的。

(1)自然灾害风险情况:自然环境对工期的影响主要有:①工程地质和水文地质的影响;②不良气候的影响、如高温、严寒、雨、雪、风、雷等;③自然灾害的影响如地震、海啸、飓风等。

(2)应对防范措施:①贯彻预测及预防为主的方针。无论是工程地质、水文地质的影响,还是气候因素的影响,大多事先可以预测,并且通过事先采取措施可以有效地防止对工期的不利影响、减少损失。因此、贯彻预测及预防为主的方针,应作为防范此类工期风险的主要指导思想、并进行具体落实。②应对工程地质和水文地质影响的措施。审阅工程项目勘察报告是工程承包单位了解工程地质和水文地质情况的主要途径。工程承包单位要重视对勘察报告的研读、分析、掌握工程所在地的地质特点，预测可能出现的不利因素，制定有针对性的技术措施。工程施工单位必须重视自然环境因素的影响，提前做好调查研究，做好应对的技术措施，做好应急预案，施工才能有序地进行，遇到问题也会临危不乱，在一定程度上是完全可以规避自然环境因素的风险。③应对不良气候的影响。不良气候对任何工程都时有发生、对施工进度的影响很大。人基本上无法影响和改变天气，但现在气象部门可以提供不同周期的天气预报，而且预报相当准确，这就使施工单位可以提前做好应对不良天气的准备，避免或减少不良天气对工期的影响。在进行实施性计划时，更应充分考虑气候的因素。在进行某些对气候比较敏感的工序前，应确认是否具备作业的条件，如确定浇筑混凝土的时间，应查阅天气预报、避免在浇筑过程中突降大雨；使用各类起重机械作业时，要关注大风的影响，因为瞬间的大风常常会引发事故，尤其在风力超过作业的安全规定时，必须暂停施工，不得强行作业。总之、不良天气经常发生是人们无法改变的，一定要根据天气变化的特点、准确掌握天气的预测、预报，安排好预案和防范措施，则不良天气风险是可以规避和减少损失的。

(3)暴雨防范措施：①随时掌握天气情况，与当地气象台保持信息联系，提前预知预防。②暴雨前加强洞口防范措施，对洞口、井口设施进行加固，减少暴雨和台风对隧道的影响。③加强地面及隧道排水。

(4)地震防范措施：①确保地震参数已在衬砌和所有配件的设计中考虑。②加强人员地震知识教育，遇到地震时要保持镇静，有序撤退。③隧道内部管线、设备摆放整齐，防止地震震落。④若存有敏感性土壤，应进行地层改善。

10.4　隧道工程防坍应对措施

隧道风险防范总体技术路线：方案方法规避风险、工艺过程控制风险、细节管理降低风险。软弱围岩隧道工程具有以下特点：由于软弱围岩强度低、自稳能力差，隧道开挖后地应力重新分布，使隧道周边产生较大的松动圈。一旦工程措施（包括设计措施）和施工方法不当，将极易发生初期支护变形侵限和隧道坍方等工程事故。因此，软弱围岩隧道施工的核心是“控制变形、防止坍方”。

10.4.1　坍方成因机理

(1)坍方类型：坍方是指因周围岩体或支护失稳破坏而引起的隧道垮塌。坍方类型可分为：掉块、片帮、冒顶、关门。①掉块：隧道局部岩块失稳而掉落，危害较小。②片帮：隧道边墙失稳破坏的坍方，处理不当将引起大坍方，危害较大。③冒顶：发生于隧道拱部的坍方，个别可塌穿至地表，危害很大。④关门：在隧道开挖面（掌子面）后方发生的坍方，多数可将前方施工人员、设备掩埋或堵在塌体至开挖面（掌子面）之间，危害极大。隧道坍方类型如图 10-4 所示。

(a) 片帮　　(b) 冒顶　　(c) 洞口关门　　(d) 洞口坍方

图 10-4　隧道坍方类型

(2)易发生坍方部位:①隧道洞口部位。由于隧道洞口集埋深浅、石质较差、受力结构复杂等不利因素于一体,处理不当极易发生坍方。②隧道拱脚部位。当采用台阶法施工,开挖下部时,若台阶过长、拱脚悬空、背后空洞、支护不力、开挖过长,极易造成拱部冒顶或关门坍方。③隧道墙脚部位。当进行检底施工时,措施不当、墙脚悬空、开挖过长,致使边墙失稳而发生片帮。④隧道拱顶部位。当采用先拱后墙法施工或拱部变形较大,支护强度不足、背后有空洞时,易发生掉拱坍塌。⑤隧道与隧道交叉部位。即两洞交叉的部位,即通常所说的交叉三角区,因跨度大、受力复杂,如果处理不当,支护不力,极易发生坍方。⑥在水平岩层或近似水平岩层中,拱部易发生掉顶;在垂直岩层或近似垂直岩层中,边墙易发生片帮。

(3)易发生坍方地段:①在埋深较浅地段。山岭隧道埋深在 100 m 以下时,由于围岩受到地表水侵蚀,风化严重,若施工不当,支护不力,易发生坍方。特别是浅埋和超浅埋段,更易发生坍方。②在断层破碎带及断层影响带地段。因其围岩破碎,自稳能力差,并有大量的填充物和地下水,若处理不当极易发生坍方。地下水丰富时易发生突水突泥。③在岩层接触带地段。因其岩性不同,且大多伴有小构造,若重视不够可能会发生坍方。④高地应力地段。在软质围岩中,由于受到高地应力的影响,围岩变形较大,若支护不力极易发生坍方。硬岩易发生岩爆。⑤在高水位富水区段。由于地下水丰富,围岩受地下水影响较大,若措施不当,易发生坍方或突水。⑥在可溶岩地区。岩溶呈无规律性分布,随时会遇到意想不到的溶洞,若防备不及,溶洞内的填充物及水突然涌出或坍塌,将给工程造成极为不利的影响。特别是高位富水区的大规模充填溶洞,危害更大。⑦在黄土地区及砂土地区。因围岩自稳能力差,若方法不当,支护不力,极易发生坍方。

10.4.2 防坍总体流程

隧道洞口段具有埋深浅、石质破碎、受力结构复杂等特点。洞口段是隧道施工中极易发生坍方的地段,为避免坍方,应遵循“早进晚出,安全、经济”的设计施工原则,采取必要的防坍措施,安全通过洞口段。

(1)进洞施工调查:设计部门提供的施工图之地形地貌,往往与实际情况有出入,施工单位在进洞前必须对隧道洞口段实际地形地貌进行勘察、测绘,为制定施工方案提供依据。隧道洞口段一般有三种情况:洞口情况①:洞口不具备进洞条件(洞口有障碍物或紧靠河流悬崖等),或施工场地狭窄,不能满足施工需要。洞口情况②:洞口虽具备进洞条件,施工场地也能满足施工需要,但地质条件较复杂,需要采取的加固措施不经济,或从正面进洞易引起坍方,增加工程成本。洞口情况③:具备进洞条件,施工场地满足施工需要。

(2)进洞位置选择:针对上述三种情况,应选择不同的横洞进洞位置,以满足安全经济的要求。这些横洞的设置,对确保进洞安全、拓宽施工场地,提前进入正洞施工,减少弃渣二次倒运,降低工程成本,起到了很好的作用。洞口情况①:应及时向设计部门提出变更设计,并选择合适位置设横洞,横洞的设置除满足设计规范要求外,横洞位置一般距洞口不大于 500 m。横洞的位置、方向应根据现场实际调查的地形情况确定,横洞的设置必须经设计部门同意,纳入整个工程设计,否则,将由施工单位承担相关费用及责任。洞口情况②:应对从正面进洞和设置横洞两种方案作详细的经济比较,选择较为经济合理的进洞方案。洞口情况③:根据实际情况确定合理的洞口位置,制定详细的进洞施工方案,安全稳妥地从正面进洞。

(3)进洞防坍措施:①横洞进正洞反向出洞:(a)进入洞口段石质较破碎时,应采用正台阶法施工,并架设钢支撑,喷锚支护。(b)接近洞口时,应缩短开挖进尺,从上部以小断面开挖出洞,打穿后,应从外部清除仰坡危石,并对洞口周边及仰坡进行必要的加固,加固措施一般采用喷锚支护。然后自上而下扩挖到设计断面,并按设计做好施工支护。(c)隧道洞口段施工爆破时,应在洞外加强防护,避免飞石伤人。②正面进洞施工:(a)洞门位置应根据实际地形情况进行必要的调整,并报设计单位同意后,按变更后的洞门位置施工。(b)为减少植被的破坏,应尽量减少刷仰坡或不刷仰坡,一般埋深达到1.0 m以上时,即可采用暗挖施工。进洞施工前,应对仰坡进行喷锚网加固。(c)洞口外土石方开挖时,不应一次开挖到隧底设计标高,应开挖至隧道起拱线高程(或上半断面高程)即可,两侧边坡应随开挖随进行喷锚网支护。(d)当明挖到地表距隧道拱顶1.0 m以上时,即可采用暗挖法进洞施工。(e)暗挖施工前,在开挖轮廓线外打超前管棚。在洞口外架设2～3榀钢支撑,间距0.5～0.7 m,钢支撑与仰坡防护层连为一体。石质非常破碎时,管棚内应采用超前注浆,对围岩进行加固。(f)正台阶法开挖进洞,按设计作好支护施工。台阶长度5 m左右,逐步开挖进洞,并封闭成环。(g)洞口段开挖支护完毕,为确保安全,应及时施作二次衬砌或明洞和洞门。(h)洞口段爆破施工时,应做好安全防护,防止飞石伤人。

(4)正确的施工方法防坍:在山岭隧道施工中,如果施工方法使用不当,不仅不能加快施工进度,而且也不能保证工程质量和施工安全,极易造成坍方。如何选择安全合理实用的施工方法,与围岩级别和隧道断面的大小密切相关。常用的山岭隧道施工方法有:全断面法、正台阶法、环形开挖预留核心法、单(双)侧壁导坑法、CRD法、中导坑法。

(5)辅助施工方法防坍:在隧道施工中必要的辅助施工方法,是确保隧道施工安全的重要手段。常用的辅助施工方法有:①大管棚。一般应用于洞口段或隧道内围岩极破碎地段超前支护,管径ϕ80～ϕ150 mm,管长10～30 m,环距30～40 cm,沿开挖轮廓线外,水平打进,采用钻孔机钻孔后安管或直接用夯管机夯进,从管口向管内注水泥浆。②小管棚。应用于围岩破碎软弱地段超前支护,管径ϕ40 mm,管长2.0～3.5 m,环向间距20～30 cm,管壁周边钻ϕ10 mm小注浆孔,沿开挖轮廓线打进,外插角2°～5°,从管口注浆加固地层。③帷幕注浆。在破碎软弱地下水丰富的岩层中,开挖前须对前方及周围岩体进行全断面注浆加固堵水,注浆长15～30 m,浆材为水泥浆或双液浆,采用前进式或后退式分段注浆。④径向注浆。水压较小地段,隧道开挖后沿周边径向利用注浆管注浆堵水。⑤壁后注浆。隧道支护后,对支护背后空洞进行回填注浆。⑥新意法(新意大利法),开挖前预先加固地层、预先支护的施工方法。⑦冷冻法,将地层冷冻后再开挖。

(6)正确的支护手段防坍:除了施工方法安全合理实用外,采用合理、经济的施工支护手段也是防止坍方的关键。施工支护方法与围岩的破碎软弱程度密切相关,在现代隧道中,普遍采用的施工支护方法有:喷混凝土、锚杆、钢支撑、超前支护等。为了达到经济、合理、安全的目的,不同围岩应采用不同的支护手段,往往这几种支护手段相互配合应用于隧道施工中,几种支护手段在不同围岩中的适用情况见表10-1。①喷混凝土。喷混凝土分网喷混凝土和素喷混凝土,网喷混凝土就是在喷混凝土前在岩面上挂设钢筋网,提高喷混凝土的整体性。喷混凝土的材料分为:素混凝土、钢纤维混凝土和微纤维混凝土。喷混凝土能在短时间内,迅速使喷到岩面上的混凝土形成一层薄壳状的受力结构,避免落石和坍方事故的发生。此方法使用简单,易于操作,能及时封闭新开挖的围岩,是目前隧道施工中最常用的一种施工支护手段。在建筑物边坡的防护中,也大量采用喷混凝土防护。②锚杆。锚杆是隧道施工中较为常用的一种支护手段,在其他的建筑物的边坡防护中也得到广泛应用。锚杆能及时有效的阻止岩体脱落,起到加固围岩的作用。锚杆的种类很多。主要有:砂浆锚杆、树脂锚杆、中空锚杆、自进式锚杆、膨胀式锚杆、楔形锚杆等，适用于各级围岩隧道的施工支护，锚杆直径一般为 ϕ22 mm 及 ϕ25 mm，长度及间距根据围岩级别确定。③钢架支撑。钢架支撑是在软弱围岩隧道施工中较强的一种支护手段，与锚杆、网喷混凝土相配合，能及时有效的抵抗较大的围岩变形，从而起到防止坍方的作用。钢架支撑类型主要有：型钢和格栅。钢架支撑横断面积和架设距根据围岩软弱情况和变形情况确定。④超前支护。超前支护是软弱围岩隧道施工中的一种辅助支护手段，常用的有：超前锚杆、超前管棚、超前预注浆等。在开挖前对前方围岩进行超前防护及加固。防止开挖后，施工支护前的这段时间发生坍塌。⑤二次衬砌。二次衬砌是隧道施工中最后一道支护手段，衬砌应紧跟开挖面，一般相距 150～200 m，特别是在非常软弱的地层中，更应及时施做二次衬砌。混凝土的强度等级和衬砌厚度按设计施工。

表 10-1　支护方法的适用性

围岩级别	支　护　方　法					
	喷混凝土厚度（cm）	锚杆长度（m）	钢架支撑间距（m）	超前锚管棚长度（m）	超前预注浆	衬砌混凝土厚度（cm）
Ⅰ	3.0～5.0					20～25
Ⅱ	5.0～8.0	局部设置				25～30
Ⅲ	8.0～10	2.0～2.5				30～35
Ⅳ	10～15	2.5～3.0	1.0～1.5	局部设置		35～40
Ⅴ	15～20	3.0～3.5	0.75～1.0	2.0～2.5		40～50
Ⅵ	20～30	>3.5	0.5～0.75	2.5～3.0		50～80
备注	Ⅳ～Ⅵ级围岩为网喷混凝土	间距常为 1.0～1.5 m		锚管间距常为 20～30 cm	适用节理发育有水地层	混凝土强度等级常为 C25

10.4.3　防坍技术要点

（1）坍方征兆及判识方法：①掌子面不断掉块、有浑水流出，支护表面开裂、掉块，变形加速或突然变形加大，钢支撑扭曲变形，涌水量突然增加（未下雨），清水变浑水等。②瓦斯突出：瓦斯浓度超过安全值。③判识方法：通过隧道内观察、监控量测数据进行分析判断。

（2）围岩稳定性初步判断方法：隧道施工过程中，当隧道围岩与支护等表现出如下特征时，可初步判断围岩是稳定的：①围岩变形量测数据无突变，量测变形曲线呈稳定趋势。②隧道内涌水无明显变化（未下雨），下雨时扣除降雨渗漏地层水量。③隧道内未施工初期支护衬砌段经常观察，初期支护表面裂纹无明显变化。④隧道内观察，二次衬砌裂纹无明显变化。

（3）二次衬砌施作时间判定：①围岩变形量与二次衬砌时间关系：按新奥法要求，初期支护承受围岩全部荷载，二次衬砌应在围岩基本稳定后再施作，即围岩变形变化量趋于零再施作二次衬砌，一般情况下在Ⅰ～Ⅲ级围岩中没有问题，但是在Ⅳ～Ⅵ级围岩中就可能发生安全问题（要确保安全就必须加强初期支护，变形量控制在允许范围，使初期支护真正能够承受全部荷载）。二次衬砌施作时间取决于安全、施工干扰两个影响因素，相关规定："软弱围岩及不良地质铁路隧道的二次衬砌应及时施作，二次衬砌距掌子面的距离：Ⅳ级围岩不得大于 90 m，Ⅴ、Ⅵ级围岩不得大于 70 m"。②膨胀围岩二次衬砌的应对措施：加强二次衬砌、二次衬砌必须受力、及时施作二次衬砌，因此在围岩变形未达到允许变形量之前就施作二次衬砌，决不能让围岩无限制变形下去。

(4)隧道防坍施工要点:①隧道易坍方地段应选择合理正确的施工方法。隧道施工过程中的各工序之间间距合理。仰拱铺地及二次衬砌紧跟,满足安全需要。(a)土质及砂质隧道:有水地段环状开挖留核心土,台阶长3～5 m,仰拱至掌子面15～30 m,二次衬砌至掌子面30～50 m。无水地段环状开挖留核心土,台阶长3～5 m,仰拱至掌子面30～50 m,二次衬砌至掌子面50～100 m。(b)石质隧道:Ⅱ、Ⅲ级围岩铺底至掌子面100～150 m,二次衬砌至掌子面150～200 m。Ⅳ、Ⅴ级围岩环状开挖留核心土,台阶长3～5 m,仰拱至掌子面40～70 m,二次衬砌至掌子面70～100 m。②软弱围岩施工坚持24字原则"管超前,预注浆。短进尺,弱爆破。强支护,快封闭。勤量测,紧衬砌"。(a)在破碎软弱地段,必须及时封闭、必要时设临时仰拱、必须体现"快挖、快支、快封闭"的三快原则。(b)破碎堆积体掌子面施工方法,采用超前注浆加固堆积体,超前管棚按软弱围岩施工方法开挖支护,遇有水地段将水从后旁引排。③开挖支护衬砌施工要点:(a)根据围岩条件,若必须采用光面爆破,应严格控制超欠挖,既是安全质量的需要,也是降低成本的需要。(b)开挖进尺必须满足安全要求,设钢支撑地段,拱部每次进尺50～120 cm(或不超过设计要求的一榀拱架间距),下部开挖每次进尺不超过两榀拱架。(c)隧道钢支撑拱脚处必须打设锁脚锚杆或锚管。(d)隧道支护背后不得有空洞或杂物,若背后因坍方引起的空洞较大时,背后空洞回填厚度不小于2 m。(e)根据需要和岩层方向设置锚杆,锚杆尽量垂直于岩面。(f)防水结构必须按设计施作,满足防水要求,漏水地段应在二次衬砌施工前处理完毕。(g)二次衬砌必须墙拱一次灌注成型。④建立健全严格的施工管理制度,并严格落实到位,任何施工防坍技术都必须建立在严格的施工管理基础上,才能发挥其有效作用。在隧道施工中,每道工序都要有严格的施工纪律,确定的施工方案、施工方法和支护措施必须严格执行,不得随意更改,只有加强施工管理,严格施工纪律,采用经济、合理、安全的施工技术,才能确保隧道施工顺利,才能避免坍方。

10.4.4　防坍风险跟踪

(1)信息化施工意义:现代隧道施工中利用先进的信息技术,能及时反馈地质变化情况和支护受力变形情况,适时调整施工方法和支护手段,准备预防应急措施,避免坍方事故的发生,确保施工安全。隧道施工过程中最常用的信息化手段是超前地质预报、监控量测两类手段方法,通过对隧道开挖前方工程地质和水文地质情况、监测支护结构受力变形情况进行预报预测,为施工中采取针对性的施工方法和支护手段提供依据。

(2)超前地质预报技术:超前开挖面提前探明开挖面前方地质情况,作为变更设计、制定施工方案、方法的依据,地质复杂隧道必须进行超前地质预报。超前地质预报以地质分析法为基础,可运用地质调查与物探相结合、长距离与短距离相结合、洞内与洞外相结合、物探与钻探相结合、超前导坑与主洞探测相结合、构造探测与水探测相结合综合预报方法,相互验证。超前地质预报探查地层岩性、地质构造、不良地质、水文地质等并作出地质评价。地质评价包括围岩级别评定、围岩稳定性、不良地质与成灾可能性(风险)评估等内容。目前隧道地质预报中主要采用的预报技术有:①TSP超前地质预报系统。利用地震波在不均匀地岩体中产生的反射特性来预报隧道掘开面前方及周围区域内的地质状况。可方便快捷的预报开挖面前方200 m范围内地质情况,为施工方法和支护手段的选择提供依据。②地质雷达。作为TSP202系统的补充,利用电磁波的反射原理,探测开挖面前方30 m范围内的地质状况。③红外线探水。红外线探测仪通过接收岩体的红外线辐射强度,根据围岩红外辐射强弱来推断掌子面前方

30 m 范围内或周围区域是否存在含水体。④水平钻孔探测。在开挖面打水平钻孔，根据岩芯和钻进情况，预报前方地质状况，调整修正仪器探测预报中的不足。⑤地质素描。地质素描是传统地质预报手段，通过开挖后的围岩节理发育情况，经过分析整理，预报前方地质的变化趋势。目前，可通过数码技术对围岩节理进行拍照，输入电脑，由专门软件进行分析处理，从而提高了工作效率。⑥导洞超前探测。利用平行于主洞的附洞超前探测，提前探明地质情况。⑦综合地质预报技术。根据各种仪器和手段获得的信息，进行室内分析整理，最后做出较为准确的地质预报成果，及时有效地指导隧道施工。

(3)监控量测技术：监控量测主要是利用各种量测手段监控施工支护和围岩的受力变形情况，为施工支护参数的选择提供依据。通过实时监测围岩及支护变形情况，分析变形原因及规律，作为调整支护参数、变更设计、采取加强措施的依据，软弱围岩隧道必须进行监控量测。主要跟踪监测的内容有如下两项：①围岩变位量测。在开挖支护后的围岩表面设置固定量测点，定期量测围岩变位情况，以便及时采取补强措施，阻止围岩变位过大，防止坍方。②支护结构受力量测。在支护结构中埋设量测元件，通过仪器对支护结构的受力情况进行监控，为调整支护参数提供依据。在多数隧道施工中，一般不进行支护结构受力监测。

10.4.5 治坍应对策略

(1)坍方处治原则："以人为本，救人第一""稳前固后，避免二次灾害"。①稳定塌体：不出渣，回填堆载，封闭塌体，塌体内注浆等。②稳定后方：塌体后方临时支撑(扇形支撑、对口撑、斜撑等)、塌体后方壁后注浆等。③有水地段：采取引排措施，尽量使水不从作业面流出。

(2)坍方段处理：针对塌方段呈现出的情况分别采取处治措施：①塌方已将掌子面封闭。开挖断面以外注浆加固塌体，超前管棚按软弱围岩施工方法开挖支护，遇垮塌变形初期支护拆除。②塌方未将掌子面封闭：(a)顶部稳定时，网喷混凝土封闭顶部围岩，按软弱围岩施工方法开挖支护，遇垮塌变形初期支护拆除，顶部空洞留初期支护或二次衬砌后回填到一定厚度(一般为 2.5 m)。(b)顶部不稳定时，封闭空洞口，回填空洞，将空洞回填密实或一定厚度后，采用超前管棚按软弱围岩施工方法开挖支护，遇垮塌变形初期支护拆除。③塌穿地表：从地面回填塌洞，必要时从地面注浆加固塌体后，再从隧道内处理。④关门坍方：确定关在里面人员是否存活；打通生命通道(风、水管，可从侧面打洞、隧道顶打洞、正面塌体打洞等)，通过通道为人员提供空气、水、食物等，提供通道救出被困人员。

第11章　隧道工程施工安全保障体系

本章内容以中交集团某公司建立的安全保证体系为例进行阐述。

11.1　安全保证体系

11.1.1　总体要求

(1)公司通过GB/T 45001—2020职业健康安全管理体系认证,施工时将根据管理手册和程序文件,制定工程实施细则,并认真组织实施。

(2)建立以项目经理为第一安全责任人的各级安全施工责任制,贯彻执行“管生产必须管安全”和“谁主管、谁负责”的原则,做到计划、布置、检查、考核、总结施工工作的同时,计划、布置、检查、考核、总结安全工作。

(3)健全安全组织,强化安全机构,充实安监人员,完善工作制度,各施工队配置一名兼职安全员和各作业点配备一名安全监护人,检查施工现场的安全情况及是否有违章作业情况,一旦发现及时制止,班前交代注意事项,班后评安全,把事故消灭在萌芽状态中。

(4)坚决贯彻执行国家有关安全生产的法规、法令,执行建设单位与地方政府对安全生产发出的有关规定和指令,建立安全岗位责任制,逐级签订安全岗位责任书,明确分工,责任到人,奖惩分明。服从项目法人、监理单位对安全文明施工的监督管理,全面遵守项目法人和监理单位有关工程安全工作的各项规定。

(5)坚持站班会、每周一次施工队安全活动和安全检查、每月一次的工地安全施工检查与整改,经常检查工地施工安全情况,并做好安全检查和整改记录,确保施工安全顺利进行。经常组织施工人员进行安全学习,尤其对新进场的职工与民工要严格执行三级安全教育制度,在安全教育中,重点加强“三不伤害”知识的教育。

(6)针对工程特点,在施工现场的安全管理中,重点加大对习惯性违章作业、特殊工种无证上岗、物体打击、高空坠落和触电等几项内容的管理力度,做到无安全防范措施不施工。为确保安全,在各施工区及生活区内配备足够的消防和灭火设备器材,组织一支兼职的消防队伍,消防设备器材随时检查、保养,使其始终处于良好的待命工作状态。

(7)注意收集近期和中期气象预报,一旦发现有可能危及工程安全和人身财产安全的气象预报,立即采取有效措施,以确保工程和人身安全。

11.1.2　保证体系

安全生产是一切施工的前提条件,因此在隧道工程施工过程中,安全生产措施的编制贯彻“安全第一、预防为主、综合治理”的方针原则,建立健全的项目安全生产保证体系,如图11-1所示。按施工项目的复杂、难易程度及施工环境条件,在工程施工中遵循安全法律、法规和标准，结合公司的经验教训，确定安全防范重点，做好事故预防、预控工作。

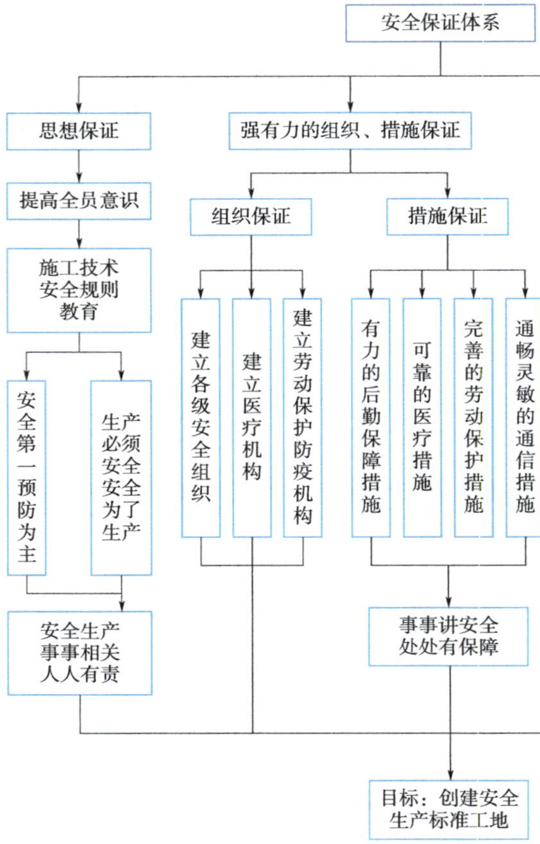

图 11-1　安全生产保证体系

11.2　组织措施

11.2.1　组织机构

为了加强安全生产工作，设置以项目经理为第一安全责任人的安全生产保障机构，建立以项目经理、项目副经理、安全总监、总工程师、各部门负责人员及安检负责人员组成的项目经理部安全生产领导小组并配备专职的安全管理人员，领导和组织实施本项目安全管理，以专检和监督方式为主，实行“安全生产一票否决权”，确保实现安全目标。

项目安全管理部门依据业主及地方政府的要求编制项目安全生产责任制、安全检查、安全教育与培训、安全交底、安全奖罚、安全事故管理、现场安全管理规定、消防管理规定等制度以及项目各部门、各岗位的责任制度。施工安全生产管理小组如图 11-2 所示。

11.2.2　部门职责

领导小组中及其组成部门职责如下。

(1)项目安全领导小组：组织制定项目各职能部门、各管理岗位的安全生产责任制，并定期对其责任制的落实情况进行考核；研究、统筹、协调、指导项目的重大安全生产问题，组织重要

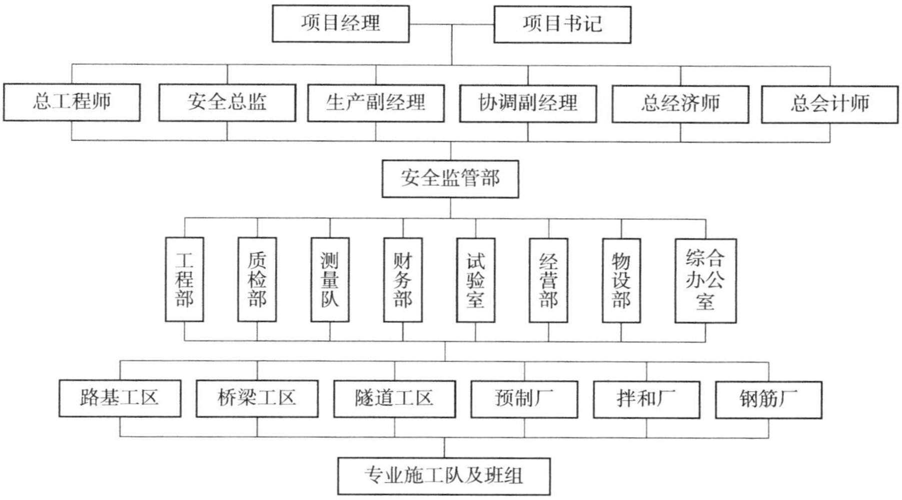

图 11-2　安全生产管理领导小组机构图

安全生产活动;负责项目有关安全生产规章制度、管理标准及安全生产政策的拟订工作;综合管理项目的安全生产工作,分析和预测项目安全生产形势,拟订项目安全生产计划,指导、协调和监督项目所属各分包单位、各部门做好安全生产管理;负责项目安全生产信息的发布,对项目管理范围内的安全生产管理工作实施监督,组织、协调项目管理范围内安全事故的调查与处理;组织项目安全生产方面的宣传教育工作,组织指导并监督特种作业人员的考核和项目三类人员的安全资格审核工作;监督检查各分包单位、各部门对安全生产法律、法规及规章制度的贯彻、落实情况及有关设备、材料和劳动防护用品的安全管理情况;监督检查分包单位、各部门职业健康安全管理和环境管理体系的运行情况,检查落实各分包单位、各部门对重大危险源、重要环境因素的监控和重大事故隐患的整改工作;拟订项目安全生产规划,组织指导项目安全生产重大科学研究和技术示范工作;负责对项目重要安全生产工作进行研究,审定并最终做出安全生产方面的重要奖罚。

(2)财务部:按规定提取年度安全技术措施经费和劳保费用,监督专款专用;编制项目安全经费使用计划,根据项目实际情况及项目安全技术措施经费的需要,按计划提取安全专项费用;按照国家、地方政府、行业主管部门及集团对劳动保护用品的有关标准和规定,负责审查购置劳动防护用品的合法性,保证其满足标准要求;对安全专项资金的落实执行情况进行监督、检查;做好安全生产奖罚基金的管理。

(3)工程部:开展安全技术攻关活动,积极研究和推广有效的安全技术措施和保证安全的操作工艺;对违反安全技术措施行为提出整改建议;认真做好本部门及分包单位的安全教育;组织学习有关安全生产技术规程和安全操作规程;编制施工组织设计和专项施工方案时,在采用新技术、新工艺、新设备、新材料时,应严格审查其各环节的安全技术措施,并做好分项工程的安全技术交底审核工作;参加本单位因工伤亡事故的调查,从技术角度,分析事故原因,提出防止类似事故重复发生的技术措施;各施工现场技术人员应做好施工现场安全工作,认真做好经常性安全教育、班前教育,对施工现场的违规行为提出整改,并有权对施工现场违章行为,按项目经理部《安全违章行为处罚条例》规定,对违章单位和个人开具《安全违章处罚单》;负责分项工程的安全技术交底编写和安全技术交底落实及检查工作,并做好记录;严格执行施工现场危险告知制度,用施工现场危险告知书向施工人员告知安全风险,并签字存档。

(4)物设部:负责对项目车辆、机械设备、材料的统一管理;负责车辆、机械设备的日常检查、维修、保养工作;组织编制《临时用电》施工方案;编制大型设备安装、拆除安全专项方案,对车辆、机械设备的操作人员进行安全技术交底工作;组织对租用车辆、设备进场验收;负责对外租车辆、设备的资质和操作人员持证审核、存档,租赁特种设备时,审核特种设备检验合格证,操作人员特种作业证;对特种设备负责向当地设备监督、检验部门进行报检、报验,未经当地设备监督、检验部门许可和验收合格的特种设备不得投入使用;必须严格执行定人、定机、定岗的“三定”原则,做好对现场大型机械设备的管理,所有从事与大型机械设备作业有关的起重、信号指挥、司索、维修保养等人员均必须由设备材料科统一派遣,禁止非特种作业人员从事特种作业;应按集团车辆和设备的要求,认真做好车辆、设备管理有关的安全技术资料的收集与整理;做好对车辆、机械设备、操作人员的日常安全管理,并对其安全运行实施监督。

(5)安全环保部:根据有关安全生产法律法规及上级领导部门的各项安全生产管理制度,制定符合项目实际的各项安全生产管理制度;根据实际情况制订年度安全教育培训计划;根据培训计划落实对务工人员的安全教育与培训;对新入场、较长时间离岗复工等人员进行三级安全教育、培训工作;建立一线人员用工登记册并定期核实验证;特种作业人员花名册并对其定期进行教育培训与考核;检查、核实特殊工种作业人员的技能操作证,保证100%持证上岗;进行伤亡事故的登记、统计、分析、报告、预防工作;对施工现场进行安全生产日巡查,检查各分包单位、各部门及个人安全工作执行情况,并有权纠正一切违章行为,对违章单位、部门或个人签发《安全整改通知单》,并对违反项目经理部《安全违章行为处罚条例》的队伍或个人按规定开具《安全违章处罚单》,并对整改情况进行跟踪落实检查;根据安全交底内容对施工现场进行安全交底检查,并做好检查记录;协助项目分管安全领导做好安全月度检查和季度大检查,每次检查有记录、有整改和回复;监督项目经理部各职能部门的安全生产管理工作职责的落实情况;按照规定发放安全设备设施、防护用品、标志标牌并做好相关记录;对安全、消防、环境保护、职业健康、现场监控设备定期检查维护;组织各种安全生产知识竞赛和有关法律法规的学习与知识问答;在集团安全管理系统中及时上传安全标准化资料。认真完成上级领导部门下达的有关安全生产及文明施工的一切任务。购置的安全设施与安全防护用品符合标准,并必须有生产防护设施、用品厂家的安全生产许可证、质检证及合格证。

(6)工地试验室:执行国家有关安全生产和劳动保护的法律法规,落实本项目部的有关安全生产的管理制度;协助总工制定指导性的安全技术措施方案;对本部门人员进行经常性安全教育和安全技术交底;检测人员要严格遵守岗位责任制和操作规程,严禁违章指挥、违章作业;未经考核培训合格人员不得上岗操作;现场取样和试验时试验检测人员必须做好安全保护工作,进入工地时应戴安全帽,高空作业应佩戴安全带;检测所用的有害(毒)物品和化学药品要严格履行领取、保管使用等手续,并专人负责保管。报废时应按“三废”处理的有关规定办理;离开检测室前必须切断电源、水源,关好门窗,确保安全。

11.2.3 成员职责

在领导小组中各成员按照其项目职务明确分工。

(1)项目经理安全职责:项目部经理是本项目安全生产的第一责任人。其主要安全职责是:严格执行国家、地方政府和上级部门有关安全生产的法律、法规、制度、规范、标准,对本项目生产经营活动中的安全生产工作全面负责。负责计划、组织、领导实施本单位中长期、年度、特殊时期安全生产工作目标和规划,负责本单位安全管理规章制度的制定、审核、实施。认真执行“五同时”规定，定期组织召开安全专题会议，听取安全生产汇报，分析、预测本单位安全生产形势，及时落实解决生产中的安全问题。

建立健全本单位安全生产管理机构，安全生产保证体系，并保证其正常运转。组织项目工程的危险源识别和安全风险评价工作。组织对施工现场事故易发、多发部位、环节监控。保证项目安全生产资金投入。组织制定施工现场安全生产事故应急救援预案并组织演练。定期和不定期地组织安全生产检查，监督落实对重大事故隐患的整改。严格遵守有关用工管理规定，组织实施本项目(含分包单位)员工的安全教育工作。每月组织召开一次安全生产例会，对本月的安全生产检查工作进行总结分析及奖罚。发生事故，要立即赶赴现场，组织抢救，采取措施减少事故损失、防止事故扩大。及时、如实报告安全事故，协助事故调查，制定并落实各项防范措施。进入施工现场，主动做好个人安全防护，并有权制止施工现场施工人员违章行为。

(2)项目书记安全职责：项目书记与项目经理对本项目安全生产负同等责任。贯彻执行国家及上级安全生产方针、政策、法律、法规和各项安全生产规章制度以及有关指示、决定。掌握本项目安全生产情况，督促项目安全领导小组制订安全生产责任制及有关的决定、决议。参与制定项目部安全生产目标、措施和有关重大安全问题以及事故的调查处理。督促分管安全的项目负责人做好本职范围内的安全生产工作。组织协调党、工、团共同搞好安全生产工作，做到齐抓共管，形成合力。全面负责党内开展的各种安全宣传活动和教育培训工作，督促党员干部严格落实安全生产责任制，在安全生产中发挥好党员的先锋模范作用，定期对安全生产责任制落实情况考核评价。围绕安全生产，搞好调查研究。及时、如实报告安全生产事故，支持安全生产管理人员行使职权。履行安全生产法律、法规规定的其他职责。进入施工现场，主动做好个人安全防护，并有权制止施工现场施工人员违章行为。

(3)项目副经理安全职责：认真贯彻执行党和国家安全生产方针、政策和上级指示，认真执行“管生产必须管安全”的原则，对全项目的安全生产负直接领导责任。协助项目经理分管安全生产工作，组织有关部门制订修订项目安全生产责任制、规章制度、技术操作规程和安全管理制度、审定并组织实施。组织制定并实施本项目的安全生产事故应急救援预案、安全技术措施。主持召开月安全生产例会，组织安全领导小组定期、不定期进行安全生产检查，协助项目经理对施工项目进行月度(专项)、季度安全生产大检查及消防检查，对查出的重大问题及时组织、研究制定有效措施，做到检查有记录，整改有安排，组织督促按期整改。组织好全项目安全生产、文明施工，并组织督促检查各项安全生产技术措施的落实情况。分析安全生产中存在的问题，组织落实整改情况，提出防范措施，并及时向项目经理汇报。支持配合项目经理抓好安全生产管理工作，对分管范围的安全生产劳动保护，环境保护、设备维修使用等负直接领导责任。审查和审批机械设备修造的计划或机械设备的技术改造方案，应根据国家颁布的相应安全法规和技术标准，同时审查安全技术措施，切实做到严格把关。根据国家有关安全生产、劳动保护、环境保护的规定，同时审查相应的安全技术措施，对不符合要求的及时予以纠正或不予审批。组织分管部门的专业人员，参加重大机损和机损引起的其他安全事故的调查分析，做出技术鉴定和提出整改措施。进入施工现场，主动做好个人安全防护，并有权制止施工现场施工人员违章行为。

(4)项目总工安全职责：贯彻执行国家、地方政府和上级的安全生产方针政策、法律、法规和安全技术规范、规程、标准等，协助项目经理做好安全生产的技术保障工作。对本项目的安全技术工作负全面责任。组织编制和审核施工组织设计和特殊复杂工程的施工方案时，在采用新技术、新工艺、新设备、新材料时，应严格审查其各环节的安全技术措施，必须向技术人员和作业人员进行性能、特点、安全技术要求及作业防护条件的交底。组织实施项目施工风险评估工作，主持重点工程的安全技术交底、对各种重大安全设施、设备的审查和验收。领导安全技术攻关活动，积极研究和推广有效的安全技术措施和保证安全的操作工艺。组织编制安全技术操作规程，制定安全技术措施，督促落实并检查其执行情况。对本项目部施工组织设计和专项施工方案中安全技术措施和施工工艺的实施情况进行监督、检查，对施工中涉及安全方面的技术性问题提出解决方案，及时纠正存在的问题。组织并督促项目部做好对操作人员的施工工艺培训和安全操作技术培训。组织本项目部对新技术、新材料、新设备、新工艺使用过程中相应安全技术措施和安全操作规程的制定与编制工作，并监督其执行。负责组织对改善安全条件、劳动保护、职业健康和环境等方面的科技装备设施的应用，利用新科技和互联网提升项目安全管理水平。进入施工现场，主动做好个人安全防护，并有权制止施工现场施工人员违章行为。

(5)专职安全员职责：认真贯彻执行国家、行业有关安全生产的法律、法规、方针、政策和集团各项安全生产规章制度。负责日常安全检查工作，有权制止违章指挥和违章作业，并做好检查记录，对上级检查提出的问题负责整改复查和反馈。督促有关部门人员按规定合理使用个人防护用品，监督施工现场各种人员正确佩戴和使用安全防护用品。督促技术人员做好安全技术交底，检查交底执行、落实情况。加强分管工作面的安全检查，发现事故隐患，及时向项目负责人和安全环保部报告，同时还应当采取有效措施，防止事故隐患继续扩大。督促工程技术人员或班组长做好班组安全活动和班前安全教育。配合安全环保部做好安全生产宣传教育和培训，总结和推广安全生产先进经验，负责安全生产管理资料的收集、分类、归档。发生安全事故，组织相关人员保护好现场，并立即向项目负责人报告。配合事故的调查和处理工作。经常开展多样化的有关安全生产、环境保护的宣传、教育，并协助有关部门做好安全培训考核工作。协助项目安全领导小组做好月度、季度安全生产大检查，并参与每月的安全生产例会，对施工现场存在的问题进行总结。在项目经理部施工生产期间，每天进行安全生产检查，环境保护检查。对安全隐患、环境破坏提出整改意见。认真做好有关安全生产、环境保护工作的原始资料的整理和存档。进入施工现场，主动做好个人安全防护，并有权制止施工现场施工人员违章行为。

(6)生产技术人员安全职责：认真贯彻执行国家、地方政府和上级的安全生产方针政策、法律、法规和安全技术规范、规程、标准等，协助总工做好安全生产的技术保障工作。协助总工制定指导性的安全技术措施方案。实施施工组织设计和施工方案时，应严格审查其各环节的安全技术措施，并做好分项工程的安全技术交底。项目技术人员必须对自己所负责的各个工区进行日检查，并作好日检查记录。日检查包括对施工(机械、用电、特殊工种的操作、安全防护及安全技术等方面的检查)。发现存有隐患的，有权对作业人员进行处罚。项目技术人员在施工现场检查时发现存有重大隐患的有权提出停工，组织现场人员立即撤离，并及时报告项目经理和总工，提出相应的整改措施。项目现场技术人员在检查现场施工时，发现隐患及时提出整改，根据隐患大小技术员有权对其分包队负责人及负责安全人员进行处罚。开展安全技术攻关活动，积极研究和推广有效的安全技术措施和保证安全的操作工艺。参加项目工伤亡事故的调查，从技术角度，分析事故原因，提出防止类似事故重复发生的技术措施。进入施工现场，主动做好个人安全防护，并有权制止施工现场施工人员违章行为。

(7)项目其他管理人员安全职责：严格遵守国家制定的安全生产法律、法规和项目部安全管理制度。服从项目安全领导小组和部门负责人的管理，发现生产中的不安全问题，有权提出批评意见。积极参加项目部组织的各种安全学习和教育,做好学习记录。认真做好办公和住宿场所的防火、防盗、防触电等安全工作。积极参加项目部组织的应急救援预案的演练工作,在本职岗位上发挥安全生产参与者的作用,积极参加安全活动,认真执行安全交底的规定,不违章作业,服从安全人员的指挥。进入施工现场,主动做好个人安全防护,并有权制止施工现场施工人员违章行为。

(8)班组长(兼职安全员)安全职责:认真执行项目部安全生产规章制度和安全操作规程,检查督促本班组工人正确使用各种劳动防护用品,组织班组人员学习安全生产技术、安全操作规程。认真做好新工人岗前安全教育,坚持班前教育、作业中检查、班后小结,并做好安全教育记录及安全交底记录。对本班组发生的各类事故,要详细记录,立即上报,积极参加事故的调查,并组织班组人员分析原因,吸取教训,提出防范措施,不得隐瞒事故。在生产过程中,发现设备、现场存在明显事故隐患,并随时可能危及人员生命安全时,有权停止作业,迅速组织人员撤离危险岗位,及时向项目负责人报告。认真做好各类安全活动记录,总结安全生产经验,找出原因,吸取教训,针对问题采取措施,使生产经常处于安全状态。认真开展安全技术交底工作,并对所管理的员工、项目外聘人员及劳务人员负有安全宣传和教育义务,使其提高安全生产意识和自我防护意识的能力;要做到勤巡查、勤检查、勤汇报。在施工过程中发现设备、作业环境存在严重隐患,应停止作业,并迅速组织人员撤离危险岗位,立即组织排险或向领导报告。进入施工现场,主动做好个人安全防护,并有权制止施工现场施工人员违章行为。

(9)机械、材料管理人员安全职责:严格遵守国家制定的安全生产法律、法规和项目部安全管理制度。积极参加项目部组织的各种安全学习和教育,做好学习记录。从事特种作业的人员,必须经国家有关部门进行安全教育和安全技术培训,并经考试合格取得操作证后,方可上岗作业,严禁无证上岗。积极参加项目部组织的应急救援预案的演练工作,在本职岗位上发挥安全生产参与者的作用,积极参加安全活动,认真执行安全交底的规定,不违章作业,服从项目部的安全管理。对所负责的机械设备定期进行检修维护,严禁设备带病作业,严格按照机械安全操作规程作业。严禁疲劳作业,工作期间不得饮酒,未经允许严禁他人替班作业。作业后,按现场要求停放,并锁好操作室,并与现场负责人联系确定好夜间有专人守护,反光标志设置到位。经常监督指导机械设备保养工作,重点对安全控制系统的保养维护,做好每月车辆、机械设备的检查及维修、养护记录。每月开展一次司驾人员的安全驾驶意识教育,做好交通安全宣传教育,并做好教育记录。对分承包方施工物资、机具管理实施监督,配合其他部门做好机械操作人员的培训取证工作,建立机械操作人员台账。进入施工现场,主动做好个人安全防护,并有权制止施工现场施工人员违章行为。

11.3　管理措施

11.3.1　工作机制

为提高工程安全文明施工管理水平,使现场安全文明施工及管理做到有章可循,努力实现安全管理制度化,项目部除配备必要的标准、规程、规定等安全文明施工依据性文件外,必须建立健全并严格执行以下安全管理工作机制:

(1)安全施工责任制;

(2)安全教育培训机制;

(3)安全工作例会机制；
(4)安全检查机制；
(5)安全施工措施管理和交底机制；
(6)班组安全日活动机制；
(7)安全监护机制；
(8)安全施工作业票管理机制；
(9)施工分包安全管理机制；
(10)施工用电管理机制；
(11)安全防护装备管理机制；
(12)施工机械及工器具安全管理机制；
(13)车辆交通安全管理机制；
(14)文明施工管理机制；
(15)安全工作奖惩机制；
(16)治安保卫管理机制；
(17)邻近带电作业、停电作业施工安全管理机制；
(18)防火、防爆安全管理机制；
(19)成品保护管理机制；
(20)环境保护和绿色施工管理机制；
(21)生活卫生管理机制；
(22)施工调查、处理、统计报告机制；
(23)施工安全信息管理机制；
(24)安全文明施工费管理机制；
…………

11.3.2 管理台账

项目部应设立各种账、表、册、卡资料，建设完善的项目部安全管理台账，供项目部和施工班组在工程施工过程中使用，以真实反映项目部和施工班组对上述安全管理工作机制的贯彻执行情况，同时也为上级各种安全文明施工检查、评比活动提供支撑性材料。

项目部的安全管理台账主要有：
(1)安全法律、法规、标准、制度等有效文件清单；
(2)安全管理文件收发、学习记录；
(3)安全教育、培训、考试记录；
(4)安全例会及安全活动记录；
(5)安全检查记录及整改单；
(6)安全施工作业票及安全技术措施交底记录；
(7)特种作业人员及专、兼职安全人员登记档案，施工人员花名册；
(8)分包人员花名册，分包队伍特种作业人员证件档案；
(9)重要临时设施验收记录；
(10)特种设备安全检验合格证；
(11)登高作业人员体检表；

(12)分包商资质资料；
(13)分包合同及安全协议；
(14)安全工器具台账及检查试验记录；
(15)安全用品台账及领用记录；
(16)安全文明施工费使用审核记录；
(17)现场应急处置方案及演练记录；
(18)安全奖惩登记台账；
…………

11.4　制度措施

11.4.1　教育培训制度

增强全员安全意识。认真贯彻执行“安全工作、预防为主、综合治理”的方针，打好安全基础。抓好安全岗位培训。对所有人员进行安全知识教育，分批培训，每人参加安全培训不少于两次，每次不少于 4 h，把有关安全制度印发给各部门，对照检查，对照实施。新员工入职必须进行入职教育和岗位安全教育。特种行业作业人员一律持证上岗并岗前进行考核，考核合格后方可进行操作。

采用新技术、使用新设备、新材料，推行新工艺之前，向有关人员进行安全知识、技能、意识的全面安全教育。做好经常性安全教育，特别是坚持班前安全教育。

受季节、自然变化影响时，针对由于这种变化而出现生产环境、作业条件的变化进行教育，即做好雨季、夜间、特殊工种等工作的安全教育。

(1)新进场参加工作的人员，必须参加分部进行的“三级”安全技术教育，对特殊工种必须及时通知安全环保部和现场安全员进行变更工种工作的安全技术教育，变更工种后必须熟知安全操作规程，经安全考试合格后上岗由教育人员填写安全教育卡，教育者与受教育者都要签字备查。特殊工种人员必须持有效操作证，方准独立作业。

(2)凡进场的施工队应由安全环保部对其人员进行岗前安全教育，经考核合格后，方可上岗操作，试卷留安全环保部存档。

(3)对于参加工程操作的工人和有关人员必须进行专门的教育和训练并经考试合格后才允许进行操作。

(4)对于重大危险性作业，作业前施工部门和职能部门必须按预定的安全措施和要求对施工人员进行安全教育，否则不能作业。

(5)每月至少要进行一次专门的安全教育，施工队各班组除坚持每日的班前会外，必须加强班中检查、班后总结，每周还必须进行一次班组(架子队)安全教育，做到安全教育经常化、制度化。

(6)分部定期不定期地采取各种有效方式开展活动，制定专项教育培训计划，采用适用于各层次人员的针对性的安全教育，并邀请专业的第三方单位对管理人员、作业人员进行分层培训，提高相关人员技术安全水平。安全活动组织者做好活动记录。

(7)在项目副经理的部署下，由现场技术负责人组织本区域内施工的队伍管理人员及操作人员进行专门的季节性施工安全技术教育。

11.4.2 项目例会制度

为了加强对安全工作的领导，落实项目部及各施工班组的安全管理制度和安全质量标准化工作，及时研究解决生产建设中存在的安全问题。本项目在施工过程中，每周组织召开安全生产例会。参会人员包括项目经理、项目书记、总工、安全总监、生产副经理、项目各职能部门的主管领导及部长、安质部全体人员、全体施工现场技术负责人、施工队伍负责人。会议由安全总监主持，会议内容包括：

(1)总结分析本季度安全质量上存在的问题，研究制定对策措施，做到会议目的明确，措施清楚，达成共识，落实到位。

(2)各分管领导、部门、指挥部分阶段总结经验、反思问题、剖析原因、制定措施、明确责任。紧密结合各自分工，分阶段提出本部门、本专业的安全质量工作阶段目标、重点、任务和保证措施，明确阶段安全质量工作推进计划和实施方案。

(3)根据研究内容要求，收集有关资料，提前做好分析总结。反映问题要有针对性，分析要有充分依据，用事实和数据说话。针对下阶段安全质量工作和当前存在的问题，结合工程建设进展情况和季节性特点，安排安全质量重点工作，落实责任部门和人员，限期解决。

(4)对于超出公司章程范围的问题，制定相应的防范措施，并及时书面上报。例会负责研究解决安全质量突出问题，其中上级部门点明指出或督办的安全质量突出问题、重大隐患问题必须纳入督办内容。督办事项由公司领导班子成员牵头组织，相关部门、现场指挥部等配合，明确责任部门、责任人、完成时限等，进行公示并挂网督办。对未及时完成安委会督办事项的部门、现场指挥部，按公司有关办法予以考核。

11.4.3 班前会议制度

为进一步落实“安全第一”的方针，向管理人员、工人具体灌输安全生产的重要性，施工过程中实行班前会议制度。班前会议由带班领导主持，当班安全员、技术员辅助主持。向现场施工负责人、工班长、机械操作员和作业工人展开班前教育。会议程序及内容为：

(1)总结上步工序工作中存在的问题和隐患，交代当班需要注意的问题。

(2)带班领导对本班余留的安全隐患提出整改措施，并落实责任人，说清楚本班安全注意事项，安排好本班具体工作。

(3)班前会主持人必须作好会议书面记录，做到有据可查。

(4)班前会参加人员，不允许迟到，缺席者不得上班，按旷工处理，特殊情况除外。

(5)班前会必须做到有针对性，解决生产中实际问题，避免出现内容空乏，记流水账，有其名而无其实。

(6)本班中的安全隐患，必须及时解决，严禁互相推诿，将安全隐患推迟给下一班处理，给隧道施工安全带来威胁。

11.4.4 安全检查制度

(1)基本要求：①项目根据施工现场、驻地及不同季节，结合工作任务进展情况，认真组织、落实安全检查，对危险性较大的分部分项工程施工作业现场应指定专职安全管理人员实施安全管理。②检查人员应本着对项目部和职工高度负责的精神，认真检查、严格执法，对各种可能危及安全的行为和隐患要敢于及时制止，并提出整改要求和处罚，防范建议，尽量减少事故隐患，杜绝违章行为。③现场检查完毕后进行安全检查总结，通报安全检查结果，并将参加人员、查出的隐患及其整改要求和期限等详细记录。④确因资金和技术等方面的原因而一时难以解决的问题，要制订整改措施和整改计划，限期解决。

(2)检查内容：①查意识：以党和国家的安全生产方针、政策、法律、法规及有关规定、制度为依据，对照检查各级领导和职工是否重视安全工作，人人关心和主动搞好安全工作，使党和国家的安全生产方针、政策、法律、法规及有关规定、制度在部门和项目部得到落；查对安全生产的认识是否正确；查安全生产的责任心是否强；查对忽视安全生产的思想和行为是否敢于斗争。②查制度：检查安全生产的规章制度是否建立、健全并严格执行。违章指挥、违章作业的行为是否及时得到纠正、处理，特别要重点检查职能部门和项目部是否认真执行安全生产责任制，能否达到齐抓共管的要求。③查措施：检查是否编制安全技术措施，安全技术措施是否有针对性，是否进行安全技术交底，是否根据施工组织设计的安全技术措施实施，是否制定并严格执行符合岗位特点的安全操作规程。④查隐患及整改：检查劳动条件、安全设施、安全装置、安全用具、机械设备、电气设备、易燃易爆品管理等是否符合安全生产法规、标准的要求。检查是否严格按照整改要求 及时落实整改，检查是否把安全隐患消灭在萌芽状态中。⑤查事故处理：检查有无隐瞒事故的行为，发生事故是否及时报告、认真调查、严肃处理，是否制订了防范措施，是否落实防范措施。凡检查中发现未按“四不放过”的原则要求处理事故，要重新严肃处理，防止同类事故的再次发生。⑥查领导：领导是否把安全生产摆到议事日程；对安全生产成绩显著的员工是否做到及时表扬和奖励；对忽视安全生产造成事故的责任者是否进行严肃处理；生产与安全是否做到了“五同时”。⑦查组织：检查是否建立了安全领导小组，是否建立了安全生产保证体系，是否建立安全机构，安全管理人员是否严格按照规定配备。⑧查岗位责任：检查各级负有安全生产管理职责人员的岗位安全责任落实情况，一岗双责执行情况。⑨查教育培训：新职工是否经过三级安全教育，特殊工种是否经过培训、考核持证，各级领导和安全人员是否经过专门培训。⑩查纪律：查岗位上劳动纪律的执行情况，有没有擅离岗位、做与生产无关的事。⑪查施工现场安全标志是否齐全到位。⑫查生产安全事故应急预案、消防应急预案、食品急性中毒事故应急预案的建立及演练。

(3)检查方法：①看：看施工现场的环境和作业条件、看实物和施工人员的实际操作、看施工人员在施工过程中所做的记录和资料、看施工安全设施等。②听：听汇报、听介绍、听反映、听意见或批评、听建议、听机械设备的运转响声或承重 物发出的微弱声响等。③闻：对施工现场存在的包括易燃易爆品、油料、化学材料、腐蚀物、有毒气体等的泄漏或挥发进行辨别。④问：向项目经理部的某项工作和作业有经验的人询问工作中的危险源和不利环境因素；对影响安全的问题进行详细询问。⑤查：在企业内部除了在现场查明问题、查出隐患、查对数据、查清原因、追查责任外，还可以查阅相关的事故、职业病记录，从中发现在本项目中可能存在的危险源与不利因素；从企业外部获取信息。从有关类似企业、类似项目、文献资料、专家咨询等方面获取有关危险源和不利因素信息，加以分析研究。⑥测：对重要的施工控制点进行测量；对重要的施工机械、安全防护设施以及重要的附件进行测试；对重要的物资进行检测以及必要的试验或化验。⑦析：实事求是分析安全事故的隐患、原因；弄清事故的时间、地点；研究事故受害者的工作环境、本人的情况，包括身体思想状况，作业中的工具、材料、机具设备情况，技术交底情况，对操作规程是否熟悉，是否持证上岗，现场管理情况等是否存在不安全因素，是哪些不安全因素，是如何诱发事故的等。

(4)检查形式：分为节假日检查、季节性检查、专业性检查、经常性检查和定期检查等五种。

①节假日检查:在“元旦”“春节”“五一”“十一”等节假日前3～5 d进行综合安全检查,督促其认真抓好节假日期间的安全生产工作。②季节性检查:结合防雨防洪、防暑降温、防寒防冻、防雷电等季节性安全工作进行重点检查,及早布置、落实防范措施。③专业性检查:配合安全卫生监督机关、公安交警部门以及行业主管部门对项目部、特种设备、易燃易爆物品、重点工程施工、新产品使用、消防、车辆及人员审验等进行专业安全检查。④经常性检查:各级单位负责人及工程技术、安全管理、设备物资等部门,坚持对关键设备和危险施工区(面)及安全操作进行经常性的日常检查、监督。专、兼职安全员或生产带(值)班负责人,要经常深入工地巡查、检查安全生产情况,及时发现隐患。作业队(班组)负责人每天要深入班组作业一线,做好班前、班中、班后岗位安全检查。职工每天作业前,对自己岗位或者将要进行的工作进行安全自检,确认安全可靠后才进行作业。⑤定期安全检查:除坚持经常性的安全检查外,集团每季度组织一次全面安全检查;项目部除随时进行安全检查外,每月必须组织定期安全检查;作业队及班组每周进行一次定期安全检查。

(5)检查实施:①定期安全生产检查:(a)班检查:作业队(班组)安全员每半天对本班组安全生产巡视检查一次,实施班前、班中、班后岗位安全检查,并做好相应记录。(b)日检查:带班领导、项目专职安全员每天对施工现场进行安全巡视检查,对爆破、吊装等危险作业,应安排专职安全管理人员进行现场安全管理,做好记录。(c)周检查:每周由项目经理负责组织本项目各相关人员参加,对现场进行一次安全生产检查。(d)月检查:每半月由项目安全领导小组负责组织本项目安全、质量、技术、物资设备等人员参加,对施工项目(包括作业班组)进行综合性安全生产检查。(e)季度检查:集团领导组织安全科及相关部门参加,对各项目进行安全生产、文明施工达标验收检查。②专业性检查:集团组织专业人员,对现场进行安全防护、用电安全、机械安全、消防安全等专项检查。③季节性安全生产检查:由集团领导组织安全科及相关部门参加,对各项目进行春季安全大检查;暑期安全检查(防汛、防暑降温、电气);秋季安全大检查;冬季施工“五防”检查(防滑、防冻、防火、防中毒、防坍塌);安全月检查;质量月活动检查;危险管理点检查。④特殊性检查:集团领导带队,相关部门参加,在“元旦”、“春节”、“五一”、“十一”等特殊节假日,对各项目部施工现场进行安全、消防等措施落实情况的检查。

(6)检查重点:①集团组织的安全工作检查重点为:检查贯彻落实上级文件、法规情况;安全目标管理责任状签订、执行、考核情况;施工安全技术措施制定、落实情况;施工现场文明施工、执行工艺纪律、危险源控制情况;基础工作、资料管理情况。②各部门安全工作检查的重点为:月度安全工作计划执行、落实情况;危险点预防预控措施的落实情况;施工现场查找隐患、“反三违”情况;班组安全活动及班前会开展情况。③班组安全工作检查的重点为:作业现场安全防护情况;劳动保护用品使用情况;作业职工遵章守纪情况。

(7)隐患整改:重大事故隐患采取自下而上的报告程序,由各部门申报,集团安委会研究决策,落实整改计划并进行评估验收。对不能够立即解决的重大事故隐患应下达停工指令,完成整改并经复验合格才能继续施工。①经集团检查发现的各类安全问题,由集团通报安全检查结果;项目部负责整改落实及时将整改结果上报集团;集团负责对各自项目部整改落实情况进行监督核查,将核查结果以书面形式上报集团安全管理部。②经集团检查出的各类安全问题,由集团通报安全检查结果,项目部负责整改落实并及时将整改结果上报集团;集团负责对各自项目部整改落实情况进行监督核查。③经项目部检查出的各类安全问题,由项目部下发整改通知书,交受检单位或班组一份,限期整改,由责任单位或班组组织落实整改,并经安全人员会同相关人员进行验收。④班组自查的事故隐患,原则上由班组自行整改。无法整改的,必须及时报告所在部门负责人，由所在部门统筹安排整改。⑤各级安全工作检查出的事故隐患，必须坚持“三定三不推”的原则，即：定整改责任人，定时间，定整改措施；个人能整改的不推给班组，班组能够整改不推给所在部门，所在部门能够整改的不推给集团。

（8）总结与考核：①各级检查完毕后应针对发现的问题进行全面分析与总结，并在下一步工作采取针对性措施来提高安全管理能力。②集团与各部门安全工作检查依据集团、分集团安全考核标准的内容进行，并依据安全生产奖罚条例的有关条款进行奖惩。

11.4.5　安全技术交底制度

工程开工前，应随同施工组织设计，向参加施工的职工认真进行安全技术措施的交底。实行逐级安全技术交底制，开工前由技术负责人向全体职工进行交底，两个以上施工队或工种配合施工时，要按工程进度交叉作业交底，班组长每天要向工人进行施工要求、作业环境的安全交底。

11.4.6　机械设备管理制度

（1）施工中，必须使用有资质企业生产的施工机械，具有合格证和完整的安装、使用、维修说明书。施工机械进场前，应经验收确认合格。对于特种作业车辆及机械并且确保三证齐全，即生产厂家的生产许可证、产品合格证、当地检验检测机构检测合格后发的使用许可证。

（2）定期对机械设备进行维护保养和安全检查，确保各类安全装置健全有效。严禁在安全保护装置发生故障、失效或不准确时作业；在作业中，严禁对传动部分、运动部分及运动件所及区域做维修、保养、调整等工作；传动部分应润滑良好，各类安全装置运转正常。

（3）大型移动式机械的作业场地应平整、坚实，固定式机械应有可靠的基础，并安装稳固，机身应保持水平。大型移动式机械运转和作业时，现场应设专人指挥，指挥人员应站在安全处，确认周围符合安全要求后，方可向机械操作工发出指令。

11.4.7　临时用电管理制度

（1）电工必须经过培训，持证上岗。电工必须熟悉施工现场的各种管理规定，特别是关于安全用电、电气安全运行与维修的管理规定，必须熟悉现场各种机械设备的电气性能。进入现场必须遵守安全生产纪律、操作规程、安装规程、安全规程，维修电气设备时应尽量断开电源，验明单相无电。未经验电，则应按带电作业的规定进行工作。

（2）施工现场的一切电气线路、设备安装、维修或拆除必须由持证电工负责，并要定期检查。平时对电气设备勤巡、勤查，发现事故隐患立即消除，对上级发出的安全用电整改通知书必须在规定的期限内彻底整改，严禁电气设备带病运行。

（3）必须按一机一闸一漏电开关控制保护的原则安装施工机具，严禁用同一个开关直接控制二台及二台以上用电设备（含插座）。开关箱内禁止存放物件，箱门应加锁及有防雨、防潮措施。

（4）电气设备应完整无缺，设有专用漏电保护开关，定期检查电线、闸箱等用电设备，防止带“病”作业。电缆线路应采用“三相五线”接线方式，电气设备及电气线路必须绝缘良好，场内架设电力线路其悬挂高度及线距符合安全规定，并架在专用电杆上。

（5）施工现场的一切用电设备的金属外壳必须接零或接地保护。潮湿或条件较差的施工现场的电气设备必须采用保护接零。变压器必须设接地保护装置，其接地电阻不得大于 4 Ω，变压器设置围栏,设门加锁,专人管理,并悬挂“高压电危险,切勿靠近”的警示牌。

(6)现场架设的电力线路,不得使用裸导线,临时敷设的电线路,不准挂在钢筋模板和脚手架上,必须安设绝缘支承物。

(7)施工用电设备的安装、拆除和维护运行必须由电工负责,严禁非电工进行任何电气作业。隧道内检修、搬迁电气设备(包括电缆线)时,应切断电源,并悬挂警示牌。拉闸停电进行电气检修作业时,必须在配电箱门挂上“有人操作,禁止合闸”的标志牌,必要时设专人看守。

(8)对配电箱、开关箱进行检查维修时,必须将其前一级相应的电源开关分闸断电,并悬挂停电标志牌,严禁带电作业。各种电箱、设备应按时检查,并有检查记录,应建立交接班制度,并有文字记录。

(9)每班开工前及完工后应对洞内的电气设备进行检查,确认设备的运转正常以及停工后及时断电。配电房边设置消防砂池,干粉灭火器等消防器材。

11.5 技术措施

11.5.1 一般要求

(1)针对工程施工的特点,对辨识、评价出的风险值较大的重要危害和重要环境因素,进行重点预防和控制。安全施工措施具有针对性、有效性、适用性。

(2)编制的作业指导书及施工措施按规定进行审批,并经监理审查批准后实施。

(3)安全施工措施从人员教育、危险点预控、措施落实、安全管理等方面进行详细的安排,深入危险点分析,制定重要控制环节与对策。

(4)项目开工前施工负责人进行安全文明施工条件的检查并签字确认,不具备安全文明施工条件的工程项目不得开工。施工人员只有严格按照作业指导书施工的权利,未经批准,不得擅自更改措施。

11.5.2 地质预报

风险隧道常用超前地质预报手段如图 11-3 所示。

(1)超前地质预报作业时应防止:工作面坍塌、找顶不完全、高处作业台架失稳、安全防护失效、突水、突泥等。

(2)超前地质预报工作必须纳入现场施工组织统一治理,并应编制超前地质预报的安全保障措施。

(3)对于地质复杂和较复杂隧道工程,应选择有经验队伍承担超前地质预报工作。

(4)对位于区域地质条件复杂的隧道,应依照区域地质勘探资料,选择以钻探法为主,结合物探法、地质调查法的多种不同原理的预报方法,并对所测得的资料进行综合分析,达到相互补充、相互验证,提高预报准确率。

(5)超前地质预报人员必须通过隧道施工安全教育培训,并掌握安全操作技术和安全生产的差不多知识。

(6)专门地层及存在高地温、高地应力的隧道进行地质预备时应符合下列规定:对含有可燃气体、有害气体、放射性物质等专门地段隧道及存在高地温、高地应力等地质问题的深埋隧道,应符合国家有关标准的规定进行分析推断。对含有瓦斯和天然气的隧道,应严格遵守国家有关规定。进行隧道地质预报时，必须先检测有害气体浓度，超标时应加强通风，符合标志要求后方可进入作业面。

(7)通过煤系地层、金属和非金属矿区中的采空区时，应查明废弃矿巷与隧道的空间关系，分析评价其危险程度及对隧道的阻碍程度。

(8)地质预报工作应在找顶作业结束后(高应力区隧道应待工作面支护完成后)进行。开始工作前应观测空间上方、周围有无危险，特别是钻探工作面有无危石存在，确保预报人员安全。

(9)超前地质预报当使用台架、高空升降设备时，设备应安装牢靠，操作人员应遵循高处作业的有关规定。

(10)采用钻探法进行超前地质预报时，钻孔作业应符合下列要求：应编制钻孔作业指导书，开钻前应进行安全技术交底；采纳电动驱动的钻机，施工用电由持证上岗的电工负责；孔口管必须安设牢靠；钻机使用的高压风、高压水的各种连接部件应符合要求；钻机前方应安设挡板，其他人员不得进入工作区域。

(11)在可能发生突水突泥的地段，进行超前地质预报时应符合下列规定：在斜坡和反坡地段施工，当其处在富水区时，超前预报应做好钻孔突涌水处置方案，确保人员和设备安全；必须安装孔口安全装置，并将孔口固定牢固，装上操纵阀门，进行耐压试验，达到要求后，方可钻孔；当地下水压达到一定数值后，应在孔口管上焊接法兰盘并应用锚杆将法兰盘固定在岩壁上；对软弱围岩破裂带，应设置止浆墙；钻探过程中发觉岩壁松软、掉块或钻孔中水压、水量突然增大，以及有顶钻等异常时，必须停止钻进，立即上报处理并派人监测水量；当发觉情况紧急时，必须立即撤离人员然后采取措施进行处理。

(12)严禁在残孔内加深炮孔进行探测。

(a) 智能预警机器人探水　(b) 地质雷达探测　(c) 超前水平钻探测　(d) TSP探测原理

图 11-3　隧道超前地质预报手段

11.5.3　洞口工程

(1)洞口开挖前，应先清理洞口上方及侧方可能滑塌的表土、灌木及山坡危石等，疏通排水沟渠，排除积水。洞口边、仰坡上方的天沟应及时施作，对土质天沟随挖随作，不使水冲刷坡面。

(2)仰坡开挖应自上而下分层开挖分层支护，严禁掏底开挖或上下重叠开挖，洞门端墙处土石开挖应结合地层稳定情况、施工季节和隧道施工方法进行。

(3)洞口开挖的土石方应避免因弃渣堵塞造成排水不畅、过大土压力引起山体滑坡、坍塌和对桥梁墩台的偏压，以及对其他建筑物的危害和交通运输安全的阻碍。

(4)处于陡峭、高边坡的洞口应增设安全棚、安全栅栏或安全网，危险地段应采取加固措施。

(5)当采用大管棚、抗滑桩、注浆、地表锚杆等措施进行洞口地层加固时，应符合下列规定：

①管棚施工时应遵循钢管吊装和使用时的起吊安全规程，并严格按钻机操作规程程序进行作业。②抗滑桩使用打桩机施工时应采取措施加固和稳定重型机械：采纳人工挖孔作业时，应设置人员上下升降设施、通风设备并采取防护措施，防止坠物伤人。③注浆作业时，应加强对注浆软管和接头的完好性和可靠性检查，施工人员应有完好的保护用品，堵管处理应采取先减压再处理的措施。④地表锚杆作业时应采取措施防止卡钻，注浆人员要佩戴好防尘口罩。⑤施工脚手架和作业平台应搭设牢固，设扶手栏杆，并有安全检算。隧道边仰坡防护如图 11-4 所示。

（a）钢花管泥浆防护　（b）锚喷支护　（c）喷射混凝土护坡　（d）地表注浆作业

图 11-4　隧道边仰坡防护

11.5.4　明洞施工

（1）明洞应避开雨天施工，当确需在雨天施工时，应制定严密的施工方案，同时应加强对山体稳定情况进行监测、检查。开挖前应采取洞顶四周的防水、排水措施，防止地面水冲刷造成边、仰坡落石、坍塌。

（2）明洞开挖应符合下列规定：依照地形、地质条件、边仰坡稳定程度和采取的施工方法，确定全段或分段开挖及边仰坡的坡度，开挖自上而下的顺序进行：石质地段开挖应控制爆破用药量，减少爆破震动的阻碍，开挖后应立即进行边仰坡防护。在松软地层开挖边、仰坡时，应随挖随支护：开挖的土石不应堆弃在危害边坡及其他建筑物的地点。

（3）明洞的基础应设置在稳固的地基上。

（4）明洞衬砌施作应符合下列规定：模板及支（拱）架的刚度、强度、稳定性必须进行检算；模板及支架安装必须稳固牢靠，模板及支架与脚手架之间不得相互连接；脚手架和工作平台应搭设牢靠，并设有扶手、栏杆；衬砌钢筋安装时应设临时支撑：衬砌端头挡板应安装牢固，支撑稳定，并设有防止模板移动的措施；起重吊装作业时应符合起重吊装安全规定。隧道明洞施工如图 11-5 所示。

（a）明洞开挖　（b）立拱架　（c）衬砌钢筋绑扎　（d）衬砌浇筑

图 11-5　隧道明洞施工

（5）明洞防水涂抹沥青，作业人员应佩戴防护口罩、手套、安全带等防护用品，卷材铺设应严格遵守作业程序，不应上下同时作业。

11.5.5　洞门施工

(1)洞门应避开雨天和严寒季节施工,应及早完成。

(2)基础必须置于稳定的基础上,当地基承载力不能满足时必须结合具体条件采取加固措施。

(3)洞门脚手架不应阻碍车辆通行。洞门完工后,其周围边、仰坡受破坏的地点应及时处理。

11.5.6　洞口开挖

(1)施工前必须制定详细的切实可行的施工方案和作业指导书。

(2)做好超前地质预报工作,采用 TSP、超前钻孔、地质雷达等综合预报手段对开挖面前方的地质情况作出详细的预报。每个开挖工班配一名工程师跟班,确保各种措施、技术交底的落实,保证标准化作业。开挖过程中,配备有经验的地质工程师,24 小时轮流值班,及时发现地质变化,监控指导现场施工。

(3)根据设计图纸的要求做好超前导管注浆加固围岩或起到注浆堵水的作用。不良地质地段隧道施工时,严格遵循“先治水,短开挖、弱爆破、强支护、勤量测、早封闭”的施工原则保证不坍方。

(4)司钻工钻孔前,对风钻和工具做检查,不符合要求的应立即修理或更换。用带支架的风钻钻孔时,应将支架安置稳妥。在钻孔台架上打眼时,先检查平台架及斜撑是否稳定,平台上是否铺满板,外侧的防护栏杆是否牢固,防止高处坠落。

(5)开挖人员到达工作地点后,应首先检查工作面是否处于安全状态。具体要检查支护是否坚固,顶板和两帮是否稳定,如有松动的石、土块或裂缝应先预先去除或进行支护。

(6)人员站在渣堆土上作业时,应留意渣堆的稳定,防止滑坍伤人。

11.5.7　洞身开挖

(1)隧道开挖前应编制开挖专项施工方案,方案应包括开挖方法、工艺流程、安全技术措施等内容。隧道开挖应依照地质情况、断面大小、施工设备、工期等条件的变化,选择开挖方法,如图 11-6、图 11-7 所示。

(a) 双侧壁导坑法　(b) 单侧壁导坑法　(c) 三台阶法　(d) 环形开挖预留核心土法

图 11-6　隧道洞身开挖工法

(a) 风枪钻眼　(b) 钻眼施工　(c) 三臂凿岩台车定位钻孔　(d) 三臂凿岩台车钻孔

图 11-7　隧道洞身开挖

(2)开挖应采用光面爆破和预裂爆破技术,控制循环进尺,减少对围岩的扰动,并不应对初期支护、衬砌结构和施工设备造成损伤。

(3)开挖完成后,找顶要完全,开挖作业平台防护措施到位;爆破作业防护按有关规定要求执行。

(4)两座平行的隧道开挖时,其两个同向开挖工作面应保持合理的纵向距离,间距小的隧道,必须采取措施防止后行洞开挖对先行洞周壁产生不良影响。

(5)隧道双线开挖接近贯穿面时,两端施工应加强联系与统一指挥,当隧道开挖工作面距离接近 15 m 时,必须采取一端停止作业并撤走人员和机具的措施,在安全距离处设置禁止入内的警示标志。

(6)隧道开挖使用的作业台架应进行强度、刚度、稳定性检算,经验收合格后方可使用,台架四周必须设置安全栏杆。

(7)隧道找顶必须在通风后进行,并有专人进行指挥,照明应有充足的光照度,找顶后必须进行安全确认,合格后其他作业人员方可进入开挖工作面作业。

(8)隧道在开挖下一循环作业前,必须对比设计检查初期支护施作情况,确保施工作业环境安全。

(9)采用全断面开挖隧道时,应控制一次同时起爆的炸药量,减少爆破对岩石的阻碍。在地质条件较差地段采用全断面开挖隧道时,必须对围岩进行超前支护或预加固,并操纵循环进尺。当地质条件发生变化时,必须依照情况及时变换适宜开挖方法。开挖爆破后,先用机械找顶,然后用人工找顶。

(10)采用台阶法开挖隧道时,应依照岩石条件,合理确定台阶长度。①当围岩地质较差、开挖工作面不稳定时,应采用分段进尺或三台阶错开开挖或预留核心土措施,必要时采用喷射混凝土或玻璃纤维锚杆对开挖工作面加固。台阶上部开挖循环进尺应依照围岩地质条件和初期支护钢架间距合理确定,并不得大于 1.5 m。②当围岩地质较差、变形较大时,上半断面开挖后立即施作锁脚锚管(杆)、扩大脚、临时仰拱等措施,操纵围岩及初期支护变形量。台阶下部断面一次开挖长度应与上部断面相同,不得超过 1.5 m。开挖后必须及时喷射混凝土进行封闭。当有钢架时,必须及时安装钢架并喷射混凝土,严禁拱脚长时刻悬空。③仰拱应操纵一次开挖长度(不超过 5 m),开挖后应立即施工初期支护,封闭成环。

(11)采用分部法开挖隧道时,①应选择机械开挖、人工配合,专门情况采纳弱爆破开挖时,必须严格操纵用药量;②应依照地质条件、隧道断面等情况合理进行分部,开挖进尺应控制在 1.0 m,分部开挖的各部开挖后应及时进行初期支护并尽早封闭成环。③各部钢架基脚处应施作锁脚锚杆(管)或采样扩大拱脚等措施,减少拱脚下沉量。④采用分步法开挖的支护应依照监控量测结果逐段拆除每段拆穿长度不得大于 15 m。

(12)采用中隔壁法、交叉中隔壁法开挖隧道时,同层左、右 10～15 m,两侧沿纵向应错开一定的距离,错开距离应控制在范围内,同侧上、下开挖工作面相距 3～5 m。

(13)采用双侧壁导坑开挖隧道时应符合下列要求:侧壁导坑形状椭圆形,导坑宽度不应大于 0.3 倍隧道宽度;侧壁导坑中槽部位开挖应采纳短台阶,台阶长度 3～5 m,必要时预留核心土侧壁导坑应超前中槽部位 10～15 m。

(14)钻孔前,首先检查工作面是否处于安全状态,灯光照明是否良好,支护、顶板及两帮是否稳固,有无松动的岩石,如有松动的岩石及时支护或清除;检查加固操作平台,确保钻眼平台不变形不垮塌。必须由专人对开挖作业面状况和作业人员安全防护进行检查,及时消除各类安全隐患。钻孔作业过程中，必须采用湿式作业或带有捕尘器的凿岩机。风钻钻眼前，对设备工具作下列检查，不合格的立即修理或更换：机身、螺栓、卡套、弹簧、支架是否完好；管路是否良好，连接是否牢固；钻杆有无不直、带伤以及钎孔是否有堵塞孔现象。严禁在残孔中接着钻孔，严禁在工作面拆卸修理钻孔工具。钻孔作业中应注意工作面有无异常漏水、气体喷出、岩石变化等情况。凿岩台车工作前，必须检查泵、空压机、管路与接头有无漏水、漏油、漏气现象，确认各部位操纵杆、操纵装置机仪表处于正常状态。

(15)装药作业前应对钻孔情况逐一检查，并检查开挖工作面的安全状况；装药时用木质炮棍装药，严禁火种，无关人员和机具撤到安全地点，作业人员禁止穿戴化纤衣物；使用电雷管时装药前电灯及电线应撤离开挖工作面；装药时应用投光灯、矿灯照明，开挖工作面不得有杂乱电线；严禁钻孔与装药同时进行；装药作业完成后，必须及时清理现场，清点火工品数量，剩余的炸药和雷管必须由领取炸药、雷管的人员退回库房；爆破前应明确指挥人员、警戒人员、起爆人员，并统一指挥所有人员、设备撤离到安全地点并设置警戒标志。

(16)爆破后必须经充分通风排烟，15 min 后安全检查人员方可进入工作面，要紧检查有无盲炮、有无残余炸药及雷管、顶板及两帮有无松动的岩石、支护有无变形和开裂等，当发现盲炮残余炸药及雷管时，必须由原爆破人员按规定处理。

11.5.8　装渣运输

隧道内装渣与卸渣作业应考虑下列要紧危险源、危害因素围岩失稳坍塌；洞内照明光度不足；找顶不完全；作业区机械、车辆对人的损害；出渣车留车、倾翻、挂碰；粉尘及有害气体等，如图 11-8 所示。

(1)各种运输设备不得人货混装，装载机不准载人。

(2)装渣时，运渣车辆应停稳并制动，启动前应鸣笛。

(3)洞内运输车辆限速行驶，车辆在使用前应详细检查，不得带病行驶。

(4)在衬砌台车(或作业台架)作业地段应设置“慢行”标志，台车(台架)两端设置红色显示灯。

(5)洞外卸渣场地应符合规定的坡度，并应在渣堆边缘内 80 cm 处设置挡木，以防车辆翻沟。

(a) 装载机械　　(b) 掌子面装渣　　(c) 仰拱导坑出渣　　(d) 渣土运输车

图 11-8　隧道机械装渣运输

11.5.9　初期支护

(1)总体要求：①隧道各部开挖后，除围岩完整坚硬，以及设计文件中规定的不需支护外，都必须根据围岩情况、施工方法采取有效的支护。②施工期间，现场施工负责人会同有关人员对支护各部定期进行检查。在不良地质地段每班设专人随时检查，当发现支护变形或损坏时，立即修整和加固；当变形或损坏情况严重时，先将施工人员撤离现场，再行加固。③喷锚支护时清除危石，台车牢固可靠，喷射手佩戴防护用品；机械各部完好正常，压力保持在 0.2 MPa 左右，注浆管喷嘴严禁对人放置。当发现已喷锚区段的围岩有较大变形或锚杆失效时，立即在该区段增设加强锚杆，其长度不小于原锚杆长度的 1.5 倍。如喷锚后发现围岩突变或围岩变形量超过设计允许值时，采用护拱临时支撑。④洞内支护，随挖随支护，支护紧跟开挖面。隧道后行洞开挖应滞后于先行洞，滞后距离应不小于 15 m，根据围岩级别确保掌子面至仰拱、掌子面至二次衬砌距离安全距离。⑤工序变化处隧道周边钢架基脚应打设锁脚锚杆，锁脚锚杆数量可根据监控量测结果确定，及时施作纵向连接钢筋并连接牢固。当钢架拱脚下沉或内移较明显时，可采取在拱脚增设斜撑、加设横撑等措施，保证钢架稳定。⑥临时支护的拆除时间应在全断面成环后，各部位位移充分稳定后，且每次拆除长度不应大于 5 m，并逐段拆除。⑦当发现测量数据有不正常变化或突变，洞内或地表位移值大于允许位移值，洞内喷射混凝土或地面出现异常裂缝时，均视为危险信号，必须立即通知作业人员撤离现场，待制定处理措施后才能继续施工，如图 11-9 所示。

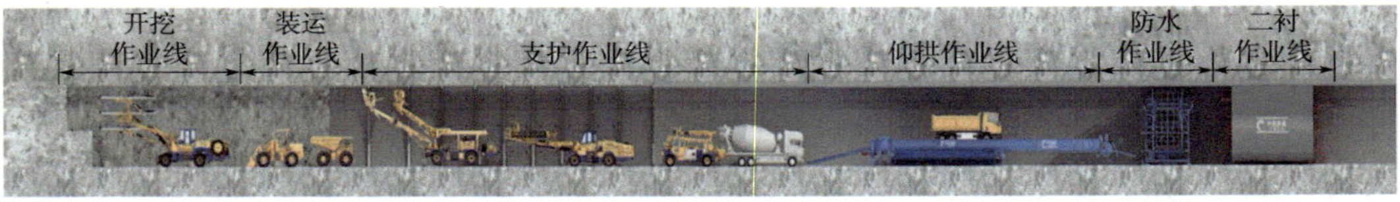

图 11-9　隧道纵向施工空间分布示意图

(2)喷射混凝土施工：①隧道初喷混凝土之前，支护班组安排专人采用钢钎对开挖岩面进行排险，清理拱顶、拱腰、边墙处松动的危石。加强洞内通风，采用合适的降尘措施，控制掌子面处粉尘含量。综合管理部对从事喷射操作的人员，定期进行健康检查。进行喷射时，必须佩戴防毒面具、护目镜等安全防护用具。②开挖支护班组长在喷射混凝土之前必须进行班前讲话，向作业人员强调施工过程中的危险源及安全注意事项。③喷射混凝土之前现场专职安全员联合开挖支护班组长对风水管路进行全面排查，发现安全隐患全面整改。④在开始喷射作业前，由专人仔细检查管路、喷头等，防止喷射时发生因软管破损或接头断开等引起生产力导致工程质量事故。⑤在处理管路堵塞时，喷头由专人看护，以消除堵塞后喷头摆动喷射伤人事故。⑥在喷射混凝土施工时，避免供料、拌和、运输、喷射作业之间的干扰，有统一的联络信号和联络方法。喷射作业由班组长按规定的联络信号和方法进行指挥，防止因喷射手和机械操作人员之间联络不畅造成事故等。⑦在有水地段进行喷射混凝土前应对渗漏水进行处理，将分散的渗水集中引出，严禁采用防水布或铁皮等遮盖材料大面积引水，造成喷射混凝土与岩面分离。大面积潮湿的岩面采用粘结性强的混凝土，可通过添加外加剂、掺合料改善混凝土的性能。大股涌水采用注浆堵水后再喷射混凝土。⑧现场专职安全员应随时观察拱顶、拱腰及边墙处的围岩变化情况，发现有松动滑块现象，必须立即组织施工人员撤离掌子面。喷射混凝土施工如图 11-10 所示。

(a) 斜井初喷　(b) 正洞湿喷　(c) 湿喷机械手　(d) 湿喷机械手

图 11-10　喷射混凝土施工

(3)锚杆施工:①锚杆施工前,班组长必须组织施工人员对掌子面拱顶、拱腰、边墙处的安全情况进行全面检查,若出现初喷开裂、片帮等情况时,必须组织人员撤离。②锚杆钻孔使用的台架应焊接牢固,并应设置安全防护栏杆,设置绿色密目网,挂设安全警示警告标志,确保施工人员安全。③锚杆施工前专职安全员联合班组长对洞内风水管路进行全面检查,发现安全隐患立即全面整改。④锚杆钻孔时,要两人进行,开钻时,一人扶钻安眼,一人开钻,开钻时先开水再开风最后开钻。停钻时先停钻,再停风,最后停水,严禁打干眼。⑤钻眼时,先缓慢钻进几分钟,再全速开钻,钻进时推力要均匀,不得顶弯钻杆;钻眼时不能用手摸旋转的钻杆,操作者的衣服、袖口要扎紧,严禁戴手套。⑥在注浆作业开始前和结束后,应认真检查、清洗机械管道和接头、检查后,还应经过试运转方可正式作业,以防止发生剧烈振动、管道堵塞等现象。当发生注浆管路或接头堵塞时需要消除。⑦注浆人员及初期支护的所有施工人员,必须按照规定佩戴防护用品、穿戴防护用具。听从班组长的统一指挥。⑧试验室指定专人定期进行锚杆抗拔力试验,防止因锚杆滑脱而造成不安全事故。由于锚杆的种类很多,锚固方式也有多种,若选择不当,或因地下水的影响使锚固用的砂浆流失,因其锚固力(抗拔力)不足,从而导致因锚杆滑脱造成的人身不安全事故。锚杆施工如图 11-11 所示。

(a) 锚杆安装　(b) 锚杆拉拔试验　(c) 风枪施工锚杆　(d) 履带式锚杆钻机

图 11-11　锚杆施工

(4)钢筋网施工:①钢筋网片加工、安装的所有施工人员进场后必须接受安全环保部的安全教育培训,考试合格后方可上岗。电工、焊工等特种作业人员必须持有特种工人作业证件上岗。②焊工施焊时必须穿戴防护衣具。施工时焊工应站在木垫或其他绝缘垫上。③钢筋网片焊接焊机必须接地,以保证操作人员安全,对于焊接导线及焊钳接导线处,都应有可靠的绝缘接地。④钢筋网片焊接时必须加强洞内施工通风,防止因通风不畅,造成洞内施工人员中毒窒息。⑤钢筋网的安装,作业人员之间应协调动作。钢筋网施工如图 11-12 所示。

(a) 钢筋网片安装　(b) 钢筋网片连接　(c) 钢筋网片

图 11-12　钢筋网施工

(5)钢拱架安装施工如图 11-13 所示。①钢拱架安装之前班组长在喷射混凝土之前必须进行班前讲话,向作业人员强调施工过程中的危险源及安全注意事项。②钢拱架安装时,班组长统一指挥,并随时观察围岩情况发现险情及时通知。③拱架安装作业平台应焊接牢固,钢拱架安装之前现场专职安全员联合班组长对作业平台进行全面检查，消除事故隐患。④拱架安装过程中节与节之间采用 ϕ22 mm 的钢筋进行临时焊接，防止拱架倾倒。等所有钢拱架安装完成后采用纵向连接筋环向 1 m 交错布置，增加钢拱架的整体性。

（a）钢架纵向连接筋　（b）钢架间距　（c）钢架锁脚锚杆

图 11-13　钢架安装施工

11.5.10　涌水处治

（1）进洞前防排水处理：隧道进洞前应对隧道轴线范围内的地表水进行了解，分析地表水的补给方式、来源情况，并适时督促施工单位采取相应的处理措施，做好地表防排水工作：用分层夯实的黏土回填勘探用的坑洼、探坑；对通过隧道洞顶且底部岩层裂缝较多的沟谷，用浆砌片石铺砌沟底，必要时用水泥砂浆抹面；开沟疏导隧道附近封闭的积水洼地，不得积水；在地表有泉眼的地方，涌水处埋设导管进行泉水引排。在隧道洞口上方按设计要求做好天沟，并用浆砌片石砌筑，将地表水排到隧道穿过的地表外侧，防止地表水的下渗和对洞口仰坡冲刷，并与路基边沟顺接成排水系统；洞顶开挖的仰坡、边坡坡面可用喷射混凝土将其封闭，并对洞口上方及两侧挂网喷浆；若在洞顶设置高压水池时，应做好防渗防溢设施，且水池宜设在远离隧道轴线处等。

（2）涌水地段的防排水处理：①处理原则：在隧道施工过程中，应对开挖面出现的涌水进行调查分析，找准原因，采取“以排为主，防、排、截、堵相结合”的综合治理原则，因地制宜地制定治理方案，达到排水通畅、防水可靠、经济合理和不留后患的目的。②涌水原因：造成隧道涌水现象一般是由于地下水发育，洞壁局部有水流涌出；碰到断层地带，岩石破碎，裂隙发育，出现涌水现象；洞顶覆盖层较薄，岩石裂隙发育，开挖地表水下渗等原因。施工中应对洞内的出水部位、水量大小、涌水情况、变化规律、补给来源及水质成分等做好观测和记录，并不断改善防排水措施。当洞内有大面积渗漏水时，宜采用钻孔将水汇流引入排水沟，并详细记录钻孔的位置、数量、孔径、深度、方向和渗水量等，以便在衬砌时确定拱墙背后排水设施的位置及衬砌背后环向排水管的数量。③处治措施：对于洞内涌水或地下水位较高的地段，可采用超前钻孔排水、辅助坑道排水、超前小导管预注浆堵水、超前围岩预注浆堵水、井点降水及深井降水等辅助施工方法。当涌水较集中时，喷锚前可用打孔或开缝的摩擦锚杆进行排水；当涌水面积较大时，喷锚前可在围堰表面设置树枝状软式透水管，对涌水进行引排，然后再喷射混凝土；当涌水严重时，可在围岩表面设置汇水孔，边排水边喷射。在喷射混凝土完成后，用引水管连接汇水孔等排水装置将涌水引入排水沟内。在隧道施工过程中，存在隧道涌水情况，导致隧道轴线范围内的地下水位下降，情况严重时可能影响附近居民的生活用水。对于此种情况，处理涌水就不能一味地通过引排水来解决隧道渗漏水问题。为此，将上报监理、设计、业主等相关单位并最终确定堵漏施工方案。一般可采用超前小导管预注浆堵水、超前围岩预注浆堵水等辅助施工方法。注浆前建议进行反复注浆试验，根据注浆效果，确定注浆能力及工作参数等，减少工作的盲目性，如图 11-14 所示。

（a）超前钻孔排水　（b）地下水插管引排　（c）径向注浆加固　（d）全断面帷幕注浆

图 11-14　涌水地段洞内防排水

11.5.11　防排水施工

隧道防排水系统施工如图 11-15、图 11-6 所示。

（a）横向排水管定位　（b）纵向排水管（瓦斯排放管）　（c）双层土工布包裹　（d）中心水沟一次成型

图 11-15　隧道排水系统施工

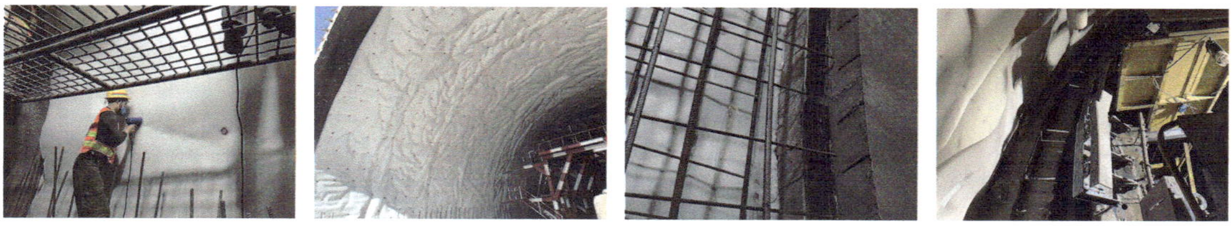

（a）磁焊枪焊接　（b）防水板铺设　（c）止水带安装　（d）中埋止水带定位

图 11-16　隧道防水系统施工

（1）加强对作业人员的安全、环境意识教育，严格遵守公司关于《环境、职业健康、安全作业指导书》的有关规定。遵守安全操作规程，严禁带电作业。排水期间，必须 24 小时有专职电工值班，持证操作。

（2）施工要不断检查排水沟的坡度和流水方向，保持排水沟畅通无阻。发现集水井中有水，要用水泵及时抽出。严禁向集水坑中扔垃圾和杂物。潜水泵电缆不得有接头、破损，以防漏电。

（3）安装纵、环向排水盲管使用射钉枪时禁止枪口对人，防止走火伤人；使用铁锤锚固前应检查锤把是否有松动，防止在使用过程中脱落伤人；盲管固定点扎丝绑扎丝头不宜过长，防止损伤防水板、土工布。安装环向排水盲管超过 2 m，如拱墙（高处作业时）及拱顶时，作业人员应以正确的姿势站立在平稳、牢固的脚手架或台车上，克服麻痹思想，必须佩戴安全带，防止发生人员坠落事故；在安装环向排水盲管时须从一侧向另一侧密贴固定悬挂锚钉上，锚钉锚于喷射混凝土表面要牢固，防止环向排水盲管掉下砸伤人。

(4)透水管与纵、环向盲管连接处用无纺布包裹，必须紧密，固定牢固防止移位；透水管出口侧(贴紧模板处)应采用编织袋、棉纱、防水布等进行封堵密实，防止水泥砂浆进行堵塞透水管、盲管；并在模板内侧用油漆做明显标记，防止移位时对透水管口查找。用钢筋加固透水管时注意安全用电，在使用电焊机前应检查线路是否正常、有无破损、接地是否规范，操作人员必须持证上岗、穿戴工作服、佩戴防护用具，严格按照操作规程进行操作，防止触电伤人。在焊接加固过程中对透水管应进行必要的防护，防止在施工过程烫伤透水管。

(5)防水板施工中应对火源及可燃物进行严格管理，火源和可燃物要分开，防水材料严禁在隧道内存放，更不能作为堆放场地。防水板施工作业范围应禁止吸烟并设有防火标志，防水板台车应配置灭火器，并明确防火责任人。防水板的焊接应采用双面焊，以调温、调速热楔式自动爬行式热合机热熔焊接；焊接时注意温度和速度的控制防止烫伤。

(6)衬砌混凝土浇筑前加强对防水层的保护，注意钢筋的运输及绑扎过程中可能对防水板产生的损伤，发现层面有破损及时修补。在焊接钢筋接头时必须对防水板进行防护，防止焊花点燃防水板引起火灾。

11.5.12 仰拱施工

仰拱施工过程中主要存在的一般安全风险有：物体打击、机械伤害、车辆伤害、高处坠落、触电、火工品爆炸等安全风险。另外还存在隧道坍塌、车辆侧翻、落渣伤人等特有的安全风险。隧道坍塌：仰拱一次开挖过长，支护不及时，边墙初期支护拱架悬空过多，造成拱墙初支结构失稳破坏，导致隧道坍塌。车辆侧翻：因栈桥放置不平稳或车辆行驶不当，导致侧翻造成伤害。落渣伤人：因运渣车辆装渣过满或行驶不平稳等导致落渣伤人。

(1)人员：仰拱施工涉及的工种有电工、电焊工、钢筋工、隧道工、混凝土工、木工、测量工、爆破作业人员、设备操作司机等，其中电工、电焊工、爆破作业人员等特殊工种及挖装运设备操作人员应持证上岗。新进场员工应在体检合格、接受安全教育培训和技术交底后方可上岗作业，单位应在新员工进场一个月之内为其购买工伤保险；施工人员应结合各自岗位及作业环境在施工过程中正确佩戴劳动防护用品；施工现场电气设备及电气线路的安装、维修和拆除应由专职人员进行操作。施工过程中应设专人观察拱墙初期支护稳定情况，发现险情应及时处理；爆破作业时应设置警戒区域，人员听从指挥，撤离到安全距离之外；仰拱施工禁止上下重叠作业，车辆通过栈桥时下方作业人员应及时避让。

(2)机械、机具与设施：仰拱移动栈桥的强度、刚度、稳定性要满足承载要求，桥面设防滑措施，两侧应设防护栏杆及挡脚板，栈桥端头的地基要平整坚实且搭设长度不小于 1.5 m。仰拱移动栈桥两侧应设置限速警示标志，车速不得超过 5 km/h；在栈桥上启动与制动应平缓操作。钻机风管、水管接头牢固、无漏风、漏水、松脱等情况，钻杆无不直、带伤及孔眼堵塞现象；挖掘机、运输车辆等挖装运机械设备状态性能良好，遵守相应的安全操作规程。混凝土罐车由专人指挥停放在安全区域并设置阻车装置，防止溜车；振捣器等小型设备安全装置齐全可靠；软管不得有断裂，不得用软管和电缆线拖动电动机。隧道仰拱施工如图 11-17 所示。

(3)材料：爆破物品应严格按照规定发放、领取、使用，运输使用专用车辆，严禁混装；爆破物品应及时退库、禁止私藏、私自销毁；钢筋在洞内临时存放时应避免影响人员和车辆通行且应进行支垫；油性脱模剂、油脂、止水带、木材等材料应指定区域集中堆放，并配备足够的消防器材；氧气、乙炔应保持 5 m 以上安全距离，离动火作业区保持 10 m 以上安全距离，动火施工应有动火证；应配备钢架、方木、沙袋等应急物资。

(4)作业环境：对隧道内进行通风、喷水降尘和降温，作业前进行有毒有害气体检测，空气质量符合要求后，方可进入工作面展开后续施工；仰拱施工作业应保证足够的照明、均匀不闪烁；仰拱作业面两端应设置安全防护及警示标志，防止人员和车辆不慎落入仰拱基坑内造成伤害。仰拱栈桥移位时，应设置警戒区域并有专人监护，严禁非作业人员停留和车辆通行；仰拱施工时应加强监控量测，发现异常应暂停施工，并及时分析原因采取处理措施。

（a）仰拱开挖清渣

（b）仰拱钢筋绑扎

（c）仰拱支模

（d）仰拱混凝土浇筑

（e）横向排水管安装

图 11-17　隧道仰拱施工

11.5.13　二次衬砌施工

二次衬砌是隧道初期支护的紧后工序，其主要安全风险包括：隧道坍塌，由于软岩大变形造成初期支护失稳、破坏，造成隧道坍塌事故；职业病危害，长大隧道通风效果差，粉尘浓度较高，影响作业人员健康，易患矽肺病；此外，二次衬砌施工还存在物体打击、高处坠落、触电、机械伤害、车辆伤害、火灾等风险。

(1)人员：二次衬砌作业人员进场前需要接受安全教育培训和技术交底；隧道二次衬砌涉及的工种有隧道工、电工、电焊工、测量工、管道工、设备操作司机等，其中电工、电焊工等特种作业人员必须持证上岗；焊工必须穿戴防护衣具；施工时焊工应站在木垫或其他绝缘垫上；电焊工在操作时必须佩戴专用手套和面罩。严禁违章操作，避免造成不良后果；所有人员必须正确佩戴安全防护用品，混凝土作业人员必须佩戴密闭式防尘口罩和安全帽；高处作业时必须挂设安全带、禁止抛掷工具和零件，防止落物伤人；禁止上下重叠作业，焊接作业区域下方不得有人员站立或通行；非作业人员不得进入混凝土衬砌作业区；非电工严禁拆、接电气线路及设施；非焊工严禁电焊、气割作业。专人负责进洞登记并检查防护用品的佩戴，专职安全员不定时进行检查。

(2)机具与设施：栈桥基础应稳固，强度、刚度和稳定性应满足施工要求；及时避让至安全区域，观察渣块是否掉下，尤其是出渣车通过栈桥时；施工区域摆放反光标识进行围挡，施工人员穿戴反光背心，施工车辆行驶速度不得超过 5 km/h；作业前应对机械进行检查，机械无人操作或转移及发生故障时应切断电源；严格按照机械设备的操作规程使用施工机械，设备定期检查，保证设备正常运转；规范施工用电管理，要做到“一机、一闸、一箱、一保护”；施工用电应按临时用电专项方案进行检查把关，隧道作业台架上应使用不高于 36 V 的安全电压；作业台架及人员上下梯步应牢固稳定，临边设置安全护栏；操作平台用阻燃材料满铺固定，配备消防器材；运输车、注浆机等机械机具状态性能良好；作业平台防护栏、踏板及其吊挂装置应定期检查，防止腐蚀变形；钢筋存放处周围必须设置围栏和标示标牌；钢筋的调直、切断所使用的机械设备必须指定专人操作；焊机必须接地，以保证操作人员安全，对于焊接导线及焊钳接线处，都应有可靠的绝缘接地。

(3)材料：各种原材料及外加剂满足规范和设计要求，满足设计强度要求。水泥强度等级不低于 42.5 级、水灰比不大于 0.55、最小水泥用量不少于 300 kg/m^3，拱顶封顶部位不少于

350 kg/m³。拌制混凝土拌和物时，水泥重量偏差不超过±2%，集料重量偏差不超过±5%，水及加气剂重量偏差不超过±2%，但严禁使用早强水泥。混凝土坍落度一般控制在13～18 cm，根据混凝土浇筑部位的不同选择适宜的坍落度，墙部混凝土坍落度宜小，拱部混凝土坍落度宜大。在保证混凝土可泵性的情况下，宜尽量减小混凝土的坍落度，并提高混凝土的和易性、保水性，避免混凝土泌水，禁止通过调整用水量改变混凝土的坍落度。

(4)施工环境：仰拱开挖周边设置护栏进行围挡，栈桥两侧设置限速警示标志，车速不得超过5 km/h；仰拱及时施作，Ⅳ围岩仰拱距掌子面距离不大于50 m、Ⅴ级不应大于40 m，严禁仰拱距离掌子面安全步距超标；二次衬砌作业现场设置警示标志，对排水沟进行围挡；防水层材料、止水带、止水条禁止在隧道内堆放，现场设置禁止烟火标志，防水板台车配置灭火器，明确防火责任人；隧道内应进行通风并进行气体检测，确保空气质量符合要求；照明灯光应亮度充足、均匀不闪烁；富水地段积水应及时抽排，保证作业区域清洁。钢筋安装高处作业，严禁人员高处作业平台上随意堆放物品。

二次衬砌施工如图11-18所示。

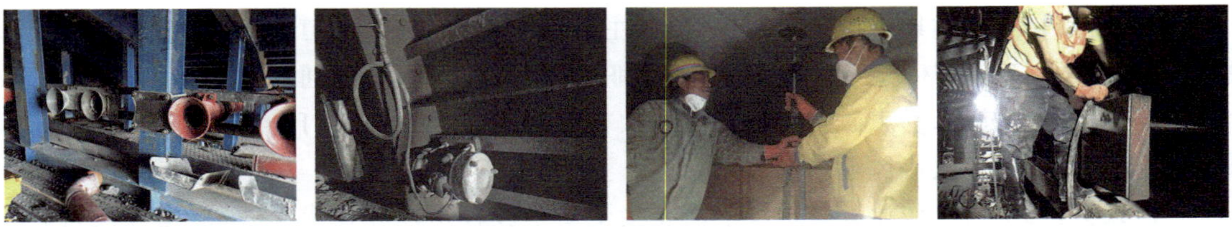

(a) 逐窗浇筑管道　(b) 附着式振捣器　(c) 拱顶注浆　(d) 振捣棒振捣

图11-18　二次衬砌施工

11.5.14　机械操作

隧道施工部分机械设备如图11-19所示。

(a) 湿喷机械手　(b) 双臂凿岩台车　(c) 千米级水平定向钻机　(d) 拱架安装机

图11-19　隧道施工机械设备

(1)装载机安全操作规程：①起步前应将铲斗提升到离地面0.5 m左右。作业时应使用低速挡。用高速挡行驶时，不得进行升降和翻转铲斗。严禁铲斗载人。②行驶道路应平坦，不得在倾斜度角超过规定的场面上作业，运送距离不宜过长。铲斗满载运送时，铲斗应保持在低位。③在松散不平的场地作业，可将铲臂放在浮动位置，使铲斗平稳地前进。如推进阻力过大时，可稍稍提升铲臂，装料时铲斗应从正面低速插入，防止铲斗单臂受力。④经常注意机件运转声响，发现异常，应立即停车排除故障。当发动机不能运转需要牵引时，应使各转向油缸能自由动作，以免在牵引中出现事故。

(2)挖掘机安全操作规程：①发动机启动后，铲斗内、臂杆、履带和机棚上严禁站人。工作位置必须平整稳固，工作前履带应制动，轮胎式挖掘机应顶好支腿，车身方向应与挖掘工作面延伸方向一致，操作时进铲不应过深，提铲不应过猛。②在高陡的工作面上挖掘夹有石块的土方时，应将较大石块和杂物除掉。如果土体挖成悬空状态而不能自然塌落时，则需用人工处理，严禁用铲斗将悬空砸下。人工处理时亦应有可靠的安全措施。③严禁铲斗从运土车的驾驶室顶上越过。向运土车辆卸土时，应降低铲斗高度，防止偏载或砸坏车厢。铲斗运转范围内严禁站人。④机械在危险地段作业时，必须设置明显的安全警号标志，并应设专人站在操作人员能看清的地方指挥，以免造成翻机或其他交通事故的发生。驾驶人员只能接受指挥人员发出的规定信号。机械在边坡、边沟作业时，应与边缘保持足够的安全距离，使轮胎（履带）压在坚实的地面上。配合机械作业的清底、平地、修坡等辅助工作应与机械作业交替进行，机上、机下人员必须密切配合，协同作业。当必须在机械作业范围内同时进行辅助工作时，应停止机械运转后，辅助人员方可进入。⑤施工中遇有土体不稳、发生坍塌、水位暴涨、山洪暴发或在爆破警戒区内爆破信号时，应立即停工，人、机撤至安全地点。当工作场地发生交通堵塞，地面出现陷车（机），机械运转道路发生打滑，消防设施毁坏、失效，或工作面不足以保证安全作业时，亦应暂停施工，待采取措施恢复正常后方可继续施工。

（3）自卸车安全操作规程：①负责自卸汽车的日常例行保养，及进行检查性能，并做好记录，使处于良好工作状态。②自卸汽车操作必须遵守运输机械的一般安全技术要求。③遵守《中华人民共和国道路交通安全法》《道路交通安全法实施条例》。④自卸汽车应保持顶升液压系统完好，工作平稳，操纵灵活，不得有卡阻现象。⑤装卸料时要听从指挥，不得在指定处所以外装卸料，严禁车厢内载人。⑥配合挖装机械卸时，自卸汽车就位后应拉紧手制动器，在铲斗必须越过驾驶室作业时，驾驶室内不得有人停留。⑦装料时，驾驶员应提醒不要装偏，物料有装偏时，行驶中应减速，以防翻车。⑧卸料时，车厢上方和附近应无障碍；向基坑等地卸料时，必须和坑边保持安全距离。⑨卸料前，要注意车厢上方人员和障碍物。卸料时，必须将车停稳。当车厢将升到顶点时，应降低发动机转速，以防车厢振动，禁止边卸料边行驶。⑩在装料和卸料时，应注意观察周围环境，要注意信号和指挥人员的指示，应和坑边保持适当的安全距离，以防坍塌引起翻车。⑪不得在不平坦、松软、倾斜地面卸料，以防翻车。⑫卸料后，应将汽车稍离开卸料位置，使车厢及时复位后锁闭倾斜操作杆，方可驶离。禁止举升车厢行驶。⑬当车厢内附着有黏土时，应及时清除，以防积厚举升时引起翻车。禁止以急刹车来振抖余料。⑭需要举升车厢进行维修清洗润滑等作业时，应使用支撑木撑牢车厢，禁止仅靠液压锁定进行作业。⑮非顶升作业时，应将顶升操纵杆放在空挡位置。顶升前必须拔除车厢固定销。⑯要持证上岗，并每年进行年审，未年审的过期无效。⑰驾驶员应加强日常机车检查，发现机车不正常，应立即停止使用并通知部门主管及时维修。⑱机车驾驶员不论任何原因离开机车时，必须关掉引擎拉上刹车制动，如在斜坡上则应确保机车不会滑动。⑲在开车前应用1～5 min时间巡查机车周围有无人员，确定周围无人，且观察倒车镜，挡风玻璃是否清晰后，方可开车。⑳工作完毕后，应把自卸车斗平放在车身上及泊车在平地上，严禁把车停泊在斜路上。㉑停车后要做好保养、清洁。季节更换时要做相应保养，更换润滑油，调整调节器及电瓶电液的比重。

11.5.15　焊接施工

（1）电焊机：①避免电焊机碰撞或剧烈震动，室外地面使用的电焊机放置在有防雨的架子内；各焊接阶段，焊机可放置于就近位置处。当放置在高空相应位置时，必须与相关处的构件捆绑牢固，在电焊机部位应配备有效的灭火器。②电焊机必须有独立的专用电源开关、自动断电装置。电焊机距其电源箱距离应不大于5 m，二次线焊把线长度不宜大于30 m。两侧接线应装接牢固,必须安装可靠防护罩。③电焊机外露的带电部分应设有完好的防护(隔离装置),电焊机裸露接线柱应设防护罩。④接入电源网路的电焊机不允许超负荷使用,焊接运行时的温升,不应超过相应焊机标准规定的温升限值。⑤必须将电焊机平稳地安放在通风良好、干燥的地方,不准靠近高热以及易燃易爆危险环境。⑥禁止在电焊机上放置任何物品和工具,启动焊机前,焊钳与焊件不能短路。⑦工作完毕或临时离开场地时,必须及时切断焊机电源。⑧各种电焊机必须按说明书要求接地,防止触电事故。⑨电焊机必须设有专用接地线,接地线不准接在建筑物、机械设备、各种管道、避雷引下线和金属架上借路使用,防止接触火花,造成起火事故。⑩电焊机棚边上须放置电气灭火器。⑪电焊机棚设置在安全范围内,顶棚应有一定强度。⑫焊接完毕,应将焊把线整齐盘挂在电焊机棚内。

(2)电缆:①电缆线外皮必须完整、绝缘良好、柔软,外皮破损时应及时修补。②电缆线应使用整根导线,中间不应有连接接头,如需接头时,连接处应用绝缘胶布保持绝缘良好,同时绝缘胶布的外侧需包裹防水胶布。③禁止焊接电缆与油、脂等易燃物料接触。④现场电缆必须布置有序,不得互相交错缠绕。临时电缆必须采取保护措施,严禁明露、裸露。⑤放置在地面的电缆线应注意避免被吊机以及其他设备碾压,根据现场的实际情况将部分电缆线用槽钢、角钢罩上,超过一定高度时高挂稳妥。

(3)焊枪、电焊钳:①焊枪、电焊钳必须有良好的绝缘性和隔热性,手柄要有良好的绝缘层。②电焊钳与焊接电缆连接应简便牢靠,接触良好,螺丝必须拧紧。③焊条在任意位置都应处于夹紧状态,不得松动,并保证更换焊条安全方便,防止焊条头坠落。④禁止将过热的焊钳放入水中冷却。⑤禁止将过热或堵塞的焊枪在硬物上敲打。⑥焊枪保护罩需随时清渣,防止短路。⑦焊枪使用完毕,应放置在规定的位置。⑧气保焊送丝机必须放置在方便操作、安全可靠的地方,在高空使用时要固定牢靠。

(4)碳弧气刨、氧气瓶:①根据气刨对象的板厚及焊肉的多少选择合适的直径或外形的碳棒,并选择相应的电流和足够的风速、风压。②在碳弧气刨的正方或下方禁止有易燃易爆物品堆放,禁止人员通行。③在狭小空间中使用碳弧气刨,必须有专人监护,并采取通风措施。④严禁用氧气或其他瓶装气体代替压缩空气进行气刨工作。⑤碳弧气刨的送风室必须保证完好,严禁在损坏条件下继续使用。⑥氧气、乙炔瓶应稳固置放在离工作区域 10 m 之外。⑦氧气瓶、乙炔瓶使用时两者的距离不小于 5 m,氧气瓶不应放在太阳光下暴晒,更不可接近火源,要求与火源的距离不小于 10 m。⑧氧气遇油也会引起爆炸,因此不能用油手接触氧气瓶,还应防止起重机或其他机械油落到氧气瓶上。⑨夏天二氧化碳气瓶不允许放在太阳下照射,需搭设防晒棚,在施工中保证气瓶不能过热。

11.5.16 施工设施

(1)防水板台车:①台车上除行走电缆外,一律使用36 V 的安全电,严禁出现漏电现象;平台四周要铺设木板,应设不低于 1 m 的防护栏。②台车前后移动时,首先清除台车上可能掉下的物件;需用的器具要摆放整齐、牢固。③台车移动时,必须由专职人员操作;在运行中,上下必须有人观察,观察人员的头和手禁止伸出限界,以防台车擦边挤伤头和手。④台车到位后,必须切断电源,并阻车防止移动。⑤台车上严禁悬垂物侵入净空,影响车辆通行。⑥要有充足照明,如有险情及时排除,方可进行作业。⑦增加警示标识和操作规程,防止意外事故的发生。

(2)洞内电气设备:①洞内电气设备的操作,必须符合下列规定:非专职电工不得操作电气设备;手持式电气设备的操作手柄和工作中接触的部位,设有良好的绝缘。使用前进行绝缘检查。②电器(气)设备外露和传动部分,必须加装遮拦或防护罩。③36 V以上的供电设备和由于绝缘损坏可能带有危险电压的设备的金属外壳、构架等,必须有接地保护。④直接向洞内供电的馈线上,严禁设自动重合闸,手动合闸时必须与洞内值班人员联系。⑤严禁将电线路搭靠或固定在机械、栏杆、钢筋、管子、扒钉等金属上。⑥临时用电:(a)机械用电一定从配电箱插孔取电。(b)配电箱严格按用电规定由专业电工布设。(c)场内用电一律使用电缆,并架空,禁止在地上拖拉。(d)220 V照明用电禁止上架,照明灯放置在台架旁地面上。

(3)易燃易爆危险品:①施工现场油库,火工用品库、乙炔气、氧气瓶仓库等易燃易爆地点应悬挂防火警示牌,并配备相应的灭火器、消防桶、消防斧。②生活办公区应设置消防栓或供消防用水源,配置相应的灭火器。③施工现场应配备消防灭火器、防爆装置、消防水源。乙炔气、氧气分开放置,远离火源、严禁烟火。④在向洞内运输爆破器材时,雷管与炸药放置在带盖的容器内分别运送。当人工运送爆破器材时,直接送到工作地点,严禁中途停留,且有专人防护;汽车运送爆破器材时,炸药与雷管分别装在两辆车内专车运送,由专人护送,严禁其他人员搭乘,汽车排气口加装防火罩。

11.5.17　逃生通道

为加强隧道施工安全管理,确保隧道掘进过程中施工人员的人身安全,施工单位应制定隧道施工逃生、救生通道及应急物资实施方案。根据以往的经验教训,当隧道内掌子面后方发生坍方等事故时容易造成施工人员被困洞内的情况;为保证被困人员的安全,快速、有效的实施救援,最大限度地减小事故损失,在隧道施工阶段应考虑相关工程措施及准备相关救援设施、设备。

(1)设置要求:①隧道施工时,预先设置逃生通道及应急物资,以保证隧道掘进过程中施工人员的人身安全。②在隧道的掌子面开挖、喷锚、支护及仰拱部位的开挖、浇筑混凝土过程中,确保逃生通道的完好,应急物资设施到位,并随掌子面的不断掘进而向前移动。③逃生通道材质及设置要求:(a)逃生通道钢管采用F1000钢管,直径不小于1 000 mm,壁厚不小于10 mm,长度100 m,管节每节长度以5~6 m为宜,以保证足够的强度和通行空间,同时便于安装和动态跟进。为保证管道承受坍塌体的压力,对采用的管材材质,必须确保其承压能力和连接接头的牢固,并经试验室具体试验后,方可用于隧道中。(b)施工现场应根据隧道围岩、掘进开挖方式等情况,备足管道和连接材料,除整节管道外,应同时备足1 m、2 m、3 m短节管道、转接接头等。(c)管道须经加工后方可使用,隧道工区可结合材质及现场情况分别进行加工,要求连接简单、牢固、紧密可靠,且在地面做好临时固定措施,施工时管口可加临时封盖,并易于打开和封闭。(d)逃生通道设置起点为最新施作好的二次衬砌端头处,且距二次衬砌端头不小于2 m,从衬砌工作面布置至距离开挖面5 m以内的适当位置,管道沿着初期支护的一侧向掌子面铺设,逃生管道内预留工作绳、医药品、食用水、食品、氧气瓶及联络和传输各种物品,以便逃生、抢险。逃生钢管纵向连接可采用链条等措施,防止坍塌时将钢管冲脱。(e)逃生管道在衬砌台车移动就位过程中,临时拆移时应逐节拆除,严禁一次拆除到位,以随时确保逃生管道的效用。(f)逃生管道在经过掘进台阶时,应顺延台阶布置,其管道架空高度和长度以不影响施工并便于开启逃生窗口为宜。(g)设置的逃生管道应平整、干燥、顺畅,不得作为应急逃生以外用途。逃生管道设置如图11-20所示。

(2)应急器材及设置要求:①应急器材包括:应急照明灯、应急食物箱、救护箱和钢管支撑、方木等。②应急照明灯距掌子面距离不得大于 5 m，非衬砌地段间距控制在 20 m 以内，衬砌地段控制在 30～50 m 以内，且在掌子面应急灯附近配备醒目的应急食物箱和救护箱，应急食物箱内须存放 10 d 左右所需的方便面、饼干、矿泉水等食物。救护箱内备包扎纱布、消毒药水、常见外伤用药及对讲机等。③根据施工现场开挖工法，在已完成二次衬砌地段准备一定数量的临时钢管支撑和方木，当围岩异常变形迅速进行支撑加固，控制围岩变形速率。

（a）掌子面台车　（b）初期支护处　（c）仰拱开挖处　（d）逃生管道

图 11-20　逃生管道设置

11.5.18　治安消防

(1)治安消防工作必须坚持“预防为主、以消为辅”的指导方针，保证本工程建设过程和安全。

(2)施工现场成立消防委员会、义务消防队，负责日常消防工作。

(3)对现场的操作人员进行安全防火知识教育，并充分利用醒目标语等多种形式宣传防火知识，签订防火协议，从思想上使每个职工重视安全防火工作，增强防火意识。

(4)施工现场配备充足的灭火器，消防物品周围不得堆放其他材料，以保证消防通道畅通。在附近写上 119 火警电话醒目标志。

(5)专职消防人员要每天巡视现场消防工作情况，做好治安记录。经常检查消防器材，以保证其使用时的灵敏有效。

(6)施工中电器设备的安装、维修，均由正式电工负责。严禁私自拉照明线、点电炉，避免电器引起火灾事故。

(7)材料库房内易燃、易爆物品与料具不能混放，完善领料手续，经常查看库房。

(8)施工现场严禁私点明火，如确因工程需要，则必须报安全员备案，领取用火证，并经安全技术员检查，确保安全后方可用火。

(9)严格控制施工区及附近生活区的吸烟等易引起火灾的行为，在安全地带设置吸烟专区。

(10)施工现场未经批准不得任意动用明火。如必须用火时，要严格执行用火证制度，并且有专人对施工现场用火进行巡视。

(11)划分出禁火作业区（易燃材料的堆放场地）、仓库区（易燃废料的堆放区）和现场的生活区。各区域之间要按规定保持防火安全距离。

(12)施工现场各类材料仓库、木工作业场所以及其他禁火的地方，悬挂“严禁烟火”警告牌，禁火区严禁吸烟。入库人员严禁带入火柴、打火机等火种。

(13)应设置消防水池和配备消防用砂，其中水池储水量不得小于 200 m^3。

11.5.19　安全用电

(1)施工用电必须符合部颁标准和当地供电局的有关安全运行规程，严格按照《施工现场临时用电安全技术规范》的规定执行。施工用电设施设专人管理，并经培训合格后持证上岗。

(2)混凝土拌和站和电动设备集中使用的场所，由技术人员编制临时用电施工组织设计，经技术负责人审核，报主管部门批准后实施。

(3)低压架空线必须采用绝缘铜线或铝线，架空线必须设在专用电杆上，严禁架设在树木、脚手架上。

(4)电缆线沿地面敷设时，不采用老化脱皮旧电缆，中间接头牢固可靠保持绝缘强度；过路处穿管保护，电源端设漏电保护装置。电缆线路采用“三相五线”接线方式，电气设备和电气线路必须绝缘良好。

(5)使用自备电源或与外电线路共用同一供电系统时，电气设备根据当地要求作保护接零或作保护接地，不得一部分设备作保护接零，另一部分设备作保护接地。

(6)移动的电气设备的供电线，使用橡胶套电缆。

(7)手持电动工具和单机回路的照明开关箱内必须装设漏电保护器，照明灯具的金属壳必须做接零保护。

(8)各种型号的电动设备按使用说明书的规定接地或接零。传动部位按设计要求安装防护装置。维修、组装和拆卸电动设备时，断电挂牌，防止其他人私接电动开关发生伤亡事故。

(9)用电设备实行一机一闸一漏(漏电保护器)一箱。不得用一个开关直接控制二台及以上的用电设备。

(10)现场的配电箱要坚固、完整、严密，有门、有锁、有防雨装置，同一配电箱超过 3 个开关时，设总开关。熔丝及热元件，按技术规定严格选用，严禁用铁丝、铝丝、铜丝等非专用熔丝代替。

(11)变压器设接地保护装置，其接地电阻不大于 4 Ω，变压器设护栏，设门加锁，专人负责，近旁悬挂“高压危险、请勿靠近”的警示牌。

(12)移动式发电机在施工中使用频繁，项目部派专人负责操作、维护、保养。

(13)施工现场临时用电定期进行检查防雷保护、接地保护、变压器及绝缘强度，每季测定一次，固定用电场所每月检查一次，移动式电动设备、潮湿环境和水下电气设备每天检查一次。对检查不合格的线路、设备及时予以维修或更换，严禁带故障运行。

(14)在超高压(高压)输送电线路附近作业施工时，必须提前联系产权单位，上报专项施工方案和安全保障措施。

11.6　经济措施

针对本标包工程施工特点和我公司内部管理特色，我们将严格执行安全施工奖惩制度，实行安全风险抵押金、安全文明施工保证金制，加大安全投入等经济措施，确保工程施工顺利实施。

11.6.1　安全施工奖惩制度

(1)全面推行项目经理负责制，公司与项目经理签订项目安全目标管理责任书，对项目工程的施工安全、文明施工等进行考核，把安全施工作为领导干部的政绩考核和业绩考核的重要内容之一，考核结果与个人经济利益直接挂钩。

(2)施工项目部严格执行《安全施工奖惩制度》，定期组织开展安全文明施工检查评比，并根据检查情况实施奖惩；在日常的巡查、抽查和安全检查时按照《输变电工程建设违章作业处罚实施细则》对施工人员的违章行为实施处罚。

11.6.2 安全风险抵押金

施工项目部全体成员缴纳安全风险抵押金，在考核期内，对符合安全生产考核条件的按《安全风险抵押金制度》进行奖励。对于安全施工考核不合格的部门和个人，则全额扣罚该责任部门及其责任人安全风险抵押金。

11.6.3 安全措施费投入

(1)保证安全措施补助费和文明施工措施费全额用于本项目，专款专用，接受监理工程师的监督和控制，在财务管理中单独列出安全措施补助费、文明施工措施项目费用清单备查。

(2)施工项目部对工程重点部位和重点工序及特种作业人员根据工程性质投入足额经费，更新购置和维护安全设施、机械设备及人员防护器具、警告标志，保证工程结构及周围环境和人身作业安全，如图 11-21 所示。

(3)依据国家有关规定，为从事危险作业的所有人员办理意外伤害保险。

(4)为安监部门提供满足安全检查、监督以及安全教育培训所需的安监车辆、数码相机、数码摄像机、投影仪、通信、电脑等专用的设备及工具。

(a) 洞口安全防护　(b) 洞内人车分离　(c) 洞内电线布设

(d) 仰拱栈桥　(e) 作业台架　(f) 风水管线

图 11-21　重点部位(工序)安全防护设施

第 12 章　隧道工程特殊风险管控措施

12.1　特殊地段施工

12.1.1　洞口盖挖段

(1)洞口工程:①洞口为浅埋、松散体等地质条件时,极易发生坍方,应严格按设计要求施作超前管棚、地表注浆等防护措施,严格按设计工法进洞,按规定开展洞外监控量测工作,及时埋点、观测、上报。②在施工前按设计要求并结合地形条件做好截、排水沟和施工场地、便道的规划,应尽量减少对原坡面的破坏和对周围环境的影响,开挖后的坡面应达到稳定、平整、美观的要求。③严格按设计坡率进行刷坡,按设计参数进行喷锚防护,防止坡率不准、喷射混凝土厚度不足等问题出现。④为确保明暗交界位置准确,应认真测量放线,如地形发生变化要及时变更完善手续后方可施工。洞口施工宜避开降雨期和融雪期。在严寒地区施工,应按冬期施工的有关规定办理。

(2)护拱施工:①根据测量组放线,对拱架安设部位进行掏槽,土槽开挖采用人工开挖方式进行。土槽挖好后,要求内表面成型好,无超挖和欠挖,避免侵入隧道主体结构。②套拱段拱架严格按设计型号制作;为确保套拱段的初期支护净空尺寸、防止因拱顶下沉及侧墙收敛而侵入净空,拱架尺寸在原设计拱架的基础上外放 20 cm。

(3)洞口大管棚施工:①应先标出隧道中心线及拱顶高程,拉槽开挖预留核心土,作为施工套拱和管棚施钻的工作平台。②管棚应按设计位置施工,能成孔时,钻孔至设计深度,钻进中应经常采用测斜仪量测钢管钻进的偏斜度,发现偏斜超过设计要求,及时纠正。③钢管环向间距应满足设计要求。④管棚倾角严格控制,方向应与线路中线平行。⑤钢管施工径向误差应符合设计及规范要求。

12.1.2　小净距隧道

(1)洞口施工措施:为减少对洞口仰坡的扰动,隧道洞口段开挖采用边开挖边防护的施工方法。洞口刷坡时,为保证中夹岩柱的稳定,两隧道中夹岩柱坡口处原地面土体暂时予以保留,以支挡坡面。洞口仰坡采取锚杆、挂网、喷混凝土加固。同时为防止洞口开挖时坍塌,隧道洞口超前支护大管棚(热轧无缝钢管)。超前管棚沿隧道开挖轮廓线(管棚间距 40 cm,外倾角 1°～3°),方向与隧道中线平行打入围岩,锁口导管注浆时初压为 0.5 MPa,终压为 2 MPa,注浆过程应根据地质情况控制注浆压力,浆液扩散半径不小于 0.5 m,注浆结束至掘进开挖前的时间间隔按不短于 6 h 进行控制。

(2)洞身施工措施:应根据围岩级别、现场施工条件和施工工期要求,先行洞开挖断面超前后行洞开挖断面按不小于 50 m 进行控制,先行洞二次衬砌施工与后行洞二次衬砌施工步距不小于 50 m。施工过程中重点是为确保开挖过程中夹岩柱的稳定性,在先行洞上台阶开挖之前先开挖侧导洞，超前加固中夹岩柱。

(3)中夹岩柱加固措施：中夹岩柱采用注浆小导管进行加固。中夹岩柱注浆小导管规格为 ϕ50 mm×5 m。注浆初压力为 0.5 MPa，终压力表为 1.5 MPa，浆液配合比为：水泥∶水玻璃=1∶0.5。洞口施工完成后，立即沿隧道轴向对中夹岩柱正面打入长 5 m 的注浆小导管，注浆加固中夹岩柱坡面。当注浆达到强度后进行左洞开挖，向前掘进 5 m 后对中夹岩柱改为水平斜向前方 45°打入长 12 m 的小导管并注浆加固，小导管每排 7 根，按梅花形布设。小导管纵向排间距为 1.5 m，安装注浆管时，在注浆管孔口处用胶泥与麻丝缠绕，使之与钻孔孔壁充分挤压塞紧，实现注浆管的止浆和固定。胶泥凝固到有足够强度后方可注浆。注浆结束后及时对注浆效果进行检查，如未达到设计要求时，必须补充孔后再注浆。

(4)洞身径向加固措施：随着洞身开挖进度，初喷混凝土后，对洞身径向可采用 ϕ22 mm，长度为 5 m 药卷锚杆进行径向加固。药卷锚杆环向间距 1.2 m，纵向间距 0.6 m，锚杆施工紧接初喷混凝土之后进行，药卷使用风枪将锚固剂打入锚杆孔内，锚杆宜采用手送插入并转动锚杆，药卷打入结束后立即进行锚杆杆体安装，在距锚杆底部 30 cm 处设止浆段，进回浆管在孔口通过钢垫板预留孔口引出。孔口承压垫座钢垫板面与锚孔轴线垂直，承压垫座必须平整、牢固。若钢垫板面与锚孔轴线不垂直，孔口外侧可用快凝砂浆找平。锚杆插到设计深度时，孔口应有砂浆流出，无流出时应补灌砂浆。

12.1.3 突水涌泥段

(1)水文地质分析：隧道掌子面受涌泥涌水威胁，应开展涌泥涌水预测工作，符合以下基本要求：①结合水文地质资料，全面分析涌泥涌水因素，提出分析预测报告。②在开挖过程中，对预测报告要逐月进行检查、补充和修改，发现险情应报告项目经理、总工程师，并组织工人撤到安全地点。③水情预报应做到年有年报、月有月报，当水情严重时必须及时预报。④必须对隧道围岩含水层或地表水体水量、水质、水位、水温与隧道的水力联系等情况，建立动态监测系统并定期进行观测，在有可能突水的地方应设置水患监测及通信联络系统，以便及时发现有突水征兆和测定处理对策。

(2)防治措施：①雨季前对采空区对应地表塌陷裂隙进行封填，预防大气降雨通过地面裂隙和小窑井口及塌陷坑、洞直接进入隧道形成隧道涌水和造成采空区积水。②对查出的封闭不良钻孔，要建立台账，当与隧道掌子面相遇后，雨季有可能会成为大气降雨进入采空区的通道，造成采空区涌水。③雨季前对主排水泵、供电设备、排水管路进行检修，确保雨季排水正常。④对于断层破碎带易发生突水涌泥事故的地段，主要应按“以疏为主、堵排结合、因地制宜、综合治理”的原则。⑤做好地表水的排水工作，避免在出现恶劣天气时，因短期内地层中积聚了大量地下水而导致事故发生。

(3)施工前，应针对隧道工程特点对参建人员进行各项安全生产作业培训，开展涌水、涌泥应急处理和事故抢险演练，进行紧急情况避险训练。进行紧急情况的人员救护训练。参建人员必须经考核合格方可上岗。

(4)开挖与支护作业：①进行短距离钻孔。②施工中应配备大量抽水设备、堵水注浆设备和材料。③做好超前支护工作，并应严格控制超前支护质量。④及时调整支护方式，根据开挖揭露围岩情况，选择适当的支护方式，并要严格论证。⑤开挖应严格控制单段起爆药量和总装药量，控制爆破震动。

(5)设立专职安全员，负责全隧道安全风险识别，负责预警系统和应急照明系统开启。

(6)建立应急疏散标志标识最佳逃生路线、应急照明等,并配备相关救援设备、设施等。应将紧急情况下使用的器械设置在必要的位置上,并将其位置及使用方法通知相关人员。设置排水设备。洞内配备逃生工具,逃生工具包括逃生车辆、救生衣等。

(7)建立各工区间及其与洞外生产组织调度中心的通信,保证通信畅通。应设置发生紧急情况的警报装置。发出警报的标准、警报的种类、警报后的应急行动等应提前确定,并通知到相关人员。

(8)超前地质预报及监控量测做好施工中的超前地质预报工作,以便及时采取相应的对策,避免突水涌泥事故的发生。监测洞内涌水量、地下水及水质的变化等情况。记录并整理施工中各项测量结果,根据数据把握涌水的危险度。施工中应加强对突水、涌泥现象征兆的监测,当预测有突水、涌泥征兆时,应及时组织相关工区人员及机械设备撤离。

12.1.4　断层带地段

断层带地段围岩通常节理裂隙发育、围岩破碎软弱,自稳能力差,易坍方冒顶,有时富水并形成地下水渗流通道,还会导致突水涌泥灾害事故,隧道施工安全风险极大。因此,断层带地段开挖遵循“快速开挖、快速封闭、加强支护、及时量测、及时反馈”的原则施工。浅眼弱爆破,尽量减少围岩扰动,控制周边成形,充分发挥围岩的自稳能力,快速形成封闭结构,改善支护结构的受力状态,控制隧道的收敛及拱顶下沉。根据量测信息反馈,及时采取加大预留变形量和加强支护措施。通常采用如下技术安全措施:

(1)对设计勘察初步探明的较大和大的断层,进入该段前不少于 10 m,应根据已经进行的长距离超前地质预报分析结果进行超前探孔,探孔一般不少于 3 个,必要时取芯分析,探明该段岩性、岩层破碎程度、充填状态、水流管道连通、风蚀程度以及影响带范围等情况。

(2)对该断层是否有突水突泥(石)危险性进行评价。评价以施工单位为主体,邀请设计、监理参加,有必要时报请建设单位参加或主持。

(3)对有突水突泥(石)危险性的断层,进入断层带施工前不少于 2 m 进行全断面帷幕注浆,利用预留的不少于 2 m 的隔离岩柱作为封堵墙。注浆的各项要求与岩溶隧道一致,并按要求检验注浆效果。

(4)对无突出危险性、或经帷幕注浆检查符合要求的断层及影响带,一般采用超前支护进行预加固,其开挖方式宜采用预留核心土环形导坑台阶、台阶法加临时仰拱法、台阶法加临时横撑法等工法。

(5)初期支护必须紧跟,成环封闭至掌子面距离不得大于 35 m,施工应遵循“短进尺、弱爆破、强支护、勤量测、及封闭、早衬砌”的原则。

12.1.5　大变形地段

针对隧道的软岩大变形,为减小隧道软岩变形的风险水平,避免风险事故的发生,确保隧洞施工安全,针对本工程特点和风险等级,提出以下风险控制措施及建议。

(1)处治原则:采用“先柔后刚、先放后抗、控制变形、及时封闭”的原则处治,以“被动适应＋强支撑”的综合处治方式为主。

(2)变形级别判定:通过综合勘察手段,判定大变形的级别。根据现有工程类比资料,分为初级大变形、中级大变形和强烈大变形。根据设计文件中预判的大变形级别,结合施工期间的监控量测数据,动态调整大变形级别并采取针对性措施。

(3)信息化施工:首先要加强监控量测及超前地质预报工作。施工过程中加强施工控制,要求支护结构及时封闭,同时通过施工期间的监控量测数据分析,提出有针对性的围岩收敛变形控制指标。在大变形地段以监控量测数据为基础,留足预留变形量,并采取有效的"支、锚、垫"措施。施工过程中发现勘探异常,应及时向业主、监理、设计代表反映,及时调整设计方案。

(4)变形控制措施:①采用长短锚杆结合,增大加固范围,由外到内,逐步控制围岩变形。②对变形较为严重的地段,采用双层支护体系,先施工刚度较小的支护结构以释放较大的地应力,待地应力释放一定程度后采用刚度较大的支护结构并控制围岩变形。③针对个别地应力极大地段,可通过修正开挖断面,改善结构受力形式的特殊断面结构处治。④为了控制大变形,可采取临时仰拱、钢管桩锁脚(树根桩)、双层初期支护(预留足够空间)、采用台阶法加临时仰拱开挖、加强支护参数、尽早封闭仰拱、及时衬砌结构等措施。⑤针对个别地应力极大地段,可通过修正开挖断面,改善结构受力形式的特殊断面结构处治。

12.1.6 隧道坍塌段

隧道施工中防止坍塌发生能有效地保证工程质量、加快施工进度、减少维修费用,应成为隧道施工管理的一个重要指标。在施工过程中,应根据监控量测以及超前地质预报出现的异常情况及围岩变化等,变更设计,确保施工安全,并要制定坍塌处置应急预案。隧道坍塌防治措施如下。

(1)前期调查:收集相关地质资料及周边工程施工记录、事故记录等。

(2)洞口段:①隧道进出口岩体破碎,裂隙发育,坡体较陡,洞口开挖易坍塌,洞口施工时应做好防排水设计。②应加强地表沉降、拱顶下沉等观测,开挖前应进行预加固,开挖短进尺,开挖后及时支护。

(3)开挖作业:①严格按照设计要求,禁止超挖、欠挖。②起爆站距爆破位置不得小于300 m。③在隧道断层破碎带、围岩变化处、穿越瓦斯地层开挖时采用"短进尺、弱爆破,多循环,初期支护紧跟掌子面"的原则进行施工,初期支护应紧跟掌子面,环环相扣。④单头掘进长度大于1 km、围岩以中硬岩以上等级为主的隧道,爆破钻孔可采用液压凿岩台车;小于1 km的隧道可采用多功能台架配合气腿式凿岩机进行钻爆作业。⑤控制爆破,优化炮孔布置、装药方式、装药量、起爆方式等,减少对围岩的扰动。⑥应分段仔细检查爆破段并清除危石;钻孔作业前后、爆破后、废渣处理时及处理后,仔细检查去除。⑦双侧壁导坑法、三台阶七步法、三台阶法施工,工序多,各施工工序之间应连贯,开挖后应及时进行初期支护及临时支护并尽早封闭成环。台阶下部断面一次开挖长度应与上部断面相同,且不得超过1.5 m。⑧双侧壁导坑法、三台阶七步法、三台阶法施工,上台阶每循环开挖支护进尺Ⅴ级围岩不应大于1榀钢架间距,Ⅳ级围岩不得大于2榀钢架间距。⑨Ⅳ级及以上围岩仰拱每循环开挖长度不得大于3 m,不得分幅施作。仰拱与掌子面的距离,Ⅳ级围岩不得超过50 m,Ⅴ级及以上围岩不得超过40 m。⑩仰拱开挖栈桥等架空设施强度、刚度和稳定性应满足施工要求;栈桥基础应稳固;桥面应做防侧滑处理;两侧应设限速警示标志,车辆通过速度不得超过5 km/h。

(4)初期支护:①应随时观察支护各部位,支护变形或损坏时,作业人员应及时撤离现场。②隧道通过断层破碎带、围岩变化处、穿越瓦斯地层,开挖前先施工超前锚杆或超前管棚等对围岩进行预加固。围岩破碎区应先进行预注浆,改良围岩。③严格按照设计施工,围岩开挖后及时封闭初期支护,形成完整的受力体系。④支护作业时,焊接作业区域内不得有易燃易爆物品,应设置警戒区,警戒区内下方不得有人员站立或通行。⑤Ⅴ级围岩岩性较差,初期支护完成后，仰拱应紧跟施作，尽快形成初期支护闭合环，并要求二次衬砌紧跟。⑥拱脚开挖后应立即安装拱架、施作锁脚锚杆，且锁脚锚杆数量、长度、角度应符合设计要求。拱脚不得脱空，不得有积水浸泡。⑦钢拱架安装应确保两侧拱脚必须放在牢固的基础上，安装前应将底脚处的虚渣及其他杂物彻底清除干净；下部开挖后，钢拱架应及时接长、落底，钢拱架底脚不得左右同时开挖；脚底超挖、拱脚高程不足时，应用喷射混凝土填充。

(5)二次衬砌：①二次衬砌在浇筑过程中，振捣密实，拱部预留注浆孔及时补浆，养护要到位，保证二次衬砌的施工质量、强度与厚度。②在断层破碎带应及时施作，二次衬砌距掌子面的距离Ⅳ级围岩不得大于90 m，Ⅴ级及以上围岩不得大于70 m。③仰拱超挖时，应按设计要求进行回填，不得用洞渣随意回填，严禁片石侵入仰拱断面；仰拱应分段一次整幅浇筑，并应根据围岩情况严格限制分段长度。④隧道内不得加工钢筋；钢筋焊接作业在防水板一侧应设阻燃挡板，并应配备消防器材。⑤单头掘进长度大于或等于1 km的隧道，仰拱施工应采用自行走式液压栈桥，小于1 km的应采用普通栈桥进行施工。

(6)监控量测：①应根据不同地质条件和施工情况制定有针对性的现场监控量测计划。②根据监控量测、观察的结果，变形超过允许值时，应采取有效的加固措施。

12.1.7 瓦斯爆炸隧道

隧道施工中防止瓦斯爆炸发生能有效地保证工程质量、加快施工进度、减少维修费用，应成为隧道施工管理的一个重要指标。在施工过程中，应根据监控量测以及超前地质预报出现的异常情况及围岩变化等，变更设计，确保施工安全，并要制定防瓦斯爆炸应急预案。采用如下隧道防瓦斯爆炸防治措施。

(1)可燃气体检测设备：①瓦检员同时应配备便携式和固定式瓦斯检测仪。②制定检测器检查和标定要求。③经理部瓦斯监测站可配备自动瓦斯检测报警仪及瓦斯电闭锁装置，建立数字化瓦斯远程系统实现数据随时记录、打印，超标及时报警。

(2)可燃气体检测方法：①在开挖面顶端、隧道中间、模板台车、电气设备等附近，设定检测可燃气体浓度的位置。②指定瓦斯检测员进行检测。③在可燃气体容易停滞的场所，设置固定式检测器，实时进行检测。④在作业开始前、爆破前后等情况，使用便携式瓦斯检测仪进行精确测定。⑤除可燃气体浓度，氧气浓度、气压、洞内温度、风速等也需测定。

(3)信息沟通及记录：①确定检查结果的信息沟通机制，特别应明确出现异常值时，向现场负责人报告的渠道和机制。②记录并整理施工中的各种检测结果，分析可燃气体的变化趋势。

(4)通风设备和方式：①选定适合隧道断面、长度的通风方式。②在可能产生可燃气体的施工区域，设置能充分稀释产生气体的换气设备。

(5)警报装置：①制定警报的标准、拉响警报时的行动要求，并向相关人员公告。②制定警报装置的检查、维护标准。③安排检查员，在每天作业前对警报装置进行检查。

(6)火源管理：①制定隧道内用火标准，并向相关人员公告。②原则上禁止带入火源，并进行标示。③在隧道内用火时，应提前提出申请，并采取必要的措施。④在作业前、作业中进行气体浓度测定，以确保安全。

(7)开挖作业：①开挖作业应采用湿式钻孔开挖，装药前、放炮前和放炮后，爆破工、班组长和瓦斯检测员应现场检查瓦斯浓度并参加爆破全过程。②应使用煤矿许用炸药和煤矿许用瞬发电雷管或煤矿许用毫秒延期电雷管，并应使用防爆型发爆器起爆。③爆破母线应呈短路状态，并包覆绝缘层。④炮孔应使用跑泥填堵，填料应采用黏土或不燃性材料。

(8)机电设备:①洞内所有的机电设备无论固定式或移动式都采用安全防爆类型。②装渣可采用防爆型扒渣机,运输可采用防爆型电瓶车牵引、梭式矿车及轨行式罐车运输。③电路采用抗阻燃铠装电缆,照明采用煤矿用隔爆型照明灯具,高压进洞后采用防爆型移动变压器,洞内所有电缆连接时都必须采用煤矿用隔爆型接线盒,禁止用胶布直接连接。④通风管采用双抗型(抗阻燃抗静电)材质。

(9)施工安全管理:①瓦斯检查员、放炮员、通风工、监测工、电钳工等所从事的特殊工种必须经有资质的单位培训,并经考核合格,方可从事相关工作。②瓦斯检查员、放炮员及班长每次放炮时都必须在现场执行"一炮三检制""一检三点制""三人联锁放炮制"。③通风工必须对每一台局部通风机及风管的日常管理负责,保证掌子面的有效风量达到设计要求。④电钳工必须加强电气设备的日常管理维护,保证电气设备完好,杜绝电气设备失爆。

12.1.8 临时仰拱拆除

(1)加强监控量测,在拆除作业影响范围内,每间隔 5 m 设置一组收敛环及拱顶沉降点,量测频率为 2 次/d。若发现量测值突变、洞内出现型钢变形或初支结构表面出现裂纹时,应立即停止施工,依据量测信息采取补救措施。

(2)在临时仰拱、临时支撑拆除前进行拆除试验,确保拆除安全。

(3)严格按照设计要求的拆除步骤进行,切不可数榀钢架同时拆除;拆除时,严禁采用挖掘机、装载机机械直接破坏方式拆除钢架,以防止因机械碰撞造成隧道初期支护体系变形失稳。

(4)钢架拆除时严禁钢架以自由落体形式直接落到地面,以免钢架弹起伤人。

(5)拆除钢架后,对钢架上残留的钢筋进行清除,以防止拆除的钢架在运输或再利用过程中,短钢筋碰伤、划伤施工人员。

12.1.9 挑顶法进正洞

(1)棚架法挑顶施工要点:①进入挑顶前 20 m 时,由业主组织各方进行现场会勘,对超前地质预报资料开展分析,对挑顶主动支护参数、超前加固措施开展动态确认。②辅助坑道开挖接近正洞距离小于 10 m 时和转入正洞挑顶后,Ⅳ、Ⅴ级软弱围岩及不良地质段落严格执行"先预加固、后开挖、一榀一支护"原则,每循环开挖不得大于 1 榀;其余地段每循环开挖进尺不得大于 3 m。③横洞交叉口的加强环必须深入正洞初期支护断面,保证为正洞的支护提供有力的支撑。④正洞交叉口段开挖后要及时进行正洞仰拱、二次衬砌的施工,以便初期支护与仰拱尽早成环,确保施工安全。⑤挑顶完成、交叉口段正洞初期支护成环后,根据监控量测数据及时完成交叉口辅助坑道二次衬砌安全锁口。棚架法辅助坑道挑顶施工设计图如图 12-1 所示。

(2)棚架法挑顶施工工序:①施工辅助坑道掘进接近正洞相交里程时,逐渐抬高施工横洞拱顶高程,同时接长钢架。拱顶抬高坡度控制在 17°以内。②开挖倒数第 4 板仰拱,尽快组织二次衬砌施工。回填坡道准备进行棚洞开挖。③施工横洞掘进至正洞开挖轮廓线后,采用棚洞进入正洞,棚架斜向上爬坡至正洞拱顶后,以平坡向前开挖至正洞外侧上台阶拱脚位置。在施工横洞与正洞相交处,施作加强环(双拼 20 工字钢门架)及超前支护($D42$ 小导管,$L=4$ m,纵向间距 3 m)。在棚架保护下,施作正洞上台阶初期支护,并及时施作完成横洞交汇处倒数第 4 板二次衬砌。④沿隧道正洞方向,拆除棚架大里程侧的临时支护,支架在拆除时,每次拆除一榀,采用"隔三拆一"的方法拆除临时支撑钢,观察隧道变形量及变形速率。根据地质条件

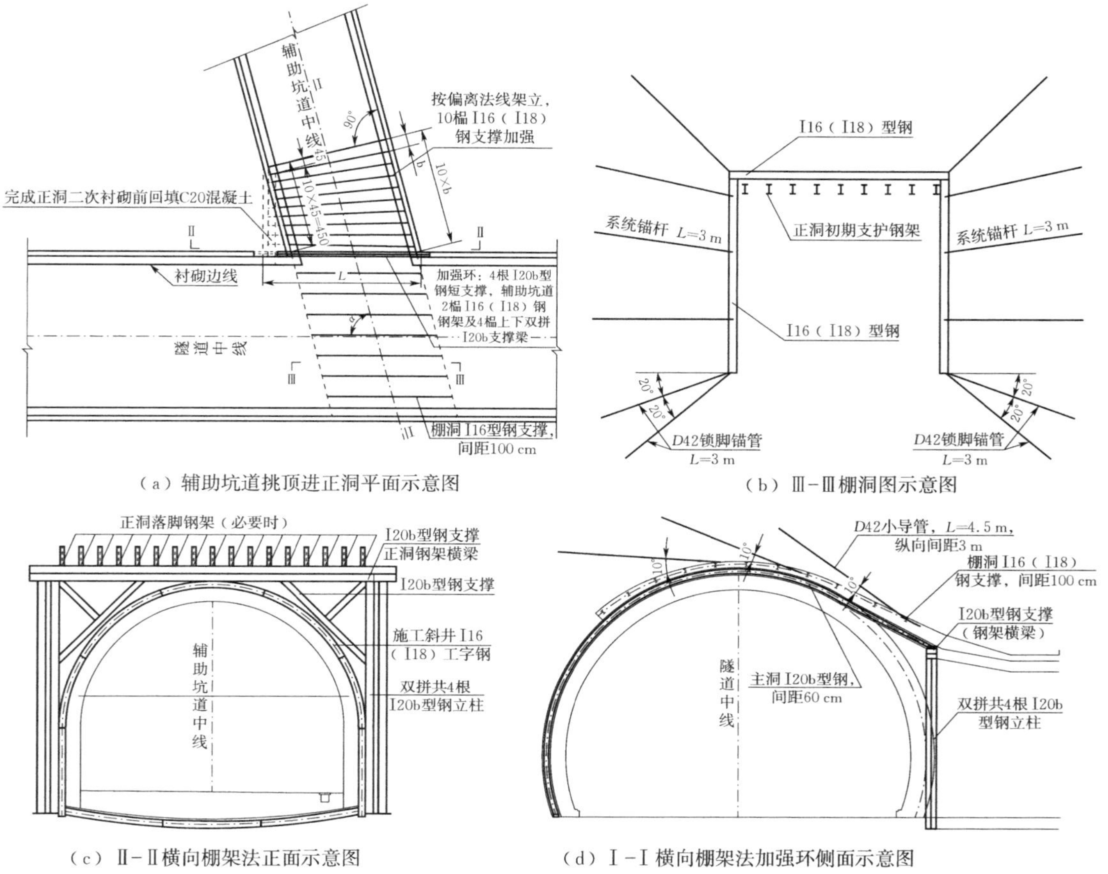

（a）辅助坑道挑顶进正洞平面示意图　　（b）Ⅲ-Ⅲ棚洞图示意图

（c）Ⅱ-Ⅱ横向棚架法正面示意图　　（d）Ⅰ-Ⅰ横向棚架法加强环侧面示意图

图 12-1　棚架法辅助坑道挑顶施工设计图

和设计要求，选择微台阶法施作正洞初期支护并开挖上部弧形导坑。管棚无作业空间，增加超前小导管至够管棚作业空间，向前开挖 15 m 后，喷射混凝土封闭掌子面，暂停该方向开挖。⑤拆除棚架小里程侧的临时支护，同样采用微台阶法施作正洞初期支护并开挖上部弧形导坑。向前开挖 15 m 后，喷射混凝土封闭掌子面，暂停该方向开挖。⑥待施工空间满足后，开始施工正洞落底并及时进行正洞仰拱施工，以便初期支护与仰拱尽早成环，确保施工安全。棚架法挑顶施工工序如图 12-2 所示。

（3）风险控制措施：①棚架法挑顶施工：严格按照《铁路隧道超前地质预报技术规程》（Q/CR 9217—2015）对隧道的地质复杂程度分级，确定超前地质预报分级，并制定风险预警标准和应对措施。采用多种超前预报手段，以地质调查法为基础，以超前钻探法为主，结合多种物探手段进行综合超前地质预报，根据预测及预报结果对围岩进行预加固处理。②将监控量测和超前地质预报纳入工序，合理确定进度指标。③挑顶段落岩溶弱～中等发育，二次衬砌采用钢筋混凝土；在施工岩溶段二次衬砌前，采用物探手段探测隧道周边环形加固区及层外围岩情况，重点检查拱部、侧边墙及基底下方 5 m 范围内是否有隐伏溶洞、溶槽、暗河等情况，施工中一旦发现异常，及时与相关单位联系，确定处理方案后方可进行施工二次衬砌。挑顶段落经过断层，塌方、突水突泥风险为中度危险区。穿越断层破碎带段严格采用超前周边注浆预设计。施工中应加强超前地质预测预报工作，开挖后根据超前预报和揭示情况，参见各方共同会商确定是否启动超前周边注浆，并根据超前地质预报成果优化调查具体段落、注浆方式等，并

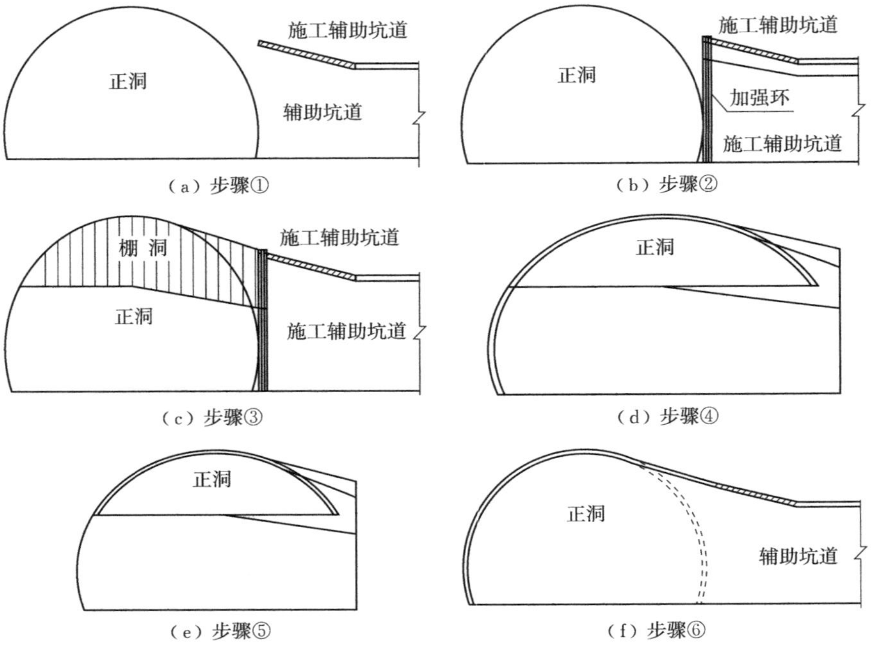

图 12-2 棚架法挑顶施工工序

履行相关建设程序。④棚洞支架拆除体系转换:棚洞支架在安装过程中,应布设临时变形观测点,在拆除支腿前,进行监控量测,取得拆除前的初始数据。在整个拆除过程中,对棚洞拱顶下沉采取不间断观测,以保证安全。在拆除前应进行拆除试验,棚洞在拆除支腿过程中受力体系转换,防止棚架支护因应力突变而失稳,在拆除前,选取大里程侧采取隔三拆一的方法,拆除棚架支腿,观察棚洞变形量及变形速率。24 h 内隧道变形量及变形速率在正常范围内时,采取隔一拆一的方法,拆除棚架立柱,继续观察隧道变形量及变形速率。变形稳定后分析监控量测结果,确定隧道初期支护的稳定性,降低棚洞支腿拆除的安全风险。

12.2 特殊环境施工

12.2.1 防火地带施工

(1)各级安全管理人员经常检查消防设施,如消防沙、灭火器等,确保设施有效。

(2)各级安全管理人员经常对工程施工区域内森林防火进行安全检查排除隐患。

(3)组织消防知识教育、消防事故学习,确保各级人员熟悉消防知识,加强员工消防意识,做到防患于未然。

(4)施工区域遵从以下动火规定:①存在易燃、易爆物品(汽油、氧气瓶等)的区域,严禁动火。②露天施工且周围有易燃植被的区域,严禁动火。③5 m 范围内有电缆线的区域,严禁动火。④周围无消防器材且无可利用的消防水源,严禁动火。⑤电焊、气割作业必须交由具备资质的特种作业人员操作。

(5)生活区严禁非厨灶人员动火。

(6)根据本地区消防规定,施工现场人员禁止携带火种(包含打火机),严禁现场吸烟。

(7)根据本项目工程施工特点,在施工场站、生活区、各隧道洞口设置防火隔离带,隔离带形式主要为喷射混凝土、安装围栏和创造安全距离。①隧道洞口清除施工范围内植被,并喷射混凝土覆盖。②施工场站、生活区安装围栏,并适当清除表层植被,保证安全距离。

12.2.2　高寒环境施工

(1)从人员配备上选配具有高原隧道施工组织经验并年富力强的领导班子、管理人员和具有高原隧道施工丰富经验的专业化施工队伍。

(2)针对气压低、缺氧和高寒环境对机械设备工作效率影响较大的特点,遵循多用电动机械,少用内燃机械的原则,进行机械设备配套。

(3)对内燃机械配备增压装置和废气净化装置。

(4)高寒高海拔地区气候多变,气温低,昼夜温差大,积雪冰冻期长,钢材容易锈蚀。钢筋存放及加工需要做到:①钢材的存放、加工场地及仓库便于装卸和存放,并在存放及加工场地采取必要的保温措施。②钢材加工及堆放场修建在地势较高处,四周开挖排水沟,保证排水畅通,确保棚内地面干燥。③每批钢筋焊接前,必须进行同等条件下的焊接试验,焊接接头分批按规范进行外观检查和力学性能试验。④雪天不得在现场施焊,必须焊接时采取有效遮蔽措施;室外风力超过 4 级,焊接时采取挡风措施;焊后未冷却的接头避免碰到冰雪;当温度低于 −20 ℃时,不得进行施焊。

(5)针对现场气候特点,在寒季施工实行增设班组数、缩短单班工作时长等措施,保证作业人员安全。

(6)控制好施工工序的同时,科学合理安排施工作业线机械配套,加快高海拔高寒地区隧道施工效率。

12.2.3　台风季节施工

(1)台风是指形成于热带洋面上的热带气旋,其中心附近最大风力为 6 级以上(10.8 m/s),台风一般多发于夏秋季节,最多发的月份是 9 月、10 月。

(2)台风来临前,各参建单位应组织专项安全检查,施工单位应对施工现场的临时用房、围墙、脚手架、塔吊、龙门吊、架桥机、施工电梯、基坑支护及模板工程等防风安全措施进行检查、加固,落实船舶避风锚地、拖轮转移地点,必要时人员、重要资料须撤离。

(3)台风季节施工时,应定期对现场中大型设备的防雷接地,生活区临时用电进行检查,现场电缆、电线应检查加固,台风暴雨期间不使用的电气设备应切断电源,现场所有松散的材料都要绑扎并锚固或者转移到安全区域,堆放在安装好的梁上的材料应当绑在预留钢筋上,地面成堆叠放的构件应摆放整齐、稳固。施工单位应定期检查现场排水设施,保证现场排水畅通,防止因台风暴雨造成洪涝灾害。

(4)台风期间,建设、监理及施工单位应落实主要负责人值班制度,发现险情及时按程序上报,必要时启动相应应急预案;台风暴雨过后,各参建单位应组织对现场特种施工设备、重要设施等进行复查,确认安全后,才能恢复作用、继续施工。

(5)接到台风黄色及以预警时,临时驻地、临时设施、机械设备应加固或增设缆风绳、墩柱的钢筋骨架绑扎安装后,未浇筑部分的骨架和模板超过 8 m 时,应设置缆风绳加固。

12.2.4 水上施工

(1)水上(或临水)施工前,应与当地航道部门联系,商定有关航运和施工的安全事项,发布通航公告;施工现场应设立明显的航标,确定施工范围,上游和下游必须按规定距离设置通航警示标志;作业现场配备安全值班船,制定事故应急救援预案或救护措施,并派人值班;现场作业人员在作业时必须系安全带、穿救生衣,并在作业前进行检查,确认其安全有效;作业人员不得穿高跟鞋、带钉易滑硬底鞋。

(2)栈桥、作业平台等应设置防护栏杆,挂设安全网,并对其承载力和结构稳定性进行验算;施工使用的各种船只,按航运部门规定设置航运标志,并备有救生、消防以及靠绑设备;能见度不良时水上作业场地应按规定启用声响警示设备及红光信号灯;施工作业区域应设立垃圾收集箱,以收集施工废弃物和生活垃圾。

12.2.5 冬季施工

(1)当室外日平均气温连续 5 d 稳定低于 5 ℃时,应采取冬期施工措施,当室外日平均气温连续 5 d 稳定高于 5 ℃时,可解除冬期施工措施。

(2)办公、生活区不得使用大功率电器取暖或烧水,淋浴房应通风,防止一氧化碳中毒;冬季施工时,施工单位应定期检查消防设备设施,及时更换不符合要求的消防器材;明火作业地点应由专人看管,易燃物与火源保持不小于 10 m 的安全距离;施工车辆行驶在坡道或冰雪路面时应减速慢行(行车速度不得超过 30 km/h),与前车保持安全距离(不得小于 50 m),防止发生追尾事故。

(3)雨雪冰冻后,作业人员应及时清除作业平台、脚手板上的冰雪,电工应对现场所有用电设备、供电线路进行全面检查,发现问题立即处理;严禁明火烘烤或开水加热冻结的储气罐、氧气瓶、乙炔瓶、阀门、胶管等。

(4)冬季施工前,施工作业平台、人员上下通道、脚手板表面等应设置防滑条、防滑垫等防滑设施,易滑倒区域须设置“当心滑倒”等安全警示标志,冬季施工的机械车辆在冰雪路面行车时宜加装防滑链等防滑设施。

12.2.6 雨季施工

(1)雨期前,必须对施工场地、材料堆放、生活驻地、运输便道及水电设备的防洪、防雨、排涝等设施进行检查,排涝沟渠必须疏通。处于洪水可能淹没地段的机械设备、材料等采取防洪措施或撤离。

(2)暴雨前后,对边坡、基坑、脚手架、揽风绳、地锚、临时住房和设施等进行检查,发现倾斜、变形、下沉、漏雨、漏电或有可能发生坍塌的施工地段,及时修补和加固。

(3)防暴雨措施。接到暴雨预报后,及时遮盖施工物资材料、机械设备、电器设备等,以保证其不被雨水淋打、浸泡。施工车辆暂停行驶;切断高压电源,关闭现场发电、用电设备。

(4)雨季防雷措施。场区内电站、发电房等处于雷击区的机械设备全部装设防雷保护设施,防止雷电击毁设备、击伤人员。防雷保护设施应符合有关规定的要求,并定期检查。雷电出现时,立即停止场内电器设备操作、焊接作业以及其他有危险性的施工作业。

(5)隧道洞口施工时做好洞顶的截水沟、洞口的排水系统应做好并时常检查、维护。对洞顶松散土、坍滑土等不良地质进行整治,天沟、截水沟几何尺寸要满足排水要求。

(6)雨季隧道开挖时,洞内排水沟、集水井,应备足排水设备。现场监管人员密切关注洞内作业情况,发现险情应立即停止作业并及时上报上级领导。

(7)认真做到雨前有预防,雨后有行动。雨前雨后及时安排人员对各种排水系统进行检查,保证排水畅通。特别注意施工材料的管理,尤其是水泥等易潮的材料要妥善保管。建水泥储存库,并做好水泥库通风,防水工作;钢筋应架空并加盖雨布,防止锈蚀。定期安排人员对各种排水系统进行检查,保证排水畅通。

(8)雨季加强隧道洞口和运渣便道附近滑坡体的沉降、水平位移监测,及时掌握洞口、滑坡体稳定情况。

12.2.7　高温施工

(1)合理安排作息时间,以江西地区夏季气温较高为例,采取"做两头、歇中间"的方法或轮换作业的办法,避开中午高温时段,避免高温日照暴晒、疲劳作业和防止施工人员中暑。在洞内作业时应有通风降温措施,同时为施工人员定时发放绿豆汤、纯净水、藿香正气液等防暑降温物品。

(2)对工人进行防暑降温知识的宣传教育,使施工人员熟悉中暑基本症状和应急救援措施。

(3)厨房应干净卫生,应配有纱门、纱窗,严格做到生、熟食分开。同时积极落实工地灭蚊蝇、灭鼠、灭蟑螂等措施,每天对餐具进行高温消毒,确保餐饮卫生。严防食物中毒事件的发生,各类生活垃圾要每天按时清运出场,确保工人饮食健康和有良好的休息环境。

(4)施工现场电焊时在下层火花着落处要设有围板拦住防止扩散,严禁吸烟和使用明火;氧气及乙炔瓶在使用过程中应严格遵守安全操作规程,做好防暴晒工作。

12.2.8　夜间施工

(1)在施工现场安排现场值班室,施工处各部门建立夜间施工领导值班和交接班制度,加强夜间施工管理与调度,做好周密的组织和技术交底,配备足够的资源,确保夜间施工顺利进行。当晚使用的工具、材料提前在白天进行全面认真的检查,发现质量问题及时更换。

(2)在施工安排上,做到机械、人力资源统筹规划,利用白天时间尽快突击施工靠近居民区的构筑物,减少夜间施工噪音对居民的干扰。

(3)做好现场照明工作,保证施工现场有足够的照明亮度和照明范围。可采用LED灯作为主要照明工具,固定布置在施工场地适当位置,保证整个施工场地均有较好的照明,尤其上下通道及隐蔽角落。

(4)夜间施工时,各项工序或作业区的结合部位在夜间施工时要有明显的发光标志,各道工序夜间施工除当班的安全员、质检员必须到位外,还要建立主管人员巡查制度,所有夜间施工参与人员需穿着反光防护服,对于必要的岗位佩戴矿灯。

(5)交通路段的线路两端一定范围内,设置明显的交通标志、安全标牌、警戒灯等标志,标志牌具备夜间荧光功能,保证公路交通安全。

(6)夜间施工时,工器具、设备(施工车辆、发电机等)悬挂具有反光的黄色标志牌。

(7)所有参加夜间施工的作业人员必须认真贯彻夜间作业安全措施,尽量避免同一作业范围内安排交叉施工的工序同时在夜间进行,如确需交叉施工时,必须细化作业范围,采取防止交叉施工安全问题的针对性措施。

(8)夜间施工用电设备必须有专人看护,确保用电设备及人身安全。

(9)对夜间施工人员经常进行教育,提高夜间施工的安全意识,避免产生麻痹大意的思想。机械作业时至少有1名人员配合司机进行现场指挥,防止出现车辆翻车及机械伤人等安全事故的发生,必要时机械需打开示廓灯。

(10)夜间高空作业,需按高空作业要求采取必要保护措施。

(11)管理人员跟班作业,保证各种材料、设备供应及时,技术指导和试验检测到位。做好后勤保障工作;加强现场电路、机具设备和施工安全的管理工作。

12.3 竖井掘进施工

12.3.1 竖井开挖出渣

(1)井口软弱围岩地段开挖:①风化段施工应设置临时锁口,其结构应符合封闭严密、作业安全的要求。②风化段施工初期井内应设梯子,供人员上下,井筒施工深度超过5 m,应采用提升设备,深度超过40 m,应设吊盘和稳绳。③竖井井口及软弱围岩段的临时支护,当岩层含水量大,岩质松软时应做好井帮的临时支护,开挖钻孔孔深为2～2.5 m,爆破后最大支护距离不得超过3 m。在爆破后,清理完岩石后,必须及时固定锚杆、挂网、架钢支撑架、锚喷,锚喷后最大支护距离不得超过1 m。严格控制装药量,根据岩层的软硬程度进行装药,具体定量由施工技术人员决定,确保在爆破时不造成岩石远距离抛洒。④在施工时,表土的堆积和杂物的存放要远离井口不少于5 m,防止滚入井内。⑤提升和人员的上下乘吊桶,每次不得超过5人。

(2)竖井基岩段开挖:

①防止井筒坠物的安全措施:(a)各层作业平台要求坚固可靠,平台上不允许有杂物。(b)爆破后,及时清扫各层盘,清扫盘时,由上而下进行,扫盘工作不结束,不许下人工作。(c)升降吊盘,接长管路不得与打眼、出渣、浇筑混凝土等其他井筒施工工作平行作业,并且停止井筒内的提升,该工作指派专人统一指挥,制定专用信号。(d)提升吊挂系统每天检查并做记录,钢丝绳按规定定期作拉力试验,悬吊负荷不允许超过规定。(e)不得使用抓岩机吊物品。(f)抓岩机的悬吊部位和连接部位,每班使用前必须认真进行检查,发现问题及时处理,不许带病工作。(g)井筒中间的设施及材料如果放在各层盘上时,都必须用强度满足安全系数要求的钢丝绳拴牢在固定设施上。井筒作业人员携带工具都必须拴尾巴绳,尾巴绳生根在人的腰带上。(h)提升绞车必须设过卷装置,所有悬吊设备,都必须达到完好。

②竖井钻眼、爆破安全措施:(a)上下钻及打眼严格按打眼操作规程作业。(b)严禁站在风钻下面打眼,以防断钎伤人,风水管路必须与风钻连接牢固。(c)放炮员同爆炸物品入井时,送火药必须符合相关规程规定,同时在下井前,井口信号工必须同绞车司机事先联系,使绞车下放过程中以慢速下放,提升速度不得超过1 m/s,下放爆炸物品时,除放炮员以外其他任何人员不许同乘一罐。(d)雷管炸药入井前,工作面的电气设施提离工作面20 m左右,在这期间的提升信号采用工作面击灌、吹哨或喊话的方法,通知吊盘信号工向地面发出信号,电气设备撤离工作面后,测定井底工作面的杂散电流不超过30 mA的规程规定时,方许下放爆炸物品。(e)装药开始以前,吊桶必须提离工作面500 mm,装药时各孔的电雷管脚下线扭结短路,炮眼内引药及装药入孔底后,用砂子封到孔口,沙子填满填实,全部炮眼装药结束后,安设木桩架设区域线,由放炮员一人联线,先将雷管脚线扭开与区域线扭结牢固,全部雷管脚下线与区域线

连完检查无漏连时，工作面装药人员上到罐中，放炮员将区域线与井筒放炮母线连接，上罐升井，升井时吊盘、腰泵房等岗位人员同乘一罐升井。(f)放炮员升井后，吊桶提到二层台座在翻矸台架上，撤出井口棚内及二层台上的所有人员到距井口 20 m 以外，放炮员及安全检查员走在最后，距井口棚人员处 20 m 以外设警戒人员，按照三人联锁换牌制度换牌后，放炮员要打开放炮箱，放炮母线连接电源闸刀，发出二次间隔不少于 5 s 的警号后，合上二级刀闸放炮。(g)接通电源后井筒工作面的雷管炸药没有爆破时，放炮员必须切断电源，取下放炮母线检查不爆原因，如果是因连线问题造成的放炮不响，应重新连线放炮。(h)工作面产生的瞎炮，必须在工长、安全检查员、放炮员的直接参与下，查找瞎炮产生的原因，并应在当班进行处理，如果当班未能处理完毕，放炮员必须遵守以下规定：由于连线不良造成的瞎炮，可以再连线放炮；在距瞎炮至少 300 mm 处另打同瞎炮平行的新炮眼，重新装药放炮；严禁用镐刨或从炮眼中取出原放置的引药或从引药中提出电雷管，严禁将炮眼残孔(无论有无残余炸药)加深；处理瞎炮的炮眼爆破后，放炮员必须详细检查炸落的浮矸中的电雷管及炸药并统一收起来返库；在瞎炮未处理完毕以前，严禁在该地点进行与处理瞎炮无关的工作。(i)放炮后通风 30 min，炮烟吹散以后，指派专人清理各层盘，其清扫范围自封口盘开始从上而下逐渐将悬臂梁、吊盘、抓岩机、吊泵、模板及井壁接茬等处的浮矸清扫干净。尔后放炮员、检查员、工长等人同乘一罐进入工作面检查爆破情况，确认安全后方可通知其他人员入井出渣，炮后第一罐吊桶不得着地，应距渣面不少于 200 mm 距离。

(3)出渣排矸施工：抓斗装岩必须配备专职抓岩司机，抓岩司机严格按操作规程操作，井底设专人指挥抓斗运行线路，抓岩司机与指挥人员密切配合。

抓岩时，井下人员要经常观察工作面岩帮情况，设专人观山，专人找帮，及时找掉岩帮危岩、活石，防止片帮伤人。

出渣过程中发现瞎炮时，在瞎炮处不许用抓斗抓，出渣过程中，对工作面未爆的雷管、炸药收集返库。

抓岩机工作期间，井底人员必须站在抓斗运行旁侧，抓岩司机应使抓斗运行稳、设点准，并随时注意工作面所有人员的位置及状态，严禁抓斗伤人。

12.3.2 钢筋制作安装

(1)钢筋调直：①操作人员必须熟悉钢筋调直机的构造、性能、操作和保养方法。②工作前必须检查主要结合部分的牢固性和运转部分的润滑情况，机械上不得有其他物件和工具。工作前应空转试车，待运转正常后，方可开始工作。工作中如发现传动部分有不正常的声音等情况，应立即停车检查，不得勉强使用。③工作时，必须根据钢筋直径选用适当压滚，以免损坏齿轮。工作中应经常检查、注意轴承的温度，如果温度超过 60 ℃时，须停机检查原因。④各部位的安全护板、护罩，必须齐全、牢固，并须经常检查。机械工作时，操作人员不得离开工作岗位。电动机部分的操作，应按电动机铭牌规定执行。⑤工作前应先检查矫正器是否牢固、扳口有无裂口、锤柄是否坚实。钢筋解捆时，工作人员不得站在弹出的一面，防止钢筋弹出伤人。在回直时应将扳手把平，若钢筋有把转不平时，应将扳手适当使力，以免滑脱。⑥在进行人工平直钢筋时，抡锤人员不得戴手套，并事先一定要看清周围是否有人。抡锤人的对面不得有人，严禁二人对面抡锤操作。不准用直径小的工具弯动直径大的钢筋。

(2)钢筋的切断：①安放切断机时，应选择较坚实的地面，安装平稳，铁轮两侧须用三角木块塞好，四周应有足够的搬运钢筋的场地。②皮带轮、传送齿轮上须有安全罩。工作前须检查刀片，螺丝应保持紧固，同时检查各传动部分的润滑情况。电线接头必须牢固，所有各处均须绝缘良好，并应接好地线。飞轮未到正常转速时，不得开始工作。③禁止切断超过规定尺寸的钢筋。工作时，钢筋应放稳在切口间，并应用手握住，以免末端跳动伤人。不准切断中碳钢以上强度的或烧红的钢筋。如发现运转不正常，有异响或刀片、刀口不密合时，应停车检查、修理。④操作机器必须由专人负责，严禁其他人员擅自开动，操作时要精神集中。机器开动时，不要用手直接去清除刀片上的铁沫。

(3)机械弯曲：①安置钢筋弯曲机时，应选择较坚实的地面，安装平稳，铁轮应用三角木块塞好，四周应有足够搬动钢筋的场地。②工作前，应检查各部机件的情况是否正常。导线应绝缘良好，并应装好接地线。机器的使用必须由专人负责，工作时应精力集中。工作前，先试车检查回转方向，工作时先将钢筋插好，然后开车回转。③要根据钢筋直径大小选择快慢速，并随时注意电动机的温度，必要时停机冷却。检查修理或清洁保养工作，均应在停车、关好电闸后进行。

(4)人工弯曲：①工作前，应先检查扳子等工具是否良好。拉扳子的人，一定要注意扳口卡好后才能用劲拉，不得用力过猛。②在同一工作面上，两头弯钢筋时要相互照应，不要碰撞周围的人员。工作区四周，不准随便堆放材料和站人。

(5)竖井钢筋安装安全措施：①加工成型的钢筋运输时按配料规格分类装车，不宜过多，卸料时严禁用自卸方式倾倒钢筋。使用汽车运输时严禁人货混装，车速不宜过快，谨防途中勾挂沿途设施，尤其拐弯时。②人力抬运时，应动作一致，在起落、停止和上下坡道及拐弯时，要相互照应。搬运及安装时，防止碰、触电线及各种电气设施。钢筋及骨架应堆放整齐平实，下垫方木或混凝土块，分类堆放。③钢筋必须预先编制好专项钢筋安装设计。高处绑扎钢筋前，必须先搭工作台，作业人员必须系上符合规定的安全带后，方可进行工作。作业平台高度 2.5 m，宽度为 2.8 m，长度为 2.5 m，上面铺上木板。④禁止任何人在钢筋上行走或站立，如必须行走时，应在钢筋上铺脚手板并绑扎牢固；禁止在竖立钢筋、钢筋箍上攀爬。⑤严禁在作业平台上放置钢筋。在低处向上传递钢筋时，每次只能传递一根。绑扎钢筋严禁和电缆接触。安装钢筋时，必须设专人监护。⑥钢筋在安装中绑扎固定时，必须确保牢固，以防被拉脱。对须焊接的接头在安装时采用临时绑扎或焊接固定，要确保充分可靠，谨防被拉脱或被碰撞松脱而发生意外。

(6)竖井钢筋焊接：①手工电弧焊作业人员必须持证上岗，严格遵守焊工作业安全操作规程。作业前必须做好个人安全防护，检查焊接设备的防护装置是否齐备、工器具绝缘是否良好。通风不良部位应增加人工通风或轮流作业，潮湿等部位使用安全电压照明。②高处或危险部位进行焊接时，必须系上符合规定的安全带。

12.3.3 竖井机电管理

(1)所有机电设备包机到人，挂牌管理，出现问题追究包机人的责任。禁止带电移动拆接、检修电气设备和线路。每天配备专职电工两人，进行竖井电气设备的检修和维护。电工必须严格执行停、送电制度，停电要专人负责，并挂有“有人作业，不得送电”标志牌，上好闭锁螺栓，以防误送电；严禁预约停送电。停电后要用同电压相适应的验电笔验电、检验无电后，方可进行导体对地放电，高压电气设备必须挂接地线，而后方可进行工作，检修完毕后进行全面检查，确实无误后，方可专人联系送电。

(2)所有电气设备严禁明火操作。严格按操作规程操作使用电气设备，严格执行电气设备的维护制度,保证设备的电气性能良好。电气设备管理做到“一机、一闸、一漏”。远距离照明、控制采用127 V电压。井筒照明、配电设施必须采用防爆照明灯具和启动开关,并具有防水性能,防止竖井内淋水进入电气设备等。

(3)施工人员每人配备一盏防爆矿灯作为施工照明,矿灯必须每人专配,不得混合使用,保证矿灯足够的明亮时间,在下班时,准时交回矿灯管理处,及时进行充电,以备下一班使用。

(4)电缆线路定期检查维护,按规定敷设和悬挂,防止电缆被碰、轧、挤压、炮崩等造成绝缘损坏。电缆敷设悬挂间距不得超过6 m;电缆钩采用钩型膨胀螺栓,一端打孔布置在混凝土壁内,然后,另一端在外漏钩部套上软橡胶套管,电缆钩设置到位后,方可悬挂,电缆悬挂严禁直接与铁质或其他导电体接触。爆破电缆必须与动力、照明电缆分开悬挂,间距不得小于1 m,防止与动力电缆混淆,造成意外事故。电缆要编号管理,每间隔20 m在电缆外表制作标牌,标明电缆的用途、负责人等。不准电气设备过负荷运转,以防过热造成绝缘老化。检修传动部位时要先停电闭锁,并设专人看守。安装和检修机械设备时,手不得放在或站在齿轮和容易转动的部位。

12.3.4 备用电源管理

(1)备用电源必须能够满足通风、提升、排水、照明的需要。备用电源的供电线路必须与提升绞车、风机、排水、照明设备形成连接(与正常供电线路形成双回路)。备用电源供电线路上不得搭接其他用电设备,以确保在正常供电线路停电时,满足安全用电的需要。

(2)在正常供电线路停电5 min内,能够启动备用电源,使通风、排水、提升、照明恢复使用。在正常供电线路停电后,井筒内的所有人员必须立即准备好升井的准备,待备用电源启动后,立即在班组长的指挥下有次序地升井。

12.3.5 抓岩机安全管理

(1)抓岩机司机必须是责任心强、反应灵敏、技术熟练的人员担任。

(2)抓岩机司机与抓斗的操作者之间应制定灯语信号,操作时用灯语或信号联系,指挥抓斗移动。

(3)抓岩机运行时,工作人员必须密切配合、看准部位、严防压脚挤手。

(4)抓岩机在移动、装岩期间严禁工作面做其他工作。在装矸前,必须先稳定吊桶,使吊桶置于基础稳定、避开抓岩机的移动范围之外地点,防止阻碍抓岩机的移动和挤伤人员。

(5)抓岩机运行中出现故障时,首先要使抓岩机落于平整的地方,然后进行检查和处理。

(6)在启动抓岩机以前,必须先由移动人员抓稳抓岩机后,方可开抓,防止抓岩机晃悠,撞伤人员等。

(7)抓斗运行范围内不准有人站立或走动,开动前与邻近人员打招呼,人员躲出后方可装矸。

12.3.6 竖井地下水防治

(1)在井筒掘进期间,严格坚持“有疑必探、先探后进,不探不进”的原则,时刻注意岩层的透水预兆,发现有岩层淋水或淋水加大、岩层的破碎、空气变冷等情况,必须进行探放水。

(2)探放孔的布置方式为:5个,一个布设在井筒断面的中间,其余四个分布在井筒断面的四角角平分线上,距四角的距离1 m处。中心孔垂直于井筒断面,其余四角呈扇形分布,与水平、垂直面向外 15°～20°。

(3)探放水前，先对水沟进行清理，保证水路畅通；在打探放孔期间，时刻注意钻孔内的变化，如岩层变软、水量增大、有其他不明气体涌出等情况，要及时汇报项目经理。

(4)在钻孔钻进期间如果出现涌水，水压高时，不得拔出钻杆，严防高压水顶钻伤人。

(5)若探放出水，涌水量小于 5 m^3/h 时，不进行注浆；如果涌水量大于 5 m^3/h 以上时，进行注浆堵水，以减少因水影响施工进度。

12.3.7 竖井“一通三防”

“一通三防”是指煤矿安全生产中的矿井通风、防治瓦斯、防治煤尘、防火灭火的技术管理工作的简称。在隧道竖井施工中的一通三防指“通风、防尘、防瓦斯、防火”。

(1)完善制度规范管理：施工以建立完善制度为基础，以规范管理为重点，以严格落实为根本，切实做到三个完善：①完善竖井“通防”管理职责。根据“通防”工作需要和工作职责，使“通防”工作职责明确、任务明确、标准明确，杜绝了推诿扯皮现象，做到“通防”工作事事有标准、处处有人问、时时有人管。②完善“通防”隐患排查治理制度。构建月度排查、旬排查、周排查防控网络，并严细信息收集、发布、认领、落实、验收、考核、通报等“七个步骤”的管理，严格督导、严格落实。③促进通防科学化。依靠科技进步，落实资金投入，有力地夯实了竖井防灾抗灾基础，杜绝了重特大事故的发生

(2)竖井局部通风：①风机采用双风机，一备一用。②主、副风机要保持完好。③风机设专人管理，必须定时检查风机，如果有问题立即处理或向调度室汇报处理，不处理完不得进行其他工作。④任何人、任何情况下都不得擅自停、开风机，需要停风时必须制定停、送风安全措施。⑤无论任何原因竖井风机停止运转时，井筒内所有人员必须立即撤出竖井，并查找风机停风原因，及时处理。⑥严格风筒管理，风筒吊挂工应保证风筒接口严密、吊挂垂直、逢环必挂，发现破口及时修补，做到无漏风、无扭折等，达到质量标准要求。⑦各施班组保证风筒无破口、无摩擦、无挤压，并及时延接风筒，风筒出口到工作面的距离不得超过 5 m。

(3)竖井防火措施：①严禁携带易燃、易爆物品及火种入井。②机电设备定期检修，加强维护，并包机到人，保证设备完好，运转正常。③竖井内使用过的棉纱、油布等不准乱扔，必须回收处理，严禁将废油、剩油洒在竖井内。④任何人发现井筒火灾或看到大量的浓洇，并且闻到焦煳味、胶皮味时，要保持冷静，首先采取一切可能的方法直接灭火，把火灾消灭在萌芽状态，防止事态扩大，并迅速报告调度室；情况危急时，在场的安全员、班长、工长及时指挥人员升井。⑤机电设备发生火灾时，应先切断电源，然后进行灭火，在未切断电源前，只准使用干粉灭火器等不导电灭火器材灭火；严禁水浇灭火。⑥空气压缩机安装位置距竖井洞口不得小于 10 m。

(4)综合防尘：①放炮时坚持人工洒水；排矸时，也必须洒水，坚持湿式打眼，坚持使用水炮泥，放炮后对工作面洒水冲尘。②加强个体防护，施工人员必须佩戴防尘口罩、抗冲击护目镜。

12.3.8 竖井爆破安全

爆破作业应严格按照《爆破安全规程》(GB 6722—2014)执行。

(1)井筒放炮必须有专职放炮员负责，经过专门培训，合格后，并持证上岗。

(2)采用专用 220 V 电源，电源控制开关设置在距井口 15 m 以外的地点。放炮前必须由班组长清点人数。瞎炮处理：发现瞎炮，应首先查明原因，如果是联线问题引起的瞎炮，则重新

联线起爆，但此时接头应尽量靠近炮眼口。如果因孔内雷管损坏或其他原因引起瞎炮，应严格按照有关条款处理。

(3)为了防止雷管意外爆炸时引爆炸药，应分别把雷管和炸药放在专用袋或专用箱内。不得将雷管装在衣袋内，防止意外爆炸。为了防止散落、丢失、被盗，因此，爆破作业人员领到爆破材料后，应直接送到爆破作业地点，不得转给他人，禁止乱丢、乱放。

(4)从成束的电雷管中抽取单个的电雷管时，不得手拉脚线、硬拽管体，也不得手拉管体硬拽脚线，应将成束的电雷管顺好，拉住前端脚线将电雷管抽出。抽出单个电雷管后，必须将其脚线末端扭结成短路。装配引药必须在地面、避开电气设备和导电体的地点进行，以免爆破材料受到意外的冲击及导通杂散电流，使之早爆或发生意外事故。工作人员严禁坐在药箱上装配引药。引药的数量以一次放炮的炮眼数确定，不准多做。向药卷内装雷管只允许由药卷顶部装入。最后将电雷管脚线扭结在一起，形成短路，防止杂散电流导通。装配引药时，要避免电雷管受到震动或冲击，否则会引爆雷管。电雷管的脚线不能折断，脚线的绝缘层也不能被损坏，相反容易出现拒爆或早爆。

(5)爆破母线(电缆)与起爆电源连接之前，必须测量全线路的总电阻值。总电阻值应与实际计算值相符合(允许偏差 5%)。如不相符，禁止联线。导致爆破网路电阻值不准确的原因有：接头连接质量不好；网路线路接错或漏接雷管；裸露接头相互距离过近，搭线或接头与岩石和水接触造成短路等原因。如果采用上述方法仍未找出故障点时，可采用 1/2 淘汰法寻找。就是把整个爆破网路分为两部分，分别测出这两部分电阻，并与计算值比较，正常的网路部分甩开，不正常的网路部分，再分为两部分。按此法进行检测，不断缩小故障区范围，直到找出故障并加以排除为止。

(6)拒爆、盲爆的预防措施及处理方法：禁止使用不合格的爆破器材；不同类型、不同厂家、不同批的雷管不得混用；联线后检查整个线路，查看有无联错或漏联；装药前要认真清除炮孔内岩粉。处理方法：因联线不良、错联、漏联，要重新联线放炮。经检查确认起爆线路完好时，方可重新起爆；因其他原因造成的拒爆，则应在距拒爆至少 0.3 m 处重钻和拒爆炮眼平行的新炮眼，重新装药放炮；禁止将炮眼残底继续打眼加深，严禁用镐刨，或从炮眼中取出原放置的引药或从引药中拉出雷管；处理拒爆的炮眼爆破后，应详细检查并收集未爆炸的爆破材料予以销毁。

12.3.9　竖井提升设备

以提升系统方案设计、审查为安全工作重点。提升系统由卷扬机(一般采用 3 t、5 t、10 t 三种型号)、支撑、定滑轮、转向滑轮、钢丝绳、载人吊篮、载物吊盘等组成，目的是竖井施工时运送人员、材料及设备，大量施工作业须通过该平台完成，其安全生产重要性不言而喻。

(1)竖井提升系统安全措施：①提升系统方案应结合现场实际情况，对应不同施工部位单独审查提升系统方案设计，不得生搬硬套已有方案，切实做到科学、适用；提升系统的刚度及稳定性要经过回归分析；风水管路的布置与提升系统相结合；井口、载人吊篮、载物吊盘的防护必须严格审查和监督落实。②做好配重的设计工作。在竖井的扩挖过程中，提升系统垂直运输距离最大接近 570 m，如采用双线钢丝绳提升的方案，其稳定性虽能明显得到改善，但钢丝绳长度将超过 1 200 m，一般标准卷扬机卷筒难以容纳；如果采用单线钢丝绳提升吊篮(吊盘)，会导致吊篮水平向摇摆不定，极易出现安全事故，因此采用单线钢丝绳提升吊篮(吊盘)时要注意配重的设置，以确保吊篮(吊盘)的稳定。③为防止吊篮(吊盘)在上下过程中受到井壁锚杆的挂扯引起倾覆，在设计时应充分考虑锚杆与吊篮（吊盘）之间、吊篮（吊盘）与风水管路之间的间距。④为防止提升过限，拉倒井架（支撑），须在距井架（支撑）顶部 0.6 m、1.2 m 之处各安装限位器，并在卷扬机旁设电源开关，以备卷扬机失控时，直接关闭电源。⑤载人吊篮制作不仅要牢固，还必须在其顶部设置盖板，底部以钢板铺满，周边密封并要有安全绳系挂设计，以防掉物伤人及倾覆失稳伤害。⑥载物吊盘底部用钢筋网铺满，网格间距不大于 5 cm×5 cm，周边应设 1.2 m 高刚性护栏，吊点设计以吊盘稳定及施工方便为准，并不少于 4 个。⑦钢丝绳与人行通道应用护栏或安全通道分隔开，通过道路时，应设过路保护装置。⑧卷扬机与第一道转向滑轮之间间距不少于 20 倍卷扬机卷筒周长，两者间轴线应重合，以防止单侧扭矩过大，对钢丝与滑轮之间造成较大的摩擦损伤。⑨竖井井口、检修通道应用设置高于 1.2 m 的刚性护栏且全部封闭，护栏开门方向应背向井口位置，护栏底部设置不低于 30 cm 的防踢板，以防止井口人员意外坠落及高处坠物事故的发生。⑩在提升系统投入使用前，施工单位必须上报专项施工安全保证措施，卷扬设备必须经过具有相应资质的技术质量监督部门认证，提升系统必须经过荷载试验并验收取得安全许可证后方能投入使用。⑪确保提升系统运行正常，减少安全事故的意外因素。竖井施工中的提升系统运行是否正常是竖井施工中最大的意外安全因素之一，相关责任人要坚持日常检查，因此要对竖井施工中各设备的机械性能及工作原理要熟知，同时对操作工人的业务水平提出较高的要求：

(a)卷扬机操作手、空压机操作手等特种设备操作人员必须经过严格的培训、考试合格方可上岗作业。操作员必须熟练掌握机械构造性能及工作原理，相关安全知识和管理制度。(b)提升系统安装完成后，应上下荷载运行三四次以释放钢丝绳应力，防止运行过程中缠绕打卷。(c)在施工前，相关责任人要严格检查整个提升系统各组件的性能及强度，包括卷扬机的牵引力是否满足提升中的动态荷载要求，卷扬机制动是否灵活，机体固定是否牢固，钢丝绳是否具有足够的强度及无损伤，卷筒与钢丝绳、钢丝绳与载人吊篮、载物吊盘的连接是否牢固等等。这些环节必须明确责任人，每天检查，并填报设备运行记录、设备保养记录、设备检修记录，发现问题及时处理，未处理前禁止投入使用，如有大的变动应重新办理安全许可证。(d)在提升系统使用过程中，应注意吊篮须限员限载，并且严禁人、物混载，任何人不得跨越正在作业的卷扬钢丝绳，无关人员不得进入提升系统工作区间。(e)提升系统吊运重物需在空中停留时，除使用制动器外，并应用棘轮保险卡牢，休息时应将物件或吊篮降至地面。(f)吊盘作为工作平台或吊盘下方有人员施工时应将吊盘与井壁锚杆固定，确保吊盘的稳定，吊盘下方严禁人员滞留。(g)每班完毕后，必须将吊篮起吊到井口，然后将井口封堵好，断开卷扬机的开关电源，并将开关箱上锁，防止他人误操作，挂“严禁入内”等标示牌；施工人员必须在现场进行交接班，要向下班交代清楚当班的运行情况，双方应在交接班记录上签字。(h)严格遵守维护保养规程和润滑周期表，掌握设备的各项技术参数的正确设定和调整，运行中如遇电气故障、开关区域的工作必须由专业电工进行处理，处理故障时，必须先切断主开关电源。

(2)竖井内外通信顺畅安全措施：竖井施工时，空压机、卷扬机、吊篮（吊盘）均在不同的部位，卷扬机操作工、吊篮里的风钻工、空压机工三方互不相见，无法直接对话，完全依靠对讲机、电铃及事先约定好的信号实现相互间的联系，故在实际操作过程中有如下几点要求确保信息沟通的顺畅：①稳车工和风钻工要熟记约定信号，以免出现误操作而造成事故的发生。信号约定按铃响次数一般为：一停、二上、三下、四开风、五停风等。②电铃线要有一定的强度，以免在使用过程中折断，造成通信停止。各接头部位要做好绝缘。③如井下有信号传出，卷扬机操作工应先将正在运行的提升系统暂停运行，待清楚井下人员的具体意图后再行操作。④在卷扬机运行过程中，如发现钢丝绳异常绷紧或下降过程中失重时，要立即制动卷扬机，待了解实际情况后方可按约定继续工作。⑤溜渣井开挖时，吊篮起吊要每隔 10 m 左右停一下，再次听到吊篮里发出的电铃信号后方可继续执行。稳车工要认真在钢丝绳上做好前次打孔时吊篮所在位置的记号，放炮后，吊篮再次提到所做记号位置时要停下来，然后根据电铃信号逐步开到工作位置后，制动卷扬机并关闭其电源。⑥作业人员在吊篮(吊盘)里施工的过程中，卷扬机操作人员必须坚守岗位，不得离岗，需要离开时，必须将吊篮(吊盘)里人员撤离后方可离开。

12.3.10　应急避难措施

(1)在井筒施工期间领导小组成员 24 h 值班，各专业人员 24 h 值班，施工现场必须有值班汽车和司机待命。

(2)在吊盘上设置安全梯，安全梯的长度不少于 30 m。安全梯采用 ϕ22 mm 的钢筋焊接制作而成，距工作面的距离不得超过 2 m，在爆破前把安全梯拉起 20 m，防止被崩坏。

(3)在施工期间(非爆破时间)必须把安全梯设置在工作面固定在井壁上。

(4)井下正常供电出现故障或停电时，立即启动备用发电机，保证通风和排水，用安全吊笼将施工人员紧急升井。

(5)如果在施工期间突然出现涌水量大，所有人员必须先由安全梯爬至吊盘上面暂时躲避，并立即向项目部报告。

(6)项目部在接到突水报告后，立即安排提升系统全力以赴进行组织人员升井。

12.4　瓦斯隧道施工

12.4.1　通风管理制度

(1)项目成立高瓦斯隧道通风管理，项目部指定专职管理人员负责通风管理，并承担不良后果的责任。通风管理组人员应掌握瓦斯隧道通风相关业务基本知识，且经过培训考试合格后方能上岗，如不具备条件应委托专业通风队伍或聘请专业技术人员进行指导。

(2)班组按照公司批准的通风方案实施隧道通风。

(3)隧道施工通风设备管理要求：①通风设备必须严格按照批准的专项通风方案进行配置和安装。②通风设备必须经过监理验收合格后方可投入正常运行，运行期间应加强巡视及维护工作，保证通风系统正常运行。③通风机必须设置两路电源并装设风电闭锁装置。停电后，须在 10 min 内启动备用电源，实行 24 h 不间断通风。④如备用电源采用柴油发电机时，其功率必须满足风机正常工作需要，燃油必须配备 1 d 以上的使用量。加强日常发电机的维修保养，确保随时能正常使用。⑤必须采用抗静电、阻燃且百米漏风率不大于 1%的螺旋焊接风管。风管必须按照设备进行管理，定期进行检查维修。⑥局扇及射流风机的安装方法和位置应在通风方案中明确。⑦高瓦斯工区正洞采用双风机、双风管通风技术，辅助坑道有条件时也应采用双风机、双风管通风技术。备用风管至少接至二次衬砌台车前端。

(4)停风后的处理要求：①立即停工、断电、撤离洞内所有作业人员。②启用备用电源或备用风机，在 10 min 内恢复洞内通风。③长时间未能恢复通风，如停风区中瓦斯浓度不超过 1%时，并在通风机及其开关地点附近 20 m 以内风流中的瓦斯浓度均不超过 0.5%时，方可人工开动通风机；如停风区中瓦斯浓度超过 1%但不超过 3%时，经采取安全措施后，控制风流排放瓦斯后恢复正常通风;如停风区中瓦斯浓度超过3%时,必须及时制定安全排放瓦斯措施,经审核批准后,控制风流排放瓦斯后恢复正常通风。

(5)通风系统的定期检查:①项目部应邀请监理单位每周组织对通风系统进行集中检查,通风管理组每天对通风系统作例行检查。②通风系统运行正常后,每10 d进行一次全面测风,通风系统调整期间加密测量,并做好记录。③每10 d在风管进出口测量一次风速、风压,并计算漏风率,风管百米漏风率不应大于1%,对风筒的漏风点及时修补,控制通风系统总漏风率。

(6)建立通风系统运行管理档案。档案包括各种检查记录、测风记录等。

(7)严格执行停风报批制度:因通风系统检修及其他原因需要主要通风机停止运转,必须提前提出申请,逐级上报,根据停风时间长短由项目部和监理单位审批后方可实施。①停风时间在30 min以内的,由作业队报项目部总工审核同意后,再报副总监(或分站长)审核批准后方可停风。②停风时间超过30 min的,由作业队报项目部总工审核同意后,再报总监(或副总监)审核批准后方可停风。③恢复通风按照第(4)条执行。

(8)风机运行实行施工、监理单位双锁双控管理,设置专用电表,每月施工、监理共同抄表核查。

(9)通风系统如采用巷道式通风,必须实现各掌子面独立通风,杜绝串联通风、循环风。

12.4.2 机械设备管理

高瓦斯工区必须采用安全防爆型设备,选择有资质的单位进行设备防爆改装。作业机械及电气设备(挖装、运输、喷锚设备、临电、机具、通风、瓦斯检测等),高瓦斯工区使用防爆型,低瓦斯工区使用非防爆型。

(1)电气设备管理措施:洞内电气设备全部采用防爆型。并做到"三专""两闭锁",即专用变压器、专用开关、专用供电线路和瓦斯浓度超标时与供电的闭锁、局扇通风与供电的闭锁,以保证瓦斯隧道安全施工。当电网停电时,自备发电机能立即启动供电,从而保证隧道外的风机、隧道内的抽水及部分生产照明用电。

(2)施工机具管理措施:①通信工具管理。在掌子面、洞口及值班室设置防爆电缆,安装防爆应急电话。日常洞内通信配备防爆对讲机。②二次衬砌台车管理。二次衬砌台车电机等设备采用防爆型,并在二次衬砌台车两端(瓦斯易集聚处)设置局扇防止瓦斯积聚。③出渣管理。出渣前,为防止岩石、设备之间产生摩擦碰撞火花,对隧道石渣进行洒水润湿后再出渣。

12.4.3 地质预报管理

(1)对瓦斯突出危险地段,设计单位派相关专业技术人员现场旁站钻探,并对瓦斯浓度、压力、涌出量及其他不良和特殊地质等做好记录。

(2)项目部应成立专门超前地质预报管理机构,负责协调、配合预报单位开展超前地质预报工作。

(3)超前地质预报工作人员必须服从现场管理人员的指挥。钻孔作业必须征得现场管理人员的同意后方可进行。

(4)超前地质预报钻孔过程中,现场必须有瓦检员、安全员现场跟班作业,瓦检员做好现场瓦斯浓度的检测和预警工作。

(5)超前钻孔施工过程中,遇有毒有害气体涌出、突水突泥等异常情况,或作业面中瓦斯浓度达到 0.5%，必须立即停止施钻，不得退出钻杆，并按程序通知相关单位研究处理。

(6)超前钻孔必须采用湿式钻孔，严禁干钻，施工过程中专职瓦检员必须随时检查孔内瓦斯情况，发现异常及时记录、汇报、处理。

(7)超前钻孔有穿越煤层情况，必须详细记录见煤距离、煤层厚度、瓦斯浓度等。

(8)对于需要穿越煤层及采空区的地段，应采用地质调查法形成全洞洞身地质素描，隧道洞身周边 20 m 范围内有煤矿采空区的，应形成煤矿采空区与洞身位置关系图。

(9)凡未按批准的方案实施超前地质预报或地质预报揭示的风险处理措施未实施到位前，掌子面不得掘进。

12.4.4　爆破安全管理

(1)项目部成立高瓦斯隧道施工爆破管理组，设置专人负责爆破作业管理。

(2)爆破作业采用湿式钻孔，采用控制爆破技术。其余工法按照批准的施工组织设计(方案)实施。

(3)瓦斯段的爆破作业必须采用煤矿许用炸药，有瓦斯突出地段，必须使用安全等级不低于三级的煤矿许用含水炸药。必须使用煤矿许用瞬发电雷管或煤矿许用毫秒延期电雷管。使用煤矿许用毫秒延期电雷管时，最后一段的延期时间不得超过 130 ms。不同厂家生产的或不同品种的电雷管，不得掺混使用。不得使用导爆管或普通导爆索，严禁使用火雷管。

(4)爆破物品安装规定：①装药前，炮眼内煤、岩粉应清除干净。再用木质或竹质炮棍将药卷轻轻推入，不得冲撞或捣实。炮眼内的各药卷必须彼此密接。②电雷管必须由药卷的顶部装入，不得用电雷管代替竹、木棍扎眼；电雷管必须全部插入药卷内，严禁将电雷管斜插在药卷的中部或捆在药卷上。③在岩层爆破内爆破，炮眼深度为 0.9 m 以下时，装药长度不得大于炮眼深度的 1/2；炮眼深度为 0.9 m 以上时，孔口炮泥长度不得少于 20 cm。在煤层内爆破，装药长度不得大于炮眼深度的 1/2。所有炮眼的剩余部分均应用炮泥堵塞。④炮泥应用水炮泥。水炮泥外剩余的炮眼部分，应用黏土填满封实，严禁用煤粉、块状材料或其他可燃材料作炮泥。⑤炮眼封泥不足或不严的，不得进行爆破。

(5)应采用毫秒爆破、正向起爆，一次起爆。爆破必须使用电力起爆，原则上在洞外起爆。

(6)隧道内电雷管和炸药必须分开运送，若采用车辆运输，行驶速度不得大于 7 km/h。装有爆炸材料的车辆不得同时运送其他物品或工具。电雷管必须采用专用防爆箱运输。爆炸材料工地运输应严格执行《民用爆炸物品安全管理条例》(国务院令第 466 号)等有关规定。

(7)洞内爆破管理应严格执行“一炮三检制”(装药前、爆破前、爆破后都必须检查爆破地点附近的瓦斯，当瓦斯浓度超过 0.5%，不准爆破)和“三人连锁放炮制”(班组长或安全员、瓦检员、爆破员三人分别对爆破地点进行检查，班组长或安全员检查爆破地点达到爆破条件后告知瓦检员检查爆破地点瓦斯浓度，合格后告知爆破员进行爆破作业)。

(8)高瓦斯隧道洞内爆破条件应符合下列要求：①爆破地点 20 m 范围内，洞内回风流中瓦斯浓度必须小于 0.5%。②爆破地点 20 m 范围内，施工车辆、材料以及煤渣等物体阻塞开挖断面面积不得大于 1/3。③爆破点通风应风量足，风向稳，局扇无循环风。

(9)爆破员必须经过专业培训，取得爆破合格证，持证上岗。

(10)爆破母线和连接线应符合下列要求：①爆破母线和连接线、电雷管脚线和连接线、脚线和脚线之间的接头必须相互扭紧并悬挂，不得与金属管、金属网、台车等导电体相接触。②隧道掘进时，爆破母线应随用随挂。不得使用固定爆破母线，特殊情况下，在采取安全措施后，可不受此限。③爆破母线与电缆、电线、信号线应分别挂在巷道的两侧。如果必须挂在同一侧，爆破母线必须挂在电缆的下方，并应保持 0.3 m 以上的距离。④只准采用绝缘母线单回路爆破，严禁用金属管、金属网、水或大地等当作回路。⑤爆破前，爆破母线必须扭结成短路。⑥禁止使用明接头裸露的放炮母线。

(11)每次爆破作业前，爆破工必须做电爆网路全电阻检查。严禁用起爆器打火放电检测电爆网路是否导通。起爆器必须统一管理、发放。必须定期校验起爆器的各项性能参数，并进行防爆性能检查，不符合规定的严禁使用。

(12)爆破后，待工作面的炮烟吹散(通风时间不少于 15 min)，爆破工、瓦检员、安全员、班组长必须首先巡视爆破地点，检查通风、瓦斯、煤尘、拒爆、残爆等情况。如有危险情况，必须立即处理。在瓦斯浓度小于 0.5%，二氧化碳浓度小于 1.5%，并解除警戒后，作业人员方可进入开挖工作面作业。

(13)爆破后，爆破地点附近 20 m 的范围内，必须洒水降尘。

12.4.5 防火防爆管理

(1)高瓦斯隧道所需防火、防爆机械设备等，按照批准的施工组织设计(方案)的要求、标准采购，并建档管理。进场时，应报监理单位组织检查验收。

(2)隧道防火、防爆设备安装完成后，由项目部组织相关部门并邀请监理单位共同进行验收，未经监理单位检查验收合格的仪器设备不得投入使用。

(3)项目部邀请监理单位每月共同组织一次对防火、防爆设备的专项检查；同时应每周组织一次对洞内施工使用的防火、防爆设备全面安全检查；班组应每天对防火、防爆设备进行巡视检查。

(4)建立洞内火源综合卡控制度：①严格执行高瓦斯隧道进洞管理制度，严格控制火源进入洞内。②严格执行爆破安全管理制度，杜绝爆破火源。③机动车辆和施工机械隧道内车辆限速 15 km/h，以降低撞击或擦刮产生火花概率。④电缆电线连接必须采用防爆接线盒，不得使用破皮电缆。⑤防止静电火花，洞内使用的高分子材料(如塑料、橡胶、树脂)制品，其表面电阻应低于其安全限定值。⑥为防止产生撞击火花，装渣前必须将石渣洒水湿润。⑦掌子面找顶排险时，加强通风，瓦检员现场值守。⑧原则上不允许洞内电焊、气焊作业；特殊的、不可避免的焊接，按照"高瓦斯隧道特殊工序管理制度"执行。⑨各类机械设备、电气设备维修保养过程中使用的汽油、煤油、变压器油等作业，按照"高瓦斯隧道特殊工序管理制度"执行。洞内使用的棉纱、布头、润滑油等必须存放在有盖的铁桶内并隔离，严禁乱扔乱放或抛在隧道内，并应及时清运出洞。⑩加强安全用电管理，按规定频率对各种用电设施进行检查；隧道洞口、通风机附近 20 m 范围内不得有火源；隧道洞口附近设置避雷系统。

(5)防爆机械设备、电气设备的管理：①高瓦斯隧道洞内必须采用防爆的电气设备和机械设备。②严禁以汽油发动机为动力的车辆进洞。

(6)洞内设置消防管路，每 100 m 设置消防水阀。

12.4.6 工艺安全措施

(1)瓦斯隧道施工必须编制相应施工组织设计，制定瓦斯控制方案及安全技术措施。

(2)要采用台阶法开挖，拱部开挖一次成形，及时喷混凝土封闭围岩减少瓦斯溢出。开挖时采用控制爆破，减少岩面坑洼不平造成局部瓦斯积聚。

(3)钻爆开挖要坚持多打眼、少装药、短进尺,快喷锚、强支护、勤检测,采用超前注浆锚杆双液注浆,加固岩体堵塞岩体裂隙,减少或阻止瓦斯外溢。

(4)钻孔装药:采用煤电钻打眼,孔深小于 60 cm 时,不能装药放炮;孔深 60～100 cm 时,封泥不小于孔深一半;孔深大于 1 m 时,封泥不小于 50 cm;孔深大于 2.5 m 时,封泥不小于 1 m。

(5)起爆:①要采用电力起爆,使用煤矿许用电雷管,电雷管要完全插入药卷内,瞬发雷管和毫秒延时雷管不得在同一网络使用。②起爆母线要用铜芯绝缘线,严禁用裸线和铝线芯代替,母线要采用单回路。③起爆器要在洞口 20 m 处,放炮时洞内要停电。④同一串联网络的雷管必须是同一厂家、同一批号、同一牌号。⑤最后一段雷管的延续时间不得超过 130 ms。

(6)雷管和炸药:必须使用取得生产许可证的煤矿专用雷管和煤矿专用炸药。炸药内加盐可降低猛力,阻止产生火花。

(7)爆破管理:①瓦斯隧道爆破作业时,放炮员、班组长、瓦斯检查员都必须在现场执行"一炮三检制"和"三人连锁放炮制"。"一炮三检制"是:装药前、爆破前、爆破后要认真检查爆破地点附近 20 m 范围内的瓦斯,瓦斯超过 0.3%,不准爆破。"三人连锁放炮制"是:爆破前,放炮员将警戒牌交给班组长,由班组长派人警戒,并检查顶板与支架情况,将自己携带的放炮命令牌交给瓦斯检查员,瓦斯检查员经检查瓦斯煤尘合格后,将自己携带的放炮牌交给放炮员,放炮员发出爆破口哨进行爆破,爆破后三牌各归原主。爆破前后雷管、炸药数量要及时清点,及时回收入库或交回,并做好爆破记录。②放炮后必须通风排烟 15 min 以上,由炮工先检查放炮现场,没有危险后其他人员再进入作业现场,进行渣堆路面洒(喷)水后,出渣机械再进行出渣作业。③打眼、装药、封泥和放炮都必须符合瓦斯防爆的有关规定,严禁采用明火放炮。

(8)采用湿式作业:钻孔与喷射混凝土作业要做到先开水后开风,以密闭粉尘,避免产生火花。

(9)拱架连接:所有格栅和型钢拱架连接钢筋一律采用机械连接,不得焊接连接。

(10)二次衬砌混凝土:①加入气密剂(如 NF-B 型气密剂),增强衬砌混凝土的气密性。②二次衬砌混凝土施工作业应斜向振捣,不要垂直方向振捣。③二次衬砌混凝土拆模时要用木榔敲打,防止产生火花。

(11)瓦斯隧道钻爆技术规范:①瓦斯工区钻孔应符合下列规定:(a)开挖工作面附近 20 m 风流中瓦斯浓度必须小于 0.3%。(b)必须采用湿式钻孔。(c)炮眼深度不应小于 0.6 m。②瓦斯工区装药与爆破作业应符合下列规定:(a)爆破地点 20 m 内,风流中瓦斯浓度必须小于 0.3%。(b)爆破地点 20 m 内,车辆、碎石、煤渣、等物体阻塞开挖断面不得大于 1/3。(c)通风应风量足,风向稳,局扇无循环风。(d)炮眼内煤、岩粉应清除干净。(e)炮眼封泥不足或不严不应进行爆破。③瓦斯工区的爆破作业必须采用煤矿许用炸药,有突出地段安全等级不低于三级的煤矿许用的含水炸药。④瓦斯工区必须采用电力起爆,并使用煤矿许用电雷管。严禁使用秒或半秒级电雷管。使用煤矿许用毫秒延期电雷管时,最后一段的延期时间不得大于 130 ms。⑤瓦斯工区采用电雷管起爆时,严禁反向装药。采用正向连续装药结构时,雷管以外不得装药卷。在岩层内爆破,炮眼深度不足 0.9 m 时,装药长度不得大于炮眼深度 1/2;炮眼深度为 0.9 m 以上时,装药长度不得大于炮眼深度的 2/3。在煤层中爆破,装药长度不得大于炮眼深度的 1/2。所有炮眼的剩余部分应用炮泥封堵。炮泥应用水炮泥和钻土泡泥。水炮泥外剩余的炮眼部分应用黏土炮泥填满封实。严禁用煤粉、块状材料或其他可燃性材料作炮泥。⑥爆破网络和连线,必须符合下列要求:(a)必须采用串联连接方式。线路所有联结接头应相互扭紧,明线部分应包裹绝缘层并悬空。(b)母线与电缆、电线、信号线应分别挂在巷道的两侧，若必须在同一侧时，母线必须挂在电缆下方，并应保持0.3 m以上间距。(c)母线应采用具有良好绝缘性和柔软性的铜芯电缆，并随用随挂，严禁将其固定。母线的长度必须大于规定的爆破安全距离。(d)必须采用绝缘母线单回路爆破。(e)严禁将瞬发电雷管与毫秒电雷管在同一串联网路中使用。⑦电力起爆必须使用防爆型起爆器作为起爆源，一个开挖工作面不得同时使用两台及以上起爆器起爆。⑧在低瓦斯工区和高瓦斯工区进行爆破作业时，爆破15 min后应巡视爆破地点，检查通风、瓦斯、煤尘、瞎炮、残炮等情况，遇有危险必须立即处理。在瓦斯浓度小于0.3%，二氧化碳浓度小于1.5%，解除警戒后，工作人员方可进入开挖工作面工作。

12.4.7 通风安全措施

(1)以某高瓦斯隧道为例，风机均采用2台，一台工作，一台备用。施工期间采用压入式通风，风管均采用抗静电、阻燃的风筒。考虑一定富裕系数，提前做好通风设计计算，确定施工通风风量、风速(不小于1 m/s)，科学选配隧道施工通风所需风机、风管的性能和规格。确保隧道空气中的瓦斯浓度稀释到允许浓度以下。

(2)瓦斯隧道施工通风设计计算选配通风机械设备要考虑设备故障因素，配备足够的备用设备，防止设备故障造成洞内瓦斯积聚与超限。

(3)要选用阻燃型防静电螺旋风管，风机距洞口至少30 m布设。

(4)施工过程中加强瓦斯隧道施工通风管理，对通风机械设备、通风管路要做到经常性维护保养和检查，降低通风系统的故障率、减少通风管路的漏风量，确保施工通风系统正常和通风效果。

(5)瓦斯隧道施工通风机必须设两路供电系统，并装设风电闭锁装置。当一路电源停止供电时，另一路电源应在10 min内启动，备用风机必须能在10 min内启动。注意保证施工通风供电线路的维护、管理和检修，必须配置自发电及备用供电系统，避免因停电或供电线路故障时造成洞内瓦斯积聚或超限。

(6)按瓦斯绝对涌出量计算风量时，对于低瓦斯工区，应将洞内各处的瓦斯浓度稀释到0.3%以下；对于高瓦斯工区和瓦斯突出工区，其长度较大的独头坑道，应将开挖工作面风流中的瓦斯浓度稀释到0.3%以下；平行导坑仅作巷道式通风的回风道时，其瓦斯浓度应小于0.3%。

(7)瓦斯隧道施工中防止瓦斯积聚的风速不宜小于1 m/s。

(8)瓦斯隧道施工中，对瓦斯易于积聚的空间和衬砌模板台车附近区域，可采用空气引射器、气动风机等设备，实施局部通风的方法，消除瓦斯积聚。

(9)瓦斯隧道在施工期间，应实施连续通风。因检修、停电等原因停风时，必须撤出人员，切断电源。恢复通风前，必须检查瓦斯浓度。当停风区中瓦斯浓度不超过0.3%，并在压入式局部通风机及其开关地点附近10 m以内风流中的瓦斯浓度均不超过0.3%时，方可人工开动局部通风机。当停风区中瓦斯浓度超过0.3%时，必须制定排除瓦斯的安全措施。回风系统内还必须停电撤人。只有经检查证实停风区中瓦斯浓度不超过0.3%时，方可人工恢复局部通风机供风的坑道中一切电气设备的供电。

(10)工作面若采用局扇通风，由于局扇或供电故障造成局扇停风时，在恢复局扇通风前，必须检查瓦斯浓度，证实爆破工作面附近20 m范围内的瓦斯浓度不超过0.3%，且局扇及其开关附近10 m风流中，瓦斯浓度不超过0.5%时，方可启动局扇通风。否则，必须先采取相应排除瓦斯的安全措施。

(11)因工序衔接、施工组织等临时停工的施工地点不得停风，不得在停风或瓦斯超限的区域进行机械施工作业。

(12)对施工通风系统或通风设施等出现异常时，如通风风筒脱节或破坏等，必须及时组织修复，尽快恢复正常通风。

(13)发生瓦斯涌出、喷出的异常状况时，必须及时采取措施，首先考虑杜绝一切可能产生火源、断电、加强通风，同时尽快撤出施工人员，对隧道进行警戒，进一步研究考虑采取抽排瓦斯的具体安全措施。

(14)瓦斯隧道应采用抗静电、阻燃的风管。风管口到开挖工作面的距离应小于 5 m，风管百米漏风率不应大于 1%。

12.4.8　瓦检安全措施

(1)对瓦斯隧道施工必须制订并实施相应的瓦斯检测等制度(如一炮三检制、三人连锁爆破制等)。

(2)隧道内一般地段瓦斯浓度不宜超过 0.3%，否则应加强通风和检测；在隧道开挖工作面风流中，瓦斯浓度不得超过 0.3%，当检查结果超过此浓度时，应停止钻眼放炮；当浓度超过 0.3%时，应停止施工，撤出人员，切断电源，停止电动机运转或开启电器开关，待采取措施处理后进行再次检查，确认安全后方可施工。

(3)要指派 3 名专职瓦斯检测员，实行“三班制”24 h 不间断巡查检测。检测频率每小时检查一次，瓦斯浓度的测定应在隧道风流的上部。

(4)低瓦斯隧道要配置便携式瓦斯检测仪；高瓦斯隧道或可能瓦斯突出的隧道还要配置高浓度瓦斯检测仪和瓦斯自动检测报警断电装置。

(5)对瓦斯检测仪器、装置要经常性检查和校准，确保其精准和有效性。

(6)加强对洞内死角，尤其是隧道上部、坍塌洞穴、避人(车)洞等各个凹陷处通风不良、瓦斯易积聚的地点，严格进行浓度检测，如瓦斯浓度超过 0.3%以上时，应立即采取局部加强通风措施进行处理。

(7)瓦斯检查人员要做好检查瓦斯的详细记录，每工班要进行交接签字手续，瓦斯检测员、技术员、施工员(工班长)接班时要查阅上班的检测记录，并向项目部安全专管部门汇报。

(8)隧道运营期间瓦斯检测断面的位置，应根据施工期间的瓦斯涌出情况确定。施工期间有瓦斯涌出地段，每 50～100 m 设置一处，其他地段视具体情况确定。人工检测点或自动检测探头应位于隧道断面中部拱顶下 25 cm 处。自动检测时，检测系统应能抗强电磁干扰，探头的安装结构应便于定时检查维修。

(9)每天的瓦斯检测记录交项目部安质部，由安质部专职工程师进行数理统计和分析，提前掌握洞内瓦斯溢出的发展动态，发现有异常现象，及时向项目总工程师、项目经理提出采取措施处理的建议。

(10)总工程师定期应审阅通风瓦斯日报表，进洞时必须携带瓦斯检查仪进行瓦斯检查。

(11)根据洞内瓦斯涌出或溢出情况，可考虑安装设置自动量测警报系统。

12.4.9　瓦斯积聚处理措施

所谓瓦斯积聚是指局部瓦斯浓度达到 0.5%，体积超过 0.5 m^3 的现象。

(1)易于积存瓦斯的地点有：工作面上隅角、顶板冒落的空洞内、低风速的顶板附近、停风的盲巷、坑洞、采空区边界处、台车附近、坑道、综合洞室、下锚段等。及时处理局部积存的瓦斯，是日常瓦斯管理的重要内容，也是预防瓦斯爆炸事故、保证安全生产的关键工作。

(2)加强通风：是防止瓦斯积聚的主要措施，合理选择最佳的通风系统，加强通风管理，做到有效、稳定和连续不断，才能将涌出的瓦斯及时冲淡排出，使工作面和隧道的瓦斯浓度符合规定要求。通常采用的主要方法是：向瓦斯积存地点加大供风量或提高风速，将瓦斯冲淡排出；将盲巷和顶板空洞内积存的瓦斯封闭隔绝；必要时应采取抽放的措施。

(3)防坍方：有许多隧道瓦斯事故都是由于隧道坍方造成瓦斯积聚，在处理坍方过程中引起的。因此，防止坍方是防瓦斯积聚的首要任务。防止坍方主要措施：短进尺、弱爆破、强支护、早封闭、勤量测、衬砌紧跟。

12.4.10 煤与瓦斯突出处理措施

预防瓦斯突出可采用“探、排、引、堵”的安全技术措施，具体如下：

(1)超前探明地质结构。瓦斯隧道施工，在掘进工作面前方和两侧钻孔，探明是否存在含有大量瓦斯的断层、裂隙和溶洞，以及它们的位置、范围和瓦斯情况。

(2)排放瓦斯。在探明地质构造后，若断层、裂隙范围不大，溶洞容积较小，或瓦斯不多时，则让其自然排放，若范围较大或瓦斯较多时，喷出持续时间可能较长，就不能让其自然排放，应将钻孔封堵，接入抽放瓦斯管理进行抽放。

(3)将瓦斯引至回风流，排出洞外。若喷出瓦斯的裂隙范围小和瓦斯量不大时，可用金属罩或帆布罩将喷瓦斯的裂隙盖住，然后在罩上接风筒或管子将瓦斯引至回风流排出洞外。

(4)封堵裂隙。喷瓦斯的裂隙较小，瓦斯量较少时，可用黄泥或其他材料封堵裂隙，阻止瓦斯的喷出。

(5)对有瓦斯喷出可能的隧道地段，应适当加大施工通风量，保证瓦斯不超限。

(6)对开挖工作面进行超前地质预测预报工作。按设计文件规定打超前探孔和检查孔，预测和判定瓦斯突出的危险性，以便采取相应措施。通过超前地质钻孔探测，量测记录钻孔取芯溢出气体浓度压力及成分，确定可能溢出的瓦斯气体成分和含量。

(7)在超前探测孔钻进过程中，可能会有瓦斯突出发生，且探孔直径越大，引发瓦斯突出的概率越大，故应做好防瓦斯突出的应急救援准备措施。超前探测距掌子面一般不小于 20 m，探测孔一般不少于 5 个，孔径介于 100～200 mm 之间为宜。

12.5 TBM 掘进施工

12.5.1 岩爆灾害

(1)致灾风险危害：通常情况下，隧道围岩以花岗岩、石灰岩等完整性好的硬质岩石为主，且埋深超过 300 m，地下水贫乏，可能存在区域构造应力或高地应力时，施工过程中易诱发岩爆事故，岩爆直接威胁到施工人员的人身安全以及 TBM 设备安全，导致 TBM 施工掘进速度降低，初期支护难度、工程量、时间、成本大幅度增加，所以，岩爆洞段掘进是重难点。

(2)风险控制对策：

①TBM 工法本身是防治岩爆非常有效的手段。由于采用机械掘进开挖，对围岩的扰动非常小，同时，开挖面为圆形，而且开挖轮廓非常圆顺，不易产生应力集中现象，这两方面因素本身对减少岩爆的发生和降低岩爆的发生等级非常有效。

②在岩爆段施工坚持“防治结合”的原则，根据施工中岩爆的不同级别分别采取不同的施工方法和措施进行预防和处理，主要应对措施有：(a)根据地质资料，加强设备的能力储备，主要提高设备的扭矩、推力，尽量减少刀盘外露面积，减少盾体长度，刀盘配置扩挖功能。(b)采取向岩面喷水、喷雾或深孔注水办法，降低表面脆性或降低岩石硬度。TBM 掘进期采用改善围岩物理性能(高压喷雾洒水卸压法、钻孔卸压法)、改善围岩应力条件、及时加固围岩等措施进行岩爆防治。(c)采用涨壳式预应力锚杆、钢纤维混凝土等新材料、新工艺，防止或者减弱岩爆发生及其造成的影响。(d)对 TBM 后配套采取搭设防护棚等措施进行防护，确保人员及设备安全。(e)对于中等～较弱的岩爆，及时喷锚网支护，减少围岩暴露时间，减少岩片剥落造成的安全隐患。(f)针对强岩爆地段，采用 TBM 自带的超前钻机钻孔，对开挖面周边进行弱爆破以超前释放部分地应力，然后 TBM 掘进通过。(g)必要时采取加密拱架间距、加大拱架型号、加密锚杆间距等参数，加强支护强度。(h)从设备选型上针对岩爆段对 TBM 进行针对性设计。岩爆发生破坏部位如图 12-3 所示。

(a) 涨壳式预应力锚杆　(b) 拱肩部位　(c) 拱腰部位　(d) 拱顶部位

图 12-3　岩爆发生破坏部位

12.5.2　突水涌泥

(1)致灾风险危害：若隧道围岩断层、褶皱等构造发育，局部岩体节理裂隙发育，地下水有良好运移通道，即使断裂带为压性断裂，但是局部破碎松散部位地下水也有储存空间和良好的运移通道，TBM 掘进过程中可能产生涌水、突泥问题。当 TBM 掘进过程中突然遭遇涌水、突泥时，地下水直接冲淋或浸泡设备，损坏设备器件，影响正常的掘进施工，甚至会威胁设备和人员的安全，制约 TBM 掘进速度。因此，突泥涌水洞段掘进是重难点。

(2)风险控制对策：①坚持“预防为主，防治结合”“有疑必探，先探后掘”的方针，采取“探、放、堵、截、排”综合措施。②时间上尽量选择在旱季施工，优化施工顺序。③结合详勘资料，采用超前地质预报与超前钻探等方法。探明掌握掌子面前方地下水的里程、赋存形式、水量、水压、水力联系等信息，采取有针对性的技术措施。④对预报有突水突泥危险的洞段预处理，遵循按“以堵为主，排堵结合，综合防治”的原则。⑤采用钻超前排水孔排水、帷幕注浆固结堵水和超前预支护，防止该段涌水突泥，提高洞室的稳定性。⑥在预估有大量含水溶洞或松软填充溶洞时，减小掘进进尺，精细控制掘进参数，加强出渣量监测及渣料分析，提前采取措施，对大型溶洞松软填充溶洞须采取掌子面导洞预处理，必要时增设绕洞预处理。⑦加强衬砌防排水施工，通过设置环向排水盲管、环向半圆排水管、增设横向排水管、加强防水板施工等措施加强衬砌背后的防排水。⑧加强支护，混凝土中应加入防水剂提高其抗渗性，加强二次衬砌混凝土板与板之间环向施工缝防水工艺。突水涌泥地层施工如图 12-4 所示。

12.5.3　高寒环境

(1)致灾风险危害：高寒高海拔地区隧道，每年有一半以上的时间需要进行冬季施工。因

（a）突水涌泥　　（b）加强初期支护　　（c）注浆支护

图 12-4　突水涌泥地层施工

而极易发生冻胀、热融沉陷、融冻滑坍等不良地质现象；寒冷会导致隧道衬砌背后排水管、排水沟、检查井冻结，使隧道围岩、衬砌结构胀裂、路面结冰等冻害。给隧道工程施工和运营带来很大危害。因此，做好隧洞洞口段、皮带机、给排水管路、混凝土罐等施工保温，做好场外路面积雪清扫和防滑措施，加强运输车辆运行管理等，是隧洞施工的重点。

(2)冬季施工风险控制对策：结合隧道处地质环境，确保隧道在高寒地区照常施工，拌和站采取保温措施，对料仓及拌和楼采取全封闭措施，大棚外围用 10 cm 厚 PU 板，在拌和站附近安装锅炉，布设 4 台暖风炉冬季供暖，拌和楼用水采用锅炉加热，完成暖棚搭设，供热锅炉、管道的安装调试工作，确保棚内温度达到 9 ℃以上。①料仓保温：大棚内料仓底部铺设地暖，在料场每个料仓布设循环热水供暖。实时测定地面料堆温度并将其控制在 9 ℃左右，必要时结合热鼓风机和棚内加热提高砂石料温度。②混凝土运输：罐车外包裹棉被，并尽量缩短运输时间，缩短混凝土在罐车内的存放时间。减少一切中途和现场停留时间，最大限度减少混凝土热量损失。③混凝土养护：隧道洞门挂设防寒棉帘，车辆进出时打开，其他时间封闭保温。混凝土浇筑完毕后派专人进行环境温度测量，要求环境温度不得低于 5 ℃。④中导洞设计有保温门段，做好洞口保温措施，减少洞内热量的散失，确保环境温度。⑤提前做好洞内供水管道的保温措施。⑥做好机械设备的防寒措施。⑦制订生活区冬季防寒、保温方案。

12.5.4　软岩大变形

(1)致灾风险危害：隧道围岩地层岩性为软岩时，岩石风化不均，风化层厚度变化大，且这些段落埋深较大，岩质属较硬—较软岩，加之区内可能存在高地应力现象，因此隧道深部软质岩存在大变形的可能。软岩挤压变形会导致 TBM 施工支护断面难以保证，支护工作量增大，进尺缓慢，成洞断面变形严重并存在安全隐患。因此，围岩大变形洞段掘进是重难点。

(2)风险控制对策：①施工严格遵循“管超前，严注浆，短进尺，少扰动，强支护，早封闭，勤量测，速反馈”的原则。②加强超前地质预报，通过超前水平钻孔、地应力测试等超前预测预报手段建立大变形时空预测系统。采用 TSP、地质雷达等超前地质预报手段进行长短距离相结合探测，配合超前地质钻孔，及时地质情况，保证技术方案的针对性、合理性。③根据超前地质预报、皮带机上渣料成分、粒径大小、形状等地质情况合理匹配 TBM 掘进参数，减少对围岩的扰动。④锚杆钻机应具备伞钻功能，具备打超前应力释放孔的能力。锚杆钻机应具备钻杆自动接杆的能力，能实施预应力深锚杆或预应力深锚索。⑤增大初期支护预留变形量，要求刀盘应具有直径方向不小于 100 mm 的扩挖功能，前下支撑应具有垂直抬升不小于 100 mm 的功能。⑥采用钢板、注浆、喷混等对撑靴处进行预加固。⑦加强超前预支护及初期支护。采用锚、注、喷一体化围岩加固—支护系统，设底部横撑或临时仰拱，提高隧道抗挤压，抗变形的强度。严格按设计与施工规范进行施工。⑧支护采用先柔后刚，先放后抗原则，使初期支护能适应大变形的特点。⑨加强衬砌施工支护措施，以确保隧洞成型质量。⑩施工通过后，应做好安全监测，根据监控量测结果，对变形超标洞段进行加固或置换；在确保安全的情况下，用于指导和修正支护参数。TBM 撑靴部位软岩预加固如图 12-5 所示。

（a）软岩变形　（b）拱架加固　（c）底部横撑　（d）钢板封闭

图 12-5　TBM 撑靴部位软岩预加固

12.5.5　断层破碎带

（1）致灾风险危害：TBM 在断层破碎带中掘进过程中，在刀盘扰动下，隧道掌子面和洞壁围岩容易塌方，塌方岩体堵塞刀盘或是堆积在护盾顶部造成“卡机”；同时断层岩体软弱破碎，岩石强度低，侧壁稳定性较差，无法为 TBM 的撑靴提供足够的接地比压；施工时拱部无支护易产生大规模坍塌；在雨季和冰雪融化季节施工时呈淋雨状或涌流状出水等。以上特殊情况导致断层破碎带 TBM 施工的难度很大，施工进度低甚至存在较长时间段的窝工，因此，断层破碎带洞段掘进是重难点。

（2）风险控制对策：①严格按照“早探明、预加固，少扰动，强支护，勤量测，快封闭”的原则施工。②加强地质超前预报，提前判明前方地质情况，组织动态施工，采取的技术措施要有针对性。③根据破碎地质的规模、性质，采用大管棚、小导管等超前支护或超前注浆固结地层等措施。④围岩松散地段，对撑靴处预加固。⑤刀盘应具有直径方向不小于 100 mm 的扩挖功能，前下支撑应具有垂直抬升不小于 100 mm 的功能。⑥顶护盾应设置楔形限位块，确保脱困过程围岩压力不卡死护盾。⑦脱困过程应采取“三低一高一连续”的掘进模式，即低推力、低转速、低贯入度、高扭矩、连续快速掘进。⑧围岩出露后，及时采取拱锚喷的支护体系进行支护；同时根据现场实际情况进行周边后注浆处理措施。⑨顶拱有塌空腔部位，及时用钢板封闭回填砂浆。⑩如破碎段长，且破碎严重，一般加固仍无法使用 TBM 顺利通过时，可用迂回导洞钻爆法处理，TBM 步进通过。⑪加强施工期监控量测，对变形超标洞段及时采取加固措施。断层带地段拱锚喷支护体系如图 12-6 所示。

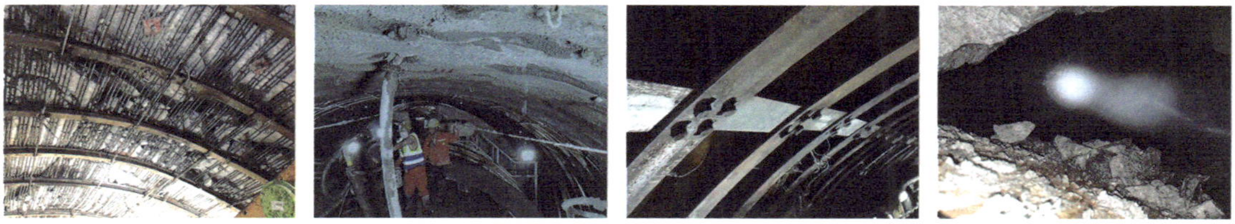

（a）管棚小导管支护　（b）注浆加固　（c）钢板封闭塌腔　（d）拱顶塌腔

图 12-6　断层带地段拱锚喷支护体系

第 13 章　隧道工程应急响应处置措施

13.1　应急反应体系

事故应急反应体系主要包括应急组织管理机构的建立、应急处理程序的确定、建立应急救援体系、应急人员培训及演练、应急资源的配置等。

13.1.1　方针原则

(1)有关国家法律法规的要求:依据为《中华人民共和国安全生产法》、《中华人民共和国职业病防治法》、《中华人民共和国消防法》、《国务院关于特大安全事故行政责任追究的规定》(国务院令第 302 号)、《危险化学品安全管理条例》(国务院令第 344 号)、《特种设备安全监察条例》(国务院令第 373 号)等相关法律、法规。隧道施工过程中,可能遇到一些突发性事件,一旦处置不好,可能会导致较大的安全生产事故。因此,隧道施工前各项目部均建立了完善的安全事故应急救援预案和应急救援体系。

(2)隧道施工特点的要求:隧道工程项目的技术构成复杂,具有较多的高、新、尖端技术,设计、施工中的不确定性因素很多,施工过程中,容易出现地面沉陷、高处坠落等事故,一旦处置不及时,会造成很大的经济损失和人员伤亡。因此,隧道在施工前需要对施工中存在的风险进行评估,通过采取相应的技术保障措施,实现对风险的控制,防患于未然。另一方面,就是针对潜在的风险,建立一套完善的安全事故应急处理预案和应急救援体系,在事故发生时,能迅速、及时、有效地开展抢救工作,减少事故的危害,保证人民的生命财产安全。

(3)应急预案方针原则:安全生产工作牢固树立"人命关天,发展决不能以牺牲人的生命为代价。这必须作为一条不可逾越的红线"意识,认真贯彻"安全第一、预防为主、综合治理"的方针,坚持"以人为本"和"管生产必须管安全"的原则,贯彻执行《中华人民共和国安全生产法》《建设项目安全生产管理条例》等有关法律法规和安全设施"三同时"规定。采取切实可行的紧急措施,建立统一协调、职责明确、运转有序、反应迅速、处置有力的应急救援体系,最大限度地减少事故损失。

以人为本,减少危害。坚持"以人为本、生命高于一切"的原则,不提倡任何具有巨大风险的见义勇为行为,不鼓励员工在自身生命受到威胁的情况下采取无畏反抗的做法,而倡导"沉着应对,巧妙周旋"的自我保护意识。切实履行企业职责,将企业员工的健康和生命安全放在首位,最大限度地减少突发事件所造成的人员伤亡和危害。

居安思危,预防为主。高度重视应急管理工作,增强忧患意识,坚持预防与应急管理相结合,常态与非常态相结合。做好预防、预测、预警和预报工作;做好常态下的风险评估、物资储备、队伍建设、完善装备、预案演练等工作。

快速反应,协同应对。加强应急处置能力建设,建立与地方政府、机构间的协调联动机制,形成快速联动、统一指挥、反应灵敏、协调有序、运转高效的应急管理机制。

13.1.2 组织体系

根据工程风险，各项目部建立健全应急反应体系，保证工程顺利进行。如图13-1所示，以应急救援领导小组为核心，成立应急反应指挥部，下设专业处置组的应急救援领导小组，小组负责编制各项应急救援预案，指导日常的宣传、教育、传达预案活动，组织训练、演习活动，编制各工区应急材料、机械、资金和人员组织计划，并监督、检查、落实实施情况，及时修正、完善各预案内容，在事发时第一时间赶往事发现场，启动预案，指挥应急救援活动。

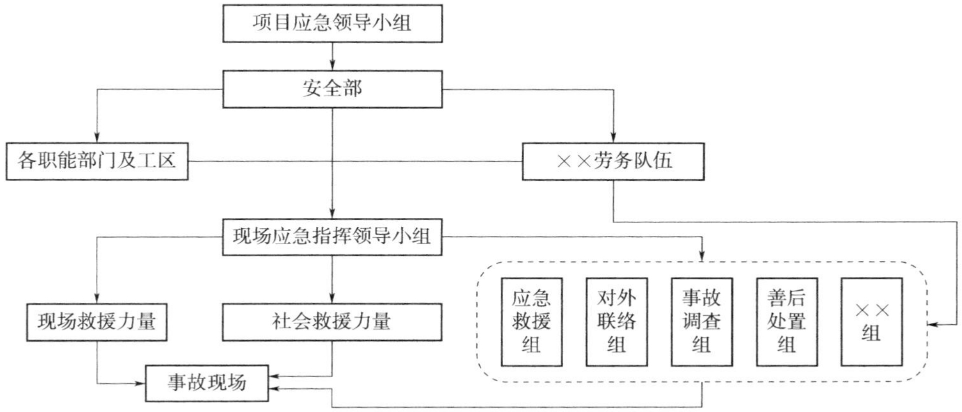

图13-1 应急救援组织体系图

13.1.3 组织机构

(1)应急组织机构设置：为指导突发的施工事故应急救援，尽量减少事故的损失，保护员工的人身和项目财产的安全，通常成立以项目经理、书记为领导的事故救援领导小组。下设专业处置组：通信联络组、综合协调组、安全保卫组、应急救援组、医疗救护组、事故调查组、后勤保障组、善后处理组等。

(2)应急组织机构职责

领导小组职责：负责对项目施工的项目工程进行风险评估。按照有关规定报请安全委员会共同对工程项目进行风险评估和风险级别鉴定。负责配置和组织应急救援队伍，及时救援发生的意外安全事故。负责对项目的应急救援提供必要的物资和组织保障。组织项目安全检查，定期分析项目施工安全生产中存在的隐患，制定整改措施和方案，督促整改，负责将存在的安全隐患和整改情况上报工程师。负责在员工中开展安全知识教育技能培训，组织应急疏散预案的实施和演练。

指挥部职责：在事故发生时，负责事故现场应急处置和抢险救援及善后处理的组织指挥工作。总指挥是处置事故的组织者和指挥者，负责组织、指挥事故应急救援处置工作。

综合协调组：承担事故的报告；通知指挥部成员立即赶赴现场；协调各专业处置组的抢险救援工作；按照事故报告的规定及时上报事故情况以及事故抢险救援的进展情况；落实上级和地方政府主管部门的指示和批示。

安全保卫组：现场有序疏散。安全撤离后，防止员工未经许可重返事故现场。

应急救援组：事先组成由施工队站部分人员组成救援队，组织协调现场紧急救援和处置工作。

医疗救护组：事先组成由组长带队的医疗救护组，组织有关医疗人员对受伤人员实施救援及救治，联系医疗机构单位予以帮助。在事故应急期间，接受事故指挥者的调遣，提供各类应急所需的技术支持和医疗支持。

后勤保障组：紧急组织协调调配交通车辆及相关物资。

事故调查组：组织有关人员进行现场勘察、取证，配合有关部门开展事故的调查处理工作。

善后处理组：组织有关人员为抢险救援工作提供技术支持，与各部门及时沟通，会同有关部门处理善后工作。

通信联络组：负责与外部及内部人员联络。负责接收事故报警信息，并在事故应急期间向事故应急者提供他们所需的信息，负责各应急小组之间的通信联系，设置专线电话。负责在发生紧急情况时与新闻媒体的联系工作，接受他们的采访，必要时负责召开新闻发布会，并与安全人员和法律人员及其他事故应急者保持联系。

13.1.4 报告程序

(1)应急响应分级：①发生事故可能造成人员特大伤亡事故、施工造成行车重大或特大事故、虽没有人员伤亡但经济损失500万元以上、社会影响较大的事故，为Ⅰ级应急响应。②发生事故可能造成一次负伤5人及以上、一次重伤3人及以上、一次死亡3人及以上的事故、施工造成行车大事故、虽没有人员伤亡但经济损失100～500万元事故，为Ⅱ级应急响应。③发生事故可能造成一次负伤4人、一次重伤2人或死亡1～2人的一般事故、施工造成行车险性事故、虽没有人员伤亡但经济损失50万元以上100万元以下的事故，为Ⅲ级应急响应。④发生事故可能造成轻伤、一次负伤3人以下或一次重伤1人的一般事故、施工造成行车一般事故、虽没有人员伤亡但经济损失在50万元以下的事故，为Ⅳ级应急响应。

(2)应急响应机制：①Ⅰ级应急响应时，由项目所属单位按照事故报告规定逐级报告有关部门和上级，公司接到报告后迅速上报集团总部，借助属地政府有关部门和上级应急预案实施应急响应，开展应急救援。所属项目部在信息上报的同时，进行应急响应，先期处置，控制事态发展。等地方应急预案实施后，配合地方和上级部门救援抢险。②Ⅱ级应急响应时，由项目所属单位负责应急响应，并按照事故报告规定报集团总部等层层上报。所属单位信息上报的同时，进行应急响应，先期处置，控制事态发展。本合同段应急救援队伍是主要的救援力量，配合上级领导小组组织抢救。③Ⅲ级响应时，由项目所属公司负责应急响应，并按照事故报告规定报公司，由公司按照规定报集团总部。本合同段启动应急预案的同时，向公司、集团公司、业主、监理、所在地安监局等部门汇报。所属单位信息上报的同时，进行应急响应，先期处置，控制事态发展。项目部各应急救援组人员，赶赴事故现场救援抢险，项目部所属各个救援队在项目部救援领导小组的统一指挥下进行抢救救援。④Ⅳ级应急响应时，由本项目部负责应急响应，启动响应专项应急预案和现场处置方案。项目部主管具体组织开展事故救援工作，救护伤员、控制事态发展，处置结束，上报公司安监部备案。

(3)应急处理报告程序：应急处理的总体工作分为事前预测、监控，事中分析、处理，事后总结、恢复。主要包括：①启动应急救援行动程序。②应急汇报程序；向上级和社会通告。③保护程序：保护人员、财产和事故现场。④社会支援程序。⑤信息发布程序。⑥事故后的恢复程序。事故应急处理程序如图13-2所示。

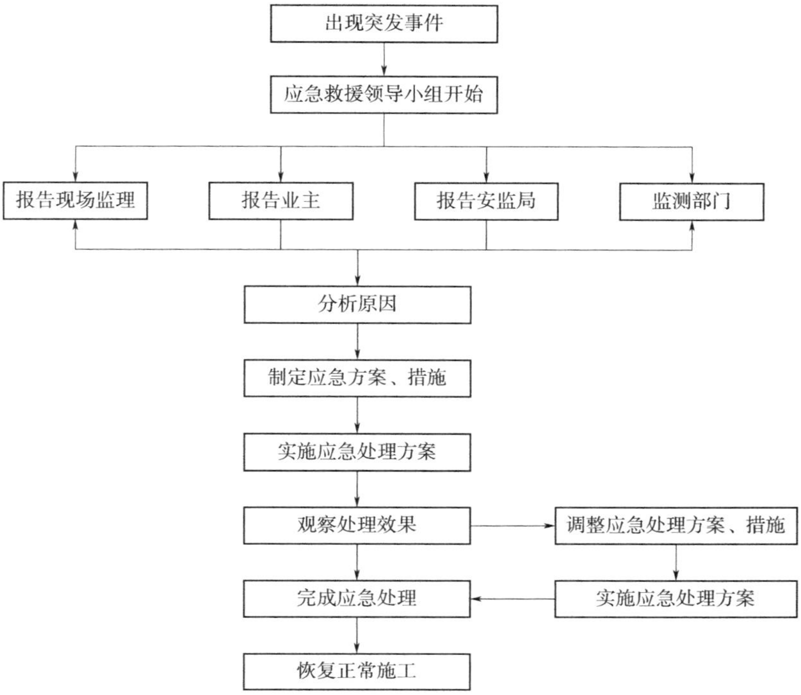

图 13-2　应急处理报告程序

13.1.5　响应程序

应急救援行动是指在紧急情况发生时，为及时营救人员、疏散撤离现场、减缓事故后果和控制灾情而采取的一系列抢救援助行动。事故一旦发生，应及时调动并合理利用应急资源（包括人力资源和物资资源）投入行动；在事故现场，针对事故的具体情况选择应急对策和行动方案，从而能及时有效地使伤害和损失降低到最低程度和最小范围。具体流程如图 13-3 所示。

（1）紧急报告：目击者→技术主管→当班领导→项目经理，情况紧急、事态严重时，目击者可第一时间向项目经理报告。项目经理根据公司应急管理要求及时上报。

（2）启动预案：项目部根据响应分级，迅速报告上级主管部门并组织赶赴现场进行施救。

（3）现场救援：项目部按照应急预案组织有关人员和设备开展抢救工作，进行现场保护，组织施工现场相关人员的撤离，维护治安、交通秩序，防止事故的进一步扩大，力争把事故损失降到最低程度，同时拨打 120 急救电话，与医院取得联系。现场施救人员应本着"生命高于一切"的原则，做好伤亡人员的安置。积极处置死亡和救治受伤人员，最大限度地减少死伤人数和损失，千方百计地做好降低损失工作。

（4）善后处理：善后处理组人员从快处理善后事项。做好死伤者家属的食宿安排等接待工作，并做好思想工作，保持事态稳定。应当及时按照有关规定，积极做好事故处理赔付工作。

（5）事故调查：事故调查组人员迅速地组织有关专业技术人员赶赴事故现场，了解事故发生的基本情况，实事求是、公正准确地查清事故原因、性质和责任，总结事故教训，提出整改措施，并形成事故调查报告。

（6）后勤保障和秩序稳定：后勤保障组人员应当根据应急救援工作需要，与有关单位部门保持联系，组织对事故现场进行人力、物力支援，保证应急救援急需。综合协调组人员做好本

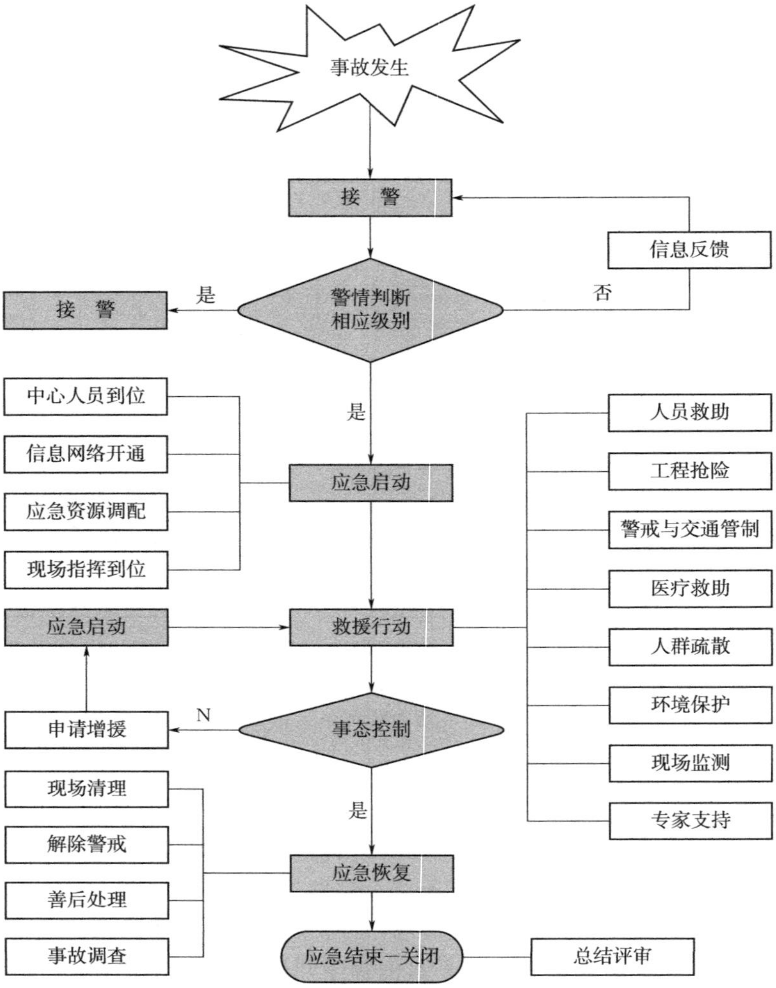

图 13-3　应急救援体系响应示意图

单位思想稳定工作，维护正常的生产生活秩序，保证日常工作有序进行。

(7)事故总结：应急处理工作结束后，项目部以书面形式向集团公司和有关上级部门报告应急处理工作情况。报告必须实事求是，不得弄虚作假或隐瞒具体详情。

13.1.6　培训演练

针对潜在事故的危险性质，应对所有应急人员开展有针对性的应对可能发生事故的抢险救援专项培训，保证应急人员具备相应的应急能力。

(1)培训计划、方式和要求：根据具体情况和有关要求，由安全部长编制应急救援培训计划，经应急救援领导小组组长审批后组织实施。项目部培训方式有两种，一是专项培训，针对某项工程专项培训，明确职责，提高应急意识和自救互救能力。二是集中培训，在演练前，集中所有演练人员学习培训。由应急领导小组成员讲解，使所有参演人员，掌握应急救援预案的基本程序和要领，熟悉装备的使用和现场急救的基本专业技术，锻炼应急抢险队伍的救援水平。培训的具体安排时间根据本项目部的实际情况，培训有领导、有组织，不搞形式，加强针对性。

应急预案和应急计划确立后，按计划组织全体人员进行有效的培训，从而具备完成应急任务所需的知识和技能。每半年进行一次培训，新加入的人员应及时培训。比如，培训的内容：①灭火器的使用以及灭火步骤的训练；②施工安全防护、作业区内安全警示设置、个人的防护措施、施工用电常识、建设工程的交通安全、常用施工机具及大型机械的安全使用；③危险源的特性辨识与控制；④事故报警；⑤紧急情况下人员的安全疏散；⑥现场抢救的基本知识。

(2)应急演练：在程序制定后，召集所有成员，在现场对事故发生的情形进行模拟演练，各负其责，明确程序中自己的职责和位置，衔接好各个环节，对程序中的不合适地方提出改正，达到程序运行流畅。

应急预案和应急计划确立后，应经过有效的培训。项目每年组织一次综合应急预案应急演练或专项应急预案演练；每半年组织一次现场处置方案演练。每次演练结束，针对施工的变化及预案中暴露的缺陷，及时做出总结，不断更新完善和改进应急预案。比如：①灭火器的使用以及灭火步骤的训练各类应急预案；②施工安全防护、作业区内安全警示设置、个人的防护措施、施工用电常识、在建工程的交通安全、大型机械的安全使用；③对重大危险源的突显特性辨识；④事故报警；⑤紧急情况下人员的安全疏散；⑥现场抢救的基本知识。

(3)日常检查和演习：项目经理部建立值班和巡视制度，组织相关施工人员组成工程风险控制小组，定期巡视重点部位。工程值班人员将当天工程施工情况记录在施工日记上，对施工中重点部位进行全程监控和定期检查；对可能发生事故隐患的其他部位和个人行为加强检查，落实整改措施；对事故隐患做到“三定”措施，及时消除隐患。在日常施工作业中，结合施工特点，开展各类预演，重在提高施工人员和管理人员防患于未然的应变能力和对各项救助工作的操作能力。

13.1.7　资源配置

(1)信息报告和通信联络：结合工地施工实际情况，完善施工风险情报信息网络，健全信息报告制度，保持信息渠道的畅通。重要情况的报告要及时、准确，不漏报、误报或隐瞒不报。有些情况搞不清楚的，先作最初报告，尽快核实清楚后再详细上报，做好续报工作。在工地办公室的显著位置张贴项目经理部管理人员以及各相关政府管理部门人员的联络方式。工地现场重要场所配备内线电话以及主要管理人员配备对讲机。

(2)外部资源应急保障：项目部购置充足的应急救援所需的通信设备、工具。公示紧急事故对外通信联系方式和方法，明确各单位应急联系人，以便第一时间传达现场信息。紧急事故对外联络电话有：火警电话，急救电话，匪警电话，工程所在辖区政府办公室、县市社会保障局、县市公安分局、县市交管分局、县市自来水公司、县市煤气公司抢修队、县市应急管理局、县市环保局、县市气象局、县市消防队及救援机构、县市安全生产监督管理局、县市卫生局、县市建设工程安监站、当地医院等公共电话。

(3)物资装备保障：在事故应急过程中，需要根据事故等级配置相应的人、财、物。①应急人员：根据各项目工程范围及特点，原则上每个项目部配备应急人员如下：一般队员约 20 人，保安人员 2～3 人，测量人员 10～15 人，持证上岗的专业电工 8～10 人，持证上岗的专业起重指挥人员 10～15 人，撤离组织人员 4～6 人。②应急抢修材料及设备。作为应急预案的一部分，施工现场应随时保证下列设备材料的储备。要结合工程规模大小、风险等级高低、风险类别严重程度等因素，在现场储备充足应急物资材料的数量、规格、放置位置、保管人及联系电话，并配备足够的应急设备的数量、类型、放置位置、保管人及联系电话等。应急物资材料的储备如：编织袋、钢管、铁丝、金属网片、圆木、毛竹、铁锹、黄砂、水泥、工字钢等。应急设备储备如:吊车(不同吨位)、装载机、挖掘机、风镐、锚杆钻机、空压机、担架、氧气袋、水泵、面包车、灭火器、抽水机、混凝土喷射机、装载汽车等。

(4)其他应急资源保障:项目经理部根据自身生产经营场所地理位置、周边环境和危险源的情况确定交通运输保障,项目和协作队的车辆保证随时可用。其他应急资源保障如下:①经费保障:由项目部财务部将应急经费列入预算,做好应急救援必要的资金准备。②交通运输保障:应急救援工作需要配备交通运输工具,发生应急事故时,项目部所有车辆由领导小组统一指挥安排。③治安保障:项目部或者协作队相关人员组成,必要时及时聘用保安或者求助于当地派出所。④技术保障:根据实际情况采取可行的技术措施。⑤医疗保障:项目部和某医院签订应急救援协议。⑥后勤保障:由项目材设部和协作队、机械调度一起做好保障后勤物资。

13.2 一般安全风险应急预案

13.2.1 机械伤害

(1)预防措施:①各施工区要加强对机械设备安全工作的领导,经常性地组织操作人员学习操作规程,提高安全生产意识,排查设备故障,发现问题,及时纠正,消除隐患。②各施工区机械设备操作人员必须持有有关部门颁发的操作证,并熟悉设备的构造、原理、性能及安全技术要求,严禁操作人员违规操作,机械设备带“病”作业。

(2)应急响应措施:①发生事故后,当事人应立即报告现场负责人,事故报告时间不得超过事故发生后 1 h。报告内容为事故发生的时间、地点、单位、事故的简要情况、伤亡人数。初步估计的直接经济损失和已采取的应急措施等。同时,迅速联系 119、120 处理事故现场。②事故发生地的有关单位必须严格保护事故现场,采取必要措施抢救人员和财产,防止事故扩大和损失加重,确因抢险需要移动现场物件时。必须做出标志,拍照、详细记录和绘制现场图,并妥善保存现场主要痕迹、物证等。③事故情况严重时立即启动项目重大生产安全事故应急救援预案,实施现场救援工作和调查处理。

(3)应急抢救措施:①发生机械伤害后,在医护人员没有带来之前,检查受伤者的伤势,心跳及呼吸情况,视不同情况采取不同的急救措施。②对被机械伤害的伤员,要迅速小心地使伤员脱离伤源,必要时,拆卸机器,移出受伤的肢体。③对发生休克的伤员,首先进行抢救。遇有呼吸、心跳停止者,可采取人工呼吸或胸外心脏挤压法,使其恢复正常。④对骨折的伤员,利用木板、竹片和绳布等捆绑骨折处的上下关节,固定骨折部位;也可将其上肢固定在身侧,下肢与下肢缚在一起。⑤对伤口出血的伤员,立即以头低脚高的姿势躺卧,使用消毒纱布或清洁织物覆盖伤口上,用绷带较紧的包扎,以压迫止血,或选择弹性较好的橡皮管、橡皮带或三角巾、毛巾、带状布巾等。对上肢出血者,捆绑在其上臂上 1/2 处,对下肢出血者,捆绑在其腿上 2/3 处,并每隔 25～40 min 放松一次,每次放松 0.5～1.0 min。⑥对剧痛难忍者,要让其服用止痛剂和镇静剂。采取上述急救措施之后,要根据病情轻重,及时把伤员送到医院治疗。在转送医院的途中,尽量减少颠簸,并密切注意伤员的呼吸、脉搏及伤口等的情况。

(4)整治措施:①漏电触电。若机械设备出现漏电触电现象,当事人应及时向工区负责人或应急小组报告,采取有效的抢救措施。若操作人员触电后,应尽快使触电者脱离电源,实施抢救。②刹车失灵、上坡时出现刹车失灵,不能脱挡,松掉油门,靠边行驶,将发动机熄火,利用手制动将车停住,然后找人“打眼”使车制动。下坡时出现刹车失灵,挂低速挡行驶,不能将发动机熄火，靠边行驶。行驶至平坦的地方将发动机熄火，利用手制动将车停住，然后找人“打眼”使车制动。③钻孔机械伤害。主要表现为换杆时旋转马达和钻杆滑落砸伤、换杆时机械卡伤手指和高压风管接头断开风管狂甩打人等事故。应对预防对策：(a)检查设备的完好状况，包括旋转马达固定滑板螺栓紧固状况、滑架磨损情况、链条完好状况等。(b)换杆时人员不能直接正对站立在旋转马达下方，应侧立在滑架旁。(c)操作人员要穿劳保服，戴劳保手套，上卡和下卡时机手和辅助人员配合默契。(d)风管接头要经常检查，防止松脱，钻机接头挂安全网，风管接头间用铁丝捆绑连接。

13.2.2 物体打击

物体打击事故对人身造成的伤害，原因也十分复杂，给人产生危害也很大，而且在处理过程中如果方法不当将会扩大事故范围和提高伤害程度，因此项目部应制定了针对性的应急救援的方法和知识。

(1)应急响应措施：①一旦发生身体损伤事故时，迅速确定事故发生的准确位置、可能波及的范围、设备损坏的程度、人员伤亡等情况，以根据不同情况进行处置。②现场人员对周边环境进行认真检查，证实有无造成再次伤害的危险源。③划出事故特定区域，非救援人员、未经允许不得进入特定区域。④对被伤害者进行抢救的同时，立即向上级报告事故性质、严重程度，加强外部联系。⑤执行应急救援的人员，遵循有序规范施救，抢救伤员时动作要轻。⑥事故发生后，视事故的类型进行积极抢救，控制事故的进一步扩大，防止应急救援人员受到伤害。⑦对救出的伤员在现场进行救护，根据“三先三后”的原则进行处理，即：出血伤员先包扎后运送，骨折伤员先固定后搬运，窒息伤员先复苏后运送。⑧事故发生后在进行组织救援的同时，及时联系医疗急救单位，使伤员在第一时间能得到救治。⑨所有的应急救援活动在现场指挥人员统一安排下开展，并有专门人员观测事故的变化，一旦发现事态将威胁救援人员安全，现场指挥人员有权停止救援，并将救援人员撤到安全地点。

(2)应急抢救措施：抢救受伤人员时几种情况的处理。①轻伤事故：(a)立即保护现场，向应急指挥小组汇报。(b)对伤者同时消毒、止血、包扎、止痛等临时措施。(c)尽快将伤者送医院进行防感染和防破伤风处理，或根据医嘱做进一步检查。②发生重伤事故：(a)立即保护现场，及时向现场应急指挥小组及有关部门汇报，应急指挥部门接到事故报告后，迅速赶赴事故现场，组织事故抢救。(b)立即对伤者进行包扎、止血、止痛、消毒、固定等临时措施，防止伤情恶化。如有断肢等情况，及时用干净毛巾、手绢、布片包好，放在无裂纹的塑料袋或胶皮袋内，袋口扎紧，在口袋周围放置冰块等降温物品，不得在断肢处涂酒精、碘酒及其他消毒液。(c)如受伤人员骨折，注意搬动时的保护，对昏迷、可能伤及脊椎、内脏或伤情不详者一律用担架或平板，不得一人抬肩、一人抬腿。(d)迅速送附近医院急救，断肢随伤员一起运送。③发生死亡事故：如确认人员已死亡，立即保护现场。立即向业主、公司相关部门汇报。

13.2.3 高处坠落

(1)预防对策：①隧道洞口仰坡、高陡边坡钻孔、装药、爆破过程，可能引发坠落事故，包括机械坠落和人员坠落。应采取防范措施：(a)加强人员安全教育，经常提醒施工人员注意防范。(b)钻孔作业时，保持钻机的孔边距大于设计规定距离，钻机不能太靠近边坡位置，不能冒险作业。(c)检查边坡稳定情况，尤其是岩层的地质结构变化，是否有弱面或断层形成三角滑落体的可能性。(d)前排孔尽可能在白天钻孔，夜间钻孔应照明良好。②隧道洞内钻爆开挖、锚杆施作、防水板铺设、二次衬砌钢架绑扎、二次衬砌浇筑等工序高处作业都可能引发坠落事故，因此现场作业期间，应采取以下防范措施：(a)登高作业应系好安全带，并确认系扣牢固度，保证安全带有效作用。(b)在攀高过程中必须注意攀登物的牢固程度。(c)高空作业应防止工具、物体坠落击打下方人员。(d)台车作业平台作业、登高梯作业应保证基础牢固、平稳，防止倾倒。

(2)应急响应措施：①施工区发生高处坠落事故，最早发现事故的人应迅速向现场管理人员报告事故发生情况，同时展开力所能及的救援工作，并保护事故现场，疏散现场其他闲杂人员，避免其靠近事故现场。②组织抢险前，应对周围安全环境进行确认，仍存在危险情况下，不得贸然安排抢救人员进行抢险，待危险因素消除或周边环境稳定后，方可组织人员开展抢险救援工作。③对受重伤人员的急救：当施工人员发生高处坠落时，急救人员应尽快赶往出事地点，并呼叫周围人员及时通知医疗部门，同时安排人员到入场岔口指挥救护车的行车路线。尽可能不要移动患者，尽量当场施救。如果处在不宜施救的场所时必须将患者搬运到能够安全施救的地方，搬运时应尽量多找一些人来搬运，观察患者呼吸和脸色的变化，如果是脊柱骨折，不要弯曲、扭动患者的颈部和身体，不要接触患者的伤口，要使患者身体放松，尽量将患者放到担架或平板上进行搬运。重伤人员立即组织人员抢救，用项目部车辆送往医院。并拨打医院120急救电话请医院派救护车辆支援。在其他救援未到来之前不得放弃对伤员的抢救。④对轻伤人员在现场采取可行的应急抢救，如现场包扎止血等措施，防止受伤人员流血过多造成死亡事故发生。⑤及时疏散人员，设置临时监护区，采取相应的措施避免事态的进一步扩大。⑥事故情况严重时，迅速启动项目部重大生产安全事故应急救援预案，按照应急预案的要求、程序进行处理。积极采取措施，防止事态扩大，最大限度地减少人员伤亡和财产损失。

(3)应急抢救措施：①骨折急救，工作现场发生严重骨折时，必须迅速采取急救救护，对于骨折伤者，正确的固定是最主要的。固定的方法为：(a)固定断骨的材料可就地取材，如棍、树枝、木板、拐杖、硬纸板等，长短要以固定住骨折处上下两个关节或不使断骨错动为准。(b)脊柱骨折或颈部骨折时，除非是特殊情况如室内失火，否则伤者要留在原地，等待携有医疗器械的医务人员来搬动。(c)抬运伤者，从地上抬起时，要多人同时用力平托，运送时，必须用木板或硬材料，不能用布担架或绳床。木板上可垫棉被，但不能用枕头，颈椎骨骨折伤者的头必须放正，两旁用砂袋将头夹住，不能让头随便晃动。②严重出血抢救，严重出血会危及生命，及时有效的现场止血，对挽救伤者的生命具有极其重要的作用。常用的止血方法有：(a)一般止血法，一般伤口小的出血，先用生理盐水(0.9%NaCl溶液)冲洗伤口，再涂上红汞药水，然后盖上消毒纱布，用绷带较紧地包扎。(b)压迫带积压法，严重出血时使用，适用于头、颈、四肢动脉大血管出血时的临时止血。即用手指或手掌用力压住在伤口靠近心脏部位的动脉跳动处(止血点)，只要位置找得准，这种方法马上起到止血的作用。身体上通常的止血点有8处，一般来讲上臂动脉、大腿动脉、桡骨动脉是较常见的。上臂动脉：用4个手指掐住上臂的肌肉并压向臂骨；大腿动脉：用手掌的根部压住大腿中央稍微偏上点的内侧；骨动脉：用3个手指压住靠近大拇指根部的地方。(c)其他止血法，有止血带止血法、加压包扎止血法、加垫屈肢止血法等多种。

13.2.4 车辆伤害

(1)预防措施：①依据行业规定，制定车辆安全行车管理制度，监督检查落实情况。②购置合格车辆。平时检查和定期检查相结合，使用前保证车辆状况良好，对不符合要求的及时整改。③经常对司机进行道路安全交通法律、法规的教育，广泛宣传道路交通事故的预防、避险、自救、互救的常识，提高自我防护能力。④在现场作业时，为防止行车事故应采取防范措施：(a)汽车驾驶员及车辆应取得公安机关核发的合格有效证件。(b)驾驶员出车前必须对所驾车辆进行检查，在确认各安全装置齐全、有效、状态良好后才能出车，确保安全。(c)车辆驾驶应严格遵照道路交通法规，按照工地现场限速标志驾驶。(d)严禁酒后开车、疲劳驾驶和无证驾驶。(e)车辆进洞应告知调度人员。(f)注意来往车辆，提前选择宽敞位置避让。(g)乘员上、下车应提前告知驾驶员，待车辆停稳后再上下车辆。

(2)应急响应措施：①预警行动，发现有车辆伤害事故或即将发生车辆伤害事故，现场目击人员必须保持头脑冷静，切忌惊慌失措，立即采取救援措施，切忌等靠，及时向应急自救小组报告现场情况。②报警程序，当现场人员(值班人员)发现车辆伤害事故时，应及时报告现场应急自救领导小组办公室，应急自救领导小组办公室马上召集应急领导小组成员，核实报告信息，启动应急响应。应急领导小组成员应迅速赶赴车辆伤害事故现场，视车辆伤害事故的严重程度，组织实施救援，并决定是否需要增加救援(包括向当地政府及附近有救助能力的单位)。同时应急自救领导小组根据车辆伤害程度决定报告上级部门或当地政府。③当发生一般车辆伤害事故时，乘车随行人员及时将发生事故的时间、危害程度、危及的人员、目前采取抢救、控制扩大蔓延的主要措施，向本级应急自救领导小组办公室报告。办公室将情况记录后，向上一级事故应急救援指挥部报告。④当发生较大或重大车辆伤害事故时，乘车随行人员应随时将发生事故的时间、危害程度、危及的人员、目前采取抢救、控制扩大蔓延的主要措施向本级应急自救领导小组办公室报告。办公室将情况记录后，向上一级事故应急救援指挥部报告，必要时向当地政府及附近有救助能力的单位报告。⑤报警方式：当发生车辆伤害事故后，乘车随行人员用可靠通信工具向应急自救领导小组报告事故发生情况及进展状况(包括当地政府)。⑥项目部设 24 小时应急救援值班电话，明确值班人员。⑦项目部应急自救领导小组接到车辆伤害事故报告后应及时向项目部事故应急救援指挥部报告。⑧当发生车辆伤害事故时，必要时，项目部可通过 119、110 或 120 向当地公安机关及政府或附近单位求助。

(3)应急处置措施：①响应分级：二级车辆伤害事故定义为一次可能导致死亡两人以下，直接影响施工或对环境造成影响，项目部能自己处理的；一级车辆伤害事故定义为一次可能导致死亡 3 人以上，直接导致施工中断或对环境造成严重影响，项目部不能完全自己处理，需上级、地方人民政府救援。②响应程序：发生交通事故的车辆必须立即停车，当事人必须保护现场，抢救伤者和财产，并迅速报告应急自救领导小组办公室，同时必须立即报告单位车管部门，情况紧急时可同时向当地公安部门报警，应急自救领导小组立即启动车辆伤害事故应急预案。③处置措施：发生车辆伤害事故后，要贯彻“救人第一”的原则，对受伤者进行救助；被各种设施卡住的受伤者，在不造成新的伤害的前提下，可使用撬棍、钢锯等施救工具进行自救。如确实不能将受伤者移出的，应安抚受伤者，增强其信心等待专业抢救人员的到来。向专业救助队求救时，必须准确描述当时的情形，伤者的详细情况。④保护发生车辆伤害事故的现场，不准无关人员进入警戒区，根据不同伤情对被救出的人员进行现场急救，并尽快把伤员送往附近医院救治。救助人员应保持头脑冷静，不要慌乱，要采取最佳救助方式，最大限度地救助伤者。⑤对于重大或特大车辆伤害事故，应急自救领导小组接到报警后，立即赶赴事发地了解事发经过及现场情况，配合当地交通管理部门施救，控制事故蔓延，把损失控制到最低；开展事故善后处理工作，通知车辆保险项目，及时展开车辆出险理赔。事故调查小组按照国家有关法律法规、规章进行调查、处理，依据有关标准对事故损失做出评估。对重大车辆伤害事故中暴露出来的有关问题，会同有关单位提出整改措施，尽快消除隐患，修改完善各级预案，防止事故重复发生。

13.2.5 触电事故

(1)预防措施：①发生触电事故现场急救对抢救触电者是非常重要的，因为人员触电后不一定立即死亡而往往是假死状态，要及时抢救。方法得当，假死状态就可以获救。因此触电急救要分秒必争，不能等待医务人员。②为了做到及时抢救，平时就要对职工进行触电急救常识教育，对有关人员进行必要的触电急救训练。③严格按照施工用电规程作业，现场电源线一律架空，选用标准铁壳配电箱，所有用电设备配置触漏电保护器，工地需配备触漏电保护器，凡可能漏电伤人或易受雷击的电器及建筑物均应设置接地或避雷装置。④在现场作业时，为防止触电事故应采取以下防范措施：(a)不得随意触摸电器设备及电线电缆。(b)注意现场各种电路和接线装置，不得私自拆装洞内的电器装置。(c)现场用电应与现场管理单位取得联系，由专业电工负责拆装。(d)发现触电应及时报警并尽快切断电源。

(2)应急响应措施：①触电事故发生时，事故发现第一人应立即大声呼救，在现场的项目人员要立即用对讲机或手机向项目经理汇报险情；在保证自身安全的情况下，现场人员迅速进行抢救触电者脱离电源。②项目经理立即带领抢救指挥组成员赶赴出事现场，抢救、救护、防护组的成员携带各自的抢险工具，赶赴出事现场。③项目管理人员获得求救信息确认触电事故发生后，应采取如下措施：(a)立即采用绝缘材料等器材使触电人员脱离电源。(b)立即向当地医疗卫生(120)、电力部门报告。(c)立即向所属公司上报事故的初步原因、范围、估计结果。(d)组织项目职工自我救护队伍进行施救。(e)保护事故现场。④紧急小组接到电话报告后，应立即在第一时间赶赴现场，了解和掌握事故情况，开展抢救和维护现场秩序，保护事故现场。⑤当事人被送入医院接受抢救后，紧急小组应做好以下工作：(a)做好与当事人家属的接待洽谈善后处理工作。(b)按职能归口做好与当地有关部门的沟通、汇报工作。⑥对发生触电事故的电气线路设备，进行全面检查和恢复工作。⑦触电事故应急抢险完毕后，项目经理立即召集安全领导小组、安全员、作业队长和有关班组的全体人员进行事故调查，找出事故的原因、责任人以及制定防止再次发生类似的整改措施，并对应急预案的有效性进行评审、修订。

(3)应急抢救措施：①脱离电源措施：发现有人触电时，首先尽快切断电源，使触电者脱离电源，触电急救的要点是动作迅速，救护得法，切不可惊慌失措，束手无策。要贯彻“迅速、就地、正确、坚持”的触电急救八字方针。发现有人触电，首先要尽快使触电者脱离电源，然后根据触电者的具体症状进行对症施救。脱离电源的基本方法有：(a)将出事附近电源开关闸刀拉掉或将电源插头拔掉，以切断电源。(b)用干燥的绝缘木棒、竹竿、布带等物将电源线从触电者身上拨离或者将触电者拨离电源。(c)必要时可用绝缘工具(如带有绝缘柄的电工钳、木柄斧头以及锄头)切断电源线。(d)救护人可戴上手套或在手上包缠干燥的衣服、围巾、帽子等绝缘物品拖拽触电者，使之脱离电源。(e)如果触电者被用电导线缠绕在身上，救护人先用干燥的木板塞进触电者身下使其与地绝缘来隔断入地电流，然后再采取其他办法把电源切断。(f)如果触电者触及断落在地上的带电高压导线，且尚未确定线路无电之前，救护人员不得进入断落地点8～10 m的范围内，以防止跨步电压触电。进入该范围的救护人员要穿上绝缘靴或临时双脚并拢跳跃地接近触电者。触电者脱离带电导线后，迅速将其带至8～10 m以外立即开始触电急救。只有在保证线路已经无电，才可在触电者离开触电导线后就地急救。②使触电者脱离电源时注意事项：(a)未采取绝缘措施前，救护人不得直接触及触电者的皮肤和潮湿的衣服。(b)严禁救护人直接用手推、拉和触摸触电者,救护人不得采用金属或其他绝缘性能差的物体(如潮湿木棒、布带等)作为救护工具。(c)在拉拽触电者脱离电源的过程中,救护人宜用单手操作,这样对救护人比较安全。(d)当触电者位于高位时,要采取措施预防触电者在脱离电源后,坠地摔伤或摔死(电击二次伤害)。(e)夜间发生触电事故时,要考虑切断电源后的临时照明问题,以利救护。来不及切断电源可用绝缘体挑开电源,同时根据具体情况迅速对症救治,并向医务部门呼救或报 120 急救中心。③急救措施:(a)触电人脱离电源后,如果触电人神志清醒,但有些心慌、四肢麻木、全身无力;或者触电人在触电过程中曾一度昏迷,但已清醒过来,要让触电人安静休息,不要走动,严密观察,必要时送医院诊治。(b)触电人已失去知觉,但心脏还在跳动,还有呼吸,要让触电人在空气清新的地方舒适、安静地平躺,解开妨碍呼吸的衣扣、腰带,若天气寒冷要注意保持体温,并迅速请医生(或拨打 120)到现场诊治。(c)如果触电人已失去知觉、呼吸停止,但心脏还在跳动,尽快把他仰面放平进行人工呼吸,并迅速请医生(或拨打 120)到现场诊治。(d)如果触电人呼吸和心脏跳动完全停止,要立即进行人工呼吸和心脏胸外按压急救,并迅速请医生(或拨打 120)到现场诊治。

13.2.6　火灾事故

(1)致灾原因:隧道火灾可以分为隧道和汽车的电气灾、汽车机械事故火灾、车辆交通事故火灾、车载可燃货物火灾等类型。隧道火灾的起因主要如下:①人为纵火。②汽车本身系统故障起火。③汽车装载的货物起火。④汽车相撞起火。⑤隧道内机电设施线路短路起火等原因。⑥用电线路老化、搭铁、断路或超负荷,违章使用电炉,违章用电等。⑦燃油、油漆、化学原料等易燃物品违规存储,存储设施不符合安全规定,存储地照明未使用防爆灯,违章吸烟等。⑧民用爆炸物品违反管理规定。⑨作业时,违反安全操作规程。⑩施工现场违规动火;宿舍吸倒床烟等。

(2)技术对策:需采取如下主要技术对策:①加强隧道火灾研究,做好防灾减灾预案。②搞好隧道平纵线形、断面构造、通风、照明、消防、交通标志标线、逃生通道等设计。③加强防灾减灾演习,人员设备常处戒备状态。④强化运营管理,宣传消防知识,提高自救能力。

(3)预防措施:①加强作业人员的安全培训教育,经专业安全技术理论考核和实际操作技能考核合格,持证上岗。②加强标准、规范的学习,严格遵守安全操作规程。③加强施工现场作业人员的安全教育,提高安全意识和自我保护能力,自觉地遵守,杜绝违章作业,克服习惯性违章。④增大消防设施的投入,重要位置装置灭火器,并认真落实各项防火措施。⑤项目建立严格的消防管理制度,严格执行动火审批手续,落实现场监护人。按库区、生活区、办公区、施工区分片明确消防工作责任人,并做好危险场所、消防设施、电源总线和干线开关的标识。⑥根据施工现场的实际情况,为保证施工的消防设施能满足要求,在各施工区域适当位置配置灭火器。定期进行检查、检验,计划在适当时候组织安全、消防演习,普及消防知识。⑦在现场作业时,为防止火灾事故应采取以下防范措施:(a)现场严格控制生活或施工用火,易燃易爆物品应按规定堆放,远离火源。(b)经常检查现场用电线路,及时更换老化、破损电线电缆。(c)服从工地安全规定,不得在宿舍内煮饭、烧菜。(d)严禁随意吸烟,乱扔烟头。(e)生产、生活区放置备用灭火器。

(4)应急响应措施:①火灾安全事故发生时,发现初期火灾人员首先切断现场电源,使用就近的灭火器灭火或黄沙灭火,转移疏散燃油及一切易燃易爆物品,消除险情,防止事故蔓延或扩大。②设立警戒线,保护事故现场,疏散现场人员。③立即报告项目经理部领导,由各主管领导现场组织灭火。④项目领导在接到报告后立即赶赴火灾现场，并立即与现场主管领导取得联系指挥抢险队灭火，在起火初火势未被扑灭时应立即向“119”报告，请求消防部门支援。⑤医疗抢险人员在接到通知时必须立即做好准备赶到现场抢救受伤人员。⑥在火被扑灭后由消防部门或工区负责人组织现场人员组织对火灾事故的调查。⑦提交“火灾事故调查报告”，呈报主管部门批复结案。

(5)应急救援措施：①当发生火灾安全事故时，发现事故人员必须立即报告给现场管理人员和应急救援小组组长，如火灾较大，须立即拨打“119”电话与消防指挥中心联系。②应急救援小组组长接到报告后，立即组织各救援小组到达现场进行应急救援，包括灭火、疏散人员、伤员救护等。③发生火灾事故，要根据燃烧物质，燃烧特点，火场的具体情况，正确使用消防器材，及时扑灭初起火灾。火灾扑灭的基本方法：(a)火场上出现浓烟、高热、缺氧等致人伤亡时间，早在 5～6 min，晚的在 10～20 min，所有人员疏散时间必须控制在 3 min 内，全面疏散到安全地方。(b)施工现场发生的火灾，多数是由于烧焊作业或遗留火种而引起的，如可燃物，可用冷却灭火方法，将水或灭火剂直接喷射在燃烧的物体上，使其温度降低到燃点以下，达到灭火效果。(c)如电器设备火灾，可用窒息灭火法，用不导电的灭火剂，立刻关闭电源，使用二氧化碳灭火器、干粉灭火器等，直接喷射在燃烧的电器设备上，阻止空气接触，达到灭火效果。(d)油类火灾同样可用窒息灭火法，用二氧化碳灭火器、干粉灭火器等(严禁用水扑救)直接喷射在燃烧载油的器具上，阻止和氧气接触，达到灭火效果。(e)火灾事故扑灭后，要保护好事故现场，由主管部门或消防部门对事故现场进行调查、鉴定、确定起火原因。依照对发生火灾事故“四不放过”的原则，依法、依规对事故责任人进行处理。吸取火灾事故教训，落实整改措施，改进消防工作。通过火灾事例，教育全体员工，提高员工防火意识。

13.3 特有安全风险应急预案

13.3.1 坍方冒顶

(1)致灾原因：隧道施工过程中发生坍塌、冒顶的主要原因如下：①节理发育，脆性破坏，塑性区深厚。②初期支护不强，挖面过大，二次衬砌滞后。

(2)技术对策：①密现场监测，重视变形增量，及时反馈信息。②加长锚杆长度，注浆加固饱满，拱架托钣锁口。③加强拱架支撑，刚度匹配适宜，喷混凝土层密贴洞壁。④优化开挖工法，增大开挖断面矢跨比，二次衬砌施作紧跟。

(3)防范措施：①隧道施工前应结合设计文件和隧道施工安全风险评估展开隧道施工隐患调查和防控措施制定工作，通过对隐患现场调查，在施工中采取合理的防控措施避免影响隧道施工和结构安全，在调查中对设计提出的各种预案和各种特殊处理方案应具有一定的预判，使其更有针对性。②施工单位应根据可能存在的局部坍塌、冒顶等施工安全事故，施工开挖前制定详细的紧急处理方案、救援方案并进行必要的技术演练，杜绝灾害性事故的发生。③坍塌冒顶属突发性灾害，应根据开挖面的围岩特性、地质状况等进行预测，当预示洞段破碎或有较强烈岩爆发生的可能性时，应采取控制爆破、加强支护、安全监测等措施，加以预防与处理。④施工单位应严格按照设计文件、预防措施、相应操作规范执行隧道施工开挖、支护、监控量测的各个工序。⑤加强施工通风，发生坍塌、冒顶事故时可采用空压机管道向作业人员提供通风、给养，隧道外应配备必要的医疗、紧急救援设备。⑥现场作业时，为防范坍塌冒顶事故损害，应采取以下防范措施：(a)安排专人观察作业区洞段地质、支护及变形情况，发现洞室坍塌预兆及时预警，快速撤离。(b)遇到破碎洞段、变形过大洞段应快速通过，不得停留、观望。(c)现场超前地质预报作业准备充分，抓紧施测，快速撤离。(d)发现坍塌预兆，应及时向现场管理人员报告。

(4)应急响应措施：①当发生坍塌时，事故发生者或现场最早发现事故的人员，应迅速向现场应急小组报告，应急小组组长立即召集所有成员和应急救援人员赶赴出事现场，立即清理倒塌物，救出被坍塌物压住的人员。②发现人应及时发出警告信号，在危险区域的人员立即撤离，禁止其他工作人员接近或进入危险区域。同时组织疏散现场人员，保护事故现场，避免其他人员靠近现场。③现场施工人员立即撤离到安全地带后，工班长负责及时清点现场施工人员数量，查看有无人员伤亡，并将情况立即报告相关部门。④现场负责人或值班安全员、工班长等立即报告项目经理部领导，并立即启动抢险程序。⑤急救员立即根据伤者受伤情况，结合现场实际进行必要的医疗处理，在伤情允许情况下，抢救组负责组织人员搬运受伤人员，转移到安全地方。组长根据汇报，决定是否拨打 120 医疗急救电话，并说明伤员情况，行车路线，联系值班车到场，随时待命。同时安排人员到入场岔口指挥救护车的行车路线。⑥发生重伤、死亡、重大死亡事故时，应急小组组长应立即向项目部事故应急处理领导小组报告。项目部总经理接到重伤、死亡、重大死亡事故报告后，应立即报告公司主管部门和所在地人社、公安部门、检察院和工会组织。⑦机械设备有条件转移时，在保证安全的前提下，由班组长指挥快速转移到安全地带。⑧待坍方处于相对稳定时，由电工检查线路，恢复该地段安全应急照明，确保用电安全。⑨如有水涌出时，应根据水量的大小，立即组织人员进行应急处理，原则是：堵、排、引结合。待施工方案确定后进行根治。⑩项目部通知工程部(或办公室)采取摄影、录像等方式记录坍方情况。同时，项目部应急领导小组会同现场监理、设计院配合组共同会勘，分析、确定坍方的性质、规模及其后果，采取一切措施控制事态的发展，减小事件对施工造成的影响和损失。⑪若坍塌特别严重，自身救援能力有限时，应立即上报地方政府或相关救助部门，请求紧急救援，同时做好相关配合救援工作。

(5)应急救援措施。坍方可能对受害者造成两种严重的后果：一是土埋窒息，迅速造成死亡；二是土方石块压埋肢体，引起挤压综合征。石块土方压埋肢体时间较长，大腿等肌肉丰满处细胞易坏死，产生有毒物质，人一旦被救出，肢体重压解除，毒素就进入血液循环，会引起急性肾功能衰竭。其表现为伤部边缘出现红斑，肢体肿胀，伤员口干舌燥，恶心呕吐，厌食，烦躁乱动，因此，发现坍方要及时抢救。①当发生人员伤亡时，立即采取紧急救援工作，救援时必须两人以上进行防护，在确保救援人员无生命安全威胁的情况下进行抢救工作；若坍塌继续无法进行抢救时，则在安全位置守候待命，以便及时进行抢救，抢救过程中一定要保证人员的生命安全，防止坍塌损害进一步扩大。②受伤人员的急救，当施工人员坍塌物体打击时，急救人员应尽快赶往出事地点，立即进行现场急救，并呼叫周围人员及时通知医疗部门。如果处在不安全场所时，必须将患者搬运到能够安全施救的地方，搬运时动作要轻，应尽量平稳，观察患者呼吸和脸色的变化，如果是骨折，不要弯曲、扭动患者的颈部和身体，不要接触患者的伤口，要使患者身体放松，尽量将患者放到担架或平板上进行搬运。③应立即清理埋压坍塌土方或堆积物。在清理前应对围岩、支护进行必要的支撑加固，清理过程中派专人观察，防止发生新的事故。④救出险境。抢救全身被土埋者，根据伤员所处的方向，确定部位，先挖去其头部的土物，使被埋者尽量露出头部，迅速清洁其口、鼻周围的泥土，应立即清理伤员鼻及口腔中异物，迅速进行现场急救，保持呼吸畅通，进行口对口呼气，然后再挖出身体的其他部位。⑤对呼吸、心脏停止者，应立即进行口对口人工呼吸和胸部按压。⑥对各种外伤进行现场处理。如果局部肢体受挤压，在局部解除压力后，应立即用夹板将伤肢牢牢地固定住，严禁不必要的肢体活动，伤部应暴露在凉爽空气中。⑦当抢救出伤员时，根据伤员人数、受伤程度，由医务人员在现场采取相应的救治措施，采取"先重后轻"的原则及时将伤员送到医院进行抢救、治疗。

(6)坍方整治措施：发生坍方的地段，一般情况下，其地质状态较差，故其开挖及支护应按照软弱围岩的开挖及支护要求进行，即严格遵守"短进尺，弱爆破，强支护"的原则。现场采取与坍塌程度及范围相对应的施工技术措施，控制坍塌的进一步发展，技术措施要点：①加密监测，重视增量，及时反馈。②加长锚杆，注浆饱满，托钣锁口。③做好支撑，刚度适宜，喷层贴壁。④优化开挖，增大矢跨，二次衬砌跟上。

在确保施工人员安全的环境下，积极进行坍塌处理，尽快恢复正常施工生产。坍塌处置步骤和要点：①隧道发生坍方，应及时迅速处理，不得随意拖延时间。处理前，必须仔细观察坍方的范围、形状、数量大小及坍体的地质状况、地下水的分布、活动情况等，分析坍方发生的原因，研究制定处理方案。②应根据隧道坍方发生的部位、规模及地质条件、采取"治塌先治水、治塌先加强"的原则，采取喷锚支护、注浆、管棚、加强二次衬砌、设置护拱等技术措施，不失时机、不留隐患地进行处理。③清理坍方前，应采取下列技术措施，加强防排水工作：(a)地表沉陷和裂缝，应采用注浆填充和加固，或采用不透水土壤夯填紧密，开挖截水坑，防止地表水下渗进入塌体。(b)通顶陷穴口的地表四周应挖沟排水，搭设防雨棚遮盖穴顶洞内衬砌，通过坍方后，陷区应及时回填，回填应高出原地面，并用黏土或浆砌片石封闭穴口，做好排水。(c)塌体内有地下水活动时，采用管、槽引至排水沟排出，无法进行引排时可采用注浆堵水。④隧道坍方应按下列要求处理：(a)中小型坍方应将坍体自上而下全部清除，根据坍方后坡面的情况，可选刷坡卸载的方法，同时应对仰坡面自上而下进行喷锚加固。(b)大型坍方的坍体不必全部清除，可采取先挖台阶的形式清除一部分，再进行喷锚网加固，并在仰坡上适当位置设浆砌片石挡墙防护。(c)仰坡加固完成后，洞口段已露空洞身可采用暗洞明做或改为明洞衬砌，拱圈上部可回填土石或浆砌片石。

(7)土质类坍方处理预案：土质类坍方的围岩级别一般为Ⅴ～Ⅵ级，围岩以砂、土质或强风化的岩石为主，坍方呈土状，含有大量的砂、黏土(≥70%)以及少量的石屑和圆孤石，坍方范围以外的未坍塌部分呈相对不稳定状态。坍方规模一般较大，主要为大型和特大型坍方。对于土质类坍方的处理，不能采用清渣的方法，而必须采用注浆法进行，即"注浆＋管棚"的方法，其主要内容与岩石类坍方中注浆法的内容基本相同。但须注意以下两点：①注浆应根据坍体中土质(或砂)的颗粒大小分别采用渗透注浆、劈裂注浆或化学注浆，其选择标准为：$d \geq 1$ mm 时(d 为颗粒粒径)，渗透注浆；1 mm$>d>$0.1 mm 时，劈裂注浆；$d<$0.1 mm 时，化学浆液。②施作管棚时，因在土质中钻孔、成孔困难，可采用跟管钻机进行。管棚安装完成后应利用管棚再行注浆，并在管棚内安放小钢筋笼并灌注水泥砂浆，以提高刚度。③当土质类坍方坍至地表(这种情况在浅埋时经常发生)时，应先对地表坍口进行处理，其处理的内容及步骤同岩石类坍方的相应内容。

13.3.2 边坡滑塌

(1)致灾原因：诱发边坡滑塌、岩体滑动主要原因：①由于洞口段山体滑动与隧道开挖相互作用。②由于台阶法开挖引起拱顶沉降与地层偏压。③由于后行洞在邻洞未施仰拱与衬砌时开挖。④存在不良地层，浅埋隧道两洞过近难以成拱。

（2）技术对策：需采取技术对策：①加强地质调查，优化隧道结构设计。②加强超前预支护，衬砌支撑施工紧跟，及时仰拱封闭成拱。③洞内外防排水措施处理及时到位，防排水要遵循“防排截堵，综合治理”原则，达到排水畅通，不留后患。④在施工组织与管理方面，要依据设计图纸，严抓施工工法。⑤加强地质超前预报与监控量测工作，及时反馈，做好动态设计与信息化施工。

（3）防范措施：边坡滑塌及坠石容易引发灾害事故，在生产场地及住所应设置被动防护网或主动防护网，并定期对山坡危石进行清理。在现场作业期间，针对边坡滑塌及坠石等应采取以下防范措施：①了解不稳定边坡的位置，避免靠近不稳定边坡体。②下雨刮风期间不得在陡坡及下方行走。③定期检查现场、住所附近边坡及危石，及时发现与处理安全隐患。④陡坡上方施工时应在下方派人警戒，防止滚石伤人。⑤边坡上方行走应注意浮石，发现滚石马上预警，使下方人员及时避让。

（4）应急响应措施：①一旦发生坍塌、滑坡事故，首先应由疏散组进行疏散，清点人员，确定有无人员失踪、受伤。②了解事发前该区域施工人员情况，作业人数，如有施工人员失踪或被埋，立即组织有效的挖掘工作。③如有人员失踪、受伤应立即报警。并由车辆引导员做好救助车辆引导。④划定危险区域，安排测量人员进行坡面位移变形观测，并安排有经验的技术人员做好监控工作，如坡面不能稳定，及时采取措施处理。⑤必要时合理组织卸掉坡顶堆载，坡面组织有效支撑，防止坡面破坏扩大。

（5）应急救援措施：①当有人被埋时应迅速开展挖掘抢救工作，挖掘应采用人工挖掘，禁止采用机械挖掘，防止机械对被埋人员造成伤害。②人工挖掘尽量避免使用尖锐性工具。③对于大块沉重物体，应合理组织搬运，尤其是压在被埋人员身上的大块物体，必须组织好足够人力方可搬运，搬运前明确职责，由专人负责将被埋人员移出。④抢救挖掘人员应分班组，合理按照工作面安排人力，及时换班，保障抢救挖掘人员体力，保证在最短时间内将被埋人员抢救出来。

（6）应急抢救措施：在专业医疗人员到达前由救助组对受伤人员进行简单救助。①争分夺秒抢救压埋者，使头部先露出，保证呼吸畅通。②受伤人员救出来之后，呼吸停止者立即做人工呼吸，然后进行正规心肺复苏。③伤口止血且使用止血带。④切忌对压伤进行热敷或按摩。

13.3.3 突水涌泥

（1）致灾原因。诱发突水涌泥主客观原因：①存在岩溶发育充填的空洞，岩溶管道深远水系连通，地下水聚集，水压增大。②存在岩溶水丰富，向斜地质构造，形成地下水聚集，水压增大。③存在承压水位高，地表连通性好，地表水补给性好。④地质勘察资料不足，工程水文地质探查不清，围岩级别判断不准确，初期支护强度不足，二次衬砌未施作时，造成围岩失稳。

（2）技术对策：对于突水涌泥安全风险，如果不采取相应有效预防措施，不仅给隧道施工造成很大的影响，而且对堤岸、施工人员和城市的安全造成巨大的威胁。①突水涌泥的风险应对原则，应以防为主，治理为辅。②突水涌泥治理原则：综合治理与洞内治理结合；堵泥堵砂不堵水；以排为主，以堵为辅；永久治理为主，施工治理为辅。③技术对策：(a)加强地勘，重视监测，早期发现。(b)注浆加固，集水减压，及时封闭。(c)加强支撑，提高刚度，二次衬砌跟上。(d)加强地勘，查明水源，做好预案。(e)施工探水，超前减压，搞好引排。(f)收集散水，液固分离，注重两隅。(g)注浆止水，有限排放，保护环境。

（3）预防措施：现场施工存在涌水、涌泥风险时，必须采取超前地质预报、超前高压注浆、超前支护及安全监测等措施预防涌水、涌泥事故的发生，并提前做好排水、堵水准备及救援、安全逃生防护措施。①认真分析地质资料，做好超前地质预报；对地质情况不明的地段，一定要申请补勘。②加强施工管理，严格按标准规范化作业。加强地质素描和掌子面地质观察，坚持“严注浆、管超前、短开挖、强支护、快封闭、勤量测”18字方针，做到“四及时”(量测、反馈、支护、封闭及时)。③优先采取微震控制爆破技术，遵循“短进尺、少装药、多段别、弱爆破”的原则，严格控制爆破规模、爆破振动速度，减少对围岩的扰动。④成立抗洪抢险领导小组和抢险救灾队伍，密切联系当地气象部门做好预防工作，工地自备内燃发电机组、抽水设备。施工场地就近设专门抢险救灾物资库，保持道路畅通。⑤信息化施工监测预警：富水岩层地段施工必须坚持先探明后施工原则，出现突水涌泥征兆时必须暂停掌子面施工，及时打设超前探孔并准确判定前方地质水文情况后方可施工；同时加强日常观测，确保第一时间确认涌水险情并发出预警。⑥现场作业安全防范措施：(a)安排专人查勘现场地质、水文情况，发现涌水、涌泥预兆或灾害时应报警，并快速撤离。(b)进洞人员应注意逃生指示牌的指向，若遇涌水、涌泥发生应尽快按指示牌指定逃生路线撤离。(c)进洞人员应注意现场救生设施及位置，发生涌水、涌泥时应尽可能利用救援车辆等设施安全撤离。(d)现场超前地质预报作业准备充分，抓紧完成现场测试，快速撤离。(e)参加有关部门组织的遇险逃生演习，确保有序安全撤离。⑦在涌水高风险洞段，现场准备救生圈以备急用。

(4)应急响应措施：①施工过程中若发现较弱突水涌泥现象，现场技术人员立即报告应急领导小组总指挥，现场施工人员可根据现场实际情况制定合理的工程抢险方案并实施，发现水量大有涌水征兆时第一时间导流涌水，先预警撤出洞内后续班组的人员和机具到安全距离(100 m以外候命，保证掌子面处置涌水的作业人员9人以下)，同时迅速在涌水孔口位置用装载机配合打入孔口管，将涌出水用消防水带引入洞内集水坑利用排水系统排出。当孔口较大时，无法集中引排，造成水流沿掌子面后散排后，直接挖出(或者沙袋码砌水道)流水水道，引入前期积水坑抽排。并及时喷锚进行围岩封闭。如果围岩破碎，可在初喷混凝土结束后迅速安置钢拱架，然后再进行复喷混凝土封闭围岩，加强支护。当水量达到超出抽排时，要立即上报应急领导小组，全部撤人撤设备。②高强压力突水涌泥时：施工过程中若发生高强压力突水涌泥现象，现场副经理应立即尽快地撤离人员和机械设备，确保安全。同时向应急领导小组总指挥汇报，根据实际情况制定合理的工程抢险方案并实施，同时迅速组织救护工作。根据洞内水位上涨及前期安装的涌水测量装置等进行准确记录，计算出水量的流量、流速、水压，采取有效措施进行突水涌泥控制。③安全撤离：当确认出现涌水时，由项目副经理或工区主任下令，立即电话通知值班室，组织所有现场施工人员将施工机械加以安置保护，洞内施工人员由班组长带队全部撤离。被困施工人员来不及撤离的，应选择衬砌台车等安全平台进行自我保护，等待外部组织救援。④警戒与治安：(a)在发生涌水险情时，洞口值班人员应加强洞外巡视，隔离安全地带，禁止闲杂人员围观，禁止一切无关人员进入危险区域及施工现场；加强洞口看护，未经指挥部允许不得放入任何无关人员。(b)疏散人员要按指挥人员的疏导要求有秩序地进行疏散，做到不惊慌失措，勿混乱、拥挤，减少人员伤亡。⑤供电和照明，(a)在涌水可能危及洞内变配电设施时，现场电工应果断断电，防止个别线路漏电意外；险情排除后，经检查确认安全后可恢复供电。(b)启动专用应急及照明线路，保障隧道内必要的照明、抽水设备等需要。⑥组织抢险：(a)各班组及时清点人员，确认有无被困人员，情况报现场副经理，并集结待命，不得私自外出。(b)组织抢险突击队，由项目工程部及各工班抽调精壮工人组成，负责安装支护拱架，堆砌砂袋，规范水流方向。(c)在配备充分照明、救生设备时，由项目副经理组织身体素质好、水性高的工人进洞执行搜索救援活动。(d)医疗救护组做好准备,并视具体情况提前与定点医院联系。

(5)整治措施:一旦出现掌子面或隧道上方涌砂、涌水时,采取以下措施:①当水量较小时,立即对掌子面挂网、喷射混凝土,当出水较大时应集中引排水,及时架设钢架,对坍体进行封堵和反压,并采用径向注浆堵水。②当水量较大难以封堵时,隧道内其他掌子面应立即停止作业,人员撤出,从地表处理或从邻线隧道处理。在处理完毕后,可采取如下措施清理现场:一是从封堵墙位置打设超前大管棚,大管棚采用 ϕ108 mm 钢管制成,长度为 25 m,间距为 0.6～0.8 m,并从大管棚钢管中注水泥水玻璃双液浆加固周围土体;二是破除封堵墙上台阶,开挖掘进隧道上台阶部分,架设钢架,形成初期支护,如果仍有坍方、涌水、涌泥现象,紧跟着打设超前小导管进行超前预注浆,再按照隧道正常掘进方式进行掘进,开挖下台阶,支护紧跟。③隧道变形加剧有一定稳定时间时,加设临时支撑挂钢筋网,并补喷混凝土;掉块时,人员撤出,疏散地面人员,从地表处理或从邻线隧道处理。④隧道内局部坍方。无涌水伴随时,采用混凝土墙封堵;有少量涌水伴随时,采用混凝土墙封堵并注浆;有大量涌水时,人员撤出,再从地表处理或从邻线隧道处理。

(6)应急物资设备:应急设备主要包括:①声光报警设备及隧道间的信息快速传递。②应急照明。③逃生通道的畅通性。隧道内应有不小于 1 m 宽的专用无障碍逃生通道,以备紧急情况下人员逃生之用;工作井内应设置专用逃生电梯,并确保其任何条件下的使用性能。④井口局部隔断,防止一条隧道的突水涌入另一条隧道。⑤开挖掌子面附近始终存有钢筋网、锚杆、管棚、钢格栅、注浆设备、喷射机等抢险物资。⑥其他抢险物资及器材的配备。

13.3.4　岩溶灾害

(1)致灾原因:岩溶是可溶性岩层受具有溶解能力(含 CO_2)的水长期作用而产生,可溶性岩层一般指石灰岩、白云岩、白云质灰岩、石膏等类岩石。对于岩层中是否存在溶洞、暗河,可根据下列情况初步判断。①岩层中存在溶洞的判断依据:(a)四周汇水的洼地内发现有落水洞、漏斗存在。(b)落水洞、漏斗呈带状分布地段。(c)地面塌陷和草木丛生以及冬季冒气等地段。(d)地表水消失或附近有出水点或泉眼的地段。②岩溶工程地质特点:(a)溶洞位于隧道底部,充填深而充填物很松软。(b)溶洞位于隧道顶部,围岩容易坍塌。(c)溶洞岩质破碎,常发生坍方,有时遇到大的水囊或暗河,岩溶水或泥沙夹水大量涌入隧道。(d)有时遇到填满饱含水分的充填物。隧道挖至该充填物的边缘时,含水充填物不断涌入隧道内,难以遏止,导致地表开裂下沉,山体压力骤然增大。

(2)技术对策。①引排水:(a)遇到暗河或溶洞有水流时,宜排不宜堵。应在查明水源流向及其与隧道位置的关系后,用暗管、涵洞、小桥等方法将水排出洞外。(b)当岩溶水流的位置在隧道顶部或高于隧道顶部时,应在适当距离处,开凿引水斜洞或引水槽将水位降低至隧底标高以下,再行引排;亦可将水引入平行导坑排出。②填堵:(a)对已停止发育、跨径较小、无水的溶洞,可根据其与隧道相交的位置及其充填情况,采用混凝土、浆砌片石或干砌片石予以回填封闭;或采用加深边墙基础,加固隧道底部。(b)当隧道拱顶部有空溶洞时,可视溶洞的岩石破碎程度在溶洞顶部采用锚杆加固,并加设隧道护拱及拱顶回填方法处置。③跨越:(a)当溶洞较大较深,或充填物松软不能承载隧道结构时,可采用梁、拱跨越。跨越的梁端或拱座应置于稳固可靠的岩层上,必要时浇筑混凝土进行加固。遇特大溶洞时,可采取明洞结构形式。(b)当溶洞很大且地质复杂时,隧道衬砌可采用拉杆拱、边墙梁结构;有条件时,可采用锚索对溶洞与隧道连接处进行加固。

(3)岩溶溶洞处置措施:隧道穿越可溶岩地层时将遇到溶洞。①当遇岩溶时,现场负责人迅速电告应急工作领导小组,同时力所能及地采取措施,清除现场炸药、雷管等危险品,如有水涌出,迅速接通排水管,启动污水泵排水。应急工作领导小组接到通知后,由小组组长牵头,各部门通力合作,迅速赶赴现场。②组建抢险医疗队,配属救援车,赶赴现场负责人员抢救及疏散。组织现场无关人员撤离,确保道路畅通。③设备物资科迅速准备污水泵,应急发电机、喷锚机(备用)等设备及溶洞处理所需水泥、水玻璃、钢材等物资,且确保供电正常。装载机、挖掘机等大型设备至洞口待命。如有需要迅速赶赴现场或随时运载所需物资。④应急抢险队接到通知后半小时内赶至现场,首先清除现场架子车及其他与现场救援无关设备,如遇涌水转换高压风、水管为排水管,进行排水,提高排水能力。待涌水渐缓按既定技术措施在有关领导及技术人员的指导下进行岩溶处理。

(4)岩溶涌泥事故处置措施:①当探明前方确实存在泥砂填充型溶腔,有涌泥的可能时,在掌子面后方 40 m 设置 1.5 m 高、2.0 m 厚的砂袋挡墙,以减缓涌泥时泥浆急速后涌的速度,为人员撤离留足更多时间。②一旦发生涌泥时,由现场值班专职安全员指挥,先撤离掌子面施工人员。③当出现人员伤亡时,启动"安全事故报告和现场保护"程序和现场抢救措施。④当没有人员伤亡时,待洞内无险情时,再组织撤离机械设备。⑤涌泥能量释放后,再组织抢险人员进洞,用钢筋、钢管和型钢为骨架,用砂袋、水泥袋、喷浆料、水泥浆进行封堵缺口,用喷射混凝土将其封闭,并将周围洞身加固。⑥清除现场淤泥,采用 ϕ50 mm 或 ϕ80 mm 长 6~8 m 的无缝钢管,必要时两层、三层 重叠。形成"套管"以增大其抵抗松散地层压力能力。⑦由测量组在断面附近设置监控测量点,收集围岩的收敛变化情况,待稳定后组织人员恢复生产。

(5)岩溶突涌水事故处置措施:①建立隧道进、出口抽水班组,人员组成 8 人,确保抽排水系统随时处于正常系统。②突水段施工时,掌子面施工作业人员配备救生服,遇突水时,所有抢险人员必须穿救生服。③当洞内出现突水时,现场施工人员可根据现场实际情况迅速打随机排水孔,安置塑料弹簧软管进行排水(塑料弹簧排水管引入排水沟),释放水压力,突水量大于正常抽排水能力时,首先洞内值班专职安全员组织作业面施工人员撤离,并随时切断掌子面的电源,以保证撤离人员和抢险人员的安全,启动洞内涌水处的备用抽水设施,启动泵站备用水泵,以增大排水能力。④当此时仍不能满足排水时,由架子队长组织尽快启用洞外移动泵站进洞,再次增大排水能力。⑤当洞内积水继续增长时,由现场副经理组织增设排水管路和移动泵站数量,关闭小型水泵,采用泵站大扬程,大流量水泵直接抽排水。⑥当出现人员伤亡时,迅速启动"安全事故报告和现场保护"程序和现场抢救措施。⑦没有人员伤亡,当积水下降时,由工程部长、现场技术主管对积水浸泡段、隧道初期支护进行检查,由隧道作业队长组织施工队对有裂纹、松动处壁墙及时进行处理;如果围岩破碎,可在初喷混凝土结束后迅速安置钢拱架,然后再进行复喷混凝土封闭围岩,加强支护,避免初期支护因长时间浸泡软化产生脱落伤及作业人员。

13.3.5 瓦斯灾害

(1)致灾原因。瓦斯的特性:瓦斯是无色、无味、无臭的气体,但有时可以闻到类似苹果的香味,这是由于芳香族的碳氢气体同瓦斯同时涌出的缘故。甲烷瓦斯对空气的相对密度是 0.554,标准状态下瓦斯密度 0.716 kg/m^3,仅占空气的一半,所以,它常积聚在巷道的上部及高顶处。其扩散速度比空气大 1.6 倍,容易透过裂隙发育、结构松散的岩层,难溶于水,不助燃也不能维持呼吸，达到一定浓度时，能使人因缺氧而窒息，并能发生燃烧或爆炸。瓦斯燃烧、爆炸性是隧道、矿井主要灾害之一。

(2)技术对策：①确定探测方法，制订救援措施。②超前导坑开挖，探查种类含量。③加强施工通风，稀释瓦斯浓度。④采取湿式凿岩，使用毫秒雷管。⑤采取安全措施，训练专门人员。⑥严禁易燃物品，加强巡检制度。

(3)瓦斯地质预防措施：①超前探孔时，首先用大直径 ϕ76 mm 钻头开孔，在孔口管内进行超前探孔，加强对探孔口处的水、气检测，采用瓦斯检测仪器，对探孔口处加强监测，防止瓦斯超限，当有瓦斯突出征兆或预测有危险时，掌子面停工、撤人、断电，同时加强通风。②提前对瓦斯气体进行预判，当掌子面有裂隙水时。专职瓦斯检查员对爆破前的钻孔、装药等工序，不间断进行气体监测，当气体浓度急剧升高预判有突涌危险时，立即停工、撤人、断电，同时加强通风。③爆破后，爆破工、瓦斯检查员和班组长佩戴防护用品进洞进行安全检查，确认无瓦斯等有毒有害气体突出且浓度在安全范围内时，再组织人员进洞施工。④施作超前探孔时，技术人员、专职瓦斯检查员跟班作业，详细记录施工钻进情况，分析地质结构及含水情况，防止空腔中积聚瓦斯等有毒有害气体和突水情况发生。

(4)瓦斯爆炸预防措施：①防止瓦斯积聚：瓦斯积聚是指局部瓦斯浓度超过2%，其体积超过0.5 m^3 的现象。为了防止瓦斯积聚，隧道施工技术管理上停工地点不准停风，并加强通风系统管理，严格执行瓦斯检查制度，及时安全地处理积聚瓦斯。②防止点火源：防止瓦斯引燃的措施是严禁和杜绝一切火源；严格管理和控制生产中可能发生的火、热源，防止它的产生或限制其引燃瓦斯的能力。因而严禁携带烟草和点火物品进入隧道，隧道供电照明灯具应完好，严禁损坏、敲打、撞击；加强电器设备管理和维护，采用防爆型的电器设备，隧道供电还应做到无“鸡爪子”、无“羊尾巴”、无明接头，坚持使用煤电钻综合保护，坚持局扇风电闭锁。③防止瓦斯爆炸灾害扩大：为了防止万一发生爆炸，应使灾害限制在尽可能小的范围，并尽可能减少损失，为此通风系统力求简单，采用并联通风，禁止大串联通风。

(5)瓦斯超限应急处置措施：①当隧道内出现瓦斯超限等危险时，如监测甲烷气体浓度达到0.5%时，或硫化氢浓度达到 6.6×10^{-6} 时，或一氧化碳浓度达 24×10^{-6} 时，现场第一发现人立即发出警报，现场带班人员立即组织人员停止施工、撤出隧道；并报告现场负责人，现场负责人接到报警后立即赶到现场，初步查看现场后立即组织施工人员开展自救工作并同时报告项目领导(组长、副组长)，报告或报警的内容：事故发生的时间、班组、类型、伤亡人数(含被困人数)及危险程度和抢救情况。开展自救时必须遵循以下原则：(a)当声光报警信号发出后，必须立即停止工作、切断电源，迅速组织撤退灾区和受威胁区域内的人员，抢救遇难人员，组织救护队员戴呼吸器探明事故地点、范围和气体成分。(b)在瓦斯超限区域外，应设置栅栏和警标，严禁无关人员入内。(c)瓦斯事故(事件)发生后，洞口救护队必须首先组织调查工作，探明事故性质、原因、范围、遇难人数和所在位置，以及洞内通风、瓦斯等情况，并立即按照方案抢救。(d)非专职救护队员不得进洞参加救护工作。如有外单位专职救护队协助时，应由事故所在单位统一指挥。(e)发生火灾时，不得停风，但应控制进风量，在避灾过程中受灾人员要守纪律、听指挥。撤离时应两人以上编组同行，要互相帮助，要注意风流方向，尽可能采取捷径进入新鲜风流中。②项目领导了解现场工作开展情况以后立即做出相应决策，协调组织项目部各部室、各施工队及外部相关单位协助救援并迅速向上级报告。各部门负责人接到电话后，应迅速召集救援人员奔赴事故现场进行抢险。疏散人员、撤离危险物品、进行现场救援、伤员转送。当抢险人员不能控制事态时，应急指挥中心应立即向地方有关部门求救，避免事故蔓延和扩大。③事故发生后项目安质部、工程部、作业队按照“四不放过”原则，进行现场勘察、事故调查，写出事故报告，上报相关部门。

(6)瓦斯燃烧应急处置措施：①当洞内发生瓦斯燃烧，未引发瓦斯爆炸时，洞内人员应在保证自身安全的前提下，利用现场灭火器材进行灭火，若火势过大或有引发爆炸的可能时，洞内人员自己能逃离现场的，必须尽快离开，撤出洞外，若无力撤出时，则在相对安全处等待救援。②撤离至安全位置(一般至洞外)时，应立即清点在场人员名单并登记，查看有无人员伤亡情况，并将情况立即向现场负责人或领导汇报。③切断电源，防止瓦斯爆炸。④应急领导小组接通知后，立即启动应急抢险救灾程序，积极组织人力、物力、财力进行灾后援救工作，降低或减少灾害损失，如自身无力进行援救工作，应及时向地方政府或相关职能部门报告，并请求紧急救援，同时做好相应的配合救援的各项准备工作。⑤加强隧道内通风，随时检测隧道内瓦斯浓度，当瓦斯浓度降至安全值以内时，救援人员方可进洞进行救援。⑥当抢救出伤员时，由医务人员及时诊断其伤势情况，以“先重后轻”的原则进行抢救，当受伤人员中有窒息者时，应及时进行人工呼吸。烧伤人员必须在医生的指导下进行治理，切不可乱涂乱洗，以免加重伤势。根据实际条件，及时将伤员送往就近的医院进行抢救治疗。

(7)瓦斯局部积聚应急处置措施：瓦斯积聚主要分空洞瓦斯积聚及层状瓦斯积聚。空洞瓦斯积聚发生在隧道坍方处或严重超挖处，层状瓦斯积聚发生时由于瓦斯比空气轻，易停滞在隧道顶部，形成层状瓦斯积聚。瓦斯积聚主要采用局部送风的方法驱散瓦斯：经检测瓦斯浓度超过 0.5%，立即采用局扇向瓦斯聚集处供风，加大风速，及时将瓦斯浓度稀释至安全值内。

(8)瓦斯突出事故应急救援措施：①开工前组织工人学习瓦斯突出的基本知识，了解突出征兆，使工人懂得一旦发现瓦斯突出征兆应停止工作，迅速撤离现场，并上报有关部门。②在发生瓦斯突出事故后，在上报指挥部的同时，项目部应急领导小组成员应立即奔赴现场，迅速查明突出位置和灾情细节，通知工人佩戴自救器迅速撤离现场，并由救护队员抢救遇险人员。在应急救援指挥长的领导下，确定下一步施救行动，防止事故蔓延扩大。隔离、警戒现场，防止无关人员接近。组织引导现场周围的人员、物资进行撤离、疏散。③立即在安全地点切断灾区电源，在灾区范围内不得随意启动、关闭任何电源，在灾区杜绝一切火源点产生。④加强灾害区域通风，迅速排放巷道中瓦斯，为抢险救灾工作创造条件。⑤迅速清理巷道中堵塞物，恢复通风，抢救人员，并在扒开被堵区域之前，必须保证用压风向被堵区中供氧。⑥遇险人员利用压风进行自救。⑦进入灾区之后，认真检查有无火源，发现火源立即组织灭火，灭火过程中应注意瓦斯、煤尘变化。⑧在处理事故中所用工具，必须能防止火花产生，防止二次事故发生。

(9)瓦斯、煤尘爆炸事故应急救援措施：①在发生瓦斯煤尘爆炸事故后，在上报指挥部的同时，项目部应急领导小组成员应立即奔赴现场，迅速组织灾区工人佩戴自救器迅速撤离灾区。在应急救援指挥长的领导下，确定下一步施救行动，防止事故蔓延扩大。隔离、警戒现场，防止无关人员接近。组织引导现场周围的人员、物资进行撤离、疏散。②应急救援指挥长通知应急救援队立即赶赴现场，探明爆炸事故地点，查明波及范围，监测气体成分，并组织人力抢救遇险人员。③发现火源立即扑灭，防止二次爆炸。④迅速清理现场，抢修通风设施，并恢复通风与通信。⑤排放因通风设施破坏而造成的瓦斯积聚。在排放中要首先清理排放线路中火源，并严格控制排放瓦斯浓度。

(10)电源、风机故障应急处置措施：①因停电且备用电源失效，风机故障等原因停风时，立即撤出洞内所有人员，切断电源。②封闭洞门，设置安全警示标志，禁止人员、车辆进入洞内。③通风班及时进行电路、设备检修，尽早恢复通风。④恢复局部通风前，必须由瓦斯检查员检查瓦斯浓度。只有当停风区内瓦斯浓度不超过 1.0%，且在局部通风机及其开关地点附近 20 m 内风流中的瓦斯浓度均不超过 0.5%时，方可人工启动局部通风机。当停风区中瓦斯浓度超过 1.0%时，必须采取安全措施，控制风流排放瓦斯。只有经检查证实停风区中瓦斯浓度不超过 0.5%时，方可人工恢复局部通风机供风的坑道中电气设备的供电。

13.3.6　岩爆灾害

(1)致灾原因：①岩爆：隧道开挖中开挖周边(掌子面、顶部、侧壁等)的岩块突然飞溅而下，并伴随着巨大的“啪啪”声响，这种现象称为岩爆。岩爆现象是由蕴藏在地层中的弹性变形能伴随着开挖而被释放所产生的，当隧道覆盖层厚、地应力高且岩层较均质、裂隙少、完整性好时，容易发生岩爆。②岩爆产生机理：对岩爆产生机理进行解释的理论主要有：强度理论、能量理论、刚度理论、岩爆倾向理论、失稳理论、断裂损伤理论、突变理论等，其中弹性变形能理论比较客观地解释岩爆产生的原因和机理，即系统释放的能量大于岩体本身破坏所消耗的能量而引起的。③岩爆与坍塌特征对比：(a)破坏产生的力学机制不同：岩爆呈压应力剪切破坏形态，呈片状剥落并飞溅而下的岩块具有冲击力，脱离母岩不会很深，但面较宽；而坍塌呈拉应力破坏形态，坍体不具冲击力，但脱离母岩可能很深，甚至冒顶。(b)是否具备发生必然性：岩爆具有客观性，无论工程施工多么合理，地层只要构成岩爆发生机制，就难以避免；而坍塌则不然，只要开挖方法妥当，支护合理，可以避免坍塌发生。(c)是否具备可预测性：岩爆具有突然性，征兆性不明显，即便采取周密的监控量测也难以察觉；而坍塌是可以观察监测到，无论是围岩松弛还是断层张裂，均有演变过程。(d)是否具备多次性：岩爆具有多次性，变形能量的释放往往要几次才能完成，因此在同一部位经常会反复发生岩爆，规模较大的可能持续几天时间；而坍塌大多为一次性发生。(e)破坏产生在时空上不同：岩爆具有快速性，岩爆在施工爆破后较短时间内发生，多在新开挖的掌子面附近发生，个别的也有距新开挖工作面较远地方发生，常见的岩爆部位以拱顶、拱腰部位为多，岩爆在开挖后陆续出现，多在爆破后的 2～3 h 发生，24 h 内最为明显；而坍塌的发生则在时间方面相对滞后，在发生的空间上也有明显区别，坍塌在隧道三维空间都可能发生。(f)破坏造成围岩松动范围不同：岩爆发生部位的周围无松弛，只需处理岩爆凹坑即可；而坍塌发生后其周围围岩可能已松动，加固处置的范围较宽。(g)地下水的影响明显不同：一般情况下，有地下水则无岩爆；而地下水对坍塌则有催化诱导促进作用。(h)与隧道开挖断面形状相关性不同：岩爆发生与否与隧道开挖断面大小和形状相关性较低，但发生规模与断面大小有一定正相关关系；而坍塌发生与否与隧道开挖断面大小和形状有较强正相关关系。

(2)技术对策：①爆破设计方面：调整钻爆设计，提高光面爆破效果，改善洞壁应力条件，降低爆破动应力场的叠加，降低岩爆发生频率与强度。②施工工法方面：施工过程中，爆破开挖要坚持和采用短进尺、多循环，以改善围岩的应力状态，减少岩爆的发生。掌子面和洞壁经常喷洒水，必要时可向掌子面高压注水，以降低岩体的强度。当岩爆轻微或中等时，可全断面开挖，当岩爆强烈或剧烈时，可分两步开挖，以降低岩爆破坏程度。③衬砌支护方面：岩爆区段系统锚杆不宜过长，一般控制在 2～3 m，但其安设密度要求较大，即“短锚密布”，并呈梅花形布置。轻微或中等岩爆区段，采用素喷射混凝土即可；强烈或剧烈岩爆区段，宜采用纤维喷层。钢筋网在施工锚杆后立即安置，钢筋网宜采取挂“整体网”的方法。钢架架设间距不宜过密。④监测预警方面：在估计有岩爆的地段，不得在爆破后立即进入开挖面附近，应设立观察时间。通过观察，一听响声，二看位置，三看方向，找出岩爆发生的前兆，并逐步积累经验，开展岩爆的预测和预报。必要时,应采用 AE 法等方法预测预报岩爆的发生位置与规模。

(3)预防措施:①加强超前地质探测和围岩监测,在可能发生岩爆地段充分利用超前水平钻孔,开展地应力测试,对岩爆进行定量分级,如利用原位测试获得洞壁切向应力,采用应力强度比判据对岩爆进行分级,必要时采用微震监测进行基于微震能量的岩爆分级方法。②准确把握地质状况,制定出完善的岩爆防治措施。③具体记录施工过程消失岩爆的时间、桩号、埋深、围岩类别等资料,综合分析归纳出岩爆发生的规律,增加岩爆发生的预见性。④根据岩爆发育程度,研究制定切实可行的应急抢险救援方案和应对措施。⑤隧道部分洞段地应力高、岩体完整,存在岩爆风险;而破碎洞段也存在掉块风险,因此在隧道开挖施工过程中,应采取减小单循环开挖进尺、拦截岩爆飞石与掉块等措施,减少岩爆、掉块对施工设备与人员的安全危害。⑥在现场作业时,针对岩爆、掉块等灾害应采取防范措施:(a)安排专人查勘现场岩爆、掉块等情况,发现岩爆、掉块预兆及时预警,快速撤离。(b)当围岩发出爆裂声响时,应快速撤离后方,等待、观察一段时间后,未发现岩爆再行作业。(c)遇到岩爆、破碎洞段应快速通过,不得停留。(d)掌子面及附近超前预报作业时间应安排在清渣、排险之后,在岩爆频发洞段作业应在喷锚挂网支护之后进行。(e)发生强烈岩爆洞段应尽量避免靠近,若必须靠近则作业人员应戴头盔、穿防弹衣,以防岩爆弹射伤人。

(4)应急响应措施:①当确认岩爆事故即将发生或已经发生时,发现人员首先向应急领导小组报告内容包括时间、地点、人员、损失情况。②应急领导小组在了解情况后,施工单位立即做出应急响应,启动相应的应急预案。应急小组人员根据分工,各负其责;迅速开展应急救援工作,各工区及有关目击人员必须立即向应急救援指挥部报告。施工单位相关负责人应在事故首发第一时间赶赴现场,按照本预案指挥处置,组织救援救护。③当隧道作业面内出现掉块、岩爆时,施工工人应立即停止施工并撤出洞外安全地带,并及时汇报。④各班组及时清点人员,确认有无被困人员,并集结待命。⑤安排支护班向拱部及侧壁喷射钢纤维混凝土,再加设锚杆及钢筋网。必要时还要架设钢拱架和打设超前锚杆进行支护。⑥调动机械进洞抢险,组织抢险突击队,由各班组抽调精壮工人组成,负责安装担架,准备救人,医疗组救护车进洞待命,医护人员携带相关急救物品随同。对轻伤人员在现场采取可行的应急抢救,如现场包扎止血等措施,防止受伤人员流血过多造成死亡事故。⑦联络组做好准备,并视情况提前与地方医院联系。如有人员被埋,应首先按部位进行抢救人员,并与相关的医院取得联系,要求做好伤员抢救准备,采取有效措施,防止事故发展扩大,同时向上级部门进行汇报。

(5)岩爆整治措施:①进入高埋深段之后,施工过程中若发现岩爆或前期征兆及时向项目部领导汇报。②机械化施工以减少施工人员,同时对掌子面附近人员、机械设备采用防弹背心、防护网、防护台架等多种手段进行防护;对大型机械尽可能采用远程操控,人员位于安全区域。③依据现场实际状况采取针对性的整治措施:(a)若岩爆强度弱,采用掌子面和洞壁喷洒水、打应力释放孔,减少(弱)岩爆的影响。(b)若岩爆强度稍强,采用掌子面和洞壁喷洒水、C25 钢纤维喷射混凝土(厚度 15 cm)封闭掌子面、打应力释放孔、应力释放孔注水,减少(弱)岩爆的影响。(c)若岩爆强度大,应快速撤离人员、设备,待岩爆稍弱后,快速实施喷水和喷锚作业,封闭围岩,掌子面采用超前锚杆加固、打应力释放孔、应力释放孔注水,以降低岩爆的发生。

13.3.7 高温环境

(1)预防措施:①采取针对性强的防范措施,加强对各班组的宣传教育,组织应急演练,做到每人都懂得保护自己及救护他人。②加强施工通风，增强洞内空气循环。③采用冰块降温、喷雾降温等方法降低洞内环境温度。④对施工设备需加强冷却系统设计，加强设备冷却系统能力，降低进水温度。⑤强化洞内设备配置标准：配置制冷系统，冷却新鲜风。⑥优化施工组织，调整施工人员作业时间。⑦加强施工人员个体防护。

(2)应急抢救措施：①轻度患者：现场作业人员出现头昏、乏力、目眩现象时，应立即停止作业，防止出现二次事故，其他周边作业人员应将症状人员安排到阴凉、通风良好的区域休息供应其凉水、湿毛巾等降温用品。并通知项目部管理人员进行观察、诊治。②严重患者(晕倒、休克、身体严重缺水等)：当作业现场出现中暑人员时，应第一时间将其转移到最近的医院进行观察、治疗。③人员管理：为工作人员提供足够的水和新鲜空气，适当调整作息时间，避免在高温环境下工作时间过长。④防火措施：增加散热设备以及定期对易燃物进行清理和检查。⑤逃生预案：制定疏散预案，指示被困人员如何安全地撤离隧道。

(3)应对处置措施：高地温环境将影响施工人员及设备的工作效率，施工中针对高地温隧道采取以下措施：①针对高地温隧道，采用综合监测、热源阻隔、洞内降温相结合的降温体系，即“预、防、治”三位一体的降温体系。②加强超前地质预报，提前监测围岩温度计富水情况，保证技术方案的针对性、合理性。③根据隧道环境温度，采用以下处治措施：(a)当 28 ℃$<T\leqslant$ 37 ℃时，采用加强施工通风，风机应该布置在洞的外面，通过风管可以将低温新鲜的风送到工作面中去，这样能够很好地降低工作面风流的温度。在选择通风管的时候，一般都会选择强度比较高的抗拉低漏风软风管，这种风管适用的材料是增强塑料布以及高强涤纶长纤维基布 PVC。若是风压达到 3 kPa 的时候，那么应该在距离风机 20 m 左右的地方使用 2 mm 厚的铁皮来进行硬通风管的制作，这样能够很好地消除气锤作用，从而降低风阻。一般情况下，连接软风管的时候，会使用拉链式的方法，并且节长也应该达到 20 m，硬风管的材料是镀锌铁皮连接的时候需要通过套接箍来加强，并且还应该通过玻璃胶来进行密封。(b)当 37 ℃$\leqslant T<$ 50 ℃时，加强施工通风＋喷雾洒水＋放置冰块，采用向掌子面炮孔岩壁及出渣堆喷洒凉水的方式有效降低洞内温度。岩壁温度达到 50 ℃以上，不宜采用洒水降温。采用冰块或者充分利用临近河流水量充足，例如某隧道附近河道夏季流水温为 12 ℃，冬季为 0 ℃，在河道上游约 200 m，高差约 10 m 处修建一集水池，通过 150 mm 的塑料管将冷水输送至施工洞工作面直接喷洒到岩壁及掌子面以达到降低爆破孔内温度的效果，采用水泵将河水直接输送至工作面降低温流温度。④优化调整施工组织：施工中加强施工组织管理，地热段应尽量安排在气温较低的季节施工，以减少机械制冷运行成本，同时机械设备尽量采用油改电设备。⑤针对高地温，采用耐高温耐腐蚀的混凝土，主要施工工艺：(a)喷混凝土工艺：当在干燥围岩喷射混凝土时，可向岩面喷淋冷水以保湿和降温；对潮湿围岩，需合理减小喷混凝土的水灰比，并采用降温措施，降低作业环境。(b)衬砌混凝土施作工艺：降低混凝土材料的温度或掺加碎冰，减少水灰比，养护过程中注意保湿，防止干湿循环引起混凝土干燥收缩裂缝。(c)严格控制衬砌混凝土浇筑长度，地热恶劣区域宜按 6～10 m 控制，必要时可于衬砌内设置循环冷却水管降温，以避免养护期间因衬砌混凝土内外温差过大而引起开裂。⑥火工材料预冷：根据洞内温度测量，如果洞内环境温度达到 38 ℃～67 ℃，炮孔底部温度为 58 ℃～82 ℃，施工洞采用乳化炸药，要对炸药外表进行石棉织物材料防护后，预先放置冰柜中，使乳化炸药冷冻至－18 ℃左右，以延长乳化炸药在孔内变质硫化的时间。⑦减少热源作业程序：针对作业岩面出现气体喷出现象，岩壁喷出气体温度 122 ℃，空气温度超过 45 ℃。现场采取超前探孔及安装纳基软毡隔热毯降温措施。打超前探孔 10 m，安装纳基软毡隔热。⑧综合降温系统运行管理：(a)定期对实际通

风量、风压风速以及噪声进行测试并且进行一定的记录做好通风设备的检查和维修工作，从而保证设备运行的正常。为了保证实际的通风效果，有必要进行长风管的连接可对出口和工作面的距离进行调整，做好进洞设备以及相关道路的管理工作，洞内不应该进行杂物或者机械设备的堆放这样会给通风效果造成严重的影响。(b)定期测试粉尘和有害气体浓度并做好记录，发现超标及时处理。(c)安全措施：在安装风机的时候必须保证其安装的牢固性并且在周围 5 m 的范围之内不能够进行杂物的堆放，并且风机本身的保险装置应该到位，在出现故障的时候，能够自动停机，并且操作的时候还应该根据规章制度进行，规避出现安全事故。

13.4 其他安全风险应急预案

13.4.1 爆破飞石

(1)预防措施：爆破作业容易产生飞石或引发坍塌事故，应在爆破区周围设置爆破警戒区，建立爆破警报制度，并将警戒区内人员、设备撤离到安全位置。在现场作业时，针对爆破飞石及坍塌事故等应采取以下防范措施：①了解爆破作业时段，避免爆破时段进入爆破作业区域。②现场作业应避开爆破作业时间，确保人员、设备安全。

(2)爆破飞石：①主要表现为：(a)设计警戒区内清场不彻底或冲击警戒线发生的爆破飞石事故(人员伤亡和设备损毁)。(b)爆破参数不合理或改变产生过远飞石造成事故(人员伤亡和设施损毁)。②应对措施：(a)认真组织清场警戒工作，警戒人员布岗合理，并坚守岗位，严防无关人员和车辆进入爆破危险区。(b)警戒时依次发出预告信号、起爆信号和解除警戒信号，以口哨、红旗和对讲机进行联络，联络信号清楚明白。(c)清场工作干净彻底，人员未全部清理不放炮，移动设备不全部撤离不放炮，坏设备不便退出应与机主联系，明确责任后再放炮。(d)发生工伤事故后，应及时报告公司领导和有关部门，保护好现场，并进行抢救。

13.4.2 早爆盲炮

(1)早爆：①主要表现为：(a)爆破器材受撞击、摩擦、暴晒和明火燃烧等造成意外早爆，这类事故一般发生在感度较高的雷管方面。(b)杂散电流和射频电引起的电雷管早爆。(c)感应雷击引起电爆网路早爆和直接雷击引起爆炸物品和电网路早爆。②应对措施：(a)爆破现场严禁烟火，禁止无关人员进入装药现场。(b)防止阳光直接暴晒金属外壳雷管。(c)爆破作业人员必须按照爆破安全规程操作，按操作程序加工起爆药包，轻拿轻放爆破器材。(d)装炮使用木质或竹质长棍，起爆药包装进炮孔后不要用炮棍捣动孔内药包。(e)爆破作业现场的杂散电流值、射频电等符合规定，操作人员不能穿化纤衣服，手机、对讲机远离装炮现场。(f)雷雨天气不得进行爆破作业，装药过程中遇雷雨突然来临，要迅速撤离所有人员到安全地点，并设警戒。

(2)盲炮：①主要表现为：爆破产生盲炮是不可避免的，有操作问题产生的盲炮，也有爆破器材质量问题产生的盲炮。每次爆破后，要加强爆后检查，认真分析爆堆形状，判断是否有盲炮存在。如果发现盲炮，应对盲炮作出标记，依照盲炮的处理规定，及时进行处理。②预防措施：(a)认真检查爆破器材的生产日期和质量，结块的改性铵油炸药和变质失效的乳化炸药不应在工地使用，电雷管要逐个导通和检测雷管电阻。(b)操作过程要认真仔细，防止装炮时雷管脱离起爆药包。(c)电爆网路连线按起爆顺序要求进行，避免错接、漏接，连线后爆破班长和工程技术人员要认真检查。(d)电爆网路接头要牢靠紧固,并用绝缘胶布包好。③盲炮的表现形式及处理方法:(a) 全部炮孔未响。电爆网路整个爆区全部炮孔未响的原因主要是起爆器问题,更换起爆器电池或起爆器可以重新起爆。(b)部分炮孔未响。电爆网路部分炮孔未响的原因主要是漏连和起爆能问题。如果未爆炮孔的起爆线路完好,先爆炮孔未造成后爆炮孔的抵抗线大小和方向改变,可以重新连线起爆。(c)单个炮孔未响。电爆网路单个炮孔未响的原因主要是漏连和雷管质量问题。如果该炮孔的导爆管或电线完好,已爆炮孔未造成该炮孔的抵抗线大小和方向改变,可以重新连线起爆。否则应对该炮孔的炸药和雷管进行处理:向炮孔内注水使不抗水的改性铵油炸药失效;在盲炮炮孔旁打平行炮孔装药起爆,炮孔与盲炮炮孔间距不小于孔径的 10 倍。

13.4.3　粉尘伤害

(1)风险源识别:隧道爆破、渣土运输、喷射混凝土等施工过程中,都产生大量粉尘,如果未采取降尘措施,作业人员又未按规定佩戴个人防护用品,在此环境下作业,长期吸入生产性粉尘使肺部组织产生纤维化病变,对现场作业人员身体健康产生极大伤害。

(2)防范措施:①加强作业人员安全培训教育,增强自我保护意识,正确佩戴防尘口罩及其他个人防尘用品。②改善作业环境,采用湿式作业,局部抽风作业和密闭除尘作业,降低粉尘浓度。③加强防尘设备的技术管理,建立维修保养制度,确保正常运转。④定期对粉尘作业人员进行身体检查,按规定发放保健食品。

(3)应急措施:①应定期对现场作业人员体检,对体检结果身体发生病变的作业人员立即调离粉尘作业岗位,送医院治疗。②治疗终结后视其恢复情况,安排适当工作,并按国家规定,定期进行检查,观察病情变化情况。

13.4.4　爆炸事故

(1)致灾原因:①氧气,乙炔瓶爆炸的识别:在整个工程施工中,需要使用大量的乙炔和氧气,对钢筋进行焊接,对模板进行焊接对设备进行了焊接等。如果装乙炔和氧气内的钢瓶储存方法不当,使用不规范,极容易发生因气体泄漏而产生的气瓶爆炸事故。因此,氧气、乙炔瓶是重大危险源,要加强管理。②火工产品爆炸事故的识别:火工产品爆炸事故主要是操作人员、火工产品保管人员违章作业、违规管理造成的,如爆破工没有经过培训上岗、或不熟悉相关规程使用炸药,违规混运火工产品,不按规定要求存放火工产品等,均易发生爆炸事故。因此,防止火工产品爆炸事故的重要措施是加强操作人员的安全教育和操作技能培训,防止由于违章作业带来的不期望后果。③锅炉爆炸事故的识别:锅炉爆炸事故主要是操作人员违章作业易造成,如超过额定压力,满水事故,缺水事故。因此,防止锅炉爆炸事故的重要措施是加强对操作人员的安全教育和操作技能培训,防止由于违章作业带来的不期望后果。

(2)预防措施:①参加应急救援的人员要服从应急领导的指挥,参加应急救援的演练和培训,熟练掌握演练过程,当得到事故报告后,根据演练的要求,进行应急救援。②应急救援物资不得挪作他用,并备足应急救援物资。③参加应急救援的人员,要不断地学习,掌握应急救援的知识,为事故救援打下坚实基础。

(3)应急响应措施:①现场:一旦有场内人员、操作人员或警卫人员发现紧急情况,要立刻用电话通知信息管理人员,确定应急级别,临时担任场内应急指挥,向经理部应急指挥、管理层和监理工程师通报,指挥部接到汇报后,按实施程序启动应急反应组织。②场外:根据应急类型、发生时间和严重程度，依照法律、法规和标准必须向外通报。在应急指挥的指导下，通信联络负责人按应急预案规定行动。③公共信息：按法律、法规的要求向员工、公众提供有关活动的信息。(a)新闻发布和事故报告：向报纸、电台、电视台发布，紧急事故和任何人员受伤的信息只有以下人员有权发布：指挥长、副指挥长。(b)社区反应：项目如果发生紧急情况会对职位社区造成危险，指定的通信负责人应该与当地安全生产主管部门、消防部门、卫生部门或环保部门保持联系。他们应该得到对紧急情况的简单介绍和任何必要的专门说明。④社会支援程序：一旦发生重大生产安全事故，项目部抢险救援力量不足或者有可能危及社会安全时，应立即向上级单位和相邻单位通报，必要时请求社会力量援助；社会救援队伍进入本工地后，由指挥部副指挥长负责联络，引导并告知安全注意事项。⑤保护措施程序：(a)当事故将危及施工现场人员、财产、周边居民的生命和财产安全时，由经理部宣布实施保护程序。(b)人员疏散：由经理部安全负责人组织应急保卫组首先对受安全威胁的人员进行疏散到安全地带。(c)人员查点：由经理部安全负责人指定警卫人员对疏散人员进行查点，并对查点情况向副指挥长汇报，副指挥长向指挥长汇报。(d)财产疏散：确保无受安全威胁的人员后，再对受安全威胁的财产实施转移，转移至安全地带。(e)危险区进出管制：根据现场危险情况，设立警示或警告标志，只能由抢险人员进入，确保无关人员进入危险区。⑥应急原则：(a)员工和应急救援人员的安全优先；(b)防止事故扩散优先；(c)保护环境优先。如果事故仍在进一步扩大，相关人员的生命受到威胁，但对救援人员的进入也存在很大的生命威胁，则决不允许盲目采取救援行动，避免伤亡事故进一步扩大和二次事故的发生。要采取万无一失的措施或方案实施救援行动。

(4)应急救援措施：①发生爆炸事故后，要立即掌握情况。不论现场何种局面，必须掌握的情况有：事故发生时间与地点；种类、强度；已知的危害方向；事故现场伤亡情况，现场人员是否已安全撤离；是否还在进行抢险活动；有无火灾与爆炸伴随；现场的方向、风速，事故危及项目外的可能性。②报告与通报，在掌握事故情况，并判明或已经发现事故危及项目外时，应立即向有关单位或部门进行报告：报告项目业主；报告项目指挥部安质科，根据事故的严重程度及情况的紧急程度，按预案的应急级别发出警报。③组织抢救与抢险，制止危害扩散的最有效措施是迅速消除事故源，制止事故扩展。同时，要熟悉事故设施和设备的性能，懂得抢险方法，必须组织尽早抢救与抢险。要迅速集中力量和未受伤的岗位职工，投入先期抢险，包括：抢救受伤害人员和在危险区域的人员，组织经培训过的医务人员抢救伤员，并将伤员转移至安全地带；停止设备运转、灭火、隔离危险区等；清点撤出现场人员数量，组织本单位人员撤离危险区；组织力量为前来应急救援的队伍创造条件。④应急状态的解除：(a)指挥长是决定事故终止应急，恢复正常秩序的负责人。(b)事故现场由保安人员值勤，事故现场的进入人员：拍照取证人员(包括上级调查人员)。未经授权的任何人员不得进入事故现场，以免破坏事故现场，给调查取证带来困难。(c)应急救援结束后，由指挥长宣布应急救援结束。

13.4.5 中毒窒息

(1)预防措施：在瓦斯隧道、有限空间、深大基坑开挖等施工作业过程中，可能存在缺氧情况或有毒有害气体浓度超标。洞室爆破或通风不畅可能引发窒息或有害气体伤害事故，应采取预防措施：①加强作业人员安全培训教育，提高安全意识和自我保护能力。②严格执行基础施工安全规定，切实做好通风、检测等工作，并由专人负责管理。③配备必要的救护用具，制定可靠的救护措施，并有专人实施作业监护。④有毒有害气体浓度超标时，立即撤离所有作业人员。在现场作业时，针对窒息或有害气体伤害事故应采取以下防范措施：(a)进洞前应查明洞内情况，爆破后或通风不畅不得贸然入内。(b)若粉尘或有害气体超标应佩戴专用的防护面具。(c)当洞内有人出现头晕、呕吐时，及时报警并组织尽快撤离。(d)若情况不明的确需要进洞，应携带氧气袋，两人以上结伴同行，并保持通信联络。

(2)应急响应措施：①一旦发现有毒有害气体事件应立即报告，各小组在总指挥的统一领导下，按应急预案分工迅速展开施救工作。②应立即设立警戒线，疏散人员。③立即关闭相应气体阀门，或利用送风设备送风，加强进行通风换气，确保有毒有害气体浓度尽快降低，防止事故再次发生。④应急救援人员应佩戴防护用具抢救伤害者，并迅速将中毒人员移至室外，如有意识模糊或昏厥状态，要立即送往就近医院，严禁开灯或拨打座机等容易产生工作电火花的操作，严禁使用火柴或打火机等明火照明。⑤中毒者中毒后不要慌张，在送往医院前或途中可以进行施救措施，注意保持中毒者呼吸道的畅通。

(3)应急抢救措施：①有毒有害气体事故发生后，应急抢救人员应立即将中毒者转移到空气清新的环境中。②若中毒者呼吸微弱甚至停止，立即进行人工呼吸，人工呼吸是要保持中毒者呼吸道的畅通，并用力适中，避免造成中毒者胸、肋骨折断而造成二次伤害。人工呼吸一定要坚持到医院或专业救护人员的到来。③有条件时还可给中毒者静脉直射 10 mg 地塞米松与 20 ml 20%的葡萄糖混合液，并用冰袋放在头颅周围，防止或减轻脑水肿的发生，同时紧急送往医院。

13.4.6　高温中暑

(1)中暑事故危险及症状分析：当露天施工作业多，在夏天由于太阳辐射强度大，气温高、湿气重、气流小而导致人体内的产热量和散热量失衡，体温自然调节受到障碍，发生中暑事故。中暑是由于高温或日晒引起的一种急性人体生理机能失衡现象。中暑后会出现多汗、头晕、眼花、头痛、全身无力、口渴、心悸、注意力不集中、动作不协调、胸闷、小腿抽筋、腹部肌肉痉挛，重则出现恶心、呕吐等症状，严重时会突然晕倒。中暑按程度又可分为先兆中暑、轻度中暑和重度中暑：①先兆中暑：主要表现为高温环境下出现大汗、口渴、无力、头晕、眼花、耳鸣、恶心、心悸、注意力不集中、四肢发麻等，体温不超过 38 ℃。②轻度中暑：主要表现为上述症状加重，体温在 38 ℃以上，出现面色潮红，皮肤发热，呕吐、眼前发黑甚至昏迷、抽搐等严重症状；若是在气温炎热的天气里从事繁重的体力劳动或大量运动，导致机体极度疲劳，则会出现面色苍白，皮肤湿冷、心慌、血压下降、眼前发黑甚至昏迷等症状。此时的病人多因无力支持而难以进行自救，体弱者可能得不到及时救治而死亡。③重度中暑又可分以下四种情况：(a)中暑高热：体温调节中枢功能失调，散热困难，体内积热过多所致。开始有先兆中暑症状，以后出现头痛、不安、嗜睡，甚至昏迷，面色潮红、皮肤干热、血压下降、呼吸急促、心率快，体温在 40 ℃以上。(b)中暑衰竭：由于大量出汗发生水及盐类丢失引起血容量不足。临床表现为面色苍白、皮肤湿冷、脉搏细弱、血压降低、呼吸快而浅、神志不清、腋温低、肛温在 38.5 ℃左右。(c)中暑痉挛：大量出汗后只饮入大量的水，而未补充食盐，血、钠及氯降低，血、钾亦可降低。患者口渴、尿少、肌肉痉挛及疼痛，体温正常。(d)日射病：因过强阳光照射头部，大量紫外线进入颅内，引起颅内温度升高(可达 41 ℃～42 ℃)，出现脑及脑膜水肿、充血。因此会发生剧烈头痛、恶心、呕吐、耳鸣、眼花、烦躁不安、意识障碍、严重者发生抽搐昏迷，体温可轻度升高。

(2)防范措施：①条件的允许时搭设防晒棚，避免太阳长期辐射。②在炎热夏季，调整作息时间，早晚工作，延长中午休息时间。③及时发放防暑降温防护用品，保障含盐饮料的供应。

④加强医疗卫生保健,配备个人防暑药品。⑤保障休息和睡眠,注意饮食营养。

(3)应急抢救措施:发生中暑事故后,应立即启动应急响应和报告程序,然后展开应急抢险救援工作。①首先,当作业人员出现中暑先兆的症状时,当班班长应当给予重视。此时要尽快使中暑者离开高温潮湿的作业场所,转移到阴凉通风处坐下休息,解开衣服,以利血液循环,喝含糖盐水或其他清凉的饮料,在两侧太阳穴擦些清凉油,经过一段时间休息后一般都可以恢复。②当出现轻度中暑时,应当尽快将病人抬到凉爽通风的地方躺下,松解开衣领、腰带、头稍垫高、保持呼吸畅通。用冷毛巾湿敷前额及颈部;有条件的可用酒精擦身散热,也可将冰块装在塑料袋内,放在病人额头、颈部、腋下等部位即可,不必给予其他任何降温处理,以免症状恶化。上述降温时间不宜过长,只要经过处理体温下降并保持清醒即可。为避免皮肤很快冷却引起皮下血管收缩,妨碍体内热量散发,救护人员还应当不时按摩病人的四肢及躯干,直至皮肤发红,以促使血液循环将体内热量带到体表散出。③对于已经昏迷不醒(重度中暑)的病人,则可针刺或用手指甲掐病人的人中穴(位于鼻唇之间中上三分之一处)、内关穴(位于手腕内侧上方约 5 cm 处)及合谷穴(即虎口)等,促使病人苏醒。然后给予足量的清凉饮料、糖盐水,以补充出汗造成的体液损失。等清醒过来或救护车到现场后应及时送往医院进行救治。④当中暑病人出现呕吐的,应当将其头部偏向一侧,以免呕吐物呛入气管引起窒息;对于高烧不退或出现痉挛等症状的病人,在积极进行上述处理的同时,应将其尽快送往医院抢救。⑤当中暑者出现呼吸或心跳停止时,应根据情况实施人工呼吸或胸外挤压抢救,或者同时进行两种措施抢救。在医院救护人员未到达现场之前抢救不能停止。⑥经抢救清醒后的病人,必须在凉爽、通风处充分安静休息,并饮用大量糖盐水以补充体液损失,必要时及时送往医院继续观察治疗。注意此时体内的抗中暑机能仍处于疲劳状态,切不可再马上回到高温潮湿环境继续工作,否则再次出现中暑情况病情将更加严重。

13.4.7 食物中毒

(1)中毒风险源:食物中毒可能存在的风险源如下:①食用腐败变质食物。②生、熟食品共用菜墩、菜刀。③饮用水不洁。④蔬菜上留存剩余农药。⑤食堂及环境卫生差。

(2)防范措施:①严格执行食堂“卫生条件许可证”和炊事员“健康证”制度。②加强食堂工作人员责任心和职业道德教育,认真坚持执行食堂各项规章管理制度。③坚持定期的卫生大扫除,搞好炊事人员的人员卫生和食堂的环境卫生。

(3)应急措施:一旦发现食物中毒,立即启动应急预案:①抢救中毒者。②保护好现场,封存生、熟食品及一切食品剩物。③立即报告。

13.4.8 伤亡急救

急救人员应掌握跨学科、跨专业的知识和技能才能满足救治这类病人的需要。它的重要性是众所周知的,急救是否及时妥善,将明显影响到病人的愈后。急救知识比较复杂,掌握一般的现场急救知识尤其重要。首先在现场紧急处置危及生命的病情,使其得到及时控制,然后在运送途中继续救护,到达医院进行确定性的救治,因此应和医院保持联系,熟知他们的急救电话号码,并且熟悉急送路线,以便呼救和急送。根据施工现场的实际情况,下面就施工现场可能发生的几种损伤及处理程序加以说明。

(1)创伤:又称结构性的损伤,一般是外界的机械物质接触人体所造成。它分为开放性创伤和闭合性创伤。开放性创伤有擦伤、撕裂伤、刺伤、切伤、火器伤等。这类损伤主要是清创、缝合、止血和包扎。在现场发生上述伤后应立即用干净的毛巾、布条进行包扎，压迫止血后，送医院进行处理即可。闭合性创伤包括挫伤、挤压伤、扭伤、关节脱位、骨折、闭合性内脏组织损伤和器官的损伤。挫伤、挤压伤、扭伤是肌肉和结缔组织的损伤，现场损伤后急用冰水或凉水冷敷，关节脱位和骨折者不要随便搬运，应顺其原有的姿势用硬木板抬送或呼叫医生来现场处置。送后可进行关节复位，骨折复位固定，不能复位者急送医院骨伤科处理。闭合性内脏组织和器官的损伤比较复杂，一般情况好者，急送观察治疗，出现昏迷，甚至呼吸心跳停止者，应进行抢救，立即进行人工呼吸（口对口呼吸）和心脏体外按压，在抢救的同时呼叫医院，或者用现场急救车边抢救边送往医院。

（2）烧伤：指由于火焰、灼热气体、液体或固体的热力所引起的损伤。根据损伤的程度可分轻中重度烧伤。轻度烧伤者可急用凉水反复冲洗后急送处理，中重度烧伤除应急处理，涂上浇伤膏后急送往医院。

（3）中毒：指在劳动生产、日常生活中有毒物质进入人体内产生损害的全身性疾病，现场常见的有气体中毒和食物中毒。中毒患者会出现口唇青紫、呼吸困难、呕吐甚至会出现昏迷、休克。发生中毒后迅速将患者脱离中毒环境，脱去污染的衣服，边抢救边诊断，尽快送往医院。

（4）中暑：因高温或烈日暴晒引起人体体温功能紊乱所致的一类急性疾病。患者出现大汗、口渴、头昏、胸闷，严重者可引发痉挛、昏迷。出现中暑症状者应立即脱离高温环境，在阴凉通风处安静休息，并补充清凉含盐饮料，也可用人丹、十滴水、解暑片、藿香正气水口服，体温高者可用冰水或凉水擦浴，以助散热，高症者应立即送往医院处置。

第四篇

工 程 应 用

第 14 章　隧道动态风险评估应用案例

14.1　石嘴隧道概况

(1)隧道概况:隧址区属伏牛山山系嵩山山脉,地势险峻,地形起伏较大,沟谷切割较深,属中、低山地貌单元。隧道区地面高程在 508～696 m 之间,分为左右两线,左线桩号 ZK33＋439～ZK34＋450;右线桩号 YK33＋408.7～YK34＋483。隧道外设计车速 120 km/h,隧道内车速为 100 km/h。隧道为上下行分离式,单洞净跨径 11.7 m,净高 5 m。左线隧道长为 1 011 m,设计纵坡－1.35%、－2.5%;右线隧道长为 1 074.3 m,设计纵坡－1.318%、－2.5%。为使隧道布置更为合理,两条隧道不平行布置,隧道净间距为 30～50 m。隧道内设一转弯点,左线隧道转弯半径 1 330 m,右线隧道转弯半径 1 350.786 m。

(2)设计技术标准:①道路性质:双向四车道高速公路。②设计车速度:行车速度为 100 km/h。③隧道净空:净高 5 m,净宽 0.75 m(检修道)＋0.5 m(左侧向宽)＋2×3.75 m(车行道)＋1.0 m(右侧向宽)＋1.0 m(检修道)。④荷载标准:公路Ⅰ级。

(3)隧道设计:①隧道防排水设计,按照以排为主,防排相结合的原则进行防排水设计。主要措施有:在隧道环向铺设半圆管将水引入边墙两侧的 ϕ100 mmPE 双壁打孔波纹管集水,然后通过 ϕ100 mmPE 横向排水管将水引入中心排水沟,经中心排水沟排出洞外;在初期支护和二次衬砌之间挂设 HDPE 防排水板＋无纺土工布,沉降缝采用中埋式橡胶止水带,施工缝采用带注浆管的橡胶止水条。明洞外防排水采用天沟、排水沟、截水沟等排水系统进行防排水。②隧道衬砌设计,衬砌设计分为洞口抗震段整体式衬砌和洞身段复合式衬砌两类,按不同的围岩类别设计。隧道区地震烈度为Ⅶ度。根据地质岩性的不同,隧道洞身段的初期支护结构按新奥法原理,采用复合式支护体系的结构形式,初期支护以锚杆、喷混凝土、注浆等组成联合支护体系。二次衬砌采用模筑钢筋混凝土结构,初期支护与二次支护之间设"防水＋排水"夹层。③隧道明洞及洞门设计,隧道各洞口均设置拱形明洞,设计采用削竹式明洞。④隧道路面设计,隧道洞内路面采用复合式路面,上面层为沥青路面,下面层为水泥混凝土路面。在隧道进出口处设置胀缝及临近胀缝横向伸缩缝处加设传力杆。⑤附属构筑物设计,附属构筑物包括隧道通风设施、隧道内消防设施、隧道交通控制、通风与照明控制、火灾报警和中央控制管理等设施;隧道内壁装饰。

(4)接线工程设计:①路基工程设计,隧道路基路幅结构形式为 0.75 m(土路肩)＋3.0 m(右硬路肩)＋2×3.75 m(行车道)＋1.0 m(左硬路肩)＋0.75 m(土路肩)。②路面工程设计,接线段路面与隧道相同采用复合式路面。

(5)地质构造条件:①工程地质条件,本工程地处嵩山山脉,施工场区内属中、低山区,地表大部分为基岩出露。隧道范围地面高程在 508～696 m 之间,山谷两侧及山坡地带植被较少,交通不便。②水文地质条件,地表水:周边无水系分布,主要由大气降水补充。地下水:场区内基岩出露贫水区,地层岩性为奥陶系灰岩,属裂隙含水层。基岩裂隙较发育,仅在风化带中见裂隙水，水量较小，水质相对纯净，不具腐蚀性。

(6)周边环境条件：①场地条件，该工程施工场拟分为两期进行，先期先进行左、右线出口段的施工，后期进行进口段的施工。先期出口工区场地：出口工区生活场地位于洞口左前方200 m范围内，生产场地分为3块，两块位于洞口边缘，一块作为空压机房，用地面积为400 m^2，一块作为加工场地、机械设备停放场和砂石料堆放场，用地面积1 800 m^2；一块位于左洞口左前方，作为职工生活用地。弃渣场位置由业主指定。后期进口工区场地：由于征地、地面与洞口落差较大等原因，暂时未考虑施工场地用地方案。②交通条件，本工程系省规划骨架路网开发旅游项目扩大内需新建高速公路。③人文条件，隧道出口为村庄，临近进洞洞口位置居民房屋较为集中，人文条件较为复杂，且周边道路较狭窄，环境优美。

14.2 隧道ZKⅠ施工风险评价

采用ZKⅠ代表“隧道ZK34＋375～ZK34＋360区段”，首先对ZKⅠ隧道施工风险进行辨识，然后建立施工动态风险评价指标体系，再对基本风险因素进行模糊概率估计和模糊损失估计，最后采用多层次模糊动态风险评估模型对该区段进行风险评价。

14.2.1 风险辨识

ZKⅠ的工程地质水文地质概况为：此段围岩为中风化辉绿岩，块状构造，致密坚硬，节理裂隙发育，呈碎裂状结构，易坍塌，初期支护不及时会出现大坍塌。围岩中可能存在少量裂隙水，其不具腐蚀性。

根据WBS-RBS法与专家调查法，取得ZKⅠ施工风险因素见表14-1。

表14-1 风险因素识别一览表

序号	类别	风险因素	风险事故		
			坍方	大变形	其他
1	地质条件风险(U_1)	节理裂隙发育(U_{1-1})	★	★	
		地质勘察的不确定性(U_{1-2})	★	★	
2	设计风险(U_2)	开挖方式不当(U_{2-1})	★	★	
		初期支护强度不够(U_{2-2})	★	★	★
		防排水设计不当(U_{2-3})	★	★	★
		设计变更、修改和审批延误(U_{2-4})	★	★	
3	施工技术风险(U_3)	开挖工序不当(U_{3-1})	★	★	
		开挖进尺不当(U_{3-2})	★	★	
		爆破控制不当(U_{3-3})	★	★	
		初期支护材料质量不合格(U_{3-4})	★	★	★
		喷射混凝土达不到要求(U_{3-5})	★	★	★
		工字钢连接处薄弱(U_{3-6})	★	★	★
		隧道闭合成环周期太长(U_{3-7})	★	★	
		施工缝沉降缝处理不当(U_{3-8})			★

续上表

序号	类　　别	风险因素	风险事故		
			坍方	大变形	其他
3	施工技术风险（U_3）	二次衬砌混凝土质量不合要求（$U_{3\text{-}9}$）	★	★	★
		二次衬砌施作时机不当（$U_{3\text{-}10}$）	★	★	
		二次衬砌不密实、开裂、厚度不足（$U_{3\text{-}11}$）	★	★	★
		注浆堵水效果差（$U_{3\text{-}12}$）			★
		防排水施作不规范（$U_{3\text{-}13}$）			★
		排水处理不及时或处理不当（$U_{3\text{-}14}$）	★	★	
4	施工管理风险（U_4）	供水供电不稳定影响（$U_{4\text{-}1}$）			★
		材料设备供应不及时（$U_{4\text{-}2}$）			★
		对恶劣气候条件准备不足（$U_{4\text{-}3}$）	★	★	
		施工组织和施工进度安排不合理（$U_{4\text{-}4}$）	★	★	
		对外界和业内协调不及时（$U_{4\text{-}5}$）			★
		对监控量测数据不重视（$U_{4\text{-}6}$）	★	★	
		安全预案不当（$U_{4\text{-}7}$）			★
5	材料设备风险（U_5）	材料供应不足、供货出错以及质量不合格等（$U_{5\text{-}1}$）	★	★	★
		材料生产、运输、储存、施工中损耗或浪费（$U_{5\text{-}2}$）			★
		设备不配套、生产能力不足或设备安装、调试失败、使用损坏（$U_{5\text{-}3}$）	★	★	
		设备进场延误、设备不合格（$U_{5\text{-}4}$）	★	★	
6	经济风险（U_6）	建设单位延误工程款项（$U_{6\text{-}1}$）			★
		保险公司和银行信用度不足（$U_{6\text{-}2}$）			★
		流动资金短缺、资金使用不合理（$U_{6\text{-}3}$）			★
		国家税务变化、利息调整（$U_{6\text{-}4}$）			★
		设备、原材料等费用上调（$U_{6\text{-}5}$）			★
		施工管理费和员工工资福利上涨（$U_{6\text{-}6}$）			★
		社会征费增加（$U_{6\text{-}7}$）			★
		工期变动（$U_{6\text{-}8}$）			★
7	合同风险（U_7）	投标前期现场勘察工作不足（$U_{7\text{-}1}$）			★
		工程清单错误或遗漏、工程单价或总价错误（$U_{7\text{-}2}$）			★
		评标和决标不公平（$U_{7\text{-}3}$）			★
		施工工期短、标价低（$U_{7\text{-}4}$）			★
		建设单位和分包商违约（$U_{7\text{-}5}$）			★
		索赔条款不明或欠缺（$U_{7\text{-}6}$）			★
8	人员风险（U_8）	普通工人素质（$U_{8\text{-}1}$）			★
		技术工人素质（$U_{8\text{-}2}$）			★
		管理人员素质（$U_{8\text{-}3}$）			★
		建设和监理单位的不合作（$U_{8\text{-}4}$）			★
		人事变动或人员伤亡（$U_{8\text{-}5}$）			★

续上表

序号	类别	风险因素	风险事故		
			坍方	大变形	其他
9	社会环境风险（U_9）	国家政策调整，如土地政策（$U_{9\text{-}1}$）			★
		建设法规和建设审批程序问题（$U_{9\text{-}2}$）			★
		社会纠纷及不公正裁决（$U_{9\text{-}3}$）			★
		噪声、扬尘污染（$U_{9\text{-}4}$）			★
		施工机械对原有道路破坏（$U_{9\text{-}5}$）			★
		隧道爆破对周边建筑影响（$U_{9\text{-}6}$）			★
10	自然灾害风险（U_{10}）	地震影响（$U_{10\text{-}1}$）	★	★	★
		暴雨冰雪影响（$U_{10\text{-}2}$）	★		★
		洪水影响（$U_{10\text{-}3}$）	★		★
		瘟疫和传染病等疾病影响（$U_{10\text{-}4}$）			★
		生态被破坏影响（$U_{10\text{-}5}$）			★
		废弃物处理问题（$U_{10\text{-}6}$）			★

注：★——对应的风险因素指标可能导致发生的风险事故类型。

14.2.2 评价指标体系

根据分析得出的隧道施工风险因素，结合层次分析法，建立隧道施工风险评估指标体系，并运用1～9标度法及根法近似计算得到各风险因素的权重 w_i。将隧道施工风险评估指标体系分为三层。

第一层为目标层：U；

第二层为风险因素Ⅰ：$U_1 \sim U_{10}$；

第三层为隶属于第二层风险因素层的风险因素Ⅱ：$U_{1\text{-}1} \sim U_{1\text{-}2}$、$U_{2\text{-}1} \sim U_{2\text{-}4}$、$U_{3\text{-}1} \sim U_{3\text{-}14}$、$U_{4\text{-}1} \sim U_{4\text{-}7}$、$U_{5\text{-}1} \sim U_{5\text{-}4}$、$U_{6\text{-}1} \sim U_{6\text{-}8}$、$U_{7\text{-}1} \sim U_{7\text{-}6}$、$U_{8\text{-}1} \sim U_{8\text{-}5}$、$U_{9\text{-}1} \sim U_{9\text{-}6}$、$U_{10\text{-}1} \sim U_{10\text{-}6}$。

具体意义和构造见表14-1、表14-2。具体确定权重的过程如下。

(1)构造两两判断矩阵

$a_1=(1,2,1,2,2,3)$　　$a_2=(1/2,1,1/2,1,1,2)$

$a_3=(1,2,1,2,2,9)$　　$a_4=(1/2,1,1/2,1,1,2)$

$a_5=(1/2,1,1/2,1,1,3)$　　$a_6=(1/3,1/2,1/9,1,1/2,1)$

(2)采用根法近似计算 w_i

①求 $\bar{w}_1$：$\bar{w}_1=\sqrt[6]{a_{11}a_{12}a_{13}a_{14}a_{15}a_{16}}=1.547$

同理：$\bar{w}_2=1.782$，$\bar{w}_3=0.753$，$\bar{w}_4=2.059$，$\bar{w}_5=0.753$，$\bar{w}_6=0.216$

②归一化处理：$w_1=\dfrac{\bar{w}_1}{\sum\limits_{i=1}^{6}\bar{w}_i}=0.200$

同理：$w_2=0.217$，$w_3=0.133$，$w_4=0.250$，$w_5=0.133$，$w_6=0.067$

③求最大特征值：$\lambda_{\max}=\sum\limits_{i=1}^{6}\dfrac{(Aw)_i}{6\times w_i}=6.103$

(3)一致性检验

①计算一致性指标 CI：$\mathrm{CI}=\dfrac{\lambda_{\max}-n}{n-1}=\dfrac{6.103-6}{6-1}=0.021$

②选取一致性指标 RI：由于判断矩阵阶数为 $n=6$，故选取一致性指标 RI＝1.26。

③计算一致性比例 CR：CR＝CI/RI＝0.02

显然，CR＜0.1，故判断矩阵的一致性是可以接受的，即权重合理。上面详细讲述了第二层第一风险因素下各个风险因素权重的确定过程，该层其他风险因素权重的确定不再详细叙述，具体计算结果见表 14-2。案例中，在总目标(U)下第二层某风险因素层所属的第三层各风险因素相对于总目标(U)下第二层其他风险因素层的权重为 0，故计算的第三层各风险因素相对所属的第二层的权重即为第一层总目标下的权重。

表 14-2　隧道施工风险评估指标体系及风险因素权重

U	$U_1(w_1=0.282)$	$U_{1\text{-}1}=0.637$	U	$U_6(w_6=0.061)$	$U_{6\text{-}1}=0.100$
		$U_{1\text{-}2}=0.363$			$U_{6\text{-}2}=0.125$
	$U_2(w_2=0.125)$	$U_{2\text{-}1}=0.210$			$U_{6\text{-}3}=0.150$
		$U_{2\text{-}2}=0.350$			$U_{6\text{-}4}=0.075$
		$U_{2\text{-}3}=0.290$			$U_{6\text{-}5}=0.188$
		$U_{2\text{-}4}=0.150$			$U_{6\text{-}6}=0.125$
	$U_3(w_3=0.212)$	$U_{3\text{-}1}=0.072$			$U_{6\text{-}7}=0.075$
		$U_{3\text{-}2}=0.084$			$U_{6\text{-}8}=0.063$
		$U_{3\text{-}3}=0.101$		$U_7(w_7=0.030)$	$U_{7\text{-}1}=0.200$
		$U_{3\text{-}4}=0.095$			$U_{7\text{-}2}=0.217$
		$U_{3\text{-}5}=0.060$			$U_{7\text{-}3}=0.133$
		$U_{3\text{-}6}=0.078$			$U_{7\text{-}4}=0.250$
		$U_{3\text{-}7}=0.072$			$U_{7\text{-}5}=0.133$
		$U_{3\text{-}8}=0.037$			$U_{7\text{-}6}=0.067$
		$U_{3\text{-}9}=0.072$		$U_8(w_8=0.065)$	$U_{8\text{-}1}=0.140$
		$U_{3\text{-}10}=0.072$			$U_{8\text{-}2}=0.200$
		$U_{3\text{-}11}=0.078$			$U_{8\text{-}3}=0.220$
		$U_{3\text{-}12}=0.054$			$U_{8\text{-}4}=0.160$
		$U_{3\text{-}13}=0.072$			$U_{8\text{-}5}=0.280$
		$U_{3\text{-}14}=0.054$		$U_9(w_9=0.048)$	$U_{9\text{-}1}=0.100$
	$U_4(w_4=0.095)$	$U_{4\text{-}1}=0.067$			$U_{9\text{-}2}=0.170$
		$U_{4\text{-}2}=0.089$			$U_{9\text{-}3}=0.167$
		$U_{4\text{-}3}=0.089$			$U_{9\text{-}4}=0.200$
		$U_{4\text{-}4}=0.144$			$U_{9\text{-}5}=0.150$
		$U_{4\text{-}5}=0.111$			$U_{9\text{-}6}=0.267$
		$U_{4\text{-}6}=0.133$		$U_{10}(w_{10}=0.030)$	$U_{10\text{-}1}=0.217$
		$U_{4\text{-}7}=0.156$			$U_{10\text{-}2}=0.133$
	$U_5(w_5=0.052)$	$U_{5\text{-}1}=0.325$			$U_{10\text{-}3}=0.183$
		$U_{5\text{-}2}=0.100$			$U_{10\text{-}4}=0.167$
		$U_{5\text{-}3}=0.300$			$U_{10\text{-}5}=0.103$
		$U_{5\text{-}4}=0.275$			$U_{10\text{-}6}=0.117$

14.2.3 风险模糊估计

基于模糊数学理论，采用专家调查法计算风险概率估计和风险损失估计。具体计算结果见表 14-3、表 14-4。

(1)风险概率模糊估计

表 14-3 隧道 ZKⅠ 施工风险因素概率估计结果

类别	风险因素	风险概率估计				
		A	B	C	D	E
地质条件风险	节理裂隙发育	0.15	0.48	0.30	0.07	0.00
	地质勘察的不确定性	0.33	0.49	0.18	0.00	0.00
设计风险	开挖方式不当	0.17	0.60	0.20	0.03	0.00
	初期支护强度不够	0.10	0.50	0.35	0.05	0.00
	防排水设计不当	0.60	0.30	0.10	0.00	0.00
	设计变更、修改和审批延误	0.00	0.15	0.50	0.35	0.00
施工技术风险	开挖工序不当	0.05	0.32	0.43	0.20	0.00
	开挖进尺不当	0.02	0.42	0.48	0.08	0.00
	爆破控制不当	0.00	0.18	0.40	0.42	0.00
	初期支护材料质量不合格	0.62	0.35	0.03	0.00	0.00
	喷射混凝土达不到要求	0.25	0.60	0.15	0.00	0.00
	工字钢连接处薄弱	0.00	0.25	0.60	0.15	0.00
	隧道闭合成环周期太长	0.00	0.02	0.30	0.63	0.05
	施工缝、沉降缝处理不当	0.48	0.37	0.15	0.00	0.00
	二次衬砌混凝土质量不合要求	0.40	0.50	0.10	0.00	0.00
	二次衬砌施作时机不当	0.20	0.58	0.22	0.00	0.00
	二次衬砌不密实、开裂、厚度不足	0.05	0.32	0.43	0.20	0.00
	注浆堵水效果差	0.02	0.42	0.48	0.08	0.00
	防排水施作不规范	0.00	0.18	0.40	0.42	0.00
	排水处理不及时或处理不当	0.62	0.35	0.03	0.00	0.00
施工管理风险	供水供电不稳定影响	0.43	0.55	0.02	0.00	0.00
	材料设备供应不及时	0.20	0.65	0.15	0.00	0.00
	对恶劣气候条件准备不足	0.20	0.45	0.35	0.00	0.00
	施工组织和施工进度安排不合理	0.35	0.52	0.13	0.00	0.00
	对外界和业内协调不及时	0.47	0.45	0.08	0.00	0.00
	对监控量测数据不重视	0.02	0.18	0.60	0.20	0.00
	安全预案不当	0.50	0.38	0.12	0.00	0.00

续上表

类　别	风险因素	风险概率估计				
		A	B	C	D	E
材料设备风险	材料供应不足、供货出错以及质量不合格等	0.42	0.50	0.08	0.00	0.00
	材料生产、运输、储存、施工中损耗或浪费	0.28	0.64	0.08	0.00	0.00
	设备不配套、生产能力不足或设备安装、调试失败,使用损坏	0.43	0.55	0.02	0.00	0.00
	设备进场延误、设备不合格	0.70	0.20	0.06	0.04	0.00
经济风险	建设单位延误工程款项	0.40	0.40	0.18	0.02	0.00
	保险公司和银行信用度不足	0.40	0.40	0.12	0.08	0.00
	流动资金短缺、资金使用不合理	0.06	0.30	0.46	0.18	0.00
	国家税务变化、利息调整	0.30	0.30	0.35	0.05	0.00
	设备、原材料等费用上调	0.00	0.00	0.28	0.67	0.05
	施工管理费和员工工资福利上涨	0.00	0.10	0.60	0.26	0.04
	社会征费增加	0.10	0.60	0.20	0.10	0.00
	工期变动	0.04	0.60	0.26	0.10	0.00
合同风险	投标前期现场勘察工作不足	0.50	0.30	0.10	0.10	0.00
	工程清单错误或遗漏、工程单价或总价错误	0.55	0.40	0.05	0.00	0.00
	评标和决标不公平	0.58	0.40	0.02	0.00	0.00
	施工工期短、标价低	0.05	0.55	0.40	0.00	0.00
	建设单位和分包商违约	0.05	0.62	0.33	0.00	0.00
	索赔条款不明或欠缺	0.65	0.23	0.12	0.00	0.00
人员风险	普通工人素质	0.03	0.45	0.37	0.15	0.00
	技术工人素质	0.22	0.65	0.13	0.00	0.00
	管理人员素质	0.32	0.55	0.13	0.00	0.00
	建设和监理单位的不合作	0.24	0.50	0.26	0.00	0.00
	人事变动或人员伤亡	0.04	0.23	0.60	0.13	0.00
社会环境风险	国家政策调整,如土地政策	0.82	0.18	0.00	0.00	0.00
	建设法规和建设审批程序问题	0.40	0.52	0.08	0.00	0.00
	社会纠纷及不公正裁决	0.00	0.23	0.62	0.16	0.00
	噪声、扬尘污染	0.00	0.00	0.30	0.60	0.10
	施工机械对原有道路破坏	0.00	0.27	0.60	0.13	0.00
	隧道爆破对周边建筑影响	0.00	0.00	0.20	0.60	0.20
自然灾害风险	地震影响	0.75	0.20	0.05	0.00	0.00
	暴雨冰雪影响	0.00	0.00	0.10	0.65	0.25
	洪水影响	0.38	0.45	0.17	0.00	0.00
	瘟疫和传染病等疾病影响	0.25	0.60	0.15	0.00	0.00
	生态被破坏影响	0.26	0.50	0.24	0.00	0.00
	废弃物处理问题	0.23	0.55	0.22	0.00	0.00

(2)风险损失模糊估计

表 14-4　隧道 ZKⅠ 施工风险因素损失估计结果

类　别	风险因素	风险损失概率估计				
		1	2	3	4	5
地质条件风险	节理裂隙发育	0.00	0.13	0.62	0.23	0.02
	地质勘察的不确定性	0.00	0.15	0.75	0.10	0.00
设计风险	开挖方式不当	0.00	0.00	0.43	0.55	0.02
	初期支护强度不够	0.00	0.00	0.63	0.32	0.05
	防排水设计不当	0.00	0.00	0.50	0.42	0.08
	设计变更、修改和审批延误	0.00	0.08	0.80	0.12	0.00
施工技术风险	开挖工序不当	0.02	0.08	0.60	0.30	0.00
	开挖进尺不当	0.02	0.42	0.48	0.08	0.00
	爆破控制不当	0.00	0.13	0.65	0.20	0.02
	初期支护材料质量不合格	0.00	0.00	0.18	0.62	0.20
	喷射混凝土达不到要求	0.00	0.00	0.20	0.60	0.20
	工字钢连接处薄弱	0.00	0.00	0.28	0.60	0.12
	隧道闭合成环周期太长	0.00	0.00	0.43	0.50	0.07
	施工缝沉降缝处理不当	0.00	0.20	0.53	0.25	0.02
	二次衬砌混凝土质量不合要求	0.00	0.35	0.62	0.03	0.00
	二次衬砌施作时机不当	0.00	0.00	0.20	0.60	0.20
	二次衬砌不密实、开裂、厚度不足	0.00	0.28	0.62	0.10	0.00
	注浆堵水效果差	0.00	0.05	0.60	0.30	0.05
	防排水施作不规范	0.00	0.00	0.20	0.62	0.18
	排水处理不及时或处理不当	0.00	0.17	0.65	0.18	0.00
施工管理风险	供水供电不稳定影响	0.10	0.52	0.38	0.00	0.00
	材料设备供应不及时	0.00	0.40	0.42	0.18	0.00
	对恶劣气候条件准备不足	0.15	0.50	0.34	0.01	0.00
	施工组织和施工进度安排不合理	0.00	0.23	0.57	0.20	0.00
	对外界和业内协调不及时	0.00	0.15	0.62	0.23	0.00
	对监控量测数据不重视	0.05	0.48	0.42	0.05	0.00
	安全预案不当	0.00	0.03	0.67	0.25	0.05
材料设备风险	材料供应不足、供货出错以及质量不合格等	0.00	0.00	0.17	0.73	0.10
	材料生产、运输、储存、施工中损耗或浪费	0.00	0.00	0.25	0.67	0.08
	设备不配套、生产能力不足或设备安装、调试失败,使用损坏	0.18	0.62	0.20	0.00	0.00
	设备进场延误、设备不合格	0.13	0.60	0.27	0.00	0.00

续上表

类　别	风险因素	风险损失概率估计				
		1	2	3	4	5
经济风险	建设单位延误工程款项	0.05	0.60	0.35	0.00	0.00
	保险公司和银行信用度不足	0.00	0.25	0.60	0.15	0.00
	流动资金短缺、资金使用不合理	0.08	0.45	0.35	0.12	0.00
	国家税务变化、利息调整	0.00	0.18	0.72	0.10	0.00
	设备、原材料等费用上调	0.13	0.62	0.25	0.00	0.00
	施工管理费和员工工资福利上涨	0.00	0.07	0.80	0.13	0.00
	社会征费增加	0.00	0.35	0.60	0.05	0.00
	工期变动	0.05	0.60	0.32	0.03	0.00
合同风险	投标前期现场勘察工作不足	0.00	0.12	0.75	0.13	0.00
	工程清单错误或遗漏、工程单价或总价错误	0.00	0.18	0.75	0.07	0.00
	评标和决标不公平	0.00	0.05	0.85	0.10	0.00
	施工工期短、标价低	0.00	0.08	0.65	0.27	0.00
	建设单位和分包商违约	0.00	0.10	0.80	0.10	0.00
	索赔条款不明或欠缺	0.00	0.12	0.80	0.08	0.00
人员风险	普通工人素质	0.00	0.12	0.75	0.13	0.00
	技术工人素质	0.00	0.15	0.75	0.10	0.00
	管理人员素质	0.00	0.10	0.70	0.20	0.00
	建设和监理单位的不合作	0.00	0.00	0.70	0.30	0.00
	人事变动或人员伤亡	0.00	0.07	0.78	0.15	0.00
社会环境风险	国家政策调整，如土地政策	0.00	0.00	0.18	0.62	0.20
	建设法规和建设审批程序问题	0.20	0.65	0.15	0.00	0.00
	社会纠纷及不公正裁决	0.10	0.70	0.20	0.00	0.00
	噪声扬尘污染	0.00	0.15	0.78	0.07	0.00
	施工机械对原有道路破坏	0.00	0.15	0.73	0.12	0.00
	隧道爆破对周边建筑影响	0.00	0.15	0.77	0.08	0.00
自然灾害风险	地震影响	0.00	0.00	0.23	0.53	0.24
	暴雨冰雪影响	0.00	0.18	0.67	0.15	0.00
	洪水影响	0.00	0.00	0.80	0.20	0.00
	瘟疫和传染病等疾病影响	0.00	0.07	0.70	0.23	0.00
	生态被破坏影响	0.00	0.00	0.20	0.62	0.18
	废弃物处理问题	0.00	0.08	0.80	0.12	0.00

14.2.4 ZKⅠ评价过程

采用多层次模糊动态综合评价法对隧道施工风险进行评价。

(1)风险因素集:隧道施工风险因素分三层,详见第 9 章"隧道动态风险评价指标体系"。

(2)风险因素权重集:详见第 9 章内容方法。

(3)备择集:备择集是评价者对评价对象可能做出的各种总的评价结果所组成的集合。本实例根据风险评价标准确定隧道该里程隧道风险评价的备择集包括:一级、二级、三级、四级、五级五个等级。

(4)单风险因素(第三层风险因素)模糊评价:由模糊理论可知道,单独从一个基本风险因素出发进行评价,以确定评价对象对备择集元素的隶属程度,便称为单因素模糊评价。现以合同风险因素层($U_{7\text{-}1} \sim U_{7\text{-}6}$)为例进行说明,见表 14-5。

表 14-5 合同风险因素估计表

风险概率估计 P					风险损失估计 C				
A	B	C	D	E	1	2	3	4	5
0.50	0.30	0.10	0.00	0.00	0.01	0.12	0.75	0.12	0.00
0.55	0.40	0.05	0.00	0.00	0.00	0.18	0.75	0.07	0.00
0.58	0.40	0.02	0.00	0.00	0.00	0.05	0.85	0.10	0.00
0.05	0.55	0.40	0.00	0.00	0.00	0.08	0.65	0.28	0.00
0.05	0.62	0.33	0.00	0.00	0.00	0.10	0.80	0.10	0.00
0.65	0.23	0.12	0.00	0.00	0.01	0.12	0.75	0.12	0.00

①计算风险因素评价指标:将表 14-5 中的对应数据进行计算可得到合同风险层风险因素的评价指标:

$\mu_{R11}=0.10, \mu_{R12}=0.49, \mu_{R13}=0.40, \mu_{R14}=0.01, \mu_{R15}=0.00$

$$R_1=\frac{\mu_{R11}}{V_1}+\frac{\mu_{R12}}{V_2}+\frac{\mu_{R13}}{V_3}+\frac{\mu_{R14}}{V_4}+\frac{\mu_{R15}}{V_5}=(0.10,0.49,0.40,0.01,0.00)$$

同理,可得:

$$R_2=\frac{\mu_{R21}}{V_1}+\frac{\mu_{R22}}{V_2}+\frac{\mu_{R23}}{V_3}+\frac{\mu_{R24}}{V_4}+\frac{\mu_{R25}}{V_5}=(0.02,0.49,0.48,0.01,0.00)$$

$$R_3=\frac{\mu_{R31}}{V_1}+\frac{\mu_{R32}}{V_2}+\frac{\mu_{R33}}{V_3}+\frac{\mu_{R34}}{V_4}+\frac{\mu_{R35}}{V_5}=(0.04,0.41,0.54,0.01,0.00)$$

$$R_4=\frac{\mu_{R41}}{V_1}+\frac{\mu_{R42}}{V_2}+\frac{\mu_{R43}}{V_3}+\frac{\mu_{R44}}{V_4}+\frac{\mu_{R45}}{V_5}=(0.01,0.13,0.82,0.04,0.00)$$

$$R_5=\frac{\mu_{R51}}{V_1}+\frac{\mu_{R52}}{V_2}+\frac{\mu_{R53}}{V_3}+\frac{\mu_{R54}}{V_4}+\frac{\mu_{R55}}{V_5}=(0.01,0.16,0.81,0.02,0.00)$$

$$R_6=\frac{\mu_{R61}}{V_1}+\frac{\mu_{R62}}{V_2}+\frac{\mu_{R63}}{V_3}+\frac{\mu_{R64}}{V_4}+\frac{\mu_{R65}}{V_5}=(0.08,0.53,0.37,0.02,0.00)$$

$$\boldsymbol{R}=(R_1,R_2,R_3,R_4,R_5,R_6)=\begin{bmatrix}0.10,0.49,0.40,0.01,0.00\\0.02,0.49,0.48,0.01,0.00\\0.04,0.41,0.54,0.01,0.00\\0.01,0.13,0.82,0.04,0.00\\0.01,0.16,0.81,0.02,0.00\\0.08,0.53,0.37,0.02,0.00\end{bmatrix}$$

②计算风险水平：采用加权平均法对评判指标进行处理，根据表 14-2 取值计算，可得各单风险因素风险水平。

计算得出：$v_1=\sum_{i=1}^{5}\mu_{Rk1}V_k=42.41$

同理，可得：$v_2=45.30$，$v_3=46.22$，$v_4=53.86$，$v_5=53.09$，$v_6=42.50$

③确定风险水平等级：根据表 9-12，以及上述计算结果，可以得到单风险因素 j 的风险水平等级如下：$U_{7\text{-}1}$：$40<v_1<60$，三级；$U_{7\text{-}2}$，$U_{7\text{-}3}$，$U_{7\text{-}4}$，$U_{7\text{-}5}$，$U_{7\text{-}6}$，均为三级。其他单风险因素评价过程如上所述，具体结果见表 14-6～表 14-15。

(5)初级(第二层风险因素)模糊综合评价：由上已知单因素评价指标 R_i(即可知元素 r_{ij})，根据公式可计算得初级模糊综合评价指标 b_i。仍然以合同风险层为例，计算该层综合考虑其下所有子风险因素影响时的该层模糊综合评价指标，简称评价指标。具体过程如下：

$$\widetilde{\boldsymbol{B}}=(b_1,b_2,\cdots,b_5)=(w_1,w_2,\cdots,w_6)\cdot\begin{bmatrix}r_{11}&r_{12}&\cdots&r_{15}\\r_{21}&r_{22}&\cdots&r_{25}\\\cdots&\cdots&\cdots&\cdots\\r_{61}&r_{62}&\cdots&r_{65}\end{bmatrix}$$

将表 14-2 中的权重 $w_{7\text{-}1}$～$w_{7\text{-}6}$ 及地质条件风险层风险评价指标集 R 代入上式，可得：

$\widetilde{\boldsymbol{B}}=(0.04,0.35,0.59,0.02,0.00)$

求得二级模糊综合评价指标后，采用加权平均法对评价指标进行处理，根据表 14-2 取值计算，可得隧道施工风险 U 初级模糊综合评价的风险水平：

计算得出：$v_7=\sum_{i=1}^{5}\mu_{Rk1}\cdot V_k=47.84$

由于 U_7：$40<v_1<60$，故隧道施工风险水平等级属于三级。

其他风险因素层的评价指标和风险水平等级计算过程如上，具体结果见表 14-16。

(6)二级(第一层总目标层)模糊综合评价：通过初级模糊综合评价，可以得到总目标层下(第二层)风险因素评价指标 $\widetilde{R}'$，再根据公式计算可得到该层(目标层)风险因素的评价指标。计算结果如下：

$\widetilde{\boldsymbol{B}}=(0.04,0.16,0.50,0.28,0.02)$

求得二级模糊综合评价指标后，采用加权平均法对评价指标进行处理，根据表 14-1 取值计算，可得隧道 ZKⅠ施工风险 U 初级模糊综合评价的风险水平：

计算得出：$v=\sum_{i=1}^{5}\mu_{Rk1}\cdot V_k=57.6$

由于 U：$40<v_1<60$，故隧道 ZKⅠ施工风险水平等级属于三级，具体结果见表 14-17。

14.2.5 ZKⅠ评价结果

(1)单因素(第三层风险因素)风险评价结果

①地质条件风险评价(表 14-6)

表 14-6 地质条件风险单因素风险评价结果

类　别	风险因素	风险等级					风险水平	评价等级
		一	二	三	四	五		
地质条件风险	节理裂隙发育	0.01	0.11	0.64	0.24	0.00	58.16	三
	地质勘察的不明确性	0.05	0.35	0.58	0.02	0.00	47.36	三

②设计风险评价(表 14-7)

表 14-7 设计风险单因素风险评价结果

类　别	风险因素	风险等级					风险水平	评价等级
		一	二	三	四	五		
设计风险	开挖方式不当	0.00	0.07	0.77	0.15	0.01	57.80	三
	初期支护强度不够	0.00	0.06	0.73	0.19	0.02	59.38	三
	防排水设计不当	0.00	0.30	0.58	0.11	0.01	52.54	三
	设计变更、修改和审批延误	0.00	0.05	0.57	0.38	0.00	62.63	四

③施工技术风险评价(表 14-8)

表 14-8 施工技术风险单因素风险评价结果

类　别	风险因素	风险等级					风险水平	评价等级
		一	二	三	四	五		
施工技术风险	开挖工序不当	0.00	0.09	0.57	0.32	0.02	61.16	四
	开挖进尺不当	0.00	0.14	0.68	0.17	0.01	57.22	三
	爆破控制不当	0.00	0.00	0.22	0.62	0.16	75.04	四
	初期支护材料质量不合格	0.00	0.12	0.66	0.21	0.01	57.92	三
	喷射混凝土达不到要求	0.00	0.07	0.71	0.20	0.02	59.31	三
	工字钢连接处薄弱	0.00	0.00	0.50	0.45	0.05	67.24	四
	隧道闭合成环周期太长	0.00	0.08	0.33	0.57	0.02	66.79	四
	施工缝沉降缝处理不当	0.18	0.47	0.35	0.00	0.00	39.77	二
	二次衬砌混凝土质量不合要求	0.00	0.08	0.66	0.24	0.02	60.07	四
	二次衬砌施作时机不当	0.01	0.21	0.55	0.23	0.00	56.10	三
	二次衬砌不密实、开裂、厚度不足	0.01	0.10	0.75	0.13	0.01	56.66	三
	注浆堵水效果差	0.00	0.00	0.23	0.62	0.15	74.41	四
	防排水施作不规范	0.06	0.32	0.60	0.02	0.00	47.50	三
	排水处理不及时或处理不当	0.07	0.35	0.54	0.04	0.00	46.57	三

④施工管理风险评价(表 14-9)

表 14-9　施工管理风险单因素风险评价结果

类　别	风险因素	风险等级					风险水平	评价等级
		一	二	三	四	五		
施工管理风险	供水供电不稳定影响	0.18	0.41	0.41	0.00	0.00	41.00	三
	材料设备供应不及时	0.25	0.47	0.28	0.00	0.00	36.44	二
	对恶劣气候条件准备不足	0.04	0.30	0.59	0.07	0.00	49.70	三
	施工组织和施工进度安排不合理	0.05	0.32	0.60	0.03	0.00	48.13	三
	对外界和业内协调不及时	0.28	0.45	0.27	0.00	0.00	35.95	二
	对监控量测数据不重视	0.00	0.04	0.58	0.34	0.04	63.64	四
	安全预案不当	0.00	0.09	0.72	0.18	0.01	58.24	三

⑤材料设备风险评价(表 14-10)

表 14-10　材料设备风险单因素风险评价结果

类　别	风险因素	风险等级					风险水平	评价等级
		一	二	三	四	五		
材料设备风险	材料供应不足、供货出错以及质量不合格等	0.00	0.09	0.72	0.18	0.01	58.50	三
	材料生产、运输、储存、施工中损耗或浪费	0.20	0.58	0.21	0.01	0.00	36.59	二
	设备不配套、生产能力不足或设备安装、调试失败,使用损坏	0.40	0.45	0.15	0.00	0.00	31.07	二
	设备进场延误、设备不合格	0.45	0.44	0.11	0.00	0.00	28.74	二

⑥经济风险评价(表 14-11)

表 14-11　经济风险单因素风险评价结果

类　别	风险因素	风险等级					风险水平	评价等级
		一	二	三	四	五		
经济风险	建设单位延误工程款项	0.09	0.39	0.49	0.03	0.00	44.77	三
	保险公司和银行信用度不足	0.29	0.40	0.29	0.02	0.00	36.62	二
	流动资金短缺、资金使用不合理	0.00	0.16	0.65	0.19	0.00	56.34	三
	国家税务变化、利息调整	0.30	0.49	0.20	0.01	0.00	34.31	二
	设备、原材料等费用上调	0.00	0.02	0.27	0.70	0.01	69.79	四
	施工管理费和员工工资福利上涨	0.00	0.26	0.54	0.20	0.00	54.70	三
	社会征费增加	0.13	0.56	0.30	0.01	0.00	39.37	二
	工期变动	0.01	0.14	0.73	0.12	0.00	55.23	三

⑦合同风险评价(表 14-12)

表 14-12　合同风险单因素风险评价结果

类　别	风险因素	风险等级					风险水平	评价等级
		一	二	三	四	五		
合同风险	投标前期现场勘察工作不足	0.10	0.49	0.40	0.01	0.00	42.41	三
	工程清单错误或遗漏、工程单价或总价错误	0.02	0.49	0.48	0.01	0.00	45.30	三
	评标和决标不公平	0.04	0.41	0.54	0.01	0.00	46.22	三
	施工工期短、标价低	0.01	0.13	0.82	0.04	0.00	53.86	三
	建设单位和分包商违约	0.01	0.16	0.81	0.02	0.00	53.09	三
	索赔条款不明或欠缺	0.08	0.53	0.37	0.02	0.00	42.50	三

⑧人员风险评价(表 14-13)

表 14-13　人员风险单因素风险评价结果

类　别	风险因素	风险等级					风险水平	评价等级
		一	二	三	四	五		
人员风险	普通工人素质	0.07	0.16	0.60	0.17	0.00	56.21	三
	技术工人素质	0.02	0.23	0.72	0.03	0.00	50.92	三
	管理人员素质	0.00	0.22	0.74	0.04	0.00	52.27	三
	建设和监理单位的不合作	0.02	0.24	0.70	0.04	0.00	51.20	三
	人事变动或人员伤亡	0.00	0.01	0.31	0.53	0.15	72.24	四

⑨社会环境风险评价(表 14-14)

表 14-14　社会环境风险单因素风险评价结果

类　别	风险因素	风险等级					风险水平	评价等级
		一	二	三	四	五		
社会环境风险	国家政策调整,如土地政策	0.73	0.24	0.03	0.00	0.00	21.86	二
	建设法规和建设审批程序问题	0.30	0.50	0.10	0.00	0.00	30.93	二
	社会纠纷及不公正裁决	0.00	0.13	0.70	0.17	0.00	56.89	三
	噪声、扬尘污染	0.01	0.06	0.30	0.62	0.01	65.80	四
	施工机械对原有道路破坏	0.00	0.13	0.72	0.15	0.00	56.50	三
	隧道爆破对周边建筑影响	0.00	0.00	0.07	0.72	0.21	79.00	四

⑩自然灾害风险评价(表 14-15)

表 14-15　自然灾害风险单因素风险评价结果

类　别	风险因素	风险等级					风险水平	评价等级
		一	二	三	四	五		
自然灾害风险	地震影响	0.00	0.17	0.56	0.26	0.01	58.22	三
	暴雨冰雪影响	0.00	0.02	0.22	0.72	0.04	71.51	四
	洪水影响	0.00	0.31	0.66	0.03	0.00	50.60	三
	瘟疫和传染病等疾病影响	0.02	0.24	0.71	0.03	0.00	51.26	三
	生态被破坏影响	0.00	0.05	0.62	0.30	0.03	62.41	四
	废弃物处理问题	0.02	0.24	0.71	0.03	0.00	50.99	三

(2)初级(第二层风险因素)风险评价结果(表 14-16)

表 14-16　初级(第二层风险因素)模糊综合评价

序　号	风险因素	风险等级					风险水平	评价等级
		一	二	三	四	五		
1	地质条件风险	0.01	0.08	0.44	0.44	0.03	59.36	三
2	设计风险	0.00	0.14	0.66	0.19	0.01	57.73	三
3	施工技术风险	0.01	0.11	0.54	0.30	0.04	61.02	四
4	施工管理风险	0.14	0.31	0.46	0.08	0.01	46.10	三
5	材料设备风险	0.27	0.34	0.33	0.06	0.00	39.90	二
6	经济风险	0.08	0.25	0.46	0.21	0.00	51.93	三
7	合同风险	0.04	0.35	0.59	0.02	0.00	47.84	三
8	人员风险	0.01	0.16	0.60	0.19	0.04	57.97	三
9	社会环境风险	0.12	0.13	0.32	0.37	0.06	58.40	三
10	自然灾害风险	0.01	0.16	0.59	0.22	0.02	57.36	三

(3)二级(第一层目标层)风险评价结果(表 14-17)

表 14-17　隧道施工风险二级风险评价结果

风险因素	风险等级					风险水平	评价等级
	一	二	三	四	五		
ZKI 施工风险	0.04	0.16	0.50	0.28	0.02	57.60	三

14.2.6　风险监控分析

(1)风险监控:为了对隧道施工风险进行实时监控,隧道施工单位成立了隧道风险管理小组,在施工准备初期对风险进行了评价,并制定风险管理计划和风险应对计划。在隧道进入施工阶段以后,风险管理小组配备相关人员主要采用风险图表法追踪监视风险变化,再根据隧道信息化施工技术(超前预报、监控量测和视频监控)提供准确的预报信息、数据和图像等,对隧道施工风险进行系统、全方位的动态监测。根据超前地质预报结果及实时跟踪监控结果：ZKⅠ为强风化辉绿岩，围岩较为破碎，节理裂隙发育，开挖后较难自稳，如不及时支护将造成坍塌等危险，对施工造成不利影响。地质预报探测判定 ZKⅠ为Ⅴ级围岩，这与设计围岩级别为Ⅳ级不符。

(2)风险再分析：隧道 ZKⅠ被确定为Ⅴ级围岩后，隧道衬砌结构设计参数和辅助措施都发生了改变，隧道施工将会出现新的设计风险和施工技术风险；另外，围岩级别由Ⅳ级被确定为Ⅴ级，围岩的稳定性判定将发生变化，施工风险水平也将会发生新的变化。考虑施工风险因素发生了较大变化，前述风险评估结果已经不能准确地反映隧道 ZKⅠ风险水平，因此，对隧道 ZKⅠ重新进行风险评估是很有必要的。

14.3 隧道 ZKⅡ施工风险评价

ZKⅡ代表“石嘴隧道里程号 ZK34＋360～ZK34＋345 处的断层破碎带段”。

14.3.1 风险辨识

通过风险监控和风险因素再分析，取得 ZKⅡ施工风险因素见表 14-18。

表 14-18 风险因素识别一览表

序号	类别	风险因素	风险事故		
			坍方	大变形	其他
1	地质条件风险(U_1)	节理裂隙发育(U_{1-1})	★	★	
		地质勘察的不确定性(U_{1-2})	★	★	
2	设计风险(U_2)	超前支护手段和参数不足(U_{2-1})	★	★	
		开挖方式不当(U_{2-2})	★	★	
		初期支护强度不够(U_{2-3})	★	★	★
		防排水设计不当(U_{2-4})	★	★	★
		设计变更、修改和审批延误(U_{2-5})	★	★	
3	施工技术风险(U_3)	超前支护未按设计操作(U_{3-1})	★	★	
		超前支护材料质量不合格(U_{3-2})	★	★	
		开挖工序不当(U_{3-3})	★	★	
		开挖进尺不当(U_{3-4})	★	★	
		爆破控制不当(U_{3-5})	★	★	
		初期支护材料质量不合格(U_{3-6})	★	★	★
		喷射混凝土达不到要求(U_{3-7})	★	★	★
		工字钢连接处薄弱(U_{3-8})	★	★	★
		隧道闭合成环周期太长(U_{3-9})	★	★	
		施工缝、沉降缝处理不当(U_{3-10})			★

续上表

序号	类　别	风险因素	风险事故		
			坍方	大变形	其他
3	施工技术风险(U_3)	二次衬砌混凝土质量不合要求($U_{3\text{-}11}$)	★	★	★
		二次衬砌施作时机不当($U_{3\text{-}12}$)	★	★	
		二次衬砌不密实、开裂、厚度不足($U_{3\text{-}13}$)	★	★	★
		注浆堵水效果差($U_{3\text{-}14}$)			★
		防排水施作不规范($U_{3\text{-}15}$)			★
		排水处理不及时或处理不当($U_{3\text{-}16}$)	★	★	
4	施工管理风险(U_4)	供水供电不稳定影响($U_{4\text{-}1}$)			★
		材料设备供应不及时($U_{4\text{-}2}$)			★
		对恶劣气候条件准备不足($U_{4\text{-}3}$)	★	★	
		施工组织和施工进度安排不合理($U_{4\text{-}4}$)	★	★	
		对外界和业内协调不及时($U_{4\text{-}5}$)			★
		对监控量测数据不重视($U_{4\text{-}6}$)	★	★	
		安全预案不当($U_{4\text{-}7}$)			★
5	材料设备风险(U_5)	材料供应不足、供货出错以及质量不合格等($U_{5\text{-}1}$)	★	★	★
		材料生产、运输、储存、施工中损耗或浪费($U_{5\text{-}2}$)			★
		设备不配套、生产能力不足或设备安装、调试失败,使用损坏($U_{5\text{-}3}$)	★	★	
		设备进场延误、设备不合格($U_{5\text{-}4}$)	★	★	
6	经济风险(U_6)	建设单位延误工程款项($U_{6\text{-}1}$)			★
		保险公司和银行信用度不足($U_{6\text{-}2}$)			★
		流动资金短缺、资金使用不合理($U_{6\text{-}3}$)			★
		国家税务变化、利息调整($U_{6\text{-}4}$)			★
		设备、原材料等费用上调($U_{6\text{-}5}$)			★
		施工管理费和员工工资福利上涨($U_{6\text{-}6}$)			★
		社会征费增加($U_{6\text{-}7}$)			★
		工期变动($U_{6\text{-}8}$)			★
7	合同风险(U_7)	投标前期现场勘察工作不足($U_{7\text{-}1}$)			★
		工程清单错误或遗漏、工程单价或总价错误($U_{7\text{-}2}$)			★
		评标和决标不公平($U_{7\text{-}3}$)			★
		施工工期短、标价低($U_{7\text{-}4}$)			★
		建设单位和分包商违约($U_{7\text{-}5}$)			★
		索赔条款不明或欠缺($U_{7\text{-}6}$)			★

续上表

序号	类　别	风险因素	风险事故		
			坍方	大变形	其他
8	人员风险 (U_8)	普通工人素质(U_{8-1})			★
		技术工人素质(U_{8-2})			★
		管理人员素质(U_{8-3})			★
		建设和监理单位的不合作(U_{8-4})			★
		人事变动或人员伤亡(U_{8-5})			★
9	社会环境风险 (U_9)	国家政策调整,如土地政策(U_{9-1})			★
		建设法规和建设审批程序问题(U_{9-2})			★
		社会纠纷及不公正裁决(U_{9-3})			★
		噪声、扬尘污染(U_{9-4})			★
		施工机械对原有道路破坏(U_{9-5})			★
		隧道爆破对周边建筑影响(U_{9-6})			★
10	自然灾害风险 (U_{10})	地震影响(U_{10-1})	★	★	★
		暴雨冰雪影响(U_{10-2})	★		★
		洪水影响(U_{10-3})	★		★
		瘟疫和传染病等疾病影响(U_{10-4})			★
		生态被破坏影响(U_{10-5})			★
		废弃物处理问题(U_{10-6})			★

注:★——对应的风险因素指标可能导致发生的风险事故类型。

14.3.2 评价指标体系

根据分析得出的隧道施工风险因素,结合层次分析法,建立隧道施工风险评估指标体系,并运用1～9标度法及根法近似计算得到各风险因素的权重 w_i。可将隧道施工风险评估指标体系分为三层,具体意义和构造见表14-18。

第一层为目标层:U;

第二层为风险因素Ⅰ:U_1～U_{10};

第三层为隶属于第二层风险因素层的风险因素Ⅱ:U_{1-1}～U_{1-2}、U_{2-1}～U_{2-4}、U_{3-1}～U_{3-16}、U_{4-1}～U_{4-7}、U_{5-1}～U_{5-4}、U_{6-1}～U_{6-8}、U_{7-1}～U_{7-6}、U_{8-1}～U_{8-5}、U_{9-1}～U_{9-6}、U_{10-1}～U_{10-6}。

确定权重的过程见前述,具体结果见表14-19。

表 14-19　隧道 ZKⅡ施工风险评估指标体系及风险因素权重

U	$U_1(w_1=0.226)$	$U_{1\text{-}1}=0.813$
		$U_{1\text{-}2}=0.187$
	$U_2(w_2=0.210)$	$U_{2\text{-}1}=0.240$
		$U_{2\text{-}2}=0.160$
		$U_{2\text{-}3}=0.134$
		$U_{2\text{-}4}=0.200$
		$U_{2\text{-}5}=0.266$
	$U_3(w_3=0.218)$	$U_{3\text{-}1}=0.071$
		$U_{3\text{-}2}=0.076$
		$U_{3\text{-}3}=0.059$
		$U_{3\text{-}4}=0.071$
		$U_{3\text{-}5}=0.088$
		$U_{3\text{-}6}=0.082$
		$U_{3\text{-}7}=0.047$
		$U_{3\text{-}8}=0.065$
		$U_{3\text{-}9}=0.059$
		$U_{3\text{-}10}=0.024$
		$U_{3\text{-}11}=0.059$
		$U_{3\text{-}12}=0.059$
		$U_{3\text{-}13}=0.065$
		$U_{3\text{-}14}=0.041$
		$U_{3\text{-}15}=0.059$
		$U_{3\text{-}16}=0.041$
	$U_4(w_4=0.088)$	$U_{4\text{-}1}=0.067$
		$U_{4\text{-}2}=0.089$
		$U_{4\text{-}3}=0.089$
		$U_{4\text{-}4}=0.144$
		$U_{4\text{-}5}=0.111$
		$U_{4\text{-}6}=0.133$
		$U_{4\text{-}7}=0.156$
	$U_5(w_5=0.044)$	$U_{5\text{-}1}=0.325$
		$U_{5\text{-}2}=0.100$
		$U_{5\text{-}3}=0.300$
		$U_{5\text{-}4}=0.275$
U	$U_6(w_6=0.061)$	$U_{6\text{-}1}=0.100$
		$U_{6\text{-}2}=0.125$
		$U_{6\text{-}3}=0.150$
		$U_{6\text{-}4}=0.075$
		$U_{6\text{-}5}=0.188$
		$U_{6\text{-}6}=0.125$
		$U_{6\text{-}7}=0.075$
		$U_{6\text{-}8}=0.063$
	$U_7(w_7=0.030)$	$U_{7\text{-}1}=0.200$
		$U_{7\text{-}2}=0.217$
		$U_{7\text{-}3}=0.133$
		$U_{7\text{-}4}=0.250$
		$U_{7\text{-}5}=0.133$
		$U_{7\text{-}6}=0.067$
	$U_8(w_8=0.049)$	$U_{8\text{-}1}=0.140$
		$U_{8\text{-}2}=0.200$
		$U_{8\text{-}3}=0.220$
		$U_{8\text{-}4}=0.160$
		$U_{8\text{-}5}=0.280$
	$U_9(w_9=0.036)$	$U_{9\text{-}1}=0.100$
		$U_{9\text{-}2}=0.170$
		$U_{9\text{-}3}=0.167$
		$U_{9\text{-}4}=0.200$
		$U_{9\text{-}5}=0.150$
		$U_{9\text{-}6}=0.267$
	$U_{10}(w_{10}=0.024)$	$U_{10\text{-}1}=0.217$
		$U_{10\text{-}2}=0.133$
		$U_{10\text{-}3}=0.183$
		$U_{10\text{-}4}=0.167$
		$U_{10\text{-}5}=0.103$
		$U_{10\text{-}6}=0.117$

14.3.3 风险模糊估计

具体计算结果见表14-20、表14-21。

表14-20 隧道ZKⅡ施工风险因素概率估计结果

类别	风险因素	风险概率估计				
		A	B	C	D	E
地质条件风险	节理裂隙发育	0.15	0.48	0.30	0.07	0.00
	地质勘察的不确定性	0.33	0.49	0.18	0.00	0.00
设计风险	超前支护手段和参数不足	0.65	0.25	0.10	0.00	0.00
	开挖方式不当	0.17	0.60	0.20	0.0	0.00
	初期支护强度不够	0.10	0.50	0.35	0.05	0.00
	防排水设计不当	0.60	0.30	0.10	0.00	0.00
	设计变更、修改和审批延误	0.00	0.15	0.50	0.35	0.00
施工技术风险	超前支护未按设计操作	0.00	0.30	0.60	0.10	0.00
	超前支护材料质量不合格	0.35	0.55	0.10	0.00	0.00
	开挖工序不当	0.05	0.32	0.43	0.20	0.00
	开挖进尺不当	0.02	0.42	0.48	0.08	0.00
	爆破控制不当	0.00	0.18	0.40	0.42	0.00
	初期支护材料质量不合格	0.62	0.35	0.03	0.00	0.00
	喷射混凝土达不到要求	0.25	0.60	0.15	0.00	0.00
	工字钢连接处薄弱	0.00	0.25	0.60	0.15	0.00
	隧道闭合成环周期太长	0.00	0.02	0.30	0.63	0.05
	施工缝、沉降缝处理不当	0.48	0.37	0.15	0.00	0.00
	二次衬砌混凝土质量不合要求	0.40	0.50	0.10	0.00	0.00
	二次衬砌施作时机不当	0.20	0.58	0.22	0.00	0.00
	二次衬砌不密实、开裂、厚度不足	0.05	0.32	0.43	0.20	0.00
	注浆堵水效果差	0.02	0.42	0.48	0.08	0.00
	防排水施作不规范	0.00	0.18	0.40	0.42	0.00
	排水处理不及时或处理不当	0.62	0.35	0.03	0.00	0.00
施工管理风险	供水供电不稳定影响	0.43	0.55	0.02	0.00	0.00
	材料设备供应不及时	0.20	0.65	0.15	0.00	0.00
	对恶劣气候条件准备不足	0.20	0.45	0.35	0.00	0.00
	施工组织和施工进度安排不合理	0.35	0.52	0.13	0.00	0.00
	对外界和业内协调不及时	0.47	0.45	0.08	0.00	0.00
	对监控量测数据不重视	0.02	0.18	0.60	0.20	0.00
	安全预案不当	0.50	0.38	0.12	0.00	0.00

续上表

类　别	风险因素	风险概率估计				
		A	B	C	D	E
材料设备风险	材料供应不足、供货出错以及质量不合格等	0.42	0.50	0.08	0.00	0.00
	材料生产、运输、储存、施工中损耗或浪费	0.28	0.64	0.08	0.00	0.00
	设备不配套、生产能力不足或设备安装、调试失败，使用损坏	0.43	0.55	0.02	0.00	0.00
	设备进场延误、设备不合格	0.70	0.20	0.06	0.04	0.00
经济风险	建设单位延误工程款项	0.40	0.40	0.18	0.02	0.00
	保险公司和银行信用度不足	0.40	0.40	0.12	0.08	0.00
	流动资金短缺、资金使用不合理	0.06	0.30	0.46	0.18	0.00
	国家税务变化、利息调整	0.30	0.30	0.35	0.05	0.00
	设备、原材料等费用上调	0.00	0.00	0.28	0.67	0.05
	施工管理费和员工工资福利上涨	0.00	0.10	0.60	0.26	0.04
	社会征费增加	0.10	0.60	0.20	0.10	0.00
	工期变动	0.04	0.60	0.26	0.10	0.00
合同风险	投标前期现场勘察工作不足	0.50	0.30	0.10	0.10	0.00
	工程清单错误或遗漏、工程单价或总价错误	0.55	0.40	0.05	0.00	0.00
	评标和决标不公平	0.58	0.40	0.02	0.00	0.00
	施工工期短、标价低	0.05	0.55	0.40	0.00	0.00
	建设单位和分包商违约	0.05	0.62	0.33	0.00	0.00
	索赔条款不明或欠缺	0.65	0.23	0.12	0.00	0.00
人员风险	普通工人素质	0.03	0.45	0.37	0.15	0.00
	技术工人素质	0.22	0.65	0.13	0.00	0.00
	管理人员素质	0.32	0.55	0.13	0.00	0.00
	建设和监理单位的不合作	0.24	0.50	0.26	0.00	0.00
	人事变动或人员伤亡	0.04	0.23	0.60	0.13	0.00
社会环境风险	国家政策调整，如土地政策	0.82	0.18	0.00	0.00	0.00
	建设法规和建设审批程序问题	0.40	0.52	0.08	0.00	0.00
	社会纠纷及不公正裁决	0.00	0.23	0.62	0.16	0.00
	噪声、扬尘污染	0.00	0.00	0.30	0.60	0.10
	施工机械对原有道路破坏	0.00	0.27	0.60	0.13	0.00
	隧道爆破对周边建筑影响	0.00	0.00	0.20	0.60	0.20
自然灾害风险	地震影响	0.75	0.20	0.05	0.00	0.00
	暴雨冰雪影响	0.00	0.00	0.10	0.65	0.25
	洪水影响	0.38	0.45	0.17	0.00	0.00
	瘟疫和传染病等疾病影响	0.25	0.60	0.15	0.00	0.00
	生态被破坏影响	0.26	0.50	0.24	0.00	0.00
	废弃物处理问题	0.23	0.55	0.22	0.00	0.00

表 14-21　隧道 ZKⅡ 施工风险因素损失估计结果

类　别	风险因素	风险损失概率估计				
		1	2	3	4	5
地质条件风险	节理裂隙发育	0.00	0.13	0.62	0.23	0.02
	地质勘察的不确定性	0.00	0.15	0.75	0.10	0.00
设计风险	超前支护手段和参数不足	0.00	0.00	0.20	0.60	0.20
	开挖方式不当	0.00	0.00	0.43	0.55	0.02
	初期支护强度不够	0.00	0.00	0.63	0.32	0.05
	防排水设计不当	0.00	0.00	0.50	0.42	0.08
	设计变更、修改和审批延误	0.00	0.08	0.80	0.12	0.00
施工技术风险	超前支护未按设计操作	0.00	0.05	0.20	0.65	0.10
	超前支护材料质量不合格	0.00	0.00	0.15	0.65	0.20
	开挖工序不当	0.02	0.08	0.60	0.30	0.00
	开挖进尺不当	0.02	0.42	0.48	0.08	0.00
	爆破控制不当	0.00	0.13	0.65	0.20	0.02
	初期支护材料质量不合格	0.00	0.00	0.18	0.62	0.20
	喷射混凝土达不到要求	0.00	0.00	0.20	0.60	0.20
	工字钢连接处薄弱	0.00	0.00	0.28	0.60	0.12
	隧道闭合成环周期太长	0.00	0.00	0.43	0.50	0.07
	施工缝、沉降缝处理不当	0.00	0.20	0.53	0.25	0.02
	二次衬砌混凝土质量不合要求	0.00	0.35	0.62	0.03	0.00
	二次衬砌施作时机不当	0.00	0.00	0.20	0.60	0.20
	二次衬砌不密实、开裂、厚度不足	0.00	0.28	0.62	0.10	0.00
	注浆堵水效果差	0.00	0.05	0.60	0.30	0.05
	防排水施作不规范	0.00	0.00	0.20	0.62	0.18
	排水处理不及时或处理不当	0.00	0.17	0.65	0.18	0.00
施工管理风险	供水供电不稳定影响	0.10	0.52	0.38	0.00	0.00
	材料设备供应不及时	0.00	0.40	0.42	0.18	0.00
	对恶劣气候条件准备不足	0.15	0.50	0.34	0.01	0.00
	施工组织和施工进度安排不合理	0.00	0.23	0.57	0.20	0.00
	对外界和业内协调不及时	0.00	0.15	0.62	0.23	0.00
	对监控量测数据不重视	0.05	0.48	0.42	0.05	0.00
	安全预案不当	0.00	0.03	0.67	0.25	0.05
材料设备风险	材料供应不足、供货出错以及质量不合格等	0.00	0.00	0.17	0.73	0.10
	材料生产、运输、储存、施工中损耗或浪费	0.00	0.00	0.25	0.67	0.08
	设备不配套、生产能力不足或设备安装、调试失败，使用损坏	0.18	0.62	0.20	0.00	0.00
	设备进场延误、设备不合格	0.13	0.60	0.27	0.00	0.00

续上表

类　别	风险因素	风险损失概率估计				
		1	2	3	4	5
经济风险	建设单位延误工程款项	0.05	0.60	0.35	0.00	0.00
	保险公司和银行信用度不足	0.00	0.25	0.60	0.15	0.00
	流动资金短缺、资金使用不合理	0.08	0.45	0.35	0.12	0.00
	国家税务变化、利息调整	0.00	0.18	0.72	0.10	0.00
	设备、原材料等费用上调	0.13	0.62	0.25	0.00	0.00
	施工管理费和员工工资福利上涨	0.00	0.07	0.80	0.13	0.00
	社会征费增加	0.00	0.35	0.60	0.05	0.00
	工期变动	0.05	0.60	0.32	0.03	0.00
合同风险	投标前期现场勘察工作不足	0.00	0.12	0.75	0.13	0.00
	工程清单错误或遗漏、工程单价或总价错误	0.00	0.18	0.75	0.07	0.00
	评标和决标不公平	0.00	0.05	0.85	0.10	0.00
	施工工期短、标价低	0.00	0.08	0.65	0.27	0.00
	建设单位和分包商违约	0.00	0.10	0.80	0.10	0.00
	索赔条款不明或欠缺	0.00	0.12	0.80	0.08	0.00
人员风险	普通工人素质	0.00	0.12	0.75	0.13	0.00
	技术工人素质	0.00	0.15	0.75	0.10	0.00
	管理人员素质	0.00	0.10	0.70	0.20	0.00
	建设和监理单位的不合作	0.00	0.00	0.70	0.30	0.00
	人事变动或人员伤亡	0.00	0.07	0.78	0.15	0.00
社会环境风险	国家政策调整，如土地政策	0.00	0.00	0.18	0.62	0.20
	建设法规和建设审批程序问题	0.20	0.65	0.15	0.00	0.00
	社会纠纷及不公正裁决	0.10	0.70	0.20	0.00	0.00
	噪声、扬尘污染	0.00	0.15	0.78	0.07	0.00
	施工机械对原有道路破坏	0.00	0.15	0.73	0.12	0.00
	隧道爆破对周边建筑影响	0.00	0.15	0.77	0.08	0.00
自然灾害风险	地震影响	0.00	0.00	0.23	0.53	0.24
	暴雨冰雪影响	0.00	0.18	0.67	0.15	0.00
	洪水影响	0.00	0.00	0.80	0.20	0.00
	瘟疫和传染病等疾病影响	0.00	0.07	0.70	0.23	0.00
	生态被破坏影响	0.00	0.00	0.20	0.62	0.18
	废弃物处理问题	0.00	0.08	0.80	0.12	0.00

14.3.4 ZKⅡ评价过程

采用多层次模糊动态综合评价法对隧道ZKⅡ施工风险进行评价，具体评价过程见前述。以下是隧道ZKⅡ施工风险评价结果。

(1)单因素(第三层风险因素)风险评价结果

①地质条件风险评价(表14-22)

表14-22 地质条件风险单因素风险评价结果

类别	风险因素	风险等级					风险水平	评价等级
		一	二	三	四	五		
地质条件风险	节理裂隙发育	0.01	0.23	0.55	0.31	0.00	65.22	四
	地勘的不明确性	0.05	0.35	0.58	0.02	0.00	50.61	三

②设计风险评价(表14-23)

表14-23 设计风险单因素风险评价结果

类别	风险因素	风险等级					风险水平	评价等级
		一	二	三	四	五		
设计风险	超前支护手段和参数不足	0.00	0.13	0.61	0.24	0.02	58.99	三
	开挖方式不当	0.00	0.07	0.68	0.24	0.01	59.85	三
	初期支护强度不够	0.00	0.05	0.65	0.27	0.03	62.33	四
	防排水设计不当	0.00	0.22	0.51	0.26	0.02	58.76	三
	设计变更、修改和审批延误	0.00	0.05	0.52	0.41	0.02	66.63	四

③施工技术风险评价(表14-24)

表14-24 施工技术风险单因素风险评价结果

类别	风险因素	风险等级					风险水平	评价等级
		一	二	三	四	五		
施工技术风险	超前支护未按设计操作	0.00	0.00	0.37	0.52	0.11	68.73	四
	超前支护材料质量不合格	0.00	0.05	0.68	0.25	0.02	60.71	四
	开挖工序不当	0.00	0.09	0.57	0.32	0.02	62.47	四
	开挖进尺不当	0.00	0.14	0.68	0.17	0.01	58.26	三
	爆破控制不当	0.00	0.00	0.22	0.62	0.16	76.15	四
	初期支护材料质量不合格	0.00	0.12	0.66	0.21	0.01	58.89	三
	喷射混凝土达不到要求	0.00	0.07	0.71	0.20	0.02	61.03	四
	工字钢连接处薄弱	0.00	0.00	0.50	0.45	0.05	67.98	四
	隧道闭合成环周期太长	0.00	0.08	0.33	0.57	0.02	66.26	四

续上表

类　　别	风险因素	风险等级					风险水平	评价等级
		一	二	三	四	五		
施工技术风险	施工缝、沉降缝处理不当	0.18	0.47	0.35	0.00	0.00	41.18	三
	二次衬砌混凝土质量不合要求	0.00	0.08	0.66	0.24	0.02	61.37	四
	二次衬砌施作时机不当	0.01	0.21	0.55	0.23	0.00	56.89	三
	二次衬砌不密实、开裂、厚度不足	0.01	0.10	0.75	0.13	0.01	57.20	三
	注浆堵水效果差	0.00	0.00	0.23	0.62	0.15	76.38	四
	防排水施作不规范	0.06	0.32	0.60	0.02	0.00	48.56	三
	排水处理不及时或处理不当	0.07	0.35	0.54	0.04	0.00	52.52	三

④施工管理风险评价(表 14-25)

表 14-25　施工管理风险单因素风险评价结果

类　　别	风险因素	风险等级					风险水平	评价等级
		一	二	三	四	五		
施工管理风险	供水供电不稳定影响	0.18	0.41	0.41	0.00	0.00	40.09	三
	材料设备供应不及时	0.25	0.47	0.28	0.00	0.00	35.36	二
	对恶劣气候条件准备不足	0.04	0.30	0.59	0.07	0.00	47.68	三
	施工组织和施工进度安排不合理	0.05	0.32	0.60	0.03	0.00	46.92	三
	对外界和业内协调不及时	0.28	0.45	0.27	0.00	0.00	34.63	二
	对监控量测数据不重视	0.00	0.04	0.58	0.34	0.04	61.27	四
	安全预案不当	0.00	0.09	0.72	0.18	0.01	56.39	三

⑤材料设备风险评价(表 14-26)

表 14-26　材料设备风险单因素风险评价结果

类　　别	风险因素	风险等级					风险水平	评价等级
		一	二	三	四	五		
材料设备风险	材料供应不足、供货出错以及质量不合格等	0.00	0.09	0.72	0.18	0.01	55.90	三
	材料生产、运输、储存、施工中损耗或浪费	0.20	0.58	0.21	0.01	0.00	34.82	二
	设备不配套、生产能力不足或设备安装、调试失败,使用损坏	0.40	0.45	0.15	0.00	0.00	30.01	二
	设备进场延误、设备不合格	0.45	0.44	0.11	0.00	0.00	27.26	二

⑥经济风险评价(表 14-27)

表 14-27　经济风险单因素风险评价结果

类　别	风险因素	风险等级					风险水平	评价等级
		一	二	三	四	五		
经济风险	建设单位延误工程款项	0.09	0.39	0.49	0.03	0.00	28.59	二
	保险公司和银行信用度不足	0.29	0.40	0.29	0.02	0.00	33.53	二
	流动资金短缺、资金使用不合理	0.00	0.16	0.65	0.19	0.00	52.15	三
	国家税务变化、利息调整	0.30	0.49	0.20	0.01	0.00	32.18	二
	设备、原材料等费用上调	0.00	0.02	0.27	0.70	0.01	64.72	四
	施工管理费和员工工资福利上涨	0.00	0.26	0.54	0.20	0.00	51.22	三
	社会征费增加	0.13	0.56	0.30	0.01	0.00	37.21	二
	工期变动	0.01	0.14	0.73	0.12	0.00	52.28	三

⑦合同风险评价(表 14-28)

表 14-28　合同风险单因素风险评价结果

类　别	风险因素	风险等级					风险水平	评价等级
		一	二	三	四	五		
合同风险	投标前期现场勘察工作不足	0.10	0.49	0.40	0.01	0.00	39.02	二
	工程清单错误或遗漏、工程单价或总价错误	0.02	0.49	0.48	0.01	0.00	42.18	三
	评标和决标不公平	0.04	0.41	0.54	0.01	0.00	42.56	三
	施工工期短、标价低	0.01	0.13	0.82	0.04	0.00	50.17	三
	建设单位和分包商违约	0.01	0.16	0.81	0.02	0.00	49.22	三
	索赔条款不明或欠缺	0.08	0.53	0.37	0.02	0.00	40.50	三

⑧人员风险评价(表 14-29)

表 14-29　人员风险单因素风险评价结果

类　别	风险因素	风险等级					风险水平	评价等级
		一	二	三	四	五		
人员风险	普通工人素质	0.07	0.16	0.60	0.17	0.00	53.14	三
	技术工人素质	0.02	0.23	0.72	0.03	0.00	46.78	三
	管理人员素质	0.00	0.22	0.74	0.04	0.00	48.87	三
	建设和监理单位的不合作	0.02	0.24	0.70	0.04	0.00	48.90	三
	人事变动或人员伤亡	0.00	0.01	0.31	0.53	0.15	68.75	四

⑨社会环境风险评价(表 14-30)

表 14-30　社会环境风险单因素风险评价结果

类　别	风险因素	风险等级					风险水平	评价等级
		一	二	三	四	五		
社会环境风险	国家政策调整，如土地政策	0.73	0.24	0.03	0.00	0.00	19.75	二
	建设法规和建设审批程序问题	0.30	0.50	0.10	0.00	0.00	25.82	二
	社会纠纷及不公正裁决	0.00	0.13	0.70	0.17	0.00	52.66	三
	噪声、扬尘污染	0.01	0.06	0.30	0.62	0.01	61.17	四
	施工机械对原有道路破坏	0.00	0.13	0.72	0.15	0.00	50.93	三
	隧道爆破对周边建筑影响	0.00	0.00	0.07	0.72	0.21	69.15	四

⑩自然灾害风险评价(表 14-31)

表 14-31　自然灾害风险单因素风险评价结果

类　别	风险因素	风险等级					风险水平	评价等级
		一	二	三	四	五		
自然灾害风险	地震影响	0.00	0.17	0.56	0.26	0.01	51.13	三
	暴雨冰雪影响	0.00	0.02	0.22	0.72	0.04	65.72	四
	洪水影响	0.00	0.31	0.66	0.03	0.00	45.26	三
	瘟疫和传染病等疾病影响	0.02	0.24	0.71	0.03	0.00	48.41	三
	生态被破坏影响	0.00	0.05	0.62	0.30	0.03	58.64	三
	废弃物处理问题	0.02	0.24	0.71	0.03	0.00	45.23	三

(2)初级(第二层风险因素)风险评价结果(表 14-32)

表 14-32　隧道施工风险初级风险评价结果

风险因素	风险等级					风险水平	评价等级
	一	二	三	四	五		
地质条件风险	0.01	0.08	0.38	0.50	0.03	65.81	四
设计风险	0.00	0.14	0.58	0.26	0.02	62.59	四
施工技术风险	0.01	0.09	0.50	0.32	0.04	66.77	四
施工管理风险	0.14	0.31	0.41	0.15	0.02	53.37	三
材料设备风险	0.27	0.34	0.33	0.06	0.00	39.90	二
经济风险	0.08	0.25	0.46	0.21	0.00	50.22	三
合同风险	0.04	0.35	0.59	0.02	0.00	46.26	三
人员风险	0.01	0.16	0.60	0.19	0.04	56.72	三
社会环境风险	0.12	0.13	0.32	0.37	0.06	56.83	三
自然灾害风险	0.01	0.16	0.59	0.22	0.02	56.11	三

(3)二级(第一层目标层)风险评价结果(表 14-33)

表 14-33　隧道 ZKⅡ施工风险二级风险评价结果

风险因素	风险等级					风险水平	评价等级
	一	二	三	四	五		
ZKⅡ施工风险评价	0.02	0.14	0.45	0.36	0.03	64.49	四

14.3.5　ZKⅡ评价结果

通过对隧道 ZKⅠ、ZKⅡ两个里程段的施工风险评估,可以得出以下结论。

(1)对隧道施工动态风险监控,该工程实例中主要通过基于地质超前预报的风险动态分析法,适时地对隧道施工风险进行监控,及时对 ZKⅡ的施工风险进行再分析与评估,认清 ZKⅡ的风险状态,为工程建设各方制定风险预案和风险应对计划提供了及时的信息数据。

(2)从两个里程段的二级风险评估结果分析,ZKⅡ(破碎的)风险等级明显高于 ZKⅠ,风险等级从三级变为四级,其处于"不可以接受"状态,即工程建设参与各方对该工程的施工风险需要引起重视,必须及时决策,对工程施工各关键环节采取监控措施,防范风险事故的发生。

(3)从两个里程段的初级风险评估结果分析:①ZKⅡ中的设计风险和地质风险等级变为四级,施工技术风险也有所增加,因此,在破碎带施工过程中要求工程建设参与各方加强对设计风险、地质风险和施工技术风险三方面风险的重视;②在隧道施工风险因素中,施工技术风险的风险发生概率最高,要求政府及工程建设参与各方必须研究决策方案,制定施工控制和预警措施。

(4)综合考虑施工技术风险单因素风险评价结果,可以看出隧道施工技术中超前支护施作、开挖工序控制、爆破控制、工字钢连接、隧道闭合成环控制、二次衬砌混凝土质量控制,以及注浆堵水等环节风险较大,风险等级为四级,建议施工方在这些方面必须引起重视,采取相应的措施,以便减少或降低风险事故的发生。

(5)从其他单因素风险评价结果分析,可知对经济风险影响最大的是设备和原材料的价格上调,风险等级为四级;人员伤亡的风险等级也较高,为四级,须做好安全教育和采取必要的安保措施;噪声、扬尘污染风险等级为四级,对社会环境影响较为严重,须采取相应措施减少风险;爆破及隧道沉降对周边建筑的影响风险等级为四级,建议施工方做好监控工作,提前做好预警和预防方案;另外,暴雨冰雪及生态破坏的风险等级也较高,为四级,建议施工方做好应急预案,采取有效的规避措施。

第 15 章　瓦斯隧道风险评估应用案例

15.1　中梁山隧道概况

(1)工程概况：中梁山隧道横穿观音峡背斜中梁山山脉，隧道位于重庆市北碚区嘉陵江北岸水土街道至东阳街道之间，隧道总体呈南东—北西走向。地理坐标介于106°24′46″～106°25′58″，北纬29°52′11″～29°53′29″之间。中梁山隧道是重庆渝武高速公路最重要的重点控制工程，为双向六车道分离式隧道，隧道左线长5 265.0 m、右线长度5 310.0 m，隧道净宽14.50 m，净高5.00 m，属于公路特长隧道。隧道左线里程ZK20+945～ZK26+208，隧道进口设计高程295.670 m，进口段纵坡+1.66%；隧道出口设计高程230.683 m，出口段纵坡−2.421 2%；隧道最大埋深点ZK23+820，最大埋深约379.29 m，变坡点里程ZK22+426，变坡点高程317.852 m。隧道右线里程K20+925～K26+235，隧道进口设计高程295.392 m，进口段纵坡+1.66%；隧道出口设计高程231.347 m，出口段纵坡−2.414 7%；隧道最大埋深点K23+860，最大埋深约358.827 m，变坡点里程K22+440，变坡点高程318.330 m。中梁山隧道及斜井洞口如图15-1所示。

(a) 隧道出口　　(b) 隧道进口　　(c) 斜井进口

图 15-1　中梁山隧道及斜井洞口

(2)技术标准：①公路等级：双向六车道高速公路。②设计速度：100 km/h。③隧道建筑限界：宽度为0.75+0.75+3×3.75+1.0+0.75=14.5 m，净高5.0 m。④车行横通道建筑限界：宽度为6.5 m，净高5.0 m。⑤人行横通道建筑限界：宽度为2.0 m，净高2.5 m。⑥紧急停车带建筑限界：宽度为0.75+0.75+3×3.75+1.0+3.0+0.75=17.5 m，净高5.0 m。⑦洞内纵坡：最大±3%，最小±0.5%。⑧洞内横坡：单向坡2.0%(不设超高段)，洞内超高不大于±3% 。⑨汽车荷载等级：公路-Ⅰ级。⑩隧道防水等级：二级。⑪二次衬砌抗渗等级：不低于P8、P10。⑫抗震设防烈度：Ⅶ度。

(3)地形地貌：隧道穿越的观音峡背斜呈“一山三岭夹两槽”的地貌形态，隧址区主要为观音峡背斜形成的低山地貌，根据成因可分为构造剥蚀低山地貌和构造溶蚀低山地貌。构造剥蚀低山区地形相对较陡，多以条状山展布；构造溶蚀低山地貌，地形相对平缓，多以槽谷展布，地表以落水洞、溶蚀洼地和溶蚀沟槽为主，地下以溶洞和地下暗河为主。

(4)地层岩性：隧道穿越地层自新到老为：第四系全新统(Q_4)、侏罗系中下统自流井组

($J_{1-2}z$)、侏罗系下统珍珠冲组(J_1zh)、三叠系上统须家河组(T_3xj)、中统雷口坡组(T_2l)、下统嘉陵江组(T_1j)、飞仙关组(T_1f)、二叠系上统长兴组(P_3c)与龙潭组(P_3l)。①第四系全新统(Q_4)地层主要为分布于隧道进出口谷地、斜坡及隧道洞身局部地表低洼地带，为全新统残坡积堆积层(Q_4^{el+dl})，岩性主要为粉质黏土，褐黄、黄等色，可塑～硬塑，含砂岩、泥岩块碎石及角砾，呈角度不整合覆盖于下伏各系地层之上。厚度 1.0～4.9m。②侏罗系地层(J)主要分布于两端洞口附近。中下统自流井组($J_{1-2}z$)：分布于隧道出口，以泥岩、生物碎屑灰岩为主，夹页岩泥灰岩。下统珍珠冲组(J_1zh)：分布于背斜两侧，隧道进口分布为珍珠冲组地层，岩性为紫红色、灰紫色泥岩、粉砂质泥岩。③隧道洞身主要是三叠系(T)地层。须家河组(T_3xj)共分为 6 段，1、3、5 为页岩含煤地层，主要岩性为砂质泥岩、泥岩及砂质页岩、页岩夹薄煤层；2、4、6 段以砂岩为主。雷口坡组(T_2l)以白云岩、白云质灰岩为主。嘉陵江组(T_1j)分为 4 段，其中 1、3 段以灰岩为主，2、4 段为白云岩与盐溶角砾岩。飞仙关组(T_1f)分为 4 段，1、2、4 段为泥岩夹泥灰岩、灰岩，3 段以灰岩为主。④二叠系地层(P)地表无出露，钻探揭露背斜核部发育上统长兴组(P_2c)与龙潭组(P_2l)。上统统长兴组(P_3c)：地表无出露，分布背斜轴部，岩性为灰岩、白云岩。上统统龙潭组(P_3l)：地表无出露，分布背斜轴部，岩性为粉砂质黏土岩、页岩夹煤层。

(5)地质构造：如图 15-2、图 15-3 所示，隧址区位于川东隔挡式褶皱带中华蓥山帚状褶皱束构造最复杂地带，构造线走向 NNE 向，主体构造为观音峡背斜，背斜西翼发育 F_1 断层和白庙子断层(F_2)。①褶皱构造：中梁山隧道工程横贯观音峡背斜中段，西临北碚向斜、东临悦来场向斜。观音峡背斜：为拟建隧道穿越的主要构造类型，隧道横穿观音峡背斜，背斜北起合川市三汇镇，往南跨过嘉陵江及长江，南延至江津区贾嗣镇而倾没，长约 105 km，宽约 2～4 km。主要特点是背斜轴线扭摆多弯曲，呈反“S”形，呈北北东—南北向展布，两翼不对称，西陡东缓，西翼倾角 75°左右，东翼倾角 40°～55°，背斜东西两翼褶皱分别为悦来场向斜、北碚向斜。②断层构造：(a)F_1 断层位于观音峡背斜西翼近轴部，勘察区地表未出露，为隐伏断层，断层走向北东约 40°，倾向为西北方向，倾角 68°，断开地层为飞仙关组、长兴组，断层上盘向南东向斜冲，为压扭性斜冲逆断层，该断层在高程 350～800 m 左右，断层断距由南往北从 30 m 逐渐变大到 100 m 左右。拟建隧道与断层呈 63°相交，断层破碎带宽度 30 m，发育断层角砾岩、碎裂岩及片理化岩带。(b)白庙子(F_2)断层位于观音峡背斜西翼，北起文星场以南，经白庙子，南止于重庆峭嵴庙以北，长约 26 km，断层走向北东约 35°，倾向南东，倾角 60°，地面断开地层为飞仙关组、嘉陵江组，断层上盘向北西方向斜冲，为压扭性斜冲逆断层，调查访问显示，该断层在标高 200～600 m 左右，断层断距由南往北从 80 m 逐渐变小到 10 m 左右。

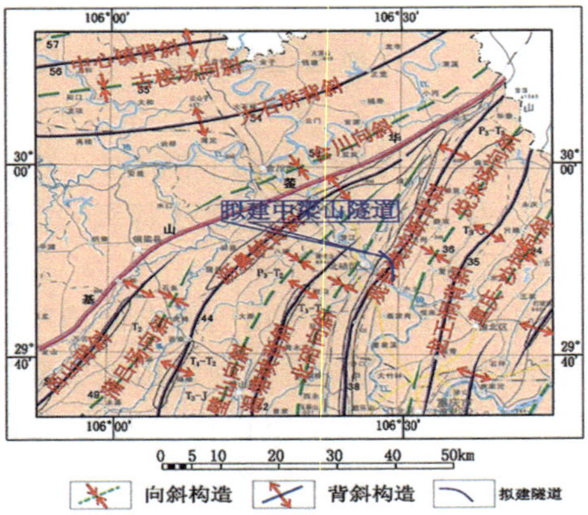

图 15-2　区域构造纲要图

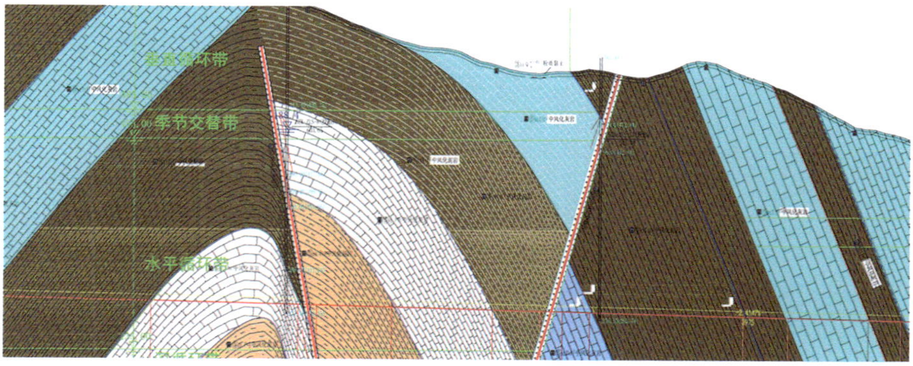

图 15-3　隧道 F_1、F_2 断层示意图

(6)不良地质及特殊性岩土:隧址区内无滑坡、崩塌、泥石流等其他不良地质现象;隧址区不良地质现象主要为瓦斯有毒有害气体、突水涌泥(暗河、可溶岩与非可溶岩接触带、断层带、采空区及老窑)以及围岩外水压力,特殊性岩土主要为薄层石膏。①隧道穿煤、压煤:中梁山隧道穿越含煤地层为三叠系上统须家河组(T_3xj),须家河组(T_3xj)一般厚 435 m。含煤及煤线一般 4～6 层,煤层总厚 1.20 m。须家河组五段(T_3xj^5)、须家河组一段(T_3xj^1)为可采煤层,须家河组三段(T_3xj^3)局部为可采煤层。隧道通过地段可采煤层 2 层,即 K1 与 K21 煤层,K5 煤层局部可采。(a)K1 煤层:赋存于三叠系上统须家河组(T_3xj^1)第一段中下部,为单一煤层,煤厚 0.20～0.80 m,平均煤厚为 0.30 m,较稳定。煤层顶、底板均为炭质页岩。(b)K21 煤层:赋存于三叠系上统须家河组(T_3xj^5)第五段中部,煤层结构较简单,天炭为 0.10～0.20 m,底炭为 0.25～0.35 m,夹矸为泥岩,厚 0.05～0.15 m,纯煤厚度 0.30～0.55 m,平均厚为 0.45 m,较稳定。顶板泥质粉砂岩,底板为泥质粉砂岩。(c)K5 煤层:赋存于三叠系上统须家河组(T_3xj^3)第三段中部,煤层结构较简单,煤厚 0.10～0.25 m,一般 0.18 m。②煤层采空区:中梁山隧道涉及重庆华建煤业有限责任公司华川煤矿与重庆天府矿业有限责任公司磨心坡煤矿,目前均已关闭,根据地勘成果,隧道不受两煤矿的影响。③瓦斯等有毒有害气体:隧道洞身穿须家河组,其瓦斯含量较小,属低瓦斯段,但不排除可能局部积聚瓦斯。隧道洞身观音峡背斜核部龙潭组(P_3l)煤系地层,具有高瓦斯含量。经综合分析论证:拟建中梁山隧道在勘察阶段确定为高瓦斯隧道,局部存在瓦斯突出的可能。④岩溶、暗河。⑤涌泥、突水。⑥老窑水。⑦地表岩溶塌陷。⑧腐蚀性地层。

(7)水文地质:如图 15-4 所示,隧址区地表岩溶洼地、落水洞、漏斗等岩溶现象较发育,岩溶地下水丰富,加之背斜轴部张性裂隙发育,为岩溶发育提供了必要条件,隧址区西翼、东翼岩溶槽谷地面岩溶十分发育,致使水文地质条件复杂化。其中左洞穿越可溶岩夹碎屑岩组里程桩号:ZK22+202～ZK25+500,长度 3 298 m;右洞穿越可溶岩夹碎屑岩组里程桩号:K22+268～K25+549,长度 3 281 m。隧址区地下水类型划分为:松散岩类孔隙水、基岩裂隙水、碎屑岩孔隙层间水及碳酸盐岩岩溶水,其中以碎屑岩孔隙层水和碳酸盐岩岩溶水为主。

(8)暗洞结构设计:按新奥法原理进行设计,采用复合式衬砌,初期支护以喷、锚、网为主,二次衬砌为模筑混凝土。支护参数根据结构分析验算与工程类比相结合确定,根据《公路工程混凝土结构耐久性设计规范》(JTG/T 3310—2019)规定,距洞口小于等于 200 m 范围内二次衬砌采用 C35 混凝土浇筑,其他段落采用 C30 混凝土浇筑;低瓦斯地层采用 C30 混凝土、高瓦斯地层采用 C40 混凝土浇筑,C40 混凝土抗渗等级不低于 P10,其他等级混凝土不低于 P8。

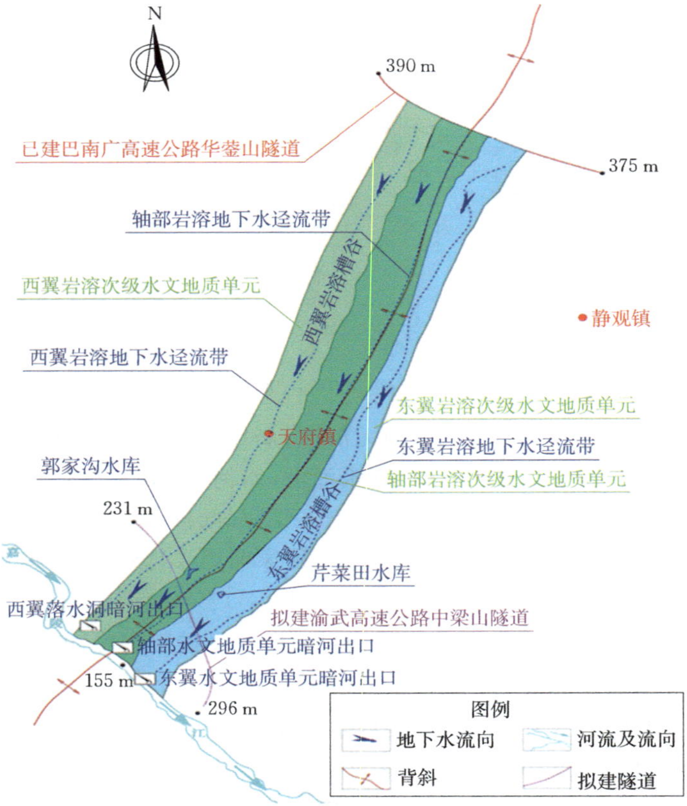

（a）隧址区岩溶次级水文地质单元划分

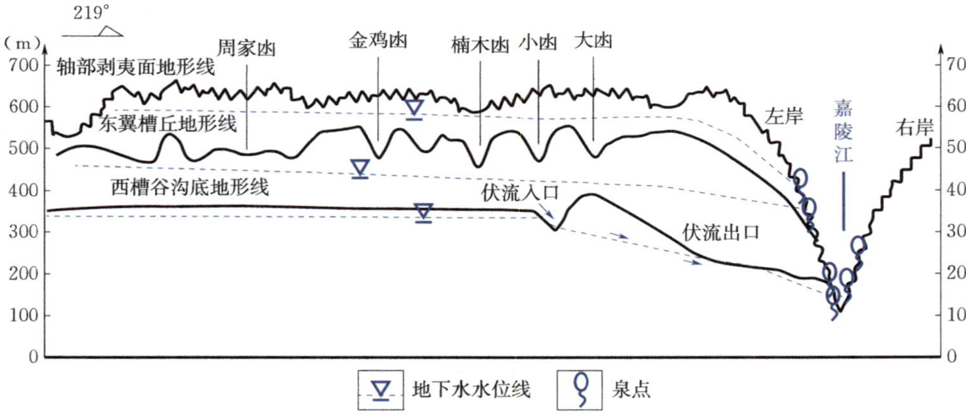

（b）隧址区岩溶地下水径流示意图

图 15-4　隧址区岩溶水文地质情况

(9)超前支护设计：超前支护是一种预支护手段，是充分利用围岩自稳能力的一种手段，针对本项目地质条件，设计了如下超前支护辅助措施：①ϕ108 mm×6 mm 大管棚：一般适用于地质条件差，围岩自稳能力较差，需要先预做管棚后才能安全施工进洞的洞口地段；②ϕ42 mm×4 mm 注浆小导管：一般适用于埋深浅或围岩破碎、富含水Ⅳ、Ⅴ级围岩地段；③ϕ20 mm 药卷锚杆：一般适用于深埋隧道的Ⅳ级围岩地段。

(10)防排水设计:隧道防排水采用纵向、横向、环向及中心排水沟相结合的方式进行设计。①防水系统:(a)结构防水:要求二次衬砌混凝土采用防水混凝土浇筑,防水混凝土抗渗等级应不小于 P8、P10。(b)“三缝”防水:变形缝、环向施工缝均采用背贴式止水带和中埋式止水带,其中变形缝全环设置止水带、施工缝只在拱部、边墙部位设置止水带,左右两侧拱脚处纵向施工缝设置中埋式止水带。(c)模筑混凝土衬砌外防水:在初期支护与模注混凝土衬砌之间设置防水板,为保护防水板并形成渗水通道,防水板外侧铺设无 纺布(350 g/m^2)。(d)防水卷材:含煤地层段采用 1.5 mm 厚 EVA 防水卷材、其他地质段采用 1.2 mm 厚 EVA 防水卷材。②排水和气系统:(a)环向盲沟(ϕ50 mm HDPE 单壁打孔波纹管),墙背环向均匀设置,一般情况下纵向间距 6m,每处设置 2 根管,水量大时可适当加密。(b)排水软管(ϕ50 mm HDPE)洞壁股水或地下水较集中处,独立设置 HDPE 单壁波纹管(每处 1～3 根),将地下水引出。(c)边墙底衬砌外侧的 HDPE 纵向排水暗管(ϕ125 mm)上述环向盲沟、排水软管引排的地下水,均集中到左右边墙底部的纵向排水暗管中,然后引入隧道排水沟。(d)隧底横向 HDPE 排水管(ϕ125 mm)左右边墙底纵向排水暗管汇集的地下水通过横向支管流入隧道排水边沟,再排出洞外;设置间距一般情况下 8 m 一道。(e)隧道纵向排水体系综合本隧道涌水量以及纵坡,除在隧道左右侧边墙底部布置纵向排水管外,本隧道采用边沟排地下水,排水边沟在洞口处与路基边沟顺接,隧道地下水最终通过路基边沟排出隧道。(f)横通道排水系统:车行横通道左右边墙脚设纵向排水暗管;人行横通道在左右边墙脚同样设置纵向排水暗管;横通道内墙背水通过暗管直接排入主洞纵向排水沟。③洞口及明洞防排水措施:隧道洞口区应避免水流汇集,防止地表汇水冲蚀洞口工程。隧道洞顶根据洞口段汇水面积、汇水特征设置洞顶排水沟,在边仰坡开挖线外 5～10 m 左右适当位置,依据地形设一道洞外截水沟,洞顶排水沟和洞外截水沟应保证排水畅通,最终汇入洞外路基排水沟。

(11)耐久性设计:①衬砌结构设计使用年限为 100 年。②衬砌结构混凝土原材料品质、配合比参数限值、耐久性指标要求,以及衬砌施工控制要求其监测、养护、维修等,按现行耐久性设计规范执行。③衬砌结构钢筋净保护层厚度不小于 5 cm。④初期支护喷混凝土采用 C25,二次衬砌拱墙部采用 C35(C30、C40)自密实防水模筑混凝土。⑤地下水弱腐蚀段结构初期支护和二次衬砌混凝土添加内掺型阻锈剂、含石膏地层段落混凝土采用抗硫酸盐水泥。

15.2　瓦斯隧道致灾类型

15.2.1　瓦斯特性

(1)爆炸性:瓦斯本身是不会自燃和爆炸的,但当和空气(氧气)以一定比例混合均匀并达到一定的浓度后,遇到火源,才会燃烧和发生爆炸。

(2)渗透性:瓦斯的渗透性极高,扩散速度快,其扩散性较空气高 1.6 倍,容易透过裂隙发达、结构松散的岩石或煤层,渗透到隧道(或矿井)开挖空间里。

(3)不稳定性:瓦斯在煤体和围岩中以游离状态和吸附状态存在。两种状态的瓦斯是处在不断变化的动平衡中,当温度、压力等外界条件变化时,平衡就被打破。压力升高温度降低时,部分瓦斯将由游离状态转化为吸附状态,反之,压力降温度升时,又会有部分瓦斯由吸附状态转化为游离状态。

(4)窒息性:瓦斯是无毒、无色、无味的,但不适合呼吸。瓦斯浓度升高,空气中氧气浓度急剧下降，会引起人员缺氧窒息。煤矿许多瓦斯伤亡事故中，有很大部分是瓦斯窒息造成的。

15.2.2 瓦斯窒息

瓦斯是多种气体的混合物，组成成分多达数十种，主要成分为甲烷(CH_4)。CH_4 扩散性比空气高 1.6 倍，且不利于呼吸。每立方米 CH_4 质量仅为 0.716 kg，比空气轻，因此常常积聚在隧洞顶部，造成局部瓦斯浓度增高，含氧量减少。由于瓦斯无色无味，很难防范，当工作人员吸入一定量的瓦斯、空气混合气体(CH_4 浓度大于 16%，O_2 浓度小于 10% ～12%)时，就会造成瓦斯窒息事故，严重的会发生窒息死亡。

15.2.3 瓦斯爆炸

(1)瓦斯爆炸：瓦斯爆炸是煤矿和隧道中特有的一种后果极严重的灾害。瓦斯和空气混合后，在一定的条件下发生热—链式氧化反应，并产生高温及高压。瓦斯爆炸时会出现温度和压力(压强)急剧上升的现象，温度可达 2 150 ℃～2 650 ℃，压力可达 2～10 MPa，冲击波速度可达 340 m/s 甚至每秒数千米，并产生大量一氧化碳等有毒有害气体，造成人员伤亡和摧毁隧洞设施和设备。瓦斯爆炸有时还会引起煤尘爆炸和火灾，使生产难以在短期内恢复。瓦斯爆炸是一种连锁反应(热—链式反应)，在爆炸性混合体积吸收一定能量(热能)后，反应分子的链断裂，离解成 2 个以上具有很大化学活性的游离基(又称自由基)，形成活化中心，在适当条件下，每一个游离基又进一步分解，再产生 2 个以上的游离基，这样分解下去，游离基越来越多，化学反应也越来越快，最后就发展成为燃爆式氧化反应。

(2)瓦斯爆炸的三个条件：

①瓦斯浓度 5%～16%：瓦斯浓度过低(低于 5%时)，氧化生成的热量与分解的活化中心都不足以发展成连锁反应(爆炸)只能燃烧，不能爆炸；而瓦斯浓度过高(高于 16%时)，相对来说氧的浓度就不够，只能有一部分的瓦斯与氧气发生反应，不但不能生成足够的活化中心，而且氧化反应所产生的热量也易被多余的瓦斯和周围介质吸收而降温，也不能形成爆炸。在新鲜空气中，瓦斯浓度达 9.5%时，混合气体中的瓦斯和氧气全部参加反应，化学反应最完全、产生的温度和压力也最大。瓦斯爆炸是指火焰以火源占据的空间不断地传播到爆炸性混合气体所在的整个空间的过程，因而把能使火焰锋面传播到爆炸性混合气体占据的全部空间的瓦斯的最低浓度，称为爆炸下限；把能使火焰锋面传播到爆炸性混合气体占据的全部空间的瓦斯的最高浓度，称为爆炸上限；把最能容易(即在最低着火能量下)激发着火(爆炸)，并且爆炸中能释放出最大能量的浓度称为最佳爆炸浓度。瓦斯在新鲜空气中爆炸下限为 5%～8%，上限为 14%～16%，爆炸浓度为 5%～16%。但必须指出，瓦斯爆炸界限并不是固定不变的，当受到一定因素影响时(如混有其他可燃气体)，爆炸界限会相应缩小或扩大。当瓦斯浓度低于爆炸下限时，遇火源不爆炸，只能在火焰外围形成稳定的浅蓝色燃烧层；当瓦斯浓度高于爆炸上限时，遇火源不爆炸，也不燃烧，如果有新鲜空气供应，则在它们的接触面上燃烧。发生最初着火(爆炸)的瓦斯浓度因火源不同而异(表 15-1)。

表 15-1 最初爆炸的瓦斯浓度

着火源	爆炸下限(%)	最佳爆炸浓度(%)	爆炸上限(%)
正常条件下弱火源	5	6.5～8.5	15
强火源	2	8.5～10	75

②氧气浓度 12%～20%：含瓦斯的混合气体中氧的浓度降低时，瓦斯爆炸界限随之缩小。当氧的浓度低于 12%时，混合气体就失去爆炸性，这一性质对密闭的火区有很大影响。在密闭的火区内往往积存大量瓦斯，且有火源存在，但因氧的浓度降低，并不会发生爆炸。如一旦有新鲜空气进入，氧的浓度达到 12%以上时，就可能发生爆炸。因此，对火区应加强管理，在启封火区时，更应格外慎重，必须在火熄灭后才能启封。

③引火源（或达到瓦斯气体着火点的高温），瓦斯的引火温度受瓦斯浓度、火源性质及混合气体的压力等因素的影响而变化，一般认为，瓦斯的引火温度为 650 ℃～750 ℃，当瓦斯浓度在 7%～8%时，最易引燃，当混合气体的压力增高时，引燃温度即降低。在引火温度相同时，火源面积越大、点火时间越长，越易引燃瓦斯。瓦斯和高温火源接触后，并不立即引燃，而需迟延一个很短的时间，这种特性称为瓦斯的引燃迟延性，瓦斯引燃迟延时间的长短与瓦斯浓度和引火温度有关。瓦斯浓度越高，迟延时间越长；引火温度越高，迟延时间越短。这种引燃迟延现象，对隧道掌子面掘进时安全爆破有很重要意义。因为放炮时，虽然安全炸药爆炸的火焰温度高达 2 000 ℃以上，但其火焰存在仅有千分之几秒，来不及引燃瓦斯，所以瓦斯隧道不致因放炮而引起瓦斯爆炸或燃烧。但如果炸药质量不合格或炮泥充填不当时，会使爆炸火焰停留时间延长，超过瓦斯引燃感应期而造成事故，所以放炮工作必须严格遵照有关规定。

15.2.4　煤与瓦斯突出

（1）煤与瓦斯突出危害：隧道中煤与瓦斯突出是指在掘进过程中煤与瓦斯的突然喷出。这种喷出在短时间内（数分钟甚至数秒钟）产生很大的冲击力量，破坏工作面，从煤层深处排出大量的煤和瓦斯，并伴有强烈的声响和较大的动力效应，如摧毁隧道支护、推翻隧道中存放的车辆和其他设备、破坏通风设施、使风流反向等。煤与瓦斯突出的危害十分严重，短时间内向开挖空间喷出大量的煤、岩石和瓦斯，能摧毁巷道设施，造成窒息、燃烧和爆炸及煤、岩流埋人等事故。

（2）煤与瓦斯突出机理：瓦斯突出是施工过程中发生的一种瓦斯的突然运动现象。饱含瓦斯的煤层或地质构造，在地质构造力、地层静压力的综合作用下，积蓄了一定的弹性潜能处于弹性变形状态，由于隧道施工引起平衡状态的煤与瓦斯压力体系遭到破坏，弹性潜能和游离瓦斯突然释放，煤、岩层内裂隙迅速增加，吸附瓦斯在瞬间大量解吸，煤、岩体进一步破坏，瓦斯压力迅速上升，瓦斯将大量涌向隧道空间，当瓦斯压力大于煤（岩）壁的强度，高压瓦斯就能冲破煤（岩）壁，携带着破碎了的煤、岩以极快的速度喷向隧道空间，在气流运动过程中，煤、岩进一步粉碎形成大量粉状煤、岩，含有细粒煤、岩的气流产生的动力冲击作用，能破坏隧道内的设备和设施，喷出的瓦斯能充满隧道，造成人员窒息，引起瓦斯燃烧或爆炸，而且一旦瓦斯燃烧或爆炸，会造成巨大损失。煤与瓦斯突出也是一种复杂的动力现象，其发生的突然性和危险性使得直接观测突出的发生和发展过程极为困难。因而，目前对突出机理的研究只是根据突出统计资料、突出后现场观测并辅助采用实验室模拟的方法得出认识。目前在众多突出机理中地应力、瓦斯和煤的物理力学性质等因素综合作用的假说得到大多数煤矿瓦斯科技工作者的赞同。

（3）煤与瓦斯突出过程：大多数学者认为突出的发生和发展要经历如下五个阶段：①准备阶段，即能量的积聚阶段，如大的集中压力的形成、瓦斯的正常排放受到阻碍而形成自由瓦斯聚集带等。②激发（发动）阶段，即局部煤体的高速破坏和大量吸附瓦斯的解吸阶段。③煤体破碎过程及瓦斯解析过程的扩展阶段。④煤和瓦斯的抛出阶段，上述①②③④阶段有时可循环几次。⑤瓦斯进一步排放阶段，即从抛出的煤中、从突出孔洞周围的煤体中继续大量涌出瓦斯的阶段。

(4)瓦斯溢出形式:①普通溢出,煤系地层或岩层中瓦斯缓慢、均匀、长时间地向坑道内释放,这是瓦斯溢出的基本形式。②瓦斯喷出,含瓦斯煤系地层的地质破碎带、空洞或裂隙中积存有大量的高压瓦斯,当坑道开挖接近时,瓦斯突然以喷出形式大量释放。③煤岩与瓦斯突出,存在于地层中具有一定压力的气体和固体混合物,冲破煤岩覆盖层后,大量的煤和岩石被抛出,并释放出大量的瓦斯。

(5)瓦斯突出的一般规律:煤岩与瓦斯突出前后,都有地应力、瓦斯和煤岩的地质构造与力学性质的种种异常表现。归纳起来发生突出有三个主要因素:地应力、瓦斯和煤岩结构,而地应力和煤岩中瓦斯的存在是引起突出的主要因素。其突出的一般规律为:突出最易发生在地质构造带及其附近,如断层、褶曲、扭转地带、火成岩侵入区、煤层倾角骤陡、走向拐弯、层厚变化异常等地段。在开挖形成的应力集中区,应力增大,突出危险性随应力增大而增大,如坑道的上隅角,相向开挖接近区、坑道开挖分支处等。突出前常出现各种预兆,如坑道支撑压力增大;岩块迸出、掉渣、外鼓或移动加剧;煤岩与支架发生破裂声、闷雷声、折断声等;瓦斯溢出量忽大忽小;煤尘增多;煤体及工作面温度略有下降或升高;煤质变软、干燥;顶钻夹钻等。绝大多数突出发生在掘进工序,尤其在爆破时,突出的危险性随着对煤体的震动而加剧。突出具有延时性,其迟延时间从几分钟到几十个小时。

(6)瓦斯突出影响因素:①突出与地质构造的关系:绝大多数瓦斯突出发生在地质构造带内,如断层、褶曲、向斜、扭转、背斜和火成岩侵入区。在地质构造带内,煤层受着强大的地质构造力的作用而积蓄大量的能量,同时破坏了的煤体形成了贯通裂隙,促使瓦斯积聚,给突出创造了条件。当开挖工作接近这一区域时,在地压的参与下,煤岩中所积蓄的潜能突然释放,瓦斯突然溢出,就造成瓦斯的突出。就地质构造来讲,向斜的轴部,扭转地带的突出危险要大于背斜。②突出与瓦斯压力的关系:煤层中或岩体中的瓦斯含量与瓦斯的压力是突出的重要因素之一,瓦斯含量与瓦斯压力越大,突出危险越大。③突出与地压的关系:地压力越大,突出的危险性越大。埋深增加时,突出的次数和强度都有可能增加。此外,在应力集中区,瓦斯突出的危险性也大幅度增加。④突出与地层的关系:在软弱煤层或岩层中,瓦斯突出的危险性较高。若煤层顶底板为坚硬而致密的岩层且厚度较大时,其弹性与集中应力较大,瓦斯不易释放,其突出危险也较大。此外,瓦斯突出与隧道的开挖方向和煤层的走向也有一定的关系,通常两者垂直时,瓦斯易突出。⑤突出与水文地质的关系:煤层比较湿润,隧道流水量大时,突出的危险性小,反之则大。

15.2.5 瓦斯赋存机制

大量研究成果表明,地质构造对瓦斯赋存具有控制作用,褶皱、断层等不同的构造是控制瓦斯赋存及分布的重要因素。瓦斯突出是由瓦斯、地应力多因素共同作用的结果,影响瓦斯赋存及分布的因素是多种多样的。

(1)聚煤古环境对瓦斯赋存及分布的影响:适宜的成煤建造特征总体上控制煤与瓦斯形成条件,我国绝大多数聚煤古环境为二叠系煤层,少数为侏罗系,极少数为石炭系煤层。煤与瓦斯是地质作用的产物,它们的产生、赋存、富集均受地质条件的控制。瓦斯主要赋存于煤层中,而煤层赋存在含煤系中,因此,含煤系的建造特征是瓦斯形成和保存的基础条件一般在三角洲、滨海平原等环境中形成的瓦斯涌出量趋势较大,突出较严重。

(2)地质构造对瓦斯赋存及分布的影响:①煤层埋藏深度对瓦斯赋存的影响:煤层的埋藏深度越深,煤层中的瓦斯向地表运移的距离就越长,散失就越困难。同时,深度的增加也使煤层在压力的作用下降低了透气性，有利于保存瓦斯。在近代开采深度范围内，煤层的瓦斯含量随深度的增加而呈线性增加。②构造体系与瓦斯赋存及分布的关系：巨型纬向构造带的活动对内生矿床的生成，不同地质时期建造都有控制作用。天山—阴山带和昆仑山—秦岭带明显控制了各含煤建造的形成与发育，构成了聚煤期的边界，压性褶皱断层发育，不利于瓦斯逸散的条件，使附近的煤田有高瓦斯赋存，有突出的危险。弧形构造的凹侧、帚状构造的收敛端遭受挤压而成为应力集中带也有利于瓦斯的保存。而“多”字形构造中，与平行斜列压性结构面垂直的弧形断裂起着释放应力和有利于瓦斯逸散的作用。③构造形迹对瓦斯赋存的影响：构造形迹对瓦斯赋存的影响是一方面造成了瓦斯分布的不均衡，另一方面是形成了有利于瓦斯赋存或有利于瓦斯排放的条件。由于地质构造应力的作用和应力场的复杂性，在同一构造形迹内出现有应力集中程度不同的块段，造成了相对的高压和相对的低压地区，驱动瓦斯的运移，形成了瓦斯的相对富集，这也是瓦斯分布不均衡的重要原因。④断层对瓦斯赋存的影响：地质构造中的断层破坏了煤层的连续完整性，使煤层瓦斯条件发生了变化。不同性质的断层构造对煤层瓦斯的保存与释放是截然不同的。压扭性断裂与裂隙一般闭合程度高，有利于瓦斯保存。而张性的裂隙和断层，有利于煤层瓦斯的释放。断层的开放性和封闭性决定下列条件：

(a)断层的性质：一般的张性正断层属于开放型断层，而压性或压扭性断层封闭条件较好。(b)断层与地面或冲积连通：规模大且与地表相通或与松散冲积层相连的断层一般为开放型。(c)断层将煤层断开后，煤层与断层另一盘接触的岩层性质。(d)断层带的特征：如断层的充填、裂隙发育情况。此外断层的空间方位对瓦斯的保存、遗散也有影响。一般走向断裂阻隔了瓦斯沿煤层倾斜方向的遗散。而倾斜和斜交断层则把煤层切割成互不联系的块段。(e)褶皱构造对瓦斯赋存的影响，由于褶皱运动，使得褶皱产状发生了较大变化。而煤层是沉积岩中最软弱的成分之一，在构造应力作用下或重力作用下极易形成复杂的褶皱和厚煤包。对于褶皱，易突出部位主要在褶皱强烈地带或紧密结合褶皱部位；不协调褶皱、层间滑动或层间褶皱发育地带；向斜的轴部附近、背斜的倾伏端、背斜中性面以下部位，以及牵引褶皱部位等易于赋存瓦斯。(f)围岩特征对瓦斯赋存的控制作用：隧道施工中如果处于中间岩土层时，如果该岩层的上下岩层结构比较致密这种地质情况有利于瓦斯的赋存。一般情况下，瓦斯含量和埋藏深度具有线性关系，随着埋深的增加而增加；瓦斯的形成和赋存受地质条件控制，封闭型地质构造有利于封存瓦斯，开放型地质构造有利于排放瓦斯，区域地质构造控制着瓦斯含量的区域性分布。

15.3　瓦斯隧道风险分析模型

15.3.1　指标选取原则

影响瓦斯隧道风险事件是否发生的因素很多，将所有因素纳入评价体系是不现实的，也是不必要的，反而会影响评估的效率，降低可操作性。要想使评价结果符合实际情况，就要抓住对风险大小起决定作用、控制作用的因素。扩大主要影响因素的权重，减小次要因素的权重，忽略那些影响力微小的因素。这样既可以有效简化评价体系，又不会影响评估结果的准确性。为使识别、筛选出那些对风险发生概率影响较大的指标，按下列原则来确定指标建立体系。

(1)数据的可获取性：风险评估主要是确定风险等级，预防灾害保证隧道安全，尤其是在施工过程中尤为重要。在进行地质勘察时，可通过观察与量测确定因素状况，但有些因素需要通过专业人员和设备确定数据，确保数据真实可靠。

(2)简便快捷性原则：进行风险评估的目的是为防止风险灾害的发生，但是在评估过程中，隧道不可能停止施工。这就要求评估的方法必须简便快捷，不能等到评估结果出来时候，施工进度早已过了所评估的段落，从而失去保证安全的作用。所以评估体系的影响各个因素应该使得一般工程技术人员或软件用户经过简单培训后就可以根据现场情况迅速确定各影响因素的取值，然后根据评估体系做出准确评估。

(3)定性与定量相结合原则：在实际工程中将识别出的影响因素转化为评价指标时，有的因素可以方便地定量描述，有的却只能简单地定性判断。比如隧道内的瓦斯含量，很容易通过检测定量，但是施工方的现场组织管理则很难简单地赋值处理，只能进行一些转化，而那些只能定性的因素又不能全部予以忽略。因此，客观而全面的评估体系应该是一个定性与定量相结合的体系。

(4)主导因素原则：影响隧道发生瓦斯灾害的因素多而复杂，其中既有定性因素也有定量因素，同时各个方面的影响因素又相互联系、相互作用。在无法全面考虑所有因素及其相互作用关系的情况下，要抓住主导因素对危险性的控制作用，使评价指标能反映各影响因素的主要作用，忽略次要影响，从而使评价指标体系简单实用。这种简化对于初步建立隧道工程瓦斯灾害危险性评价这样一个高度复杂系统是非常必要的。

(5)综合性原则。具体地体现在以下两个方面：综合考虑各影响因素选取指标，隧道通过区内各地质单元影响瓦斯灾害危险性程度是该评价体系内各要素物质、能量和外部形态及其相互共同作用的结果，综合考虑瓦斯隧道内各要素的贡献不同，评价指标体系应具有足够的涵盖面，评价应尽可能全面综合各要素的作用；评价结果是概略的、综合的，在区域上隧道通过地区各地质单元对隧道发生瓦斯灾害的贡献大小很大程度上取决于对该单元要素的定量化描述和取值精度。依据目前对瓦斯隧道的研究程度，决定了对瓦斯隧道的危险性评价只能是一个概略的、综合性的结果。

(6)可操作性原则：建立危险性评价指标体系的目的是通过预测评价瓦斯隧道施工过程中可能发瓦斯灾害的地段和危险程度，最大限度地减少灾害损失，直接服务于瓦斯隧道的工程施工。因此，指标体系应便于一般工程技术人员或软件的用户可根据该指标体系确定各因素的取值，也方便技术人员野外调查时收集相关资料，并尽可能现场赋值量化。

15.3.2 风险评价指标

瓦斯隧道发生灾害的原因有很多，包括地质、溶岩、破碎带、断层等。隧道在不同阶段，发生灾害的机理又不尽相同。研究发现瓦斯隧道灾害可分为勘察阶段、设计阶段、施工阶段三个阶段对瓦斯隧道进行灾害分析。

(1)勘察阶段风险清单：勘察阶段包括两大方面，第一是具有瓦斯的自然条件，该条件主要包括工程地质、水文地质、瓦斯特征情况，这种自然条件被认为是有发生瓦斯灾害条件的环境，被称为孕险环境。孕险环境与地质构造、断层宽度、围岩岩性、围岩完整性、媒体结构类型、补给能力、地下水、地表水、瓦斯压力、瓦斯含量、氧气浓度、绝对瓦斯涌出量密切相关。第二是勘察扰动，进行勘探的过程中会破坏原来稳定的孕险环境，进而引发瓦斯灾害。勘察扰动与机械设备选择、探测方案、勘测地点密切相关。以瓦斯隧道勘察阶段为主要研究对象，建立了 2 个主要指标与 18 个次要指标的瓦斯隧道风险评价指标，并给出了风险清单(表 15-2)。

表 15-2　瓦斯隧道勘察阶段风险清单

序号	类　型		风　险　源
1	孕险环境	工程地质	地质构造、断层宽度、围岩完整性、围岩岩性、煤体结构类型
		水文地质	地下水、地表水、补给能力
		瓦斯特征	瓦斯压力、瓦斯含量、氧气浓度、绝对瓦斯涌出量
2	勘察扰动		机械设备选择、探测方案、勘察地点

(2)设计阶段风险清单:设计阶段在考虑孕险环境的基础上,考虑施工设计因素。施工方案的合理性、方法的优劣在一定程度上决定施工过程中对孕险环境的扰动程度。设计阶段包括两大方面,第一为孕险环境,第二为设计方案。孕险环境与勘察阶段中孕险环境因素相同,施工设计与隧道长度、隧道埋深、断面大小、超前地质预报、辅助坑道设计、其他防瓦斯措施、通风设计、爆破设计、开挖方法、支护方案密切相关。以瓦斯隧道设计阶段为主要研究对象,建立了 2 个主要指标与 25 个次要指标的瓦斯隧道风险评价指标,并给出了风险清单(表 15-3)。

表 15-3　瓦斯隧道设计阶段风险清单

序号	类　型		风　险　源
1	孕险环境	工程地质	地质构造、断层宽度、围岩岩性、围岩完整性、煤体结构类型
		水文地质	地下水、地表水、补给能力
		瓦斯特征	瓦斯压力、瓦斯含量、氧气浓度、绝对瓦斯涌出量
2	设计方案		隧道长度、隧道埋深、断面大小、开挖方法、支护方案、超前地质预报、其他防瓦斯措施、通风设计、爆破设计、辅助坑道设计

(3)施工阶段风险清单:施工阶段考虑孕险环境外,还要考虑施工扰动及安全管理因素。施工扰动及管理因素主要为人为因素,人为因素为灾害事故的主要根源,操作不到位、防护不到位、安全意识淡薄、责任意识不强等都会导致瓦斯灾害。设计阶段包括三大部分,第一为孕险环境,与上述相同。第二为施工扰动,未施工前,工程地质、水文地质、瓦斯特征处于一个稳定的状态,但随着施工进行,稳定性被破坏,会导致瓦斯发生瓦斯突出、瓦斯爆炸、瓦斯窒息等灾害。施工扰动与揭煤作业、开挖作业、支护作业、爆破作业、施工用电、机械与设备防护,施工通风、超前地质预报、监控量测密切相关。第三是安全管理,在隧道开挖过程中,主观因素是人们对地质的认识能力与改造环境的能力,施工的具体条件实施动态管理是进行工程风险规避的重要手段。施工管理因素在很大程度上决定着隧道瓦斯灾害的是否发生。安全管理与火源管理、应急预案、现场组织管理、安全教育与培训、落实检查密切相关。以瓦斯隧道施工阶段为主要研究对象,建立了 3 个主要指标与 29 个次要指标的瓦斯隧道风险评价指标,并给出了风险清单(表 15-4)。

表 15-4　瓦斯隧道施工风险清单

序号	类　型		风　险　源
1	孕险环境	工程地质	地质构造、断层宽度、围岩岩性、围岩完整性、煤体结构类型
		水文地质	地下水、地表水、补给能力
		瓦斯特征	瓦斯压力、瓦斯含量、氧气浓度、绝对瓦斯涌出量

续上表

序号	类　型	风　险　源
2	施工扰动	揭煤作业、开挖作业、支护作业、爆破作业、施工用电、机械与设备防护、施工通风、超前地质预报、监控量测
3	安全管理	火源管理、应急预案、现场组织管理、安全教育与培训、落实检查

15.3.3 风险评价体系

(1)结构解释模型法:依据风险源清单,选用结构解释模型法(Interpretative Structural Modeling Method,ISM)对瓦斯隧道灾害诱发机理进行分析。ISM 法属于结构模型化技术的一种,ISM 法可以将众多结构不清晰且关系复杂的影响因素,经过一系列数学上的拓扑运算转化成精简的、直观的、具有多级递阶的层次结构关系模型,进而提供清晰的结构关系和各个影响因素之间的逻辑关系。ISM 法首先把要分析的系统通过梳理拆分成各个子系统即影响因素,然后分析因素与因素之间的直接二元关系,并将这种因素关系映射成有向图,通过数学运算揭示系统的结构,将系统结构以层次化的骨架有向图的方式呈现出来。ISM 流程的主要步骤包括:①确定系统中的因素。②建立邻接矩阵。③根据邻接矩阵计算可达矩阵。④依据可达矩阵的结果,划分因素结构层次。⑤形成骨架图。

其中,邻接矩阵和可达矩阵分别见式(15-1)、式(15-2)。

$$\boldsymbol{A}=\boldsymbol{A}(a_{ij})=\begin{bmatrix} a_{11} & a_{12} & \cdots & a_{1n} \\ a_{21} & a_{22} & \cdots & a_{2n} \\ \vdots & \vdots & \ddots & \vdots \\ a_{n1} & a_{n2} & \cdots & a_{nn} \end{bmatrix} \tag{15-1}$$

式中,$\boldsymbol{A}(a_{ij})$为邻接矩阵,表示元素之间直接关系的矩阵;当元素 i 与元素 j 无关系时,$a_{ij}=0$,当元素 i 与元素 j 有关系时 $a_{ij}\neq 0$。

邻接矩阵 $\boldsymbol{A}$ 经过布尔矩阵运算,当满足$(\boldsymbol{A}+\boldsymbol{E})^{n-1}\neq(\boldsymbol{A}+\boldsymbol{E})^{n}=(\boldsymbol{A}+\boldsymbol{E})^{n+1}$ 得到可达矩阵 $\boldsymbol{M}$,其中 $\boldsymbol{E}$ 代表单位矩阵。

$$\boldsymbol{M}=\boldsymbol{M}(b_{ij})=\begin{bmatrix} b_{11} & b_{12} & \cdots & b_{1n} \\ b_{21} & b_{22} & \cdots & b_{2n} \\ \vdots & \vdots & \ddots & \vdots \\ b_{n1} & b_{n2} & \cdots & b_{nn} \end{bmatrix} \tag{15-2}$$

式中,$\boldsymbol{M}(b_{ij})$为可达矩阵,表示某一元素到另一元素之间的路径。其中,b_{ij} 经过布尔运算只能为 0 或者 1。

(2)勘察阶段风险评价体系:以瓦斯隧道勘察阶段为主要研究对象,通过以上分析,得到了瓦斯隧道勘察阶段灾害风险源结构层次,如图 15-2 所示,揭示了瓦斯隧道勘察阶段灾害风险发生机理:孕险环境为地质构造、断层宽度、围岩岩性、围岩完整性、煤体结构类型、地下水、地表水、瓦斯压力、瓦斯含量、氧气浓度、绝对瓦斯涌出量;勘察扰动为机械设备选择、探测方案、勘测地点。

基于图 15-5 中瓦斯隧道勘察阶段风险致灾因子结构层次,经过简化评价指标,最终形成了瓦斯隧道勘察阶段风险评价体系,如图 15-6 所示。

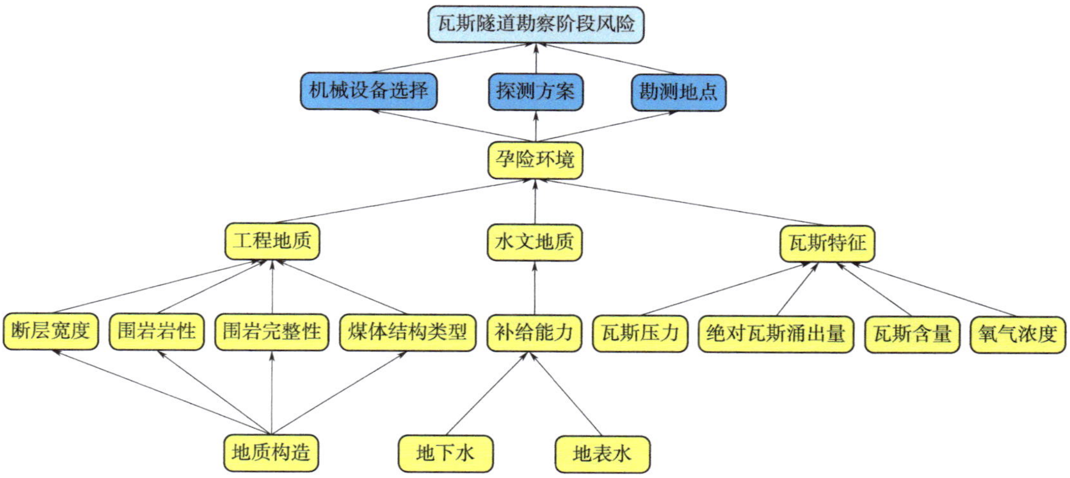

图 15-5　瓦斯隧道勘察阶段风险致灾因子结构层次

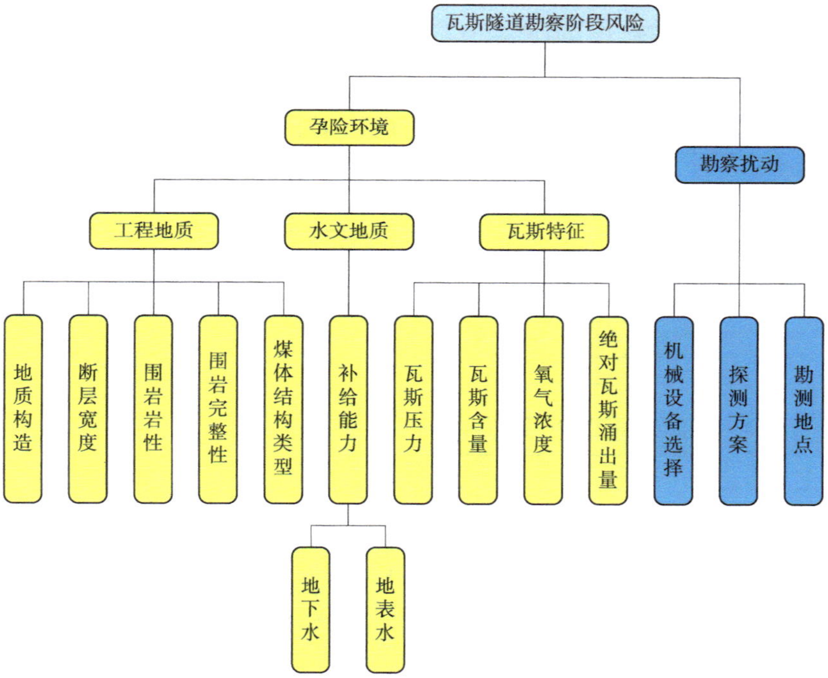

图 15-6　瓦斯隧道勘察阶段风险评价体系

(3)设计阶段风险评价体系:以瓦斯隧道设计阶段为主要研究对象,通过以上分析,得到了瓦斯隧道设计阶段灾害风险源结构层次,如图 15-7 所示。揭示了瓦斯隧道勘察阶段灾害风险发生机理:孕险环境为地质构造、断层宽度、围岩岩性、围岩完整性、煤体结构类型、地下水、地表水、瓦斯压力、瓦斯含量、氧气浓度、绝对瓦斯涌出量;设计方案为隧道长度、隧道埋深、断面大小、超前地质预报、辅助坑道设计、其他防瓦斯措施、通风设计、爆破设计、开挖方法、支护方案。

基于图 15-7 中瓦斯隧道设计阶段风险致灾因子结构层次,经过简化评价指标,最终形成了瓦斯隧道设计阶段风险评价体系,如图 15-8 所示。

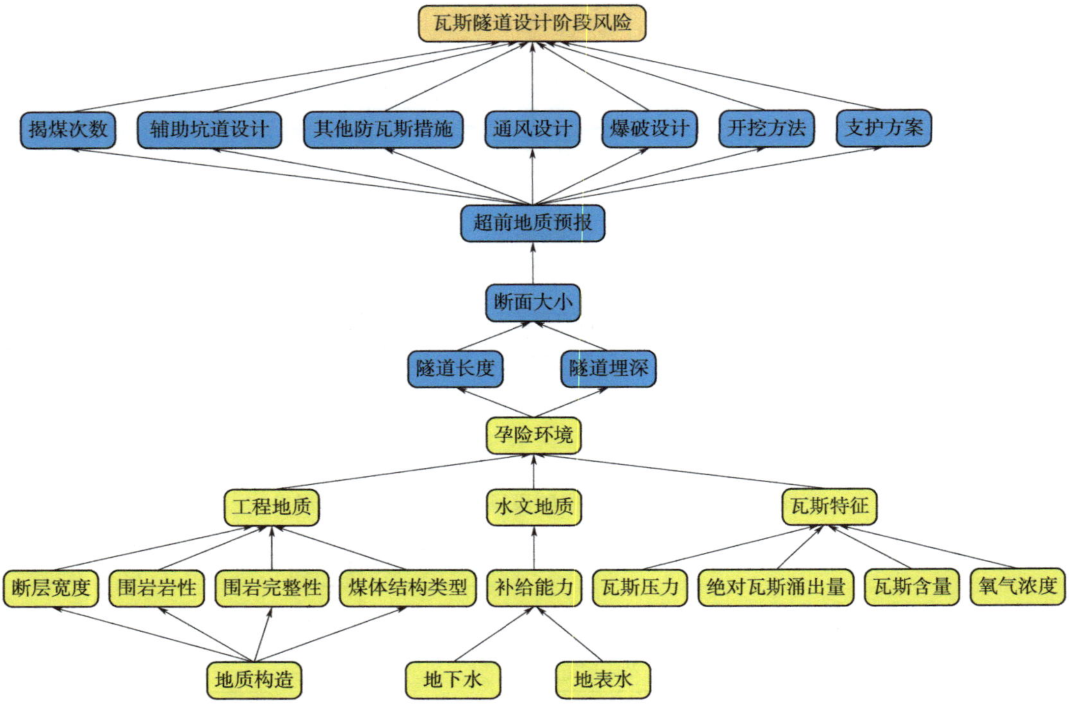

图 15-7　瓦斯隧道设计阶段风险致灾因子结构层次

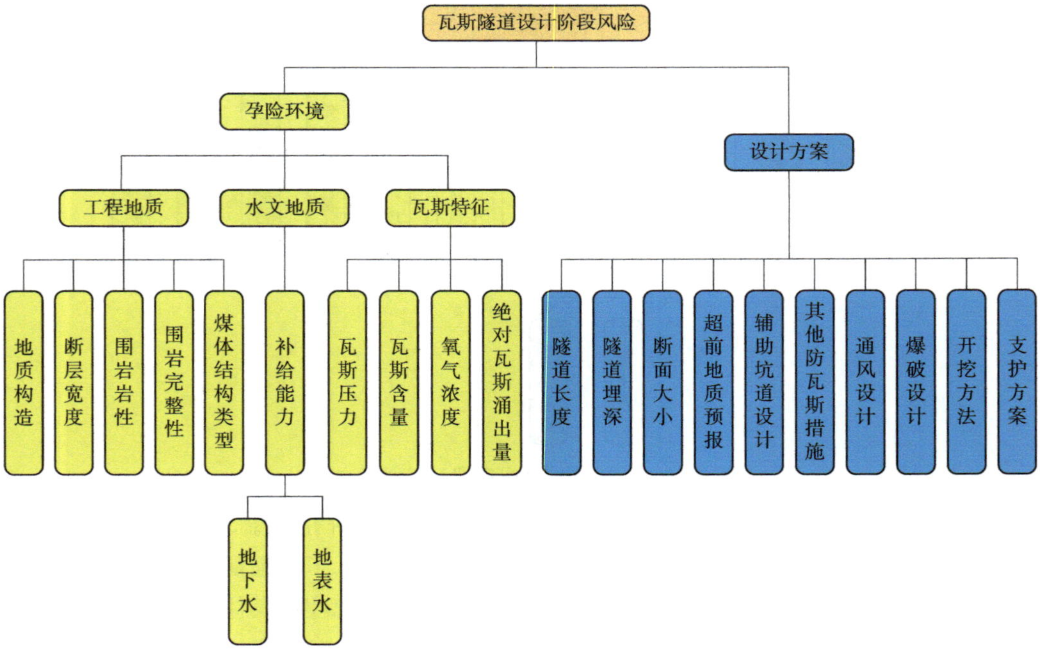

图 15-8　瓦斯隧道设计阶段风险评价体系

(4)施工阶段风险评价体系：以瓦斯隧道施工阶段为主要研究对象，通过以上分析，得到了瓦斯隧道施工阶段灾害风险源结构层次，如图 15-9 所示，揭示了瓦斯隧道施工阶段灾害风险发生机理：孕险环境为地质构造、断层宽度、围岩岩性、围体完整性、煤体结构类型、地表水、地下水、瓦斯含量、瓦斯压力、氧气浓度、绝对瓦斯涌出量；施工扰动为揭煤作业、开挖作业、支护作业、爆破作业、施工作业、机械设备与防护、超前地质预报、监控量测；安全管理为火源管理、安全教育与培训、应急预案、现场组织管理、落实检查。

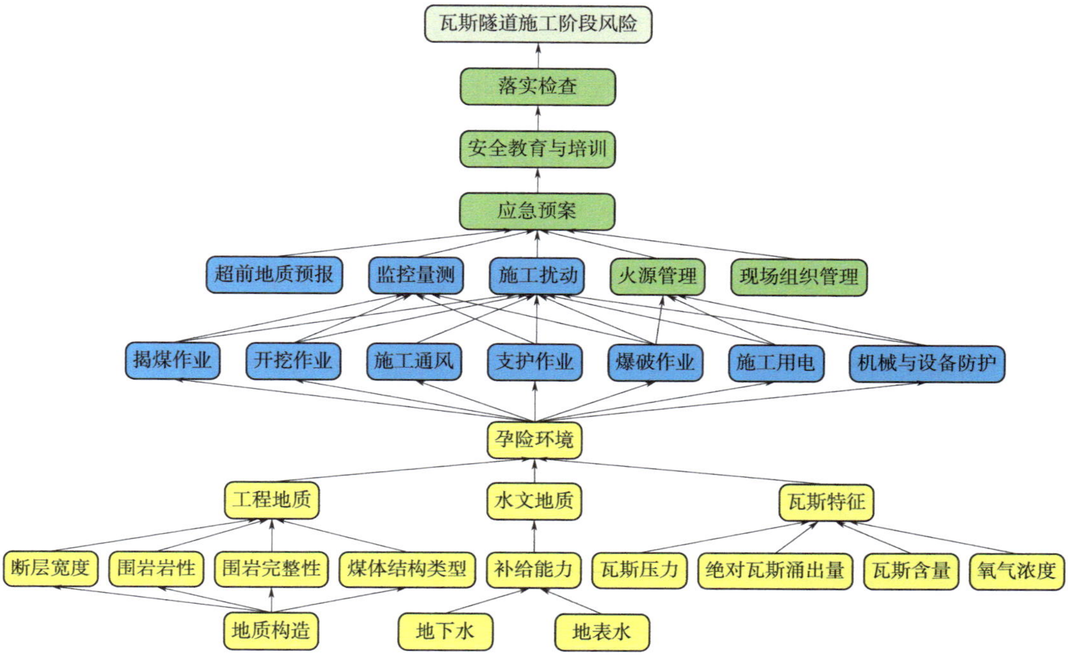

图 15-9　瓦斯隧道施工阶段风险致灾因子结构层次

基于图 15-9 中瓦斯隧道施工阶段风险致灾因子结构层次，经过简化评价指标，最终形成了瓦斯隧道施工阶段风险评价体系，如图 15-10 所示。

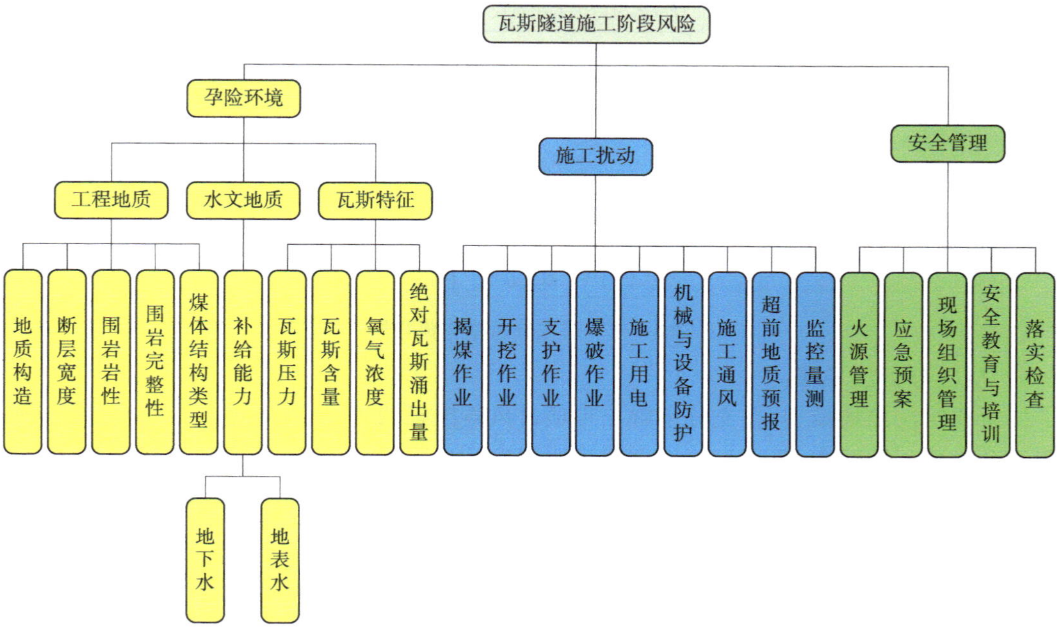

图 15-10　瓦斯隧道施工阶段风险致灾因子结构层次

15.4 瓦斯隧道指标权重

15.4.1 层次分析原理

(1)层次分析理论:层次分析法(Analytic Hierarchy Process,AHP)是由美国著名运筹学家、匹兹堡大学教授萨蒂,在20世纪70年代初首先提出的一种实用的多方案或多目标的决策方法它可实现定性分析与定量分析的结合。层次分析法较好地体现了系统工程学定性与定量分析相结合的思想。在决策过程中,决策者直接参与决策过程,并且其定性思维过程被数学化、模型化,保持思维过程的一致性。层次分析法以其系统性、灵活性、实用性等特点特别适合于多目标、多因素的复杂系统的决策,在目标因素结构复杂且缺乏必要数据的情况下使用更为方便,同时它也被广泛应用于社会、经济、科技、规划等多领域的评价、决策、预测、规划等问题中。层次分析法的基本原理:根据系统的性质及总目标,将复杂的问题分解为不同的组成因素,根据各个因素之间的相互联系和隶属关系进行划分,得出不同层次的组合,形成一个有序的递阶层次结构模型,进行两两比较,得出层次结构模型中各个因素的相对权重,最后求出方案层的各个因素相对于总目标的相对重要性权值,得出各个方案的优劣排序。层次分析基本流程如图15-11所示。

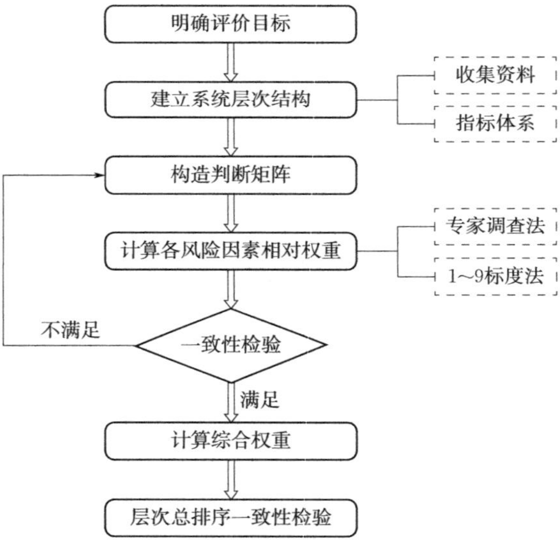

图15-11 层次分析基本流程图

(2)层次分析法步骤:

①阶梯层次结构模型,在充分了解工程项目风险因素的情况下,通过将工程项目风险的各个因素分解成不同层次,再通过层次框图描述层次的递阶关系和各个因素之间的从属关系,建立阶梯层次结构模型。一般情况下,层次结构模型分为以下几类层次:(a)最高层,最高层又称目标层,是风险管理的总目标,一般情况下,只有一个因素。(b)中间层,是指利用某种措施获得和总目标有关联的中间环节,中间层有一个或者一个以上层次,叫准则层或指标层。(c)最低层,最低层又称方案层,是解决问题的可行性方案。阶梯层次结构模型如图15-12所示。

②构造各层次比较判断矩阵:建立层次结构模型后,上下层次的元素就有了隶属关系,下

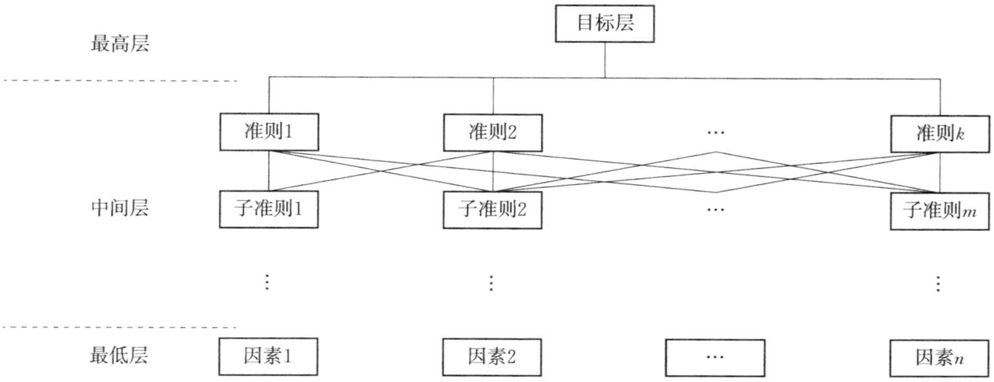

图 15-12　阶梯层次结构模型

一层的元素就影响着上一层元素。假设任意一个上一层元素 E_K 受到其下一层的 n 个元素 $F_1, F_2, \cdots, F_n$ 的影响，为确定这 n 个元素 $F_1, F_2, \cdots, F_n$ 对上层元素 E_k 的影响程度，即确定对 E_k 影响的相对权重系数，需要构建下层元素 $F_1, F_2, \cdots, F_n$ 之间的两两比较判断矩阵。利用 1～9 之间的整数或者来比较两个因素之间相对重要程度的 1～9 标度法来构建两两比较的判断矩阵，其具体含义见表 15-5。

表 15-5　1～9 标度法

标　　度	含　　义
1	两个因素相比，具有同样重要性
3	两个因素相比，前者稍微重要
5	两个因素相比，前者明显重要
7	两个因素相比，前者强烈重要
9	两个因素相比，前者极端重要
2，4，6，8	表示上述相邻判断的中间值，两因素相比重要程度分别介于相邻奇数标度值的两个重要程度
倒数	若因素 i 和因素 j 的重要性之比为 a_{ij}，那么因素 j 与因素 i 重要性之比为 $a_{ji}=1/a_{ij}$

建两两比较判断矩阵针对准则 C_k，构造出两两比较的判断矩阵，即

$$\boldsymbol{A}=(a_{ij})_{n\times n} \quad (i,j=1,2,\cdots,n) \tag{15-3}$$

a_{ij} 表示对于指标 C_k，因素 A_i 比因素 A_j 的重要程度。矩阵 **A** 为正互反矩阵，矩阵 **A** 中的元素必须满足式(15-4)。

$$a_{ij}>0; a_{ij}=\frac{1}{a_{ji}}; a_{ii}=1 \quad (i,j=1,2,\cdots,n) \tag{15-4}$$

两两比较的判断矩阵为

$$\boldsymbol{C}_k=\begin{bmatrix} a_{11} & a_{1n} & \cdots & a_{1n} \\ a_{21} & a_{22} & \cdots & a_{2n} \\ \vdots & \vdots & \vdots & \vdots \\ a_{n1} & a_{n2} & \cdots & a_{nn} \end{bmatrix} \tag{15-5}$$

③单一准则的元素相对权重系数计算及一致性检验：矩阵 **A** 的最大特征值与特征量 **A** 之间的关系为

$$\boldsymbol{AW}=\lambda_{\max}\boldsymbol{W} \tag{15-6}$$

式中，$\boldsymbol{W}$ 的分量 W_i 即为第 i 个元素的相对权重系数。

根据正互反矩阵的性质计算判断矩阵 $\boldsymbol{A}$ 的归一化的特征向量 $\boldsymbol{W}$ 和最大特征值 $\lambda_{\max}$。采用方根法计算特征向量 $\boldsymbol{W}$，即对矩阵 $\boldsymbol{A}$ 中的元素每一行相乘得到：

$$\overline{w_i}=\left(\prod_{j=1}^{n}a_{ij}\right)^{\frac{1}{n}} \quad (i=1,2,\cdots,n) \tag{15-7}$$

将 $\overline{w_i}$ 归一化：

$$w_i=\frac{\overline{w_i}}{\sum_{j=1}^{n}w_j} \quad (i=1,2,\cdots,n) \tag{15-8}$$

即可得到元素的相对权重向量：

$$\boldsymbol{W}=[w_1,w_2,\cdots,w_n]^{\mathrm{T}} \tag{15-9}$$

最大特征根计算公式如下：

$$\lambda_{\max}=\frac{1}{n}\sum_{i=1}^{n}\frac{(AW)_i}{w_i}=\frac{1}{n}\sum_{i=1}^{n}\frac{\sum_{j=1}^{n}a_{ij}w_i}{w_i} \tag{15-10}$$

由于人的认识的多样性，并不要求判断矩阵具有严格的一致性（即不要求 $a_{ij}\cdot a_{jk}=a_{ik}$ 成立），但为避免判断出现严重地违反常识的错误，要求一致性指标满足一定的要求。一般当随机一致性比例 CR<0.1 时，认为矩阵中的各参数满足一致性，求解结果才是有效的，否则重新调整判断矩阵直到满足要求为止。一致性比例 CR 由下式计算：

$$\mathrm{CR}=\frac{\mathrm{CI}}{\mathrm{RI}} \tag{15-11}$$

式中　CI——一致性指标；

　　　RI——平均随机一致性指标值。

一致性指标由下式计算得到：

$$\mathrm{CI}=\frac{\lambda_{\max}-n}{n-1} \tag{15-12}$$

式中　n——矩阵阶数。

平均随机一致性指标 RI，由表 15-6 得到。

表 15-6　平均随机一致性指标 RI 值

阶数	1	2	3	4	5	6	7	8	9	10	11	12	13	14
RI 值	0	0	0.58	0.90	1.12	1.24	1.32	1.41	1.46	1.49	1.52	1.54	1.56	1.58

④各层元素合成权重计算及一致性检验：为得到所有元素对总体评价目标的影响大小，可将上层元素权重系数逐层向下相乘得到下层元素的总体权重系数，即合成权重。假设 $\boldsymbol{W}^{(k-1)}=\left[w_1^{(k-1)},w_2^{(k-1)},\cdots,w_{n_{k-1}}^{(k-1)}\right]^{\mathrm{T}}$ 是第 $k-1$ 层元素 n_{k-1} 个元素相对总目标的权重系数向量，$\boldsymbol{W}^{(k)}=\left[w_1^{(k)},w_2^{(k)},\cdots,w_{n_k}^{(k-1)}\right]^{\mathrm{T}}$ 是第 k 层元素 n_k 个元素相对总目标的权重系数向量，$\boldsymbol{p}_j^{(k)}=\left[p_{1j}^{(k)},p_{2j}^{(k)},\cdots,p_{n_kj}^{(k)}\right]^{\mathrm{T}}$ 是第 k 层元素 n_k 个元素对第 $k-1$ 层上第 j 个元素的权重向量（不受第

j 个元素支配的权重系数设为 0)，$\boldsymbol{p}^{(k)}=\left[p_{1j}^{(k)},p_{2j}^{(k)},\cdots,p_{n_{k-1}}^{(k)}\right]^{\mathrm{T}}$ 是 $n_k \times n_{k-1}$ 矩阵，表示第 k 层元素相对于第 $k-1$ 层元素的权重，则有：

$$\boldsymbol{W}^{(k)}=\left[w_1^{(k)},w_2^{(k)},\cdots,w_{n_k}^{(k)}\right]^{\mathrm{T}}=\boldsymbol{P}^{(K)}\boldsymbol{W}^{(k-1)} \tag{15-13}$$

即

$$w_i^{(k)}=\sum_{j=1}^{n_{k-1}}p_{ij}^{(k)}w_j^{(k-1)}\quad(i=1,2,\cdots,n) \tag{15-14}$$

故可得：

$$\boldsymbol{W}^{(k)}=\boldsymbol{P}^{(k)}\boldsymbol{W}^{(k-1)}\cdots\boldsymbol{P}^{(3)}\boldsymbol{W}^{(2)} \tag{15-15}$$

⑤层次总排序及一致性检验：在分层递阶模型中各个元素对总目标的相对权重要性权值称为层次总排序，计算层次总排序时，应该先从最上层，自上而下逐层计算，其结果需要进行一致性检验。按照从上层到下层逐层计算一致性，进行一致性检验。假设 $\mathrm{CI}_j(K)$、$\mathrm{RI}_j(K)$ 和 $\mathrm{CR}_j(K)$ $(j=1,2,\cdots,n_{k-1})$ 分别是第 k 层上的元素以第 $k-1$ 层上第 j 个元素为准则的一致性指标、平均随机一致性指标和一致性比例，则第 k 层元素评价相对于总目标的一致性指标、平均随机一致性指标及一致性比例由下式可得：

$$\mathrm{CI}_{总}^{(k)}=(\mathrm{CI}_1^{(k)},\mathrm{CI}_2^{(k)},\cdots,\mathrm{CI}_{n_{k-1}}^{(k)})W^{(k-1)} \tag{15-16}$$

$$\mathrm{RI}_{总}^{(k)}=(\mathrm{RI}_1^{(k)},\mathrm{RI}_2^{(k)},\cdots,\mathrm{RI}_{n_{k-1}}^{(k)})W^{(k-1)} \tag{15-17}$$

$$\mathrm{CR}_{总}^{(k)}=\frac{\mathrm{CI}_{总}^{(k)}}{\mathrm{RI}_{总}^{(k)}}=\frac{\sum_{i=1}^{n_{k-1}}\mathrm{CI}_i^{(k)}w_i^{(k-1)}}{\sum_{i=1}^{n_{k-1}}\mathrm{RI}_i^{(k)}w_i^{(k-1)}} \tag{15-18}$$

$\mathrm{CR}_{总}^{(k)}<0.1$ 时，表示在第 k 层及以上的判断满足整体一致性要求，其分析结果可接受，反之，需要对本层次的各个判断矩阵进行调整，再次分析。

15.4.2　指标权重计算

(1)勘察阶段指标权重计算：以瓦斯隧道勘察阶段为主要研究对象，根据上述计算方法，对构建的瓦斯隧道勘察阶段评估体系中的因素进行权重计算。根据建立的瓦斯隧道勘察阶段风险分析模型可知，瓦斯隧道勘察阶段下有 2 个一级指标与 14 个次要指标。一级指标中第一为孕险环境。其中孕险环境下有三个指标即工程地质、水文地质、瓦斯特征。工程地质下指标有地质构造、断层宽度、围岩岩性、围岩完整性、煤体结构类型；水文地质指标与补给能力密切相关，有地下水、地表水；瓦斯特征指标下有瓦斯压力、瓦斯含量、氧气浓度、绝对瓦斯涌出量。第二为勘察扰动，勘察扰动与机械设备选择、探测方案、勘测地点密切相关。

①对瓦斯勘察阶段各指标构造两两判断矩阵(表 15-7～表 15-10)。

表 15-7　孕险环境指标判断矩阵

指　　标	工程地质	水文地质	瓦斯特征
工程地质	1	2	1/3
水文地质	1/2	1	1/4
瓦斯特征	3	4	1

表 15-8　工程地质指标判断矩阵

指　　标	地质构造	断层宽度	围岩岩性	围岩完整性	煤体结构类型
地质构造	1	4	3	5	1/3
断层宽度	1/4	1	1/3	3	1/6
围岩岩性	1/3	3	1	5	1/5
围岩完整性	1/5	1/3	1/5	1	1/7
煤体结构类型	3	6	5	7	1

表 15-9　瓦斯特征指标判断矩阵

指　　标	瓦斯压力	瓦斯含量	氧气浓度	绝对瓦斯涌出量
瓦斯压力	1	1/5	3	1/3
瓦斯含量	5	1	7	2
氧气浓度	1/3	1/7	1	1/5
绝对瓦斯涌出量	3	1/2	5	1

表 15-10　勘察扰动指标判断矩阵

指　　标	机械设备选择	探测方案	勘测地点
机械设备选择	1	1/5	1/3
探测方案	5	1	3
勘测地点	3	1/3	1

②根据上述计算方法，对各层指标进行权重计算(表 15-11～表 15-15)。

表 15-11　一级指标权重

指　　标	权　　重
孕险环境	0.600 0
施工扰动	0.400 0

表 15-12　孕险环境指标权重

指　　标	权　　重
工程地质	0.238 5
水文地质	0.136 5
瓦斯特征	0.625 0

经计算 $\lambda_{max}=3.018\ 3$，CI=0.009 1，CR=0.015 8<0.1，通过一致性检验。

表 15-13　工程地质指标权重

指　　标	权　　重	指　　标	权　　重
地质构造	0.248 8	围岩完整性	0.040 1
断层宽度	0.072 3	煤体结构类型	0.499 7
围岩岩性	0.139 1		

经计算 $\lambda max=5.3158$，CI＝0.079 0，CR＝0.070 5＜0.1，通过一致性检验。

表 15-14　瓦斯特征指标权重

指　　标	权　　重
瓦斯压力	0.122 2
瓦斯含量	0.523 2
氧气浓度	0.057 0
绝对瓦斯涌出量	0.297 6

经计算 $\lambda max=4.0685$，CI＝0.002 8，CR＝0.025 4＜0.1，通过一致性检验。

表 15-15　勘察扰动指标权重

指　　标	权　　重
机械设备选择	0.104 7
探测方案	0.637 0
勘测地点	0.258 3

经计算 $\lambda_{max}=3.0385$，CI＝0.019 3，CR＝0.033 2＜0.1，通过一致性检验

③瓦斯隧道勘察阶段各指标综合权重如图 15-13 所示。

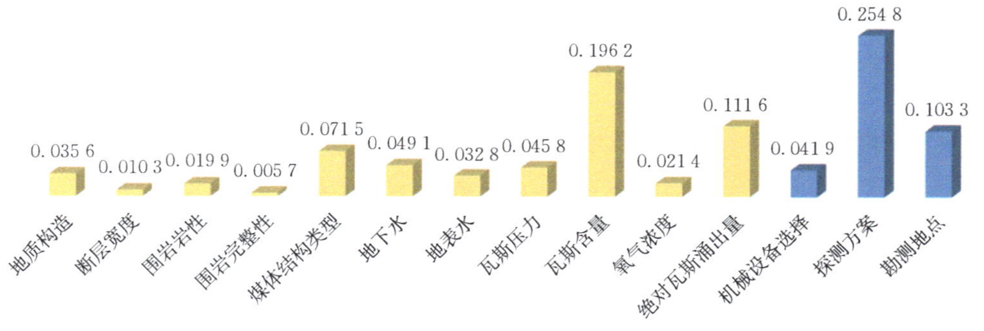

图 15-13　瓦斯隧道勘察阶段各指标综合权重

④瓦斯隧道勘察阶段各指标总排序统计(表 15-16)。

表 15-16　瓦斯隧道勘察阶段各指标总排序

指　　标	权　　重	排　　序
探测方案	0.254 8	1
瓦斯含量	0.196 2	2
绝对瓦斯涌出量	0.111 6	3
勘测地点	0.103 3	4
煤体结构类型	0.071 5	5
地下水	0.049 1	6
瓦斯压力	0.045 8	7
机械设备选择	0.041 9	8

续上表

指　　标	权　　重	排　　序
地质构造	0.035 6	9
地表水	0.032 8	10
氧气浓度	0.021 4	11
围岩岩性	0.019 9	12
断层宽度	0.010 3	13
围岩完整性	0.005 7	14

依据计算结果，可知瓦斯隧道勘察阶段所有影响因素中探测方案、瓦斯含量、绝对瓦斯涌出量、勘测地点影响程度相对较大；煤体结构类型、地下水、瓦斯压力、机械设备选择、地质构造、地表水影响程度相对居中；氧气浓度、围岩岩性、断层宽度、围岩完整性影响程度相对较小。因此，在对瓦斯隧道进行勘测时要注重做好探测方案，保证测得的瓦斯压力和绝对瓦斯涌出量真实可靠、选择合适的勘测地点才能保证勘测的准确性，为后续准备提供依据。

(2)设计阶段指标权重计算：以瓦斯隧道设计阶段为主要研究对象，根据上述计算方法，对构建的瓦斯隧道设计阶段评估体系中的因素进行权重计算。根据建立的瓦斯隧道设计阶段风险分析模型可知，瓦斯隧道设计阶段下有 2 个一级指标和 21 个次要指标。一级指标包括孕险环境和设计方案。其中孕险环境下有三个指标即工程地质、水文地质、瓦斯特征。工程地质指标、水文地质指标、瓦斯特征指标与勘察阶段下相同。设计方案与隧道长度、隧道埋深、断面大小、超前地质预报、辅助坑道设计、其他防瓦斯措施、通风设计、爆破设计、开挖方法、支护方案密切相关。

①对瓦斯隧道设计阶段设计方案构造两两判断矩阵(表 15-17)。

表 15-17　设计方案指标判断矩阵

指　　标	隧道长度	隧道埋深	断面大小	超前地质预报	辅助坑道设计	其他防瓦斯措施	通风设计	爆破设计	开挖方法	支护方案
隧道长度	1	2	1/3	1/4	1/5	1/5	1/9	1/9	1/7	1/7
隧道埋深	1/2	1	1/2	1/4	1/5	1/5	1/9	1/9	1/7	1/7
断面大小	3	2	1	1/2	1/3	1/3	1/7	1/7	1/5	1/5
超前地质预报	4	4	2	1	2	1/2	1/6	1/6	1/2	1/2
辅助坑道设计	5	5	3	1/2	1	2	1/5	1/5	1/3	1/3
其他防瓦斯措施	5	5	3	1/2	1/2	1	1/5	1/5	1/3	1/3
通风设计	9	9	7	6	5	5	1	2	4	4
爆破设计	9	9	7	6	5	5	1/2	1	1/3	1/3
开挖方法	7	7	5	4	3	3	1/4	3	1	2
支护方案	7	7	5	4	3	3	1/4	3	1/2	1

②基于判断矩阵，对设计方案中各指标因素进行权重系数计算，计算结果见表 15-18～表 15-19。

表 15-18　一级指标权重

指　　标	权　　重
孕险环境	0.400 0
施工扰动	0.600 0

表 15-19　设计方案指标权重

指　　标	权　　重	指　　标	权　　重
隧道长度	0.017 0	其他防瓦斯措施	0.049 4
隧道埋深	0.015 3	通风设计	0.294 1
断面大小	0.027 2	爆破设计	0.158 5
超前地质预报	0.055 5	开挖方法	0.174 1
辅助坑道设计	0.056 4	支护方案	0.152 5

经计算 $\lambda_{max}=11.086\ 9$，CI=0.120 8，CR=0.081 1<0.1，通过一致性检验。

③瓦斯隧道设计阶段各指标综合权重如图 15-14 所示。

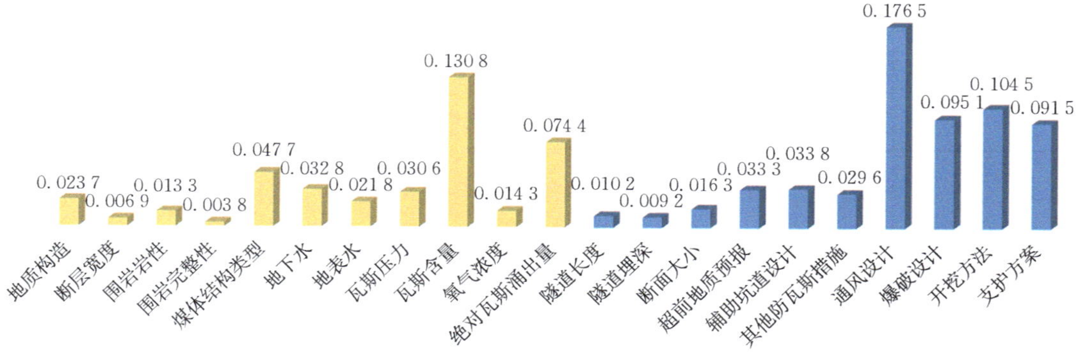

图 15-14　瓦斯隧道设计阶段各指标综合权重

④瓦斯隧道设计阶段各指标总排序统计(表 15-20)。

表 15-20　瓦斯隧道设计阶段各指标总排序

指　　标	权　　重	排　　序	指　　标	权　　重	排　　序
通风设计	0.176 5	1	其他防瓦斯措施	0.029 6	12
瓦斯含量	0.103 8	2	地质构造	0.023 7	13
开挖方法	0.104 5	3	地表水	0.021 8	14
爆破设计	0.095 1	4	断面大小	0.016 3	15
支护方案	0.091 5	5	氧气浓度	0.014 3	16
绝对瓦斯涌出量	0.074 4	6	围岩岩性	0.013 3	17
煤体结构类型	0.047 7	7	隧道长度	0.010 2	18
辅助坑道设计	0.033 8	8	隧道埋深	0.009 2	19
超前地质预报	0.033 3	9	断层宽度	0.006 9	20
地下水	0.032 8	10	围岩完整性	0.003 8	21
瓦斯压力	0.030 6	11			

依据上述计算结果，可知瓦斯隧道设计阶段所有影响因素中通风设计、瓦斯含量、开挖方法、爆破设计、支护方案、绝对瓦斯涌出量影响程度相对较大；煤体结构类型、辅助坑道设计、超前地质预报、地下水、瓦斯压力影响程度相对居中；其他防瓦斯措施、地质构造、地表水、断面大小、氧气浓度、围岩岩性、隧道长度、隧道埋深、断层宽度、围岩完整性影响程度相对较小。在瓦斯隧道设计阶段人为设计因素相对重要，固有孕险环境因素影响相对较小，设计方案时应当首要考虑人为因素。因此，在对瓦斯隧道进行设计时要注重通风设计，结合的瓦斯含量选择合适的开挖方法、保证爆破设计和支护方案合理准确，时时检测绝对瓦斯涌出量，确保设计方案符合工程实际状况。

(3)施工阶段指标权重计算：以瓦斯隧道施工阶段为主要研究对象，根据上述计算方法，对构建的瓦斯隧道施工阶段评估体系中的因素进行权重计算。根据建立的瓦斯隧道施工阶段风险分析模型可知，瓦斯隧道施工阶段下有 3 个一级指标和 25 个次要指标。一级指标包括孕险环境、施工扰动、安全管理。其中孕险环境下有 3 个指标即工程地质、水文地质、瓦斯特征。工程地质指标、水文地质指标、瓦斯特征指标与勘察阶段和设计阶段下指标相同。施工扰动与揭煤作业、开挖方法、支护方案、爆破作业、施工用电、超前地质预报、监控量测密切相关；安全管理与火源管理、应急预案、现场组织管理、安全教育与培训、落实检查密切相关。

①瓦斯隧道施工阶段各指标构造两两判断矩阵(表 15-21～表 15-23)。

表 15-21　一级指标判断矩阵

指　　标	孕险环境	施工扰动	安全管理
孕险环境	1	1/3	1/5
施工扰动	3	1	1/3
安全管理	5	3	1

表 15-22　施工扰动指标判断矩阵

指　　标	揭煤作业	开挖作业	支护作业	爆破作业	施工用电	机械与设备防护	施工通风	超前地质预报	监控量测
揭煤作业	1	3	4	1/2	5	6	1/4	7	1/3
开挖作业	1/3	1	2	1/4	3	4	1/6	5	1/5
支护作业	1/4	1/2	1	1/4	3	4	1/6	5	1/5
爆破作业	2	4	4	1	5	6	1/4	7	1/3
施工用电	1/5	1/3	1/3	1/5	1	2	1/8	3	1/7
机械与设备防护	1/6	1/4	1/4	1/6	1/2	1	1/8	3	1/7
施工通风	4	6	6	4	8	8	1	9	3
超前地质预报	1/7	1/5	1/5	1/7	1/3	1/3	1/9	1	1/8
监控量测	3	5	5	3	7	7	1/3	8	1

表 15-23　安全管理指标判断矩阵

指　　标	火源管理	应急预案	现场组织管理	安全教育与培训	落实检查
火源管理	1	1/5	1/6	1/3	1/7
应急预案	5	1	1/3	3	1/5
现场组织管理	6	3	1	5	1/3
安全教育与培训	3	1/3	1/5	1	1/5
落实检查	7	5	3	5	1

②基于上述判断矩阵，对施工阶段中各指标因素进行权重系数计算，计算结果见表 15-24～表 15-27。

表 15-24　一级指标权重

孕险环境	施工扰动	安全管理
0.104 7	0.258 3	0.637 0

经计算 λ_{max}=3.038 5，CI=0.019 3，CR=0.033 2<0.1，通过一致性检验。

表 15-25　施工扰动指标权重

指　　标	权　　重	指　　标	权　　重
揭煤作业	0.116 5	机械与设备防护	0.023 7
开挖作业	0.061 7	施工通风	0.335 7
支护作业	0.052 2	超前地质预报	0.016 2
爆破作业	0.141 9	监控量测	0.222 5
施工用电	0.029 5		

经计算 λ_{max}=9.804 7，CI=0.100 6，CR=0.069 4<0.1，通过一致性检验。

表 15-26　安全管理指标权重

指　　标	权　　重
火源管理	0.038 1
应急预案	0.136 5
现场组织管理	0.267 2
安全教育与培训	0.071 6
落实检查	0.486 5

经计算 λ_{max}=5.335 4，CI=0.083 9，CR=0.074 9<0.1，通过一致性检验。

③瓦斯隧道施工阶段各指标综合权重如图 15-15 所示。

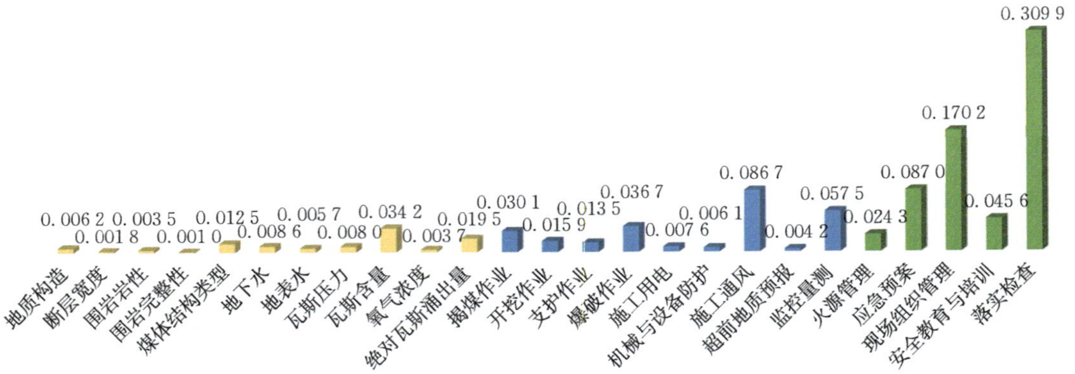

图 15-15　瓦斯隧道施工阶段各指标综合权重

④瓦斯隧道施工计阶段各指标总排序统计(表 15-27)。

表 15-27　瓦斯隧道施工阶段各指标总排序

指　　标	权　　重	排　　序	指　　标	权　　重	排　　序
落实检查	0.309 9	1	煤体结构类型	0.012 5	14
现场组织管理	0.170 2	2	地下水	0.008 6	15
应急预案	0.087 0	3	瓦斯压力	0.008 0	16
施工通风	0.086 7	4	施工用电	0.007 6	17
监控量测	0.057 5	5	地质构造	0.006 2	18
安全教育与培训	0.045 6	6	机械与设备防护	0.006 1	19
爆破作业	0.036 7	7	地表水	0.005 7	20
瓦斯含量	0.034 2	8	超前地质预报	0.004 2	21
揭煤作业	0.030 1	9	氧气浓度	0.003 7	22
火源管理	0.024 3	10	围岩岩性	0.003 5	23
绝对瓦斯涌出量	0.019 5	11	断层宽度	0.001 8	24
开挖作业	0.015 9	12	围岩完整性	0.001 0	25
支护作业	0.013 5	13			

依据上述计算结果,在瓦斯隧道施工阶段中安全管理是首要因素,其次是施工扰动因素,最后是孕险环境因素。在瓦斯隧道施工阶段所有指标因素中落实检查、现场组织管理、应急预案、施工通风影响相对较大;监控量测、安全教育与培训、爆破作业、瓦斯含量、揭煤作业、火源管理、绝对瓦斯涌出量、开挖作业、支护作业、煤体结构类型影响程度相对居中;地下水、瓦斯压力、施工用电、地质构造、机械设备与防护、地表水、超前地质预报、氧气浓度、围岩岩性、断层宽度、围岩完整性影响程度相对较小。通过分析发现在瓦斯隧道施工阶段中风险控制主要是落实检查,确保工序、方案、方法实施到位,通过落实取得实效,检查到位确保无遗漏;同时保证现场组织管理有效,现场施工依序推进、有序实施;完善应急预案,以便可以第一时间应对突发状况;施工过程中保持通风系统畅通,通风有效。

15.5　瓦斯隧道评价指标隶属度

15.5.1　隶属函数理论

(1)隶属函数:模糊数学是要用精确的数学方法去表现和处理现实世界中客观存在的模糊现象,要达到此目的,隶属函数的确定居于首要的地位,确定了隶属函数,就意味着在解决实际问题中跨出了最重要的一步。但如何建立隶属函数,至今仍无统一方法可循,主要根据实践经验来选取。但无论用什么方法,都是要建立一个从论域 $\boldsymbol{C}$ 到[0,1]上的映射,用来反映某对象具有某种模糊性质或属于某种模糊概念的程度,这种函数关系建立的是否正确,那要看是否符合客观规律,这就是确定隶属函数的原则。因此,假设在 d 对论域 $\boldsymbol{U}$ 上,对于任意 $x\in\boldsymbol{U}$,都能确定一个正数 $A(x)\in[0,1]$与之对应,则称 $\boldsymbol{A}$ 为 $\boldsymbol{U}$ 上的模糊集,$A(x)$称为 x 对 $\boldsymbol{A}$ 的隶属度。当 x 在 $\boldsymbol{U}$ 中变动时,$A(x)$就是一个函数,称为 $\boldsymbol{A}$ 的隶属函数。隶属度 $A(x)$越接近于 1,表示 x 属于 $\boldsymbol{A}$ 的程度越高,$A(x)$越接近于 0 表示 x 属于 $\boldsymbol{A}$ 的程度越低。用取值于区间[0,1]的隶属函数 $A(x)$表征 x 属于 $\boldsymbol{A}$ 的程度高低,隶属度属于模糊评价函数中的概念:模糊综合评价是对受多种因素影响的事物做出全面评价的一种十分有效的多因素决策方法,其特点是评价结果不是绝对地肯定或否定,而是以一个模糊集合来表示。常见的确定隶属函数的方法有模糊统计法、三分法、五点法、模糊分布法等。

模糊统计法借用了概率统计的思想,通过模糊统计试验来确定指标对评语等级集合的隶属度,当模糊统计试验次数增大时,指标对评语等级集合的隶属频率会呈现稳定性,频率稳定值就称为指标对评语等级集合的隶属度。实际采用模糊统计法计算指标对评语的隶属度时,常用指标对评语的隶属频率来表示其隶属度。

假设模糊集 $\boldsymbol{A}$、$\boldsymbol{B}$ 的隶属函数为 $u_A(x)$、$u_B(x)$,则 $\boldsymbol{A}$ 与 $\boldsymbol{B}$ 的常用运算有:包含表达式为 $A\subset B$ 即 $u_A(x)\leqslant u_B(x)$;相等表达式为 $A=B$ 即 $u_A(x)=u_B(x)$;相交表达式为 $C=A\cup B$ 即 $u_C(x)=u_A(x)\vee u_B(x)$;相补表达式为 A^C 即 ${u_A}^C(x)=1-u_A(x)$;内积表达式 $A\cdot B=\vee[A(x)\wedge B(x)]$;外积表达式为 $A\times B=\wedge[A(x)\vee B(x)]$。

(2)隶属函数分布类型:在评价系统中常用的分布类型主要有单值型、三角与半三角分布、矩形与半矩形分布、梯形与半梯形分布、正态分布、Cauchy 分布等,可根据不同的变量类型来选择隶属函数。目前还无法用理论来验证属函数选择效果的好坏,主要是根据实践经验来选取。在梯形与半梯形分布中常用的有偏小型、中间型、偏大型。梯形与半梯形分布图与类型见表 15-28。

表 15-28　常用隶属函数分布类型

函数类型	函数分布图	梯形函数通式
偏小型	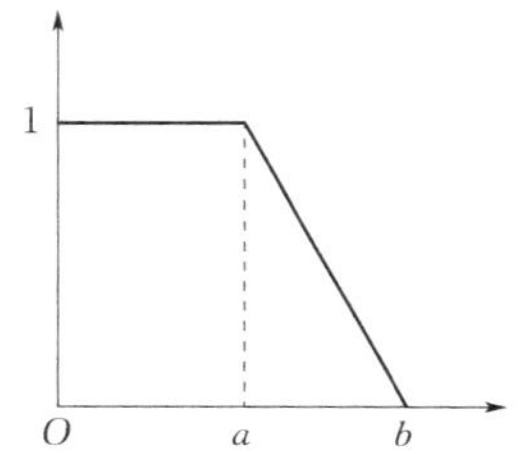	$A(x)=\begin{cases}1 & x<a\\ \dfrac{b-x}{a-x} & a\leqslant x\leqslant b\\ 0 & x>b\end{cases}$

续上表

函数类型	函数分布图	梯形函数通式
中间型	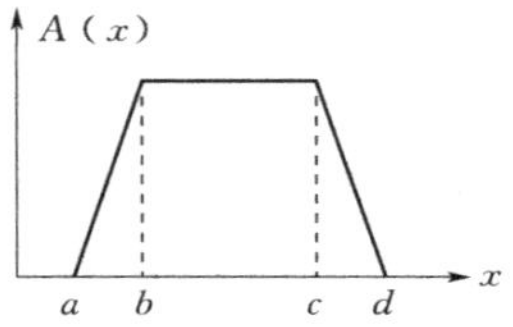	$A(x)=\begin{cases}0 & x<a\\ \dfrac{x-a}{b-a} & a\leqslant x<b\\ 1 & b\leqslant x\leqslant c\\ \dfrac{d-x}{d-c} & c\leqslant x<d\\ 0 & x>d\end{cases}$
偏大型	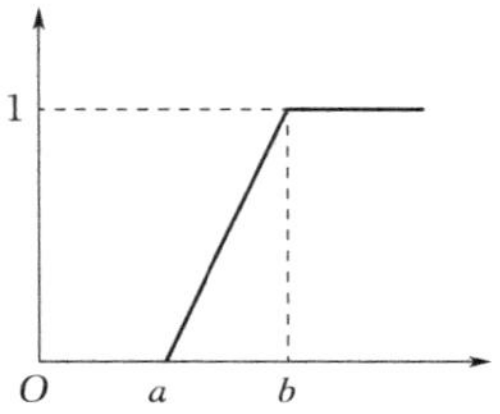	$A(x)=\begin{cases}0 & x<a\\ \dfrac{x-a}{b-a} & a\leqslant x\leqslant b\\ 1 & x>b\end{cases}$

评价因素隶属度的确定是进行综合评价的重要环节。评价因素根据其性质可分为定量指标和定性指标两类。由于所选评价因素既有定量，又有定性，因此选用中间型梯度函数。

15.5.2 模糊综合评价

(1)模糊综合评判概念:就是根据给出的评价标准和实测值，应用模糊交换原理和最大隶属原则，对受诸多因素制约的事物或物件做出一个总的评价。它作为模糊数学的一种具体应用方法，最早是由我国学者汪培庄提出的。这一应用方法深受广大科技工作者的欢迎和重视，并且已得到广泛应用。

(2)模糊综合评价优势:基于模糊数学的模糊综合评价可以对受多因素影响的风险事件进行有效的评价。在瓦斯隧道工程中，许多事件的评价无法用精确的数字来进行衡量，只能依靠定性语言来进行评价。定性语言很难用确定的数值来形容且没有清晰的边界，这类不清晰的概念或描述就属于模糊事件，可以采用模糊数学中的模糊评价来计算。模糊评价不局限于精确的数值描述和逻辑分析，它利用定量指标描述了定性评价，强调了对事件的影响因素中的模糊性，突出了事件的客观属性。模糊评价方法提出了隶属函数和隶属度的理念，通过定量的数值描述了定性评价，提供了解决定性与定量相结合的方法，解决了统一各项指标量纲的问题。将定性评价与定量分析相结合的模糊评价法以其独特的优势，在工程风险分析、经济管理和社会生活中得以广泛应用。模糊综合评判法简便易行，是当今综合评价模糊性事物或对象的通用方法，它可使带有主观评判的结果更符合客观实际。

(3)模糊综合评价步骤:模糊综合评价法中，评价是指按照指定的评价条件对评价对象的优劣进行评比、判断，综合是指评价条件包含多个因素。综合评价就是对受到多个因素影响的评价对象做出全面的评价。模糊综合评价法进行风险评价的基本原理是:综合考虑所有风险因素的影响程度，并设置权重区别各因素的重要性，通过构建数学模型，推算出风险的各种可能性程度，其中可能性程度值高者为风险水平的最终确定值。其具体步骤为:①选定评价因素，构成评价因素集。②根据评价的目标要求，划分等级，建立备择集。③对各风险要素进行独立评价，建立判断矩阵。④根据各风险要素影响程度，确定其相应的权重。⑤运用模糊数学运算方法，确定综合评价结果；⑤根据计算分析结果，确定项目风险水平。

15.5.3　风险指标隶属度

基于上述隶属函数，对瓦斯隧道各个阶段下的各个因素进行指标量化赋值。将风险指标分为四级即Ⅰ级、Ⅱ级、Ⅲ级、Ⅳ级，随着风险等级的增加，风险增大，Ⅰ级风险最安全属于低风险，不会造成人员伤亡和设备损坏，几乎不需要风险控制措施；Ⅱ级风险属于一般风险，可能会造成人员伤亡和设备损坏，需要一定风险控制措施；Ⅲ级风险属于较大风险，会造成人员伤亡和设备损坏，必须制定风险控制措施进行风险控制，降低风险发生概率；Ⅳ级属于重大风险，可能会造成重大人员伤亡和设备损坏，必须制定风险控制措施，将风险等级降低后方可施工。

(1)瓦斯隧道勘察阶段隶属度：以瓦斯隧道勘察阶段为主要研究对象，勘察阶段下有 2 个一级指标和 14 个次要指标，各指标因素的隶属度描述见表 15-29。

表 15-29　瓦斯隧道勘察阶段隶属度

评估指标	Ⅰ级	Ⅱ级	Ⅲ级	Ⅳ级
隶属度	0	0.25	0.75	1
地质构造	无褶皱或褶皱小，封闭煤层构造	平缓褶皱，未扰动煤层	开阔褶皱，连通煤层	闭合褶皱，开放性煤层构
断层宽度	<2 m	2～5 m	5～10 m	>10 m
围岩岩性	页岩	灰岩	砂岩	泥岩
围岩完整性	围岩完整，呈块状结构	围岩较完整，呈较完整的块状结构	围岩较破碎，呈较为完整破碎结构	围岩破碎，呈碎裂、松散结构
煤体结构类型	原生结构	破碎结构	碎粒结构	糜棱结构
地下水	贫水或无水，呈干燥状态	弱富水，呈湿润状态	富水，呈淋水或滴水状态	极丰富，呈现涌水或流水状态
地表水	无地表水或有少量地表水补充	有适量地表水补充	有较多地表水补充	有大量地表水补充
瓦斯压力	0 MPa	0～0.35 MPa	0.35～0.74 MPa	>0.74 MPa
瓦斯含量	<2 m^3/t	2～5 m^3/t	5～8 m^3/t	>8 m^3/t
氧气浓度	>19.5%	12%～19.5%	6%～12%	<6%
绝对瓦斯涌出量	0 m^3/min	0～0.5 m^3/min	0.5～1.5 m^3/min	>1.5 m^3/min
机械设备选择	多种设备，非常合理有效	多种设备，合理有效	设备选择单一但较合理有效	设备选择单一且有效性差
探测方案	探测方案合理，设施配备完善，依据实际随时调整	探测方案较合理，设施配备基本完善	探测方案一般，设施配备部分短缺	探测方案不合理，设施配备严重短缺
勘测地点	地形地貌简单，土体单一	地形地貌简单，土体复杂	地形地貌复杂，土体单一	地形地貌复杂，土体复杂

(2)瓦斯隧道设计阶段隶属度：以瓦斯隧道设计阶段为主要研究对象，瓦斯隧道设计阶段下有 2 个一级指标和 21 个次要指标，各指标因素的隶属度描述见表 15-30。

表 15-30　瓦斯隧道设计阶段隶属度

评估指标	Ⅰ级	Ⅱ级	Ⅲ级	Ⅳ级
隶属度	0	0.25	0.75	1
地质构造	无褶皱或褶皱小，封闭煤层构造	平缓褶皱，未扰动煤层	开阔褶皱，连通煤层	闭合褶皱，开放性煤层构
断层宽度	<2 m	2～5 m	5～10 m	>10 m
围岩岩性	页岩	灰岩	砂岩	泥岩
围岩完整性	围岩完整，呈块状结构	围岩较完整，呈较完整的块状结构	围岩较破碎，呈较为完整破碎结构	围岩破碎，呈碎裂、松散结构
煤体结构类型	原生结构	破碎结构	碎粒结构	糜棱结构
地下水	贫水或无水，呈干燥状态	弱富水，呈湿润状态	富水，呈淋水或滴水状态	极丰富，呈现涌水或流水状态
地表水	无地表水或有少量地表水补充	有适量地表水补充	有较多地表水补充	有大量地表水补充
瓦斯压力	0 MPa	0～0.35 MPa	0.35～0.74 MPa	>0.74 MPa
瓦斯含量	<2 m^3/t	2～5 m^3/t	5～8 m^3/t	>8 m^3/t
氧气浓度	>19.5%	12%～19.5%	6%～12%	<6%
绝对瓦斯涌出量	0 m^3/min	0～0.5 m^3/min	0.5～1.5 m^3/min	>1.5 m^3/min
隧道长度	<300 m	300～600 m	600～1 000 m	>1 000 m
隧道埋深	<100 m	100～300 m	300～500 m	>500 m
断面大小	小断面(单洞单车隧道)	中断面(单洞双车隧道)	大断面(单洞三车道隧道)	特大断面(单洞四车道隧道)
超前地质预报	合理	较合理	不合理	极不合理
辅助坑道设计	设计完全适用	设计基本适用	设计不适用	无辅助坑道设计
其他防瓦斯措施	非常有效合理	有效合理	有效性较差	未制定
通风设计	按实际分阶段通风	加强通风	普通通风	无通风
爆破设计	合理且及时调整	较合理	不合理	极不合理
开挖方法	合理且及时调整	较合理	不合理	极不合理
支护方案	合理且及时调整	较合理	不合理	极不合理

(3)瓦斯隧道施工阶段隶属度：以瓦斯隧道设计阶段为主要研究对象，瓦斯隧道施工阶段下有 3 个一级指标和 25 个次要指标，各指标因素的隶属度描述见表 15-31。

表 15-31　瓦斯隧道施工阶段隶属度

评估指标	Ⅰ级	Ⅱ级	Ⅲ级	Ⅳ级
隶属度	0	0.25	0.75	1
地质构造	无褶皱或褶皱小，封闭煤层构造	平缓褶皱，未扰动煤层	开阔褶皱，连通煤层	闭合褶皱，开放性煤层构
断层宽度	<2 m	2～5 m	5～10 m	>10 m

续上表

评估指标	Ⅰ级	Ⅱ级	Ⅲ级	Ⅳ级
围岩岩性	页岩	灰岩	砂岩	泥岩
围岩完整性	围岩完整，呈块状结构	围岩较完整，呈较完整的块状结构	围岩较破碎，呈较为完整破碎结构	围岩破碎，呈碎裂、松散结构
煤体结构类型	原生结构	破碎结构	碎粒结构	糜棱结构
地下水	贫水或无水，呈干燥状态	弱富水，呈湿润状态	富水，呈淋水或滴水状态	极丰富，呈现涌水或流水状态
地表水	无地表水或有少量地表水补充	有适量地表水补充	有较多地表水补充	有大量地表水补充
瓦斯压力	0 MPa	0～0.35 MPa	0.35～0.74 MPa	＞0.74 MPa
瓦斯含量	＜2 m^3/t	2～5 m^3/t	5～8 m^3/t	＞8 m^3/t
氧气浓度	＞19.5％	12％～19.5％	6％～12％	＜6％
绝对瓦斯涌出量	0 m^3/min	0～0.5 m^3/min	0.5～1.5 m^3/min	＞1.5 m^3/min
揭煤作业	合理且及时调整	较合理	不合理	极不合理
开挖作业	合理且及时调整	较合理	不合理	极不合理
支护作业	合理且及时调整	较合理	不合理	极不合理
爆破作业	合理且及时调整	较合理	不合理	极不合理
施工用电	配电房配置合理且严格满足各项用电规范，保护设施完善	配电房配置合理，满足用电规范	有基本的用电管理标准	未配置配电房或用电管理极差
机械与设备防护	多种全面防护	多种基本防护	简单防护	未进行防护
施工通风	分阶段进行通风	进行加强通风	进行基本通风	未进行通风布置或通风情况极差
超前地质预报	合理、同时采用多种手段	较合理、多种手段	不合理、单一手段	未采用、手段极不合理
监控量测	合理且符合规范	合理	不合理	极不合理
火源管理	严格用火管理，用火审批并制定防火措施	用火审批	进行基本用火管理	未进行用火管理
应急预案	合理且及时调整	合理	不合理	未制定
现场组织管理	管理调度有序，严格符合规定	管理调度有序	管理不合理	未管理
安全教育与培训	合理	较合理	不合理	未进行
落实检查	合理，严格落实	较合理，落实到位	一般落实	未落实

15.5.4　风险评价结果

依托工程实际，结合瓦斯隧道风险评估体系，对瓦斯隧道各风险指标进行评价。

(1)勘察阶段风险评价结果：以瓦斯隧道勘察阶段为主要研究对象，瓦斯勘察阶段风险评估体系下有14个风险指标。其中有5个定量指标，分别为断层宽度、瓦斯压力、瓦斯含量、氧气浓度、绝对瓦斯涌出量；有9个定性指标，分别为地质构造、围岩岩性、围岩完整性、煤体结构类型、地下水、地表水、机械设备选择、探测方案、勘测地点。瓦斯隧道勘察阶段采用定性与定量相结合的方式进行评价，共选取6个地段进行评价，分别是ZK21＋779～ZK21＋867、ZK22＋062～ZK22＋202、ZK24＋000～ZK24＋100、K21＋807～K21＋892、K22＋106～K22＋268、K24＋030～K24＋130。

①对ZK21＋779～ZK21＋867，评价结果见表15-32。

表15-32 隧道ZK21＋779～ZK21＋867评价集

评估指标	Ⅰ级	Ⅱ级	Ⅲ级	Ⅳ级
地质构造	0	0.5	0.5	0
断层宽度	0.8	0.2	0	0
围岩岩性	0	0	0.2	0.8
围岩完整性	0	0	0.2	0.8
煤体结构类型	0	0.6	0.4	0
地下水	0	0.4	0.6	0
地表水	0	0.4	0.6	0
瓦斯压力	0	0.5	0.5	0
瓦斯含量	0.7	0.3	0	0
氧气浓度	0.6	0.4	0	0
绝对瓦斯涌出量	0.2	0.7	0.1	0
机械设备选择	0.6	0.4	0	0
探测方案	0.5	0.5	0	0
勘测地点	0	0	0.4	0.6

②对K21＋807～K21＋892，评价结果见表15-33。

表15-33 隧道K21＋807～K21＋892评价集

评估指标	Ⅰ级	Ⅱ级	Ⅲ级	Ⅳ级
地质构造	0	0.5	0.5	0
断层宽度	0.7	0.3	0	0
围岩岩性	0	0	0.1	0.9
围岩完整性	0	0	0.2	0.8
煤体结构类型	0	0.6	0.4	0
地下水	0	0.4	0.6	0
地表水	0	0.4	0.6	0
瓦斯压力	0	0.5	0.5	0
瓦斯含量	0.7	0.3	0	0
氧气浓度	0.6	0.4	0	0

续上表

评估指标	Ⅰ级	Ⅱ级	Ⅲ级	Ⅳ级
绝对瓦斯涌出量	0.2	0.7	0.1	0
机械设备选择	0.6	0.4	0	0
探测方案	0.5	0.5	0	0
勘测地点	0	0	0.4	0.6

③对 ZK22＋062～ZK22＋202，评价结果见表 15-34。

表 15-34　隧道 ZK22＋062～ZK22＋202 评价集

评估指标	Ⅰ级	Ⅱ级	Ⅲ级	Ⅳ级
地质构造	0	0.4	0.4	0.2
断层宽度	0.8	0.2	0	0
围岩岩性	0	0	0.2	0.8
围岩完整性	0	0	0.2	0.8
煤体结构类型	0	0.6	0.4	0
地下水	0	0.5	0.5	0
地表水	0	0.4	0.6	0
瓦斯压力	0	0.5	0.5	0
瓦斯含量	0.6	0.4	0	0
氧气浓度	0.5	0.5	0	0
绝对瓦斯涌出量	0.3	0.7	0	0
机械设备选择	0.6	0.4	0	0
探测方案	0.5	0.5	0	0
勘测地点	0	0	0.4	0.6

④对 K22＋106～K22＋268，评价结果见表 15-35。

表 15-35　隧道 K22＋106～K22＋268 评价集

评估指标	Ⅰ级	Ⅱ级	Ⅲ级	Ⅳ级
地质构造	0	0.4	0.4	0.2
断层宽度	0.8	0.2	0	0
围岩岩性	0	0	0.2	0.8
围岩完整性	0	0	0.2	0.8
煤体结构类型	0	0.6	0.4	0
地下水	0	0.5	0.5	0
地表水	0	0.4	0.6	0
瓦斯压力	0	0.5	0.5	0
瓦斯含量	0.6	0.4	0	0

续上表

评估指标	Ⅰ级	Ⅱ级	Ⅲ级	Ⅳ级
氧气浓度	0.6	0.4	0	0
绝对瓦斯涌出量	0.4	0.6	0	0
机械设备选择	0.5	0.5	0	0
探测方案	0.6	0.4	0	0
勘测地点	0	0	0.5	0.5

⑤对 ZK24＋000～ZK24＋100，评价结果见表 15-36。

表 15-36　隧道 ZK24＋000～ZK24＋100 评价集

评估指标	Ⅰ级	Ⅱ级	Ⅲ级	Ⅳ级
地质构造	0	0	0.4	0.6
断层宽度	0	0	0.2	0.8
围岩岩性	0.1	0.3	0.4	0.2
围岩完整性	0	0	0.3	0.7
煤体结构类型	0	0.6	0.4	0
地下水	0	0.5	0.5	0
地表水	0	0.5	0.5	0
瓦斯压力	0	0	0.2	0.8
瓦斯含量	0	0	0.1	0.9
氧气浓度	0	0	0.3	0.7
绝对瓦斯涌出量	0	0	0.1	0.9
机械设备选择	0	0.4	0.6	0
探测方案	0	0.5	0.5	0
勘测地点	0	0	0.6	0.4

⑥对 K24＋030～K24＋130，评价结果见表 15-37。

表 15-37　隧道 K24＋030～K24＋130 评价集

评估指标	Ⅰ级	Ⅱ级	Ⅲ级	Ⅳ级
地质构造	0	0	0.4	0.6
断层宽度	0	0	0.2	0.8
围岩岩性	0	0.3	0.4	0.3
围岩完整性	0	0	0.4	0.6
煤体结构类型	0	0.6	0.4	0
地下水	0	0.5	0.5	0
地表水	0	0.5	0.5	0
瓦斯压力	0	0	0.2	0.8

续上表

评估指标	Ⅰ级	Ⅱ级	Ⅲ级	Ⅳ级
瓦斯含量	0	0	0.1	0.9
氧气浓度	0	0	0.3	0.7
绝对瓦斯涌出量	0	0	0.1	0.9
机械设备选择	0.1	0.5	0.4	0
探测方案	0.2	0.6	0.2	0
勘测地点	0	0	0.6	0.4

(2)设计阶段风险评价结果:以瓦斯隧道设计阶段为主要研究对象,瓦斯设计阶段风险评估体系下有 21 个风险指标。其中有 7 个定量指标,为断层宽度、瓦斯压力、瓦斯含量、氧气浓度、绝对瓦斯涌出量、隧道长度、隧道埋深;有 15 个定性指标,为地质构造、围岩岩性、围岩完整性、煤体结构类型、地下水、地表水、断面大小、超前地质预报、辅助坑道设计、其他预防措施、通风设计、爆破设计、开挖方法、支护方案。瓦斯隧道设计阶段采用定性与定量相结合的方式进行评价,选取地段同勘察阶段相同,分别是 ZK21+779～ZK21+867、ZK22+062～ZK22+202、ZK24+000～ZK24+100、K21+807～K21+892、K22+106～K22+268、K24+030～K24+130。

①对 ZK21+779～ZK21+867,评价结果见表 15-38。

表 15-38　隧道 ZK21+779～ZK21+867 评价集

评估指标	Ⅰ级	Ⅱ级	Ⅲ级	Ⅳ级
地质构造	0	0.5	0.5	0
断层宽度	0.8	0.2	0	0
围岩岩性	0	0	0.2	0.8
围岩完整性	0	0	0.2	0.8
煤体结构类型	0	0.6	0.4	0
地下水	0	0.4	0.6	0
地表水	0	0.4	0.6	0
瓦斯压力	0	0.5	0.5	0
瓦斯含量	0.7	0.3	0	0
氧气浓度	0.6	0.4	0	0
绝对瓦斯涌出量	0.2	0.7	0.1	0
隧道长度	0	0	0	1
隧道埋深	0.3	0.6	0.1	0
断面大小	0	0	0.2	0.8
超前地质预报	0.8	0.2	0	0
辅助坑道设计	0	0	0	1
其他预防措施	0	0.6	0.4	0

续上表

评估指标	Ⅰ级	Ⅱ级	Ⅲ级	Ⅳ级
通风设计	0.6	0.4	0	0
爆破设计	0.5	0.5	0	0
开挖方法	0.4	0.6	0	0
支护方案	0.4	0.6	0	0

②对 K21+807～K21+892，评价结果见表 15-39。

表 15-39　隧道 K21+807～K21+892 评价集

评估指标	Ⅰ级	Ⅱ级	Ⅲ级	Ⅳ级
地质构造	0	0.5	0.5	0
断层宽度	0.7	0.3	0	0
围岩岩性	0	0	0.1	0.9
围岩完整性	0	0	0.2	0.8
煤体结构类型	0	0.6	0.4	0
地下水	0	0.4	0.6	0
地表水	0	0.4	0.6	0
瓦斯压力	0	0.5	0.5	0
瓦斯含量	0.7	0.3	0	0
氧气浓度	0.6	0.4	0	0
绝对瓦斯涌出量	0.2	0.7	0.1	0
隧道长度	0	0	0	1
隧道埋深	0.3	0.6	0.1	0
断面大小	0	0	0.2	0.8
超前地质预报	0.8	0.2	0	0
辅助坑道设计	0	0	0	1
其他防瓦斯措施	0	0.6	0.4	0
通风设计	0.6	0.4	0	0
爆破设计	0.5	0.5	0	0
开挖方法	0.4	0.6	0	0
支护方案	0.4	0.6	0	0

③对 ZK22+062～ZK22+202，评价结果见表 15-40。

表 15-40　隧道 ZK22+062～ZK22+202 评价集

评估指标	Ⅰ级	Ⅱ级	Ⅲ级	Ⅳ级
地质构造	0	0.4	0.4	0.2
断层宽度	0.8	0.2	0	0

续上表

评估指标	Ⅰ级	Ⅱ级	Ⅲ级	Ⅳ级
围岩岩性	0	0	0.2	0.8
围岩完整性	0	0	0.2	0.8
煤体结构类型	0	0.6	0.4	0
地下水	0	0.5	0.5	0
地表水	0	0.4	0.6	0
瓦斯压力	0	0.5	0.5	0
瓦斯含量	0.6	0.4	0	0
氧气浓度	0.5	0.5	0	0
绝对瓦斯涌出量	0.3	0.7	0	0
隧道长度	0	0	0	1
隧道埋深	0.3	0.6	0.1	0
断面大小	0	0	0.2	0.8
超前地质预报	0.8	0.2	0	0
辅助坑道设计	0	0	0	1
其他防瓦斯措施	0	0.6	0.4	0
通风设计	0.6	0.4	0	0
爆破设计	0.5	0.5	0	0
开挖方法	0.4	0.6	0	0
支护方案	0.4	0.6	0	0

④对 K22＋106～K22＋268，评价结果见表 15-41。

表 15-41　隧道 K22＋106～K22＋268 评价集

评估指标	Ⅰ级	Ⅱ级	Ⅲ级	Ⅳ级
地质构造	0	0.4	0.4	0.2
断层宽度	0.8	0.2	0	0
围岩岩性	0	0	0.2	0.8
围岩完整性	0	0	0.2	0.8
煤体结构类型	0	0.6	0.4	0
地下水	0	0.5	0.5	0
地表水	0	0.4	0.6	0
瓦斯压力	0	0.5	0.5	0
瓦斯含量	0.6	0.4	0	0
氧气浓度	0.6	0.4	0	0
绝对瓦斯涌出量	0.4	0.6	0	0
隧道长度	0	0	0	1

续上表

评估指标	Ⅰ级	Ⅱ级	Ⅲ级	Ⅳ级
隧道埋深	0.4	0.6	0	0
断面大小	0	0	0.2	0.8
超前地质预报	0.7	0.3	0	0
辅助坑道设计	0	0	0	1
其他防瓦斯措施	0	0.6	0.4	0
通风设计	0.6	0.4	0	0
爆破设计	0.5	0.5	0	0
开挖方法	0.4	0.6	0	0
支护方案	0.4	0.6	0	0

⑤对 ZK24＋000～ZK24＋100，评价结果见表 15-42。

表 15-42　隧道 ZK24＋000～ZK24＋100 评价集

评估指标	Ⅰ级	Ⅱ级	Ⅲ级	Ⅳ级
地质构造	0	0	0.4	0.6
断层宽度	0	0	0.2	0.8
围岩岩性	0.1	0.3	0.4	0.2
围岩完整性	0	0	0.3	0.7
煤体结构类型	0	0.6	0.4	0
地下水	0	0.5	0.5	0
地表水	0	0.5	0.5	0
瓦斯压力	0	0	0.2	0.8
瓦斯含量	0	0	0.1	0.9
氧气浓度	0	0	0.3	0.7
绝对瓦斯涌出量	0	0	0.1	0.9
隧道长度	0	0	0	1
隧道埋深	0.4	0.6	0	0
断面大小	0	0	0.2	0.8
超前地质预报	0.7	0.3	0	0
辅助坑道设计	0	0	0	1
其他防瓦斯措施	0	0.6	0.4	0
通风设计	0.6	0.4	0	0
爆破设计	0.5	0.5	0	0
开挖方法	0.4	0.6	0	0
支护方案	0.4	0.6	0	0

⑥对 K24＋030～K24＋130，评价结果见表 15-43。

表 15-43　隧道 K24＋030～K24＋130 评价集

评估指标	Ⅰ级	Ⅱ级	Ⅲ级	Ⅳ级
地质构造	0	0	0.4	0.6
断层宽度	0	0	0.2	0.8
围岩岩性	0	0.3	0.4	0.3
围岩完整性	0	0	0.4	0.6
煤体结构类型	0	0.6	0.4	0
地下水	0	0.5	0.5	0
地表水	0	0.5	0.5	0
瓦斯压力	0	0	0.2	0.8
瓦斯含量	0	0	0.1	0.9
氧气浓度	0	0	0.3	0.7
绝对瓦斯涌出量	0	0	0.1	0.9
隧道长度	0	0	0	1
隧道埋深	0.4	0.6	0	0
断面大小	0	0	0.2	0.8
超前地质预报	0.7	0.3	0	0
辅助坑道设计	0	0	0	1
其他防瓦斯措施	0	0.6	0.4	0
通风设计	0.6	0.4	0	0
爆破设计	0.4	0.6	0	0
开挖方法	0.3	0.7	0	0
支护方案	0.3	0.7	0	0

(3)施工阶段风险评价结果：以瓦斯隧道施工阶段为主要研究对象，瓦斯施工阶段风险评估体系下有 25 个风险指标。其中有 5 个定量指标，分别为断层宽度、瓦斯压力、瓦斯含量、氧气浓度、绝对瓦斯涌出量；有 20 个定性指标，分别为地质构造、围岩岩性、围岩完整性、煤体结构类型、地下水、地表水、揭煤作业、开挖作业、支护作业、爆破作业、施工用电、机械与设备防护、施工通风、超前地质预报、监控量测、火源管理、应急预案、现场组织管理、安全教育与培训、落实检查。瓦斯隧道施工阶段同样采用定性与定量相结合的方式进行评价，选取地段同勘察阶段、设计阶段相同，分别是 ZK21＋779～ZK21＋867、ZK22＋062～ZK22＋202、ZK24＋000～ZK24＋100、K21＋807～K21＋892、K22＋106～K22＋268、K24＋030～K24＋130。

①对 ZK21＋779～ZK21＋867，评价结果见表 15-44。

表 15-44　隧道 ZK21＋779～ZK21＋867 评价集

评估指标	Ⅰ级	Ⅱ级	Ⅲ级	Ⅳ级
地质构造	0	0.5	0.5	0

续上表

评估指标	Ⅰ级	Ⅱ级	Ⅲ级	Ⅳ级
断层宽度	0.8	0.2	0	0
围岩岩性	0	0	0.2	0.8
围岩完整性	0	0	0.2	0.8
煤体结构类型	0	0.6	0.4	0
地下水	0	0.4	0.6	0
地表水	0	0.4	0.6	0
瓦斯压力	0	0.5	0.5	0
瓦斯含量	0.7	0.3	0	0
氧气浓度	0.6	0.4	0	0
绝对瓦斯涌出量	0.2	0.7	0.1	0
揭煤作业	0.5	0.5	0	0
开挖作业	0.4	0.6	0	0
支护作业	0.4	0.6	0	0
爆破作业	0.3	0.7	0	0
施工用电	0.6	0.4	0	0
机械与设备防护	0.5	0.5	0	0
施工通风	0.7	0.3	0	0
超前地质预报	0.8	0.2	0	0
监控量测	0.3	0.7	0	0
火源管理	0.4	0.6	0	0
应急预案	0.5	0.5	0	0
现场组织管理	0.3	0.7	0	0
安全教育与培训	0.5	0.5	0	0
落实检查	0.4	0.6	0	0

②对 K21＋807～K21＋892，评价结果见表 15-45。

表 15-45　隧道 K21＋807～K21＋892 评价集

评估指标	Ⅰ级	Ⅱ级	Ⅲ级	Ⅳ级
地质构造	0	0.5	0.5	0
断层宽度	0.7	0.3	0	0
围岩岩性	0	0	0.1	0.9
围岩完整性	0	0	0.2	0.8
煤体结构类型	0	0.6	0.4	0
地下水	0	0.4	0.6	0
地表水	0	0.4	0.6	0

续上表

评估指标	Ⅰ级	Ⅱ级	Ⅲ级	Ⅳ级
瓦斯压力	0	0.5	0.5	0
瓦斯含量	0.7	0.3	0	0
氧气浓度	0.6	0.4	0	0
绝对瓦斯涌出量	0.2	0.7	0.1	0
揭煤作业	0.5	0.5	0	0
开挖作业	0.4	0.6	0	0
支护作业	0.4	0.6	0	0
爆破作业	0.3	0.7	0	0
施工用电	0.6	0.4	0	0
机械与设备防护	0.5	0.5	0	0
施工通风	0.7	0.3	0	0
超前地质预报	0.8	0.2	0	0
监控量测	0.3	0.7	0	0
火源管理	0.4	0.6	0	0
应急预案	0.5	0.5	0	0
现场组织管理	0.3	0.7	0	0
安全教育与培训	0.5	0.5	0	0
落实检查	0.4	0.6	0	0

③对 ZK22＋062～ZK22＋202，评价结果见表 15-46。

表 15-46　隧道 ZK22＋062～ZK22＋202 评价集

评估指标	Ⅰ级	Ⅱ级	Ⅲ级	Ⅳ级
地质构造	0	0.4	0.4	0.2
断层宽度	0.8	0.2	0	0
围岩岩性	0	0	0.2	0.8
围岩完整性	0	0	0.2	0.8
煤体结构类型	0	0.6	0.4	0
地下水	0	0.5	0.5	0
地表水	0	0.4	0.6	0
瓦斯压力	0	0.5	0.5	0
瓦斯含量	0.6	0.4	0	0
氧气浓度	0.5	0.5	0	0
绝对瓦斯涌出量	0.3	0.7	0	0
揭煤作业	0.5	0.5	0	0
开挖作业	0.4	0.6	0	0

续上表

评估指标	Ⅰ级	Ⅱ级	Ⅲ级	Ⅳ级
支护作业	0.4	0.6	0	0
爆破作业	0.3	0.7	0	0
施工用电	0.6	0.4	0	0
机械与设备防护	0.5	0.5	0	0
施工通风	0.7	0.3	0	0
超前地质预报	0.8	0.2	0	0
监控量测	0.3	0.7	0	0
火源管理	0.4	0.6	0	0
应急预案	0.5	0.5	0	0
现场组织管理	0.3	0.7	0	0
安全教育与培训	0.5	0.5	0	0
落实检查	0.4	0.6	0	0

④对 K22＋106～K22＋268，评价结果见表 15-47。

表 15-47　隧道 K22＋106～K22＋268 评价集

评估指标	Ⅰ级	Ⅱ级	Ⅲ级	Ⅳ级
地质构造	0	0.4	0.4	0.2
断层宽度	0.8	0.2	0	0
围岩岩性	0	0	0.2	0.8
围岩完整性	0	0	0.2	0.8
煤体结构类型	0	0.6	0.4	0
地下水	0	0.5	0.5	0
地表水	0	0.4	0.6	0
瓦斯压力	0	0.5	0.5	0
瓦斯含量	0.6	0.4	0	0
氧气浓度	0.6	0.4	0	0
绝对瓦斯涌出量	0.4	0.6	0	0
揭煤作业	0.5	0.5	0	0
开挖作业	0.4	0.6	0	0
支护作业	0.4	0.6	0	0
爆破作业	0.3	0.7	0	0
施工用电	0.6	0.4	0	0
机械与设备防护	0.5	0.5	0	0
施工通风	0.7	0.3	0	0
超前地质预报	0.7	0.3	0	0

续上表

评估指标	Ⅰ级	Ⅱ级	Ⅲ级	Ⅳ级
监控量测	0.4	0.6	0	0
火源管理	0.4	0.6	0	0
应急预案	0.3	0.7	0	0
现场组织管理	0.4	0.6	0	0
安全教育与培训	0.4	0.6	0	0
落实检查	0.5	0.5	0	0

⑤对 ZK24＋000～ZK24＋100，评价结果见表 15-48。

表 15-48　隧道 ZK24＋000～ZK24＋100 评价集

评估指标	Ⅰ级	Ⅱ级	Ⅲ级	Ⅳ级
地质构造	0	0	0.4	0.6
断层宽度	0	0	0.2	0.8
围岩岩性	0.1	0.3	0.4	0.2
围岩完整性	0	0	0.3	0.7
煤体结构类型	0	0.6	0.4	0
地下水	0	0.5	0.5	0
地表水	0	0.5	0.5	0
瓦斯压力	0	0	0.2	0.8
瓦斯含量	0	0	0.1	0.9
氧气浓度	0	0	0.3	0.7
绝对瓦斯涌出量	0	0	0.1	0.9
揭煤作业	0.5	0.5	0	0
开挖作业	0.4	0.6	0	0
支护作业	0.4	0.6	0	0
爆破作业	0.3	0.7	0	0
施工用电	0.6	0.4	0	0
机械与设备防护	0.5	0.5	0	0
施工通风	0.7	0.3	0	0
超前地质预报	0.7	0.3	0	0
监控量测	0.4	0.6	0	0
火源管理	0.4	0.6	0	0
应急预案	0.3	0.7	0	0
现场组织管理	0.4	0.6	0	0
安全教育与培训	0.4	0.6	0	0
落实检查	0.5	0.5	0	0

⑥对 K24＋030～K24＋130，评价结果见表 15-49。

表 15-49　隧道 K24＋030～K24＋130 评价集

评估指标	Ⅰ级	Ⅱ级	Ⅲ级	Ⅳ级
地质构造	0	0	0.4	0.6
断层宽度	0	0	0.2	0.8
围岩岩性	0	0.3	0.4	0.3
围岩完整性	0	0	0.4	0.6
煤体结构类型	0	0.6	0.4	0
地下水	0	0.5	0.5	0
地表水	0	0.5	0.5	0
瓦斯压力	0	0	0.2	0.8
瓦斯含量	0	0	0.1	0.9
氧气浓度	0	0	0.3	0.7
绝对瓦斯涌出量	0	0	0.1	0.9
揭煤作业	0.5	0.5	0	0
开挖作业	0.4	0.6	0	0
支护作业	0.4	0.6	0	0
爆破作业	0.3	0.7	0	0
施工用电	0.6	0.4	0	0
机械与设备防护	0.5	0.5	0	0
施工通风	0.7	0.3	0	0
超前地质预报	0.7	0.3	0	0
监控量测	0.4	0.6	0	0
火源管理	0.4	0.6	0	0
应急预案	0.3	0.7	0	0
现场组织管理	0.3	0.7	0	0
安全教育与培训	0.3	0.7	0	0
落实检查	0.4	0.6	0	0

15.6　中梁山瓦斯隧道风险评价

15.6.1　风险评价目的

(1)风险评价定义：隧道工程规模巨大，地质条件复杂，对施工技术和设备要求高，工程施工环境风险多且大。如何在隧道施工前避免考虑不周使得规划、勘察、设计、施工和运营阶段发生事故，避免不必要的重大损失和社会负面影响，对工程进行全方位的风险评价就显得十分迫切。风险评价是指在风险辨识和风险估计的基础上，将损失频率、损失程度，以及其他因素综合起来考虑，分析风险的影响，并对风险的状况进行综合评价。

(2)风险评价目的：①减少不确定性因素的影响，辨识出隧道风险源，给出风险大小，帮助决策者作出决策。②针对分析得到的隧道工程风险源，提出风险控制措施降低各种风险，以达到安全、经济、高效的管理目标。综上，风险评价的目的是为选择恰当的风险处理方法提供依据。风险评价是风险管理部门根据国家和公认的安全指标对风险单位进行评价的过程。

(3)风险评价过程：从指标体系的底层因素开始评价，是整个风险评估的基础，一般可以通过专家调查来实现。考虑已有的瓦斯隧道事故样本相对较小，很难准确实现某种因素诱发事故的风险评价。因此，在此选用目前广泛使用的专家调查法。专家调查法指通过对被评价工程了解的专家、现场技术人员、工人等进行调查，根据他们的评价结果利用模糊综合评价进行处理，得到各底层因素的风险概率。再根据各因素的相对权重系数，逐层权重相加计算得到上层指标的风险概率，直至计算得到准则层各指标的风险概率，进而完成风险评估。

15.6.2　风险评价标准

对于瓦斯隧道可将风险等级分为四级，分别为无瓦斯区、低瓦斯区、高瓦斯区、瓦斯突出区。风险等级分级标准及可接受准则详见表 15-50、表 15-51。

表 15-50　风险等级评价标准

风险评估等级	Ⅰ级	Ⅱ级	Ⅲ级	Ⅳ级
评价结果	无瓦斯区	低瓦斯区	高瓦斯区	瓦斯突出区
描述	距煤层较远且没有构造连通，不含瓦斯	距煤层较近或虽与煤层相距较远但有构造连通，瓦斯含量较低	距煤层较近且有构造连通，瓦斯含量较高，容易发生瓦斯事故	距煤层很近，瓦斯含量很高，很容易发生瓦斯事故，还可能发生瓦斯突出

表 15-51　风险接受准则

等　级	可接受准则	控制方案
Ⅰ级	可忽略的	日常管理和审视
Ⅱ级	可容许的	加强日常管理审视
Ⅲ级	不可接受的	需要决策，制定控制
Ⅳ级	拒绝接受的	立即停止，整改，规避

15.6.3　风险评价结果

基于上述指标权重计算和评价集的基础上进行风险评估计算，计算公式见式(15-19)。

$$B_{ij}=W_{ij}\cdot R_{ij} \tag{15-19}$$

式中　B_{ij}——风险集；

W_{ij}——权重集；

R_{ij}——评价集。

(1)勘察阶段风险评估结果：以瓦斯隧道勘察阶段为主要研究对象，对瓦斯勘察阶段进行风险评估计算，共选取 6 个地段进行评价，分别是 ZK21＋779～ZK21＋867、ZK22＋062～

ZK22＋202、ZK24＋000～ZK24＋100、K21＋807～K21＋892、K22＋106～K22＋268、K24＋030～K24＋130。

①对 ZK21＋779～ZK21＋867，评价结果见表 15-52。采用最大隶属度原则，对 ZK21＋779～ZK21＋867 地段勘察阶段的风险评估结果是Ⅱ级，属于低瓦斯区。

表 15-52 隧道 ZK21＋779～ZK21＋867 评估计算结果

风险评估等级	Ⅰ级	Ⅱ级	Ⅲ级	Ⅳ级
计算结果	0.333 3	0.408 1	0.176 1	0.082 5

②对 K21＋807～K21＋892，评价结果见表 15-53。采用最大隶属度原则，对 K21＋807～K21＋892 地段勘察阶段的风险评估结果是Ⅱ级，属于低瓦斯区。

表 15-53 隧道 K21＋807～K21＋892 评估计算结果

风险评估等级	Ⅰ级	Ⅱ级	Ⅲ级	Ⅳ级
计算结果	0.332 2	0.409 2	0.174 1	0.084 5

③对 ZK22＋062～ZK22＋202，评价结果见表 15-54。采用最大隶属度原则，对 ZK22＋062～ZK22＋202 地段勘察阶段的风险评估结果是Ⅱ级，属于低瓦斯区。

表 15-54 隧道 ZK22＋062～ZK22＋202 评估计算结果

风险评估等级	Ⅰ级	Ⅱ级	Ⅲ级	Ⅳ级
计算结果	0.322 7	0.431 2	0.156 4	0.089 7

④对 K22＋106～K22＋268，评价结果见表 15-55。采用最大隶属度原则，对 K22＋106～K22＋268 地段勘察阶段的风险评估结果是Ⅱ级，属于低瓦斯区。

表 15-55 隧道 K22＋106～K22＋268 评估计算结果

风险评估等级	Ⅰ级	Ⅱ级	Ⅲ级	Ⅳ级
计算结果	0.357 5	0.396 6	0.166 8	0.079 3

⑤对 ZK24＋000～ZK24＋100，评价结果见表 15-56。采用最大隶属度原则，对 ZK24＋000～ZK24＋100 地段勘察阶段的风险评估结果是Ⅳ级，属于瓦斯突出区。

表 15-56 隧道 ZK24＋000～ZK24＋100 评估计算结果

风险评估等级	Ⅰ级	Ⅱ级	Ⅲ级	Ⅳ级
计算结果	0.129 4	0.240 4	0.216 9	0.413 2

⑥对 K24＋030～K24＋130，评价结果见表 15-57。采用最大隶属度原则，对 K24＋030～K24＋130 地段勘察阶段的风险评估结果是Ⅳ级，属于瓦斯突出区。

表 15-57 隧道 K24＋030～K24＋130 评估计算结果

风险评估等级	Ⅰ级	Ⅱ级	Ⅲ级	Ⅳ级
计算结果	0.055 2	0.270 1	0.280 7	0.394 0

(2)设计阶段风险评估结果:以瓦斯隧道设计阶段为主要研究对象,对瓦斯设计阶段进行风险评估计算,选取地段同勘察阶段相同,分别是ZK21+779～ZK21+867、ZK22+062～ZK22+202、ZK24+000～ZK24+100、K21+807～K21+892、K22+106～K22+268、K24+030～K24+130。

①对ZK21+779～ZK21+867,评价结果见表15-58。采用最大隶属度原则,对ZK21+779～ZK21+867地段设计阶段的风险评估结果是Ⅱ级,属于低瓦斯区。

表15-58　隧道ZK21+779～ZK21+867评估计算结果

风险评估等级	Ⅰ级	Ⅱ级	Ⅲ级	Ⅳ级
计算结果	0.381 8	0.441 7	0.105 9	0.070 7

②对K21+807～K21+892,评价结果见表15-59。采用最大隶属度原则,对K21+807～K21+892地段设计阶段的风险评估结果是Ⅱ级,属于低瓦斯区。

表15-59　隧道K21+807～K21+892评估计算结果

风险评估等级	Ⅰ级	Ⅱ级	Ⅲ级	Ⅳ级
计算结果	0.381 1	0.442 4	0.104 5	0.072 1

③对ZK22+062～ZK22+202,评价结果见表15-60。采用最大隶属度原则,对ZK22+062～ZK22+202地段设计阶段的风险评估结果是Ⅱ级,属于低瓦斯区。

表15-60　隧道ZK22+062～ZK22+202评估计算结果

风险评估等级	Ⅰ级	Ⅱ级	Ⅲ级	Ⅳ级
计算结果	0.374 7	0.457 1	0.092 8	0.075 5

④对K22+106～K22+268,评价结果见表15-61。采用最大隶属度原则,对K22+106～K22+268地段设计阶段的风险评估结果是Ⅱ级,属于低瓦斯区。

表15-61　隧道K22+106～K22+268评估计算结果

风险评估等级	Ⅰ级	Ⅱ级	Ⅲ级	Ⅳ级
计算结果	0.381 2	0.451 6	0.091 9	0.075 5

⑤对ZK24+000～ZK24+100,评价结果见表15-62。采用最大隶属度原则,对ZK24+000～ZK24+100地段设计阶段的风险评估结果是Ⅱ级,属于低瓦斯区。

表15-62　隧道ZK24+000～ZK24+100评估计算结果

风险评估等级	Ⅰ级	Ⅱ级	Ⅲ级	Ⅳ级
计算结果	0.262 6	0.329 9	0.116 4	0.291 3

⑥对K24+030～K24+130,评价结果见表15-63。采用最大隶属度原则,对K24+030～K24+130地段设计阶段的风险评估结果是Ⅱ级,属于低瓦斯区。

表15-63　隧道K24+030～K24+130评估计算结果

风险评估等级	Ⅰ级	Ⅱ级	Ⅲ级	Ⅳ级
计算结果	0.229 7	0.361 4	0.115 8	0.299 2

(3)施工阶段风险评估结果:以瓦斯隧道施工阶段为主要研究对象,对瓦斯施工阶段进行风险评估计算,选取地段同勘察阶段、设计阶段相同,分别是 ZK21＋779～ZK21＋867、ZK22＋062～ZK22＋202、ZK24＋000～ZK24＋100、K21＋807～K21＋892、K22＋106～K22＋268、K24＋030～K24＋130。

①对 ZK21＋779～ZK21＋867,评价结果见表 15-64。采用最大隶属度原则,对 ZK21＋779～ZK21＋867 地段设计阶段的风险评估结果是Ⅱ级,属于低瓦斯区。

表 15-64　隧道 ZK21＋779～ZK21＋867 评估计算结果

风险评估等级	Ⅰ级	Ⅱ级	Ⅲ级	Ⅳ级
计算结果	0.409 1	0.563 8	0.023 2	0.004 0

②对 K21＋807～K21＋892,评价结果见表 15-65。采用最大隶属度原则,对 K21＋807～K21＋892 地段设计阶段的风险评估结果是Ⅱ级,属于低瓦斯区。

表 15-65　隧道 K21＋807～K21＋892 评估计算结果

风险评估等级	Ⅰ级	Ⅱ级	Ⅲ级	Ⅳ级
计算结果	0.409 3	0.557 9	0.016 9	0.015 9

③对 ZK22＋062～ZK22＋202,评价结果见表 15-66。采用最大隶属度原则,对 ZK22＋062～ZK22＋202 地段设计阶段的风险评估结果是Ⅱ级,属于低瓦斯区。

表 15-66　隧道 ZK22＋062～ZK22＋202 评估计算结果

风险评估等级	Ⅰ级	Ⅱ级	Ⅲ级	Ⅳ级
计算结果	0.407 4	0.567 6	0.020 1	0.004 8

④对 K22＋106～K22＋268,评价结果见表 15-67。采用最大隶属度原则,对 K22＋106～K22＋268 地段设计阶段的风险评估结果是Ⅱ级,属于低瓦斯区。

表 15-67　隧道 K22＋106～K22＋268 评估计算结果

风险评估等级	Ⅰ级	Ⅱ级	Ⅲ级	Ⅳ级
计算结果	0.434 3	0.540 7	0.020 1	0.004 8

⑤对 ZK24＋000～ZK24＋100,评价结果见表 15-68。采用最大隶属度原则,对 ZK24＋000～ZK24＋100 地段设计阶段的风险评估结果是Ⅱ级,属于低瓦斯区。

表 15-68　隧道 ZK24＋000～ZK24＋100 评估计算结果

风险评估等级	Ⅰ级	Ⅱ级	Ⅲ级	Ⅳ级
计算结果	0.441 1	0.533 9	0.020 1	0.004 8

⑥对 K24＋030～K24＋130,评价结果见表 15-69。采用最大隶属度原则,对 K24＋030～K24＋130 地段设计阶段的风险评估结果是Ⅱ级,属于低瓦斯区。

表 15-69 隧道 K24+030～K24+130 评估计算结果

风险评估等级	Ⅰ级	Ⅱ级	Ⅲ级	Ⅳ级
计算结果	0.356 6	0.555 5	0.026 3	0.061 5

15.6.4 风险评价分析

通过对上述 ZK21＋779～ZK21＋867、ZK22＋062～ZK22＋202、ZK24＋000～ZK24＋100、K21＋807～K21＋892、K22＋106～K22＋268、K24＋030～K24＋130 这 6 个地段分别对勘察阶段、设计阶段、施工阶段 3 个阶段进行风险评估，结果见表 15-70。ZK21＋779～ZK21＋867、ZK22＋062～ZK22＋202、K21＋807～K21＋892、K22＋106～K22＋268 经勘察属于低瓦斯区，风险灾害发生概率较小，灾害后果轻微，但仍需加强日常管理及检测；在观音峡背斜轴部 ZK24＋000～ZK24＋100、K24＋030～K24＋130 段，隧道洞身穿越二叠系上统长兴组（P_3c）灰岩地层，该层之下为二叠系龙潭组（P_3l）煤系地层。瓦斯气体易沿着破碎带裂隙溢出，钻孔施工中有瓦斯溢出，测试的瓦斯组分含量高，经过评估确定为瓦斯突出区，风险灾害发生概率较大，灾害后果严重，必须制定相应措施，来降低风险等级，确保施工安全，避免灾害事故。

表 15-70 隧道瓦斯风险分析

里　程	勘察阶段	设计阶段	施工阶段
ZK21＋779～ZK21＋867	Ⅱ级	Ⅱ级	Ⅱ级
K21＋807～K21＋892	Ⅱ级	Ⅱ级	Ⅱ级
ZK22＋062～ZK22＋202	Ⅱ级	Ⅱ级	Ⅱ级
K22＋106～K22＋268	Ⅱ级	Ⅱ级	Ⅱ级
ZK24＋000～ZK24＋100	Ⅳ级	Ⅱ级	Ⅱ级
K24＋030～K24＋130	Ⅳ级	Ⅱ级	Ⅱ级

由表 15-70 可知，ZK24＋000～ZK24＋100 与 K24＋030～K24＋130 风险为Ⅳ级，属于瓦斯突出区，通过设计相应的措施，使以上两段的瓦斯风险均降为Ⅱ级，即低瓦斯区。

15.6.5 动态风险评价

（1）中梁山隧道瓦斯工区类别划分：根据区域资料及测试成果，隧道洞身观音峡背斜核部穿越龙潭组（P_3l）煤层，具有高瓦斯含量、高瓦斯压力、煤与瓦斯突出严重等特征，勘察未揭露龙潭组（P_3l）煤层，但钻 SZK-ZLS-8 揭露断层 F_1，断层 F_1 错断了龙潭组（P_3l）煤层，在钻孔 SZK-ZLS-8 取得气体样，根据测试结果，钻孔中 CH_4 的含量为 12.89%，其中 CH_4 的含量较高，表明该段具有高瓦斯含量、高瓦斯压力、煤与瓦斯突出严重等特征；隧道洞身穿须家河组，其瓦斯含量较小，属低瓦斯段，但不排除可能局部积聚瓦斯。根据隧道穿越的煤层围岩岩性、节理裂隙发育情况等地质条件，以及瓦斯的赋存运移规律，对隧道与其危险性等级进行划分，详见表 15-71。通过对隧道与瓦斯工区分类，中梁山隧道非瓦斯工区总长度 4 494～4 533 m，占隧道总长的 85%；低瓦斯工区总长度 416～431 m，占隧道总长的 8%；高瓦斯工区总长度 346～355 m，占隧道总长的 7%，高瓦斯段宜进行复合式衬砌。

表 15-71　中梁山隧道瓦斯工区类别划分表

隧道轴线	里程桩号	地层年代	长度(m)	瓦斯隧道工区
隧道左线	ZK20＋945～ZK21＋779	J_1z、T_3xj^6	834	非瓦斯工区
	ZK21＋779～ZK21＋867	T_3xj^5	88	低瓦斯工区
	ZK21＋867～ZK22＋062	T_3xj^4 砂岩	195	非瓦斯工区
	ZK22＋062～ZK22＋202	T_3xj^{3+2+1}	140	低瓦斯工区
	ZK22＋202～ZK23＋938	T_2l、T_1j、T_1f	1 736	非瓦斯工区
	ZK23＋938～ZK24＋294	P_2c、P_2l	356	高瓦斯工区
	ZK24＋294～ZK25＋500	T_2l、T_1j、T_1f	1 206	非瓦斯工区
	ZK25＋500～ZK25＋635	T_3xj^{3+2+1}	135	低瓦斯工区
	ZK25＋635～ZK25＋724	T_3xj^4 砂岩	89	非瓦斯工区
	ZK25＋724～ZK25＋805	T_3xj^5	81	低瓦斯工区
	ZK25＋805～ZK26＋210	J_1z、T_3xj^6	405	非瓦斯工区
隧道右线	K20＋925～K21＋807	J_1z、T_3xj^6	882	非瓦斯工区
	K21＋807～K21＋892	T_3xj^5	85	低瓦斯工区
	K21＋892～K22＋106	T_3xj^4 砂岩	214	非瓦斯工区
	K22＋106～K22＋268	T_3xj^{3+2+1}	162	低瓦斯工区
	K22＋268～K23＋976	T_2l、T_1j、T_1f	1 708	非瓦斯工区
	K23＋976～K24＋323	P_2c、P_2l	347	高瓦斯工区
	K24＋323～K25＋549	T_2l、T_1j、T_1f	1 226	非瓦斯工区
	K25＋549～K25＋680	T_3xj^{3+2+1}	131	低瓦斯工区
	K25＋680～K25＋783	T_3xj^4 砂岩	103	非瓦斯工区
	K25＋783～K25＋855	T_3xj^5	72	低瓦斯工区
	K25＋855～K26＋235	J_1z、T_3xj^6	380	非瓦斯工区

(2)瓦斯隧道施工动态风险评价：在瓦斯隧道掘进过程中，隧道内检测有瓦斯时，应结合地层的瓦斯赋存情况按《公路瓦斯隧道设计与施工技术规范》(JTG/T 3374—2020)确定瓦斯工区类别；当施工区段内全部瓦斯地层穿越完毕，经检测并评定无瓦斯时，则后续施区段为非瓦斯工区。两瓦斯地层间的非瓦斯地层段宜结合地层段长度、实测瓦斯情况、施工情况等确定瓦斯工区类别。

隧道于观音峡背斜核部穿越二叠系龙潭组(P_3l)地层，龙潭组地层含煤，受观音峡背斜与白庙子断层影响，瓦斯气体易沿着破碎带裂隙溢出。ZK23＋938～ZK24＋100、K23＋976～K24＋130 段为高瓦斯，ZK24＋100～ZK24＋250、K24＋130～K24＋260 存在瓦斯突出；其余隧道穿越煤系地层段均为低瓦斯，瓦斯地段等级均为Ⅰ级，施工中应加强通风与瓦斯气体监测。

根据《重庆华建煤业有限责任公司闭坑地质报告》，位于观音峡背斜东翼华建煤矿未发生过各类瓦斯事故；根据《重庆天府矿业有限责任公司磨心坡煤矿闭坑地质报告》(2017 年 1 月)，磨心坡煤矿为煤与瓦斯突出矿井，主采的 K_2 煤层属强突出煤层，煤层相对瓦斯含量为 40～

42 m^3/t。煤与瓦斯含量系数为 6.54。建矿以来在册的煤与瓦斯突出事故 43 次，累计突出量 11 043 t，平均突出强度为 267 t，最大突出强度为 5 270 t(1997 年 5 月 30 日)。主采的 K_2 煤层最大瓦斯压力为 13.9 MPa。

15.7　瓦斯隧道风险控制措施

15.7.1　风险控制意义

(1)风险控制目的：所谓风险控制是指对隧道施工安全风险进行识别、分析与评价的基础上，工程管理者根据风险发生的概率及所带来的损失的大小，所采取的那些可以降低工程事故发生频率、减少事故损失的一系列行之有效的风险防范措施。隧道的风险控制应该是一个管理和技术相结合的完整综合体系

(2)风险控制工作：隧道施工风险控制工作可以从微观与宏观两个方面进行。宏观控制方面是工程项目风险管理者，运用法制(政策、法令、规章、制度)、经济(奖、罚、惩、补)和教育(安全、技术培训)等手段对隧道施工全过程进行有效控制的过程。微观控制是以隧道施工过程中的具体风险事故为控制对象，采用有效的管理措施及技术措施，对隧道施工安全风险进行有效的预防和处理。

15.7.2　瓦斯管理制度

中梁山隧道按照高瓦斯隧道进行管控，所有机械设备均已进行防爆改装；有毒有害气体监测采用自动监控系统与人工检测相结合的方式进行，互相验证；中梁山隧道出口端单洞设置三台 250 kW 风机进行通风(两用一备)；对作业人员进行了安全教育培训，包括有毒有害气体防毒面罩、自救器、压风自救系统使用和瓦斯防治基本知识的培训，以及安全避险和自救互救知识培训。

(1)设立瓦斯(高瓦斯)隧道通风班组，在项目副经理领导下开展工作，业务上接受工程部、安全环保部、物设部的指导，具体负责按照经批准的通风方案进行通风系统的安装、使用、维修、维护工作。

(2)风机操作人员必须经过培训、考核合格后方能上岗作业，必须严格遵守风机的操作规程，熟悉通风系统性能。

(3)隧道通风系统必须经过验收合格后方可投入正常运行，运行期间应加强巡视及维护工作，保证通风系统各项性能、技术指标达到设计要求。

(4)保证隧道 24 小时连续不间断通风，风量、风压必须满足设计要求，不得随意停风。风机设置两路电源并装设风电闭锁装置。确保正在使用的通风机出现故障后能在 15 min 内启动备用通风机，保证隧道通风和正常作业不受影响。对易形成瓦斯聚积的部位必须采取局部通风。当停风区中瓦斯浓度不超过 1%时，并在压入式局部通风机及其开关地点附近 20 m 以内风流中的瓦斯浓度均不超过 0.5%时，方可人工开动局部通风机。

(5)按要求落实通风系统的定期检查制度：①项目部组织每周对通风系统进行检查，工区长每天对通风系统必须作例行检查，通风工必须做好日常巡查。②通风系统运行正常后，每 10 d 进行一次全面测风，对掌子面和其他用风地点根据需要随时测风，做好记录。③每 7 d 在风管进出口测量一次风速、风压，并计算漏风率，风管百米漏风率不应大于 2%，对风筒的漏风

情况必须及时修补。

(6)建立通风系统运行管理档案。档案包括各种检查记录、调试记录、测量记录、维护记录、运行记录等。值班人员每天按班组对通风系统运行情况进行记录，工区长每天、主管副经理每周分别对运行记录予以审核、签认，管理档案由物设部负责建档保存。每周用风速测定仪对风速进行人工检测，检测结果与自动监控系统相应时间、位置、风速值进行核对，确保风速满足施工要求且回风巷风速不得低于 0.5 m/s。

(7)交接班制度。必须由交接双方签字认可，对上一班存在的问题、隐患、需注意事项、仪器设备状态等必须交接清楚，交接班记录由工区长每天定时予以审核签字。

(8)实行停风报批制度。因通风系统检修及其他原因需要主要通风机停止运转，必须提前提出申请，逐级上报，根据停风时间长短由相关负责人审批后方可实施。①停风时间在 30 min 以内的，由当班人员报主管副经理审核后，监理专业工程师同意后实施。②停风时间超过 30 min 的，当班人员报主管副经理审核后，监理部专业工程师同意，总监批准后实施。停风前必须确保洞内所有人员已经撤离，并切断电源；恢复通风前，必须检测瓦斯浓度，经当班瓦检员检测，瓦斯浓度在规定限值以内时，方可恢复正常作业。

(9)信息沟通制度。瓦检班组、通风班组、施工作业班组应及时沟通相关信息，确保生产安全、有序进行。

15.7.3 通风控制管理

高瓦斯工区隧道内最低风速不应小于 0.5 m/s，防止瓦斯局部积聚的风速不宜小于 1 m/s。

(1)通风方式：①瓦斯隧道施工应采用机械通风。②微瓦斯、低瓦斯工区施工通风方式应采用压入式，也可采用巷道式。③高瓦斯、瓦斯突出工区施工通风方式可采用压入式或巷道式。④当高瓦斯或瓦斯突出区段距洞口大于 1 500 m 时，应采用巷道式通风。⑤施工时可根据通风设备情况，在满足通风要求的情况下，可采用压入式，不满足要求时，必须采用巷道式。⑥瓦斯隧道施工中，对于瓦斯易于积聚的空间和衬砌模板台车附近区域，可实施局部通风的方法，消除瓦斯积聚。

(2)瓦斯浓度要求：①采用压入式通风的瓦斯工区，应将洞内各处的瓦斯浓度稀释到 0.5%以下。②采用巷道式通风的瓦斯工区，应将开挖工作面及回风巷道风流中的瓦斯浓度稀释到 0.5%以下。当平导仅作巷道式通风的回风道时，其瓦斯浓度应小于 0.75%。

(3)通风监控要求：距离洞口 10～15 m 回风流处及距离工作面约 15 m 的回风流处布置风速传感器。主要通风机的风筒应设置压力传感器。对进风处空气质量进行瓦斯检测，以防止将废风作为新鲜风送入。通风机要求设置专用电表，以便核对通风时间。瓦斯隧道应根据各工区通风方式合理布置通风系统。

(4)通风设备要求：①通风机要求，(a)瓦斯隧道应根据需风量、风压等要求合理选择通风机。(b)压入式通风机的进风管口应装设在距洞口外 30 m 或洞内负压新鲜风流中，避免污风循环。(c)洞内风机应采用防爆型。(d)瓦斯工区应有一套同等性能的备用通风机，并保持良好使用状态，每天应进行一次正常工作的通风机和备用通风机自动切换试验，试验期间不得影响通风，试验记录要存档备查。备用通风机应能在 10 min 内启动。②风管要求，瓦斯工区应采用抗静电、阻燃的大直径风管。在有效通风的情况下，风管出风口距工作面的距离不宜大于 10 m，风管安装必须平顺，接头严密，百米平均漏风率不宜大于 1%。

(5)电源要求:瓦斯工区的通风机应设两路电源,当采用备用电源供电时,应保证风机在10 min内可靠启动和运行。备用电源应有专人负责管理和维护,每10 d至少进行一次启动和运行试验,试验期间不得影响通风,试验记录存档备查。

(6)"三专、两闭锁"要求:高瓦斯及瓦斯突出工区的洞内通风机,均应实行三专(专用变压器、专用开关、专用线路供电)供电、两闭锁(风电闭锁和瓦电闭锁)装置。

15.8 瓦斯事故应急处置措施

瓦斯事故包括:瓦斯突出、瓦斯燃烧、瓦斯爆炸。

瓦斯事故的处置原则:沉着指挥,科学决策,协调行动,安全快速。

15.8.1 瓦斯突出

(1)发现瓦斯突出时,立即发出预警。通知值班室或现场负责人,值班员或现场负责人立即通知瓦检员到达指定位置待命,现场负责人立即向施工队负责人或项目部应急领导小组报告。报告内容为:①现场出现的异常状况概况。②事故的地点里程桩号或洞内位置。③现场作业人数和机具车辆情况。④动力供给(压缩空气、电力、水)状况。⑤已经启动的应急措施情况。⑥洞口环境状况。

(2)值班人员或现场负责人立即下令停止所有施工作业,同时组织施工危险区域内的人员或机械撤到安全地带安置,值班人员负责清点人数,确保进出洞人员数量相符;若人员不符,立即派搜救组携带氧气呼吸器进入洞内搜索,并立即向现场应急处置小组报告。

(3)洞内施工电源作断电处理,通风机正常向洞内输送新鲜空气,或根据应急指挥部要求加大送入风量,快速置换排出瓦斯。

(4)项目部应急领导小组立即组织有关人员到达施工队会议室成立现场应急指挥部,施工队会议室为临时办公室,负责组织事故的处置协调工作;根据现场需要向报告事故处置实时情况,并申请外部资源援助。

(5)立即设置事故警戒线(加大防火区域),派专人用瓦斯报警仪对警戒区域及其前后30 m范围的瓦斯浓度进行监控量测,按时做记录并及时向现场应急小组报告。

(6)事故状态时仍按正常情况进行通风,检查确认施工危险区域具备条件后,启动备用风机加大通风量快速排除瓦斯,尽可能在短时间内降低瓦斯浓度,事故处置期间禁止停风。

(7)由搜救组或外部专业人员寻找瓦斯突出点位置,绘出示意图,现场应急指挥部根据瓦斯突出点位置进行分析后,确定封堵处置措施。抢险救援组或外部专业人员在事故处置过程中还负责对通风管道进行检查维护,确保通风正常进行。

(8)在现场条件允许的情况下,组织施工作业人员对瓦斯突出点进行处置,直至恢复正常状态,方可组织正常施工作业。

15.8.2 瓦斯燃烧

(1)发现瓦斯燃烧时,必须立即停止作业,发出预警信息号,通知其他作业人员停止作业,撤出洞外,进入应急状态。发生瓦斯着火,作业人员应立即撤离作业地点,撤离过程中发出预警信号,通知其他作业人员停止施工作业尽快撤出洞外,并向洞口值班员或现场负责人报告。洞口值班员或现场负责人立即向施工负责人报告,施工负责人立即组织疏散施工人员,同时向项目部应急办公室报告。项目部应急领导小组立即组织相关人员赶赴现场与施工队相关人员汇合，成立现场应急指挥部。根据现场火势状况和现场监测参数制订处置措施。并决定是否请求外部支援。

(2)初期着火时，在小火阶段可迅速使用细砂、灭火器或水雾灭火，大面积着火时，不得直接灭火，根据着火区域实际设置防火墙封闭火区，按照隔绝灭火法灭火。

(3)灭火后，按照瓦斯溢出事故程序进行处置，直至恢复施工作业。

15.8.3 瓦斯爆炸

(1)瓦斯爆炸的前兆及事故预防措施：施工过程中感觉到附近空气有颤动的现象发生，有时还发出嘶嘶的空气流动声，一般被认为是瓦斯爆炸前的预兆，发现这种情况时，要沉着、冷静，采取措施进行自救。具体方法是：背向空气颤动的方向，俯卧倒地，面部贴在地面，以降低身体高度，避开冲击波的强力冲击，并闭住气暂停呼吸，用毛巾捂住口鼻，防止把火焰吸入肺部。最好用衣物盖住身体，尽量减少肉体暴露面积，以减少烧伤。爆炸后要迅速按规定佩戴好自救器，弄清方向，沿着避灾路线，赶快撤退到新鲜风流中。

(2)瓦斯爆炸后，现场施工作业人员必须立即按事故应急程序报告并同时采取自救措施。具体如下：①当洞内发生瓦斯爆炸后，洞内生还人员应采取自我保护措施，自己能逃离现场的，必须尽快离开，撤出洞外，若无力撤出时，则应自行或在工友的协助下挪动到相对安全处等待救援。②撤离至安全位置(一般至洞外)时，应立即清点在场人员名单并登记，查看有无人员伤亡情况，并将情况立即向现场负责人汇报。③在风电断电装置未动作的状态下，立即切断电源，防止瓦斯的再次聚集造成二次爆炸。④项目施工各级应急领导小组接通知后，立即启动应急救援预案，积极组织人力、物力、财力进行灾后援救工作，降低或减少事故损失。项目部应急领导小组相关人员立即赶到事故现场，对事故进行初步评估，决定应急救援的级别，汇报上级管理部门。在自身不能开展援救工作时，应及时向地方政府或相关职能部门报告，并请求紧急救援，同时做好相应的配合救援的准备工作。⑤起动备用风机加强隧道内通风，随时检测隧道内瓦斯浓度，当瓦斯浓度降至安全值以内时，救援人员方可进洞进行救援。⑥当抢救出伤员时，由后勤保障组成员及时诊断其伤势情况，以“先重后轻”的原则进行抢救，当受伤人员中有窒息者时，应及时进行人工呼吸。烧伤人员必须在医生的指导下进行治理，切不可乱涂乱洗，以免加重伤势。根据实际条件，及时将伤员送往就近的医院进行抢救治。

(3)现场受伤人员搜救程序和措施：①抢险救援组必须佩戴自救器和便携式瓦斯报警器才能进入洞内进行应急抢救工作，抢险作业时，必须两人一组，两人之间距离应在 50 m 范围内，用手语联系，控制好进洞时间，当瓦斯报警器报警时，抢险人员必须撤离。②事故受伤人员被抢险救护人员救出后，后勤保障组成员应立即组织抢救，伤势严重者立即送往医院救治。

(4)外部应急资源的导入：①当申请外部力量支援时，安全保卫组立即在事故现场划定警戒线，禁止闲杂人员进入。②安全保卫组立即确定外部应急资源进入的路径，并设置通行路线指示标志或派专人引导进行事故现场。③技术保障组负责组织技术人员对事故现场的安全隐患进行分析，制定措施进行控制。④技术保障组组织监控量测人员对事故现场的危险因素进行监控量测，为事故抢险指挥提供依据。⑤抢险救援组成员根据要求先做好个人安全防护措施后，才能进入事故区域开展事故抢险救援工作。事故现场不具备救援安全条件时，禁止外部人员进入现场。

(5)瓦斯爆炸事故现场发生坍塌现象时，必须按照先救人，后处理现场的原则进行处置。

处置塌陷的土石方必须按以下步骤进行：①由技术保障组对现场状况进行分析，制定可行的处置方案，防止发生二次坍塌事故。②处置现场必须先经瓦检员进行量测，确认现场瓦斯浓度在安全范围内时，方可组织处置。③在坍方处置过程中，划定安全警戒线，禁止闲杂人员进入，瓦检员按照处置方案对警戒范围进行瓦斯量测监控，确保作业人员安全。④由抢险救援组人员指挥机械清理坍塌的土石方，直至完毕。

参考文献

[1]王梦恕.中国隧道及地下工程修建技术[M].北京:人民交通出版社,2010.

[2]李献民,李志双,史向群,等.隧道施工规范化管理控制[M].北京:中国铁道出版社有限公司,2022.

[3]李献民,王丛泉,孙新海,等.隧道工程施工安全控制管理技术[M].北京:中国铁道出版社有限公司,2023.

[4]李献民.隧道施工动态风险管理与监控评估[M].北京:人民交通出版社股份有限公司,2015.

[5]李献民.公路膨胀土加筋设计与施工新技术[M].北京:中国建筑工业出版社,2012.

[6]李献民.高速铁路过渡段结构动力分析与设计施工[M].北京:中国铁道出版社有限公司,2019.

[7]沈建明.项目风险管理[M].北京:机械工业出版社,2004.

[8]胡宣达,沈厚才.风险管理学基础—数理方法[M].南京:东南大学出版社,2001.

[9]邱菀华.管理决策与应用熵学[M].北京:机械工业出版社,2002.

[10]中华人民共和国交通运输部.公路隧道设计规范 第一册 土建工程:JTG 3370.1—2018[S].北京:人民交通出版社股份有限公司,2019.

[11]中华人民共和国交通运输部.公路隧道施工技术规范:JTG/T 3660—2020[S].北京:人民交通出版社股份有限公司,2020.

[12]中华人民共和国交通运输部.公路工程施工安全技术规范:JTG F90—2015[S].北京:人民交通出版社股份有限公司,2015.

[13]中华人民共和国建设部.施工现场临时用电安全技术规范:JGJ 46—2005[S].北京:中国建筑工业出版社,2005.

[14]中华人民共和国住房和城乡建设部.建筑施工模板安全技术规范:JGJ 162—2008[S].北京:中国建筑工业出版社,2008.

[15]中华人民共和国交通运输部.公路隧道通风设计细则:JTG/T D70/2-02—2014[S].北京:人民交通出版社有限公司,2014.

[16]中国铁路总公司.铁路隧道工程风险管理技术规范:Q/CR 9247—2016[S].北京:中国铁道出版社,2016.

[17]中国铁路总公司.铁路隧道超前地质预报技术规程;Q/CR 9217—2015[S].北京:中国铁道出版社,2015.

[18]国家铁路局.铁路隧道设计规范:TB 10003—2016[S].北京:中国铁道出版社,2017.

[19]国家铁路局.铁路隧道工程施工安全技术规程:TB 10304—2020[S].北京:中国铁道出版社有限公司,2020.

[20]中国铁路总公司.铁路隧道工程施工机械配置技术规程:Q/CR 9226—2015[S].北京:中国铁道出版社,2015.

[21]国家铁路局.铁路隧道防灾疏散救援工程设计规范:TB 10020—2017[S].北京:中国铁道出版社,2017.

[22]中华人民共和国铁道部.铁路隧道运营通风设计规范:TB 10068—2010[S].北京:中国铁道出版社,2010.

[23]国家铁路局.铁路瓦斯隧道技术规范:TB 10120—2019[S].北京:中国铁道出版社有限公司,2019.

[24]中国铁路总公司.铁路隧道监控量测技术规程:Q/CR 9218—2015[S].北京:中国铁道出版社,2015.

[25]国家铁路局.高速铁路隧道工程施工质量验收标准:TB 10753—2018[S].北京:中国铁道出版社,2018.

[26]中国铁路总公司.高速铁路隧道工程施工技术规程:Q/CR 9604—2015[S].北京:中国铁道出版社,2015.

[27]国家安全生产监督管理总局.爆破安全规程:GB 6722—2014[S].北京:中国标准出版社,2015.

[28]中国铁路总公司.铁路隧道施工抢险救援指南:Q/CR 9219—2015[S].北京:中国铁道出版社,2015.

[29]中华人民共和国建设部.施工现场临时用电安全技术规范:JGJ 46—2005[S].北京:中国建筑工业出版社,2005
[30]李献民.高速铁路加筋过渡段静动力学特性数值分析及试验研究[D].长沙:中南大学,2004.
[31]李献民.高速公路隧道施工动态风险监控与评估关键技术研究[D].北京:北京交通大学,2014.
[32]李春波. 铁路长大隧道风险控制研究[D]. 北京:中国地质大学, 2010.
[33]李冬梅. 铁路隧道风险评估指标体系及方法研究[D]. 成都:西南交通大学, 2008.
[34]李润求. 煤矿瓦斯爆炸灾害风险模式识别与预警研究[D]. 长沙:中南大学, 2013.
[35]念其锋. 煤矿瓦斯爆炸灾害态势评估与预警研究[D]. 长沙:中南大学, 2014.
[36]熊廷伟. 煤矿瓦斯爆炸预警技术研究[D]. 重庆:重庆大学, 2005.
[37]何华武.中国铁路隧道建设技术的发展[J].铁道经济研究,2006(6):8-16.
[38]钟开斌.风险管理研究:历史与现状[J].中国应急管理,2007(11):20-25.
[39]李献民,梁艳慧,王梦恕.高速铁路无砟轨道隧—隧过渡段路基的动力不平顺及动力响应分析[J].土木工程学报,2013,46(12):90-96.
[40]李献民,梁艳慧,王梦恕.隧道洞口围岩稳定性变形的非线性回归分析[J],隧道建设,2010,30(5):535-539,568.
[41]梁艳慧,李献民.公路隧道软岩非线性变形影响因素及支护设计对策分析[J].现代隧道技术,2010 增刊:72-75.
[42]李献民,梁艳慧,王梦恕.高速铁路过渡段动态响应试验与仿真对比分析[J].铁道工程学报,2014(3):39-45,81.
[43]施正宝,李献民,陈保祥. 贵州李家寨隧道系统锚杆作用效果试验研究[J]. 水文地质工程地质, 2020,47(1):80-88.
[44]王勇杰,李献民.考虑时空效应的泥岩隧道系统锚杆适用性数值分析[J]. 公路交通科技, 2022, 39(3):108-116.
[45]汪微,李献民,孙新海. 互层软质岩隧道系统锚杆支护效用数值模拟研究[J]. 现代隧道技术, 2022,59(5): 99-107.
[46]康小兵.非煤系地层瓦斯隧道形成机制研究[J].现代隧道技术,2011,48(3):35-39,45.
[47]皮子坤,贾宝山,贾廷贵,等.基于前景理论和区间数的煤矿瓦斯爆炸风险评价[J].中国安全科学学报,2017,27(6):91-96.
[48]鲁锦涛,贾小榕,郭昕曜.基于改进灰色预测的瓦斯突出敏感指标分析[J].中国安全科学学报,2022,32(11):74-81.
[49]吴波,陈辉浩,黄惟.基于模糊—熵权理论的铁路瓦斯隧道施工安全风险评估[J].安全与环境学报,2021,21(6):2386-2393.
[50]吴波,黄惟,陈辉浩,等.基于熵权—可拓理论的瓦斯隧道施工安全风险评估[J].中国科技论文,2022,17(01):99-104.
[51]张超林,王培仲,王恩元,等.我国煤与瓦斯突出机理 70 年发展历程与展望[J].煤田地质与勘探,2023,51(2):59-94.
[52]LI Xianmin,WANG Mengshu. Mechanical deformation characteristic and optimization controlling support key technology of tunnel toft-rock[C]//2012 International Conference on Remote Sensing, Environment and Transportation Engineering. Nanjing: 1615-1618.
[53]LI Xianmin,WANG Mengshu . Growth-curve characteristic of tunnel wall rock stable deformation[C]// 2011 International Conference on Remote Sensing, Environment and Transportation Engineering. Nanjing: 4087-4091.
[54]RAFAEL R,CRISTOBAL L. Analysis of methane emissions in a tunnel excavated through carboniferous strata based on underground coalmining experience[J]. Tunnelling and Underground Space Technology, 2010, 25(4): 456-468.